U0512434

ΝΟΥΣ

JOURNAL
OF GRECO-ROMAN
PHILOSOPHY

努斯：希腊罗马哲学研究

主编：崔延强　梁中和

第 8 辑

宇宙与自然

古希腊自然哲学诸面向

上海人民出版社

学术顾问委员会
（按照姓氏拼音和字母排序）

冯俊 ｜ 中共中央党史和文献研究院院务委员会委员

李秋零 ｜ 中国人民大学哲学院教授

刘小枫 ｜ 中国人民大学古典学研究中心教授

徐开来 ｜ 四川大学哲学系教授

张志伟 ｜ 中国人民大学哲学院教授

Luc Brisson ｜ 法国国家科学研究院 CNRS 主任研究员

Brian P. Copenhaver ｜ 美国加利福尼亚大学洛杉矶分校哲学系荣休教授

John Dillon ｜ 爱尔兰都柏林三一学院荣休教授

Michael Erler ｜ 德国维尔茨堡大学古典系希腊学讲席教授

Francesco Fronterotta ｜ 意大利罗马一大古代哲学史教授

James Hankins ｜ 美国哈佛大学历史系教授

编辑与评议委员会主任

崔延强 ｜ 西南大学

编辑与评议委员会成员

（按照姓氏拼音和字母排序）

曹青云 ｜ 云南大学	刘振 ｜ 扬州大学
曹聪 ｜ 西安交通大学	娄林 ｜ 中国人民大学
常旭旻 ｜ 华侨大学	吕纯山 ｜ 天津外国语大学
陈建洪 ｜ 中山大学	罗兴刚 ｜ 东北师范大学
陈斯一 ｜ 北京大学	罗勇 ｜ 重庆大学
陈玮 ｜ 浙江大学	彭磊 ｜ 中国人民大学
陈越骅 ｜ 浙江大学	钱圆媛 ｜ 中央党校
陈郑双 ｜ 浙江工商大学	盛传捷 ｜ 吉林大学
程炜 ｜ 北京大学	苏峻 ｜ 中国政法大学
程志敏 ｜ 海南大学	孙帅 ｜ 中国人民大学
崔延强 ｜ 西南大学	田洁 ｜ 山东大学
邓向玲 ｜ 南开大学	田书峰 ｜ 中山大学
董波 ｜ 中山大学	王大帅 ｜ 华侨大学
董修元 ｜ 山东大学	王江涛 ｜ 浙江政法大学
窦安振 ｜ 西南民族大学	王纬 ｜ 复旦大学
樊黎 ｜ 同济大学	王玉峰 ｜ 北京社科院
葛天勤 ｜ 东南大学	魏奕昕 ｜ 四川大学
韩潮 ｜ 同济大学	吴飞 ｜ 北京大学
何博超 ｜ 中国社会科学院	吴功青 ｜ 中国人民大学
何祥迪 ｜ 重庆大学	吴鸿兆 ｜ 中山大学
贺方婴 ｜ 中国社会科学院	吴天岳 ｜ 北京大学
花威 ｜ 华侨大学	熊林 ｜ 四川大学
黄俊松 ｜ 中山大学	徐卫翔 ｜ 同济大学
黄路萍 ｜ 四川大学	于江霞 ｜ 陕西师范大学
黄瑞成 ｜ 重庆大学	曾怡 ｜ 四川大学
江璐 ｜ 中山大学	詹文杰 ｜ 中国社会科学院
雷思温 ｜ 中国人民大学	张波波 ｜ 陕西师范大学
李猛 ｜ 北京大学	张凯 ｜ 黑龙江大学
李涛 ｜ 中国社会科学院大学	张爽 ｜ 四川大学
梁中和 ｜ 四川大学	张文涛 ｜ 重庆大学
林丽娟 ｜ 北京大学	张新刚 ｜ 北京大学
刘飞 ｜ 中央党校	张源 ｜ 北京师范大学
刘玮 ｜ 中国人民大学	朱清华 ｜ 首都师范大学
刘未沫 ｜ 中国社会科学院	朱振宇 ｜ 浙江大学
刘鑫 ｜ 南京大学	Pavlos Kontos ｜ 帕特雷大学
刘玉鹏 ｜ 云南大学	Stelios Virvidakis ｜ 雅典大学

主编 ｜ 崔延强 ｜ 西南大学

　　 ｜ 梁中和 ｜ 四川大学

策划 ｜ 西南大学希腊研究中心、四川大学西方古典哲学研究所

出版 ｜ 上海人民出版社

专辑预告

总　序

　　自陈康先生那代人算起，希腊罗马哲学研究在中国已近百年，五代有余。百年间，学人们守望着这个古老而幽深的本原，孜孜矻矻，弦歌不辍，尽管在特殊的岁月，辨识"是其所是"（to ti en einai）几近于一场艰难的日出。21世纪以来，我们欣喜地看到，一些年轻学者极为热诚地投身这项事业，使原本属于"冷门绝学"的园地陡增前所未有的热度。较之以往，一代新人有着良好的语言基础和哲学素养，能熟练运用古典语言研读古典文本。基于希腊和拉丁文本的希腊罗马哲学研究渐成学界共识和学术规训。

　　但毋庸置疑，希腊罗马哲学研究发展到今天，相对于外国哲学的其他领域，还是略显单薄和孤寂。主要因为古典哲学文献的发现、辑录、考释和翻译是一件异常艰苦、令人望而却步的事，绝难适应现今短平快的评价体系，故愿为者寡。另外，用得放心、经得起检验、文字清通可读的研究性译本不易遇见，现代西语转译的文本顺手拈来，倒也方便。比如，今天伊壁鸠鲁的欲望治疗似乎成为热门话题，但通常接触到的伊壁鸠鲁"原文"多半转自二手英译本，加上汉译者也许从未研读过希腊文本，要害处准确与否就只能猜测了。因此，有关伊壁鸠鲁唯一流传下来的三封书信和《主要原理》(*Kuriai doxai*) 40 条，古代学者辑录的《梵蒂冈伊壁鸠鲁语录》(*Gnomologium Vantican Epicureum*) 81 条，罗马诗人卢克莱修的《物性论》，西塞罗、塞克斯都·恩披里柯、普鲁塔克、爱修斯等记载的伊壁鸠鲁文献，公元前 1 世纪伊壁鸠鲁主义者菲罗德穆的纸草残篇，公元 2 世纪奥伊诺安达 (Oinoanda) 的伊壁鸠鲁主义者第欧根尼的铭文等系统辑录和译注，对于伊壁鸠鲁哲学的研究无疑构成前提条件。离开这些古典文献的放心译本，我们何谈伊壁鸠鲁治疗术？所以，致力于一手文献本身的研究和翻译，为读者提供准确可靠、流畅通达的译本，不至于如读"火星文字"而让人望文兴叹，就显得格外迫切了。再者，希腊罗马哲学的研究领域也有失均衡：希腊有余，罗马不足；古典时期名哲多，晚期希腊流派少；灵魂治疗、城邦正义过热，自然元素、理性真理过冷。一些重要领域，如希腊罗马的宇宙论、物理学、逻辑学、语言哲学、知识论等似乎少有问津，犬儒派、伊壁鸠鲁派、斯多亚派、怀疑派、漫步学派、新柏拉图主义等晚期希腊的主要哲学流派门可罗雀，甚至有的话题尚未进入视野。同时我们看到，对 20 世纪 80 年代以来国外同行最新研究成果的系统介绍也相对滞后。"跟着说"的时钟似乎总是徘徊于 19 与 20 世纪之交，尽管那个时代有着说不尽的值得关注的一代学人。

为此，我们热切期待希腊罗马哲学研究能有一个专门学术园地，集同行之智，博众家之长，首发经典文本译注、新近成果译介和原创性论文。我们深知，要暂时放下成果之忧，实现"首发"这一目标，其困难非常之大，还要靠同行齐心协力、共筑家园。尽管我们无法预知这个系列的"诗和远方"，但我们相信只要持之以恒地走下去，一书一主题，每本有新意，前景是不会暗淡的。我们愿意用心烛照这个依稀可辨的思想场域！

编者　崔延强　梁中和

2020 年中秋于巴山蜀水

目　录

青年学者论坛

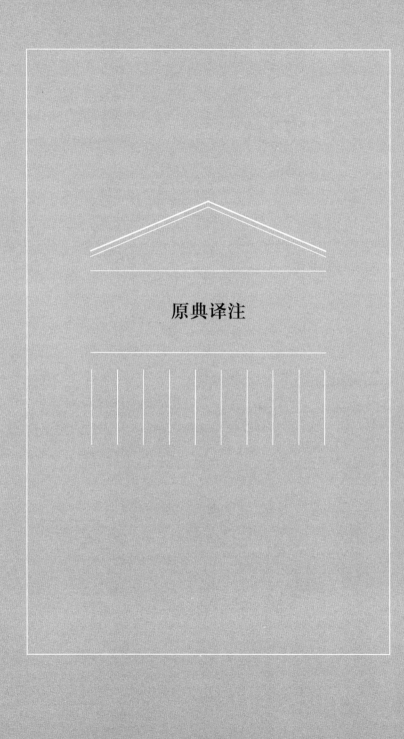

原典译注

伊壁鸠鲁派、斯多亚派和新学园派关于神学问题的论辩*

马库斯·图留斯·西塞罗　张鹏举[1]　崔延强[2]　编译

[编译者按] ————————————————————

西塞罗是古罗马从共和国时代迈入帝国时代的重要见证人，他的《论诸神的本性》（*De Natura Deorum*，缩略为 *DND*）一书的根本主题是为正处在这一变革中的罗马社会确立道德的形而上学基础。在古代语境中，"形而上学"（metaphysics）是在"物理学"（physics）或"自然哲学"之后的，即它是以物理学为前提讨论的。物理学是关于世界及其存在方式的研究，其核心问题是世界的"始因"（*archē*）问题。"始因"分为"质料因"和"作用因"，作用因一般被认为高于质料因。因此，物理学的核心问题又进一步凝结为神学问题，即关于神是否存在、神的特征、

---

* 本章摘选自［古罗马］马库斯·图留斯·西塞罗（Macus Tullius Cicero）：《论诸神的本性》，崔延强、张鹏举译，中国人民大学出版社 2023 年版。该译著依据 Cicero：*De Natura Deorum*, *Academica*, M. A. H. Rackham (ed. & trans.), in Loeb Classical Library, Cambridge, Massachusetts: Harvard, 1933; *De Natura Deorum*, F. Brooks (ed. & trans.), London: Methuen, 1896, 主要从拉丁语译出，并参考了其中的相关注释。

[1] 张鹏举，西南大学哲学系博士生，主要研究希腊化时代哲学。

[2] 崔延强，西南大学教授，长期致力于希腊哲学，尤其是希腊化哲学研究。

神与世界（宇宙）的关系、神与人的关系等问题。西塞罗对希腊化时代的主要哲学学派的神学进行了一番批判性的"审视"（*skeptesthai*），讨论了神学乃至宗教对于人的道德行为和幸福生活的意义，因而他在《论诸神的本性》中实现了从关于"世界"的研究过渡到关于"世界中的人"的研究。这里我们对此书做了编译，展示了伊壁鸠鲁派以原子论为基础的神学观点、斯多亚派强调人与世界和谐一致的自然神论，以及新学园派在"存疑"基础上对各种独断的神学观点的辩难，因而为读者研究希腊化时代的神学、物理学提供了一手文献。文中的中括号为段落标号，其中的阿拉伯数字表示"段"，每卷重新编号，如［1］，即此卷的第一段。此外，引用格式为：文献缩略语 + 卷数 + 段数，例如，*DND* 1.1，即《论诸神的本性》第 1 卷第 1 段。

一、神学问题论辩的缘起[1]

［1］哲学中有许多疑难尚未以任何方式得到令人满意的澄清，而布鲁图斯（Brutus），如你所明见，[2] 关于诸神本性（de natura

---

［1］ 本章及第二、三章都摘译自《论诸神的本性》第一卷。西塞罗意识到，一方面，关于神不存在的论证和神不干涉人世的论证将引发道德危机；另一方面，关于神存在的论证存在众多的分歧，同样让神正论遭遇崩塌的危险。因此，他效仿新学园派的"辩难"（*aporētikē*），主张"列出哲学家关于众神本性问题的种种看法。……就这一主题，全世界的人都会聚拢来，看一看、谈一谈哪种观点是对的"（*DND* 1.13）。由此引发出科塔（新学园派）、威莱乌斯（伊壁鸠鲁派）和巴尔布斯（斯多亚派）关于神学问题的论辩。

［2］ 布鲁图斯是西塞罗的朋友。西塞罗在《论诸神的本性》的开篇向其友人布鲁图斯解释了他从事哲学研究"于公于私"的原因：其一，"国家的局势到了需要个人的意志和指导来维系的关头。在此种情形下，我首先想到哲学应该为了国家的利益而被带到我们的同胞面前"（*DND* 1.7）；其二，"另一个促使我从事这类研究的原因是命运的沉重打击而造成的心灵创伤"（*DND* 1.9），即他女儿图利亚（Tullia）在公元前 45 年 2 月中旬去世。此外，他也解释了自己追随具有怀疑论倾向的新学园派的原因："为了发现真理而对所有的哲学理论都做一番肯定或否定的评判"（*DND* 1.11）。

deorum）的探究却举步维艰，尤为晦暗不明。该探究升华人们对灵魂本性的理解，又为规范宗教习俗所必需。卓越的思想家对此的观点莫衷一是、众说纷纭，强有力地证明了哲学的根源和起点是无知（inscientiam），而学园派哲人对待模棱两可之事不作断言（adsensionem）是明智的。[1]难道真的有什么事能比鲁莽更让人丢脸？还有什么事比怀有谬见或毫不迟疑地捍卫没根没据的东西更莽撞，更匹配不了哲人（sapientis）的尊严和高贵的品质？[2]关于该探究，在持各种各样看法的哲人中，更多的佼佼者都确认了众神的存在；这是最有可能的结论，我们都自然而然地倾向该结论；但普罗泰戈拉（Protagoras）说他感到怀疑，梅洛斯的迪亚戈拉斯（Diagoras）和居勒尼的塞奥多罗（Theodorus）认为根本就没有神的存在。此外，那些声称众神存在的人也有着五花八门的观点和分歧，一一列举不免乏味。因为大多数观点都论及诸神的形态，以及他们的位置、居所和生活方式，并且这些观点都引发了哲学家之间激烈的争论；而在这些问题里，我们讨论的要点主要包含：众神是否什么事都不做，是否不规划任何事情，是否超然于世事变化之外，并不受各种事务所累；还是一切都从一开始就由他们创造和确立，并且由他们永远地支配和引领。特别是，关于这些问题的观点针锋相对是不可避免的，除非这些都尘埃落定，否则人类便会被卷入巨大的混乱当中，乃至对至关重要之事一无所知。[3]一直以来，有一些哲学家认为众神完全不管控人事，若他

---

[1] 学园派，即以阿尔克西劳（Arcesilaus）和卡尔涅亚德（Carneades）为代表的具有怀疑论倾向的柏拉图主义者。西塞罗认为他们有别于斯彪西波和色诺克拉底等忠实于柏拉图思想的柏拉图主义者，故又将其称作"新学园派"。

们的观点是对的，则何谈虔诚（pietas），何谈神圣（sanctitas），何谈宗教义务（religio）？这些都孕育于内心的赤诚，归因于众神的神性，也只有奉献的祭品源于此，并且一些事物由不朽的神授予人类，这才是有意义的。然而，如果他们既无力量也无意愿帮助我们，如果他们一点儿都不关心我们，也不在意我们的所作所为，如果他们不可能对人类的生活施加丝毫的影响，那么我们为何还要向不朽众神致以敬意，献上荣耀或致以祈祷？此外，利用空洞而做作的信仰伪装，虔诚不会比其他美德更有立足之地；神圣和宗教义务也必将随着虔诚而消失。当这一切都不复存在，生活就会陷入或大或小的混乱；[4]当对众神的虔诚消磨殆尽，我不知道忠诚、人与人之间的友善和作为美德之首的正义（iustitia）会不会也随之消逝。

但是，另一些哲学家，并且其中一些人声名赫赫，他们相信整个宇宙都由众神的心智（mente atque ratione）所主导和统摄；不仅如此，众神也要为人类的生活建言建议和出谋划策（consuli et provideri）；因为他们认为，大地上的庄稼和其他果实、风雨雷电、春夏秋冬、天相变幻，以及土地上所有物产的生长和成熟，都是不朽的神赐给人类的礼物。他们举出了许多例子，这些将在本书中陆续被提到，它们恰好证明了不朽的众神为了人类的利益创造了一切！相反，卡尔涅亚德为智力探索真理的渴望所激励，提出了许多反对这种观点的论证。[5]事实上，不仅在目不识丁的人之间，而且在学识渊博的人之间存在着如此明显的分歧。他们中意的观点如此莫衷一是又相互对立，这当然可能表明它们没有一个是对的；而绝不可能的是，它们中不止一个是对的。[14]……肯定的是，即使是那些自认为拥有某些真知的人，当看到大多数训导者在如此重要的问题上表达出各种截然不同观点时，也不得不转而感到犹疑。

[15]我常在许多场合都注意到这些不同的观点，但最多的还是在友人蔡乌斯·科塔（Caius Cotta）的家里彻底而详细地讨论该主题的时候。〔1〕我应他的邀请在拉丁节造访，看见他坐在大厅外的一个休息处，正与议员蔡乌斯·威莱乌斯（Caius Velleius）讨论。当时，威莱乌斯被伊壁鸠鲁派视为指派到我们中间的首席代言人。昆图斯·卢西留斯·巴尔布斯（Quintus Lucilius Balbus）也在场，他精通斯多亚派的哲学，其才华可与在这方面领先的希腊人相媲美。

科塔见到我，便向我打招呼："你来得正是时候，我同威莱乌斯为一个重要的主题发生了争执，想到你对这方面很感兴趣，你不参与进来就太不合适了。"

[16]"如你所言，"我答道，"我来得正好，三个学派的主要人物都在这里碰头了。要是马库斯·庇索（Marcus Piso）也在场，〔2〕那么无论如何都不是一个而是绝大部分的哲学观点都有自己代言人了。"

[17]……我回答说："至于我们学到了什么，那是科塔的事，可千万别把我想作他的盟友。我是一个倾听者，不带偏见，不作是非定论，也不受约束，不会贸然地为哪种固有的观点作辩护。"

---

〔1〕 科塔在此书中代表新学园派。
〔2〕 庇索代表漫步派。

二、神学问题论辩的背景[1]

[25]"……米利都的泰勒斯（Thales）是第一个探究这一主题的人。他说水是万物的始基，又说神明用水创造出万物的心灵——设想神明可以没有感觉而存在；如果心灵本身就可以脱离形体（corpore）而存在，那么他又为何除了心灵之外还提到了水？阿那克西曼德（Anaximander）的观点是，众神在漫长的轮次中生灭，演化出一个又一个世界。但是，除了不朽之外，我们还能把神想成什么样子呢？[26]其后，阿那克西美尼（Anaximenes）称，神是气，神业已存在，其广大无边，无始无终，运动不息；仿佛无形体的气就是神，但我们又确实明白，神不仅应该有某种形体，而且应有最美的（pulcherrima）形体；并且，他说得好像死亡不会降临到任何一个有开端的事物上一样。接着，阿那克萨戈拉（Anaxagoras）发展了阿那克西美尼的学说。他第一个提出了万物的秩序和尺度都是由无限心灵（mentis infinitae）的力量和智慧（vi ac ratione）规划和完成的。但他没有看到，在这种无限的事物中，也可能不存在任何与感觉相关联并结合的运动；同时，一些事物自身的本性一直被他者影响，却没有感知的能力，也一点儿没有感觉。接着，如果他将无限的心灵想成某种有生命的东西，那么就一定存在一些生命的内在原则，来证明它名副其实。但是，除开心灵，还能有什么更内在的部分？于是，只得给心灵加上一个外在的（externo）躯壳。[27]

---

〔1〕 本章是西塞罗借助伊壁鸠鲁派的威莱乌斯之口对古希腊哲学中的主要神学观点的概述，可视为本场神学问题论辩的理论背景。

但这连他本人也不会允许；心灵是赤裸裸的、简简单单的，也不附带任何材质，以之作为感觉的器官，而这对我们显得莫名其妙。克罗顿（Croton）的阿尔克迈翁（Alcmaeon）把神性赋予日月星辰，也赋予灵魂，却没有意识到自己将不朽赋予了可朽之物。[1] 至于毕达哥拉斯（Pythagoras），他认为灵魂（animum）贯穿并渗透了万物的全部本性，而我们每个人的灵魂都是其中的一部分。他却没有注意到，由于人类灵魂的分有，神圣的灵魂已经支离破碎，并且当人类灵魂受苦时，也就是神圣灵魂的一部分在受苦，而这是不可能的。[28] 此外，如果人类的灵魂是神圣的，那为什么它却对任何事情一无所知呢？再者，如果神明不过是纯粹的灵魂，那么他是如何被放置（infixus）或灌注（infusus）到整个世界的？然后，色诺芬尼（Xenophanes）认为万物的无限集合与心灵相结合，共同构成了神。这种观点很主观。他在心灵自身的问题上受到与其他人相同的责难；而在无限的问题上，他会招致更加严厉的批评。这是因为无限者也可能没有感觉，也不能同任何外部事物相结合。至于巴门尼德（Parmenides），他引入了一个类似皇冠的臆想之物（用他的词是'斯特凡'[stephane]），即一轮环绕天宇的连绵不断的明亮火环，他称之为神；但没有人能想象出这其中有神圣的形式或感觉。他也在其他方面夸大其词；他说神是战争、纷争、欲望，以及其他同类事情的罪魁祸首，这些都可能会因疾病、睡眠、健忘或年老而终结。他在星辰问题上也是如此，但我在讨论其他哲学家时已经批评过了，就不必赘言了。[29] 恩培多克勒（Empedocles）在许多问

---

[1] 伊壁鸠鲁在物理学上的基本立场是原子论，认为星辰和灵魂都是由原子组成的，因而会分解，是"可朽之物"。

题上都犯了错，而最难以置信的错误是他在神性问题上犯下的。他相信，四种自然元素复合成万事万物，因而是神圣的，但这些元素显然是生成的，最终会湮灭，并且没有一点儿知觉。普罗泰戈拉称自己关于众神没有什么明确的观点，不论他们是存在还是不存在，或者有什么特征：他似乎在神性问题上全然不知。至于德谟克利特（Democritus），他一时用众神的数量比对事物的形象及运动，一时将神归为分散和放射出万物影像的自然力量，一时幻想着神流溢出我们的悟性和理智——难道他没有陷入最大的谬误吗？当他进一步肯定，没有什么是永恒的，因为任何事物不能以自我同一的状态一直存在，难道这不与神性相悖，否定了神存在的持续性吗？阿波罗尼亚的第欧根尼（Diogenes）把气说成神，而气哪有知觉或神圣的形式呢？[30] 柏拉图对此的观点有多么不融贯（inconstantia），讨论起来就又多又长了。他在《蒂迈欧》中说，我们叫不出这位世界之父的名字；在《法篇》中也称，我们根本不应该对神性进行任何考察；而在《蒂迈欧》和《法篇》中，除了我们从祖先的宗教信仰中继承的神明之外，他还将神性归于世界、天空、星辰、地球、人的灵魂。这些观点错得明明白白，也自相矛盾。此外，他相信神不借助任何躯体而存在，就像希腊人说的 'asomatos'（非物质性的）。但是，不具形体的神是难以想象的，因为这种神一定没有感知（sensu），没有审慎（prudentia），没有快乐（voluptate），没有我们心中的关于神的所有品质。[31] 色诺芬（Xenophon）也犯了同样的错误，只是把话说得简短些了。他在对苏格拉底的回忆中，[1] 称苏格拉底认为神的

---

〔1〕 即色诺芬的《回忆录》（Memorabilia）。

本性不应成为探究的主题，却又断言太阳和灵魂都具有神性，有时说神是一个，有时又说神是多个。这些说法犯的错误与我们谈论柏拉图时提到的错误几乎相同。[32] 接着，安提斯泰尼（Antisthenes）在题为《论自然哲学家》（*Physicus*）的著作中宣称，虽然大众信仰着许多神，但仅存在一个神，那就是自然，这否定了众神的力量（vim）和本性（naturam）。斯彪西波（Speusippus）也极其相近，他追随他的舅舅柏拉图。他试图夺走我们心中有关众神的知识，把神描述为一种万事万物都由之引导的能动力量。[33] 亚里士多德在他《论哲学》（*De Philosophia*）的第三卷中观点混乱，与他的老师柏拉图的学说［没有］差别。[1] 在文中，他有时把绝对神性归结于心灵，有时又把世界本身当作神；有时指出世界居于某种力量的支配之下，并赋予它一种权能，可以通过一种逆向的移动来规范和维持宇宙的运动；[2] 有时他说空中的热气（caeli ardorem）[3] 就是神——这没有理解天空是世界的一部分，而他又在别处把世界本身冠以神的名号。而且，他何以将神圣的意识赋予那一直迅疾移动着的天空呢？如果我们把天空算作神，那么哪里找得到其他众神落脚的地方呢？这时，他只能进一步坚称神是没有形体的，但这就完全剥夺了神的意识和思虑。此外，如果神没有形体，那么他是如何移动的？另外，如果他一直在动，他又如何能享有平和（quietus）与幸福（beatus）？

---

〔1〕 该书现已佚失。"没有"是必要的修改，因为安提奥库（Antiochus）将漫步派的学说与柏拉图思想视为一致的，而西塞罗又常常持有同样的看法。

〔2〕 亚里士多德在解释行星的不规律运动时将其描述为朝相反方向旋转的球体；本处的"replicatio"（逆向移动）或许就是对此类"反向运动"（counter-rotation）即"*aneiliksis*"的翻译。但是，这一概念是否扩及整个宇宙并不清楚。

〔3〕 "空中的热气"即"以太"（the aether）。

[34]亚里士多德的学友色诺克拉底（Xenocrates）在此类问题上也没有显得更高明。其著作《论诸神的本性》（*De Natura Deorum*）对神圣形式并没有什么出色的描述；他的说法是，有八个神，其中五个就是我们所说的五大行星；有一个由空中的所有恒星形成，仿佛由许多零散的四肢拼接而成，我们将其视为一个单一的神；太阳算作第七个神，第八个神是月亮。但是，我们无法想象这些神是如何意识到幸福的。庞图斯（Pontus）的赫拉克利德（Heraclides）也属于柏拉图学派，他的著述里充斥着幼稚的神话。他有时相信世界是神，有时又相信心灵是神；他还将神性赋予行星，从而剥夺了神的感觉，并将神的形态描绘成变化的；而在同一本书中，他又将大地和天空纳入众神之中。[35]泰奥弗拉斯托斯（Theophrastus）的矛盾同样让人受不了。他在此处将至高无上的神性归诸心灵，在彼处又归诸天空，还在别处归诸空中的繁星和星座。他的学生斯特拉托（Strato）被称为自然哲学家，同样不值一提。他认为所有的神圣力量都寓于自然。他说，自然包含了出生、生长和腐烂的原因，但缺乏一切知觉和形态，正如我们可以提醒他的那样。"

三、伊壁鸠鲁派的神学观点[1]

[43]"……任何一位觉得这些学说何其草率而鲁莽的人都应

---

[1] 本章是威莱乌斯对伊壁鸠鲁派神学的简述，着重讨论了关于神的观念的形成（以此作为神存在的一种证明）和神的"类肉体""类血液"的形体，可视作原子论在神学问题上的拓展。并且，伊壁鸠鲁派认为神不干涉人事，表明他们摒绝命定论，伸张人之自由的哲学追求。

该对伊壁鸠鲁抱有敬意，也把他列入那些我们考察的对象。[1]这是因为只有他最先领会到神的存在，称自然本身已将神的观念印刻到所有人的心灵中。哪个民族或种族没有关于神的'原初观念'（anticipationem），即使他们没有受过教育？这种观念被伊壁鸠鲁称作'*prolēpsis*'（前识），即由心灵所预想之事物的基本轮廓（informationem），若无它，则任何东西都无法理解，无法研究，无法讨论。[2]我们从伊壁鸠鲁的《论准则》（*De Regula*）这部受到神的点化而写就的书中获知了此推理过程的力量及其价值（utilitatem）。[44]你瞧，我们已为研究主题打下了坚实的基础。既然对神的信念并非受制于训令、习惯、法律，并且这种坚定不渝的共识（consensio）无一例外地遍及所有人，那么我们就必然推知神的存在，因为我们内在地乃至天生地持有关于他们的观念，并且所有人天然共有的信念也必定是真的。因此，我们必须承认神是存在的。既然所有人都确实认可这一真相，不仅哲学家如此，非哲学家亦复如是，那么我们必须承认下述观点也是成立的，即我们怀有关于神的'原初观念'或者如我前面提到的'预先概念'（praenotionem）。（因为我们不得不用新词汇来指称新概念，就像伊壁鸠鲁本人在以前无人用过的意义上使用了'*prolēpsis*'一样。）[45]我觉得，我们具有这样一种'前识'，让我们相信众神是有福的和不朽的，因为这种本性赋予我们众神的信念，也将他们是永恒

---

〔1〕 伊壁鸠鲁被其门人尊奉为神明。参见古罗马的伊壁鸠鲁派卢克莱修（Lucretius）所著的《物性论》（*De Rerum Natura*）5.8。

〔2〕 "*Prolēpsis*"在伊壁鸠鲁主义中指一种具有前提性的认知形态，故译为"前识"。它是感觉经验一般化的结果，构成认识事物的基础观念，但有别于理性认知下的"概念"。

而有福的（aeternos et beatos）观念镌刻在我们的心灵上了。若是如此，这条伊壁鸠鲁的著名格言就是真知灼见了——'有福而不朽的（beatum et inmortale）存在既不麻烦自己，也不给他者惹麻烦，因而它不受愤怒（ira）和喜悦（gratia）的驱使，这些意味着软弱（imbecilla）'。

"如果我们要的只是对众神的虔诚敬奉和对迷信的祛魅，那么我们所说的就足够了；因为众神的崇高秉性是永恒而至福的，他们本身就会得到人们的虔诚敬奉（因为一切卓越的存在理当激起敬仰之情）。再者，对神力和天怒的所有恐惧也会随之消弭（因为可以理解的是，愤懑和怜爱不容于有福而永恒的本性，并且这些情绪一旦消除，就没有什么恐惧可以凭其强力侵袭我们了）。不过，为了坚定这些信念，心灵还试图探寻神的形态（formara）、生活方式（vitae actionem）及其理智活动（mentisque agitationem）。

［46］"有关神的形态，天性给我们指示出（admonet）一部分，其余部分则由理性告知（docet）。就人的天性而言，我们当中的任何一个种族都不会将除人之外的形态归于众神。不管我们是醒是睡，众神还曾以其他面目示人吗？不过，我们用不着将所有情况都归因于原初观念，理性（ratio）本身也会表明（declarat）同样的东西。［47］最高贵者，无论是因为其有福还是永生，都应当是最美的——这点似乎是恰当的；怎样的肢体，怎样的神态，怎样的轮廓或外貌，能够比人的还要美？无论怎样，卢西留斯，你们斯多亚派不像我的朋友科塔那么摇摆不定。你们习惯于指出人体的各个部分构造得多么高妙，既美观又实用，从而展现了神圣造物主的心灵手巧。［48］如果人形优于其他所有生命物，而神也是有生命的，

那么神一定拥有这一绝美的形象。此外，还有一点是可以想见的：既然众神是至福的，并且没有德性（virtute）是不可能有福的，没有理性也不可能有德性，而理性也基于人形，那么可以确定众神是有人形的。[49]但是，这种形态并非肉体（corpus），而是'类肉体'（quasi corpus）；没有血液，只有'类血液'。

"伊壁鸠鲁的这些猜想过于精深，表达也过于晦涩，并非每个人都能弄明白。但我仍指望你们聪慧，可让我的阐述比论题的实际需要更加精简。伊壁鸠鲁不仅洞察了玄妙深奥的问题，还把它们处理得像是触手可及的东西，告诉我们：众神的实质和本性是通过心灵而非感觉体悟到的，并且也不是坚实的（soliditate）或者可计数的（numerum）东西，就像那些因其紧实而被伊壁鸠鲁称作'steremnia'的固体。相反，他们可被设想为那些因其相似性和连续性（similitudine et transitione）而被感知的影像（imaginibus），因为那些从神明涌向我们的原子和原子流构成了无限系列的类似影像，我们的心灵要满心欢喜地死盯着它们，以便理解众神有福而永恒的本性。[50]再者，无限者的伟力也值得认真仔细地反思。我们必须理解，这种力量构成了万事万物总体上的等量和平衡，即伊壁鸠鲁所谓的'平等分配'（isonomia）。由之推得，凡人的数量有多少，永生者也就有多少；如果毁灭性的力量不可胜数，那么保存性的力量也必定是无限的。

"巴尔布斯，你们斯多亚派常常问我，众神的生活是什么样子的，他们是如何打发时光的。[51]显然，无法想象还有什么生活比他们的更幸福，还有谁比他们享有更为丰富的好东西。神什么事都不做，不被凡事纠缠，不受劳作之苦，乐享自己的智慧和德性，所以他沉浸于最大的和永恒的幸福之中。[52]我们是对的,这种神才是有福的,你们斯多亚派的神累死累活得像个奴隶。如果世界本身就是神,那么还有什么比一刻不停地绕着天轴,并以不可思议的速度旋转更不安宁?然而,没有歇息(quietum)就没有幸福。此外,如果有些神存在于世界之中,统治和指引世界,维系着天体的运行、季节的更替和世事的变迁,照料着大地和海洋,守护着人们的福利和生活——他一定背负了苦不堪言的繁重劳役![53]相反,我们却明白,生活的福祉在于心灵的无干扰,以及所有劳作的免除。因为这位告知我们其余一切的人也教导我们,世界是由自然造成的,不需要什么工匠去构造它。你们学派所宣称的依靠神圣智慧才能完成的创造也不过尔尔,自然将会创造、正在创造,并已经创造出了数不胜数的世界。但是,你们没能看到自然如何无须借助心灵而完成种种创造。你们就像悲剧诗人,当无法给剧情结尾时,便只好向神求助了。[54]不过,如果你们意识到无边无际的空间延伸到四面八方,当心灵出神,驰骋得如此遥远、宽广,以至于看不到可以驻足的边界,那么你们就必定用不着神的介入了。这样,在这个长宽高均为无限的空间里,游弋着无穷无尽的原子,尽管它们被虚空隔开,但又通过彼此之间的吸引而联结在一起,由之构成相互联系的整体。由此,生成了万物的形状和轮廓(formae et figurea),这种在你们看来没有神的风箱和铁砧就无法锻造出来的东西。因此,你们在我们的脖子上套上了枷锁,让我们受制于永恒的暴君,这个让我们日日夜夜担惊受怕的君王。谁不害怕这个预见一切、洞察一切、关注一切,事必躬亲的大忙人和好事徒?[55]如此,这就引出了你们的必然性或命运的观念,即你们所谓的'hemarmenē'。它表明，无论发生什么都源于永恒的真理和因果性的链条。但如果就像一个无知的老妪所相信的那样，认为万事万物都有其定数（fato），那你们的哲学还有什么价值？接下来是你们的'mantikē'，拉丁语称作'divinatio'（神谕）。如果我们乐意听从你们，那么这种迷信就会吞噬我们。这样一来，我们就不得不向预言家、占卜师、神谕祭司、先知和释梦人致敬了。[56]但正是伊壁鸠鲁让我们免受迷信恐惧的煎熬，将我们解脱，因而我们不再害怕神，我们知道他既不麻烦自己也不给别人添麻烦，我们秉持虔诚和圣洁之心敬奉那卓越而高贵的（excellentem atque praestantem）神。"

四、斯多亚派的自然神论[1]

[3]"……一般说来，我们学派把你们关于不朽众神的全部看法分为四个部分，如下：第一，众神存在；第二，众神的本性；第三，众神掌控（administrari）世界；第四，众神照料（consulere）人类……[4]第一点，"卢西留斯接着说，"似乎都不需要讨论了，因为当我们仰观天穹，凝视天体的时候，还有什么比一些全知全能的神圣力量潜存其中更清楚明显的事实？如果不是这样的话，那么恩尼乌斯的诗怎么会引起普遍的赞同？他写道：

> 看看那边闪亮的星空，
> 都被冠以朱比特之名？

---

[1] 本章摘译自《论诸神的本性》第二卷，是巴尔布斯对斯多亚派的自然神论的阐释，其中也涉及斯多亚派生机论的物理学。

是的，不仅被冠以朱比特之名，还被尊为宇宙之主。他一点头，万物都为之驱使；就像恩尼乌斯所说的，他是'众神和人类之父'，恩泽广布（praesentem），神力无穷（praepotentem）。如果有人对此起疑心，我实在不明白为什么他们不会同样怀疑太阳的存在。[5]到底在什么方面，后者竟比神力这件事更显而易见？只有关于神力的概念为我们所牢牢地把握，才能解释我们对神的信仰为何会如此深笃而持久，只会随着时间的推移而愈加坚定，也会随着人类世代之更替而深入人心。我们看到，其他错误的、毫无根据的信念会随着时光漫漫而消逝。谁会相信半人马或奇美拉（Chimaera）曾经存在过？有哪个老妇人蠢到害怕过去信以为真的冥府幽灵？岁月摧毁了想象虚构出来的意象，但证实了本性的判断。

"因此，这就是为什么国内外的人对众神的崇拜和宗教的祭祀有增无减。[6]这并非无端而偶然的结果；究其原因，首先是众神经常显圣……[7]然后，说到对未来（futurarum）的预言（praedictiones）和预示（praesensiones），要是未来之事不会对人类有所显现（ostendi），有所预警（monstrari），有所预兆（portendi），有所预言（praedici），那么这些词汇，如'显现''预警''预兆'和'启示'（prodigia）从何谈起呢？[12]……这些例子，以及无数个类似的例子摆在眼前，难道还有人不承认众神的存在吗？因为关于某物的解释者存在，那么被解释的此物必然存在；神的解释者确实存在，所以我们必须承认神的存在。但也许并非所有的预言都能实现，也并非所有的病人都能痊愈，而我竟然被告知，治愈的技艺不存在！未来事件的迹象由众神披露，人们或许会误解这些迹象，但这都不是神圣本性的错误，而是人类自己瞎猜造成的。

"因此，在这一点上，所有民族的每个人都会同意，因为众神存在是每个人与生俱来的（innatum）信念，毫无例外地铭刻在我们的心灵中。[13]虽然人们对他们的本性有林林总总的看法，但没有人否认他们的存在。这里，我们学派的克莱安塞（Cleanthes）说，由于四个因素，人们的心灵产生了关于众神的观念：其一，他提到了刚才我说过的那个因素，即这种观念起源于对未来的预测；其二，我们发现温和的气候、肥沃的土地，以及其他众多的福祉带给了我们数不尽的好处；[14]其三，一系列的异象震撼了我们的心灵，如闪电、风暴、骤雨、冰雪、冰雹、沙漠、瘟疫、大地的变迁和频繁的轰鸣、纷如雨下的石块、血红色的雨点、山崩地裂，还有那显示人类和动物可怕预兆的、天空中仿佛火炬一般的星星，希腊人称之为'彗星'（cometae），我们的同胞称之为'长发星'（cincinnatae）……[15]第四，这是最重要的一个因素，他列举了运动有常、天穹的运转、日月星辰的运行，以及它们的多彩、美丽和秩序，仅仅是这些事物的出现就足以表明它们不是偶然的产物（fortuita）。就像一个人走进一所房子、一个运动场或一片集市，看到一切都被安排得井井有条，他完全可以设想这些事情的发生都是有原因的，也会想到存在某种掌控全局且统摄一切的力量。这种力量在沧海桑田之中，在万物有序之中，在世世代代之中，从来没有辜负过人们的期望。因此，他势必得出结论，大自然如此伟大的运动（tantos naturae motus）是由某种智慧之力指引着的。

[16]"虽然克律西波头脑敏锐，但他的讲话都直接生发于本性，而不是他自己的探究所得。他说：'这是因为，如果存在为人的心灵、理性、力量和能力所不能创造的东西，那么就必然存在一

个能创造这一切的超越人类的力量；既然天体和所有遵循永恒秩序的现象都不能由人所创造，那么，创造出这一切的力量就胜过人类。如此一来，还有比将它称作神更好的做法吗？事实上，如果没有神，那么就没有在本性上高于人类的存在了；既然神是有理性的，那么就没有谁能在理性方面比他更加优秀。但是，竟然有人认为，在整个宇宙中没有比人类自己更崇高的力量了——这是十足的无知（desipientis）和傲慢（adrogantiae）。因此，存在更崇高的力量，而它正是神。'［20］……这些我们试图详细阐释的观点曾被芝诺总结如下：［21］'拥有理性的（ratione）的比那些没有理性的更优秀；没有什么比宇宙更优秀；因此，宇宙具有理性。'同样，宇宙也可以被证明是智慧的、有福的和永恒的，因为具备这些品质的所有东西都会比那些没有这些品质的东西更优秀，并且没有什么东西比宇宙更优秀。由此方法，宇宙可以被证明是神圣的。芝诺接着说：［22］'若整体无知觉，则部分无知觉；宇宙的一部分是有知觉的，因而宇宙整体就是有知觉的。'他进一步推论，并更为精确地阐释了自己的观点。他称：'没有任何无生命、无理性的东西可以产生出一个有生命、有理性的存在；既然宇宙产生了有生命、有理性的东西，那么宇宙本身就是有生命、有理性的。'……

［23］"然而，虽然我已经开始采用一种不同于最初讨论时所用的方法来对待本主题（因为我开始时说过，众神存在对所有人来说都是显而易见的，这一点不必再讨论了），但我现在仍然希望此观点在物理学或自然哲学上得到证实。下面的例子就是事实。任何一种会繁衍生长的东西都包含了热（caloris）的原则，如果没有这种

原则，那么繁衍生长是不可能的。因为每一个拥有热和火的东西都自为地运动着，由此变得生机勃勃；而它们的繁衍生长始终是固定而一致的。并且，只要此类运动在我们体内存在，感觉和活力就会持续存在。但是，当热量冷却和消退时，我们自己就会衰弱，就会死亡。[24]……所有的生命，无论是动物还是大地的作物，都是由于它们内部的热性，才如此这般地运动着。由此可知，热的原则本身就包含着一种贯穿整个宇宙的生命力……

[29]"……因为大自然中每一个非孤立的或单独的，而是与其他事物结合和联系在一起的元素，本身都含有某种主导原则（principatum），例如人的心灵和动物的一些类似于心灵的激发它们欲望的东西。至于树木和作物，其主导原则寓于它们的根部。我用'主导原则'来表示希腊人所谓的'引导力'（hēgemonikon），它不但能够而且应该在每个物种（genus）当中居于主导地位。因此，如果某种元素包含整个自然的主导原则，那么它必定至善至美，至高无上。[30]现在我们看到，宇宙的各个部分（因为整个宇宙中的任何事物都是宇宙整体的一部分）都存在感知和理性。因此，这些品质必须存在，并更生动地和更多地存在于主导原则所在的整个宇宙当中。由此，宇宙必定是智慧的，并且孕育万物的元素也必定在理性方面出类拔萃。由此，宇宙必定是神圣的，宇宙的全部力量由之汇合的元素也必定是神圣的。

"此外，宇宙所拥有的炽热光芒，相比那些维持和助益我们自身存在的热量，更加纯净、更加清晰、更加闪耀，因而更适于唤起人们的知觉。[31]既然人类和动物都由这种光热所维系，并因它运动和感觉，那么要说宇宙没有感觉，这就极其荒谬了。因为宇宙由一种燃烧的热维持着，而这种热是纯洁的、自由的、纯粹的，并且无孔不入，富有蓬勃的生命力；特别是，这一属于宇宙的热，其自身的运动是自主的、自为的，不受他物的扰乱，不受外界的影响。你看，什么能比宇宙更强大，能够释放出并搅动起维系一切事物的热气？[32] 让我们听听柏拉图关于这个问题的看法。柏拉图，我们可以称他为哲学家之神。他认为，有两种运动，一种是自在的，另一种是派生的；一个自主的自我运动的事物比那些由他物影响而运动的事物更具神圣性。前一种运动，他宣称仅存在于灵魂（animis）中，并且运动的原则都由其而来。因此，既然所有的运动都是从宇宙所拥有的热量中产生的，并且热的运动是自主的，不受其他事物的推动，那么热就是灵魂。由此，他证明了宇宙是有灵魂的……

[33]"此外，要是我们希望考察万事万物，从它们的混沌状态一直到最终完满的境地，那么我们就一定会发现神圣的本性。我们观察到，自然所维系的第一类事物就是那些从大地中生长出来的东西，而自然赋予它们的仅仅是保持自身繁衍生长的能力。[34] 自然赋予动物以感知、运动、冲动，添上了某种欲望和冲动，助其趋利避害。它将理智作为额外的馈赠赐给人类，这是为了调节心灵的欲望（adpetitus）——有时可以释放欲望，而有时克制欲望。不过，处在第四个也是最高的阶段的存在者生得善良且智慧。它们不变形式中的真正理性是与生俱来的，应当看到这种理性高于人类，并且必须将其归于神圣的存在，即宇宙。在宇宙中，这个完整和完美的理性必须存在。[35] 因为不可否认，每一类有机的整体都必定存在某种终极（extremum）而完美的（perfectum）理想之物。我们

看到，就像藤蔓或牛一样，除非有某种力量介入，否则自然就会以它自己的方式渐臻完满；如同绘画、建筑和其他艺术需要获得精湛的技艺，整个自然更是如此，迈步前进，达致完满和完美。许多外部影响可以阻止其他种类的事物实现完美，但没有什么能阻挡宇宙整体的进程，因为它本身就囊括和包含了形形色色的事物。因此，第四个也是最高的阶段定然存在，其他任何外在的力量都无法将其摧毁。[36]现在，正是在这个阶段，宇宙本性居其中。既然世界万有都比不过它，没有任何东西能够阻挡它，那么由此可知，宇宙是理性的，而且是智慧的……

[57]"如此一来，我相信，在讨论这个主题的时候，我从探究真理的领头人芝诺那里求得的首要的原则，就断然不会出错了。芝诺定义了自然，称它是'艺术般（artificiosum）燃烧的火，它以某种一成不变的方法进行创造'。因为他坚称，创造和生产是艺术的主要功能，我们使用的艺术作品大多出自匠人之手，而更多的是自然的鬼斧神工。自然，即我所谓的艺术般燃烧的火，它是其他艺术的师父。事实上，自然遵循着一条路径和一条规定的道路，因而根据这一原则可以说，自然的每个部分都是艺术的。[58]同时，就宇宙本身而言，它把所有的东西都囊括在内。于是，芝诺说，存在于宇宙中的自然不仅是'艺术的'（artificiosa），而且更是一位'艺术家'（artifex），为万物的收益出谋划策，提供便利。正如自然中的其他部分由它们自己的种子生发出来，并受其控制，因而自然整体的所有运动及其意念和欲望的冲动（希腊人称之为 *hormai*）都是自为的。这一特征也符合我们自己从事的相应的活动——我们受到感情（animis）和感觉（sensibus）的驱使。这种

贯穿在宇宙心灵中的自然可正确地被描述为审慎（prudentia）或天意（providentia），它的希腊称谓是 'pronoia'。它试图预定和操控的，首先是让宇宙尽可能秩序井然，持久永恒；再是让宇宙补给充盈；简言之，就是让宇宙展现出完美而灿烂的奇迹。

［59］"我们已经讨论了整个宇宙，也讨论了天体，结果发现许多神圣的存在者显然不是懒惰的，而是在勤勤恳恳、任劳任怨地做着自己的工作。这是因为，他们不是由血管、神经和骨骼组成的；他们不靠吃喝维生，因而体内的汁液不会流得太急，也不会过缓；他们的身体也不是那种摔不得、打不得的体质，也不会担心因四肢疲劳而生出病患——而诸如此类的恐惧迫使伊壁鸠鲁编造出仅有轮廓、什么事都不做的神明。［60］不对，众神本该拥有一种最美的形态，生活在天上那片最纯净的地方。并且，从运动及其轨迹来看，他们似乎将一切都结合在一起，以维持（conservanda）和保护（tuenda）万物……

［81］"接下来，我要说明的是，所有事物都服从自然，并且由自然最有效地（pulcherrime）治理着。但是，先得简要解释一下自然究竟是什么，以便更容易理解我要表达的观点。有些人认为自然是一种非理性的力量，造成物体中的必然运动；另一些人则认为它是这样一种力量，即拥有理性（rationis）和秩序（ordinis），有条不紊地发挥作用，并清楚地揭示它所造成的每一种结果的原因，并展现伴随每种原因的结果——这种力量，没有哪种技艺、技能或工艺可以通过模仿而获得。因此，他们说种子的力量虽然微弱，但要是落入了一种接受和包裹它的基质中，并获得了可以供其滋长的养料，它就会努力长成某个物种，各从其类。一些物种仅仅由

自己的根（stirpes）滋养，而另一些物种能够运动（moveri）、感觉（sentire）、欲望（appetere），并参照自己创造出自己的类似物。[82]另一些人将万物的总和附以'自然'之名。比如，伊壁鸠鲁，他将所有存在物的本性都划分为物体（corpora）、虚空（inane）及其属性。至于我们的学派，当我们说宇宙是由自然维系和治理的时候，我们说的并不是一块块泥土，一沓沓石头，或者诸如此类的东西，其中仅有聚集（cohaerendi）的自然原则；我们说的是一棵棵树或一只只动物，其中没有任何偶然的结构，却有秩序和精心设计的外貌。

[83]"但是，如果那些根植于大地（terra）的物种要靠自然的技艺来维持自己的生命和活力，那么大地本身也一定是由同样的力量来维持的。这是因为，大地在被精子浸润之后，就会从自己的子宫繁衍出所有的物种，并用自己的乳房滋养各物种的根系，以促进它们的生长；反过来，它自己又得到在它之上的、外在于它的自然元素的滋养。此外，它也呼出气体涵养空气、以太和一切天体。如果自然让大地繁茂兴旺，那么宇宙的其他部分也会遵循同样的生存原则。这是因为，物种的根系深植于大地，而动物则靠呼吸空气维生；并且，正是由于空气的帮助，我们才看到，听到和发出声音：没有空气，这些事情就做不成。事实上，空气甚至随着我们的运动而运动，因为无论我们去哪里，无论我们在哪里运动，它似乎都要为我们让道。[84]此外，一些基质被带到宇宙的中心，这是它的最低点；一些被从中心往上面带；一些环绕中心做圆周运动：这一切都构成了宇宙统一而连续的本性。这些构成宇宙连续本性的基质有四类，它们由某种基质变化为另一种：土生成水，水生成

气，气生成以太；然后，以太反过来生成气，气生成水，水生成土这个最低的元素。这样，通过四种元素的上下前后的持续变化，所有的事物都由之构成，从而保持了宇宙各部分的关联。[85]这种关联要么必须是永恒的（sempiterna），如其所示的那样；要么维持相当长的时间，几乎一直持续下去，无穷无尽。无论你乐于看到什么，自然都是宇宙的管理者。舰船的航行，军队的布阵——或者再拿自然的作品做一次比较——藤蔓或树木的生长，以及生物肢体的形状和结构——难道这些都意味着，自然中的某部分拥有的技能可以像宇宙本身所拥有的一样多吗？这样，要么主张任何东西都没有受到有知觉之自然的统辖，要么就承认宇宙正是这样被自然统摄的。[86]的确，宇宙将所有其他自然物及其种子都囊括在内，那它自己又如何不能由自然来统摄呢？比如，有人说牙齿和作为发育的标志的头发是自然创造的，却说人自身不是自然创造的。那么，他就没有明白，创造者一定比创造物更加完美。现在可以说，宇宙就是所有被自然统摄之事物的起源、元祖、父母、培育人和哺育者，它滋养和维持（nutricatur et continet）这一切，并将其纳入自己而使之成为自己的一部分。但是，如果宇宙的各部分是由自然统摄的，那么宇宙本身也是如此。无论如何，自然的管理没有丝毫的闪失，因为自然已经创造出其基质能够产生的最好的东西……

[133]"人们会问，干了这么大的工程到底是为了谁。是为了草木，尽管它们没有感觉，但还是由自然滋养着？不，这无论如何都是荒谬的。是为了动物吗？这同样不可能，众神不会为了那些愚

蠢又无理性的动物劳心劳力。那么，有人会问，宇宙究竟是为谁创造的呢？毫无疑问，是为了那些有理智的生物。就是神和人，他们是无可匹敌的优异者，而理性是所有事物中最优秀的……

[154]"我们可以由此得出结论：宇宙中的一切，以及人类所利用的一切，都是为了人类而创造和准备的。

"首先，宇宙本身是为了神跟人创造的，而其中的种种事物是为了人的享用而设计和准备的。因为宇宙一直都是神和人共同的家园，或者说是属于两者的城市，因为只有他们可以运用理性，并按照公正和律法生活。这就像我们必须假设雅典和斯巴达是为了雅典人和斯巴达人而建立的，我们也承认城市中的一切都属于这里的人民，因而整个宇宙中的任何东西都必定属于神和人……

[164]"不朽众神劳心劳力、精心筹谋不单单是为了整个（universo）人类，也是为了每个（singulis）人。我们可以试着缩减人类的总和，并逐渐减少到较小的数量，最后就到达了个人。这是因为，出于我先前说过的理由，我们相信，众神会为所有人操心，无论此人身居何方，在海滨，还是在远离我们居住的这片大陆的他方。众神也一定会关心那些与我们居住在同一片土地上的人，这里横贯日出和日落的地方。[165]但是，如果众神照料那些生活在我们称之为'圆形大地'（orbem terrae）的广袤岛屿上的居民，那么他们也会关心这些生活在这个岛屿上任何地方的人，即欧洲人、亚洲人和非洲人。因此，他们也珍爱生活在如罗马、雅典、斯巴达和罗得岛的人。并且，他们珍爱这些城市中的每位市民，因为他们被视为整个群体中划分出来的一分子……"

五、新学园派对神学理论的辩难[1]

[61]"……探究众神的本性，第一个问题就是他们存在还是不存在。我被告知：'否认其存在很难。'即使在公共集会上提出这个问题，我都会如此认为，更别说在当前这样一场私人谈话中了。我本人身居大祭司之职，认为公共仪式和纪念活动理应得到最虔诚的维护，我自然会很乐意相信众神存在这样一个基本的观点；该观点不仅是一种信仰，而且符合事实。这是因为，虽然有许多令人不安的想法冒出头来，以至于我有时觉得神明并不存在，但请记住，我与你的看法完全一致。[62]我不会批评你们学派与其他哲学家的这些共同观点，[2]因为几乎每个哲学家，乃至我本人都相信众神的存在。那么，我就不争论这个了，但恐怕你们提出的论证还不足以说明问题。[XXIII]你说过，所有种族和民族的人都有同样的观念，这样我们就有足够的理由承认众神的存在。但是，这一论证本身就不值一提，而且虚假。首先，你怎么知道哪些民族确实持有这种信念？我确实感到，许多种族是如此野蛮，以至于没有一丝神的概念。[63]那被称为'无神论者'（Atheos）的迪亚戈拉斯，还有在他之后的塞奥多罗，不都公然否认神的存在吗？你刚才提到那位当时最杰出的诡辩家阿布德拉的普罗泰戈拉。因为在一部著作的开头说了'关于众神，我既不能说他们存在，也不能说他们不

---

[1] 本章分为两部分，摘译自《论诸神的本性》第一卷和第三卷，是新学园派代表科塔分别对伊壁鸠鲁派和斯多亚派神学理论的批判。
[2] "你们学派"指威莱乌斯代表的伊壁鸠鲁派。

存'，他就被雅典人裁决，驱逐出他们的城邦和领土，并且他的书也在集会上被烧毁。在我看来，很多人都不太愿意坦白自己不相信众神存在，因为他们看到普罗泰戈拉仅是表示怀疑都没能摆脱惩罚。如此，那些不恭敬者、不虔诚者和作伪证者，我们又该如何看待呢？正如卢西留斯（Lucilius）所说：'要是卢修斯·图布卢斯（Lucius Tubulus）、卢普斯（Lupus）、卡波（Carbo），或者尼普顿（Neptune）的儿子真相信众神存在，[1] 他们还会成为这样的不忠不孝之徒吗？'［64］你证明这种观点的理由并不像它看起来的那样可靠。不过，其他哲学家也是这么推理的，所以我现在就跳过去了，来好好谈谈你们学派所特有的观点。

［65］"我姑且承认众神存在，那么你告诉我他们从何时起源，在何地居住，他们的身体、思想和生活是什么样子的，这些我都想弄得明明白白。你的回答无非是扯出在什么问题上都管用的原子及其专横的统摄力量，就是你说的构成和创造万物的力量。它们就像俗话说的'露脸'了。但首要的是，根本没有原子这样的东西。因为没有任何东西可以脱离物体……并且每个地方都被物体的一部分所占据，所以不可能有虚空和任何不可分割的东西。[2]

［67］"……我姑且承认万物都由原子组成，但我们探究的是众神的本性，它们之间差十万八千里。［68］退一万步，就让众神由原子构成，那么他们就不再永恒了。因为那些由原子形成的东西在某个时候产生；如此一来，众神在诞生之前就不存在了。并且，正如你早先一再提到的柏拉图的宇宙观那样，如果众神有其开端，那

---

〔1〕 俗语"尼普顿的儿子"表示粗鲁、残暴的人。

〔2〕 此句原文有残缺。

么必定有所终。那么，你赋予众神的至福和永恒的属性何在？当你想证明他们确实有这些属性的时候，你就会寻求一些故弄玄虚的托词；你刚才就摆出了这样的套话：神没有肉体，却有类肉体；神没有血液，而有类血液。

[69]"这就是你一贯的做法，当你发表了一些不合适的言论，又企图逃避对它负责时，就用一种绝对不可能的论据来论证；那么最好的做法就是放弃这个有争议的原始论点，而不是如此鲁莽地极力辩护。譬如，伊壁鸠鲁看到，如果原子以自身重量下落，那么我们就没有什么自由意志了，因为原子的运动受制于确定性和必然性（certus et necessarius）。因此，他要找到一种摆脱（德谟克利特显然没有注意到的）决定论的方法：他说，虽然原子以自身的重量和重力（pondere et gravitate）垂直下落，但会稍微偏斜（dechnare）。[70]这种辩护比他放弃自己的立场更令人怀疑。他采纳了与逻辑学家一样的方法。他们规定，在公式为'要么是，要么不是'（aut etiam aut non）的所有析取命题中，其中一个选项必然为真。但他忧心忡忡，因为有以下一种命题，即'伊壁鸠鲁明天要么活着，要么死亡'，其中一个选项必定会成立。因此，他全然否认'要么是，要么不是'命题的必然性。还有比这样更蠢的了？阿尔克西劳曾经抨击芝诺，他本人坚持认为感官生成的所有印象都是假的，芝诺却说只有一些是假的，而非全部；伊壁鸠鲁则担心，如果有一个是假的，那么就没有什么会是真的了：他因而宣称所有的感官都报告了真理。所有诸如此类的论证没有哪一个是得当的，因为他们都不过是丢了西瓜，捡了芝麻。[71]他也用同样的策略处理神性问题。为了避免神成为原子的聚集物，生怕神会魂飞魄散，于是他就说，

众神没有肉体，只有类肉体；没有血液，只有类血液……

[74]"不过，说说吧，你是怎么理解'类肉体'和'类血液'的？你比我更熟悉这些事物，对此我不仅承认也心平气和地接受。而这些事物一旦被口述出来，为什么我们当中的某位能够理解，而另一位却不能？好吧，我明白什么是肉体，什么是血液，但根本不明白什么是类肉体，什么是类血液。这该不会是你对我有所保留吧，就像毕达哥拉斯过去对无知者做的那样，或者像赫拉克利特那样故意含糊其词地说话。但如果我们之间是畅所欲言的，那么你明白的也没有比我多多少。[75]我看到你的论点是，众神拥有某种形态（species）——没有紧凑性、坚固性、浮雕感或突出感，不混含杂物，也是恒常的、透明的。因此，我们这里说的这些也正是我们描述科斯岛的维纳斯（Venus）时所说的。该形象不是肉体，而是像肉体的东西，那泛着白光的东西不是血，而是某种血的类似物。同理，我们也可以说，在伊壁鸠鲁的神那里没有任何真实的东西，而只有某种类似真实的东西（similitudines rerum）。不过，就假设我相信那些尚不能理解的说法，那么请给我展示一下你那些捏造出的神明（adumbratorum deorum）的形象和特征吧。[76]在这个问题上不乏论据，你会很乐意借着这些论据来证明众神是具有人形。第一，因为我们的心灵形成观念和'前识'，这让人一想到神，就会把人形赋予神；第二，因为就神的本性而言，既然他在所有方面都是杰出的，他也应该拥有最美丽的形象，而再没有比人形更美的形象了；第三，你引入了这样的论点：其他形象不可能成为心灵的永恒居所。[77]现在，我请你们依次考察这些论证，因为你们在我看来仿佛在行使一项自己的权利，而实则僭取了一种无

论如何都不成立的假设。首先，难道真有这样一个人，对这个世界茫然无知，竟然没有发现：将人形归诸众神是智者编造出来的谎言，他们这样是为了更容易将未经训导的心灵从堕落的生活中拯救出来，从而崇敬神明；或者是出于迷信，给人们提供一种形象，好让大家相信如此就能接近圣神的存在了？此外，诗人、画家和匠人也强化了这种倾向，因为他们发现模仿除人形之外的其他形象，来展现众神在行动和生活中的形象并不容易。也许，你提到的那种想法（opinio）也起了作用，我指的是，人类相信自身是最美的。但是，难道你看不出，我聪明的自然哲学家，天生是个钻营的掮客（conciliatrix），并且可以说，善于逢迎？难道你认为在陆地或海洋当中有什么生物不对自己的同类生出最满意的情感吗？若非如此，为什么公牛不与母马结合，种马不与母牛结合呢？难道你相信鹰、狮子或海豚喜欢其他形象的生物胜过自己的？如果自然也以同样的方式要求人类相信没有什么形象比人形更美，这种感觉也会成为我们认为神人同形的原因——难道很奇怪吗？

[79]"……那么，问题是，他长得像什么样子的人呢？……[80]我们是否认为，众神中的任何一位即使不像罗司基乌斯那样斜眼，也仍然有一些眼病，或长着一点痣，或生了一个大鼻头，或扇着一副招风耳，或横着两条粗眉毛，或立着一颗大脑袋，或带有一些存在于我们身上的缺陷呢？还是众神的一切都很完美？你们承认后者是对的吧。众神都千人一面吗？如果不是，一个人的外表应该比别人的更美，因而一些神就没有极致的美貌（pulcherrimus）了。要是他们都一模一样，那么学园派一定会在天界大受欢迎，因为如果神与神之间没有区别，那么众神当中就无所谓知识

（cognitio）和领悟（perceptio）了。[1]

[81]"威莱乌斯，我们一想到神，立马浮现在我们脑海中的唯一形象就是人形，要是你的这个假设完全是不真实的，那该怎么办？你还会为这些谬见辩护吗？对我们来说，也许正如你所说的，因为我们打小就认识了朱比特、朱诺、密涅瓦（Minerva）、尼普顿、伏尔甘（Vulcan）、阿波罗（Apollo）和其他神，画家和雕塑家早就为我们固定了众神的形象，并且描绘了众神的装饰、年龄和服装。然而，埃及人、叙利亚人和几乎整个蒙昧世界都不太了解他们。你会发现，他们有些人更为坚定地信仰某种动物，胜过我们在圣庙里的虔诚和对众神的信仰……[83]那么，作为一名自然科学家，一个探索和追求自然的人，却在充斥着日常习惯的心灵（animis consuetudine）里寻找真理的证据，你不感到羞愧吗？

[87]"但是，'既然你不敢否认众神的存在，'我会对伊壁鸠鲁说，'那么是什么拦着你把太阳（solem）、地球（mundum）或者一些永恒的智慧（mentem）算入神的行列？'他会说：'我从来没有见过有理智（rationis）和意愿（consiliique）的心灵寓于人形之外的任何一种东西之中。'我问：'嗯？难道你没见过像太阳、月亮，或者五大行星这样的东西？太阳运行的轨道固定在一个圆环的两个极点之间，它旋转一周就是一年；月亮因太阳的光芒而明亮，并在一个类似的轨道上运行一周就成了一个月；五大行星维持相同的轨道，不过一些离地球近，一些离地球远，但都从同一起点开始运行

---

[1] 新学园派认为，事物的表象没有差异性（*aparallaxia*），一个所谓真实的表象也必定伴随一个与之不能分辨的虚假表象，因而我们无法对事物做出或真或假的判断，也就不能认识事物。

而完成了各自周期的行程。[88]你见识到其中的不同了吗，伊壁鸠鲁？没有？！那就不要有太阳、月亮和星辰，因为除了我们所触摸或看到的东西，什么都没有。那么，难道你见过神明吗？为什么你还要相信他们存在？同理，让我们拒斥那些基于传说或推测涌现在我们面前的新鲜事吧，就像劝告内陆的人不要相信海洋的存在。这说明你是多么孤陋寡闻！譬如你出生在塞利弗斯（Seriphus），而且你从未离岛半步，你在岛上常见到的是小野兔和狐狸，那么有人向你描述狮子和黑豹，你也不会相信它们确实存在；并且，要是有人说到了大象，你多半会觉得这是在哄你。

[89]"至于你，威莱乌斯，你已经用三段论的形式进行了论证，就是把你们学派惯常的方法换成了逻辑学家的方法，而你和你伊壁鸠鲁派的朋友对这个论证的逻辑一窍不通。你假设众神是有福的，我同意。接着，你又说无德则无福。对此，我也同意，非常同意。接下来，你又假设无理性则无德性。这点也必须承认。你继续说，理性只在人形中才找得到。你觉得谁会同意？如果这是事实，那么为何你还要一步一步地论证呢？你有权这么假设。但你这一步又一步的论证其理据何在？我知道，你是通过这样的手段推进的，就是从有福的存在推到德性，再从德性推到理性，但你是如何从理性推到人形的呢？这里，你不再有步骤地往下走，而是一蹴而就了。

[90]"事实上，我确实不明白为什么伊壁鸠鲁会说神就像人，而不是说人就像神。你会问这有什么不同，因为你会说如果一物与他物相像，那么他物也同此物相像了呀。我承认这一点，但我的意思是，众神并没有从人类那里获得形象，因为众神一直存在，也并非生成的，也就是说，他们是永恒的。相反，人类确实是生成的，

因而人形应该在人类出现之前就存在了，存在于不朽的众神当中。因此，我们不应该说众神的形象具有人形，而应说我们自己的形象来自众神……

[101]"这个问题，就连无知的大众都能答得更好。他们不仅给神插上了四肢，还赋予神明运用四肢的能力，因为他们提供了弓、箭、矛、盾、戟和锤子。哪怕他们没有见过众神的行动，也无论怎样都不会把众神想成无所作为的（nihil agentem）存在。即使是我们嘲笑的埃及人，也从来没有把那些对他们没有用处（utilitatem）的动物奉为神明。例如，朱鹭身材高大，双腿坚实，长喙尖利，可以猎杀众多的毒蛇；西南风刮来了利比亚沙漠的翼蛇，朱鹭将其杀死并吞掉，于是埃及免受瘟疫之灾；蛇在，人们不受蛇咬；蛇死，人们不受臭熏。我也可以聊一聊埃及螺、鳄鱼和猫的作用，但我不想赘述。最后我说，动物被野蛮人神化，至少是为了换取好处（beneficium），而在你们的神那里，不仅没有让人获益的行动，连任何形式的行动都没有。[102]伊壁鸠鲁说：'神没有什么事情可做。'想一想，我们必须这样理解：神就像一个被宠坏的孩子，对于他再没有什么比懒惰更好的事了。然而，孩子就算很懒惰，也会玩一些游戏来消遣；我们是不是希望神度着长假，变得懒懒散散，生怕他要是动了一动，就不快乐了？这种说法不仅否定了神的运动，剥夺了神事，而且会招致人类的懒惰；如果这个说法是对的，那么神纵然在活动，也不会感到快乐。

[103]"然而，我们承认神存在，并如你所愿长着人形，是人的翻版。那么，他在哪里居住（domicilium），在哪里驻足（sedes），在哪里安身（locus）？接着，他的生活轨迹怎样？像你

所要求的那样，有什么事让他蒙福？我之所以这样问，是因为如果他是有福的，那么他必定使用和享受着自己的财产。至于他的所在，即使是没有生命的元素，也有一个属于自己的地方。大地居于最下方，水流漫过；上方归于空气；至上处则属于‘以太’的火焰。至于动物，有些生活在陆地，有些生活在水里，还有第三类是两栖的，生活在这两个地方。也有一些事物据认为是火创造出来的，经常被看到在炽热的炉子里来回窜动。[104]我先问，你的神住在哪里？其次，如果他真的挪动过，那么是什么动机导致他位置的变动？再次，如果有生命的存在者总是在追求适宜自身本性的东西，那么神在追求什么？最后，他是为了什么操练自己的心灵和理智？总之，他的福祉和不朽的本质是什么？无论你讨论哪一点，你都会感到棘手，因为你的推理根基不牢，故而无法推出任何有效的结论。[105]你称，神的形象是由心灵（cogitatione）而非感官（sensu）所知晓的；又说其形象没有坚实性（soliditatem），也没有不变的自我同一性（numerical persistence）；还说要理解这种形象，就要识别影像的相似性及其在我们面前的来回移动，并且要看到相似的影像不断地从无数的原子那里涌现出来；结论就是，集中观察这些影像，我们的心灵就会相信神的本性是有福的和不朽的。现在谈谈这些我们正在讨论的神明，他们到底意味着什么？如果他们只能给人的思维留下印象，如果他们的形象没有坚实感和浮雕感（eminentiam），那么我们不妨像冥想半人马（Hippocentauro）一样去冥想神。因为这类心灵图像无一不是其他哲学家嘴里的空洞臆造，你却说它们是抵达并进入我们心中的某种影像……[107]姑且承认有一些影像撞击着心灵，但这不过是影像向我们指示出某种形象，以及关于这些形象的细节而已；为什么影像还会指示出这些形象是有福而永恒的呢？

"然而，你们的这些影像的性质是什么，它们从何而来？事实上，这些奇思怪想转借于德谟克利特，但早就遭到了许多人的责难，而你也不会找到任何令人满意的解释，因为整个论证都是一瘸一拐的。想想所有人的影像都在我面前连番登场——荷马、阿尔基洛克（Archilochus）、洛摩罗斯（Romulus）、努玛（Numa）、毕达哥拉斯和柏拉图，他们带着活着的时候的样子出现！真的，有什么说法会这样一无是处？这些人物如何向我表明身份呢？现在来的是谁的影像？亚里士多德告诉我们，诗人俄耳甫斯从未存在过；毕达哥拉斯派习惯认为，我们熟知的'俄耳甫斯诗篇'是凯尔科培斯（Cercops）的作品。但是，就你所说的，俄耳甫斯，他的影像经常出现在我的心灵中。[108]还有一些事实，你怎么看？同一个人的影像在我的心中和在你的心中不一样。我们的心灵里存在某些事物的影像，但这些事物从未存在过，也根本不可能存在，如斯库拉（Scylla）和奇美拉，以及我们从未见过的人、地方和城市。影像在我想事的时候出现，而当我睡着了也会不期而遇。威莱乌斯，这一切都是错觉（nugatoria），只是你不满足于仅仅将影像投射到我们的眼里，还要把它塞进心灵——你对自己说了什么废话满不在乎！[109]你真够荒唐的！你说：'有一股现象之流不断地在我们面前淌过，其中的许多现象构成了我们感知到的某种感觉。'很惭愧，我确实不明白这句话是什么意思，如果你捍卫这一观点，也知道其中的深意的话。你如何证明影像是一个接一个的？要是承认它确实如此，那么它如何是永恒的呢？我们被告知：'原子的供应无穷无尽。'那么这就可以让一切不朽了吗？于是，你在平衡（equilibrium）——若无异议，这个术语可以表示'isonomia'——中求得庇护。你说，既然存在可朽的本性，那么就一定存在永生的本性。根据这一论证，既然一些人是可朽的，那么就有一些人永生；既然有人生于陆地，那么就有人生于水中。你说过：'既然有一些毁灭（interimant）的力量，就会有保存（conservent）的力量。'这毫无疑问，而它保存的是存在的东西，但我不认为你们的众神是存在的。[110]但无论如何，你们所有对象的图像[1]到底如何从原子形成的？即使这些粒子存在——其实它们不存在——尽管它们也许能够相互撞击，并通过撞击在彼此之间运动，它们也无法造出形象（formare）、轮廓（figurare）、颜色（colorare）或生命（animare）。因此，你们完全证明不了神的不朽。

"现在，让我们考虑一下神的福祉（beato）。没有德性，全然不可能有福祉；但德性本质上是活跃的（actuosa），而你的神却无所事事（nihil agens）。因此，他没有德性，也没有福祉。[111]那么，他的生活是怎样的？你说：'善事（bonorum）一个接一个，没有恶（malorum）夹杂其中。'哦，是什么善？我猜想，是快乐（voluptatum），当然是那些裹挟着肉体的快乐，因为你知道任何精神上的快乐无不产生自肉体，复归于肉体。威莱乌斯，我认为你和其他伊壁鸠鲁派不一样，在提到伊壁鸠鲁的看法时会感到羞耻——伊壁鸠鲁说，他甚至无法想象任何与肉体和感官的

---

[1]"对象的图像"即"众神的形象"。

（delicatis et obscenis）愉悦无关的东西，他还没羞没臊地把这些愉悦一一列举出来。[112] 那么，告诉我你会给众神吃什么，喝什么，听什么和谐的乐曲，用什么五颜六色的花，或者拿什么取悦他们的感官，让他们沉浸在快乐之中——就像诗人那样游走于氤氲着花蜜和龙涎香的盛宴，赫伯（Hebe）或者迦尼墨得（Ganymede）到场伺候杯盏。但你会怎么做，伊壁鸠鲁派？因为我既看不出你的神是从哪里得来快乐的，也看不出他是如何受用这些东西的。因此，既然人就其本性可以享受更多的乐趣，那么人就应该比神更配有幸福的生活。[113]……我强调的是，你的众神没有快乐，因而根据你的逻辑，他们也没有福祉。[114]‘但他们没有痛苦’，你说。但这是否足以构成充盈着善的至福生活呢？你说：‘神不断念想着自己的福祉，没有别的东西占据他的脑海。’想象一下，把这样一个神召唤到你的眼前，他长长久久地念想着‘至善至美’和‘我有福呀’。不过，我看不出这位享用福祉的神是如何不惧死亡的，因为他瞧见自己被永不停息的原子风暴一次一次地侵扰，而自己的影像又不断地从自己的原子结构中发散出来。因此，这表明你的神既没有福祉，也不永生。

[121]“……但是，当伊壁鸠鲁剥夺了不朽众神的施恩（opem）和仁慈（gratiam）的属性之时，他也就把宗教从人们的心中连根拔起了。虽然他说神圣的本性是至高无上、出类拔萃的，但他否认神明是仁慈的，也就否认了至高无上而出类拔萃之本性的根本要素。难道还有比善良和仁慈更崇高和卓越的东西？你断言神不拥有这些属性，就等于说没有谁，无论是神还是人，会亲近神了；等于说没有谁被喜爱，也没有谁被尊重；这样一来，不仅众神对人不管

不顾，就连众神之间都不会彼此理会了。你们所批评的斯多亚派给出了一个更好的解释！他们坚持认为，一个聪明人会和另一个聪明人成为朋友（amicos），哪怕他们并不了解彼此。事实上，没有什么比德性更可爱的了，而拥有德性的人将获得我们的爱，无论他身居何方。[122]但是，你本人认为友好的行动和友好的感觉都源于软弱（inbecillitate），这是多大的伤害呀！暂且将神圣之本性和属性的问题放在一边，难道你真的相信，即使是人类也不会表现出仁慈和善意，哪怕它们不是出自软弱？难道一个好人不会自然地亲近另一个好人吗？'亲近'一词本质上就是'爱意'（amoris），拉丁词'amicitia'（友谊）就是由其衍生出来的；如果我们'亲近'是为了有利于自己，而不是为了我们所爱之人的利益，那么在这种情况下，'亲近'就不是友谊，而是一种利己的交易。我们以这种方式靠近草地、田野和牛群，是因为它们可以生出利益，但人类的爱意和友谊是不受私利所累的给予。那么，这对于没有欲求、彼此亲近、关心人类福祉的众神来说，岂不更是这样！若非如此，那么我们为什么要尊敬他们，还向他们祈祷？为什么大祭司要主持神圣的仪式，布告天意？我们希望从不朽的神那里得到什么？我们对天发誓有什么意义？[你们说：]'但是，伊壁鸠鲁确实写了一些关于神圣性（sanctitate）的书。'[123]他在书里跟我们开玩笑哩，与其说他是个幽默家，不如说他是个随心所欲的写手。因为如果众神并不关心人事，哪儿会有什么神圣性可言？这些事事都不关心的存在者，有什么活跃的本性？"

[6] [1] "……你的论证，"科塔说，"可以划分为四个部分。首先，你希望论证众神存在；其次，阐述他们的本性；再次，指明宇宙由他们统治；最后，强调他们操心人类的事务。如果我记得没错的话，这些是提出的要点。"

"不错，"巴尔布斯说，"不过现在告诉我，你想知道些什么。"

[7] 科塔说："让我们依次考察每个要点吧。先是众神存在这一点，除了那些最不虔诚的人以外，人人都同意。谁也不能说服我放弃众神存在的信念，之所以相信，是因为我信赖我们祖先的权威，但你还没告诉我众神为什么是存在的。"

"如果你对此深信不疑，"巴尔布斯说，"为什么还来向我索要理由呢？"

科塔回答说："因为我在讨论这个问题的时候，就好像从来没有听说过，也从来没有思考过不朽的众神。就把我当作一名学徒，对这个问题一无所知，给我答疑解惑吧。"

[8] "那么，告诉我，"巴尔布斯说，"你想要听什么？"

"我想要听什么？"科塔说，"首先，我想知道，你曾说过不需要讨论这个问题，还说众神存在一清二楚，众所周知，那么为什么现在还要啰里啰唆地谈论。"

巴尔布斯说："我确实这样做了，因为我经常注意到你也是这样的。科塔，当你在审判广场发言时，如果轮到你做陈述了，你当然会尽可能多地向法官摆出论据。希腊的哲学家也是这样做的，我自然也要竭尽所能了。至于你问的，就像在问我为什么要用两只眼

---

[1] 以下部分摘译自《论诸神的本性》（*DND*）第三卷，是科塔与巴尔布斯之间的辩论，展现了新学园派对斯多亚派神学理论的批判。

睛看着你，而不闭上一只，尽管我也可以用一只眼睛看到同样的景象。"

[9]科塔回答说："这些情况到底有多相似是你自己说了算的。对我自己来说，在陈述一个情况时，如果某点是不言自明的，那么我通常不会提出相应的证据，去赢得普遍的赞同。这是因为，只要提出了证据，它本身的清楚明白（perspicuitas）就会有所减损。即便我在讨论法律案件时这样做了，我也不应该在讨论当前的问题时还这样做。不过，你闭上一只眼睛是没有道理的，因为两只眼睛都有同样的视野，并且你也坚信自然是智慧的，它已下令我们应该拥有两扇窗，以便沟通心灵和眼睛。事实是，你不相信众神存在的观点会如你所想的这样显而易见，所以你才决心旁征博引来证明。然而，对我来说，一个证据就够了，就是众神存在的信念是从我们的父辈继承而来的。但是，你藐视权威（auctoritates），要以论证（ratione）为武器。[10]那么，就请允许我反驳你的论证。

"你提出了种种证据来证明众神存在，但你让这些在我看来毋庸置疑的事情变得可疑起来了。我不仅要负责记住要点的数量，还要记住你论证的顺序。第一个论证是，当我们仰望天空时，我们霎时明白存在着某种神圣的力量，我们周围的世界由它统治。在这个条目下，还有这样的引文：

> 看看那边闪亮的星空，
> 都被冠以朱比特之名？

[11]这好像我们中的任何一个人都将'朱比特'的称号赋予这位

神明，而神庙里的那尊朱比特却没有这个称号一样。至于那些天体拥有神性，你觉着是显而易见且广为认可的，但连你也仅仅是赋予它们生命，威莱乌斯，还有很多人都不允许！你认为关于不朽众神的信念是普遍的，还日趋增强，并以此作为有力的论据。那么，难道你觉得我们对要事的判断竟然会取决于傻子的信念，尤其是你们学派所说那些傻子、疯子的信念吗？

[14]"……有关未来的问题就随之而来了，因为没有人能逃避将要发生的事情。事实上，知道将要发生的事情往往是无益的，因为遭受毫无意义的折磨，甚至失去最后的却是普遍的希望之安慰（solacium），也是可悲的。尤其是，你们还说过一切都是命（fato）中注定的，命运意味着一切都永远真实。那么，如果将要发生的事情是一定会发生的，那么知道它会发生，这会给我们什么帮助，或者可以提供什么防止它发生的手段吗？另外，你们所谓的占卜术是从何而来的？谁发现了肝脏的裂纹的意义？谁注意到了渡鸦的寓意和抽签的指示？我不会不相信这些，我也不会轻视你所说的纳维乌斯那样的占卜师。[1]但是，这些预兆是如何被理解的？这个问题我应该向哲学家请教，主要是因为你们的那些占卜师说过一大堆谎话。[15]'但是，医生也经常出错'——这是你们的托词。[2]要我来说，医学和占卜之间有什么相似之处——医学的原理我还有所了解，而占卜的起源我却无从知晓？你还认为，献祭人牲可以平息众神的怒火。但神明竟是如此不公，非要让这些英雄死，才会与罗马人民重归于好吗？不，我们明白这是将帅的统兵之法，希腊人称之

---

〔1〕 *DND* 2.9.
〔2〕 *DND* 2.12.

为'策略'（stratēgēma），是将军为了国家利益而慷慨赴死的手段；因为他们认为，如果自己策马扬鞭扑向敌人，众士兵就会跟随他们。事实证明，这的确只是一种军事手段而已……［VII］到目前为止，正如你所关心的，巴尔布斯，我还不明白众神何以存在。我自己当然肯相信他们存在，但是斯多亚派没能让我坚定这一想法。

［16］"例如，正如你所说，克莱安塞认为，神圣存在的观念在人心中的形成有四种途径。第一个途径源自对未来事件的预知（praesensione），我已经充分讨论过了；第二个来自风暴的侵袭（perturbationibus）和其他骇人的自然现象；第三个来自我们享用的自然物产（commoditate）充裕且满足了我们的各种需要；第四个来自众星的秩序（ordine）和天空的恒常现象。至于预测方面的问题，我也有所考虑。说到天上的异象、海陆的灾害，不可否认，当它们发生时，很多人都感到害怕，并认为这一切是不朽众神的神威。［17］但是，问题不在于是否有人相信众神存在，而在于众神是否存在。关于克莱安塞提出的其余理由，其中一个有关我们获益的丰富，另一个关于季节的秩序和天象的规律。对此，我们会在处理神意问题时再作讨论。而你，巴尔布斯，在神意问题上谈得很多了。［18］你引用克律西波的说法，称因为宇宙中有一些东西不可能由人创造出来，所以必定存在比人更优秀的存在者。这一观点，我们也会推迟到神意问题上。你在房屋的美观和宇宙的壮美之间作比较，展现了整个宇宙的和谐（convenientiam）与一致（consensumque）。并且，芝诺以三段论讲出的简短而新奇的观点也将推迟到刚才说到的那个讨论中。届时，你对火的能量所做的全部科学观察，以及你所说的热量生成一切事物的观点，都会一一接

受检验。我也将讨论你在前天提出的所有论点，那天你试图论证众神的存在，给出的理由是整个宇宙及日月星辰都拥有感觉和智慧。[19]不过，像我之前那样，我会一次又一次地向你提问：你有什么理由确信众神存在？"

[20]"……无论如何，"科塔说，"既然你把整个问题分成了四个部分，我们已经谈到了第一部分，那么就让我们来斟酌第二部分吧。我对此的印象是，你试图展现众神的本性，却实际上印证了他们不存在。这是因为，虽然你知道凭肉眼的习惯经验很难发现智慧，但你还是毫不犹豫地宣称，既然没有什么比神更崇高，并且在自然界中没有什么比宇宙更优秀，所以宇宙就是神。如果我们把宇宙想象成拥有生命的存在，或者说，如果我们能够在心里清晰地感知它，就像我们能够清楚地看到其他事物一样，那么我们或许会赞同！[21]但是，你说没有什么比宇宙更优秀（melius），你所说的优秀是什么意思？如果你指的是更美丽（pulchrius），我同意；如果你指的是更好地提供方便（utilitates），我也同意。但是，如果你指的是没有什么比宇宙更智慧（sapientius），我就完全不同意了。这倒不是因为我没有看见就很难理解，而是因为我越是用力理解，就越不明白你的观点。你说，在自然中没有什么比宇宙更优秀，那么，世上也没有比我们的城市更伟大的了，但你能推知我们的城市也拥有理性、思维和智慧吗？另一方面，你真的以为这个城市是如此这般的伟大吗？你看，蚂蚁不仅有知觉，而且有智力、理性和记忆，而城市没有知觉，不具备这些品质，连蚂蚁都不如。巴尔布斯，你真应该好好确认一下，你到底能让对手有多大程度的让步，而不要觉得你这些自以为是的观点是理所当然的。[22]这个论证

的全部要点被后来的著作家扩展，并如你所认为的，在很久以前被芝诺以三段论概括出来。他是这样说的：'凡是有理性的比那些没有理性的更优秀；没有什么比宇宙更优秀；因此，宇宙有理性。'[23]如果你赞同这个论证，那么你很快就会发现宇宙是一位最优秀的读者，因为顺着芝诺的步骤，你可以提出类似的论证：会阅读的比不会阅读的更优秀；没有什么比宇宙更优秀的了，因而宇宙是会阅读的。同理，宇宙也将是雄辩家。事实上，它也会是数学家和音乐家。一句话，它会样样精通，最后将成为一个哲学家。你多次说过，宇宙是一切创造物的唯一来源，而自然也没有力量来塑造异己的东西；那么，你是不是要让我相信，宇宙不仅是有生命和智慧的，而且是长笛和长号的演奏家，因为操持这些技艺的人也都是由它自己创造出来的？如此，斯多亚派之父确实没有摆明理由，说我们为何要相信宇宙是理性的，甚至是有生命的。因此，宇宙就不是神圣的，只是没有什么比它更优秀，因为没有什么比它更美丽，更能为我们服务，更有辉煌奇观与和谐的运动。

"如果整个宇宙不是神圣的，那么星辰也就不是神圣的了。不过，它们才被你列入形形色色的众神当中，因为它们规律而恒常的运行让你心驰神往。这完全正确，因为它们的特点正是不可思议的恒常。[24]但巴尔布斯，并非所有稳定而统一的运动都指向神圣的存在者，而不能归于自然的原则。你真的以为有什么能比卡尔西斯水道和西西里海峡的水流更有规律吗？或者比那分裂开欧洲和利比亚的惊天巨浪更有规律？你以为，要是没有神圣的动力，西班牙或不列颠的海潮，以及它们在特定时段的潮起潮落，就不会发生吗？如果我们说，所有的运动，以及在固定周期内保持其规律的一切事物都是神圣的，那么你可要当心了，免得说那个每隔三天或四天就发烧的疾病也是神圣的，因为还有什么能比它的发作更有规律的呢？但是，诸如此类的现象都要求理性的解释，[25]而当你们学派无法解释时，就会奔赴神圣的存在，就像去圣坛寻求庇护一样。

"你也认为克律西波的观点有几分道理，他无疑是精明而干练的（versutus et callidus）——我用的是'精明'，这表明他思维敏捷；而'干练'则表明他的心灵通过实践而变得灵巧，就像手经过操练而变得娴熟一样。是的，他的看法是这样的：如果存在一些人类不能创造的事物，那么创造它们的造物主就比人类更优秀；人类不能创造宇宙中的东西；因此，能够创造它们的某位造物主就高于人类；但除了神之外，没有谁能高于人类，因而神就被证明是存在的。这里所有的论证都犯了与上述芝诺的三段论相同的错误。[26]这是因为，'更优秀'（melius）和'高于'（praestabilius）没有得到明确的定义，自然的和理性的原则也没有得到区分。他还说，如果没有神明，自然中就没有比人类更优秀的存在者了。同时，他指出，要是谁认为没有比人类更优秀的存在者，那么此人就是傲慢的。不论怎样，我们都要承认，设想自己比宇宙更有价值，确实是傲慢的。但是，如果有人以为自己拥有意识和理性，但猎户座和天狼星没有，这不仅不是傲慢的迹象，而且是有智慧的标志。克律西波的另一个说法是：'当我们见到华美的居所，应该推断这是为房主而不是为耗子建造的；因此，我们应该以同样的方式把宇宙看作众神的居所。'假如我认为宇宙不是像我展示的那样由自然形成，我当然会把它看作众神的居所。

[27]"但你会提醒我，色诺芬说苏格拉底问过，如果宇宙中没有任何心灵，那么我们是从哪里得到心灵的？[1]并且，我也会同样地问语言、节奏和曲调是从哪里来的，除非我们确实设想过太阳靠近月亮时会与之攀谈，或者像毕达哥拉斯所想的那样，宇宙在和谐地歌唱。巴尔布斯，心灵及其能力都是自然的产物。这不是芝诺所说的'像工匠的方式运动'（artificiose ambulantis）的自然[2]（我们将在稍后探讨其中的含义），而是通过自我运动和变化来推动并激发一切事物的自然。[28]因此，我乐于听到你有关自然的和谐一致的论述。[3]你说整个自然本身就是统一的，仿佛有一条共同的纽带贯穿整个自然。但是，我不赞同你说的：除非自然由一种神圣精神（divino spiritu）联系在一起，否则它就不会如此这般了。事实上，这种系统的连贯和永久关乎自然本身的力量，而不是什么神的力量。并且，自然确实是和睦的（consensus），即希腊人所谓的'sumpatheia'（同情）。但是，自然本身的（sponte）力量越大，就越不应该将其视为神圣理性（divina ratione）的产物。

[29]"你们要怎样反驳卡尔涅亚德下面提出的论证呢？他说，如果所有的肉体都会死亡，那么没有一个肉体是永恒的。事实上，没有哪个肉体可以免于死亡，甚至没有哪个物体是不可分割的，或者说不能被分裂或分解的。再者，既然所有生物就其本性都容易受到感觉的影响，那么就没有一种生物能够免于经受外部的影响，就是说不能摆脱人们所谓的受苦和感受。如果所有生物都会受苦，那

---

[1] *DND* 2.18.
[2] *DND* 2.57.
[3] *DND* 2.54.

么就没有哪种生物能免于死亡。因此，同样地，如果每种生物都会分解（dividi），那么任何一种生物都是可分的，没有哪种生物会长存（aeternum）。其实，所有生物都被构造得易于承受或遭受外界的暴力，因而可知每一生物都容易死亡和消解，是可分的。[30]正如如果所有的蜡都能变形，就不会存在什么不能变形的蜡。这一情况也适用于银和黄铜，如果银和黄铜就其本性是可变形的话。由此，如果所有事物的组成元素都是可变的，那么就没有什么物体是不可改变的。就你们学派所认为的，所有事物的组成元素都是可变的，因而每一物体都是可变的。但是，凡有一个物体是不死的，那么就并非每一物体都是可变的了。因此，这证明了每一物体都会死亡。事实上，因为每个物体要么是水、气、土或者火，要么是这些元素的复合物或者部分元素的复合物，而这些元素中没有一个不会消失。[31]例如，一切土元素性质的事物都会崩裂。液体元素如此柔软，因而容易分散和破碎。气和火对各种各样的冲击都显得应对自如，它们一贯极容易变形和消散。此外，当任何一种元素变成另一种元素时，原有的元素就会消失。这就像土变成水，水生成气，气生成以太；而反过来，这一过程也会复现。但是，如果每个构成生物的元素都会消失，那么没有生物是永存的。[32]纵使我们抛开这些不谈，我们还是找不到任何一个没有诞生日（natum）的生物，也找不到一个永存的生物。因为每一生物都有感觉，所以它可以感受热（calida）、冷（frigida）、甜（dulcia）和酸（amara）。如果它不能通过任何感官接收到愉快的印象，那么它也不能接收到痛苦的印象；如果它能感到愉快，那么它也能感知痛苦。事实上，经历痛苦，也一定经历死亡（interitum）。因此，我们必须承认，每一生物都是容易朽坏的（mortale）。[33]再者，如果某物不能感受快乐或痛苦，它就不可能有生命；凡有生命的，必定能感受快乐和痛苦，并且能感受快乐和痛苦的，绝不是永恒的；这样，如果每一生物都是有感觉的，那么就没有生物是永恒的了。此外，任何生物都拥有趋利避害的本能，渴望的（appetuntur）是那些符合其本性的东西，避开的（declinantur）是与其本性相悖的东西。每一生物都追求着某些东西，回避着其他的东西；它回避的东西与其本性相反，而与本性相反的东西有毁灭的力量。因此，每一生物都不可避免地走向灭亡。[34]我们还有无数的证据可以证明，任何拥有感觉的东西都会灭亡。这是因为，所有刺激感觉的东西，如冷、热、快乐、痛苦等，一旦过度（amphficata），就会有破坏的力量。事实上，不存在没有感觉的生物，因而没有生物是永生的。再说一遍，生物的本性要么是单一的，即由土、火、气或者水中的某一个元素构成，尽管我们想不出这种生物的样子；要么是由几个元素组成的复合物。其中的每一种元素都凭借其自然倾向占据相应的位置（locum），有的在最低处，有的在最高处，还有的在这两者之间。这些元素在一定时间内（ad quoddam tempus）可以相互协调，但无论如何也不能总是如此，因为其中的每一元素都在自然的驱动下进到自己的位置。因此，没有一种生物是永恒的。

[35]"但是，巴尔布斯，你们学派常常将一切都诉诸元素火的能量。我相信，这都是继承了赫拉克利特的观点。虽然每个人都以不同的方式理解他，而他本人并不指望自己的观点被人理解，所以我提议略过他的观点。你们自己的说法是所有能量都是火，因而当生物的热量耗尽时，它就会灭亡。你们还说，在整个自然界中，

凡是有热量的东西，都是有生命的（vivere）、有活力的（vigere）。但是，我不明白有机体是如何因热量的消失而死亡的，而不是由于湿润或空气的消失而死亡的，尤其是它们会因为热量过多（nimio calore）而死亡。[36]并且，你们对热的这番描述也适用于其他元素。不过，让我们看看这些观点可以推出什么。我相信，你们认为，在自然界和宇宙中，除了火之外不存在任何有生命的东西。为什么你不说除了气（anima）之外没有任何生命，你看生物的灵魂（animus）不也是它构成的吗？要不然，'生物'（animal）这个词从何而来呢？究竟为何你们会认为灵魂就是火——说得理所当然？灵魂是火与气的某种混合物，这种观点岂不更容易被人接受吗？再者，如果火本身是有生命的，没有任何其他元素掺杂其中，既然我们体内有它才有了感觉，那么它本身就不可能没有感觉。这样，我们就会重新回到之前的论证。[1]因为任何拥有感觉的东西都一定会感受快乐和痛苦，而那些遭受痛苦的也必定遭受死亡。由此，你同样无法证明火是永恒的……

[38]"再有，我们能想象出没有德性的神明吗？我们能将审慎（prudentiamne）归于神吗？审慎在于明辨善恶，识别既非善亦非恶的事物。神没有也不可能有恶，那么他有必要辨别善恶吗？那么，理性和智力呢？我们之所以施展这些能力，是因为要从隐秘之事（obscura）中发现真知，但神明哪儿有什么隐秘之事呢？至于公正，其在于让每一个人各司其职，它与神明有什么干系？正如你们所说，公正产生自人类的协助和团结（societas et communitas）。

---

[1] *DND* 2. 32.

接着，节制（temperantia）在于克制身体的愉悦；那么，假如天国有所谓的节制，也当然有愉悦了。说到勇气（fortis），我们能够想象神是勇敢的吗？他还要应对痛苦（dolore）、辛劳（labore）和危险（periculo）吗？［39］事实上，这些事对他没有任何影响。那么，神既没有理性，也不具备任何德性：但这样的神是莫名其妙的！

［65］"……现在，让我们考虑下面的问题。一个是宇宙是否由神意统摄，再一个是众神是否关心人类的利益。这是因为，两者都是你们的分论点，被推迟到了现在。要是你愿意的话，我们就来详细讨论。……〔1〕

［69］"……在家里，在法庭上，在元老院里，在竞选活动中，在我们的盟友之间，在行省各处，人们依据理性行善（recte），也利用理性作恶（peccetur）。只不过前者只属于少部分或极少数人，而后者则更为普遍，也更为频繁。因此，即便不朽众神不将理性能力赋予我们，也总好过赐予这种能力却又牵扯出如此多的灾难。这就好比治疗疾病时最好不要用酒，哪怕酒也带有几分治愈疾病的渺茫希望，因为酒几乎没有好处，大多时候都是有害的，贸然使用便会招致损害。同样地，我以为，不朽众神根本就不应该把我们称之为'理性'的敏锐而精明的运思能力赋予人类，更别说他们还给得这样慷慨大方。［70］因为这种能力对于大多数人都是有害的，而只对极少数人来说是有利可图的。然后，我们也能够设想神圣的智慧和意志关心人类的利益，因为他们赋予人类以理性，并且他们只

---

〔1〕 原文在此处有一大段佚失，主要是有关科塔驳斥斯多亚派"神意"的内容。

关心那些正确使用理性（bona ratione）之人的利益，而我们也清楚这样的人即使有，也极其稀少。但是，如果设想不朽众神仅仅操心少数人的利益，这是不可能的。因此，我们可以推知，任何人的利益都不为众神所费心。

"你们学派通常会如此反驳：这并不意味着众神没有将最好的恩典赐予我们：仅仅因为许多人误用了他们的仁慈。事实上，也有很多人滥用自己继承的遗产，但不能因此就说他们父辈的善举一无是处。这没人会否认吧？如果真要否认，那么这两个事例有什么相似之处呢？当德伊阿尼拉（Deianira）把浸染半人马血污的长袍交给赫拉克勒斯的时候，她并不想伤害赫拉克勒斯。当士兵用剑刺破伊阿宋（Iason）的那个连医生都无法治好的肿块时，他也并不是要做好事。事实上，很多人想办坏事的时候却做了好事，而想做好事的时候却办了坏事。因此，给予的东西并不能确切地表明给予者的目的。如果接受者利用他得到的东西得了利益，并不能由此推知给予者的初衷是善意的。[71]再者，诸如欲望、贪婪或犯罪，要是没有预先谋划，能得逞吗？要是没有深思熟虑，能完成吗？这是因为，每一种信念都是理性的活动。并且，如果信念是真实的，那么理性就运用正确；如果信念是虚假的，那么理性就运用有误。但是，如果我们确实拥有理性，那么我们从神明那里得到的就只是理性；至于正确的理性或错误的理性，这都源于我们自己（nobis）。这是因为，神明赐予人类理性并非恩宠，同遗赠财产不是一回事，因为如果他们真打算伤害人类，那么还有什么别的天赋更适合人类呢？此外，如果恶行不以理性为根基，那么不公、放纵和胆怯又会从哪里产生呢？

[75]"那么，难道我们会因此认为罪恶是由不朽众神播种下来的？我之所以这样反问，是因为如果众神将理性赐予人类，就好像他们将'无赖'（malitiam）也交给了人类。无赖就是粗野而狡诈地利用理性为非作歹。同理，他们也将欺诈、犯罪，以及其他形式的不端行为给了人类，因为其中的任何一种行为要是没有理性的助力就不会出现，或者不会奏效……因此，人们希望众神没有把聪明才智交给人类。只有很少的人会运用理性行善，何况他们也经常被那些用理性作恶的人打败。相反，不计其数的人玩弄理性而为非作歹。这样一来，众神将理性和预见能力等天赋赐予人类，仿佛是叫人欺骗，而不是劝人真诚了。

[76]"但是，你一次又一次地宣称，那是人类的错，而众神不该受到责备。这就像医生应该为暴虐的疾病负责，或者是舵手应该为肆虐的风暴负责。就算这些人可以负责，但将一切都归咎于人类就太荒唐了。如此的质询又来了：'如果没有这些困难，那么谁会雇用你呢？'不过，人们可以顺理成章地（liberius）回斥神：'你说错在于人的恶行，那么你们就该给人类一种免除（excluderet）罪恶和过错的理性呀。'……[78]因此，如果人类会把不朽众神的善意馈赠或理性转而用于欺骗和耍无赖，那么他们把理性收起也比交给人类来得好。如果一位医生为某病人开了酒的药方，知道这个病人会不怎么稀释就把酒一饮而尽，并会立刻毙命，那么这个医生当然会受到严厉的谴责。同样，你们斯多亚派的神意也必须受到谴责（reprehendenda），因为他明知（scierit）人类会误用理性或用理性作恶，仍然将理性给予人类。除非你说他不知道。我但愿你会！可是，你不敢说，因为我不是不知道你们是多么敬重他的

名节。

[79]"……事实上，神明应该让所有人都变成好人。这才是他们打心眼里关心全人类。[80]如果他们不这样做，那么无论如何都应该让好人有好报。那么，那两位斯基庇俄，他们是如此的英勇，让人敬佩，为什么还在西班牙吃了迦太基人的败仗？为什么马克西姆竟要为当了执政官的儿子收尸？为什么马凯卢斯在对抗汉尼拔（Hennibal）时殒命？为什么保卢斯在迦南折戟？为什么瑞古卢斯（Reguli）要被残暴的迦太基人打败？为什么阿夫里卡努斯身在家中却遭横祸？[85]……我很不情愿讨论这一主题，因为这像是在为虎作伥。这种顾虑是不无道理的；要是没有众神的神意，仅有我们自己分辨善恶的良心（conscientiae），那么这种顾虑就是杞人忧天了。要是我们再连良心都没有了，那么整个世界都会毁灭了。如果善行无好报，恶行无报应，那么这就像修建房屋没有蓝图，治理国家没有制度一般了。这样一来，肯定就不存在像对世界的神圣管理之类的事情了，因为在这样的管理中，善与恶没有任何差别。

[86]"你们学派也许会反驳说，众神只是忽视（neglegunt）了一些无关紧要的事情，他们不会密切关注每个人的土地和少得可怜的葡萄园。并且，如果任何人因旱灾或冰雹遭受了损失，也用不着劳驾朱比特，这就好比一位国王不会注意王国中的每件小事——你们就是这样来辩解的……可是，所有的凡人都是如此认为的：他们永恒的福祉，他们的葡萄园、庄稼地和橄榄园穰穰满家、硕果累累；简言之，他们生活中的所有受用和财产，都是从神明那里得到的。但是，没有一个人会将自己的德性归于众神。[87]毫无疑问，这样做是正确的，因为我们的德性理应得到别人的赞美，我们也理

应为自己的德性感到光荣。不过，要是我们的这种品质是从众神那里得来的，而不是我们自己的，那么情况就变了。相反，要是我们名利双收，或者撞了大运，或者逢凶化吉，我们就要对众神心存感激，而不要以为这是我们自己的功劳。有没有人因为自己是好人而感激众神的？没有，但人们会因为财富、地位或健康感激众神。正是如此，我们将朱比特奉为至善至伟的神，不是因为他让我们公正、谦虚或明智，而是由于他给我们安全、健康、财富，以及充裕的资源。［88］……人类普遍认为，应当向神明祈求好运，而智慧要从自己身上寻求。我们会为智力、德性和信念修庙，但我们明白获得这些品质要靠我们自己，而希望、安全、财富和胜利则应该求诸众神。因此，正如第欧根尼曾经说，恶人（inproborum）的兴盛和走运彻底证明了众神的无所不在、无所不能都是虚妄的。［89］人们可能会劝道，好人有时也有好报。对，我们抓住这些事例，并毫无理由地把它们归于不朽的众神。但是，一个叫迪亚戈拉斯的无神论者有次到萨摩色雷斯岛，他的一个朋友诘问他：'你认为众神对人事漠不关心，但你从这些还愿的场景中，还看不出有多少人因为祈祷而逃脱暴风雨的肆虐，安全地驶达了港口？''你说得对呀，'他回答道，'因为谁会亲见航船失事而葬身海底的场景呢?！'还有一次，他在航行途中，船员们对暴风雨感到惊恐万分，向他抱怨，他们之所以会遭此厄难，就是因为与他同船。这时，他伸手一指，在同一条航线上还有几艘船正在惊涛骇浪中沉浮。于是，他质询他们，是不是觉得那些船上也有个迪亚戈拉斯。事实是，一个人是什么品性，过什么样的生活，同运气的好坏没有任何关系。

［90］"巴尔布斯告诉我们，众神不会什么事情都操心，就像

国王也无所事事，但这两者之间有什么相似之处？这是因为，要是一个国王假装无知，将什么事情都抛在脑后，他当然要受到严厉的指责。但是，至于神明，他们连无知（inscientiae）的借口都没有。[92]……因为你们通常说没有什么事情是神做不了的，而且轻而易举。这是因为，他们不像人，要费力（labore）才能活动四肢，却仅仅凭心灵（mente）和意志（voluntate）就可以办到。于是，你们说一切都可以为神圣的意愿所塑造（fingi）、移动（moveri）和改变（mutarique）。你们又说，这并不是由古老的迷信得来的猜想，而是根据一种融贯自然的知识推出来的。你们宣称，因为构成并包含万物的物质能够延展（flexibilem），能够塑形（commutabilem），所以任何事物都能由它循序渐进地形成和改变，而这种塑形和控制物质的力量就是神意。因此，无论神意在哪里出现，它都在那里创造出自己想要的任何东西。由此，神明或者对自己的力量一无所知，或者对人事漠不关心，或者不能判断什么是最好的（optimum）。[93]你说：'他不关心某一个人（singulos homines）。'这一点儿不让人惊奇，但他也不关心一群人，不是吗？他几乎很少关心一个民族和种族。但是，如果我们发现他连民族和种族都鄙视，那么他鄙视整个人类还有什么值得大惊小怪的呢？你说众神并不会事事关心，但为何又说不朽众神把梦区分开来并分配到每个人的身上？巴尔布斯，我之所以向你提这个问题，是因为这个有关梦的说法正是你们学派的信条。你又犯了一个前后不一的毛病。你们说，为自己而发誓是对的。这当然是某个人在发誓，因而神圣的智慧也会倾听某一个人的心事。另外，你其实明白了他们并没有你想象的那么忙碌，对吗？就算他们忙得不可开交，要让天空旋转，要让大地运行，还要让海洋流动，为什么还有很多神明什么事情都不做，闲散自在呢？巴尔布斯，为什么不把那些无事可做的神明派来负责人事呢？反正你说这些神多得不计其数……"[1]

---

[1] 西塞罗在对话中保持中立，但在对话结束后，他流露出对斯多亚派神学理论的认同，表示"巴尔布斯的观点才有些真理的样子（veritatis similitudinem）"（*DND* 3. 95）。

会饮 ΣΥΜΠΟΣΙΟΝ*

柏拉图　左逢源〔1〕译

阿波罗多若斯　友人

[172a] **阿波罗多若斯**〔2〕：我相信，〔3〕对于你们问的事情，我也

---

* 本文依据牛津古典文本（Oxford Classical Text）中由 John Burnet 编辑和校勘的 *Platonis Opera Tomvs II* 译出。文中的 [ ] 有两个用途：（1）标注斯特凡码；（2）表示古希腊原文当中不存在的词，为译者增补。

〔1〕左逢源，中国社会科学院大学硕士生。

〔2〕Ἀπολλόδωρος.

〔3〕Δοκῶ μοι. 这个短语直译为 "it seems to me that ..."。的确，δοκῶ 一词不只有 "相信" "以为" 的含义，这一点我们可以从它的名词形式 δόξα 看出来。它有两个层面的意义：某物的表象，和某物对我而言看起来是……。例如 B 的声誉就是 B 的 δόξα，而如果 A 根据 B 的名声做出判断 "B 是好的"，A 就有了一个关于 B 的 δόξα。Moss 将前者称为 δόξα 的客观意义，将后者称为其主观意义。也就是说，δόξα 不仅是 "某物对某人看起来是这样"，而且是 "某物似乎是（seems）如此这般"（Moss 2021, 140-154）。实际上，类似的用法在《理想国》中也很常见，如 "表面上的朋友和真正的朋友"（334c1-335a3），"表面上的说服和真正的说服"（357a4-b1），"给坏事做绝的人最好的名声"（361b1）。所以直译为 "对我来说" 是比较合适的。但是，阿波罗多若斯在后文中（173b 以下）对此处的 "你们" 进行了嘲讽。这表明，虽然他接受了苏格拉底的训练，但是性格并不谦逊，所以，我认为有必要在译文中强调 δοκῶ 的含义，即 "我只是相信而非知道 X"，以表现出他追随过苏格拉底，并学到了苏格拉底的一些学说；同时，此处应当将语气翻译得自信一些，以表明他并未变得像苏格拉底一样谦逊（即使已经比他过去的 "自视甚高" 好了一些）。所以，我将后文中的 οὐκ ἀμελέτητος 译为 "也不算是毫无准备" 来让语气和缓一些，让阿波罗多若斯不至于变成一个自大狂。因此，该短语仅在此处译为 "我相信"，下文中均译为 "对我来说……""对我而言……"。

不算是毫无准备。因为前天[1]我从法莱戎[2]的家出发进城，一个熟人从后面认出了我。"嘿！法莱戎人！"他在远处开玩笑似的喊我，[a5]"阿波罗多若斯！你不等等我嘛？"我便停下来等他。

然后他说："阿波罗多若斯，我正找你呢，我想问问你，在阿伽通的宴会上，[b]苏格拉底、阿尔西比亚德斯[3]还有其他人是怎么赞颂爱[4]的呀？菲利普之子菲尼克斯[5]把这事儿讲给了别人，那个人又告诉了我，但他说得实在是不清不楚。不过，他说你也知道这件事。[6]所以我想，可不可以请你给我讲讲[b5]。毕竟除了你，还有谁有资格向我们转述[你]朋友[7]的对话呢？"他又说，"不过首先请你告诉我，你当时在场吗？"

"那位向你转述的朋友讲得确实不大清楚，[c]要不然你也不会以为那次宴会是最近的事情，也不会问我当时是不是在场。"

他说："我本来确实是这样以为的。"

---

[1] πρῴην. 除"前天"外，也有"最近""以前"的含义。

[2] Φαληρόθεν. 古希腊地名，位于雅典卫城西南方五公里左右。

[3] Ἀλκιβιάδου.

[4] τῶν ἐρωτικῶν. 此处可以直译为"爱"。根据后文的内容，阿伽通的宴会上每个人拿出的是关于爱神的颂辞，所以此处也可以理解为"爱神"。本文统一将小写的 ἔρως 译为"爱"，将大写的 Ἔρως 译为"爱神"。

[5] Φοίνικος τοῦ Φιλίππου.

[6] 此处调换了语序，原文为：ἄλλος γάρ τίς μοι διηγεῖτο ἀκηκοὼς Φοίνικος τοῦ Φιλίππου, ἔφη δὲ καὶ σὲ εἰδέναι. Ἀλλὰ γὰρ οὐδὲν εἶχε σαφὲς λέγειν. 将"他说得实在是不清楚"放到前面比较符合中文的表达习惯。

[7] ἑταίρου. 原文此处并没有指出这个朋友是苏格拉底。不点明此处的朋友是苏格拉底会比较好：因为苏格拉底在宴会上发言已经是很久之前的事情了。如此久远的时光并没有让人们对他颂辞的兴趣减弱半分，如果此处不点明阿波罗多若斯的友人就是苏格拉底，在后文中，当阿波罗多若斯说到他与苏格拉底共处三年时会更有悲凉之感，所以选择不译出。（J. M. Cooper 版本添加上了"苏格拉底"。）

"格劳孔[1]呀，这怎么可能呢？难道你不知道阿伽通已经多年不在雅典了吗？而我[c5]追随[2]苏格拉底，并认真学习他的一言一行，也不过三年而已。[173a]在此之前，我漫无目的地四处奔波，[3]自以为做了些事，自以为做什么都比爱智慧好，[4]实际上比谁都差劲，当然，不比现在的你差就是了。"

"别笑话我啦，你告诉我，这宴会是什么时候举办[a5]的呀？"

而我回答说："在咱们还是孩子的时候。那时候阿伽通的第一部悲剧[在比赛中]获胜，第二天他和合唱队为此举办了[宴会]。"

"这么[久远]啊，"他说，"这是谁告诉你的呀，是苏格拉底本人吗？"

[b]"不是，"我回答，"是那个告诉菲尼克斯的人——居达特奈乌区的阿里斯托德摩斯[5]，一个赤脚的小个子，他去参加了宴会。在我看来，当时没有人比他更爱苏格拉底。[6]当然，[b5]关于这些我听说的事，其中一些我已询问过苏格拉底，他认为[在转述中]，他叙述的内容没错。"

"那么，"他说，"你不打算跟我讲讲[7]吗？反正这条通往城中

---

[1] Γλαύκων.

[2] συνδιατρίβω. 直译为"与苏格拉底在一起、在一块儿"。

[3] περιτρέχων ὅπη τύχοιμι.

[4] 原文直译应为："在此之前我漫无目的地奔波，自以为做了些事……自以为做什么都比爱智慧强。""爱智慧"一小句为阿波罗多若斯回应的最后一句话。但是，在173a1和a2各有一个 οἰόμενος，主语都是"我"，调整语序后读来也能顺畅一些，还可以把对格劳孔的嘲讽留到最后，这样更符合日常语言表达，所以我将语序调整成了文中的样子。

[5] Ἀριστόδημος ἦν τις, Κυδαθηναιεύς.

[6] 原文直译为："在当时爱苏格拉底的人（Σωκράτους ἐραστής）中，他是最爱苏格拉底的那个。"

[7] διηγήσω. 据 OCT，此处采用 διηγήσῃ 的版本，即第二人称单数将来时。

心的路让我们可以边走边聊。〔1〕"

这就是我们在路上讨论的内容；[c]这也是为什么一开始我说，我不算是毫无准备。如果你们必须要我讲的话，我在所不辞。因为我这个人，在讲或听任何哲学言论时都会感到非常快乐，[c5]而不会在意功利；至于其他的［言论］，尤其是你们这些富商巨贾的，在我听来都难以忍受。我怜悯你们和你们的友人，因为你们自以为做[d]了什么重要的事，而实际上它们根本无足轻重。或许你们觉得我是个失败者，我认为你们是对的。但我不是认为你们［是失败者］，而是知道你们［是失败者］。

友人：阿波罗多若斯，你还是老样子，总是严于律己，苛以待人。[d5]在我看来，除了苏格拉底，你觉得所有人——首先就是你自己——都是愚蠢的可怜虫。我想不明白你怎么会得到"软弱"〔2〕这个绰号，因为你讲话总是这样，除了苏格拉底，你跟谁都过不去，连你自己也不放过。[d10]

[e]**阿波罗多若斯**：哦，朋友啊，显然，我之所以这么看待〔3〕你们和我自己，［是因为］我就是个疯子、愚人。

友人：阿波罗多若斯，咱们完全没有必要为了这个吵起来。[e5]请你满足我们的请求，不要再说其他的话了，重述一下那场对话的内容。

阿波罗多若斯：好吧，那场对话是这样的：我从[174a]最开

---

〔1〕 πορευομένοις καὶ λέγειν καὶ ἀκούειν. 直译为"边走边说、听"。

〔2〕 μαλακός. 因为阿波罗多若斯容易感情用事，比如《斐多》117d2："阿波罗多若斯甚至在早些时候就不停地哭，而且那时更是号啕大哭、悲愤不已，并使得在场的每个人都放声痛哭起来。"

〔3〕 διανοούμενος. 直译为"考虑""认为"，此处按照汉语习惯译为"看待"。

始讲起吧，尽可能把阿里斯托德摩斯的原话告诉你——[1]

阿里斯托德摩斯说，那天他遇到了刚刚沐浴完毕、穿着鞋的苏格拉底，这事儿[2]可不同寻常。于是他就问[a5]苏格拉底，他这么精心打扮是要去哪儿。

苏格拉底说："去阿伽通那儿的晚宴[3]，我拒绝了他昨天庆祝获奖的晚会，因为我不太喜欢热闹，不过我答应他今天我一定会去；所以我得打扮好点儿，毕竟他是一个英俊的人。如果[b]你不介意的话，你愿意跟我一起去吗？"

阿里斯托德摩斯说："只要是你说的，我都愿意做。"

"那么，"苏格拉底说，"看来我们要推翻[4]那句格言了，把它改成'好人若是开宴，[b5]好人不请自来'。[5]这种方法荷马也经常使用，他不仅推翻格言，而且推翻得很彻底。比如他把阿伽门农[6]刻画成一个好汉，[c]把梅涅劳[7][刻画成]一个懦弱的战士[8]，当阿伽门农祭祀设宴时，梅涅劳却不请自来，这是较好者[9]

---

〔1〕 这句话直译为："我最好从最开始（ἀρχῆς）讲起，就像［阿里斯托德摩斯］告诉我的那样。"

〔2〕 指苏格拉底精心打扮一事。

〔3〕 此处的"宴会"与前文的"宴会"（συνουσία）不同，古希腊文是 δεῖπνον，可以直译为"晚饭"，或重点在于吃饭喝酒的宴会。前文的 συνουσία 社交属性、情欲属性更重一些。我们将 δεῖπνον 译为"晚宴"。

〔4〕 διαφθείρωμεν. 直译为"破坏"。

〔5〕 Ἀγάθων' ἐπὶ δαῖτας ἴασιν αὐτόματοι ἀγαθοί. 阿伽通的名字"Agathon"在古希腊文里和"agathos"谐音，是"good man"的意思。原本的格言是"庸人若是设宴，好人不请自来"（Eupolis fr. 289, Kock）。

〔6〕 Ἀγαμέμνοῶν. 特洛伊战争中希腊联军的统帅，迈锡尼之王。

〔7〕 Μενέλαος. 阿伽门农的兄弟，斯巴达之王。

〔8〕 μαλθκὸν αἰχμητήν. 见 Homer, *Iliad* xvii. 587-588。

〔9〕 χείρω.

设宴，庸人不请自来。"[1]

[c5]听到这话，阿里斯托德摩斯回答说："但是，苏格拉底啊，恐怕我没有你说的那么大胆，我就是荷马笔下的那个愚人，不请自来，去参加有智之人的筵席。因此，要让我跟你去，你得给我充分的理由。我不能承认我是不请自来的，[d][我得说]是你邀请我来的。"

"两人同行，"他说，"其中一人定会想到理由。我们走吧。"

阿里斯托德摩斯说，他们就这样交谈着出发了。之后，[d5]苏格拉底若有所思，落在了后面，阿里斯托德摩斯在前面等他，苏格拉底却催促他往前走。当他到了[e]阿伽通的家门口，他发现大门敞开着，还看到了一件滑稽的事情：一个仆人从里面出来接待他，立刻领他去客人们的男宾室[2]，而晚宴正要开始。

[e5]阿伽通一见到我就说：[3]"啊！阿里斯托德摩斯！正好，你来陪我们喝两杯，把其他的杂事都推一推吧！[4]要是我能找到你，我昨天就请你来了。可是，苏格拉底呢？你怎么没把他带来？"

他说："我回头的时候没看到苏格拉底在后面。我说了，我是和苏格拉底一起来的，[e10][也是]他邀请我来这场晚宴的。"

---

[1] 原本的格言是"庸人若是设宴，好人不请自来"；苏格拉底的修改是将"庸人"改成"好人"或"阿伽通"；而荷马的做法更为彻底，他直接格言颠倒过来——"好人设宴，庸人不请自来"。所以苏格拉底认为荷马不仅仅是推翻原本的格言，即不只是与原本的格言不一致，而是与原本的格言彻底相反。

[2] κατέκειντο. 可以直译为"躺下"（175a6 表明此处确实是客人们"躺下"的地方）。晚间的酒会一般在房屋内的男宾室举办，主人和客人会躺在里面的躺卧长椅上，食物放在躺椅前的矮桌上，酒则倒在房间中间的调酒缸里。当然，其中只有男性。

[3] "一……就……"是对 εὐθὺς 的意译，该词直译为"直接地"。

[4] 此句为意译，直译为："如果你是来和我们一同参加晚宴的，你来得正好；如果你是为了别的事情来的，就把那件事情搁置一下吧。"

［175a］"很好，"阿伽通说，"但是，我想知道，他在哪儿呢？"

"他刚还在我后面呢，我也不知道他哪儿去了。"

"别傻站着了，[1]"阿伽通说，"小厮，还不快去找苏格拉底？阿里斯托德摩斯，你就挨着厄吕克希马科斯[2]［a5］坐吧。"

他说完，一个仆人让他躺下，为他沐浴。另一个仆人进来传话[3]，说："苏格拉底在邻家的门口那里徘徊，我努力地邀请过了，但他不想走。"

［a10］"真是怪事，[4]"阿伽通说，"你怎么不去喊他，把他带过来？"

［b］他说，我说：[5]"别么做，就让[6]他这样吧。因为他有这个习惯，随时随地都有可能走神，站在原地一动不动。我想，他一会儿就来了，我们就不要打扰他了，让他［自己待会儿吧］。"

"若他确实有你说的这个习惯，我就应该照你说的办。[7]"阿伽

---

〔1〕Oὐ σκέψη. 直译为"不要犹豫了""不要再等了""不要迟疑"，等等。

〔2〕Ἐρυξίμαχος. 一位医生。

〔3〕ἀγγέλλοντα. 直译为"报告"。

〔4〕Ἄτοπόν γ᾽ ... λέγεις. 直译为"你说的话真是怪异"。

〔5〕ἔφη εἰπεῖν. 即"他说我说"，"他"和"我"指的都是阿里斯托德摩斯，"他说"是阿波罗多若斯向友人们的转述，"我说"是以前阿里斯托德摩斯向阿波罗多若斯的转述。

〔6〕ἐᾶτε. 此处及末尾的"让他［自己待会儿吧］"中的"让"直译为"允许"。

〔7〕此句直译为：如果他对你而言是这样的，那么我则应该按你说的做。但是这样译会显得非常奇怪，因为苏格拉底对阿里斯托德摩斯只是"δοκεῖ"，如此，并不一定就像阿里斯托德摩斯说的那样"真的"有这个习惯。所以，阿伽通也没有很强的理由去相信阿里斯托德摩斯说的话。这样一来，直译显然无法体现原文的味道。阿伽通作为主人对苏格拉底和阿里斯托德摩斯都保持尊重，他不去打扰苏格拉底，是因为（1）苏格拉底可能确实有这个习惯，（2）这是客人的请求。所以我将"δοκεῖ"译为"如你所说"，而不是"对你而言"，以凸显阿伽通对阿里斯托德摩斯请求的尊重；"确实"的加入不会影响原意，而是为了满足第一个原因。

通说。[b5][随后]他说:"小厮们,服侍晚宴上的其他人吧,随你们高兴,想怎样都行,没人会监督你们。我还从来没这么做过呢。但是今晚,你们就把我和这些客人看作你们邀请来的,把我们[c]招待好,争取得到我们的称赞吧!"

阿里斯托德摩斯说,在[阿伽通]说完这些之后,晚宴开始了,但是苏格拉底仍然没有出现。阿伽通数次想去叫苏格拉底,都没有成功;转眼间宴会过了一半,[当然,]跟往常相比也不算太久[c5],苏格拉底进来了。正好独自躺在最里面的[1]阿伽通对苏格拉底说:"这里,苏格拉底,过来躺到我身边吧。这样我就能得到你在邻家门口获取[d]的智慧了。因为,显然你发现并得到了什么东西,否则你是不会离开那里的。"

苏格拉底挑了一个他中意的位置坐下,说:"哦,阿伽通啊,可是智慧并不会[2]因为接触就从较充足之人[d5]流向较空虚之人,就像一杯水沿着羊毛线从较满的地方流向较空的地方。如果[e]智慧真是这样,我该多么珍视在你身边[的机会]啊!这样你就能把你那满溢而美好的智慧分我一些了,毕竟我的[智慧]如此贫瘠匮乏,又可疑得像那梦幻泡影。而[e5]你的[智慧]却在年轻时就已如此璀璨夺目,在前天,已然有超过三万希腊人见证了它的光芒。"

"苏格拉底,你太放肆了,"阿伽通说,"一会儿我们再来解决我和你关于智慧[的分歧],狄俄尼索斯就是我们的裁判。不过现

---

[1] Ἔσχατον. 此处的意思是"最远""最后",如果苏格拉底进门,离苏格拉底最远的自然是最靠里的位置了。故翻译为"最里面"。

[2] 这里使用的实际上是 εἰ(如果)。

在，[e10]你还是先用餐吧。"

[176a]他说，在这之后，苏格拉底落座，同其他客人吃起了晚餐。随后他们向神明祭酒，唱了颂神圣歌，以及其他例行仪式。之后他们开始饮酒。他说，包萨尼亚[1]说了[a5]这么一段话："朋友们，如何饮酒最怡情[而又不至于伤身][2]？我现在还没完全从昨天那股子酒劲儿里缓过来，得休息一下，我想你们中的大部分人也是这般处境吧！毕竟咱们昨天已经喝过一次了。你们考虑一下吧，[b]今天怎样饮酒才能最怡情[而又不至于伤身]？"

接着，阿里斯托芬[3]说，"你说得对，包萨尼亚，无论如何，[我们今天]都得准备点轻松的东西喝酒，因为我就是昨天'[被酒]洗礼'[4]的人之一。"

[b5]阿里斯托德摩斯说，阿古梅诺[5]之子厄吕克希马科斯听到了[他们的谈话]，说："你们说得很好，但是我还想听听你们当中另一个人的说法——阿伽通，你还想多喝些吗？"

"我不行，"阿伽通说，"我自己不会再多喝了。"

[c]厄吕克希马科斯说："这对酒量小的我们来说可是太幸运了，对我、阿里斯托德摩斯、斐德若和其他人来说都是好事，毕竟连你们这些海量的人都说不行了，而我们向来就不大能[喝]。我

---

[1] Παυσανίας.

[2] ῥᾷστα. BTW: ἥδιστα γρ.t. 直译为"最轻松地""最愉悦地"，结合下文可知他们昨天喝得并不"轻松"。俗语"小酌怡情，大饮伤身"正好符合包萨尼亚的疑惑：今天怎么才能喝得轻松愉悦，又不至于像昨天那样烂醉如泥、损害身体。

[3] Ἀριστοφάνης. 喜剧作家。

[4] βεβαπτισμένων. 直译为"洗刷""洗礼（baptism）"，或者某种严峻的考验。此处阿里斯托芬用比喻的方式来说明自己昨天烂醉如泥的状态。

[5] Ἀκουμένος.

这话可不是说苏格拉底。因为［c5］他两者都行，我们怎么喝对他来说都可以。既然如此，在我看来，没有人今天想再喝个酩酊大醉了，那我在醉酒［这个问题］上说些真话也就不至于冒犯到谁了。我［d］从医的经验让我认为：醉酒使人痛苦。我自己不想多喝，也从来不会鼓励别人多喝——尤其是前一天已经醉过的人。"

［d5］他说，来自米瑞努希欧的斐德若[1]插话道："在医术这方面，我已习惯了听你的话。不过现在，也得其他人都愿意［听你的话］才行。"

听到了这些话之后，［e］大家都同意这场宴会不要过量饮酒，而要以愉悦为准。

在这之后，厄吕克希马科斯说，"就这么定了，［e5］我们就按照自己的意愿喝吧，谁也不许强迫别人。除此之外，我还建议，不要管那个刚才进来吹长笛的女孩了，让她吹给自己听吧；或者如果她乐意，就去陪闺房中的女眷吧。就让我们把对话［作为美酒］，度过今天吧！还有一句话：如果你们愿意，我还有个［e10］提议。"

［177a］大家都说愿意，让他说说他的提议。随后厄吕克希马科斯说：

"我就用欧里庇得斯《梅兰尼波》中的一句话开场吧：[2]因为'这故事[3]不是我的，而是来自'[4]斐德若。［a5］因为他总义愤

---

〔1〕 Φαῖδρον τὸν Μυρρινούσιον.

〔2〕 这句话直译为："我的话的开始（ἀρχὴ）是欧里庇得斯的《梅兰尼波》（Εὐριπίδου Μελανίππην）。"

〔3〕 ὁ μῦθος. 直译为"神话""故事"。

〔4〕 见 Μελάνιππος 残篇 488。原文为"κοὐκ ἐμὸς ὁ μῦθος, ἀλλ᾽ ἐμῆς μητρὸς πάρα"，意为"这个故事不是我的，而是来自我的母亲"。

填膺地对我说:'这不是很可怕吗?厄吕克希马科斯啊,为何其他诸神皆有诗人创作的颂诗与赞歌,而那古老而伟大[1]的爱神却从不曾[b]得到一篇诗人创作的颂诗?难道他不值得那些杰出的智者去赞颂吗?他们竟然宁愿写一些陈词滥调[2]去赞美赫拉克勒斯之流!普罗狄柯[3]就是其中一个!这还不是最令人诧异的呢:我曾[b5]读过一位有识之士[4]写的小书,其以溢美之词对盐的功能大加赞赏。你或许还见识过[别的],连这些琐事都能被拿来[c]大做文章,至今却无人敢作出一篇对爱神的颂诗。这样一位神祇竟会无人问津!'我相信[c5]斐德若说的[是对的]。因此,我希望能[同各位]一起为[爱神]做些什么,以获得他的青睐。[5]我觉得,没有比赞颂这位神祇更适合此时此刻的我们了。如果[d]你们同意,这些言谈就足以用来消遣了,因为我想让我们每个人都讲讲对爱神的赞颂,从左到右依次来,并尽其所能讲出最好的。斐德若居于首位,[6]这个话题也是由他而起,[7]就让[d5]他第一个讲吧!"

"没人[会反对]你,厄吕克希马科斯,"苏格拉底说,"[至

---

〔1〕 τηλικούτῳ. 该词兼有"古老"和"伟大"两个含义。

〔2〕 καταλογάδην. 该词可直译为"冗长地""事无巨细地",或是"散文""乏味单调的文章"。

〔3〕 Πρόδικος. 智者,修辞学家,怀疑论者,也是苏格拉底的导师之一。

〔4〕 ἀνδρὸς σοφοῦ. 与智者不同,此处指的是"有智慧的人"。

〔5〕 χαρίσασθαι. 但是这句话还可以理解为"讨斐德若的欢心"或"取得斐德若的青睐"。因为 χαρίζω 在爱情的意义上(in erotic sense)就指追求者与被追求者之间的关系。不过我愿意将其理解为取得爱神的青睐。正是因为没有人赞颂爱神,使神备受冷落,在场的人对他的赞扬才显得更为珍贵,由此自然也更容易讨得爱神的欢心。

〔6〕 πρῶτος κατάκειται. 直译为"躺在第一位的人"。

〔7〕 Φαῖδρον ... ἔστιν ἅμα πατὴρ τοῦ λόγου. 直译为:"斐德若……是这个言论的父亲",指的是在宴会上讨论爱神一事是斐德若引起来的。

少〕我不会，毕竟我对爱情之外的东西一无所知。阿伽通和〔e〕包萨尼亚〔也不会〕，更不用说阿里斯托芬，他把时间都消磨在狄俄尼索斯和阿芙洛狄忒[1]身上了；我看其他人也不会对这个议题提出异议。不过对我们这些身居末席的人来说，这可不太公平。不过，若是前面的人准备充分，说得又好，〔e5〕我们就很满足了。让我们祝斐德若好运，请他赞美爱神吧!"

其他人随声附和，响应着〔178a〕苏格拉底的话。至于每个人演说的内容，阿里斯托德摩斯没全部记住，我也没全部记住他告诉我的内容；不过，那些值得记住的内容，我倒是记住了绝大部分。我把每个人的讲辞〔a5〕告诉你们:

"我告诉〔你〕，"阿里斯托德摩斯说，"斐德若是第一个讲话的，他大概从这里开始说起：爱神乃是伟大崇高之神，无论在凡人还是众神当中，他都是无与伦比的，在其他方面〔如此〕，在出身方面更是〔如此〕：他是〔b〕最古老的神明，此即他值得尊敬的明证。证据在于，没有任何记载——无论庸人还是诗人——讲过爱

---

〔1〕 Διόνυσον καὶ Ἀφροδίτην. 分别是酒神与美神。狄俄尼索斯是宙斯之子，他的故事常与迷狂相关。他有角、戴蛇冠（参见 Euripides, *Bacchae* 99-102; *Onomacritus*, quote by Pausanias, viii. 37. 3; Diodorus Siculus, iii. 62; *Orphic Hymn* xlv. 6; Clement of Alexandria, Address to Greeks ii. 16）。为躲避赫拉的追杀，赫尔墨斯按照宙斯的命令，将他变为小山羊，交由倪萨山上的宁芙仙女照料，也是在倪萨山上，狄俄尼索斯发明了葡萄酒，成为酒神（Apollodorus, iii. 4. 3; Hyginus, *Fabula* 182; Theon on Aratus's *Phenomena* 177; Diodorus Siculus, iii. 68-69; Apollonius Rhodius, iv. 1131; Servius on Virgil's *Eclogues* vi. 15）。文中涉及的神话与英雄故事，可见罗伯特·格雷福斯：《希腊神话》，席路德、王瑢译，湖南文艺出版社 2022 年版。

神的父母是谁，[1]正如赫西俄德[2]所言：

混沌初现，[b5]
迥旷之盖亚——永载万物，于其后生；[3]
还有爱神。

阿刻西劳和赫西俄德一样，认为在混沌之后有两位［神祇］生成，就是盖亚和爱神。巴门尼德曾如此说爱神的诞生：

在众神之中，爱神最先被创造出来。[4]

---

〔1〕 依据 OCT 校勘，b2 γονῆς BTW：γοναὶ Stobaeus。γοναὶ 有"后代""种族""家庭""父母""出生"等含义，也就是说，它不只可以被理解为"generation"，还可以被理解为"the act of generation"。这样看来，它更偏向于生物的、活的含义，"起源"不只是生物的、活的起源，还可以是逻辑的、推理的起源，因此在这里，我将之理解为"父母"。需要注意的是"无论是庸人还是诗人"（οὔτε ἰδιώτου οὔτε ποιητοῦ）一句，ἰδιώτου 除了"无技术的人""庸人"之外，结合下文也可以理解为"散文作家"，因为在斐德若提到的这些人中，除了阿刻西劳外都是诗人，而阿刻西劳正是散文作家。并且，文中没有出现明显的"庸人"角色和"庸人"说的话。所以也可以是两个职业的对比，即散文作家与诗人。

〔2〕 Ἡσίοδος. 古希腊诗人，留存作品有《工作与时日》《神谱》。以下诗句出自《神谱》116—122。中译亦可参照《工作与时日　神谱》，张竹明、蒋平译，商务印书馆 1991 年版："最先产生的确实是卡俄斯（混沌），其次便产生该亚——宽胸的大地，所有一切的永远牢靠的根基。"

〔3〕 Γαῖ' 为大地女神盖亚，故也可理解为大地；我将 εὐρύστερνος 译为"迥"和"旷"。因为按照此处的描述，现在的世界上只有混沌和盖亚，尚未出现其他的事物，因此不仅要体现其"阔""广"，还要体现其"空"。而汉语中"迥"和"旷"兼有"广阔"与"空"的含义。例如，关于"迥"，有唐·王勃《秋日登洪府滕王阁饯别序》："天高地迥，觉宇宙之无穷；兴尽悲来，识盈虚之有数。"唐·王维《泛前陂》："秋空自明迥，况复远人间。"关于"旷"，有唐·孟浩然《南归阻雪》："旷野莽茫茫，乡山在何处？"唐·李白《经乱离后天恩流夜郎忆旧游书怀赠江夏韦太守良宰》："送此万里目，旷然散我愁。"《游泰山六首》："旷然小宇宙，弃世何悠哉。"

〔4〕 见巴门尼德残篇 B13 DK；亚里士多德《形而上学》A4，984b23；Plutarch, *Amatorius* 756f.；Simplicius, Commentary on *Physics* (*Comm. Arist. Gr.* IX, 39)。中译亦可参考《巴门尼德残篇》，盖洛普英译，李静滢汉译，广西师范大学出版社 2011 年版。其英译为"She devised Love first of all the gods ..."，中译为"在所有神中，她首先创造了爱神"。

［c］由此可见，大家都同意表明爱神是最古老的神明。［既然］他是最古老的，［那么］我们［就可以将］他［看作］最高善的原因。[1]

"因为，我不知道对一个年轻人来说，还有什么更大的善，会超过成为一个优秀的爱者或成为一个［c5］被爱者。[2] 人们若想过好的生活，就要始终［遵循］一个东西的指导：它不是高贵的血统、荣誉财富或其他［d］非爱的东西。我说的是什么东西呢？就是以丑恶为耻，以美好为荣。若是没有它们，不管是城邦还是个人，都绝无可能功成名就、一展宏图。我还想说，若是一个爱者［d5］被发现在做什么丑恶之事，或是被他人侮辱时不加斗争就屈服，他的被爱者会比他的父母、伙伴或其他任何人都痛心。[3]［e］同样的情形也适用于被爱者，当他作恶被他的爱者发现时，他也会感到羞耻。因此，若是一个国家或一支军队都是由相爱之人［e5］组成的，那么他们将会是城邦最好的管理者，他们厌恶耻辱，因热爱荣誉［179a］而彼此［竞争］。他们若是并肩作战，即使人数微不足道，也几乎[4]可以征服世界。爱者绝对不愿意让其他任何人，

---

〔1〕μεγίστων ἀγαθῶν ἡμῖν αἴτιός ἐστιν. 关于该句的翻译，可参见 M. C. Howatson, *The Symposium*, Cambridge University Press, 2008："He is also the source of our greatest blessings"; Seth Benardete, *Plato's ⟨Symposium⟩*, Chicago University Press, 2001："We have him as the cause of the greatest goods"。该版翻译将作为与格的 ἡμῖν 提前到主语的位置。

〔2〕爱者，此处为 ἐραστής，指在爱情当中较为年长的、主动的一方；被爱者，此处为 ἐραστῇ παιδιά，直译为"爱人的小男孩"，即在爱情当中被追求的、被爱的、较年幼的一方。如无特别注释，本文将一直使用这一译法。

〔3〕此处调整了语序，直译为："……他的父母［不会难过］，他的朋友［不会难过］，其他人［不会难过］，除了他的被爱者。"首先，这一译法不太符合中文表达习惯；其次，这样翻译也不合逻辑，因为如果一个人做了恶事，他的父母朋友为之感到羞耻、难过是完全可以想象的。我认为，应当将感到羞耻的程度区别表现出来。

〔4〕ὡς ἔπος εἰπεῖν. 惯用语，指"几乎""差不多"。

尤其是他的爱人，看到自己弃甲曳兵、落荒而逃的样子；[a5][相比于让自己的爱人失望，]他宁愿去死上千次万次。也没有爱者会如此懦弱，以至于无法获得爱神赐予的、与其杰出的自然禀赋相同的美德[1]，让他在危急关头将他的爱人弃之不顾。[2][b] 正如荷马所说：'神将力量吹入英雄的灵魂。'[3] 爱神也将他的 [力量] 赐予爱者。

"另外，相爱的人可以为了彼此去死，[b5] 无论男女。对每个希腊人而言，铂利阿斯之女阿尔刻斯提就是明证：只有她愿意为她的丈夫放弃自己的生命，即使她丈夫的父母还健在。[4][c] 由于她的爱，她在感情方面已远超其父母，[5] 以至于她的丈夫和他们

---

[1] ἀρετήν. 或译为 "德性"。这句话的意思是，即使是一个懦弱的人，见到自己的爱人陷入危机，爱神也会赐予他一种德性，这种德性可以让他和那些本性优秀（也就是拥有杰出的自然禀赋）的人一样，勇敢地去拯救他的爱人。

[2] 此处调整了语序，直译为："至于当被爱者陷入危机而爱人却弃之不顾——没有人如此懦弱，以至于无法获得爱神赐予的、与杰出的自然禀赋相同的美德。"

[3] *Iliad* x. 482-483.

[4] 弗里国王阿德墨托斯为了追求阿尔刻斯提，按照她父亲的要求，必须把一头狮子和一头野猪套到战车上，并围绕赛场奔跑，最终，他获得阿波罗神的帮助，如愿娶得心上人。(Hyginus, *Fabula* 50; Apollodorus, iii. 10. 4; Callimachus, *Hymn to Apollo* 47-54; Scholiast on Euripides's *Alcestis* 2; Fulgentius, i. 27.) 阿波罗得到了阿尔忒弥斯的承诺，如果阿德墨托斯大限将至，可以找个替死鬼来延长他的寿命。但是国王的死期来得太早，没有人愿意为他牺牲，即使是他的父母也一样，但是忠贞的阿尔刻斯提答应为他牺牲。(Apollodorus, i. 9. 15.) 最后是赫拉克勒斯救回了她。(Euripides, *Alcestis*.)

[5] 此处将 φιλία 意译为 "感情" 而不是容易引起误解的 "友爱"。φιλία 除了 "friendship"，也可以理解为宽泛意义上的 "love" 或 "affection"。显然，阿尔刻斯提对她的丈夫应当是 τὸν ἔρωτα，即 "情爱" 而非 "友爱"。还有另外一种译法，参见 M. C. Howatson, *The Symposium*, Cambridge University Press, 2008："She so much surpassed them in devotion because of her love ..."（由于她的爱，她在奉献方面远超其丈夫的父母……）他将 φιλία 翻译为 devotion 是有道理的，一是因为 φιλία 确有 fondness 的含义，此处可指爱的结果或表现；二是因为在故事当中，是阿尔刻斯提奉献自己的生命拯救自己的爱人。

形同陌路，仅有姓氏的联系。她的事迹如此高尚，不仅凡人，[c5]连诸神都为之动容，[1]以至于诸神将她在冥府的灵魂送回［人间］。即使在那些做过善事[d]的人中，蒙受此种恩惠的人也少之又少，神明以此来表彰她的事迹。由此可见，诸神非常愿意奖赏对爱的追求和美德。

"然而，俄阿格罗斯之子俄耳甫斯[2]，诸神却让他从冥府空手而归，［即使］他力图挽救爱人，诸神也只是让他瞧了瞧爱人的幻影，并未将她活着交还给俄耳甫斯。因为在诸神看来，[d5]他懦弱无刚，不过是个弹竖琴的，他不敢像阿尔刻斯提一样为爱而死，而只琢磨着［怎样］活着进入冥界。因此，诸神为了惩罚他的懦弱，让他惨死于狂女之手。[3]

---

[1] 此句直译为："对于她做的这些事情，不仅凡人，连诸神也觉得（ἔδοξεν）她做得好。"

[2] Ὀρφεύς. 俄耳甫斯，色雷斯国王俄阿格罗斯（Οἴαγρος）与九位缪斯女神之一卡利俄珀之子。音乐天资超凡入化，他用阿波罗送他的里拉琴演奏，能让木石生悲、百兽驯服。（Pindar, *Pythian Odes* iv. 176; Aeschylus, *Agamennon* 1629-1630; Euripides, *Bacchae* 561-564; Apollonius Rhodius, i. 28-31.）仙女欧律狄刻（Εὐρυδίκη）倾醉于七弦竖琴的恬音美乐，与俄耳甫斯相爱。有一天，在坦佩谷附近的柏纽斯河边，阿里斯泰俄斯想要侵犯欧律狄刻，她在逃跑的时候被毒蛇噬足而亡。痴情的俄耳甫斯冲入地狱，其琴声让亡灵都为之号哭，他用琴声打动了冥王哈迪斯，欧律狄刻再获生机。但冥王告诫少年，离开地狱前万万不可回首张望。冥途将尽，俄尔甫斯听不到爱人的声音，便遏制不住胸中思念，转身确定妻子是否跟在他身后，却使欧律狄刻堕回冥界的无底深渊。（Hyginus, *Fabula* 164; Diodorus Siculus, iv. 25; Pausanias, ix. 30. 3; Euripides, *Alcestis* 357.）

[3] 俄耳甫斯在失去爱人之后，隐居在色雷斯，整日与鸟兽为伍，弹奏竖琴，诉说思念之情。在失去爱人之后，他对一切女性都失去了兴趣，这让许多倾慕他的女子非常恼火。由于他谴责了狄俄尼索斯的放荡，狄俄尼索斯也对他怀恨在心，于是在一次酒会中，那些迷狂的女人一同围攻他，周围的鸟兽都跑过来保护俄尔甫斯，直到人潮散去，但是俄耳甫斯的身体已经被撕成了碎片，头颅则漂流到了莱斯沃斯岛（Δήμος Λέσβου）。在阿波罗和缪斯的请求下，俄耳甫斯升上夜空，成了天琴座。（Aristophanes, *Frogs* 1032; Ovid, *Metamorphoses* xi. 1-85; Conon, *Narrations* 45.）

［e］"而忒提斯[1]之子阿喀琉斯[2]，神明则以之为荣，将他送往福人岛[3]。因为，虽然阿喀琉斯非常清楚，如他母亲所说，他若杀死赫克托尔[4]，［就会］英年早逝；如果不杀赫克托尔，便能解甲归田、寿终正寝，[5]［e5］然而，他还是敢于帮助爱人帕特洛克罗斯[6]，并［180a］为之复仇，他随后也为此战死沙场。由于他对爱者格外崇敬，诸神也非常［愿意］奖赏他。埃斯库罗斯讲错了，他竟觉得阿喀琉斯［a5］是帕特洛克罗斯的爱者，却不知道阿喀琉斯比帕特洛克罗斯乃至其他所有英雄都美，而且正如荷马所说，他比帕特洛克罗斯年轻，他当时还没长胡须呢。[7]诸神非常乐意奖励爱的美德，［b］相比于爱者对被爱者的爱，被爱者对爱者的爱更能博得诸神的尊敬与赞赏，因为爱者是有神灵附体的，他比被爱者更有神性。因此，诸神甚至把阿喀琉斯看得比阿尔刻斯提［b5］还重要，最终将他送到了福人岛。

"因此，我认为爱神是最古老、最荣耀、最强大的神明：无论［我

---

［1］ Θέτις.

［2］ Ἀχιλλεύς. 在出生后，忒提斯得知阿喀琉斯会战死，于是握住他的脚踝将他浸入冥河，以求阿喀琉斯刀枪不入。也正是因此，脚踝成了他唯一的弱点，即"阿喀琉斯之踵"。另一种说法是，阿喀琉斯的父亲是个凡人英雄，忒提斯想用天火烧去阿喀琉斯身上的凡人部分以求其不死，但在即将完成时，被阿喀琉斯的父亲发现而中止。

［3］ μακάρων νήσους.

［4］ Ἕκτωρ. 头盔闪耀的赫克托尔，为特洛伊王子，国王普里阿摩斯的长子，帕里斯的哥哥，率领特洛伊军队数次击败希腊联军，但在决斗中终不敌阿喀琉斯，被阿喀琉斯杀死。他为人正直，战斗英勇，深受特洛伊人尊敬。

［5］ 这一段是《伊利亚特》里的故事。阿喀琉斯因内讧拒绝再去营救阿伽门农，但是他的好友帕特洛克罗斯被赫克托尔所杀这件事彻底激怒了他，于是他在为朋友报仇后，把赫克托尔的尸体绑在战车后面拖行以泄愤。(Homer, *Iliad* xvi, xvii, xviii-xix, xxi, xxii.)

［6］ Πάτροκλος.

［7］ Homer, *Iliad*, ii.786-787.

们〕是生是死，他都是〔引导〕人类实现美德与幸福的财富[1]。"

〔c〕阿里斯托德摩斯说，斐德若就讲了这些。而斐德若之后的讲话他记不太清了，就省略了其他人的话，转而讲起了包萨尼亚的发言。

包萨尼亚说："斐德若啊，对我而言，我们的话题并没有开个好头。〔c5〕我们的要求是赞颂爱神，如果仅有一位爱神，那么你说的那些就足够了，但实际上可不止一位爱神。既然爱神不止一位，我们就应该首先〔d〕分辨出我们要赞颂的是哪一位。因此，我会尝试着补上这一点：首先，我将指出需要赞颂哪一位爱神，然后再以他应得的方式来赞颂他。我们知道，爱神和阿芙洛狄忒是不可分的。若是只有一位〔阿芙洛狄忒〕，那就只有一位爱神；但若是〔d5〕有两位〔阿芙洛狄忒〕，那就是有两位爱神了。爱神怎能不是两位呢？年长些的那位阿芙洛狄忒没有母亲，乃是乌拉诺斯之女，我们将之称为'属神的〔阿芙洛狄忒〕'；年轻些的那位阿芙洛狄忒乃是宙斯与狄俄涅之女，我们将之称为〔e〕'属人的〔阿芙洛狄忒〕'。[2]

---

〔1〕κτῆσιν. 为单数宾格，可直译为 "possession" "property"，亦可理解为 "achievement"。

〔2〕Οὐρανιαν. 亦可译为 "属天的" "属乌拉诺斯的"。相传克罗诺斯用镰刀割断了其父乌拉诺斯的阳具以阻止他与盖亚的交合，由此，自己才得以诞生，然后他将割下的阳具扔到了河里，河流泛起珍珠一般的泡沫，阿芙洛狄忒由此诞生。所以可以说阿芙洛狄忒只有父亲，没有母亲。阿芙洛狄忒常被描写为绝色美人，同时也是司掌性欲之女神。Πάνδημον. 英译为 "belonging to all the people"，除了"属于所有人"的表面意思，还有"凡俗"的意思，即这个东西什么人都可以有。狄俄涅是宙斯的最早配偶，为大洋之神俄刻阿诺斯与女神特提斯之女。其名字实际上是宙斯的阴性格式。在荷马史诗中，她是阿芙洛狄忒的母亲，在后来的神话里，她逐渐和赫拉混同。（Hesiod, *Theogony* 188-200 and 353；Festus Grammaticus, iii. 2；*Homeric Hymn to Aphrodite* ii. 5；Apollodorus, i. 1. 3.）

与后者对应的爱神我们将之称为'属人的爱神'，与前者对应的则是'属神的爱神'。的确，众神都需要赞颂，但现在，我们还是得搞清楚这两位［爱神］各自管辖的领域。［e5］每个行为，就其自身而言，并没有美好与可耻之分。[1]［181a］比如我们现在饮酒唱歌，促膝长谈，这些行为就其自身而言并不是美好的。但是，对一个行为而言，如果它以正确的方式实施，就是美好的；如果它以不正确的方式实施，就是可耻的。［a5］同理，并非所有的爱神都是美好的，都值得赞颂。只有以美好的方式去爱的爱神才值得赞颂。

"'属人的阿芙洛狄忒'产生出来的爱确实是属［b］人的，它靠偶然实现［它的目的］。不论贵贱，所有的男人身上都有，庸人［中意的］便是这种爱。首先，她让庸人爱上女人和男孩；其次，她让庸人爱他们的身体胜过爱他们的灵魂；最后，［b5］她让庸人去爱尽可能愚昧的人，因为他们只关注行为的结果，却不管获取结果的方式美好与否。由于他们的行为依赖偶然，所以他们有可能以善的［方式行动］，也有可能以相反的［方式行动］。因为'属人的阿芙洛狄忒'与另一位女神［c］相比［实在太过］年轻，而且她的起源[2]既有女性也有男性。但'属神的阿芙洛狄忒'就没有女性的部分，而只脱胎于男性，所以她会钟爱男孩；不仅如此，她更古老，因而不会傲慢骄纵。［c5］这位爱神鼓舞人们只中意男性，并且只中意那些本性[3]更有男子气概和理智的男

---

〔1〕 οὔτε καλὴ οὔτε αἰσχρά. 在与 αἰσχρά 相反的用法上，καλὴ 亦可译为"高贵的"；而 αἰσχρά 除了"可耻的""不体面的"，也可译为与"美"相对的"丑"，这种译法会在下文出现。本文将 καλός 统一译为"美"或"美好"，将 ἀγαθός 译为"善"。

〔2〕 ἐν τῇ γενέσει. 直译为"在最开始"。

〔3〕 φύσει. 英译为"nature"，本文统一译为"本性"。

性。任何热诚的钟爱男孩之人[1]都能看出，[d]他们的这种爱完全是被这位爱神激发出来的。因为他们爱的不是男孩，而是开始拥有理性的［少年］，他们那时也快要长胡子了。我认为，那些等到[2]此时再开始爱的人，是准备与那少年［d5］共度余生的，不因他不谙世事[3]就对他对行诡骗欺瞒、见异思迁[4]之事。［我认为，］有必要立法禁止爱[e]男孩，以免在尚不明晰的东西上浪费精力。因为他们的未来[5]尚不明晰，他们的身体与灵魂最终会是邪恶的还是有美德的也不清楚。优秀的人会为自己制定这种法律，[e5]那些属人的爱者则应当被强制要求遵守：比如要强迫他们远离良家妇女[6]，[182a]因为我们不能爱她们。由于这些行径，属人的爱者招致谴责，以至于有人敢说：满足[7]爱者是可耻的。人们之所以这么说，就是因为看到这些人胡作非为[8]，而

---

〔1〕 παιδεραστίᾳ. 该词为 παῖς+ἐραστής，即 child, son, boy+lover，故译为"钟爱男孩之人"。后文中的"男孩"在宽泛的意义上指还没有长出胡子的男孩，在严格意义上说就是男童，因此，当文中强调年龄的分别时，我会将年长些的"男孩"翻译为"少年"，即刚刚长出胡须的男孩。

〔2〕 παρεσκευασμένοι. 该词还有"准备""取得"的含义，因此，这句话我们可以理解为"这些人准备着，直到那些男孩长出胡须，再开始做他们的爱人，准备着与那个男孩共度余生"。

〔3〕 ἀφροσύνῃ λαβόντες ὡς νέον. 直译为："由于年轻的理智［不成熟］，［他们是］愚昧的（ἀφροσύνη）。"

〔4〕 καταγελάσαντες οἰχήσεσθαι ἐπ᾽ ἄλλον ἀποτρέχοντες. 直译为"轻率地离开［那个男孩］，转而去寻找其他人"。需要注意的是，καταγελάσαντες 是带有侮辱性的，有"轻蔑""轻视"之意。

〔5〕 τέλος. 指他们的未来最终实现出来的样子，该词有"结果""实现（accomplishment）"等含义。

〔6〕 τῶν ἐλευθέρων γυναικῶν. 直译为"作为自由人的女性"，即不是作为奴隶的女性。

〔7〕 χαρίζεσθαι. Howatson 2008, 13 认为，在柏拉图的古希腊语用法中，该词是"爱者满足爱者的性需求"的委婉说法。

〔8〕 τὴν ἀκαιρίαν καὶ ἀδικίαν. 直译为"不合时宜和不正义的［行为］"。

[a5] 那些体面而合法的行为就不会引来指责。

"别的城邦把关于爱的法律制定得简单易懂，我们和斯巴达的法律却复杂得很。[b] 在伊利亚、柏欧提亚[1] 这些不善辞令的城邦当中，干脆立法：满足爱者是好的，不论老幼少，都不会有人说这是可耻的。他们不会想着 [b5] 自找麻烦，尝试用言辞来说服年轻人，毕竟他们本就不擅长讲话；伊奥尼亚[2] 和其他许多地区的法律则 [将满足爱者一事看作] 可耻的，这多少与他们受制于蛮族有关。由于蛮族被僭主统治，他们以 [满足爱者] 为耻，也以 [c] 爱智慧和爱体育为耻。因为在我看来，那些僭主无法忍受被统治者拥有崇高的思想，抑或拥有牢固的友爱和交往——这一切正是爱的产物。这是 [c5] 我们雅典人的僭主从经验中学到的教训：因为阿里斯托格通与哈默蒂欧斯[3] 之间忠贞的爱与友谊，瓦解了 [僭主的] 统治。[4] 因此，以 [d] 满足爱人为耻的地方 [都很] 糟糕，统治者残暴贪婪，被统治者懦弱无刚；若是 [一个地方的人] 盲目地将 [满足爱人] 这一行为看作好事，则是出于他们灵魂的懒惰。

"我们的城邦制定的法律较之于它们要 [d5] 好得多，但是正如我说过的，它并不容易理解。想想看吧，[在我们这里，] 公开的

---

〔1〕 三个城邦分别为 Λακεδαίμων、Ἤλίας、Βοιωτία。原文中，Λακεδαίμων 在这两个城邦前面，并应该直译为"我们和斯巴达的法律很复杂"，而 Ἤλίας 和 Βοιωτία 的法律很简单。但是也有部分的编校者认为"斯巴达"在伊利亚和柏欧提亚后面，即它同样是法律简洁的城邦，因为斯巴达是出了名的"不善辞令"（οὐ μὴ σοφοὶ λέγειν）。参见 Howatson 2008, 13，注释62。
〔2〕 Ἰωνία. 位于爱琴海东部。在公元前385年之后的十年里，居住在伊奥尼亚的希腊人被波斯统治。所以后文中的"蛮族""野蛮人"很有可能是波斯人。
〔3〕 Ἀριστογείτον, Ἀρμόδιος.
〔4〕 希腊著名僭主庇西特拉图有两个孩子，一个是希庇亚斯，另一个是希帕克斯，兄弟俩在父亲死后沿用了父亲的统治方式，而后希帕克斯被文中的这两个人暗杀。

爱比秘密的爱要更值得称赞，爱那些高贵而优秀的人尤其值得，即使这些人在外貌上可能并没有那么出众。[1]只要爱者没有做什么可耻的事情，人们就给予他热烈的鼓励。[e]若是他成功得到了他的被爱者，那么人们会以之为荣；若是他失败了，人们会以之为耻。不仅如此，要是爱者在追求被爱者时做出了过分的举动，我们这里的习俗还会为之喝彩。但若这些过分的举动是为了别的目的，[183a]而不是为了爱，则会招来最严厉的遣责。[2]比如说，如果一个人因为想获得金钱、公职或权力，去做爱者对被爱者做的事情：言辞恳切地[a5]苦苦哀求，[3]或是赌咒发誓，赖在人家的门前不走，甚至做出一些连真正的奴隶都不屑去做的奴颜婢膝之事，不仅是朋友，连敌人也会阻拦他。[b]他们会因他放弃自由、阿谀谄媚而遣责他、警告他，并以他为耻。但若这些事是爱者所为，反而会得到赞许，我们的法律允许这种行为，而不对之加以遣责，因为他做此事的目的是高尚的。[b5]最奇怪的事情是，在许下誓言而不遵守的人中，只有爱者能得到诸神的原谅，因为，出于情欲[4]而说出的话不能算誓言。[c]可见，诸神与人们完全允许爱者[的行为]，正如我们这里的法律说的那样。因此有人会说，在我们的城邦，去爱[别人]或对爱者抱有友爱都被看作一种荣耀。

---

[1] κἂν αἰσχίους ἄλλων. 直译为"即使[他们]比其他的人可耻"。
[2] 此处有"φιλοσοφίας"一词，但疑似窜入，并非原文。当然，除了这种处理，也有学者认为这里应当理解为"招来哲学的最严厉的遣责"，还有学者认为应理解为"对哲学进行遣责"。Cf. Dover 1980, 100-101; Bury 1969, 37. 本文倾向于将"φιλοσοφίας"删去。
[3] ἱκετείας τε καὶ ἀντιβολήσεις ἐν ταῖς δεήσεσιν. 该句中的 ἱκετείας、ἀντιβολήσεις、δεήσεσιν 均有"乞求""恳求"的含义，故意译为"言辞恳切地苦苦哀求"。
[4] ἀφροδίσιον. 除了"关于阿芙洛狄忒的"之外，该形容词还有"好色的""情欲的"意思。

"然而，[c5]有的父亲聘请教师来管束被爱者，以阻止他们与爱者来往；他们的同龄人和伙伴看到类似的事情发生也会进行谴责；他们的长辈[d]却不会阻止这种谴责，仿佛这些谴责并非什么不正确的话。要是有人看到这些，准会以为我们的城邦以这些事为耻。

"我认为，就如我之前所说，[行为]并没有那么简单：行为本身[1]没有美好与[d5]可耻之分，如果它以美好的方式实施，就是美好的；以可耻的方式实施，就是可耻的。可耻的方式便是满足邪恶的人，或以邪恶的方式满足别人；美好的方式便是满足优秀的人，或以美好的方式满足别人；[2]邪恶的人就是前面说到的'属人的爱者'，[e]他爱身体胜过爱灵魂。因为他爱的对象并非永恒不变，所以他的爱也并非稳定不变。当身体的青春如落花般逝去，他也就背弃海誓山盟'远走高飞'[3]了。[e5]而爱优秀品质的爱者[则不然]，他的爱可以持续一生，因为他与稳定不变的东西融为一体。[184a]我们的法律可以很好地检验[这两种爱者]，以满足一类人，而远离另一类人。不管是爱者还是被爱者都要经过检验和审核，直到我们能够了解他们到底是哪一类人。[a5]正是出于以上

---

〔1〕καθ' αὑτό. 可理解为"就其自身而言""就其本质来说"。后者常与"κατὰ συμβρβηκός"（偶然地、就偶性而言的）相对。

〔2〕αἰσχρῶς μὲν οὖν ἐστι πονηρῷ τε καὶ πονηρῶς χαρίζεσθαι, καλῶς δὲ χρηστῷ τε καὶ καλῶς. 在这句话中，πονηρῶς 和 καλῶς 作为副词都修饰动词 χαρίζεσθαι，而 πονηρῷ 和 χρηστῷ 都是动词 χαρίζεσθαι 的对象。因此，两小句以 τε καὶ 为标志可以拆为四部分：（1）πονηρῷ χαρίζεσθαι；（2）πονηρῶς χαρίζεσθαι；（3）χρηστῷ χαρίζεσθαι；（4）καλῶς χαρίζεσθαι. 又因为 αἰσχρῶς 与 πονηρῶς 意思相似但不是一个词，故将前者译为与上文相同的"可耻的"，将后者译为"邪恶的"；καλῶς 与 χρηστῷ 都有好的意思，但不是一个词，故将 καλῶς 译为与上文相同的"美好的"，将后者译为"优秀的"。另外，我将修饰动词的副词 πονηρῶς 与 καλῶς 译为"以邪恶／美好的方式……"。

〔3〕οἴχεται ἀποπτάμενος. Homer, Iliad 2. 71.

原因，我们首先规定，轻率地[1]坠入爱河[2]会被看作可耻的，[应该等候]一段时间，因为在我看来，时间能很好地考验许多东西；还有，被金钱和政治权力诱惑是可耻的，[b]不管是他遭受了糟糕的恐吓而不加以反抗，还是他被不义之财和政治权力引诱而不加以拒绝。因为在我看来，这些东西并非坚不可摧、永恒不变，高尚的友爱也不会在这些东西上生长出来。[b5]

"按照我们的法律，被爱者只有一种好的方式来满足爱者，因为我们的法律规定了，即使爱者像奴隶一样，[c]为被爱者做奴隶才做的事情，也并不算作谄媚，亦不会招致谴责。而只有一种方式可以既做奴隶又不被谴责，就是追求美德。照我们的法律来说，如果一个人想要服侍别人，[c5]其目的是得到教导，以在智慧或其他美德上变得更好，奴颜婢膝就并不可耻，亦不能算是谄媚。以下两条法律应当结合起来：一是关于爱男孩，[d]二是关于爱智慧和其他美德，若是能结合起来，被爱者满足爱者就能变成好事了。在交往当中，爱者与被爱者需遵守各自的法律：[对爱者来说，]当满足自己的被爱者[d5]需要帮助时，给予帮助是正当的；[3][对被爱者来说，][为了]获得智慧与美德，服侍[爱者]也是正当的。[爱者]能[为被爱者]提供明智和[e]其他美德，[被爱者]则需要获得教育和其他智慧。只有这两条法律合二为一时，被爱者满足爱者才是一件好事，除此之外都不是。[e5]如果满足以上情况，

---

[1] ταχύ. 直译为"迅速地"，此处指一个人在爱情上很快被另一个人征服，故意译为"轻率地"。

[2] ἁλίσκεσθαι. 直译为"被征服""被抓到"。

[3] δικαίως ἂν ὑπηρετεῖν. 根据 OCT，ἂν TW: οὖν，本文采取 οὖν 的版本。

即使被骗也不可耻；除此之外，不管有没有被骗，都是可耻的。因为，如果〔185a〕被爱者以为他的爱者很富裕，为了钱财而去满足他，最后被骗，空手而归，〔发现〕他的爱者是个穷人，这当然是可耻的。我觉得，这样的人也暴露了自己：他是个摧眉折腰[1]求钱财的人，〔a5〕这当然不好。同理，如果被爱者以为他的爱者很优秀，想通过他的友爱来让自己变得更好，最后被骗，〔发现〕那人〔实际上品性〕恶劣，〔b〕毫无美德，这欺骗却是好的。我觉得，这样的人也展现了他自己〔的品格〕：为了美德、为了让自己变得更好，愿意为任何人做任何事，没有什么比这更好的了。因此，一个人为了美德〔b5〕而满足爱者，就是好的。这种爱属于天上的神明，是神圣的[2]，无论对国家还是个人，它都有巨大的价值，它要求爱者和被爱者都关注〔c〕对美德的追求，此外的爱不过是属人的。以上这些对你讲的东西，"他说，"斐德若啊，就是我即兴作出的对爱神〔的颂词〕。"

〔随后，〕包萨尼亚停了下来——那些智者教我要这么〔c5〕对称地说话，[3]而后阿里斯托德摩斯说，轮到阿里斯托芬讲话了，可他碰巧因为吃得太饱或是别的，打起了嗝，以至于没法讲话。〔d〕

---

〔1〕 ὑπηρετοῖ. 直译为"仆从"。

〔2〕 οὐράνιος. 与οὐρανίας同义，但是用法不同。后者为修饰属格"神"（θεοῦ），若译为"神圣的神"便重复了，因此应当理解为物理上的位置，也就是"天上的"；而此处的οὐράνιος修饰主格 ἔρως，应译为"神圣的"，而不表示物理上的位置。

〔3〕 "包萨尼亚停止"的古希腊文是"Παυσανίου δε παυσαμένου"，所以说是"对称地说话（ἴσα λέγειν）"。因此，英译往往以"Pausanias paused"表现这一特征。

于是他对坐在下一位的医生厄吕克希马科斯[1]说："厄吕克希马科斯啊，只有你能帮我了[2]——要么帮我止嗝，要么在我停止前替我讲话。"

厄吕克希马科斯说："这两个忙我都会帮的，[d5]我先替你讲话，等轮到我了你再讲。如果在我讲话的时候你能屏住呼吸，过一段时间就不会打嗝了；如果不管用，[e]你就用水漱漱口；要是你打嗝还是很厉害，你就拿个什么东西通下鼻子，[然后]你就会打喷嚏，如此这般一到两次，即使打嗝再厉害也能止住。"

"你开始讲吧，"阿里斯托芬说，"我[e5]会照你说的做。"

随后，厄吕克希马科斯说："现在我认为，我有必要[做个补充]，[3]因为包萨尼亚的演讲有个不错的开头，却有个[186a]潦草的[4]结尾，所以，我得尝试去完善他演讲的结论。我认为，他将爱分为两种是正确的：[爱]影响人的灵魂，[让灵魂]朝向美好的事物，但也让它们[a5]朝向其他事物；爱也在其他事物之中，在一切动物的身体之中，在一切大地的产物之中，或者就如古谚所说，[5]在一切存在者当中。我认为，从我们的技术，也就是医术来看，[b]这位神明是如此伟大、如此无与伦比，能覆盖一切，不

---

[1] Ἐρυξίμαχος. 他的名字和包萨尼亚一样，也是一语双关，意思是"打嗝治疗者"（Hiccup-fighter）（Howatson 2008, 18）。

[2] δίκαιος. 直译为"正义的""正确的""合适的""恰好的"，修饰主格，应是形容厄吕克希马科斯。所以此处补充上该词所修饰的部分，即"你是正确的人"。阿里斯托芬之所以这么说，是因为厄吕克希马科斯是一名医生，知道如何帮助他止嗝。

[3] ἀναγκαῖον εἶναι. 结合后文的 ἐπειδη 可知，此句话与后文有因果关系，后文中厄吕克希马科斯认为包萨尼亚的讲辞是不完整的，所以此处加上增补，译为"有必要做个补充"。

[4] οὐχ ἱκανῶς. 直译为"不充分的""不完整的"。

[5] ὡς ἔπος εἰπεῖν. 关于 ἔπος，该词意为"被说出来的东西"，有的时候指故事、诗歌、谚语，实际上也可以理解为已然被说完的东西，故意译为"古语""所说"（εἰπεῖν）。

管是关于人的事物还是关于神的事物。为了表示我对自己职业的尊重，我将从医学的角度来讲。身体的本性中有两种爱。[b5]身体的健康与疾病是两个不同的东西，没什么相似之处；不同的东西便有不同的爱与渴求。因此，健康的爱是一种，疾病的爱是另外一种。诚如包萨尼亚所说，满足善者是美好的，[c]满足恶徒则是可耻的；满足身体中善的、健康的部分是美好的（这正是我们称之为医术的东西），满足身体中坏的、疾病的部分则是糟糕的[1]。[c5]若是有人想从事这个职业[，就不可以满足这些部分]。因为总的来说，医学是关于爱的知识，[它关注]身体的充足与匮乏，如果一个人能在其中分辨出美好的爱[d]和可耻的爱，他就是有医术的；如果一个人能进行转化，比如将一种爱转化为另一种，或者在缺乏爱却又需要爱的地方将爱生产出来，他就是优秀的[d5]工匠。他必须能够使他身体当中最敌对的元素和解，让它们之间彼此相爱。最敌对的也是最相反的，比如热与冷，苦与甜，湿与干，[e]等等。知道使不同的元素之间产生爱与和谐的埃斯克勒庇俄斯[2]就是我们这行的鼻祖。尽管是从诗人那里听来的，但是我相信这是真的：正是他缔造了我们这门技术。

"医学，正如我前面所说，是完全被这位神明[187a]掌控的，

---

[1] ἀχαριστεῖν. 该词的含义并不能被"糟糕的"概括。它由否定前缀 ἀ 与 χαρίζομαι 组成，意为"忘恩负义的""不知感恩的"，此处或许指，身体可以带给我们许多好处，我们却满足身体中疾病的部分。

[2] Ἀσκληπιός. 古希腊医神，救人无数，以至于冥王哈迪斯向宙斯抱怨冥界人口锐减。之后他被指控接受了黄金的贿赂，宙斯用雷霆杀死了他和他的病人。死后升为蛇夫座，其蛇绕手杖的标志也成为西方医者的标志。(Apollodorus, iii. 10. 3-4; Lucian, *On the Dance* 45; Hyginus, *Fabula* 49; Erastosthenes, quoted by Hyginus, *Poetic Astronomy* ii. 14; Pindar, *Pythian Odes* iii. 55 ff.)

就连体育和农业也是如此。任何人只要稍微思索一下就会发现，音乐也拥有和这些事物一样的东西，这或许就是赫拉克利特想要说的，即使他说得并不好。[1][a5] 他说：'[一][2] 既与自身一致，又与自身不一致，如同弓与里拉琴的和谐。'和谐就是不一致，或者说和谐由不一致的东西构成，这话听起来很荒谬，但或许他想说的是，一开始[b]高音和低音是不一致的，但之后通过音乐这门技艺可以达成一致。这并不是说和谐来自高音、低音这种不一致的东西。和谐就是和弦，而和弦就是某种一致，[b5]但只要它们仍是不一致的，一致就不可能在其中出现，不一致的东西若是无法达成一致，也不可能实现和谐，就像节奏由快和慢组成，[c]它们一开始是不一致的，随后才变得一致。让一切达成一致，前面所说的医术是这样，此处的音乐也是如此，即在［事物］彼此之间形成和谐。[这样说来，] 音乐也是[c5]关于爱的知识，[它关注的是] 和谐与节奏。

"在和谐与节奏的组合中，不难注意到爱，也不［难注意到］爱的二元性[3]。可是将这些应用到现实生活中时，[d]不管是创造旋律（作曲）还是很好地利用现有的曲调和旋律（教育），都很困

---

[1] 之所以说他"说得不好"，是因为赫拉克利特本人行文晦涩："据一些人讲，他将该书藏在阿尔忒弥斯神庙里，并故意用晦涩的语言进行书写，以便只有那些有能力的人才会前去阅读他，从而免遭大众的轻薄。提蒙曾经描写过这个人，他说：在他们中间腾空飞起了一只布谷鸟，那就是群氓的批评者，晦涩的赫拉克利特。"（参见第欧根尼·拉尔修：《名哲言行录》9.6；中译见《名哲言行录》，徐开来、溥林译，广西师范大学出版社 2010 年版，第 435 页。）

[2] 文本引用的赫拉克利特原文为残篇 51，而在残篇 50，赫拉克利特认为 ἐστιν ἓν πάντα εἶναι（一切是一），而后的残篇 51 的 διαφερόμενον αὐτὸ αὐτῷ συμφέρεσθαι（既与自身一致又不一致）并无主语，故增补主语"一"，实际上也就是"一切"或"万物"。

[3] ὁ διπλοῦς. 此处指一致与不一致的二元性。

难，非优秀的音乐家[1]不能为之。言归正传，那些[d5]守序[2]的人，和那些尚未变得比较有秩序的人，都要满足[有秩序的]人，并捍卫[对守序之人]的爱，这才是那好的、天上的、[e]属于缪斯女神的爱。至于那属人的波吕墨尼亚之爱，[3]则是需要谨加防范的，以保证[我们]在享受愉悦的同时，不至于产生淫邪。同样地，在我的专业中有个重要的工作，[e5]就是恰当地处理对食物的欲望，[以保证既能]享受愉悦，又不至于染上疾病。在音乐、医术，以及其他一切中，不管是关于人的还是关于神的，对这两位中的每一位爱神，[我们]都要格外小心。因为他们都存在。[188a]

"一年四季之变换也充满了这两种爱：正如我前面所说，[若是]冷与热、干与湿有不错的运气，彼此之间有秩序井然的[4]爱，就会形成明智的和谐与混合，[a5]还能将健康带给人类和其他的动物乃至植物，而不加以伤害；[若是]在一年四季之变换中，那肆意妄为之爱的力量占据上风，许多事物都将被伤害、被摧毁：[b]由于它，动物与植物之间瘟疫横行，各种疾病随之出现；霜雹齐下，贯朽粟红，[5]都是因为爱变得贪婪无序。[b5][所以，]天文学[也是关于爱的]知识，[它关注的是]诸星移动，四季

---

[1] δημιουργοῦ. 此处根据语境不能翻译为"工匠"，而应该理解为"某门技术的专家"，既然前文讨论的是音乐之难，那么此处应当理解为"音乐家"。

[2] κοσμίοις. 即"ordered"。在形容人时，本文统一译为"守序"，在形容物时，译为"秩序井然"。

[3] ὁ δὲ Πολυμνίας ὁ πάνδημος.

[4] κοσμίου. 根据 OCT Bt Stobaeus，此处形容的是"爱"，而不像注释212那样是形容"人"的。所以此处不译为"守序的"，而是"秩序井然的（well-ordered）"。

[5] ἐρυσῖβαι. 直译即"发霉"。

变换。[1]

"不仅如此，所有的祭祀与占卜（这些都是神［c］人之间的交流方式）并不涉及别的东西，而是对爱的监督与医治。因为，所有不虔敬的生成，皆是由于有人所爱的、所满足的、所尊重的、所全心全意地崇拜的并非秩序井然之爱，而是另外一种，他们就是这样对父母的（无论是健在的还是已故的），［c5］也是这样对待神明的。占卜的作用实际上就是监督和医治这两种爱，而占卜师[2]能在神人之间建立友爱，因为他知道［d］哪种爱可以引领人们走向正义与虔敬。

"所以，从整体上说，爱神拥有崇高，甚至包罗万象[3]的能力，［d5］当他以审慎与正义在我们与神明之间成就善事时，他便拥有了最崇高的能力，赐予我们一切幸福，让人们能友爱相处，也让［我们］与比我们强大的诸神友爱相处。或许我对爱神的赞颂疏漏了不少内容，但这绝非有意为之。［e］如果有的话，阿里斯托芬啊，就请你来弥补。或者，要是你有除我俩[4]之外的［说法］赞颂爱神，［就请开始］赞颂吧，因为你已经不打嗝了。"

［189a］阿里斯托德摩斯说，下一个讲话的是阿里斯托芬："我

---

［1］直译为"天文学是关于天体移动和四季变换的知识"，但是此处明显与186c5、187c5是并列关系，即厄吕克希马科斯通过介绍医术、音乐和占卜来解释他对爱的看法，故译为同样的形式。

［2］δημιουργὸς. 直译为"工匠"，但是根据语境，此处亦应当指精通占卜这门技术的专家，故意译为"占卜师"。

［3］πᾶνσαν. 直译为"所有""一切"。

［4］νῷ. 此处指的应是厄吕克希马科斯和包萨尼亚，因为与斐德若的讲法不同，他们两人一致认为爱有两种，厄吕克希马科斯对包萨尼亚的结论进行补充，而非反驳，所以这两个人应当被看作同一阵营的。

确实已经不打嗝了，不过，它直到我打了喷嚏才停下来。让我震惊的是，如此秩序井然的身体竟渴求着噪音和瘙痒，否则就打不出喷嚏。[a5] 做了这些之后我打了喷嚏，打嗝立刻就完全停止了。"

厄吕克希马科斯回答道："说话小心点，阿里斯托芬。你［拿我］开玩笑，［就是］逼我［b］监督你的演说，除非你心平气和地讲话，［否则我倒要看看］你讲的是不是个笑话。[1]"

阿里斯托芬听到后大笑说："厄吕克希马科斯啊，请忘了我前面说的话吧，你可别［b5］监督我，我想说的话本身就已经挺让我担心的了，倒不是因为我要讲的东西很可笑——因为［笑话］是有益的，也是我们缪斯女神[2]的传统——而是［因为它很］荒谬。"

"你讲这些话是想逃避啊，阿里斯托芬。下次你说话走点儿心，说明你的理由。[c] 当然，要是你能说服我，我就放你走。"

"厄吕克希马科斯啊，"阿里斯托芬说，"我要说的确实和你与包萨尼亚讲的不同。因为在我看来，人类对爱的［c5］力量缺乏了解。因为若是人类［对之］有所了解，就会为他建造最壮观的圣所，筑起最雄伟的祭坛，为他供给最丰盛的牺牲。但直到现在，爱仍未得到如此这般的［待遇］，即使他是最应该得到这些的［神明］。因为在众神当中，［d］他是最疼爱人类的，他帮助人类，医治［人类的疾病］，若是治好了，人类便能获得至福。因此，我会尝试向你们讲述他的力量，而你们将作为教师［将之传授给］其他人。

---

[1] γελοῖον. 本意为形容词"可笑的"，故该句直译为"你讲的话是不是可笑的"。
[2] τῆς ἡμετέρας μούσης. 指阿里斯托芬从事的喜剧行业。

[d5]"你们首先需要知道[1]人类的起源[2]和他们的经历。因为最初的人类和现在的人类并不相同。首先，当时的人类有三种性别，而不像现在只有两种，即男和女[e]，还有第三种，这种性别是二者的结合。这种性别现在已经绝迹了，但它的名字存留至今：双性人[3]。当时的双性人，不管在形式[4]上还是名字上都与［现在］普通的男人女人截然不同，这些现在都已不存在了，名字倒是留下来了，[e5]却［变成了］骂人的词汇[5]。

"其次，当时每个人在形式上都完全是圆的，背部和肋骨[6]形成圆形，有四手四脚[7]，[190a]在一个圆脖颈上长着相似的两张面孔，这两张面孔朝向相反的方向，有四只耳朵，两个生殖器，其他［器官的数量］也是［现在人类］的两倍。他们可以像现在［的人］一样直立行走，[a5]也可以随心所欲地向前或向后[8]。当他们想快速移动的时候，就会像杂技演员直接用脚翻筋斗那样，用他们的四手四脚支撑着［自己］形成圆形快速［翻滚］。之所以有这

---

〔1〕 μαθεῖν. 有"学习""理解""探究""知道"的含义，此处虽选取"知道"作为该词的翻译，但是文中此处确实有强调"学习"的意思，以与上一句话中的"教师"呼应，即他们要想成为其他人的教师，首先要成为阿里斯托芬的学生，学习他接下来要说的东西。

〔2〕 φύσιν. 由于后文论述的是人类的原始形态和他们变成现在这般模样的经历，故选取该词"起源"的意思作为翻译。

〔3〕 ἀνδρόγυνον. 主格单数形式为 ἀνδρόγυνος，该词由 ἀνήρ（男）+γυνή（女）组成，故译为"双性人"。

〔4〕 εἶδος. 本文统一将 εἶδος 译为"形式"，有些地方酌情译为"X 本身"。

〔5〕 指用 ἀνδρόγυνος 来形容敏感而懦弱的男人。见 Howatson 2008，22，注释96。

〔6〕 πλευρὰς. 为 πλευρά 的单数属格，该词在表示一个生物的"边"时多用复数，此处为单数，该词的另外一个意思"肋骨"（rib）显然更加合适。因此这句话的意思实际上是，从侧面看上去，双性人的后背与前身的肋骨形成了一个圆形。

〔7〕 ὀκτὼ ... μέλεσιν. 直译为"八肢"，即"四肢"的两倍。

〔8〕 ὁποτέρωσε. 该词表示"either of two"，并不单指向前或向后，而是说双性人可以不用转身就朝向相反的方向前进。

三种［b］性别，并且［这些性别］是如此这般的，是因为男性在起源上是太阳的孩子，女性［在起源上］是大地［的孩子］，［双性人］则分有［男女］两者，［在起源上］是月亮［的孩子］，因为月亮亦分有［太阳和大地］两者。他们拥有圆的身形，也以圆的方式移动，是因为这与他们的父母[1]［b5］相似。因此，他们不仅有强大的力量，还有膨胀的野心，甚至敢对诸神不敬，就像荷马诗中的埃菲亚尔缇斯[2]和奥铎[3]一样，想要打开一条天路，［c］与诸神交战。因此，宙斯与其他诸神都在思索要如何是好，不知道要怎么办。他们不能像灭绝巨人一样杀死他们，用万钧雷霆摧毁他们的整个种族，［c5］因为这样就会失去人类的崇拜与供奉。但他们又无法容忍这种僭越。经过艰难的［思索］之后，宙斯做出了决定，说：'我认为，有一个方法可以既让人类存在，又让他们停止这种放肆的行为：让他们变［d］弱。因为现在我将把他们每一个人分成两半，这样他们就都是弱小的了；同时，因为他们的数目变得更多了，对我们的益处也就更多了。［从此以后，］他们就只能用两条腿直立行走，若他们还心存反意，［d5］不肯老老实实过日子，'宙斯说，'我就再［把他们］切掉一半，让他们只能用单腿跳着走。'于是，就像切开花楸果［e］以试图保鲜，就像用头发割开鸡蛋，宙斯按他所说的，将人切成了两半。切完之后，他还命令阿波罗把人的脸和另一半脖子扭到被切割的那一

---

〔1〕 τοῖς γονεῦσιν. 该词为复数与格，所以似乎并不能被理解为月亮，因为月亮是一个，更应该被理解为是"太阳"和"大地"，因为双性人是分有男性与女性的性别，而月亮是分有大地与太阳的天体，所以此处以"父母"来翻译 τοῖς γονεῦσιν。

〔2〕 Ἐφιάλτης. 巨人。挑战诸神的事迹可见 *Odyssey* xi. 307-320.

〔3〕 Ὦτος.

面，以让人类对着他们的伤疤[1]反思，变得更规矩一些。[e5]他又命令[阿波罗]把人们治好。阿波罗将[人们的]脸扭转过来，把[切割处的]皮肤从各处拉到一起，[2]到我们现在称之为肚子的[位置]，就像带着抽绳的袋子一样，还在肚子的中间留下了一个开口，我们现在称之为肚脐。他还抹平了[191a]大多数的皱纹，做成胸膛的形状，使用的工具就像鞋匠抹平鞋头的褶皱时用的器具。但是他在肚子和肚脐那里留了几条[皱纹]，以让[人类]铭记[a5]从前的痛苦。在人类的本性被如此切成两半之后，这两部分都思念着彼此，想要[重新]在一起，还张开双臂相互拥抱，渴望[3]着[再度]合二为一。[结果]他们由于饥饿[b]和倦怠死去了，因为没有人想要与自己的另一半分开行动。当两个人中的一个死去了，而另一个被丢下独活，那独活的就转而寻找和拥抱其他人，不管是[被切成]一半的女人（按照我们现在的称呼），还是[b5]男人。[人类就这样]逐渐死去。

"宙斯对此表示同情，想出了一个点子：他把人类的生殖器都移到了前面。在此之前，人类拥有的生殖器都在外部，他们不依靠彼此生育，[4][c]而是在大地当中生育，像蝉一样。因此，生殖器

---

[1] τμῆσιν. 直译为名词"切"，此处根据上下文意译为"伤疤"，即被宙斯切割后留下的伤疤或"切口"。

[2] συνέλκων πανταχόθεν τὸ δέρμα. 用英文可直译为："gathering the skins from all sides." 宙斯切开人类之后，切面应当是没有皮肤的，阿波罗只能从肩部及腿部以上将皮肤"拉过来"集中到一起以形成肚脐。

[3] ἐπιθυμοῦντες. 本文将ἐπιθυμέω统一译为"渴求"，将βούλομαι统一译为"希求"或"想"（want），将ἐράω统一译为"爱"或"欲求"。

[4] ἐγέννων καὶ ἔτικτον. 此处的"不依靠"是对οὐκ εἰς的意译，即与后面的"在大地之中"一样，应直译为"在彼此之中"，指的是现在必须依靠男性与女性交合才能让女性怀孕、生产，而之前的人类不需要这些。

被移到了前面，这样［人类］就能通过彼此（即通过男性进入女性）来进行生育。因此，［c5］若是男性碰巧遇上了女性，他们就会交织在一起，怀孕并生育后代。若是男性遇上了男性，至少也能通过结合得到满足，平静下来，［把心思］转向工作事务，去关注生活中的其他诸事。因此，［d］爱根植在人类彼此之间，它的工作就是，通过将两个人本性的起源合二为一，修复人类的本性。我们每个人都是半人[1]，就像被切成二分之一的比目鱼。［d5］每个人都会一直寻找属于自己的另一半。因此，从我们称之为双性人的［人类］中切割出来的男人会爱女人，切割出来的女人会爱男人，［e］奸夫淫妇大多出自此类；[2]由女人[3]切割出来的女人不会花心思在男人身上，而是更关注女人，女同性恋者便出自此类；［e5］由男人切割出来的男人则会追求男性，作为男性的一部分，他们在孩提时期就喜欢与男人为伴，以与男人同床共枕、相互交织［192a］为乐。在男孩与青年当中，这种人是最优秀的，因为他们在本性上最具男子气概。

"有人说他们是无耻的，此言差矣。因为他们并非出于无耻，而是出于信心、勇气［a5］与男子气概才做这件事，与和他们相像

---

［1］ ἀνθρώπου σύμβολον. 第二个词直译为"标记""代物""证书"，等等，其动词形式为 σύμβάλλω，σύν- 有 with, together 的含义，βάλλω 则指的是 throw, put。此处指被分开的人类就像是曾经人类的遗骸一样，只能表现出曾经人类的某些痕迹。而后面比目鱼的例子又强调了"二分之一"，故此处译为"半人"，即只有一半，但是仍能从中看出曾经人类之特征的人。下文 191d5 的 σύμβολον 则译为"另一半"。

［2］ 此句如果直译，在中文里会显得过于啰嗦："从我们称之为双性人的人类中切割出来的男人会爱女人，这类人里会产生许多奸夫；从双性人中切割出来的女人会爱男人，这类人里会产生许多淫妇。"

［3］ 指在原始状态下，由两个女性组成的圆球人。

的人拥抱。［对此有个］很好的证据：只有这类人长大成人之后，才会投身政治。[1] 等他们成年了，[b] 就会去爱男孩子，他们在本性上就不会花心思在娶妻生子上，那不过是为习俗所迫，他们满足于同爱人共度余生，而不是步入婚姻的殿堂。总而言之，他们这样的人就是爱者[2] 与被爱者，[b5] 总是要和［与自己］相像的人拥抱。若是爱者和其他所有属于此类的人遇到了自己的另一半，他们会因友爱、亲昵和情爱[c] 而目眩神迷[3]。可以说，他们一刻也不愿意离开彼此。而他们即使共度一生，也说不清自己到底想从对方身上得到什么。因为没有人[c5] 会认为，仅凭肉体之情欲[4] 带来的快乐，就足以让［相爱的人们］如此希求彼此。但显然，他们彼此的灵魂希冀着什么[d] 不能言说的东西，他们能对这种希冀有所察觉，［却又只能像］说谜语［一样地表达］。假如两人睡在一起时，赫淮斯托斯[5] 带着他的工具来到［他们面前］，问道：'人类啊，你们到底想从彼此身上得到什么？'[d5] 如果他们对此困惑

---

[1] ἀποβαίνουσιν εἰς τὰ πολιτικὰ. ἀποβαίνουσιν 为 ἀποβαίνω 的第三人称复数现在时直陈式，直译为"离开"，也有"着陆""到达"之意。

[2] ὁ παιδεραστής. 直译为"爱男孩者"，即在爱情中较年长的人，与前文"ἐραστὴς"（爱者）的含义是类似的，都是爱情当中主动、年长的一方。故也意译为"爱者"。

[3] θαυμαστὰ ἐκπλήττονται. 直译为"极其惊讶"，形容一个人在见到他的另一半时那种直击心灵、热烈浪漫的惊异之情，此处意译为"目眩神迷"。

[4] ἡ τῶν ἀφροδισίων συνουσία. 为与后文"灵魂"相比较，此处的翻译应强调出"肉体"。

[5] Ἥφαιστος. 工匠之神，出生时极度虚弱、相貌丑陋，被母亲赫拉抛弃，丢下奥林匹斯山，所幸被忒提斯和欧律诺墨救助。赫淮斯托斯之后在洞穴里建造了一个小工坊，做些精致的小首饰来报答她们。后来，赫拉对这些首饰赞不绝口，不仅把赫淮斯托斯接回了奥林匹斯山，还为他建造了更大的工坊，甚至将阿芙洛狄忒许配给他。后来，宙斯为惩罚赫拉的背叛，将赫拉拴起来吊在空中示众，赫淮斯托斯念及母子之情挺身而出指责宙斯，又被宙斯丢下了奥林匹斯山，以至于摔断双腿，之后只能用金色的腿托走路。（Homer, *Iliad* i. 586-594; xviii. 394-409.）

不已，赫淮斯托斯就会继续问道：'你们渴求的是不是尽可能地与对方在一起，日日夜夜都不分离？如果这就是你们想要的，我［倒是］愿意把你们熔在一块儿，[e]铸成一体，就像是一个人。共同生活，也一起死去，踏入冥府时，［你们］不是两个人，而就是一个人。看看吧，这是不是你们渴求的；[e5]若是这事儿真能实现，你们又会不会心满意足？'我们知道，没有人在听到这些后会拒绝，也没有人会说他们希求的是别的东西。他们只会觉得听到了自己长久以来希冀的东西：与爱人相融，合二为一。这来自我们原初的本性，[e10]因为我们本就是一个整体。因此，这种对整体的渴求与[193a]追求，其名为爱。

"正如我所说，从前，我们是一个整体；现在，由于做了错事，诸神将我们分开，就像斯巴达人分割阿卡迪亚[1]一样。所以，［要］心生敬畏：若是不按照神的［要求］规规矩矩地生活，我们就又会被[a5]切成两半，走起路来像石碑上的浮雕，从鼻子的中线那里被剖开，变成分开的两片符节[2]。因此，必须告诫所有的男人，要虔敬地对待[b]诸神，以避免［再次遭到惩罚］，让爱神成为我们的向导和将领，［带我们］实现［幸福］。任何人都不要做违背［诸神］的事情，违背［诸神］将招来诸神的厌恶；若是我们与爱神相互友爱、和睦共处，我们就能找到或[b5]遇见属于我们自

---

〔1〕 Ἀρκαδία. 伯罗奔尼撒中部地区，其城邦曼蒂内亚（Μαντίνεια）于公元前 385 年被斯巴达人攻破，分割为四个村庄。参见色诺芬：《希腊史》V 2, 5-7。
〔2〕 λίσπαι. 为 λίσπος 的阴性复数主格形式，该词在复数的情况下可以表示"骰子""符节"，一般是被两个朋友割开，每一个人拿着其中一部分作为信物。

己的被爱者[1]。如今能做到这一点的人屈指可数。

"[希望]厄吕克希马科斯不要打断我，也不要嘲笑我的话，[认为]我说的是包萨尼亚和阿伽通，因为，或许[c]他们真的刚好就是[做到了这一点]的人，并且他们两人在本性上都是男性。但实际上，我说的是所有男人和女人。[c5]若是每个人都能遇到自己的被爱者，从而实现了爱，回到了原初的本性，那么我们这个种类[2]便能获得幸福。如果这是最好的情况，那么在现有[的条件]之下，最接近这种情况的就是最好的。那就是获得了合乎心意的被爱者。因此，如果我们要正确地歌颂带来这般情况的神明，[d]就得歌颂爱神。就现在来说，他给予我们的帮助最多，引导我们走向与我们相像的人；就未来而言，他赐予我们的希望最大。如果我们对诸神[足够]虔敬，他就会让我们回到原初的本性，[d5]修复[我们的缺陷]，让我们获得快乐与幸福。"

阿里斯托芬说："厄吕克希马科斯啊，这就是我对爱神的颂词了，和你的并不相同。因此我得请求你不要[把我说的]当个玩笑，我们还是听听其他人，或者说其他两位要[e]问些什么吧，毕竟就剩阿伽通和苏格拉底了。"

"就听你的吧，"厄吕克希马科斯说，"因为你讲的话让我非常愉悦，要不是我知道苏格拉底[e5]和阿伽通在爱的领域颇有心

---

[1] παιδικοῖς. 指年纪比他们小的男孩。

[2] 根据前文，这种类是通过获得作为被爱者的男孩来获得幸福的，因此，我认为该种类在起源上应为男性圆球人而不是女性圆球人或双性人，所以此处的种类似乎指的并不是全人类，而仅是男性圆球人。

得[1]，我真得替他们捏一把汗，因为他们可能会由于前面已经讲了如此多的内容而无话可说了。不过我仍然［对他们］很有信心。"

［194a］苏格拉底说："那是因为你的那场比赛[2]已经很精彩了，厄吕克希马科斯。要是你在我［这个位置］，或是等阿伽通讲完之后在我［这个位置］，恐怕就会像现在的我一样战战兢兢了。"

［a5］"你这是想捧杀[3]我啊，苏格拉底，"阿伽通说，"［你想让我］觉得，这里的听众期待着能听到一次才华横溢的演讲，这样我就会慌张起来。"

"阿伽通啊，看来是我健忘了。"苏格拉底说，［b］"毕竟我亲眼见识过你昂扬的勇气与深邃的思想，见识过你带着演员走上舞台，面对着观众的目光，展示你自己的言辞，而丝毫没有慌张，现在我［b5］却以为这么少的观众就足以让你惊慌失措。"

"什么？苏格拉底啊，"阿伽通说，"［莫非你觉得］我已彻底沉浸在观众［的称赞］当中，以至于我忘记了，对有理智的人而言，少数的有识之士要比多数的乌合之众更可怕？"

［c］苏格拉底说："那么便是我错了，阿伽通，因为我竟以为你是个凡夫俗子。我知道，如果你遇到了有智慧的人，相比大众，

─────────

〔1〕δεινοῖς. 直译为"有能力的""有本事的"。

〔2〕ἠγώνισαι. 此处将动词名词化，指的是厄吕克希马科斯前面的演讲。

〔3〕Φαρμάττειν. 直译为"迷惑"，此处根据下文可知，按照阿伽通的想法，苏格拉底的这些话首先是对听众起作用的，之后听众的反应（即期待）才对阿伽通起作用（让他慌张），因此不能简单地译为"迷惑"，否则就无法表现出对听众的作用。因此我选择将之译为"捧杀"。捧杀有两种，第一种是夸赞 A 以让 A 骄傲自大，最后 A 因为傲慢在为人处世上出现问题；第二种就是阿伽通眼中苏格拉底的做法，即夸赞 A，让周围人对 A 的期待过高，即使 A 的表现符合标准，但因为无法满足众人的期待，也会遭到负面的评价。由此，A 因为担心别人对自己的评价，会战战兢兢，如履薄冰，生怕做不好事情。因此，译为"捧杀"比较符合文中的情境。

你会更在意他们。但我们可不是这种人，因为［c5］当时我们也是观众，[1] 也是台下的大众之一。要是你遇到了其他有智慧的人，你会立即感到羞愧，会觉得自己是不是做了什么可耻的事。你说呢？"

"说得对。"阿伽通说。

"但若是你在大众面前做了什么可耻的事，是不是就不会感觉到羞愧？"［c10］

［d］他说，斐德若插话说："亲爱的阿伽通啊，别回答苏格拉底了，只要有人（尤其是美人）和他对话，即使我们的计划泡汤了，他也不在乎。虽然我很乐意听［d5］苏格拉底［和别人］对话，但是我得安排歌颂爱神一事，你们两人都要展示自己的言辞才行。现在你俩先把欠爱神的债还清了，再继续你们的对话吧。"

［e］"你说得对，斐德若，"阿伽通说，"没有什么能阻拦我讲话，我和苏格拉底还有别的机会可以对话。

"在我开始讲之前，我想先说说我打算［e5］怎么讲。在我看来，之前讲话的几位并不是在赞颂爱神，而是在赞颂人类得到的美好赐福，爱神正是它们的原因。但赠予［我们幸福］的［爱神］到底是什么，［195a］却没有人讲出来。无论要赞颂什么，都只有一种正确的赞颂方式，就是先说明这个事物的来源是什么，再说明这个事物提供的东西是什么。因此，我们要恰当地赞扬爱神，就得先讲他是什么，［a5］再讲他给予［我们的恩赐］。我要说的是，所有的神明都是幸福的，但爱神（如果我这样说合乎正义，不至于对神明不敬的话）是他们中最幸福的，也是最美、最善的。他是最美

---

〔1〕 指他们当时也在舞台下观看了阿伽通的比赛。

的，斐德若啊，首先是因为他是诸神中最年轻的。关于这个说法，[b]有一个他自己提供的铁证：他迅捷地游离于衰老之外，这是显而易见的，至少比我们躲避[衰老]的速度要快。爱神生来就厌恶接近[衰老]，它就是青春，也总与青春同在。[b5]正如古语所言：'同声相应，同气相求。'[1]我所说的与斐德若[的演讲]在许多方面都能达成一致，但在这一点上不行，那就是，[他认为]爱神要比克罗诺斯[2]和伊阿佩托斯[3]更古老，而我认为[c]他应当是众神之中最为青春年少的，而且永远保持青春年少。如果赫西俄德、巴门尼德所言不假，那么古代诸神间的纷争应是阿南刻[4]造成的，与爱神无关。因为，如果爱神当时就存在的话，诸神之间就不可能发生阉割、囚禁这种事，[c5]也不会有其他的暴力事件，而是会相互友爱，和睦相处，就像现在这样，因为[现在]是爱神在统治诸神。因此它是年轻的，除此之外，它还是柔嫩的。[可惜]缺少[d]像荷马那样能展现神明之柔嫩的诗人。荷马曾写过，亚忒女神[5]是柔嫩的，至少她的双脚是柔嫩的，他写道：

---

[1] ὡς ὅμοιον ὁμοίῳ ἀεὶ πελάζει. 直译为"相同者与相同者接近"，即物以类聚。又因为这句话是古语（ὁ παλαιὸς λόγος），可参见 *Odyssey* xvii 218，所以意译为《易传·乾文言》的"同声相应，同气相求"。

[2] 乌拉诺斯之子，宙斯之父。其事迹可参见 Hesiod, *Theogony* 133-187 and 616-623。

[3] 乌拉诺斯之子，普罗米修斯之父，因为普罗米修斯创造了人类，所以人类也将伊阿佩托斯看作人类的始祖。（Eustathius, *On Homer* 987; Hesiod, *Theogony* 507ff.; Apollodorus, i. 2. 3.）

[4] Ἀνάγκη. 即"必然性""命运""天数"。有一种神话版本认为诸神仍要受制于命运女神，因为命运女神不是宙斯的孩子，而是阿南刻自己生下的孩子，这位大女神也被称为最强大的命运女神，诸神都不敢违抗她的旨意。（Aeschylus, *Prometheus* 511 and 515; Herodotus, i. 91; Simonides, viii. 20.）

[5] Ἄτη. 宙斯之女，可迷惑人的心神。

她步履轻柔，从未

[d5] 沾染大地的凡尘，而只在人们的头上行走。[1]

我认为这是一个美好的证据，它表明，亚忒女神是柔嫩的，因为她不在坚硬之物上行走，而只在柔软的 [2] 东西上 [行走]。[e] 我们用相同的证据来说明爱神是柔软的：因为爱神既不在大地上行走，也不在 [人们的] 头上蹀步，因为这些东西并不完全是柔软的。它在至柔之处行走、居住：他寓居在诸神和人类的性格与灵魂之中。[e5] 但他不是按照顺序，在所有的灵魂中都住一住，若是遇到了坚硬的 [灵魂]，他就离开；若是 [遇到了] 柔软的 [灵魂]，他就住下。既然他的双脚与全身都一直接触着至柔之物的至柔之处，他必然就是最柔嫩的。[196a] 他不仅最为年轻、最为柔嫩，在形式上还如水一般 [3]。如果他是坚硬的，他又怎能包容万物，又如何在人们的灵魂之间游走而不被察觉？关于他的匀称和 [a5] 如水一般的形式，有个很好的证据，就是他的优雅。众所周知，爱神拥有这一特质，因为不雅与爱永不可能调和。这位神明面容 [4] 姣好，常与鲜花为伴，[b] 若是身体、灵魂或其他事物中的花朵尚未盛开，或是已然凋零，爱神都不会驻足，他只会栖身在百花盛开、馥郁芬芳之处。

"关于爱神之美，我已经说得够多了，[b5] 但可说的还有不

---

[1] *Iliad* xix. 91-94.

[2] μαλθακοῦ. 本文将 ἀπαλός 统一译为 "柔嫩"，将 μαλθακοῦ 译为 "柔软"。

[3] ὑγρός. 它的内涵比较丰富，有 "潮湿（wet）" "柔韧" 等含义，本文将之意译为 "如水一般的"。

[4] χρόας. 直译为 "皮肤" "颜色"。

少。接下来，我要说的是爱神的美德。其中最重要的一个就是，爱神不伤害[1]任何神明，也不为任何神明所伤；不伤害任何人类，也不为任何人类所伤。不管他遭受什么，都不可能遭受暴力，因为暴力与爱[c]毫不相干。要是他有所行动，他的行动也绝无可能是暴力，因为爱是你情我愿，情投意合，这才是正当的'城邦统治者之法'。

"他不仅分有正义，还分有审慎。因为，众所周知，审慎[c5]统治快乐与欲求，没有任何快乐能够凌驾于爱神之上。如果[快乐和欲望的]力量较弱，那么它们就要被爱神支配，而那统治着快乐和欲求的爱神必然是格外审慎的。

"说到勇敢，爱神[d]'连阿瑞斯也不能与之为敌'，因为不是阿瑞斯掌控[2]着爱神，而是爱神掌控着阿瑞斯（就跟那史诗说的一样，是阿芙洛狄忒掌控着阿瑞斯）。掌控者自然要比被掌控者强大。而那能统治其他所有勇敢的，就是最勇敢的。

"他的勇气、正义与审慎已被讲完了，还剩智慧。我会尽我所能以避免遗漏。首先，就像厄吕克希马科斯那样，我也得尊重我的职业，[e][我认为]爱神是一位富有智慧的诗神[3]，以至于他可以让别人成为诗人。任何一个人，'即使原来他不被缪斯垂怜'，[4]

---

[1] ἀδικεῖ. 该词含义广泛，可直译为"对……行不义之事"，后加宾格时可表示"伤害……"。

[2] ἔχει. 直译为"拥有""把握"，此处意译为"掌控"，指在爱情当中，一方从属于另一方的关系。

[3] ποιητής. 直译为"诗人"，与后文当中表述一个人职业的"诗人"没有区别，此处译为"诗神"仅仅是为了强调神与人的分别。

[4] κἂν ἄμουσος ᾖ τὸ πρίν. Euripides, *Sthenoboea*, fragment 663.

只要与爱神接触，就能成为诗人。这些证据让我们不得不［承认］爱神是一位诗神，在所有［e5］诗歌与音乐的创作上都炉火纯青。因为，一个人若是没有某样东西，就不可能把这个东西交给别人；一个人若是不知道某样东西，就不可能把这个东西传授给别人。

　　［197a］"至于创造动物，没有人会认为这不是爱神的智慧，[1] 难道动物的生育和成长就不是［来自爱神的智慧］吗？我们难道不知道，关于技艺的创造，若是遵从这位神明的教导，便能［a5］技艺娴熟、声名卓著，若不与爱神接触，便会黯淡无光？弓术、医术、占卜是阿波罗在欲求与爱的引导下发明出来的，［b］所以，阿波罗是爱神的学生。至于缪斯的艺术、赫淮斯托斯的冶炼、雅典娜的纺织，还有宙斯统治诸神与人类［的技艺］，［也都是如此。］直到爱神在他们中出现，诸神才各安其位[2]［b5］，这显然是出于对美好的爱，因为没有对丑陋的爱。之前，在最开始的时候我说，诸神之间发生了许多可怕的事，但正如之前讲的，那是在阿南刻的统治之下，而在爱神出现之后，由于对美的爱，善就在诸神和人类之间产生了。

　　［c］"对我来说，斐德若啊，首先，爱神是最美最善的；其次，爱神是其他事物美和善的原因。这让我想起了两句诗，它说：是爱神使得

---

〔1〕 此句直译为："没有人会反对，这是爱神的智慧。"
〔2〕 κατεσκευάσθη ... τὰ πράγματα. 直译为"塑造了……的行为"，这里指爱神使诸神的行为不再像之前那样混乱无序，故意译为"各安其位"。

〔c5〕人间和平，海不扬波，

风暴止歇，苦痛安眠。〔1〕

〔d〕他化解我们的敌意，让我们亲密无间，让我们能够像现在这样聚会欢饮。不管是节日、歌舞还是祭祀，他都是我们的向导。他带来温和，放逐野蛮；他在〔d5〕善意上尤其慷慨，在邪念上却格外吝啬；他仁慈而又善良。有智者仰望他，而神明敬羡他；不幸者盼望他，而幸运者拥有他。他是温和有礼、美丽优雅和欲望〔2〕的父亲。他关心善人而不理睬恶人。在痛苦、恐惧、渴望与〔e〕交谈时，他是最好的领袖与护卫者，是最好的伙伴和拯救者。他为所有的神明和人类提供了秩序，是至美至善的向导。所有人都应恰当地跟随他的脚步，欢唱赞美他的歌曲，加入他那使〔e5〕众神和人类的思想为之陶醉的圣歌。

"这就是我献给爱神的讲辞了，斐德若，〔虽是为〕玩乐〔而作〕，〔但其中亦〕有严肃〔的内容〕，我已尽我所能，参与〔这场对爱神的赞颂〕。"

〔198a〕阿伽通讲完后，据阿里斯托德摩斯说，在场的听众都为之喝彩，认为这个年轻人在谈论自己与爱神时都很得体。苏格拉底则看着厄吕克希马科斯说："阿古梅诺之子啊，你还觉得〔a5〕我先前的恐惧是毫无来由的吗？我前面不是预言过，等阿伽通说完

---

〔1〕 εἰρήνην μὲν ἐν ἀνθρώποις, πελάγει δὲ γαλήνην νηνεμίαν, ἀνέμων κοίτην ὕπνον τ᾽ ἐνὶ κήδει. 在已有的典籍当中并没有找到这几句诗。

〔2〕 ἱμέρου, πόθου. 这两个词均有"渴望"（desire, longing, yearning）和"爱"（love）的含义，故合为一词"欲望"。后者单独出现时，本文译为"渴望"。

他才华横溢的讲辞，我就会陷入困境了吗？"

厄吕克希马科斯说："关于阿伽通的讲辞，我觉得你的预言是正确的。至于你会陷入困境，［a10］我可不这么看。"

［b］"怎么会呢，有福之人呀？"苏格拉底说，"我怎么就没有陷入困境呢？不管是我，还是其他任何人，要在一场美好而面面俱到的演讲之后发言，怎能不陷入困境呢？其他的部分固然写得不错，但结尾那精妙的［b5］单词和短语[1]，谁听了能不感到震撼？我很清楚，我绝无可能说出与这些美妙的言辞相近的东西，若是有能［逃走的］地方，我［早就因］羞愧［c］悄悄溜走了。他的话让我想起了高尔吉亚[2]，我现在经历的恰如荷马所说，[3]害怕[4]阿伽通在结尾会捧出雄辩的高尔吉亚的头颅，[5]用他的话来挑战我的论述，［c5］把我变作顽石，让我哑口无言。

"我现在觉得，我真是太愚蠢了，居然同意你们按照顺序［d］赞颂爱神，还声称自己是爱情专家，[6]而实际上，我对如何赞颂一个事物一无所知。因为我的愚钝，我认为，要赞颂某物，就必须要讲它的真相，从这里［d5］开始，然后在其中挑出最美好的部分，

---

〔1〕 τῶν ὀνομάτων καὶ ῥημάτων. 固定搭配，此处应译为"单词和短语"而不是"名词和动词"。

〔2〕 Γοργίας. 阿伽通仰慕的智者。

〔3〕 *Odyssey* xi. 633-635.

〔4〕 ἐφοβούμην μή，此处的 μή 并不表示否定，当它在表达恐惧、担心、焦虑和怀疑的动词后时是疑惧从句（fear clause）的引导词，如果要表示否定，则需要"μή οὐ"。参见《剑桥古典希腊语法》，顾枝鹰等译，华东师范大学出版社 2021 年版，第 550 页。

〔5〕 Γοργίου κεφαλὴν. 此处利用了高尔吉亚与蛇发女妖戈尔贡（Γοργών）名字的谐音。在戈尔贡三姐妹中，美杜莎的眼睛有使人石化的能力，最终被珀尔修斯斩杀。（Hesiod, *Theogony* 277.）

〔6〕 δεινὸς τὰ ἐρωτικά. 直译为"对爱情的［技术］熟悉"，或者如我们上文所译，"对爱情颇有心得"。

把它以最漂亮［的方式］讲出来。我原来在爱的领域里自视甚高，以为自己知道正确的赞颂。［但现在看来，］似乎正确的赞颂不是这样的，而是［e］把最崇高、最美好的东西都归到那个事物身上，也不管那个事物到底是否具备这些东西，即使说错了也无所谓。仿佛我们每个人只需赞颂爱神的表象，而不必真的去赞颂他。因此，［e5］我觉得，你们把那些［美好的辞藻］放到爱神身上，说他是这样一位神明，说他是这些事物的原因，［199a］仿佛他是最美最善的，显然，在无知者看来是这样的，但在有识之士眼中并非如此。你们的颂词富丽堂皇，而我不知道要以这种方式赞颂爱神，也不知道答应你们［a5］按照顺序讲话［会是这样的结果］。我嘴上答应下来，却言不由衷。[1] 允许我请辞吧，因为我不会以这种方式进行赞颂，我没这个能力。不过，要是你们愿意的话，［b］我可以用自己［的方式］讲点真话[2]，而不按照你们的方式，以免沦为笑柄。斐德若啊，你是否需要这样的讲辞，听听我讲些关于爱神的真话呢，就用些随便想到的名词和短语？"［b5］

斐德若和其他人都让苏格拉底讲下去，用什么方式随他心意。

苏格拉底说："斐德若啊，让我先问阿伽通几个小问题，和他取得共识后，我再开始［b10］讲。"

［c］"没问题，"斐德若说，"问吧。"

阿里斯托德摩斯说，随后苏格拉底从这里开始讲：

---

〔1〕 ἡ γλῶσσα οὖν ὑπέσχετο, ἡ δὲ φρὴν οὔ. 直译为："嘴巴答应了，心却没有。"

〔2〕 ἀληθῆ. 此处译为"真相"有些过强，违背苏格拉底"自知其无知"的人格特征；若译为"实话"，真的属性就会被淡化。故译为"真话"，既有穿透表象、到达真实之意，又不至于让此处的苏格拉底变成一个掌握了真理的布道者。

"亲爱的阿伽通，我觉得你演讲的开头不错，你讲道，首先必须展示 [c5] 爱神是什么，然后再展示他做了什么。这样的开头值得赞赏。既然你用如此美妙的风格来描绘爱神，[d] 那么请你说说，爱神如果是如此这般的，那么，他爱什么呢？还是说，他什么也不爱？我并不是在问爱神对母亲的爱或对父亲的爱，这样问太荒谬了，[d5] 我的意思是：父亲总得是某物的父亲，不是吗？如果你想正确地回答我，你会说，父亲是某个儿子或某个女儿的父亲，不是吗？"

"没错。"阿伽通说。

"母亲不也是一样的吗？"

[阿伽通表示] 同意。

[e] 苏格拉底说："还有一些问题需要你回答，以让你能更清楚地理解我的意思。如果我问你兄长是什么，[答案] 肯定是某人的兄长，对吗？"

阿伽通说是。

[e5]"是弟弟或妹妹的兄长，不是吗？"

[阿伽通仍然表示] 同意。

"我们试着说说爱。爱是不是对某物的爱？"

"自然是关于某物的爱。"

[200a] 苏格拉底说："[请你] 注意并记住这一点，那么请你说说，爱神是否渴求着他爱的东西？"

"当然。"

[a5]"那么他是拥有了他渴求且爱的东西，再去渴求并爱那个东西，还是说，他并不拥有那个东西呢？"

"没有。可能是这样吧。"

"你再琢磨一下,"苏格拉底说,"这不是可能,而是必然。进行着渴求活动的事物,难道［b］不缺乏他所渴求的东西吗?如果他不渴求某物,不就是说,他不缺乏那个东西吗?阿伽通啊,我觉得这一点值得称道,因为他是必然的。你觉得呢?"

"我也这么看。"阿伽通回答。

"说得好。那么一个高大的人会希求高大吗?［b5］一个强壮的人会希求强壮吗?"

"不会,这与我们先前的共识相矛盾。"

"［拥有某个东西的］就不缺乏那个东西。"

"这话很对。"

"假设一个强壮的人希求变得强壮,"苏格拉底说,［b10］"一个迅捷的人希求变得迅捷,一个健康的人希求变得健康,或许有人会说,那些已经成为、［c］已然拥有某物的人,还会去希求拥有那个东西。我说这些事,是为了不让我们上当受骗。阿伽通啊,你可以想想,不管这些人愿不愿意,他们必然已经拥有了他们拥有的每一个东西。［c5］那么,这些东西又会被谁希求呢?有人说,我的确健康,但我还是想变得健康;我的确富有,但我还是想变得富有,我可以希求我已然拥有的东西。我们可以这样回答他:'朋友啊,你已然［d］得到了财富、健康和强壮,但你还想在未来继续拥有它们,此时此刻,不管你愿意或不愿意,你都拥有它们。你想想,你说,你现在渴求已然在此的这些东西,实际上你是在说,［d5］你想让现在已然在此的这些东西,在未来依然能够在此,因为未来还没有到。'他会同意吗?"

阿里斯托德摩斯说，阿伽通表示赞同。

"那么，"苏格拉底说，"爱是不是这样的：[它关乎]那些我们既不是也不拥有的东西，[也关乎]那些我们想在[d10]未来保存下来、依然能够在此的东西？"

[e]"对。"

"不管是他还是所有的其他渴求者，都是渴求自己没有的东西，渴求没有在此的东西。所以，他没有的东西、他不是的东西、他缺少的东西才是他爱与渴求的[对象]。"

[e5]"对。"他说。

"让我们总结一下：首先，爱是关于某物的爱，其次，是关于自己缺乏的东西，不是吗？"

[201a]"是。"他说。

"既然如此，请你回想一下，你先前的讲话是如何描绘爱神的。如果你愿意的话，我可以提醒你，你大概是这样说的：诸神现在如此行动，[a5]是因为爱美好的事物[1]，因为爱与丑陋不能相容，你是这么说的吗？"

"我是这样说的。"阿伽通说。

"你讲得很好，朋友。"苏格拉底说，"若是如此，那么爱神爱美的事物[a10]而不爱丑的事物。"

"同意。"

[b10]"我们之前不是达成了共识，爱的对象是他所缺乏的，

---

[1] τῶν καλῶν. 我将单数的"美"（如 τὸ καλὸν）译为"美"，指美的形式、美本身，将复数的"美"译为"美的事物""美之事物"。

他并不拥有它们，对吗？"

"对。"

"看来爱神并不拥有美。"

[b5]"必然如此。"

"怎么？你难道会说一个缺乏和不具备美之事物的东西是美的吗？"

"不会。"

"若是如此，你还会同意说爱神是美的吗？"

[b10]阿伽通说："苏格拉底啊，看来我并不知道我说的话究竟意味着什么。"

[c]"说得好，阿伽通，"苏格拉底说，"但我还要问你一个问题：你不觉得善是美的吗？"

"我当然这么觉得。"

"那既然爱神缺乏美的事物，善又是美的，[c5]那么他不也缺乏善的事物吗？"

"我无法反驳你，苏格拉底，就先按你说的讲吧。"阿伽通说。

"亲爱的阿伽通，你无法反驳的是真，反驳我苏格拉底又有何难呢？"

[d]"现在我先放过你吧，有一番关于爱神的教诲，是我从狄欧提玛，一个曼底内亚的女人[1]那里听来的。她在爱神和其他许多事情上都很有智慧。她曾让雅典人在瘟疫来临前祭祀，将疫

---

[1] γυναικὸς Μαντινικῆς Διοτίμας.

病的到来推迟了十年。[d5]就是她向我传授了关于爱的［知识］。她讲给我的那些话，我会试着转述给你们听。就从我与阿伽通达成的共识开始吧，我会尽我所能［地讲清楚］。阿伽通啊，正如你先前所说，[e]首先要讲爱神是什么，他属于哪一类，再说他的作用。对我而言，最简单的转述方式，就是按这个异乡女人盘问［我的］方式来说。当时我在她面前说的话，与阿伽通现在对我说的话是类似的：[e5]爱神是一位伟大的神明，他爱美好的事物。她就用我刚才说的话来反驳我，就是我前面讲的：爱神既不美也不善。

"我说：'你为什么这样讲呢，狄欧提玛？难不成爱神是丑陋而邪恶的吗？'

"'不要讲不敬神的话，[1]'她说，'你认为不美必然就是丑陋吗？'

[202a]"'必然如此。'

"'不智慧就是无知吗？你难道没有意识到那介于智慧与无知之间的东西吗？'

"'那是什么？'

[a5]"'你相信一个东西是正确的，却又给不出道理[2]，'她说，'这种情况不是知道，因为缺乏道理的东西怎么能是知识呢？但是，

---

〔1〕Oὐκ εὐφημήσεις. 可以理解为"不要讲不吉利的话"（avoid all unlucky words），也可以直接理解为"嘘!"（Hush!）文中苏格拉底的问题将爱神说成丑陋而邪恶的，显然属于不敬神明，所以此处意译为"不要讲不敬神的话"或"不要讲不虔敬的话"。

〔2〕λόγov. 此处可理解为"原因""理由"，指的是为解释一个信念或结论而进行的"论证"，它不仅是一个原因和理由，而是一整套的论证，所以此处我将之译为"道理"。

这种情况也并非无知，因为你毕竟把握[1]了一些东西，怎么能是无知呢？这种情况就是真信念[2]，介乎明智与无知之间。'

[a10]"'对。'我说。

[b]"'那么，不美的并不必然就是丑陋，不善的并不必然就是邪恶。对于爱神也是如此。你已然同意，他既不善也不美，但这不代表他就邪恶而丑陋，他[b5]介乎两者之间。'

"'可是，爱神是一位伟大的神，这是所有人的共识。'

"'你说的所有人，是那些不知道的人，还是那些知道的人？'

"'全都有。'

[b10]"她笑着说：'苏格拉底啊，[c]其中有些人甚至都不同意爱神是一位神明，又怎么可能同意爱神是位伟大的神呢？'

"'你说的这些人是谁呀？'

"'一个是你，一个是我。'

[c5]"我说：'你为什么这样说呢？'

"'简单，'她说，'你告诉我，是不是所有的神明都是幸福美好的？你敢说他们不幸福、不美好吗？'

"'天啊！我不[敢]说。'

[c10]"'那么，你是否将得到善与美称之为幸福？'

"'是。'

[d]"'而爱神，你之前同意他缺乏善与美的事物，因此他也就

---

[1] τυγχάνον. 直译为"遇到""碰到"，此处指的是苏格拉底对他的结论并非一无所知，而终归是有一些理解，否则，以不存在为对象的无知，会让苏格拉底连这个信念都不可能拥有。为强调此处的主观特征，即心灵当中并非空无一物，并非对自己的信念全无理解，故将之意译为"把握"。

[2] ὀρθὴ δόξα.

渴求这些东西。'

"'我同意。'

[d5]"'既然他既没有美的事物,也没有善的事物,他又怎么能是神呢?'

"'似乎不能。'

"'看吧,你这不是承认爱神不是神了吗?'

"我问她:'那爱神是什么呢? 他是可朽的吗?'

"'绝无可能。'

[d10]"'那他是什么?'

"'正如我们前面所说,他介于可朽与不朽之间。'

"'狄欧提玛啊,这是什么意思?'

"'他是伟大的精灵,苏格拉底,和所有的精灵一样,[e]是介乎神灵与可朽者之间的东西。'

"'那么他拥有的能力是什么呢?'

"'向诸神传达凡人的祈祷与祭祀,[e5]为凡人阐明诸神的命令和对祭祀的回报,[1]他填补神人之间的[空白],将一切联系起来。借助爱之精灵,预言[2]得以进行;祭司的技艺,如祭祀、仪式、[203a]诵咒,所有的占卜和巫术得以施展。因为神人相隔,神要对人讲话、与人交流,就要借助他,不管人是醒着还是在睡梦中。在这方面有智慧的便是有灵气的男子,其他那些在技艺或手艺

---

[1] 译文更改了原文的语序,原文直译为:"向诸神阐明和传达来自凡人的,向凡人[阐明和传达]来自诸神的,[来自凡人的是]祈祷与献祭,[来自诸神的是]命令,以及对献祭的回报。"

[2] μαντική. 与前后文的"占卜"同义。

上有智慧的人，不过是些凡夫俗子。精灵数量繁多，种类多样，爱神只是其中之一。'

"我说：'谁是他的父母？'

[b]"'说来话长，'她说，'我给你讲讲吧。在阿芙洛狄忒诞生的那天，众神与其他的神明，如墨提斯[1]之子——丰饶之神波洛斯[2]，举办了宴会。宴会结束之后，贫乏女神佩妮娅[3]来到[b5]门前乞讨，就像在这种场合会发生的那样。那时波洛斯[饮多了]琼浆[4]，喝醉了（那时还没有酒），走进了宙斯的花园，倒下来睡着了。佩妮娅由于匮乏[5]，很想和波洛斯生个孩子，[c]于是她就躺在波洛斯的身边，怀上了爱神。爱神[后来]成了阿芙洛狄忒的随从和仆人，因为他是在阿芙洛狄忒的生日宴上被怀上的，又本性爱美，而阿芙洛狄忒就是美。[c5]由于爱神是波洛斯与佩妮娅的孩子，他处在这样一种境遇当中：首先他是贫乏的，许多人以为他柔嫩而美好，但实际上他坚硬、[d]邋遢、赤脚，还无家可归，总是以地为床，在门口或路边睡去。他拥有他的母亲本性，总是处在缺乏之中；但又和他的父亲一致，希求美与[d5]善的东西，勇敢、莽撞、跃跃欲试[6]。他是一个优秀的猎人，总是足智多谋，渴

---

[1] Μῆτις. 宙斯的第一任妻子，雅典娜之母，智谋女神。因被预言会诞下一子推翻宙斯的统治，被宙斯吞下。（Hesiod, *Theogony* 886-900; Pindar, *Olympian Odes* vii. 34ff.; Apollodorus, i. 3. 6.）

[2] Πόρος.

[3] Πενία.

[4] νέκταρος. 该词特指神喝的饮品。

[5] ἀπορίαν. 本文将 ἀπορία 统一译为"匮乏"，将 ἔνδεια 统一译为"缺乏"。

[6] σύνοικος. 形容一个人处在兴奋的紧张状态之中。

求明智；[同时又像他父亲那般]丰饶[1]，终身热爱智慧，是优秀的巫师、药师和智者。他生来既非[e]不朽，也非可朽，在同一天中，他会像花朵盛开般活着，也会如花朵凋零般死去，随后又会因继承了他父亲的本性而复活。他总是得而复失，所以爱神既不匮乏也[e5]不富裕，处于智慧与无知之间。[204a]他之所以拥有这种[本性]，是因为神不爱智慧，也不渴求变得有智慧（因为他们已经是智慧的了），有智慧的人也不会去爱智慧。无知者同样不爱智慧，也不渴求成为有智慧的人。因为无知的问题就在于，[a5]即使自己不美、不善、不明智，也会对自己非常满意，不觉得自己有所缺乏，自然也就不会有所渴求。'

"我说：'狄欧提玛啊，如果爱智者既不是有智慧的，也不是无知的，那他们是什么呢？'

[b]"狄欧提玛说：'这是显而易见的，连小孩都能回答。他们介乎两者之间，爱神便是其中一位。因为智慧是最美的事物之一，而爱神是爱美的，因此爱神必然是爱智慧的。爱智慧者就[b5]介乎智慧与无知之间。造成这种情况的原因在于，爱神之父智慧而富有，爱神之母愚昧而匮乏。亲爱的苏格拉底啊，这就是爱之精灵的本性。不过，你对爱神会这样看，[c]倒也没什么值得惊讶的。根据你讲的话，我推断，你觉得爱神是被爱者，而不是爱者。所以你才觉得爱神非常美，因为被爱者是美的、[c5]优雅的、完善的、受赐福的，但爱者的形式，正如我前面描述的那样，是另外一种。'

---

[1] πόριμος. 该词不与前面的"明智"为一格，是直接形容爱神的，故增补"像他父亲那般"。

"我说：'异乡人啊，你说得很好。如果爱神是这样的，他对人类有什么用呢？'

［d］"她说：'苏格拉底啊，我会试着传授给你。我们前面已然说过了爱神［的身世与本性］，如你所说，他爱美的事物，若是有人问我们，苏格拉底和［d5］狄欧提玛啊，为什么爱神会爱美的事物呢？［说得］再清楚一点：爱美的事物的爱者在欲求什么？'

"我说：'拥有它们。'

"'但这个回答会引来另外一个问题：拥有美的事物能给他带来什么？'

［d10］"我说：'对于这个问题，我还不能完全得心应手地回答。'

［e］"'若有人用善来替换美，然后问［同样的］问题：苏格拉底啊，当爱者爱善的事物时，他在希求什么？'

"'拥有它们。'

［e5］"'拥有善的事物能为他带来什么？'

"我说：'这问题要容易回答一些：幸福。'

［205a］"她说：'拥有了善的事物，幸福才是幸福，不必问希求幸福的人为什么希求幸福，这就是最终的［答案］了。'

"'说得对。'我说。

［a5］"'是所有人都有这样的愿望和爱吗，是所有人都总是希求善吗，你怎么说？'

"'所有人都这样。'我回答。

"'那么苏格拉底，'她说，'为什么我们不说所有人都在爱呢？［b］既然所有人永远都爱同样的东西，［却要说］有些人在爱，而

有些人没有在爱？'

"'我也觉得奇怪。'

"'没什么好奇怪的,'她说,'我们选择了爱的[b5]其中一种,将之命名[为爱],而这个名字,爱,[原本]是所有[爱的]名字,[而现在,]我们给[爱的]其他部分起了别的名字。'

"'还有类似的事吗？'

"'有的。比如诗[1]就有很多种,这你是知道的。将非存在转变为存在的全部原因就是[c]诗。所有出于技术的作品都是诗,所有的工匠都是诗人。'

"'对。'

"'可是你要知道,我们并没有把所有的工匠都称为诗人,[c5]而是用别的名称来为之命名,我们只是把全部创造物当中那个与音乐和韵律有关的部分分离出来,并赋予它[原本]属于所有创造物的名称。因为只有这部分的创造物被称为诗,也只有创造这部分的创造者被称为诗人。'

[c10]"'说得对。'

[d]"'爱也是如此。总的来说,在所有的爱中,整个对善之事物与幸福的渴求是最大也最诡计多端的爱。那些因其他事物而坠入爱河的人,不管是爱财富、[d5]爱体育还是爱智慧,我们既不会将这种[行为]称为爱,也不会将这些人称为爱者。只有热诚希求[善与幸福]本身的人才配享有整体之名,即爱与爱者。'

---

[1] ποίησις. 该词有两个意思,一个是"诗",一个是"创造物"。与正文提到的"爱"一样,作诗只是创造的一种,我们却把所有的创造都称为诗,诗人只是创造者的一种,我们却把所有的创造者都称为诗人。

"'你说的可能是对的。'

［d10］"'有一种说法，寻找自己的另一半［e］就是在爱，我却认为，爱不是爱自己的另一半，也不是爱合二为一，朋友啊，除非他的另一半恰好是善的。因为，若是人们觉得自己的手脚有害，他们宁愿将之砍掉。［e5］人们喜欢的往往都不是属于自己的，除非他们把善看作自己的，把坏看作别人的。所以人爱的不是别的东西，［206a］而是善的事物，你觉得呢？'

"'天啊，我觉得没问题。'

"'那么我们可以直接说，人爱善的事物。'

［a5］"'对。'

"'怎么样，我们要不要加上一句：他们也欲求让善常伴其身？'

"'要加上。'

"'不仅［要现在］如此，还要永远如此？'

［a10］"'也要加上。'

"'总而言之，爱，就是欲求自己能永远拥有善。'

［b］"'不能再对了。'

"'既然爱一直如此，那么以何种方式追求［善］，以何种的行动、热情与努力，又要做出怎样的事迹，才能被称为爱呢？你说呢？'

［b5］"'不知道，'我回答，'狄欧提玛啊，［否则我］就不会钦羡你的智慧，也不会拜访你，求教此事了。'

"'我告诉你吧。爱就是以身体和灵魂在美中生育。'

"'你的箴言恐怕我要在占卜之后才能读懂，我着实不［b10］明白。'

[c]"'那我说得更清楚些:苏格拉底啊,人的身体与灵魂都会怀孕,到了某个年纪,我们的本性会渴求生育。但在丑中不能生育,[c5]只有在美中才行。因为男女的结合便是生育,这是件神圣的事情[1]。而怀孕与生育[2]是可朽生命中的不朽。在不和谐中也不能生育。[d]所有的神与丑都不和谐,与美都和谐。所以美是生产中的命运与生育之神。因此,怀孕者一旦接近美,就会感到亲切,在愉悦中融化,进行[d5]生育和生产;但接近丑就只会沮丧、痛苦、避之不及、止步不前,[也就]不会生育了,因为在痛苦中,连怀孕都难以为继。所以,怀孕待产之人在遇到美时会欣喜若狂,[e]因为只有美才能缓解分娩带来的巨大痛苦。所以,苏格拉底啊,爱并非如你想的那样,是为了美。'

"'那是为了什么?'

[e5]"'在美中怀孕并生育。'

"'对。'

"'确实如此。那么,为什么[爱的目的]是生育呢?因为,对有朽者来说,生产是持存和不朽的。根据[我们前面的]共识,[207a]我们渴求善的同时,也必然渴求着不朽。既然爱是渴求永远拥有善,那么必然得出以下结论:这种[爱]是对不朽的爱。'

[a5]"这就是她在爱这件事上对我的全部教导。有一次她问

---

[1] θεῖον. 生育行为在一些用法中(cf. Archilochus, fr. 196a)会被写作 τὸ δεῖον χρῆμα,即"神圣的事情"。详见 Dover 1980, *Plato's Symposium*, Cambridge University Press, p. 148。

[2] γέννησις. 指的是"give birth"意义上的"生产",在繁殖的意义上,本文将该词亦译为"生育",在创作的意义上,本文将该词译为"生产"。

我：'苏格拉底，你觉得，造成爱与渴求的原因是什么？难道你没有注意到，所有的野兽在渴求生产时处在何种糟糕的状态当中吗？不管是走兽还是飞禽，都像生病了一样［b］坠入爱河。它们首先与配偶结合，然后抚育它们的孩子[1]。此时，即使它是最弱者，它也敢于挑战最强者，甚至为［爱］而死，［b5］宁愿为之忍饥挨饿，赴汤蹈火，[2]也要让［孩子］有饭吃。也许人这么做是出于算计，但让动物坠入［c］爱河的原因是什么呢，你能告诉我吗？'

"'我还是回答不知道'。

"'连这个都不知道，又如何能成为爱情专家呢？'

［c5］"'但是，狄欧提玛啊，我现在要说的是，我来到你的面前，正是因为知道自己需要教导。请你告诉我这个，以及其他关于爱的事情，它们的原因都是什么吧！'

"她说：'如果你相信我们前面就爱情之本质达成的共识，你就不会感到惊讶了。［d］按照我们前面的说法，有朽者的本性便是竭力寻求永恒与不朽，而这只有通过生育，即一直留下新生代以代替年老者，［才能做到。］每一种动物被称为活着，［被称为］［d5］同一个东西，就像一个孩子虽然变老，但还是同一个人，我们之所以将这些称为相同的，并不是因为其拥有［和年轻时］一样的东西，而是因为一直有新的东西产生，［一直有老的东西］消逝：毛发、肉身、骨骼、［e］血液，以及整个身体。不仅是身体，灵魂也是这样：性格、信念、希求、快乐、痛苦、恐惧，它们中的任何一种，在每个人［的一生中］都不是完全一样的，有的产生，有的

---

[1] τοῦ γενομένου. 直译为"被生产出的东西"。
[2] 此半句为意译，原句直译为："为了它做一切事情。"

消逝。[e5] 更不同寻常的是，我们的知识 [208a] 也并非一直相同，而同样有产生、有消逝。若是根据我们的知识，我们与之前的自己也不同。此外，每一种知识都会经历 [这种情况]。考虑一下我们称之为练习的东西，因为知识会溜走。所谓遗忘，便是 [a5] 知识的离开。练习就是再次 [形成] 新的记忆，以避免它离开，从而拯救知识。这种知识表面上和原来是一样的。所有的有朽之物都以这种方式拯救 [知识]，不像神明，永远都是那个样子。[b] 正是通过这种方式，苏格拉底啊，有朽者分有了不朽，不论是身体还是其他方面。不朽者则不必这样。因此你不要感到惊讶，万物都是 [b5] 出于本性而重视自己的后代，因为这种热情和爱都追求不朽。'

"听完这话，我还是很惊讶，说：'智慧的狄欧提玛啊，这是真的吗？'

[c] "她像那些完美的智者一样，说：'苏格拉底啊，你是知道的，如果你看看人们对荣誉的爱，就会为你的荒谬（即你不理解我前面说的话）而感到惊讶。你仔细想想看，他们处在怎样糟糕的境遇当中：他们渴望 [c5] 成名，建立丰功伟业，以求流芳百世，他们愿意为此赴汤蹈火，甚至超过为了自己的 [d] 孩子；还甘愿倾家荡产、餐风饮露，甚至献出生命。你觉得阿尔刻斯提为阿德墨托斯而死，阿喀琉斯为帕特洛克罗斯而死，你们的科多洛斯[1] 为保

---

〔1〕 Κόδρος. 雅典国王，墨兰托斯之子，当多里安人从伯罗奔尼撒入侵阿提卡时，德尔斐神谕说，若雅典胜利，必要国王先死，所以多里安人格外小心，避免杀死科多洛斯。但是科多洛斯听到这个消息之后，决定牺牲自己拯救国家，于是他乔装打扮入敌营，为了雅典的胜利主动献出了自己的生命。

全子孙后代的〔d5〕王位而死，^{〔1〕}如果他们不认为关于自己美德的记忆是不朽的，正如我们现在拥有的那样，〔他们还会这么做吗？〕我觉得肯定不会，许多人必然都是为了追求不朽的美德与卓著的声名，哪些能〔让他们的美德与声名〕变得更好，〔e〕〔他们就〕更〔愿意去追求〕，因为他们爱的是不朽。那些在身体上怀孕的人更偏向女性，他们以这种方式成为有爱之人：通过生孩子来获得不朽、记忆与幸福，或者就像他们所想的，〔e5〕流芳百世。

"'而那些在〔209a〕灵魂上怀孕的人，他们更愿意在灵魂而不是在肉体中怀孕，因为有些东西适合在灵魂当中孕育、诞生，哪些东西适合呢？就是明智和其他美德。生产它们的便是所有的诗人，〔a5〕以及那些被看作有创造力的工匠。在众多〔的明智当中〕，至高至美的明智就是把城邦与家庭〔治理得〕秩序井然，我们将之称为审慎与正义。若是有人的灵魂在〔b〕年轻时就孕育着它们，他就是像神的^{〔2〕}。等他到了成熟的年纪，便会渴求去生产一些东西。我觉得，他会四处寻求美，以在美中生产；因为在丑中就无法生产。因为怀着孕，他更偏爱美的身体〔b5〕而非丑的身体，若他遇到了一个神圣而美妙的灵魂，他会非常乐意与之亲近，在他面前滔

---

〔1〕 以上三个例子中的"死"是不同的，三个词分别是：ἀποθανεῖν（死）、ἐπαποθανεῖν（在……之后死）、προαποθανεῖν（在……之前死）。结合三个例子背后的故事，可以理解为：阿尔刻斯提为了她的丈夫而赴死，她的声名来自她"赴死"这个行为；阿喀琉斯因他的爱人死去而冒险复仇，放弃了寿终正寝的机会而选择战死沙场，他的声名来自为爱人复仇，"死在爱人之后"；而国王科多洛斯是为了保全子孙后代的王位而选择主动站上前线，他的声名来自替后人着想，"死在后人之前"。

〔2〕 ἤθεος. 直译为"未婚的"。此处有不同的读法，该词在 Parmentier 本中为 θεῖος，Dover 1980, 153 对两种版本进行了详细的分析。本文采取 Parmentier 本的读法，即"godlike"，以形容在年轻时灵魂中就孕有明智的难能可贵。

滔不绝地讨论美德，以及一个优秀的人必须是怎样的，又要如何追求这些［美德］，并着手对之施以教化。因为我觉得，［通过］接触美［的灵魂］，与之同在，他［才能］将［孕育］已久的东西生产出来，［之后不论那美的灵魂］就在眼前，还是已然消逝，他都可以回忆起来，与那美的灵魂共同抚育他的作品。［c5］这种关系比抚养孩子的关系要更加强大，他们的友爱也更加坚固。因为他们共同拥有的孩子更美、更接近不朽。

"'所有人都觉得，生出这样的孩子比仅仅生出人要更［好］，［d］看到荷马、赫西俄德和其他优秀的诗人，［人们会感到］羡慕，因为他们给自己留下的孩子让他们拥有了不朽的名望与记忆，［这是因为他们的孩子］本身就是这样的。如果你愿意，再看看吕库古[1]［d5］为斯巴达留下的孩子，他是斯巴达乃至整个希腊的拯救者。你们尊敬梭伦，［正是因为］他创制了法律。［e］再看看其他那些在希腊或蛮族之地创作出美好作品、产出诸般美德的人，人们会为他们设立众多圣所，而那凡俗的孩子则不会［享此殊荣］。

［e5］"'这些爱的奥秘，苏格拉底啊，或许你还可以［210a］进入[2]；但是终极的、困难的［奥秘］，则只有与正确同行的人［才能得到］，我不知道你是否有这个能力。不过，我会尽可能地讲给你听，你也要尽可能地跟上。

"'这条正确［的路径］由此开始：年轻的时候，他会寻求美的

---

〔1〕 Λυκοῦγος. 传说中的斯巴达立法者，他的孩子自然也就是法律。
〔2〕 μυηθείης. 亦可理解为"入门"或"初步理解"。

形体[1]，如果有引导者正确地进行引导，一开始他会爱一个形体，用尽一切美好的辞藻去形容它；之后他发现，[b]一个形体的美与其他形体的美是相通的[2]，若是他要去追求那美的形式，却不把每个形体的美都看作同样的美，那他就太愚昧了。明白这一点后，他就[开始]爱所有美的形体，[b5]而放松了对某一个形体[的爱]，将之看作微不足道的东西。之后，他也会明白灵魂之美要比身体之美更加珍贵。如果一个人拥有优秀的灵魂，[c]即使相貌不佳，也已经足够了，他会爱上这个人，照顾这个人，孕育并寻求此类能让青年变得更优秀的言辞，以让他不得不去注视事业与法律中的美，让他看到所有[美][c5]都是同类的，进而[认识到]形体之美是渺小的。在此之后，就要引导他去[关注]知识，让他看到知识之美。见识过[d]众多[的美]之后，他就不再像个奴隶一样只爱其中的一个，比如某个男孩的美，某个人的美，某项事业的美，不会再轻易地卑躬屈膝，说着微不足道的话，而是转向美的海洋，极目远望，[d5]在对智慧无边无际的爱中，孕育诸多美好而恢宏的言辞与思想。在这之后，等他成长、变强，他就能看到一门独特的知识，就是美的知识。

[e]"'讲到这里，你要尽可能认真地听我讲。在爱[的问题上]，一个人被教导至此，按照次序正确地注视美，直到爱的尽头，他会突然看到它那[e5]令人称奇而又美好的本性，苏格拉底啊，

---

[1] σώματα. 此处及以下的 σώματα 不能仅仅理解为"身体"，而应该理解为更宽泛的"有形之物"，故此处及以下译为"形体"；在强调人的身体时，会改译为"身体"。

[2] ἀδελφόν. 直译为"兄弟"，指不同的身体之美有亲缘关系，结合后文，此处意译为"相通"。

我们前面的艰苦探寻正是为了它。首先，[211a]它是永恒的，不生不灭，不增不减。其次，它不会此方面美而彼方面丑；不会此时美而彼时丑；不会与此物相比就美，与彼物相比就丑；[1]不会在此处美而在彼处丑；[a5]不会对这些人来说是美，对那些人来说就丑。对他来说，美并不表现为一张脸，一双手，或身体的其他部分；也不是一份言辞，一门知识，不存在于其自身之外，比如在动物中，在大地中，在天空中，[b]或是在其他的东西中。它以自身为根据，在自身之中，永远与自身一致。其他美的事物都是以某种方式分有它，在这种方式下，美的事物的生成与毁灭，不会让它变得更大或更小，也不会让它[b5]经受任何[变化]。若有人凭着正确的对男孩的爱向上攀登[2]，开始能看到美了，他就几乎触到了终点。

"'因为这是一条正确的朝向爱的路径，[c][人们既可沿着这条道路]去爱，也可以被别人引导着去爱，从美的事物开始，上升到永恒的美的形式，就像攀登阶梯一般：从一个[美的形体]到两个[美的形体]，从两个[美的形体]到所有美的形体，[c5]从美的形体到美的事业，从美的事业到美的学识，再从美的学识到最终的学识，这学识不是别的，正是关于美之形式的学识，由此，他便知道了终极的美是什么。

[d]"'这样的人生，苏格拉底啊，'这位曼底内亚的异乡人说，

---

[1] οὐδὲ πρὸς μὲν τὸ καλόν, πρὸς δὲ τὸ αἰσχρόν. πρὸς 此处意为"according to ...""regarding ...",即以……为参照物，以……为标准。

[2] ἐπανιών. 为 ἐπανέρχομαι 的现在分词，有向上走（go up）之意，此处意译为"向上攀登"。除此之外，该词亦有"返回（return）""向回走（go back）"之意。

'才是值得所有人过的：就是对美的注视[1]。如果你有一天看到了它，那么不管是富贵荣华、珠光宝气，还是面容姣好的男孩与青年，[d5]在你眼里都会黯然失色。而在今天，你和其他人看到这些男孩时，仍然会想着和他们永远在一起，若是可以的话，甚至会为了看他们、与他们亲近而不吃不喝。如果有人[e]看到了美的形式，[看到它]纯净澄澈，不与他物混杂，不被血肉、颜色或其他无用的有朽之物沾染，能看到与自身一致的、属神的美，他会怎样呢？[212a]一个人看向此处，注视着它、与它为伴。你会觉得这样的生活是平庸的吗？[2]无须疑虑，只有以这种方式才能看到可见之美的形式，由此生产出的美德不是影子般的，因为他接触的不是影子；他生产出的是[a5]真美德，因为他接触的是真。待他生出并抚育了美德，他就变成了神明喜爱的人，这样的人便是不朽的。'

[b]"斐德若和在座的各位啊，这就是狄欧提玛对我的教诲，并且，我被她说服了。既然我被说服了，我就要试着去说服其他人：就人的本性来看，要达到这个目的很不容易，所以我们需要借助爱神[的力量]。因此，[b5]我不得不说，所有人都应当崇敬爱神，我自己则极力地去践行爱，还敦促他人[也这样做]，正如我现在一如既往地尽力而为，赞美爱神的能力与勇敢。[c]这就是我的演讲了，斐德若，如果你愿意，把它看作对爱神的颂词就好；如果你不愿意的话，就随你高兴，怎么称呼它都可以。"

---

〔1〕 或"沉思美"。θεάομαι除了文中的"注视"（gaze）之外，亦有"沉思"（contemplate）之意。

〔2〕 此处调整了语序，本句应在212a前。

讲完后，大家纷纷称赞苏格拉底。[c5]阿里斯托芬想说点什么，因为苏格拉底在刚才的演讲中提到了他先前讲的内容。突然间，门外传来一阵喧哗，听上去像是一帮狂欢者，他们还听到了吹笛女的声音。阿伽通说："小厮们，[d]还不去看看？如果是我认识的人[1]，就邀进来；如果不是，就说我们不喝酒，准备休息了。"

不久，院子里就响起了阿尔西比亚德斯[2]的声音，他喝得酩酊大醉，嚷嚷着问［d5］阿伽通在哪儿，要求别人带他去见阿伽通。他们照做了，一个长笛女和其他的随从搀扶着他。他站在门口，[e]头上戴着用常春藤和紫罗兰编织而成的花环，还缠着许多飘带，说："晚上好呀，朋友们！你们想让我这个酩酊大醉之人陪你们一起喝，还是只让我给阿伽通戴冠——这正是我来的目的，之后我们就离开？[e5]因为我得告诉你们，"他说，"虽然昨天我没来，但现在我来了，戴着缀满飘带的花环，为的就是把它从我这里戴到最智慧最美好之人的头上，如果我可以这么说的话。你们是在笑我喝醉了吗？你们就笑我吧！［213a］因为我知道我说的是真的。但请你们直接告诉我，你们是否同意我进来，与你们共饮？"

所有人都热烈地欢迎他，请他入座，阿伽通也和大家一样请他进来。[a5]随后，他带着众人为阿伽通献上花环，拿起的花环挡

---

[1] ἐπιτηδείων. 此处不译为"suitable"，而是"认识的人"（如《斐多》58d），cf. Dover 1980, 160。

[2] Ἀλκιβιάδης. 雅典人，非常钦佩苏格拉底，但行事奢侈无度、张扬浪费，曾以宣扬国威之名为自己炫耀财富辩护。后煽动雅典公民议会发动西西里远征，却因被控告渎神而背叛雅典，逃往斯巴达，导致西西里远征失败，给雅典带来了巨大的动荡。后被斯巴达人猜忌，转而投靠波斯，后又回到雅典担任将军，扭转战局，但因为一次战役失利被剥夺职务，流亡小亚细亚，最终被波斯人杀害。他的事迹可参见修昔底德:《伯罗奔尼撒战争史》。

在了眼前，以至于他没有注意到苏格拉底，坐到了阿伽通［b］和苏格拉底之间。而苏格拉底一看到阿尔西比亚德斯就挪开。之后他坐了下来，向阿伽通表达了问候，为他戴上了花环。

随后，阿伽通说："小厮们，为客人脱鞋。阿尔西比亚德斯啊，［b5］你就躺在第三个位置吧。"

"好，"阿尔西比亚德斯说，"但是，与我们共饮的第三个人是谁？"他同时扭头看到了苏格拉底。一看到他，阿尔西比亚德斯就跳了起来："赫拉克勒斯啊！什么情况？这是苏格拉底？你又埋伏在我所经之处，［c］一如既往地在我意想不到的地方突然出现。你为什么会在这里出现？又为什么会躺在这儿？你不躺在阿里斯托芬或其他喜欢滑稽的人旁边，偏偏要躺到［c5］这最美的人旁边！"

苏格拉底说："阿伽通，请你保护我。这个人的爱对我来说已经变成了不小的麻烦。从我爱上他的那个时候开始，［d］我就不能再看任何美人，也不能再与任何美人交谈。否则，他就会开始嫉妒、憎恨，做出些过分的事：他咒骂我，甚至还想动手。他现在倒是不会做什么，但还是让［d5］我们分开吧！若是他要使用暴力，请你保护我，他陷入爱情的疯狂让我感到恐惧。"

阿尔西比亚德斯说："你我之间没什么好调解的，这些事情我下回再找你算账。现在，［e］阿伽通，请你把飘带拿下来吧，因为我要把它戴到另一个非凡的脑袋上，让他不要责备我为你戴冠，因为他在言辞上能胜过所有人：不是像你那样在前天［用言辞胜过所有人］，而是永远［都能在言辞上胜过所有人］，［e5］而这样的人却未得以戴冠。"他取下飘带给苏格拉底戴上，躺了下来。

躺下来之后，他说："朋友们啊，我看你们都蛮清醒的，这可不允许，都喝起来吧！这是我们刚才说好的。现在我来掌管这场 [e10] 酒局，咱们不醉不归！[1] 拿来吧，阿伽通，如果你这里有大酒杯的话。也许用不着大酒杯，小厮，给我把那个冷酒器拿来！"因为他看到那个冷酒器 [214a] 容量很大，能装八杯有余。他斟满之后一饮而尽，然后命令仆人给苏格拉底倒酒。"对苏格拉底来说，朋友们啊，我这些伎俩根本不算什么，因为不管是谁让他喝多少，[a5] 他都能喝个干干净净，却永远不醉。"

苏格拉底把仆人倒上的酒一饮而尽。厄吕克希马科斯说："阿尔西比亚德斯啊，我们这是在做什么？[b] 我们就这样端着酒杯，不聊天也不唱歌，就这么随意地[2] 像口渴之人那般大喝特喝吗？"

阿尔西比亚德斯说："厄吕克希马科斯啊！最优秀和最自制的父亲 [所生的] 最优秀的 [儿子]！向你问好！"

[b5] "也向你问好，"厄吕克希马科斯说，"但我们要做什么呢？"

"按你的要求来，我们都听你的，因为

仁心良医胜千人，[3]

就照你想的开处方吧！"

---

〔1〕 ἕως ἄν ὑμεῖς ἱκανῶς πίητε, ἐμαυτόν. 直译为："[喝到] 你们满意为止，包括我自己。"

〔2〕 ἀτεχνῶς. 直译为 "不专业的"，厄吕克希马科斯的职业是医生，结合 176e 的内容可知，此处阿尔西比亚德斯不分青红皂白胡乱灌酒的方式在他看来是违背医学的。

〔3〕 ἰητρὸς γὰρ ἀνὴρ πολλῶν ἀντάξιος ἄλλων. *Iliad* xi. 514.

"那你听好，"厄吕克希马科斯说，"我们在你〔b10〕进来之前，要求每个人必须依次讲一篇尽可能好的关于〔c〕爱神的颂辞。除你之外，我们都已经讲过了，但你还没讲就已经醉了。不过，公正起见，你讲完后，可以随心所欲地命令苏格拉底，他也可以对他右边的人做同样的事，〔c5〕以此类推。"

"厄吕克希马科斯啊，"阿尔西比亚德斯说，"你讲得不错，但让我一个醉酒之人跟你们这些没〔喝〕的人比言辞，可有点不公平。而且，有福之人啊，〔d〕难道你被苏格拉底刚才的话说服了吗？你可知事实和他的话全都相反？要是我当着他的面赞颂神明，或是他以外的人，他都会按捺不住，跟我动手。"

〔d5〕"你还不住口？"苏格拉底说。

"向波塞冬起誓！[1]"阿尔西比亚德斯说，"你可不能否认这一点！只要你在场，我就绝不会赞颂其他任何人。"

厄吕克希马科斯说："你想讲什么都行，〔d10〕就赞颂苏格拉底吧。"

〔e〕"你怎么会这样说？"阿尔西比亚德斯说，"厄吕克希马科斯啊，你觉得我会这么做吗？我会当着你们的面攻击他、报复他吗？"

苏格拉底说："你在想什么？你想用〔e5〕赞扬的方式取笑我，还是要做什么？"

"我要讲的只有真相，如果你允许我讲的话。"

"要是你讲的是真相，我不但允许你说，还要敦促你说呢。"

---

〔1〕 μὰ τὸν Ποσειδῶ. 柏拉图的对话中除了此处，没有其他以波塞冬起誓的例子。用波塞冬起誓常见于喜剧，有恐吓、威胁的意思。

"我这就开始，"阿尔西比亚德斯说，[e10]"如果在我讲的话里有违背事实的内容，你可以随意打断我，说我在撒谎。因为我不愿意[215a]撒谎，只是我的记忆有些混乱，请你不要惊讶，毕竟，把你那些奇事举重若轻、有条不紊地讲出来并不容易。

"朋友们啊！我要用比喻的方式来赞颂（这种方式也可以用来攻击）苏格拉底，[a5]或许他会觉得这是取笑他，但使用比喻是为了[说出]真相，而不是为了取笑他，因为我觉得，他和雕像铺陈列的西勒努[1]像一模一样。[b]这些能工巧匠造出来的作品拿着长管或笛子，可以从中间打开，[2]里面藏着诸神的雕像。我还觉得他像林中仙子马尔叙亚斯[3]。[b5]你和他看起来一模一样，苏格拉底啊，这你不能否认吧。除此之外，你和他还有其他的相似之处，后面的话你可要听好了：那就是傲慢[4]！不是吗？你若是不同意，拿出证据来便是。你不是也会吹笛子吗？你吹奏得远比马尔叙亚斯摄人心魄。[c]马尔叙亚斯用它嘴巴的力量演奏乐器，就足以让人如痴如醉，直到现在也是如此，奥林波斯[5]演奏的曲子，要我说，就是马尔叙亚斯传授给他的。只有它，无论是被一位乐器大师演奏，还是被一个平庸的吹笛女演奏，[c5]都能令人着迷，并借由神力显示出哪些人需要神明的帮助和仪式。但你不

---

〔1〕 Σιληνός. 林中仙子的一种，是酒神狄俄尼索斯的侍从，塌鼻子、鼻孔朝天，喜好酒色。据说苏格拉底就长这样。

〔2〕 διχάδε διοιχθέντες. 字面意思指它的外壳能分成两半，露出里面的东西。

〔3〕 Τῷ σατύρῳ τῷ Μαρσύα. 萨提尔（σατύρῳ/Satyrs）是林中仙子的统称，马尔叙亚斯是其中一种，是长着羊角和羊蹄的半人半兽神，他曾经胆子大到向艺术之神阿波罗发起挑战，要比一比谁的敲打更加动听。萨提尔也是好色之徒、淫乱的男性的代名词。

〔4〕 ὑβριστής. 该词亦有"放肆""猖狂"之意。

〔5〕 Ὄλυμπος. 一位著名乐师。

需要乐器，单凭言辞就能产生同样的效果，这是你和他仅有的不同。[d]无论何时，当我们听别人讲话，即使是听一位非常优秀的演说者[1]讲话时，也没有人会关心他们讲了什么。但人们在听了你讲的话之后，或是听了别人转述你说过的话之后（即使转述者水平不高也无妨），[d5]凡是听众，不管男女老少，无不大受震撼，陶醉其中。朋友们啊！为了让你们相信我真的没醉，我对你们发誓，我要讲讲他那些言辞对我产生了什么影响，又让我经历了什么，[e]直到今日。听到他讲话，我比科律班忒的信徒[2][都要疯狂]，因他的言辞心脏狂跳，眼泪夺眶而出。我看到其他听众也有这样的体验。我曾听过伯里克利和其他优秀的[e5]演说者讲话，我认为他们讲得不错，但从未让我有这种体验。我原先从不认为我的灵魂是混乱的，也不会因做自己生活的奴隶而感到困扰。但多次与这位马尔叙亚斯[216a]相处之后，我觉得我的生活是不值得过的。同样地，苏格拉底啊，你也不能说这不是真的。即使是现在我也知道，要是我让我的耳朵听他说话，就又会情不自禁，重新经历这些。他逼[a5]我承认，我忽视了自己的许多不足，却仍热衷于雅典政事。因此我就强迫自己，要像躲避塞壬[3]那样紧闭自己的

---

〔1〕ῥήτορος. 此处并不指专业的修辞学家，而是普通的讲话者。Cf. Dover 1980, 166.

〔2〕τῶν κορυβαντιώντων. 科律班忒人，信奉母神西布莉（Κυβέλη），位于小亚细亚一带，祭祀时常伴有狂舞。

〔3〕女妖，有着女孩的面孔和鸟的身体，后来据说在音乐比赛中被缪斯击败，便失去了飞行的能力，只能在草地上歌唱，她们用甜美歌声迷惑船上的水手，再将之杀死。奥德修斯返乡途中路过塞壬岛，为避免被歌声干扰，他要求用蜂蜡封住手下的耳朵，再让他们把自己绑在桅杆上，最后船只安然无恙地驶过了塞壬岛，女妖们羞愤交加，选择自尽。（Homer, *Odyssey* xii; Apollodorus, *Epitome* vii. 17; Rhodius, iv. 898; Aelian, *On the Nature of Animals* xvii. 23; Ovid, *Metamorphoses* v. 552-562; Pausanias, ix. 34. 3; Hyginus, *Fabulae* 125 and 141.）

耳朵，这样就不会在他身边相伴到老。[b]所有人都觉得，我不可能会在其他人面前感到羞耻，但在这个人面前，我会。[1]唯独在他面前，我会羞愧难当。因为我知道，我无力反驳他，[说]没必要去做他要求的那些事情，于是我离开了他，[b5]沉沦[2]在公众给我的荣誉当中。我就这样逃走了，躲得远远的，[因为]我只要看到他，就会为我曾经的承诺[3]而感到羞耻。[c]我有好几次觉得，如果他不在人间了，我会很开心。但要是这事儿发生了，我很清楚，我会陷入极度的悲伤。所以对这个人，我已经束手无策了。

"就是因为这位林中仙子的笛声，我和其他人[c5]才经历了这些。你们听我讲讲，他与那些比喻是多么相同，他拥有的能力又是多么令人惊叹，因为你们谁也不[d]了解他。正如我已经开始做的那样，我会向你们展现[他的真面目]。如你们所见，他爱和美人在一起，总是一副被惊艳到了的样子，好像不谙世事、一无所知似的。这不就是西勒努的形象吗？[d5]当然是了。因为这只是外在的形象，就像被雕刻出来的西勒努一样。可是一打开，饮酒的朋友们呐，里面装着多少明智[4]啊？你们要知道，他根本不关心一个人是不是美的，这些在他眼里反倒[e]不值一提，即使没有人会这么想。谁拥有财富，或是拥有其他在大众看来有福的荣誉，[他也同样不关心。]他视金钱如粪土，也认为我们一文不值，我告

---

〔1〕 πέπονθα δὲ πρὸς τοῦτον μόνον ἀνθρώπων, ὃ οὐκ ἄν τις οἴοιτο ἐν ἐμοὶ ἐνεῖναι, τὸ αἰσχύνεσθαι ὁντινοῦν. 该句直译为："我在这个唯一的人面前感到的，正是那没有人认为我会在其他人面前感到的，也就是羞耻。"

〔2〕 ἡττημένῳ. 直译为"屈服""屈从于"。

〔3〕 ὡμολογημένα. 可直译为"与他达成共识的事"或"与他都同意的事"。

〔4〕 σωφροσύνης. 与前文的"审慎"是一个词。

诉你们，他的生活就是在人前佯装物质，[e5] 捉弄 [我们]。可是当他认真起来、被打开的时候，我不知道有谁看到过里面的雕像，但当我看到它们的时候，我觉得它们是如此神圣、[217a] 如此珍贵、如此美妙、如此令人惊叹，以至于让我心甘情愿地——简而言之——做苏格拉底要我做的任何事。

"我以为他对我美貌[1]的喜爱是认真的，我还将之看作意外之喜[2]，觉得自己是多么幸运。我开始讨他的欢心，只求 [a5] 听到他所知的一切，因为我自以为我的美貌已经足够令人惊叹了。为了达到这个目的，习惯了带着随从、从不独自行动的我，那次却把 [b] 随从打发走了，只为和他单独在一起。我说的都是事实，请你们认真听，要是我所言有假，苏格拉底，请你指出来。朋友们啊，只有我和他两个人在一起，当时我很高兴，以为他会与我谈些只有单独和 [b5] 被爱者在一起时才会谈的东西。但什么都没发生，他就像往常一样与我对话，跟我待了一天之后就走了。之后我 [c] 邀请他一起锻炼，希望这能让我们有所进展，[3]我们一起锻炼的时候摔了好几次跤[4]。我能说什么呢？结果还是一无所获。既然这法子没用，我就想 [c5] 对他进攻得直接一点儿，既然开始了，就不能放弃。但是我想知道这究竟是怎么回事。于是我请他吃饭，就像追求被爱者一样。但他并没有很快答应我，过了一段时间，他才被说服。第一次的时候，[d] 他来了之后，一吃完饭

---

〔1〕 Ἱώρᾳ. 直译为 "时间" "时节"，此处指人在青春时期的美貌，故译为 "美貌"。

〔2〕 ἕρμαιον. 直译为 "赫尔墨斯的礼物" "未曾预料到的幸运"。

〔3〕 ὥς τι ἐνταῦθα περανῶν. 直译为 "[希望] 会实现某种结果"。

〔4〕 προσεπάλαιεν. 指格斗意义上的摔跤。

就要走，我出于羞耻，没好意思留他。后来，我经过深思熟虑，吃完晚饭之后，就和他一直谈话，直到深夜。[d5] 等他打算离开，我就挽留说天色已晚，成功留住了他。他就在我旁边的卧榻上休息，就是他吃晚饭时躺的那个。除了我们，没有别人睡在这个房间。[e] 直到这里，之前我说的话讲给任何人听都完全没问题，但从这里开始的内容，你们本是不会听我讲的，只不过正像那谚语所说：

酒后吐真言，不论仆人在场与否。[1]

而且，忽略 [e5] 苏格拉底那傲慢的事迹，对我来说是不公平的，毕竟我要赞颂他。我就像是个被蛇咬过的人在描述自己的经历，但我其实不愿把自己的经历讲给别人听，除非那人也被咬过，因为只有这种人能理解 [218a]、体谅我们由于痛苦而做出的事、讲出的话。何况我是被那更能引起痛苦的东西咬了，而且就咬在最让我痛苦的地方：我的心，我的灵魂，还有其他一切我叫得上名字的东西，[a5] 都被哲学的言辞咬伤了，它比毒蛇更残忍，它紧抓着年轻而天资良好的灵魂，让他们 [按它的要求] 去做、去说，在

---

[1] οἶνος ἄνευ τε παίδων καὶ μετὰ παίδων ἦν ἀληθής. 直译为："酒，不管有没有孩子，都是真的。"此处的 παίδων 有两种理解，第一种是"孩子"，因为童言无忌，孩子不会撒谎，因此这句话是"真相在酒与孩子当中"这句格言的变形；另外一种理解是将 παίδων 看作"仆人"，我更倾向于这种理解。因为仆人的在场与否体现对话的私密与否，而私密性和真实性关系密切，如果要说真话、心里话，为避免横生事端，便会将仆人支走。例如后文 218b5 阿尔西比亚德斯在说到私密话题时将仆人支走。但是酒后因为神志不清，所以不会管仆人在场与否，都会讲真话。这样理解这一句似乎会比较通畅，故此处将 παίδων 译为"仆人"，而将 ἄνευ 与 μετὰ 分别理解为"不在场"与"在场"。

我看来，斐德若、阿伽通、[b]厄吕克希马科斯、包萨尼亚、阿里斯托德摩斯、阿里斯托芬，苏格拉底自不必说，还有许多其他人，你们拥有的相同之处[1]就是对哲学的狂热[2]，所以请你们听好，请你们体谅[b5]我当时的做法，[3]和现在要讲的话。仆人，还有其他我不允许[听]的人，以及乡村野夫，请你们把耳朵闭上。

"当时，朋友们啊，灯熄灭了，[c]仆人也退下了，我认为我绝对不能再对他做无用功了，而是要坦率地说出我心中所想。我推了推他，说：'苏格拉底，你睡了吗？'

"'没呢。'他说。

"'你知道我在想什么吗？'

"'在想什么？'

"'在我眼里，只有你配做我的爱者，但我觉得你似乎害怕[4]在我面前提这件事。我也正有此意，若是我不肯满足你——[c10]不管是需要我还是我朋友的帮助——那就太愚蠢了。[d]因为在我眼里，没有什么比变成最优秀的人更重要。而我觉得，在这方面没有人比你更有能力帮我。若是我不满足你，在明智的人看来就是可耻的；[d5]若我满足了你，在愚者看来就是可耻的，但前者之可

---

[1] κεκοινωνήκατε. 该词为动词"交流"，亦有"形成团体 / 教派"之意，此处意译为"拥有相同之处"。

[2] μανίας τε καὶ βακχείας. 这两个词含义相近，英译分别为"madness"与"frenzy"，都可译为"疯狂"，此处将两词合并为"狂热"。

[3] 指前后文中提到的，当时阿尔西比亚德斯为讨苏格拉底欢心，千方百计地制造独处的机会，不惜自降身段勾引苏格拉底。

[4] ὀκεῖν. 除"害怕"之外，该词还有"犹豫""有所顾虑"之意。

耻要远甚于后者。'[1]

"听了我的话之后,他一如既往地佯装无知,说道:'阿尔西比亚德斯,我的朋友啊,若你所言非虚,[e]如果我真有能力让你变得更好,那的确不同寻常。你定是在我身上看到了那不可抗拒的美,它远胜过你的外貌之美。因此,若是你因为看到了这个而与我在一起,想要以美[e5]易美,倒是能从我这里得到不少好处,你想用表象之美来换真实之美,[219a]"以铜换金"。有福之人啊,你再好好看看吧,你没有注意到,我并不是[这样的人]。理智的目光在肉眼从巅峰衰落时才会变得锐利,你离这种状态还有些距离。'

[a5]"我听到之后,说:'我已经把我这一边的心意告诉你了,你想想怎么处理你我的关系最好吧!'

"'你说得不错,过一段时间之后,我们[b]考虑一下在这件事和其他事上怎么做对我们来说最好吧。'

"我听到之后又说了些话,仿佛离弦之箭一样,我以为我击中了他,于是站起来,[b5]不给他说话的机会,就把我的外套裹到他身上(因为当时是冬天),然后钻到他单薄的外套里,用双臂抱着这个[c]着实如精灵一般令人惊异的人睡了一夜。苏格拉底,你不能说我这是在说谎吧。我做了这些事之后,就被他丢下了,他

---

〔1〕此句为意译,直译为"在明智者眼中的我不满足你的可耻,要远甚于在庸人眼中的我满足了你。"在明智的人看来,讨得有智慧之人的欢心是正确的,不满足于智之才才是可耻的。而在庸人看来,像阿尔西比亚德斯这样年轻貌美的贵族,偏要讨好一个长相丑陋、年纪不小的产婆之子,这是可耻的。而在阿尔西比亚德斯看来,前一种可耻比后一种可耻的程度要更强,所以他选择满足苏格拉底,讨他欢心。

轻蔑、嘲笑我的美貌，[c5]这就是他的傲慢！我自以为还是有些[价值]的。哦，诸位评审员啊，你们就来判一判苏格拉底的傲慢吧！以诸男神女神的名义起誓，我和苏格拉底睡在一起，[d]没有更特别的事发生，就像和父亲或兄长睡了一觉。

"自此之后我的心情，你们也是可以想见的。我既感到羞耻，又钦佩他本性中的[5]审慎与勇敢。我从未遇到过像他这般明智与坚韧的人。我既不能对他发火，也不能与他分离，还不能留住他和我在一起。[e]因为他不为金钱所动，甚于埃阿斯[1]不会被铁器所伤。我以为我有办法能吸引他，他却从我这里逃脱了。我失败了，从未有人像我这样，像个奴隶一样任他摆布。[e5]

"以上所说的都是以前的事了。后来我和他一起参加了波提狄亚[2]战争，那时我们同吃同住。首先，他比我和其他所有人都要吃苦耐劳。当时我们被切断了供应，这在战场上是常有的事，我们不得不忍饥挨饿，[220a]论挨饿的耐力，他比我们所有人都要强。然而在宴会上，只有他懂得尽情享受。他要是不想喝酒，就可以滴酒不沾；要是硬要他喝，那我们所有人都喝不过他。他最令人惊叹的地方就在于，没有人见他醉过。[a5]这一点我想已经直接被证实了。说到忍耐寒冷，那里的冬天冷得可怕，他却仍做出了令人惊讶的事。[b]有一次大霜寒，大家都闭门不出，待在室内，即使出门也要把自己裹得很厚才行，连穿的鞋里也要塞上羊毛和羊皮。但他出门[b5]就只穿着他平时的外套，光着脚在冰上

---

[1] Aἴας. 特洛伊战争中的英雄之一，手持用七层牛皮做的盾，不惧刀剑。
[2] Ποτεδιαία. 于公元前435年背叛雅典，其时发生叛乱，雅典出兵镇压。

行走，比那些穿鞋的走得都轻松，以至于这些士兵都对他侧目而视[1]，[c][因为他们认为]苏格拉底在蔑视他们。还有一件

> 这坚韧的人所做和所坚持的事情。[2]

这事儿发生在战争期间，值得一听：有一次，他想到了什么问题，从黎明开始就站着思考，[c5]一动不动，只是站着思考。后来已经到了中午，人们也注意到了他，感到讶异，说苏格拉底从黎明开始就站着思考。最后，一些伊奥尼亚人在晚上吃过饭后[d]（那时已经是夏天了）睡在外面，不仅是为了睡得凉快，也是为了看他会不会站一整晚。结果他一直站到早晨太阳升起。之后，他向太阳做了祷告，就走了。

　　[d5]"如果你们想知道战场上发生了什么的话，[我得说，]有一件事本应算到他身上。因为有一次战斗，将军们给予了我奖赏，但救下我的[e]不是别人，而是他。他从未想过丢下我这个伤员，不仅保全了武器，还救了我。苏格拉底啊，我当时请求将军们把嘉奖颁发给你，在这件事上你不能埋怨我，也不能说我在撒谎。[e5]而当将军们仅仅因为看重我的地位，就想把奖赏颁给我的时候，他却比将军们更想把奖赏给我而不是给他。

　　"朋友们啊，关于苏格拉底，还有一事值得一提。当军队从德里翁[3][221a]撤退时，我正好骑着马在现场，他是重装步兵。在

---

[1] ὑπέβλεπον. 直译为 "look askance at"，表示憎恨或不满。

[2] οἷον δ᾿ αὖ τόδ᾿ ἔρεξε καὶ ἔτλη καρτερὸς ἀνήρ. 参见 *Odyssey* iv. 243。

[3] Δηλίον. 公元前 424 年，雅典于此处被玻奥提亚人击败。

撤退时，我们溃不成军，当时他和拉刻斯[1]在一起。我刚好碰到了他们，一眼便认了出来，还鼓励他们要勇敢，[a5]承诺绝不会丢下他们不管。当时，我可以比在波提狄亚那时更好地观察苏格拉底，因为我骑在马上，所以没有那么恐惧。首先，他表现得比[b]拉刻斯要镇静许多。其次，阿里斯托芬啊，正如你描写的那样，他当时走路的样子和在这里一样，昂首阔步，眼睛往四周看，[2]用冷峻的目光看着敌我双方，[b5]当时他已经明显落在了队伍后面，但只要有人攻击他，就会遭到猛烈的反击。就这样，他和他的伙伴最终得以脱险。因为在战场上没有人胆敢靠近这样的人，只会[c]追赶那些抱头鼠窜之辈。

"还有其他许多令人惊叹的事迹可以用来赞颂苏格拉底。在其他事迹上，同样的话往往能用在别人身上，但他与任何人都不一样，[c5]前不见古人，后不见来者，无人能像他一般令人惊叹。说到阿喀琉斯，可以用巴斯达斯[3]或其他什么人与之作比；说到伯里克利，你们肯定会拿奈斯托尔[4]和安忒诺尔[5]来与之作比；[d]对其他人也是，总是可以找到能与之比较的。但像他这般非凡的人，不管是他本人还是他的言辞，就是寻遍古今，也找不到接近的。除非像我说的，用西勒努和林中仙子这些[d5]非人的东西与他作比，不管是他本人还是他的言辞。

"正如我一开始说的，他的言辞与打开的西勒努像最为相像，

---

[1] Λάχης.
[2] 参见阿里斯托芬：《云》362。
[3] Βασίδας. 斯巴达著名勇士，多次打败雅典军队。
[4] Νέστωρ.《伊利亚特》中希腊联军一方的军师。
[5] Ἀντήνωρ.《伊利亚特》中特洛伊一方的军师。

［e］若是有人想听苏格拉底的言辞，［他们会发现，］一开始，他所有的言辞都显得荒谬可笑，那围绕在他外面的单词和短语，就像是那傲慢的林中仙子之皮。因为他谈的都是驮货的驴、铜匠、［e5］鞋匠，以及皮革匠，一直翻来覆去地说同样的东西，所以那些无知而愚蠢的人［222a］对他的话嗤之以鼻。但若是打开它，就会看到，那些言辞之中有理智，是最神圣的，里面装满了美德的小雕像，什么样的美德都有，[1]［a5］它们中的每一个都［值得］被那些追求美与善的人仔细思索。

"朋友们啊，这就是我对苏格拉底的赞颂，但也因为他对我的傲慢，其中夹杂着对他的谴责。［b］他不仅这样对待我，还这样对待格劳孔之子卡尔弥德[2]、狄欧克雷乌斯之子欧叙德谟[3]，以及其他许多人。他扮成爱者欺骗男孩，最后反倒成了被爱者。我跟你讲，［b5］阿伽通啊，你可不要被他骗了，从我们的经历当中学到些教训，不要像那句老话说的，吃一堑才长一智[4]啊！"

［c］阿尔西比亚德斯说完之后，众人为他的坦率大笑起来，觉得他仍爱着苏格拉底。苏格拉底说："我觉得你很清醒，阿尔西比亚德斯，否则你怎么能如此巧妙地兜圈子，［c5］掩盖你的目的呢？你最后这句话看似漫不经心，好像你说这些并不是为了将我和［d］阿伽通分开似的。因为你觉得，我除了你，谁也不能爱。阿伽通只能被你爱，而不能被我爱。但你没有成功，这林中仙子与西勒

---

〔1〕 ἐπὶ πλεῖστον τείνοντας. 此句直译为"覆盖范围最为广泛"，指的是苏格拉底言辞当中的美德不仅有勇敢、智慧等少数美德，而且有（几乎）全部的美德。

〔2〕 Χαρμίδης τὸν Γλαύκωνος.

〔3〕 Εὐθύδημος τὸν Διοκλέοθς.

〔4〕 νήπιον παθόντα γνῶναι. 直译为"孩子经历过才知道"或"年轻人吃过亏后才会懂"。

努的把戏已然被识破。[d5]亲爱的阿伽通啊，不要让他如愿，要小心谨慎，不要让任何人将你我分开。"

阿伽通说："苏格拉底啊，[e]你说得对，我也觉得他坐到我们中间来，就是为了把你我分开，我不会让他如愿的，我来挨着你坐。"

"好，"苏格拉底说，"过来坐到我旁边吧。"

[e5]"宙斯啊！"阿尔西比亚德斯说，"这个人又这样对我！他就想着处处压我一头！奇异之人啊，让阿伽通坐在你我中间吧。"

[e10]"不可以，"苏格拉底说，"既然你赞颂了我，那我也就赞颂我右边的人吧。要是阿伽通坐在你右边，他岂不是还要把我再赞颂一遍，而不是我来赞颂他？你就同意[阿伽通的要求吧]，[223a]精灵般的人啊，不要为这个年轻人被我赞颂而吃醋，因为我的确渴求着赞美他。"

"哎呀！"阿伽通说，"阿尔西比亚德斯，我不能再待在这儿了，无论如何我也得赶紧挪到苏格拉底旁边，[a5][好让]他赞颂我。"

"又是这样！"阿尔西比亚德斯说，"只要苏格拉底在场，其他人就休想觊觎[1]美人！现在他倒轻易地找了个合理的借口，让阿伽通挨着他坐了！"

[b]阿伽通为了躺到苏格拉底旁边，站了起来。[这时，]门外突然来了许多狂欢者，大概是有人正好出去，没有关门，他们便直接涌进来躺下[b5]，[现场]一片喧哗，乱作一团，[2]所有人都被

---

〔1〕μεταλαβεῖν. 直译为"分享""分有"。

〔2〕καὶ θορύβου μεστὰ πάντα εἶναι, καὶ οὐκέτι ἐν κόσμῳ. 直译为"噪音充满了一切，不再有秩序"。

迫喝了许多酒。阿里斯托德摩斯说，厄吕克希马科斯、斐德若还有其他一些人先走了，他自己就在那儿睡着了。[c]他总共睡了很久，因为那时夜晚很长，直到鸡鸣破晓时他才醒来。醒来时他看到，其他人要么还睡着，要么已经走了。只有阿伽通、阿里斯托芬和苏格拉底[c5]还醒着，他们在用大杯轮流喝酒。之后，苏格拉底和他们交谈，至于他们的谈话，[d]阿里斯托德摩斯已经不记得了，因为一开始他就昏昏欲睡了。总体上说，苏格拉底想迫使他们同意，同一个人可以既知道如何写喜剧，也知道如何写悲剧，[d5]一位专业的悲剧作家同样能写喜剧。阿伽通和阿里斯托芬只是被迫同意了这个观点，因为他们也在打瞌睡，不是很能跟上[苏格拉底的思路]。阿里斯托芬最先睡着了，等天完全亮了，阿伽通也睡着了。苏格拉底在他们睡着之后[1]就起身走了。[d10]阿里斯托德摩斯则一如既往地跟着苏格拉底。他在吕克昂洗了个澡，和平常一样在那儿待了一天，晚上就回家休息了。

参考文献

巴门尼德：《巴门尼德残篇》，李静滢译，广西师范大学出版社2011年版。

柏拉图：《柏拉图对话集》，王太庆译，商务印书馆2019年版。

第欧根尼·拉尔修：《名哲言行录》，徐开来、溥林译，广西师范大学出版社2010年版。

荷马：《荷马史诗：伊利亚特、奥德赛》，王焕生译，西安交通大学出版社

---

[1] κατακοιμίσαντ' ἐκείνους. 直译为"after getting them off to sleep"，即强调是苏格拉底的话把他们弄睡着了。Cf. Dover 1980, 177.

2017 年版。

赫西俄德:《工作与时日　神谱》,张竹明、蒋平译,商务印书馆 1991
年版。

色诺芬:《希腊史》,徐松岩译,上海人民出版社 2020 年版。

范·埃姆德·博阿斯等编:《剑桥古典希腊语语法》,顾枝鹰等译,华东师
范大学出版社 2021 年版。

罗伯特·格雷福斯:《希腊神话》,席路德、王瑢译,湖南文艺出版社
2022 年版。

Plato, *Platonis Opera Tomvs II*, edited by J. Burnet, Oxford Classical Text,
1903.

Plato, *The Symposium of Plato*, edited with Introduction, Critical Notes
and Commentary by R. G. Bury and Litt. D., 2nd, Cambridge University
Press, 1969.

Plato, *Plato Complete Works*, edited by J. M. Cooper, Indianapolis:
Hackett, 1997.

Plato, *Plato's Symposium*, translation by Seth Benardete with commentaries
by Allan Bloom and Seth Benardet, The University of Chicago Press,
2001.

Plato, *The Symposium*, translated by M. C. Howatson, Cambridge
University Press, 2008.

Dover, *Plato's Symposium*, Cambridge University Press, 1980.

Hesiod, *Theogony*, edited with prolegomena and commentary by M. L.
West, Clarendon Press, 1966.

Homer, *Iliad I*, edited by Seth L. Schein, Cambridge Greek and Latin
Classics, Cambridge University Press, 2020.

G. S. Kirk, J. E. Raven, *The Presocratic Philosophers: A Critical History
with A Selection of Texts*, Cambridge University Press, 1957.

J. Moss, *Plato's Epistemology*, Oxford University Press, 2021.

R. Graves, *The Greek Myths*, Penguins Books Ltd., 2017.

致 谢

本文的翻译工作得到了盛传捷、梁中和两位老师的支持，非常感谢他们的信任！感谢吉林大学哲学社会学院的程宇松为我们提供发表译文的平台。另外，本文的初稿在本科阶段译出，部分校对工作则在研究生入学后以读书会的形式进行。我要感谢所有参加 Academia 读书会的成员，尤其是中国社会科学院大学哲学院的张舒奕师弟，本文的大多数翻译问题都是由他提出、矫正的，还有同样来自社科大哲学院的杨文豪、丁泉文、张琪、王嘉仪，文学院的王美懿，以及南开大学哲学院的关逸云、历史学院的蒋文琪，武汉大学哲学院的李欣雅。感谢他们提出的宝贵意见。由于译者尚在学习阶段，笔力不足，语言能力不够，文中肯定会有许多错误和疏漏，希望读者能不吝赐教，多多批评指正！

专题　古代自然哲学的诸面向

古代的哲学与医学[*]

Michael Frede 程宇松[1] 译

　　纵观古代，哲学和医学之间的关系非常密切。《希波克拉底文集》中的一篇作品《论礼仪》（*Decorum*）的作者提出将哲学带入医学，将医学带入哲学（chap. 5）。显然，许多医生和哲学家都听从了这一意见。Burnet（*Early Greek Philosophy* 201，n. 4）更进一步，声称从恩培多克勒时代开始，"要理解哲学史就是不可能的……如果不始终关注医学的历史"。就医学而言，人们普遍认为，而且确实很明显，从希波克拉底作家（Hippocratic writers）的时代起，古代的医学作者很大程度上依赖哲学家，不仅是他们对生理学的看法，他们的技艺概念和对医生的道德戒律也如此。他们通常还形成了自己相当详细的哲学观点。事实上，在古代医学中有哲学思想的整个传统，特别是关于医学知识的本质，它相当独立于哲学家的思想，有时甚至足以影响哲学家的观点。

　　古代哲学家对医学问题表现出惊人的兴趣。毫无疑问，部分原

---

*　　本文选自 Michael Frede，"Philosophy and Medicine in Antiquity," in *Essays in Ancient Philosophy*, University of Minnesota Press，1987，pp. 225-242。
[1]　程宇松，鲁汶大学古代哲学硕士生。

因在于，自从医学在公元前 5 世纪成为一门才智上受人尊敬的学科以来，受过教育的人普遍对它产生了兴趣。这种兴趣在很大程度上是实用性的。卫生系统需要它。通常情况下，特别是在小型共同体中，没有可用的医生，一个人必须尽可能地照顾自己。进入医疗行业完全不受管制；由于医生往往是流动的，要他们负责任几乎是不可能的。因此，有许多庸医和无能的医生；对于是否应该相信提供帮助的医生的能力，一个人必须尽力做出一些明智的判断。那时医生和病人之间的关系与今天不同。治疗的大部分责任由病人承担。《流行病》(*Epid.*) I.11 告诉我们，是病人必须在医生的帮助下与疾病作斗争。尤其是，如果病人受过教育，他们通常在社会地位上比医生优越，而医生又往往被认为是普通的工匠，只能提供解释、建议和帮助。治疗的选择，也就是主要责任，是属于病人的。所以，病人要尝试做到尽可能了解情况。《养生法》(*Regimen for Health*, chap. 9) 的作者提出，有智慧的人要学会用自己的判断来治疗疾病。至少早在公元前 4 世纪，甚至可能更早，就有人对当时的医学有了完整的知识（亚里士多德《政治学》1282a4；柏拉图《政治家》259A），尽管他们不是进行实践的医生，至少不以此为职业，部分原因可能是他们的社会地位使他们很难加入医学界，而且无论如何也没有必要这样。我们可以从科尔苏斯（Celsus）的例子中看到古代一个门外汉的知识之丰富，他是提比略统治时期一本大型医学手册的作者，这本手册留存至今。医学史家很难确定科尔苏斯是不是医生。他渊博的医学知识似乎表明他是医生。但我们也知道，科尔苏斯像他之前的瓦罗（Varro）一样，是一位百科全书式的作家，他涉猎了各种技艺，他为把医学视为一门人文学科（liberal arts）的读者写作，人文学科的良好知识适合于任何受过教育的自由人，即使他们不被期望拥有这些知识。盖里乌斯（Gellius）告诉了我们一个具有启发性的故事，他曾经被他那个时代的柏拉图主义领袖卡莱维努斯·塔胡斯（Calvisius Taurus）及其追随者拜访，当时他正在由他的医生照顾，因为他发烧病倒了（XVIII, 10）。医生说，盖里乌斯正在好转，塔胡斯可以通过摸他的血管（vein）自己看到这一点。塔胡斯的追随者被如此的无知震惊，因为医生表示的是动脉（artery）。[1] 盖里乌斯认为，"不仅对医生，而且对所有受过文科教育的自由人来说，甚至对那些与我们的身体知识有关的，不太深层、不太隐蔽的东西都一无所知"是可耻的。然后他开始阅读医学文献。

但这位哲学家对医学问题的兴趣，并不是他作为少见的受过教育的人对医学应有的那种或多或少被动的兴趣。哲学家很早就表现出对医学，特别是医学理论的主动关注，我们可能觉得这令人惊讶。但我们必须记住，最初的哲学家试图为自然给出一个普遍的、统一的解释，以此来说明最显著、最有趣、最重要、最奇特的自然现象。这种普遍解释的说服力在很大程度上是由它们解释特定现象的能力来衡量的。因此，哲学家很自然地会试图通过解释自然界中最复杂的现象来展示他们解释的力量：人类的构造，他们发挥

---

〔1〕 在古代医学中，vein 不能翻译为"静脉"，因为静脉的观念依赖于血液循环的观念，而后者是哈维发现的。同时，artery 不暗示现代意义上的血液循环，其意义更接近中国古代的"脉之动"。对此参见刘未沬：《普纽玛／气、灵魂与经脉的发现——亚里士多德与希腊化早期医学》，载《自然辩证法通讯》2023 年第 6 期，第 67—68 页。能让人感到脉动的只有动脉，而血管没有内在动力，所以塔胡斯的追随者认为医生的说法缺乏常识。——译者注

作用和行动或无法发挥作用的方式。在公元前 5 世纪，当人类和人类行为越来越成为哲学家关注的中心时，他们对人类生理学解释的兴趣变得越来越强烈，以至于柏拉图和亚里士多德这样的哲学家确保了对一般自然哲学的持续研究。因此，对人类的生理学研究几乎从一开始就正是自然哲学家事业的重要部分。而在从事这些研究的过程中，哲学家并不觉得他们正在侵犯别人的领地。因为当他们开始关注医学问题时，医学本身还是传统的，医生还没有依赖于任何医学理论，或者至少没有依赖于任何哲学家所认为的那种理论。当然，也有一种奇妙的观点，即疾病是外来实体进入身体引发的，无论是精神性的还是极其身体性的实体；还有一些更具体的观点，将不同的疾病关联于不同的灵魂（spirits）、精灵（demons）或神（参见 *Sacred Disease* 1ff.；*Airs*，*Waters*，*Places* 3；*Celsus Prooem.* 4）。但在大多数情况下，医疗实践依赖于经验积累的传统，关于伤口、骨折、脱位和一些模糊诊断的内部疾病。因此，正是哲学家开创了医学理论，至少在原则上，他们从未放弃宣称拥有这一学科。后来，第欧根尼·拉尔修那里的一个自然哲学研究，作为斯多亚派自然哲学的后波西多尼式解释告诉我们，自然哲学的三个分支之一病因学（etiology）有两个部分，其中一个部分是医生和哲学家共同关心的（VII，132）。

现在可以想象某种劳动分工，例如哲学家处理灵魂，医生关照身体。毕竟，从公元前 5 世纪开始，就有了一种广泛的传统，认为哲学是某种灵魂疗法。但这种划分预设了身体与灵魂的二元论观念，而它没有得到广泛的认同。哲学家和医生都倾向于认为，对灵魂的兴趣就是对各种生命功能的兴趣，比如生育、生长和营养、呼吸、感知、思考——他们对所有这些功能都感兴趣。因此，医生撰写关于灵魂的专著并不罕见。比提尼亚的阿斯克莱皮亚德斯（Asclepiades of Bithynia）写过一篇，索拉努斯（Soranus）和塞克斯都·恩披里柯（Sextus Empiricus）也写过。此外，医生倾向于关注各种各样的紊乱，只要它们显然也涉及身体紊乱，无论是精神错乱（躁狂）、柔弱、嗜睡、病态饥饿还是忧郁。凯利乌斯·奥雷利阿努斯（Caelius Aurelianus）用了一章来驳斥这种说法，即恐水症是一种灵魂疾病而不是身体疾病（*Acut.* III，13），因此不是医生该关心的。为了否定这个说法，他指出了身体的症状、身体的原因，以及身体和灵魂的共鸣。医生不仅关注精神障碍对身体的影响，还关注他们认为的身体障碍对精神的影响。因此，索拉努斯在精神错乱的例子中（Caelius Aurelianus, *Chron.* I，166-167），除了复杂的饮食措施外，还开了参与哲学讨论这个方子："因为通过他们的语言，他们（即哲学家）减少了恐惧、悲伤和愤怒，从他们那里产生了对身体的不小好处。"因此，鉴于大多数哲学家和医生不接受身体和灵魂之间的简单而精确的二元论，按照这些路线的劳动分工是不可能的，即使人们曾经希望如此。

正是出于上述原因，哲学家对医学理论产生了非常积极的兴趣，甚至医学科学在医学学派（medical school）中兴起之后，他们仍然继续这样做。亚里士多德声称："了解健康和疾病的第一本原也是自然哲学家的任务。因此，大多数自然哲学家……结束于讨论属于医学的问题"（*De sensu* 436a，17-22），还有"最有教养的自然哲学家结束于讨论医学的本原"（*De resp.* 480b，28-30）。这些亚里士多德的证言完全来自我们现有的证据。第一个我们被明确告知对医学感兴趣的前苏格拉底哲学家是毕达哥拉斯（D.L. VIII，12）。我们很难确定围绕着他成长起来的、似乎是毕达哥拉斯派自己培育出来的传说中真理的核心。考虑到我们对毕达哥拉斯的其他了解，相信这件事似乎是合乎情理的：正如第欧根尼·拉尔修（VIII，33，35）声称的那样，健康对毕达哥拉斯来说在于身体成分的和谐，而相应地，疾病则是这种和谐的混乱。他似乎认为，这种和谐或平衡主要是由于体力活动、营养摄入和休息之间缺乏比例而被打破的（Iamblichus, *V. P.* 163；参见 244），疾病是由于其中任一方面的过度引起的（Iambi. *V. P.* 218；Diod. Sic. X，7），这种过度导致消化不良，这转而是大多数疾病的原因（Diod. Sic. X，7）。这些观点是非常普遍的，但它们确实为思考内部疾病提供了一个非常有用的框架，并提出了一种治疗它们的方法，即养生法（regimen）。内部疾病给传统医学带来了最大的困难。这里有一个针对它们的很有前途的进路。它由塔伦特姆的伊库斯（Iccus of Tarentum）和塞林布里亚的赫罗迪科斯（Herodicus of Selymbria）继承，后者是希波克拉底前一代的体操教练，传统上他被认为是希波克拉底的老师之一，大概是因为《希波克拉底文集》的许多部分已经反映了饮食法，这彻底改变了医学思想和医疗实践。例如，《论古代医学》(*On Ancient Medicine*) 的作者在叙述医学的兴起时，把医学说成是一种养生法，甚至没有提到外科手术和药理学，尽管传统医生依赖的是外科手术和药物。正如我们可以从科尔苏斯的 *Prooemium*（9）中看到的那样，早在古代，科学医学的兴起就与营养学的兴起有关，而不是外科和药理学。营养学似乎预设了某种人体构成及其与环境交流的理论。公元前 4、5 世纪的医生试图提供的正是这种理论。在公元前 5 世纪初的克罗顿的阿尔克迈翁（Alcmaeon of Croton）那里，我们发现一位哲学家，其主要关注点似乎是医学理论。第欧根尼·拉尔修告诉我们阿尔克迈翁主要在医学方面写作（VIII，83）；事实上，我们对他的大部分了解都与医学理论有关。因此，历史学家经常把阿尔克迈翁说成是哲学家和医生，但从这里所说的可以清晰看出，没有理由仅仅因为他对医学如此感兴趣就认为他是医生。像毕达哥拉斯派一样，阿尔克迈翁从一个非常一般的概要出发，探讨人体构成和健康与疾病的本质。身体是由大量对立面构成的，湿与干、热与冷、苦与甜，等等。如果我们获得了这些成分的和谐混合（krasis），如果每一种成分都不发挥超过其适当程度的作用（如果存在平等 [isonomia]），身体就获得了健康；疾病是由不适当的优势，由其中一种成分的统治（monarchia）产生的，这种统治对其对立面是破坏性的，从而阻止了它发挥作用（*Aet. Plac.* V，30，1）。

但阿尔克迈翁显然也试图以一种适合经验，并越来越适应它的方式来构建这个图式。因为亚里士多德明确指出（《形而上学》986a22ff.），不像毕达哥拉斯派那样，阿尔克迈翁设想了实际上可以观察到的具体对立面，没有满足于一个明确的清单。此外，阿尔克迈翁似乎有意用尽可能多的具体细节来填充这个图式。因此，他试图将疾病的源头定位于身体的特定部位，血液、骨髓或大脑（*Aet.* V，30，1）。他似乎是第一个认识到大脑的核心重要性的人，部分原因是解剖学研究揭示了感觉器官——特别是眼睛——和大脑之间的联系（Theophrastus, *De sensu* 26）。没有理由认为他是第一个从事解剖的人，但是他的工作将非常清楚地表明，对解剖学进行更仔细和系统的研究可以取得实质性的进展。

恩培多克勒在古代医学史上扮演的角色似乎比其他任何哲学家都要重要。在他的学生中有医生，例如保萨尼亚斯（Pausanias）和阿克拉加斯的阿克龙（Acron of Acragas），所以恩培多克勒有时被后来的传统认为是第一个经验主义医生（参见 Galen, *De. subf. emp.* 1D）。恩培多克勒试图解释包括人类在内的生物是如何产生的，以及它们是如何由四种元素按照不同比例混合而成的，这一观点解释了构成身体的不同种类的成分。这条进路也使他能够解释人类之间的差异。因为不同人体内的这种混合在某种程度上是不同的。因此，他可以假设个体本性（individual natures）（B110, 5），这是希波克拉底医学中非常重要的一个概念，因为它有助于证明治疗必须针对个体患者进行个体化的观点。他显然试图发展一种生理学说，包括所有重要的生命功能，即生殖和胚胎的生长、可能相当普遍的生长和营养、呼吸、睡眠和死亡、感知和思想。不管恩培多克勒的生理学看起来多么不充分——而且肯定是不充分的——它发挥的重要作用是说服人们，达到充分而全面的人类生理学解释是重要的，也是可能的。

因此，恩培多克勒以后、苏格拉底以前的所有主要学者，特别是阿那克萨戈拉、阿波罗尼亚的第欧根尼（Diogenes of Apollonia）和德谟克利特，都试图建立或多或少详细的生理学。第欧根尼甚至写了一篇关于人类本性的专著。德谟克利特写了各种医学专著，其中一篇关于人类的本性，另一篇关于疾病的原因（D.L. IX, 46）。

因此，哲学家在公元前 5 世纪建立了越来越复杂的医学理论。当我们来到公元前 4 世纪时，情况几乎没有改变，正如我们可以从柏拉图在《蒂迈欧》中讨论人体构造、健康和疾病的细节，以及前面提到的亚里士多德的评论中看到的那样。这种情况在希腊化时代确实发生了重大变化。哲学家这时主要关心伦理学，其中最优秀的人在知识论上发挥他们的聪明才智。我们可能期待对医学理论贡献最大的学派即斯多亚派被深刻的怀疑主义困扰，对参与详细的病因学研究非常犹豫。足够讽刺的是，在理论上捍卫特定知识可能的人，对我们在实践中科学理解具体自然现象的能力相当悲观。这时，医生已经发展出了相当复杂的医学理论，而且显然在一门只有专攻才能掌握的学科上处于领先地位，这肯定也产生了影响。然而，正如我们在之前提到的第欧根尼·拉尔修的那段话中看到的，哲学家并没有放弃他们对医学理论的兴趣。波西多尼（Posidonius）——与他的斯多亚派同僚不同——确实进行了详细的病因学研究（Strabo II，3，8），他也在亚历山大里亚跟随佐皮洛斯（Zopyrus）（Apollonius Citiensis, *De articulis* 12，5）学习医学，这当然不是偶然的。

假定哲学家对医学理论的兴趣与他们的哲学兴趣无关，那也是错误的。感官的生理学研究对感知理论产生了重大的影响。生长和营养的理论产生了重要的形而上学结果，我们可以从亚里士多德的《论生成与毁灭》（*De generatione et corruptione*）和埃皮卡摩斯（Epicharmus）以来的生长论证（Growing Argument）[1] 的历史中看到；它提出了质料和对象的持续同一性的问题。中枢器官是心脏

─────────────

[1] 根据生长论证，如果一切都在变化，那么人就不可能具有同一性。关于该论证的重构，参见 David Sedley, "The Stoic Criterion of Identity," *Phronesis* 27, no. 3, 1982, pp. 255-257。——译者注

还是大脑的问题，与经常被讨论的灵魂支配部分的位置问题密切相关，神经的区别和不同类神经的区别显然与解释运动和行动有关。此外，关于人体生理学的推测对一般的物理学理论产生了影响。例如，毛孔的理论似乎起源于阿尔克迈翁和恩培多克勒的生理学，但恩培多克勒和后来的作者用它来解释实体的混合、磁力和人体外的其他自然现象。

　　然而，哲学家对医学的兴趣并不局限于理论层面。我们很难相信科尔苏斯的主张（*Prooem*. 6-7）："起初，治疗科学被认为是哲学的一部分，这样，疾病的治疗和对事物本性的思考就都起源于同样的权威，即那些最需要治疗的人，他们因无休止的思考和夜间的不眠而削弱了身体的力量。因此，我们发现许多哲学教师都是医学专家，其中最著名的是毕达哥拉斯、恩培多克勒和德谟克利特。"但是，在公元前 5 世纪，哲学家的确似乎越来越相信，新知识应该用于实际目的，以改善人类的生活状况。因此，据说恩培多克勒通过将两条河流分流到流经塞利努斯（Selinus）的河流，净化了河水，结束了塞利努斯由水污染引起的瘟疫（D.L. VIII，70）。恩培多克勒自己承诺传授所有治疗疾病和衰老的药物的知识（B111，1），并夸口说人们来找他是为了聆听治疗所有疾病的指教（B112，9-10）。同样，德谟克利特一定对医学有实用性的兴趣，如果他确实是一篇关于养生法的专著的作者（D.L. IX，46）。但哲学家对医学实践的兴趣大概也是出于对理性的、健康的生活的道德关注。这在毕达哥拉斯和毕达哥拉斯派的例子中似乎相当清楚，他们非常强调适当的养生法（Diod. *Sic*. X，7；Iambi. *V.P.* 97，163ff.；Porph. *V.P.* 34；D.L. VIII，19；参阅柏拉图《理想国》600A）。

这就是哲学家对医学问题的关心。但是，要全面了解医学问题和医学技艺在哲学中扮演的角色，人们还必须讨论医生形成的特定医学观点和更普遍的哲学观点对哲学家的影响，以及医学作为技艺的一个范例在哲学中扮演的角色。这是相当清楚的，例如，亚里士多德认为，伦理学中寻找适合一个人的中道的困难，在医生寻找适合个别病人的平衡养生法的困难中有其范例，这是一个延伸到细节的类比。但是关于医生的观点对哲学家的影响，后文还会讲到。

要理解医生对哲学的态度，我们必须区分两种医生。有一些传统的治疗师（healers），他们作为医生的助手，逐个案例学习他们的技艺。他们地位低，受教育程度微不足道，只是照着已经传给他们的那样，不加批判地继承他们的技艺，而不理解他们正在做什么。但是，至少从公元前5世纪开始，也有受过精心训练，有时受过高等教育的医生，他们对传统持批判态度，试图获得一些理论认识，并找到新的治疗方法，而且，由于他们的能力和学识，他们可能享有相当大的声誉并获得了尊重（参见柏拉图《法篇》720A-C；857C-D；亚里士多德《政治学》1282a3-4）。这种区别是一种相当粗糙的简化。因为会有一些没有多少学识的内科医生（physicians），他们主要依靠传统的实践，也会有一些传统的行医者（practitioners），内科医生的一些学识和实践会以这样那样的方式渗透到他们之中。尽管如此，两者之间的区别还是很明显的。下面我们要讨论的是内科医生。

他们对哲学的兴趣在很大程度上是医生技艺或科学医学起源的一部分。传统医学已经遭遇了严重的限制。医生知道如何处理骨折和脱位，也可以帮助治疗伤口，但在内部疾病上基本无能为力。我们理所当然地欣赏《流行病》中关于 42 个病例的历史记载，但事实是其中 26 例以病人死亡告终。

　　然而，在很长一段时间里，医生技艺的这些局限被公众接受。大量的辩护使得其局限似乎是自然的，是一个无能为力的既成事实，例如这样的辩护：一旦疾病控制了身体，任何人都无能为力；人无法违背神的意志；许多疾病对人类的理解隐藏了起来；病人是不可靠的和虚弱的，不遵循可能艰难痛苦的治疗规定；等等。然而，在公元前 5 世纪，受过教育的公众越来越不愿意接受这些辩护。这时很明显，医生技术的局限不仅是由于事物的本性，而且在很大程度上是由于医生不知道明明可以知道的事情，医生没有做出足够的努力来克服其技艺的外在限制。有些人甚至认为没有所谓的医学技艺，医生能做的不比受过教育的、有思想的门外汉更多，其余能做到的仅仅是靠巧合（Art 1ff.；Reg. in morb. acut. 8；vet. med. 4 et passim）。在这种情况下，至少受过教育的医生自然会感觉受到很大威胁。无论如何，人们对医生抱有很大的不信任和怀疑。即使是一个好医生，也要付出巨大的努力来赢得病人的信心和信任，但往往无济于事。因为如果他的病人死了，公众可能会反对他，即使他没有任何责任。因此，古代医生在接受明显危险的病例时，一开始就非常犹豫。当然，这就更提出了一个问题：人们需要医生做什么？对于无害的情况，一个人可以照顾自己，或者更确切地说，他们可以照顾他们自己。尽管如此，这位好医生仍然能够忍受这样的想法，即至少**他**知道自己已经掌握了一门复杂而重要的技艺，尽管公众可能很难意识到这一点，也很难把他与无能的医生和庸医区分开来。但现在正是他的技艺受到了批评，他是否真的有什么特殊的专业知识受到了怀疑。他的技艺已经失去了受过教育的精英在才智上的尊重，教养良好的医生最希望得到他们的尊重，而他习惯的生活方式也依赖于他们。因为受过教育的医生必须走向更高的社会背景，否则他将无法接受教育，当然也无法支付公元前5世纪中叶兴起的医学学派要求的费用。另一方面，他不可能在背景上已经是上层阶级的一部分。因为在这种情况下，他就不会行医，更不会以此为生了。因此，正是受过良好教育的医生特别感受到威胁，而普通的传统治疗师可以继续依存于与绝大多数未受教育的人未被打破的共识，特别是在落后地区。这一威胁为系统改革医学的尝试提供了动力。

公元前5世纪后期启蒙运动的一种独特观点使受过教育的医生更容易承认这一事实，即他的技艺受到严重限制，需要改革。从这个观点来看，在人类的历史进程中，各种各样的技艺和工艺的发展使原本无助地暴露在充满敌意的环境中的人类获得了安全的生活，如果一个人能够有条不紊地将自己的理性转向它，而不是盲目地遵循传统的信念和实践，甚至将生活的更多领域带到理性的控制之下，人类将蓬勃发展。苏格拉底伦理学也许是这种态度的最精彩和最极端的反映。因此，医学自然被认为是一门兴起较晚的技艺，但只要一个人用心去做，而不是像普通的医生那样遵循传统的实践和信念，就可以走上稳定进步的道路。

鉴于医生的实践和观点相互矛盾，现在，随着旅行的增多和医学文献的兴起，这种矛盾变得更加明显；这是很清楚的，即我们需要的是可靠的知识，而不仅仅是意见。鉴于这门技艺出于无知的局限性，这也是很清楚的，即这种知识必须得到系统的扩展，以便最终形成一个有组织的知识体系，使人们能够在可能的范围内处理所有疾病。在医学的新学派里，当医生开始进行系统的讲授，而不是像传统治疗师那样仅仅逐个案例地教授学生时，对这种系统知识体系的需求就变得尤为明显了。

于是，问题就是："什么才算知识，一个人通过什么方法才能系统地获得医学知识？"因此，对认识论和方法论问题的关注是医生新技艺的起点。自从他的技艺受到了这样程度的质疑，以至于被问及是否曾有甚至能有一种技艺或专业知识是医生所能掌握的，这就更加严重了。这种担忧一直是古代医生的特征。为了这些问题的答案，医生自然而然地转向了哲学家，哲学家自己在公元前5世纪也越来越关注认识论问题，到了公元前4世纪，他们对有组织的知识体系应该是什么样子及如何得到知识形成了相当详尽的观点。

但从一开始就也有内科医生反对他们的同行倾向于追随哲学家的方法。因此，《论古代医学》的作者批评了那些采用假设法（the hypothetical method）的内科医生，即假设身体的某些基本成分，并试图从假设——例如基本成分之间不平衡——中得出适当的治疗方法。与这些内科医生相反，他声称医学早就找到了自己的方法，即试错法（the method of trial and error），通过这种方法已经有了许多发现，如果人们遵循迄今为止医学凭之发展的方法，医学知识将在这些发现的基础上进一步增长。另一方面，他又说，新的哲学方法是没有任何结果的（chap. 2）。因此，医学从一开始就形成了关于医学知识和一般知识的起源、本性和范围的独立思考的传统。造成这种情况的部分原因是医学的特殊处境。它认为自己是一个正在成长的学科。因为这是唯一的方法，所以人们一方面承认这种技艺在目前的状态下无法处理很多类病例，同时又认为它是一门真正的、有价值的技艺。因此，内科医生在发现方法上的兴趣比哲学家多得多。此外，哲学家主要关心理论知识，而医生主要关心实践知识，其可靠性以非常明显和具体的方式得到体现。与哲学家相比，他们更关心将普遍的知识应用于具体的病例，特别是因为他们中的大多数人都认为每种病例和每个病人的个体性都必须被纳入考虑。他们反思了实践技艺的内在局限；无论一个医生知识多么渊博，技术多么高超，他也可能出于一些原因不能达到他的目的，这些原因不能说明他的能力或这门技艺不好。不过，在大多数情况下，他们关心的是一般实践知识的本性，医生将它应用于具体病例。在这些知识的本性上，他们有根本的分歧。

直到希罗斐鲁斯（Herophilus）和埃拉西斯特拉图斯（Erasistratus），大多数内科医生，尤其是那些追随哲学家的人，倾向于采取理性主义（Rationalist）的立场，也就是说，他们认为理性使我们能够确定疾病的本性，找出其原因，并在此基础上找到消除病因的治疗方法。因此，他们认为医生依赖的实践知识建立在一些使医生能够解释其实践的理论知识基础上。在极端情况下，他们在第一本原中寻找理论，从中可以得到这些结果。但许多理性主义者，就像他们后来被认为的那样，似乎采取了更为谨慎的立场。狄奥克莱斯（Diocles）也许是公元前4世纪最杰出的医生，他警告人们不要受到诱惑，为一切寻找这种理论性的因果解释（Galen，VI，455l；Wellmann，frg. 112）。他说，因为这样的知识很少有实际用途；此外，自然界的许多事实是原始的，因此必须如其自身地被接受，不能从理论中推导出来；而且，这些理论往往建立在有问题的假设之上。相反，我们应该相信自己从经验中学到的东西。同样地，第一个伟大的亚历山大里亚内科医生希罗斐鲁斯指出，在医学上，人们经常把在本质上不是本原的东西当作一个既定事实或本原（Anon. Lond. XXI，21；Galen, *De meth. med.* X，107，15）。盖伦甚至斥责希罗斐鲁斯拒绝谈论基本身体（primary bodies）的本性（Galen, *De meth. med.* X，461，17）。希罗斐鲁斯提出了一系列反对因果关系的论点，这些论点与第欧根尼·拉尔修归于皮浪主义怀疑论者的看法非常相似，这也表明他非常怀疑极端理性主义类型的理论（Galen, *De causis procatarcticis* 197ff.）。也许正是我们在狄奥克莱斯和希罗斐鲁斯那里发现的那种怀疑，促使《论人的本性》（*Nature of Man*, chap. 1）的作者说了这样的话：虽然我们需要人类生理学的一些解释，但在医学上，我们不需要哲学家从终极本原推出的那种成问题的解释。

然而，所有的理性主义者都认为，仅仅医生的经验还不足以为医生提供他所需要的实践知识。希罗斐鲁斯和埃拉西斯特拉图斯必须明确地论证这一点（Galen, *De sect. ingr.* 9，14；*De meth. med.* X，184；Pliny, *H.N.* XXIX，5，6）。这不一定意味着一些内科医生已经明确地辩护了这个观点。一些智者和修辞学家认为修辞学仅仅是一种经验（例如，柏拉图的《高尔吉亚》中的波鲁斯［Polus］）。早在公元前 3 世纪，就有一种观点认为政治的专业技能可能是经验和实践的问题（Philod. *Rhet.* B，I，27-28）。柏拉图将低级的行医者描述为只依靠经验的人（《法篇》720A-C；857C-D）。柏拉图和亚里士多德都相当普遍地主张，知识——确切地说，科学知识——必须超越单纯的经验，并通过理性达到对现象的理论认识。

但公元前 4 世纪见证了这种医学理论令人眼花缭乱的涌现。更糟糕的是，它们似乎彼此冲突，没有办法在它们之间做出抉择。所有理论都有支持的理由，也都有缺点。此外，理性主义医学倾向于学术化和学院化，这个术语实际上被盖伦用来指不再关心病人的亚历山大里亚医生（参见 Hipp. *De. nat. hom.*, CMG V, 9, 1, p. 88, 1ff.）。我们从盖伦的另一篇文章中知道（*De dogm. Hipp. et Platan*, p. 598 M.），埃拉西斯特拉图斯已经完全停止了行医。他和希罗斐鲁斯大概把所有的努力都用于发展他们的生理学和解剖学理论，从而把医学变成了一门非常精细和复杂的学科（参见 Pliny, *H. N.* XI, 219; XXVI, 11）。普林尼（Pliny, *H.N.* XXVI, 11）是这样说的："这门著名的理性学科，虽然实际的实践是一切事物的最有效的老师，但特别是在医学中，它一点一点地退化为空话和唠叨。因为坐在学校里专心听讲比在一年中的不同时间走在野外寻找不同的草药要愉快得多。"

正是为了应对相互竞争的理论的这种涌现，以及对实践和从实践中积累的经验的忽视，公元前 3 世纪上半叶出现了一个新的思想流派，经验主义，正像他们自称的那样。经验主义者[1]采取了这种立场：一切知识，特别是一切医学知识，都是人们只能在实践中获得的经验；这个意义上的经验，即通过长期的观察，我们可以知道什么是有害的，什么是有益的。因此，经验主义者把自己置于这样一种立场，他们必须证明（a）经验作为事实，如何解释所有的

---

[1] 关于对经验主义的描述，最重要的资源是：Galen, *De sectis ingredientibus*, *Subfiguratio empirica*, *On Medical Experience*, *De methodo medendi*；附：Galen, *De optima secta* 和 Celsus, *De medicina*, *prooemium*。

医学知识，（b）理性主义者与之相反的论证是无说服力的，（c）理性主义没有提供获得医学知识的另一条途径。

根据经验主义者，医生需要知道的一切就是什么对病人有益，什么对病人有害。因为他的目的是治愈，而不是理解。因此，他不需要获得对其实践的理论认识。但仅仅通过观察什么被证明对人们有害或有益，就可以知道什么是有害的，什么是有益的。此外，经验主义者依靠怀疑主义论证，否认隐藏的本性和原因，任何隐藏在正常观察之外的东西都是可以被知道的。因此，他拒绝所有的医学理论，不仅是理性主义者的生理学，还有希罗斐鲁斯和埃拉西斯特拉图斯的解剖学。因为，尽管在某种意义上，描述性解剖学的事实向观察开放，但观察是不正常的，因为它以人为干扰被观察对象为前提，即对身体的切割，这可能以一种我们无法控制的方式影响它（参见 Celsus, *Prooem*. 40ff.）。

然而，在经验主义兴起之前，理性主义者并没有把自己视为一个团体，事实上，他们依然莫衷一是；然而，他们因受到经验主义者的攻击及必须反驳经验主义者反对他们的论证而联合起来。因此，人们开始谈论理性主义和经验主义医学学派。

这两个学派之间辩论的一个有趣特点是，它被证明是相当学术的。经验主义者显然更愿意依赖传统形式的治疗，更多地利用药物，而理性主义者则更倾向于饮食治疗，但双方关于医学的实际实践并没有真正的根本分歧（Galen, *De sect. ingr*. 1, 12ff.; 7, 16ff.; 12, 12ff.）。经验主义者并不否认好的理性主义医生是好医生，他们准备采纳任何有希望的实践。

这种情况在公元前 1 世纪末发生了变化，一个新的流派出现了，那就是方法主义（Methodists）学派。[1]方法主义者挑战理性主义者和经验主义者的实践，声称他们都不知道用哪种方法才能获得正确的治疗形式。他们声称所有的内部疾病都是收缩、扩张或这两者的形式，因此需要相应的扩张、收缩或这两者的形式。知道收缩需要扩张，这对理性来说是显而易见的，而不是我们仅凭经验所能知道的。但这也不是理论知识的问题。经过一些训练，我们可以学会直接识别扩张或收缩的状态。它们不是我们必须从可观察的症状中推断其存在的理论状态。它们本身是可观察的。以这种方式，方法主义者试图在理性主义和经验主义之间找到自己的立场。医生依赖的实用知识是理性的，而不是经验的；但它不是这个意义上的理性的东西：它基于我们先天地拥有的，或者我们通过从可观察者到不可观察者的推断获得的理论知识。

理性主义、经验主义和方法主义是希腊化医生采取的主要立场。然而，在公元2世纪下半叶，盖伦发现没有一个是可以接受的。他采取的立场是，经验足以使人获得成为称职医生的知识。但他也认为，如果医生的实践知识要变得完整，如果他要知道所有与实践有关的东西，他还必须掌握医学理论（Galen, *De meth. med.* X, 29, 31, 122, 159, 272）。尽管强调并热爱医学理论，但盖伦似乎也失去了理性主义者特有的对理论建构常常天真的信任。他提出应该清楚地分开通过理论建构获得的知识体系与通过经验获得的知识体系，因为以这种方式，理论可以被经验证实（*De meth. med.* X, 31, 127, 159, 246）。

---

[1] 有关方法主义立场的实用总结，参见 Galen, *De sectis ingredientibus* 12, 9ff.。

因此，内科医生形成了对医学知识的本质的详尽解释。但理性主义者、经验主义者和方法主义者也认为，在必要的修改后，他们的解释适用于普遍的人类知识。因此，哲学家不得不注意医生的认识论观点。这方面的第一个反映是柏拉图在《斐德若》（270C）中关于希波克拉底方法的著名评论。后来，哲学家主要对经验主义者感兴趣。就像西塞罗在《论占卜》（*De divinatione*）中描绘的那样，斯多亚派对占卜这种技艺的本质看法似乎是经验主义的。狄米特律斯·拉克（Demetrius Laco, fr. 12, De Falco）、斐洛德姆斯（Philodemus, *De signis* XXXVIII, 25）、西塞罗（*Ac. pr.* 122），当然还有塞克斯都·恩披里柯（*P.H.* I, 236ff.; *A.M.* VIII, 327），都提到了经验主义者。我们在塞克斯都身上看到的皮浪式怀疑主义的版本，在某些方面显然受到了经验主义的影响，例如使用 historia——即对个人经验的报告——这一概念。

因此，由于他们事业的本质，第一批内科医生在医学流派中开创了丰富的认识论思想传统。但因为他们中的大多数人在医学理论和医学科学的发展中看到了问题的解决方案，他们也参与了自然哲学的研究。再一次，他们很自然地转向哲学家，寻求合适的物理学和生理学理论。人们已经足够经常和详细地指出，在整个古代，内科医生多大程度在物理学理论的基本原理上依赖于哲学家。《希波克拉底文集》的一些作者明显受到赫拉克利特的影响，其他人则受到阿波罗尼亚的第欧根尼的影响。也可能有毕达哥拉斯派和德谟克利特的影响。《论古代医学》（20）的作者自己也指出了恩培多克勒的影响。建立在四元素假设基础上的医学理论来自恩培多克勒式的灵感；但是，也许基于四种基本力量假设的学说和四种体液的学说也是如此。狄奥克莱斯和埃拉西斯特拉图斯受到漫步学派的影响，其他理性主义者受益于斯多亚主义，阿斯克莱皮亚德斯依赖于原子论，普纽玛派（Pneumatists）受到斯多亚派尤其是波西多尼的影响。但是，再一次，几乎立刻就产生了这样的回应：反对不加批判地接受哲学观点。《论古代医学》的作者甚至说，一个人必须成为一名医生，才能发展出合适的生理学（20）。而《论人的本性》的作者认为，医学不能依赖于哲学家的生理学，而必须发展自己的生理学。内科医生对生理学和解剖学的贡献是显而易见的。但是，即使对一般的自然理论，他们也做出了贡献，并对哲学史造成了影响，这可能是属实的。因此，比提尼亚的阿斯克莱皮亚德斯很可能是第一个使用"自然法则"（a law of nature）这个概念的人（Anon. Lond. 36, 47ff.; 39, 5）。这不是一种特定事物的自然法则，而是保证自然统一性的法则，它使我们能够从被观察到的事物推论到未被观察到的事物，从可以观察到的事物推论到原则上不能观察到的事物。如果像我认为的那样，西塞罗的《论演说家》（De oratore, I, 62）中的一段话真的迫使我们假设他的全盛时期是公元前2世纪，那么他在罗马的巨大名声很可能要为罗马在公元前2世纪广泛接受伊壁鸠鲁主义负责。一些内科医生不仅写作了自己的生理学论著，发展了他们自己关于普遍自然理论的概念，而且有足够的信心写他们自己的物理学专著，这可能也是属实的。因此，盖伦在几本书中提到了普拉萨格拉斯（Praxagoras）（XVII, 838）的一篇专著《物理学》（Physica）。

不过，就我们的目的而言，简单地考虑一下这些理论的作用可能比研究它们的细节更有趣。根据理性主义者的观点，这些理论为医生依赖的实践知识提供了基础。但医学理论实际上扮演的角色要复杂得多。鉴于古代的自然理论还远远没有充分发展，足以使医学理论的构建接近于发挥其应有的作用，我们必须怀疑，人们对医学理论的巨大兴趣几乎不可能仅仅来自期望它能显著改善医疗实践。显然有一种社会动机。正如我们前面看到的，传统医学在才智上不再被接受。这就威胁到了受过教育的医生的地位。如果他只是被看作一个工匠，那么他的技艺也受到了质疑。因此，受过教育的医生有很强的社会动机把医学变成一门科学学科。这能帮助他们重新获得才智上的和社会的尊重。与此同时，这种学习帮助他们从普通的、卑微的从业者中脱颖而出。并且，这帮助他们将自己与工匠阶层完全地区分开来。事实上，正如我们已经看到的，亚历山大里亚的一些内科医生完全不行医。此外，理论在医学实践中发挥了作用，它与理性主义赋予它的作用完全不相关。医生应该向病人说明病情和推荐的治疗方法。以这种方式，他试图让病人相信他是一个知道自己在做什么的称职医生。但是，正如他试图给出一个准确的预测，主要是为了赢得顾客的信任，而不一定有着任何实际的医疗目的，所以他也面临着相当大的压力，要做出理论上的解释，不管他的治疗是否真的基于这个解释。《论古代医学》（chap. 5）的作者已经怀疑，在医生给出的解释和他随后做的事情之间没有实际联系；如果他是个好医生，在类似的情况下，他会像好医生那样做，只是他空洞地加了一个故事。经验主义者同样声称，医学理论是在治疗方法已经被经验发现之后建立起来的（Celsus, *Prooem*. 36）。而好的医生，即使是理性主义者，实际上也依赖于这种经验。同样，方法主义者如索拉努斯（*Gyn*. 4，7；6，6ff.）坚称，必须了解医学理论，不是因为它为健全的治疗提供了可靠的基础，而是因为病人可能会认为这个人不称职，也因为这是一个有关良好教育的问题。因此，理论确实发挥了社会作用，而且这得到了承认。如果阅读盖伦，尤其是他对方法主义者的批评，医生学问的社会功能就会变得非常明显。和许多理性主义者一样，盖伦不认为医生只应该了解复杂的医学理论和哲学，他还认为，出于医学目的，医生应该有一些例如文科、几何和天文学的知识，它们被期望在医学上获得一些应用。他很清楚地意识到，他接受的那种训练和教育，也就是他向最好的医生要求的那种，只有少数负担得起的人可以得到。从他对方法主义者的讨论中可以清楚地看出，他对这个事实非常气愤，即他们承诺在短时间内提供充足的医疗培训，并不需要大量的学习（*De sect. ingr.* 15，6；24，22；*De meth. med.* 10，5，2），从而开启了被盖伦视为乌合之众的职业（*De meth. med.* 10，4，17ff.；5，9ff.）。他一次又一次提到塞萨卢斯（Thessalus）——方法主义的主要支持者——卑微的社会背景，就好像这取消了塞萨卢斯以批判态度对待既定医学的资格（*De meth. med.* 10，8，17ff.；10，5ff.；11，7）。另一方面，索拉努斯，一个也许受教育程度和学识并不比盖伦低的人，受到了盖伦的尊重，尽管他也是一个方法主义者。这里可以很清楚地看到，教育如何被用来划定社会界限和保护社会地位。

无论如何，出于上述原因，内科医生对认识论和方法论——或当时所谓的逻辑学——以及物理学产生了很大的专业兴趣。但他们也关心伦理学。对医生的不信任不仅仅是由于他们中有许多人是无能的庸医；医生还必须与对他们作为人的大量怀疑作斗争。部分原因可能是对巫医力量的原始恐惧。但毫无疑问，还有一部分原因来自一些医生的冷酷无情，这滥用了人们对他们的信任。希波克拉底誓词（Hippocratic Oath）要求医生承诺："我将使用对病人有益的治疗方法，尽我的能力和知识，避免伤害和不公……我无论到哪一家去，都要为病人的益处而进入；在一切其他方面，特别是在性方面，无论男女的身体，无论他们是奴隶还是自由人，我都将避免任何有意的不公或伤害。"医生用一种逐渐形成信任和尊重的态度和举止来抵御这种怀疑。他们也努力让自己在道德行为上严格可靠，或者至少给公众留下这样的印象。在这种努力中，他们倾向于采取相当保守的伦理观。因此，誓词要求医生不得实施任何堕胎手术，尽管这是整个古代的标准做法，甚至被柏拉图（《理想国》460E-461C）和亚里士多德（《政治学》1335b, 22ff.）等哲学家所接受，虽然亚里士多德在这个语境下也讨论了在胎儿发育到哪一时刻堕胎应当是合法的。医生被怀疑是贪婪的，而《希波克拉底文集》中有很多关于医生如何处理费用问题的建议。盖伦发现这很令人不快，即经验主义者美诺多图斯（Menodotus）声称医生是为了名誉和金钱而行医的（De dogm. Plat, et Hipp. 764 M.）。医生乐意认为自己是为慈善之心所激励的（Precepts 6；On the Physician 1；Galen, De dogm. Plat, et Hipp. 765 M.）。

考虑到他们不可靠的地位，医生自然会试图让公众相信其学科有令人兴奋的价值和尊严。因此，Lex 的作者（1；参见 Vet. med. 14）声称医学是最重要的技艺。同样，方法主义者塞萨卢斯宣称医学有超越所有其他学科的优越性（Galen, De meth. med. 10, 11, 8）。使这成为可能的是古代对健康的高度重视。塞克斯都·恩披里柯甚至把健康是最高善的观点归于希罗斐鲁斯；塞林布里亚的赫罗迪科斯在其营养学中不仅看到了维持和恢复健康的方法，而且看到了过上美好生活的方法。如果不是这样，就很难理解为什么柏拉图在《理想国》中会如此尖锐地批评赫罗迪科斯。因此，一些内科医生和哲学家将医学和哲学的伦理学视为相互竞争的生活技艺，这可能是真的。在任何情况下，他们的学科和社会状况都迫使受过教育的医生形成关于其角色和实践的道德观。

综上所述，盖伦能够写出一部完整的专著来证明最好的医生是哲学家也就不足为奇了。《论礼仪》的作者已经写道，同时是哲学家的医生将是神一样的人。他接着解释了医学如何具有智慧的所有标志。事实上，盖伦本人，在他的作品中，确实远远超出了那些具有哲学头脑的内科医生传统上关心的话题。显然，他也有野心被承认为哲学家。他几乎立刻就被承认了，虽然可能有些勉强。他的同时代人，阿佛洛狄西亚的亚历山大（Alexander of Aphrodisias），亚里士多德学派最伟大的评注家，专门著述批判了盖伦的一些哲学观点。同样，后来的评注家也引用了盖伦在各种话题上的观点。盖伦并不是唯一一个尝试获得一般哲学家声誉的医生。塞克斯都·恩披里柯也是一名医生和医学作家，但他因现存的两本哲学著作最为人知——《皮浪学说概要》（*Outline of Pyrhonism*）和《驳数学家》（*Adversus Mathematicos*），它们是我们关于皮浪主义怀疑论的主要来源。事实上，与盖伦不同，严格说来，塞克斯都·恩披里柯似乎并没有为医学做出任何重大贡献。他作为经验主义医生的杰出表现完全依赖于他对经验主义学说的阐述（附 Galen, *Med.* 14，683，11ff.）。从他在《皮浪学说概要》（I，236ff.）中的言论可以清楚地看出，他对传统经验主义关于医学知识本质的教条主义感到不满。

但也有证据清楚地表明，他从未放弃经验主义。因此，伪盖伦提到的塞克斯都·恩披里柯对经验主义的贡献，一定在于他尝试使经验主义进一步与皮浪主义相协调。因此，我们有塞克斯都·恩披里柯这样一个医生，其声誉完全取决于他的哲学著作，这使他在哲学史上占有一席之地，而他在医学史上不过徒有其名而已。

古代的哲学和医学如此交织在一起，以至于我们发现了克罗顿的阿尔克迈翁这样的哲学家，其名声完全取决于他对医学理论的贡献，以及塞克斯都这样的医生，他主要是哲学家。由于这两个学科之间的密切联系，医学上形成了一种相当独立的哲学思想传统，主要关注医学知识的本质。不幸的是，这一传统并没有得到应有的重视。医学史家倾向于把它留给哲学史家。但是哲学史家往往忽略了它，因为它不是哲学家的哲学史的一部分。这是最令人遗憾的。因为这样一来，就浪费了大量对哲学史和医学史既有内在价值，又有重大用处的材料。

《蒂迈欧》创造了一个文本共同体吗？[*]

M. R. Niehoff[1]　罗　勇[2]　译

[161]《蒂迈欧》在希腊化时期的哲学中心地位已经得到了普遍承认。[3]然而到目前为止，和《蒂迈欧》读者的身份（identity）相关的问题依旧遭到忽视。我希望以目前的这篇论文来专门处理这个方面，追问柏拉图《蒂迈欧》的某些读者是否将这一文本建构为

---

[*]　本文选自 M. R. Niehoff, "Did the *Timaeus* Create a Textual Community?," in *Greek, Roman and Byzantine Studies* 47, no. 2, 2007, pp. 161-191。

[1]　M. R. Niehoff，希伯来大学犹太教哲学马克斯·库珀讲席教授。

[2]　罗勇，重庆大学人文社会科学高等研究院副教授。

[3]　尤其参见 H. Dörrie, *Von Platon zum Platonismus. Ein Bruch in der Überlieferung und seine Überwindung*, Opladen, 1976。他比其他任何人都强调《蒂迈欧》在怀疑主义阶段之后的柏拉图遗产复兴中的中心地位。他确定这个运动的时间是公元前1世纪，认为西塞罗翻译《蒂迈欧》是一次革命性变革的表现。Dörrie说到了一个相当瞬时性的时间："突然，每个人都谈论《蒂迈欧》，就好像每一个希腊人都十分了解他的荷马一样，从而在本世纪中叶，每个有教养的人都知道《蒂迈欧》。"（32）他根据 *Ideengeschichte*（观念史）来解释关注度的急剧上升：斯多亚派的宇宙论不再令古代读者感到满意，因为这种宇宙论的基础只是一种内在逻各斯（Logos）的观念。《蒂迈欧》成功吸引了人们的注意，乃是因为《蒂迈欧》明显传递了世界灵魂和神圣天意的更超越的讯息（33）。新近的作品证实了希腊化时期对《蒂迈欧》之作用的关注逐渐增加：G. J. Redams-Schils（ed.），*Plato's Timaeus as a Cultural Icon*, Notre Dame, 2003；R. W. Sharples and A. Sheppard（eds.），*Ancient Approaches to Plato's Timaeus*, London, 2003；H. Tarrant and D. Baltzly（eds.），*Reading Plato in Antiquity*, London, 2006。

他们的共同体感（sense of community）的一个重要基础。换句话说，《蒂迈欧》有助于界定身份吗？如果是的话，谁的相对于哪一其他团体的身份？这些问题显然探究的是一个特定文本和一个社会团体之间的关联，考察前者可能具有何种社会效应，或毋宁是它被付诸何种社会用途。[1]

[162] 我认为，在《蒂迈欧》的接受史中有一个重要发展。几个世纪以来，这部著作都没有被用来界定［学派］边界。然而，自公元 2 世纪以降，《蒂迈欧》变成了某些希腊哲学家的身份焦点，他们希望主张传统的异教文化以抵制基督教。亚历山大里亚的斐洛（Philo of Alexandria）和普鲁塔克（Plutarch）是这一转变的重要先驱。当科尔苏斯（Celsus）和波斐利（Porphyry）面对着基督教而把《蒂迈欧》作为他们的异教希腊身份的重要标志时，《蒂迈欧》产生了重要影响。在诸如亚历山大里亚的克莱门（Clement of Alexandria）这样的思想家为了这个新宗教而诉托柏拉图之后，这个现象还会发生。渐渐地，《蒂迈欧》就成了一个核心文本，吸引了重要的评注活动。《蒂迈欧》比柏拉图的其他作品更有助于建构一个文本共同体，这个共同体试图通过保存原始的希腊传统来抵抗基督教读者对这个传统的挪用。[2]

---

[1] 我只处理《蒂迈欧》的读者（只要这些读者可以从现有资料来源中被重新发现）和他们的共同体感，而不是一般的社会，身份的其他诸种形式在其中通常都更为相关。

[2] 这个论证的提出回应了 F. Millar, "The Jews of the Graeco-Roman Diaspora," in J. M. Leu et al.（eds.）, *The Jews among Pagans and Christians in the Roman Empire*, London/New York, 1992, pp. 97-123, at 105, 他强调现代学界没有关注异教徒在最初几个基督教世纪间发生的变化（重印于 *Roman, the Greek World, & the East* III, Chapel Hill, 2006, pp. 432-456）。

为了处理这个问题，我采用斯托克（B. Stock）引入的一个术语，他研究了文学在中世纪欧洲的各种含义。[1] 当聚焦于文本和社会形态之间的关联时，斯托克创造了"文本共同体"（textual community）这个术语，指的是与主流有分歧，并通过诉诸权威文本来证明自己的特殊立场的各种团体。这种文本被社会普遍共享，对其解释却有不同。这种持有异议的团体由一个能够直接进入该文本的人物领导，围绕着他们的特殊解读而形成团结感。于是，这种文本就建构了这种团体的内部行为和相对于外部世界的共同体感（Stock 90）。

［163］我在一个更宽泛和不太专业的意义上使用斯托克的这个说法。首先，我们无法辨识出以《蒂迈欧》为中心的准修道院式（quasi-monastic）共同体。这种共同体可能已经存在于普罗提诺（Plotinus）的教学活动的背景之中，但是其确切的性质和起源是无法确定的。相反，我们可以看到一个理智上松散的共同体（intellectual community-at-a-distance）。这个共同体的成员在面对基督教读者完全不同的策略时，使用相同的文本并开始依赖于彼此的解释。其次，我打算将"文本共同体"这个说法运用于这样一个时期，其时，《蒂迈欧》的异教读者占据多数。于是，他们围绕着这个文本的新认同感（new sense of identity）是在面对其他的主张时出现的，但并不涉及多数人的观点。他们与主流并没有分歧，而

---

[1]　B. Stock, *The Implications of Literacy. Written Language and Models of Interpretation in the Eleventh and Twelfth Centuries*, Princeton, 1983, esp. pp. 88-151.

专题　古代自然哲学的诸面向　　　　　　　　　　　　　　　　　　　　175

是希望反驳基督教的新主张。在本文中，"文本共同体"的含义在某种意义上对应于本尼迪克·安德森（Benedikt Anderson）"想象的共同体"（imagined community）的观念，这个共同体在很大程度上也依赖于各种文本。[1]然而，斯托克的观念与本研究尤其相关，因为其强调了一个特定文本，以及围绕着这个文本出现的关于身份的论战或对话性质的重要性。

此外，"文本共同体"的观念必须区别于正典（canon）的出现。[2]在这两种情况下，身份都是围绕着特定的文本全集被建构出来的。然而，获得正典地位的文本成功地获得了终极权威，把其他文本贬低到相对边缘的地位。与此相对，一个文本共同体以对知名的和为人接受的文本的特殊解释为基础，因而文本共同体的出现是派生的和次要的。文本共同体依赖于被认可了的文本，对之进行新的社会的或意识形态的使用。虽然确定了正典的社会希望［164］把某些文本界定为不能受到质疑的真理的终极表达，但文本共同体是在一个已被接受的文本和各种不同的解释这种框架之中运作的。它的创新之处就在于提供新的关注点。为了研究《蒂迈欧》的影响，我发现文本共同体的概念要比正典的概念更合适。《蒂迈欧》

---

[1] B. Anderson, *Imagined Communities. Reflections on the Origin and Spread of Nationalism*[2], London, 1991. 关于此作的批评性讨论，参见我的评价和评论：M. R. Niehoff, *Philo on Jewish Identity and Culture*, Tübingen, 2001, pp. 1-2。

[2] 尤其参见对基督教中的封圣（canonization）的两部新近研究，它们强调了认同问题：J. M. Lieu, *Christian Identity in the Jewish and Graeco-Roman World*, Oxford, 2004, pp. 27-61；B. D. Ehrman, *Lost Christianities. The Battles for Scripture and the Faiths We Never Knew*, Oxford, 2003, pp. 229-246。

很难说获得了正典的地位，但在某种意义上，它的确十分有助于在异教精英中形塑共同体感。

第一阶段:《蒂迈欧》并未界定纪元前的各种边界

首先，我们必须注意一个消极的结果。在纪元前诸世纪中，《蒂迈欧》并未界定一个特定的团体或哲学学派的边界。它并没有成为柏拉图主义者的专属文本，从而让他们明显区别于亚里士多德的支持者。相反，令人惊讶的是，柏拉图主义者和漫步学派成员都提到了这个文本，在他们各自的解释中有着压倒性的一致。这种情形更令人惊讶之处在于，亚里士多德严厉批评了《蒂迈欧》的某些文段，他认为其中的宇宙在字面上的创造（literal creation）的观念是严重错误的。[1] 但即便是亚里士多德，也通过出版《蒂迈欧》的摘录而促进了这部著作的传播。[2] 更重要的是，在亚里士多德和柏拉图各自的学生之间并没有什么重大分歧，因为后者立即就提出了对《蒂迈欧》的寓意式解读（metaphorical reading）。[3] 他们认为，柏拉图并不是在描述宇宙的实际创造过程，而是就像亚里士多德一

---

[1] 尤其参见《论天》280a-283a25；参见 M. Baltes, *Die philosophische Lehre des Platonismus*, Stuttgart, 1998, pp. 377-384, 以及参考文献。

[2] 第欧根尼·拉尔修 5.25 提到了亚里士多德的 Tὰ ἐκ τοῦ Τιμαίου（《〈蒂迈欧〉摘要》）。

[3] 我认为字面含义是最早的；亦参 G. Vlastos, "Creation in the *Timaeus*: Is it a Fiction?," in R. E. Allen（ed.）, *Studies in Plato's Metaphysics*, London, 1965, pp. 401-419; R. Hackforth, "Plato's Cosmogony（*Timaeus* 27Dff.）," *CQ* 9, 1959, pp. 17-22。然而，与多数观点相反的是 F. M. Cornford, *Plato's Cosmology*, London, 1937, pp. 24-27; A. E. Taylor, *A Commentary on Plato's Timaeus*, Oxford, 1928, pp. 59-63；以及最近的 A. Finkelberg, "Plato's Method in *Timaeus*," *AJP* 117, 1996, pp. 391-409。

样，认为世界永恒地依赖于某种外在的起源。亚里士多德本人已经熟悉柏拉图的一些学生的寓意方法，[165] 他说（《论天》280a）：

> 正如［宇宙］绝不是被创造的，而是为了教学（διδασκαλίας χάριν）［被表现为这样］，以便让人们以和那些观察生成过程中的图形的人相同的方式，更好地理解事物。

亚里士多德没有提到这些柏拉图主义者的名字，他把他们的诠释贬斥为完全"不真实的"（279b34）。在残篇证据的基础上，可以通过各种方式来确定柏拉图《蒂迈欧》的这些佚名解释者。比如色诺克拉底（Xenocrates），他是柏拉图的学生，并担任学园掌门逾二十年，被称为柏拉图的创造论述的寓意式解释者。[1] 在这个背景之下，普鲁塔克和普罗克洛（Proclus）还提到了克兰托尔（Crantor），他是色诺克拉底的学生，并且，根据普罗克洛的说法，是"柏拉图的第一位解释者"。[2] 有一位注释者（scholiast）把柏拉图之后的学园首任掌门斯彪西波（Speusippus）确定为《蒂迈欧》的寓意式解释者。[3] 这些古代的确认证实了我们从亚里士多

---

[1] 色诺克拉底的观点得到了佚名注释者和普鲁塔克《论〈蒂迈欧〉中灵魂的生成》1013A 的证实，收集于 R. Heinze, *Xenocrates. Darstellung der Lehre und Sammlung der Fragmente*, Hildesheim, 1965, p. 180, fr. 54。亦参 J. Dillon, "The *Timaeus* in the Old Academy," in Redams-Schils, *Plato's Timaeus*, pp. 80-94。

[2] 普鲁塔克，《论〈蒂迈欧〉中灵魂的生成》1012D-F, 1013A-C；普罗克洛，《〈蒂迈欧〉评注》I227（ed. Diehl）。关于他的诠释活动，见下文。

[3] L. Taran, *Speusippus of Athens*, Leiden, 1981, pp. 156-157, fr. 61a-b（亚里士多德，《论天》279b 是两个被引用的残篇之一），以 pp. 383-386 的评注来捍卫这位注释家的证据的真实性。

德自己的讨论中得到的印象，即柏拉图的直接继承人及其学派的领导者们都转向了对《蒂迈欧》的寓意式解释。根据普鲁塔克的说法，这种方法在后来获得了广泛的成功（《论〈蒂迈欧〉中灵魂的生成》1012D）。这意味着柏拉图式的观点和漫步学派的观点在实质上趋同。虽然亚里士多德反对这种和解，但他的直接继承者泰奥弗拉斯托斯（Theophrastus）似乎采用了一种更温和的观点。公元2世纪的陶儒斯（Taurus）记录了他的说法："根据柏拉图，宇宙是被创造的……他就好像是为了说明（illumination）才假设宇宙是被生成的。"[1]"Σαφηνείας χάριν"（为了说明）这个说法贴切地[166]回应了亚里士多德关于当时的柏拉图主义者的报告，他们认为他们的老师是"διδασκαλίας χάριν"（为了教学）而写作的。于是，陶儒斯认为泰奥弗拉斯托斯和他的老师不同，并不否定而是接受了柏拉图的学生的解释。因此，柏拉图的各种观念就为漫步学派成员所接纳，而柏拉图的学生们则感到在理智上受欢迎。学园和漫步学派阅读相同的文本，以几乎相同的方式解读关键文段，并热切地关注着彼此的评论。

此外还值得注意的是，柏拉图主义者和漫步学派成员都提到了《蒂迈欧》中的一些核心文段，却都没有发展出连续评注（running

---

[1] 位于斐洛波努斯（John Philoponus），《驳普罗克洛：论世界的永恒》6.8（ed. Rabe 145; Diels, *Dox. Graec.* 485 fr. 11）；亦参 M. Baltes, *Die Weltentstehung des Platonischen Timaios nach den antiken Interpreten*, Leiden, 1976-1978, I22。关于陶儒斯的生平和著作，参见 J. Dillon, *The Middle Platonists*, London, 1977, pp. 237-240; H. Baltussen, "Early Reactions to Plato's *Timaeus*: Polemic and Exegesis in Theophrastus and Epicurus," in Sharples and Sheppard, *Ancient Approaches*, pp. 49-71, at pp. 61-65。

commentary）的形式。[1][167]即便是普罗克洛所确定的"ὁ πρῶτος τοῦ Πλάτωνος ἐξηγητής"（柏拉图的第一位诠释者）克兰托尔，也没有系统性地解释这个文本。[2]没有任何现有的资料来源表明他开启了对《蒂迈欧》的综合性理解。他的解释只有在关涉到少数有争议的文段时才被引用。[3]在关于亚特兰蒂斯神话（the myth of Atlantis）应被解释为历史还是纯粹虚构的争论中，他采取了坚

---

〔1〕 人们用 ὑπόμνημα（评注）这个专业术语来溯及既往地描述其作品的第一位作家是公元 2 世纪中期的陶儒斯（斐洛波努斯，《驳普罗克洛斯：论世界的永恒》13.15[520, Rabe]）。波斐利提到了普罗提诺使用多位作家的评注（《普罗提诺传》14）。然而，这些人中没有一位早于 2 世纪，虽然有些可能不是专业意义上的评注。普鲁塔克尤其克制住了在同《蒂迈欧》的关联中使用这个术语，反而是说到了"诠释者"（τοῖς ἐξηγουμένοις，《论〈蒂迈欧〉中灵魂的生成》1012D）和那些"研究柏拉图的人"（οἱ πλεῖστοι τῶν χρωμένων Πλάτωνι，《论〈蒂迈欧〉中灵魂的生成》1013E）。普鲁塔克说他自己的论文《论〈蒂迈欧〉中灵魂的生成》是"对各种陈述的统一收集，我在各种作品中经常做出这些陈述，并会零星地记下来，这些作品解释了我认为的柏拉图关于灵魂所持有的观点"（1012B）。类似地，他还提到了他的一篇关于宇宙之创造的遗失作品是一篇 λόγος（1013E）。亦参 M. Baltes, *Der Platonismus im 2. und 3 Jahrhundert*, Stuttgart, 1993, pp. 165-166, 他确定盖伦（《论希波克拉底与柏拉图的学说》V 508.7 ff. K.）是柏拉图主义者常规评注活动的第一位见证者。然而，Baltes 认为，早期的评注必定是存在的，只是由于波斐利工作的无比成功才没有被保存下来（pp. 170-171）。J. Dillon, "Pedantry and Pedestrianism? Some Reflections on the Middle Platonic Commentary Tradition," in Tarrant and Baltzy, *Reading Plato*, pp. 19-31 确认欧多鲁斯（Eudorus, 公元前 1 世纪）是单篇的柏拉图式论文的第一位评注家。R. Lamberton, "The Neoplatonists and their Books," in G. G. Stroumsa and M. Finkelberg (eds.), *Homer, the Bible and Beyond*, Leiden, 2003, pp. 195-211 强调柏拉图主义只是逐渐才让某些文本拥有独特地位，但未赋予它们标准文本的地位，而是对它们进行评注。相反的是 P. Hadot, *Etudes de philosophie ancienne*, Paris, 1998, pp. 3-11, 他强调了古代哲学的解释方面，但没有承认从对特定文段的个别解释到连续评注的重要变化。

〔2〕 普罗克洛，《〈蒂迈欧〉评注》I76。H. Dörrie, *Die geschichtlichen Wurzeln des Platonismus*, Stuttgart, 1987, p. 328, 和 Dillon, in Reydams-Schils, *Plato's Timaeus*, pp. 87-89, 得到了相同的结论。

〔3〕 Dörrie, *Die geschichtlichen Wurzeln*, pp. 102-108 引用和翻译了这些文段。

定的立场。[1]由于很清楚那些指责柏拉图剽窃埃及人的批评家，克兰托尔坚持亚特兰蒂斯神话的历史真实性。[2]他也在关于《蒂迈欧》28b 的讨论中采取了一种立场，柏拉图在此追问宇宙是永恒的和没有 genesis（生成）起点的，还是开始于某个起点从而是被创造的。克兰托尔表现为一个有影响力的、寓意式的解释者，在他周围聚集了其他"诠释者"（exegetes）。[3]在他看来，柏拉图把宇宙描述为"γενητός"，这意味着"在宇宙要视其他原因而定这个意义上，宇宙可以说是被创造的，因为宇宙既不是自我创造的（self-created），也不是自我满足的（self-substantial）"。[4]最后，克兰托尔加入了关于世界灵魂之本性（《蒂迈欧》35b）的讨论。虽然色诺克拉底已经把灵魂解释为"自我运动的数"，但克兰托尔把一种主要是知识论的功能归于灵魂。然而，两人都认为，根据柏拉图的看法，灵魂"不是在时间中生成的，因而不是生成的"。[5][168]所有这些证据都表明，亚里士多德所证实的关于《蒂迈欧》中关键文段的激烈讨论一直都方兴未艾。杰出的柏拉图主义者参与其中，经常在其他观点的背景下提出他们自己的解释。[6]无疑，正是秉承了这种精神，普鲁塔克受一个朋友之邀"就《蒂迈欧》中那些要

---

〔1〕 这个讨论以《蒂迈欧》20d 为中心，克里提亚在此说"ἄκουε δή, ὦ Σώκρατες, λόγου μάλα μὲν ἀτόπου παντάπασί γε μὴν ἀληθοῦς"（苏格拉底，请听一篇离奇但完全真实的发言）。

〔2〕 普罗克洛，《〈蒂迈欧〉评注》I76。

〔3〕 οἱ δὲ περὶ Κράντορα τοῦ Πλάτωνος ἐξηγηταί（那些围绕着克兰托尔的柏拉图诠释者）（普罗克洛，《〈蒂迈欧〉评注》I277）。

〔4〕 普罗克洛，《〈蒂迈欧〉评注》I277。亦参 Dörrie 对此文段的重要评论，*Die geschichtlichen Wurzeln*, pp. 331-332。

〔5〕 普鲁塔克，《论〈蒂迈欧〉中灵魂的生成》1012D，1013A。

〔6〕 还有普鲁塔克在《论〈蒂迈欧〉中灵魂的生成》1013B 提到的欧多鲁斯。

求更仔细的解释的［主题］写点什么"（ἐπιμελεστέρας ἐξηγήσεως，《论静心》464E）。同样，在 5 世纪收集了这些材料的普罗克洛也倾向于把其前人的解释努力（hermeneutic efforts）描述为"诠释"（exegesis）。[1]

漫步学派成员同样参与了对柏拉图作品的讨论。令人惊讶的是，引发争议的似乎不是《蒂迈欧》，而是秉承和柏拉图的直接继承者相同精神的解释努力。在驳斥斯多亚派的宇宙周期性创造和毁灭的理论时，泰奥弗拉斯托斯就已经借用了《蒂迈欧》。他提到了"柏拉图在《蒂迈欧》中说的话"，改写了亚特兰蒂斯神话。[2]他认为这个神话的字面含义在历史上是真实的，从而分享了克兰托尔在这个问题上的立场。此外，索里的克勒阿库斯（Clearchus of Soli）写了一篇柏拉图颂，和一篇《论在柏拉图的〈理想国〉中被如此博学地阐述的事物》（frr. 2-3，Wehrli）。普鲁塔克说他追随克兰托尔，其是《蒂迈欧》中的数学的解释者（《论〈蒂迈欧〉中灵魂的生成》1022C）。

在这个背景下，兰帕萨克斯的斯特拉托（Strato of Lampsacus）（泰奥弗拉斯托斯的继承人，漫步学派掌门）具有特殊的意义。为了解释他的灵魂观念，他引用了柏拉图《斐多》中的文段而不是亚

---

[1]　正如上文提到的，普罗克洛确认克兰托尔是"第一位诠释者"（《〈蒂迈欧〉评注》I76）。普罗克洛的说法需要在他的整部作品的语境下做进一步研究。比如，令人惊讶的是，关于"诠释者"这个说法，他既不用于确认"哲学家"波斐利，也不用于他通常称为"神圣者"的扬布里柯（Iamblichus）。我们也必须考虑如下可能性，即普罗克洛使用了反映他自己时代的说法，将有些年代错误地归于更早的人物，从而剪编并现代化了他所接受的传统。

[2]　位于斐洛，《论世界的永恒》141，改写《蒂迈欧》25d；泰奥弗拉斯托斯拒斥的斯多派的论证援引于 117-123。

里士多德的论文。[169]他也以相当同情的方式讨论了《蒂迈欧》37d。[1]根据普罗克洛的说法,斯特拉托在他的著作《论存在》(*On Being*)中还认为,存在是永恒(permanency)的原因。斯特拉托似乎是在解读《蒂迈欧》的背景下做出这些陈述的。无论怎样,普罗克洛收集了他关于《蒂迈欧》37d 的观点。虽然普罗克洛不同意这种解释,但他将之看作柏拉图的一位学生提出的其他诠释。[2]

最后,"漫步学派成员阿德拉斯托斯"(Adrastus the Peripatetic)被提到已经 ἐν τοῖς Εἰς τὸν Τίμαιον(在对《蒂迈欧》的那些解释中)解释了《蒂迈欧》中天文的、几何的和音乐的文段。[3]由此可见,《蒂迈欧》的不同部分吸引了不同方面的注意。这篇著作并未界定柏拉图主义者和漫步学派成员之间的界限,他们都同意世界不是在字面上被创造的。虽然柏拉图的学生在表达这一点时会认为柏拉图是在寓意的意义上谈论创造的,但亚里士多德的学生则明确认为世界不是被创造的,因此是不可毁灭的。关于灵魂本性的重要争论反而集中于比如柏拉图的早期对话,它们阐述了一些更为极端的观点。[4]

在亚历山大里亚的斐洛(Philo of Alexandria)笔下发现的一则残篇证实了这一围绕着《蒂迈欧》的融合般(syncretistic)一致的图景;这则残篇被引用来支持亚里士多德的说法,即宇宙是不可毁

---

[1] Frr. 122-127, Wehrli, 对观 pp. 75-76 和 105-106 的评注。

[2] 普罗克洛,《〈蒂迈欧〉评注》III15-16。

[3] 波斐利,《托勒密〈和音学〉评注》5(p. 96, Düring),被 Baltes, *Platonimius* 50 引用,对观 p. 214 的评注。

[4] 关于柏拉图在《蒂迈欧》中更为妥协的立场,参见 T. Johansen, "Body, Soul, and Tripartition in Plato's *Timaeus*," *Oxford Studies in Ancient Philosophy* 19, 2000, pp. 87-111.

灭的，因而不是被创造的：[1]

> 证据也［可见于］《蒂迈欧》关于如下事实的话当中，即宇宙是没有疾病的和不可毁灭的："宇宙的构成耗尽了全部四元素中的每一个，因为这位神匠［170］从所有火、水、气、土中合成宇宙，没有在外面留下任何部分或力量。他的目的是：首先，宇宙尽可能地是一个活物，是完美的和整体的，其所有部分也是完美的；……此外，宇宙不会年老，也不会生病。"（32c-33a）就把这作为柏拉图认为宇宙不可毁灭的证据；由自然的结果来推断，宇宙不是被创造的。因为毁灭来自 *genesis*，不可毁灭则来自缺乏 *genesis*。

这则残篇的作者显然使用了亚里士多德的语言，认为宇宙不是被创造的，因此是不可毁灭的。然而，他的证据文本并非来自他自己学派的创立者，而是柏拉图。他选择了《蒂迈欧》的一个文段，这个文段确实表明柏拉图认为宇宙永远存在，因为宇宙不会生病，也不会衰老。然而，我们的解释者同时还完全意识到，柏拉图自己并没有把宇宙表现为不被创造的。但是他认为，这来自 "παρὰ τῆς φυσικῆς ἀκολουθίας"（自然的结果）。于是他认为，清楚说到了宇宙之不可毁灭性的柏拉图必定暗示了宇宙不是被创造的。

---

〔1〕斐洛，《论世界的永恒》25-57。关于认为这个文段来自漫步学派，详细的支持论证参见 M. R. Niehoff, "Philo's Contribution to Contemporary Alexandrian Metaphysics," in D. Brakke et al. (eds.), *Beyond Reception: Mutual Influence between Antique Religion, Judaism, and Early Christianity*, Frankfurt, 2006, pp. 35-55, at 44-45。

这一值得注意的残篇证实了我们的高度融合论（high degree of syncretism）的观点。《蒂迈欧》不仅被柏拉图的直接追随者阅读，而且在漫步学派成员中也受到尊敬。两个学派都援引《蒂迈欧》，以基本相同的方式对之进行解释。特别是，柏拉图主义者和漫步学派成员都同意，柏拉图并不是在字面上表述他的创造论述的，他这样使用只不过是出于教学的目的。在纪元前的几个世纪中，没有出现一个围绕着《蒂迈欧》的文本共同体：没有一个特定的团体将其身份认同奠基于对这个文本的特定解释之上，认为相异的解读属于歪曲了真理的绝对他者（Other）。

第二阶段：斐洛和普鲁塔克把《蒂迈欧》解读为一个权威文本

亚历山大里亚的斐洛开启了一个新阶段。他对柏拉图主义的兴起的确切贡献可能尚未引起注意，因为他主要关注创造一个围绕着他称为"神圣之书"（holy books）或"神圣之作"（holy writings）的希伯来圣经（*Hebrew Scriptures*）的犹太人读者共同体。[1][171] 因此，人们忽略了他实际上是第一个以博伊–斯通（G. R. Boys-Stones）在一部重要作品中所确定的柏拉图主义之兴起特征提到

---

［1］ αἱ ἱεραὶ βίβλοι（神圣之书，比如《论语言的混乱》3）；αἱ ἱεραὶ γραφαί（神圣之作，比如《论创造》77）；关于这些说法在希腊化时期的埃及背景及其在斐洛作品中革新性的神学意义的充分讨论，参见 H. Burkhard, *Die Inspiration heiliger Schriften bei Philo von Alexandrien*, Giessen, 1988, pp. 79-91；亦参 F. Siegert 和 J. Herzer 最近的争论，见 R. Deines and K. -W. Niebuhr（eds.），*Philo und das Neue Testament*, Tübingen, 2004, pp. 205-240；D. T. Runia, "Was Philo a Middle-Platonist？," *StudPhilo* 5, 1993, pp. 112-140, at 126-129。

《蒂迈欧》的人。[1] 斐洛确实把柏拉图的文本解读为权威的和真实的，同时把其他解读斥为歪曲。[2] 于是，他就为后来的解读策略奠定了基础，其中既有异教徒也有基督徒。最终，他为公元 2 世纪围绕《蒂迈欧》的新共同体感奠定了基础。

对斐洛来说，《摩西五经》(Pentateuch) 的先在性是给定的 (given)。他认为摩西"在神圣之书中"表述了在赫西俄德和柏拉图"很久之前"关于创造的观点(《论世界的永恒》19，μακροῖς δὲ χρόνοις πρότερον)。他还认为许多希腊作家抄袭了希伯来圣经。[3] 这种时间上的先在性也暗示了更高的价值。在斐洛看来，《律法书》(Torah) 的独特地位就在于反映了纯洁无瑕的真理。[4] 然而与此同时，《蒂迈欧》，更一般地说还有柏拉图的作品，都被提升到了一个到那时为止还不为人知的权威地位。柏拉图被说成"古人之一"，是这些人中作品被直接引用的唯一的非犹太人。虽然斐洛一般都建议"以古代的和原初的思想为滋养，追求 [172] 高贵行为的古代传统"，[5] 但他还是区分了柏拉图的不同文本。对《蒂迈欧》和

---

[1] G. R. Boys-Stones, *Post-Hellenistic Philosophy*: *A Study of its Development from the Stoics to Origen*, Oxford, 2001, esp. pp. 102-103.

[2] Boys-Stones 认为普鲁塔克和尤其是科尔苏斯，是柏拉图主义的首要代表 (*Post-Hellenistic Philosophy*, pp. 99-150)，他认为斐洛虽然是发起者，采用了斯多亚派古代智慧的观点，但没有将之用到柏拉图的作品中 (pp. 90-95)。

[3] 关于细节，参见 Niehoff, *Philo* 138-142; Boys-Stones, *Post-Hellenistic Philosophy* 92。

[4] Niehoff, *Philo* 187-209; *eadem*, "Philo's View of Paganism," in G. N. Stanton and G. G. Stroumsa (eds.), *Tolerance and Intolerance in Early Judaism and Christianity*, Cambridge, 1998, pp. 135-158.

[5] 《论亚伯和该隐的献祭》78：καὶ τὸ παλαιαῖς καὶ ὠγυγίοις ἐντρέφεσθαι δόξαις καὶ ἀρχαίαν ἀκοὴν ἔργων καλῶν μεταδιώκειν。参见《论亚伯和该隐的献祭》101，《谁是神圣事物的继承者》283，《论摩西的生平》1.3。

《泰阿泰德》的贴近改写始于 "ὅπερ καὶ τῶν ἀρχαίων εἶπε τις"（一位古人说过）这个短语。[1] 在别的场合，斐洛只是以 ὡς εἶπε Πλάτων（正如柏拉图所说）或 ὡς ἔφη τις（正如有人说过）来提到柏拉图的文本。[2] 斐洛经常改写或引用的荷马甚至没有被称作"古人之一"，反而被认为是最杰出的诗人（《论亚伯拉罕》10）。虽然斐洛把许多荷马式的表述用作中肯之语（winged words）或知名格言，但他正是通过诉诸柏拉图证实了希伯来圣经的古老真理的来源。

最令人震惊的是，斐洛有一次把一个出自《斐德若》的引用说成 "κατὰ τὸν ἱερώτατον Πλάτωνα"（根据最神圣的柏拉图）（《每个好人都是自由的》13）。这种说法的背景是一篇论文，该论文完全没有圣经诠释（biblical exegesis），且可能是献给更加广泛的读者的，包括一般的希腊读者。[3] 相反，在一篇关于摩西律法（Mosaic Law）的论文中，显然是为了亚历山大里亚的犹太人共同体的成员，斐洛以更温和的 "ὡς ἔφη τις"（正如有人说过）（《论特殊律法》2.249）来介绍《斐德若》中的同一行。于是，虽然斐洛已经把不同寻常的重要性归于柏拉图的文本，但当他面对非犹太人听众说话时，他以在其他情况下为摩西保留的说法来提及柏拉图。斐洛

---

[1] 《论创造》21，参见《谁是神圣事物的继承者》181。

[2] 《论创造》119，《论特殊律法》2.249。

[3] 不幸的是，人们在讨论斐洛的作品时，依旧更多地根据它们的内在时间顺序，而不是它们的可能读者，后者似乎是决定它们的相异本性的主要因素。关于《每个好人都是自由的》（ *Quod Omnis Probus Liber* ）和《论世界的永恒》（ *De Aeternitate Mundi* ）的研究状况，参见 J. Morris, "The Jewish Philosopher Philo," in G. Vermes et al., *History of the Jewish People in the Age of Jesus Christ* III, Edinburgh, 1987, pp. 856, 858-859; 关于《论世界的永恒》和其他一般哲学论文的读者，参见 Niehoff, in Brakke et al., *Beyond Reception* 53-55。

有十七次提到摩西是"最神圣的",通常是用"κατὰ τὸν ἱερώτατον Μωυσέα"(根据最神圣的摩西)这个词组。[1] 此外,重要的是把摩西描述为"最神圣的",这总是在与具体的圣经诗文的关联中出现。这个修饰语强调了他所作《律法书》的真理和权威。有时候,这个说法[173]也被用来回应更加挑剔的同事,他们对圣经的文本或内容吹毛求疵。[2] 斐洛拒绝这种方法,他强调其作者的神圣性,在他看来,这位作者的作品是不能指责的。把神圣性归于柏拉图也有相同的作用。于是,斐洛希望确立柏拉图作品中某个具体引文的权威。当他在一篇献给一般读者的论文中把柏拉图描述成"最神圣的"的时候,斐洛似乎认为,这位希腊哲学家之于异教徒就如摩西之于犹太人。因此,柏拉图被说成某个和摩西一样写了具有类似权威的文本的人,传递着基本上和犹太圣经相同的观念。

在另一篇献给一般读者的论文中,斐洛进一步确立了《蒂迈欧》的权威:他第一次根据希腊哲学对柏拉图的忠实度(faithulness)来讨论希腊哲学。对《蒂迈欧》的寓意式解释被严厉斥为败坏了柏拉图的思想,虽然亚里士多德被赞为柏拉图的原始讯息的值得相信的见证者。那些偏离了这位大师的人受到了这样的评价:

> 有些人由于歪曲了[这个文本],[3]认为根据柏拉图的看

---

[1]《论巨人》67,《论农事》85,《论诺亚作为种植者的工作》86,《论亚伯拉罕的迁徙》131,《论名称的变化》30 和 189。

[2]《论上帝的不变》140,《论农事》85,《论基路伯》45。

[3] σοφιζόμενοι:在现有作品中,斐洛只用了这个动词五次,赋予其比通常表达的含义更强的否定意味,即欺骗和不诚实(尤见 *All.* 3.64, *Det.* 164, *Mut.* 240)。

法，宇宙据说是被创造的，但并不因此而具有创造的起点，但如果宇宙是这样被创造的，那么除了已经描述过的那种方式之外，宇宙不会以任何别的方式结合在一起；或者［柏拉图这样说］是因为各个部分都被观察到处于生成和变化的过程中。（《论世界的永恒》14）

斐洛和西塞罗一样在字面上解读《蒂迈欧》。然而，后者只是说"柏拉图的神在《蒂迈欧》中创造了世界"，西塞罗将这种方法和亚里士多德的区别开，根据亚里士多德的看法，事物"总是存在"（have awalys existed）。[1] 令人惊讶的是，西塞罗并没有在哲学上评价这些不同的观点。虽然呈现了字面含义，但他并没有讨论寓意解释的传统。在他看来，[174] 柏拉图和亚里士多德呈现了不同但同样合法的方法。

斐洛显然采用了不同的路径。他是第一位表达了对柏拉图的权威的基本信念的作家，认为柏拉图的论述是真实的，所有偏离必然都是错误的。在上面引用的文段中，他拒绝了对《蒂迈欧》的两种寓意式解读。他强调，这些解读不可能是真的，因为它们妨碍了柏拉图在其中常说神是创造者和父亲的文本的措辞（《论世界的永恒》15）。忽视这个事实的读者"歪曲"了《蒂迈欧》。这个判断相当严厉，因为它假设具有不同观点的思想家怀有恶意。斐洛的立场不

---

〔1〕 *In Timaeo mundum aedificavit Platonis deus*（柏拉图的神在《蒂迈欧》中创造了世界）(《图斯库路姆论辩集》1.63）; *Si haec nata sunt, ut Platoni videtur, vel, si semper fuerunt, ut Aristoteli placet*（如果这些乃是产生的，正如柏拉图认为的那样，或者如果它们永存，正如亚里士多德的主张）(1.70）。

同寻常，需要解释。他如此激烈地捍卫《蒂迈欧》的权威和真理价值，是因为《蒂迈欧》证实了圣经的创造论述，这可能吗？换句话说，斐洛对柏拉图的创造故事的关注来自他对希伯来圣经的首要关注？如下事实支持这一点，即斐洛强调圣经和柏拉图的论述之间的相互关系。[1]此外，他还做了大量努力来说服他的犹太读者相信字面意义上的世界创造，反对针对《蒂迈欧》提出的那些类似寓意式的解释（《论世界的创造》9-22）。

然而，斐洛对柏拉图权威的强调超过了对希伯来圣经的护教关切（apologetic concern）。在某种程度上，事情恰好相反：斐洛不是通过增加柏拉图的权威来捍卫圣经的内容，而是把圣经的权威扩展到了柏拉图的作品中。斐洛认为，由于《蒂迈欧》几乎是为由非犹太人构成的读者写作的，所以其应当获得和《律法书》在犹太人中享有的相同的尊敬。斐洛异常地赞美亚里士多德是柏拉图的忠实学生，这进一步说明了他的立场（《论世界的永恒》16）：

> 亚里士多德证实了关于柏拉图的这些事情——［亚里士多德］出于对哲学的尊敬，绝不会歪曲任何东西，因此，没有人会比老师的学生更可靠地证实，［175］尤其是这位［学生］，他并没有轻浮地粗心认为 *paedeia*（教育）是一桩小事，而是渴望超过古人的发现，并且在他开创新局面时，为哲学的每个部分找到一些最有说服力的洞见。

[1]《论世界的永恒》19；参见 D. T. Runia, *Philo of Alexandria and the Timaeus of Plato*, Leiden, 1986; *On the Creation of the Cosmos according to Moses*, Leiden, 2001, 尤其是 pp. 121-123; "Plato's *Timaeus*, First Principle(s), and Creation in Philo and Early Christian Thought," in Redams-Schils, *Plato's Timaeus*, pp. 133-151。

这个文段有时被认为多少直接暗示了亚里士多德失传的对话《论哲学》(*De philosophia*)。艾弗（B. Effe）甚至乐观到认为他已经修复了一则源自这个失传的亚里士多德文本的残篇。[1] 更为谨慎的是，巴尔特斯（Baltes）认为，斐洛在赞扬亚里士多德的性格和创新时依靠了漫步学派的资料来源，这同时也反映了这位大师失传的关于哲学的论文。[2] 就这个重建而言，当斐洛强调亚里士多德对《蒂迈欧》的字面解读，并赞美亚里士多德忠实于柏拉图的原始讯息时，他是他的时代精神的一部分。然而，这些解释是很成问题的，它们忽略了斐洛的重要创新。首先，必须要理解这个文本本身。似乎明显的是，对亚里士多德的热情赞扬只可能由某个回顾这位大师的人来表达。因此，这个文段不可能是亚里士多德失传作品的一则残篇。此外，这种赞美的性质不单单在斐洛的全部作品中是相当异常的。实际上，据我所知，在现存的漫步学派的任何作品中都没有类似的赞美。在亚里士多德的追随者中，常见的是"γνησιώτατος μαθητής"（最忠实的学生）这个谦逊得多的称呼。[3] 因此，很难搞清楚斐洛的资料来源是什么。我们不应把这个颂词看作一份早期作品的相当偶然的副本，而是应当认识到其在目前语境中的积极作用。斐洛对亚里士多德盛赞有加，无疑是因为他认为亚里士多德正确理解了柏拉图。在斐洛的叙事中，亚里士多德是作为他的老师的忠实学生出现的，他保留了真实的论述而毫无歪曲。由于预见到

---

〔1〕 B. Effe, *Studien zur Kosmologie und Theologie der Aristotelischen Schrift "Über die Philosophie"*, Munich, 1970, p. 22.

〔2〕 Baltes, *Weltentstehung* I33-35。

〔3〕 Demetrius Phal. fr. 195, Wehrli。实际上，第欧根尼·拉尔修在介绍漫步学派时（5.1）也使用了相同的表达。

接下来的柏拉图主义者，斐洛于是写了一篇关于希腊哲学的论述，[176] 这篇论述以柏拉图为起点来衡量其他观点。[1]

斐洛的成就是巨大的。他必须被确定为第一位柏拉图主义者，因为他引用柏拉图的文本（尤其是《蒂迈欧》）作为古老真理的来源之一。当把圣经的观念扩展到柏拉图的作品中时，斐洛认为它们——且只有它们——是具有类似的神圣不可侵犯的权威的作品。正是在献给更广泛的希腊读者的各种论文中，他明确地说柏拉图是"最神圣的"，还根据对《蒂迈欧》的忠实度来讨论后续的哲学。于是，一幅复杂的图景出现了。虽然斐洛的共同体主要由亚历山大里亚的犹太人构成，他们通过阅读和遵守《律法书》来界定自己，[2] 但斐洛主张柏拉图的文本是古代权威的来源之一。犹太人被鼓励去接受柏拉图作为一个表达了和圣经相同真理的作家，与此同时，异教徒也被要求承认柏拉图文本神圣不可侵犯的权威。

异教的希腊读者会接受斐洛的建议，并认为柏拉图是神圣不可侵犯的吗？虽然斐洛在基督徒中受欢迎是众所周知的，但人们并不清楚在基督教成为一个重要因素之前，他是否被异教徒阅读。[3] 只有两位 2 世纪的作家和他一样说柏拉图是"最神圣的"：琉善

---

〔1〕 关于普鲁塔克、阿提库斯和努曼尼乌斯，Boys-Stones, *Post-Hellenistic Philosophy* 125-139 清楚表明了这个立场。

〔2〕 遵守律法是这个共同体的明显标志（《论亚伯拉罕的迁徙》89-93）。此外，斐洛强调，犹太人通过他们的"神圣律法和未成文习俗"来承认上帝是创造者和父（《寓意解释》116）。因此，引导他们的是《律法书》而不是《蒂迈欧》。

〔3〕 参见 Runia 和 Hilhorst 关于赫里俄多洛斯（Heliodorus）作为唯一相关但很成问题的例子的讨论：D. T. Runia, "How to Search Philo," *StudPhilon* 2, 1990, pp. 106-139, at 135-136；A. Hilhorst, "Was Philo Read by Pagans？," *StudPhilon* 4, 1992, pp. 75-77. 另一方面，科尔苏斯可能熟悉斐洛，因为他提到了犹太人对圣经的寓意解释（奥利金，《驳科尔苏斯》4.38）。

（Lucian）和亚忒奈乌斯（Athenaeus）。他们是在显然乏味的语境中这样说的，前者在重算柏拉图的年龄时，只是将之作为一种使他区别于其他哲学家的方式，后者则是在讨论数字的语境中。[1]
[177] 因此，斐洛的方法似乎在希腊读者中并不很成功。

尽管如此，在普鲁塔克的作品中可以看到斐洛思想的一种现象学的连续性（phenomenological continuity）。[2]和斐洛一样，普鲁塔克在字面上解读《蒂迈欧》，严厉贬斥寓意解释。就像斐洛已经主张过的，普鲁塔克的论战文章把相同的真理价值归于柏拉图的作品。当聚焦于《蒂迈欧》时，普鲁塔克指责克兰托尔和色诺克拉底"完全误解了柏拉图的观点"（《论〈蒂迈欧〉中灵魂的生成》1013B）。他们和其他寓意式解释者甚至被说成"构造阴谋，强迫并歪曲一切"（1013E）。他们由于没有理解，而没注意到"真实的学说"（τῆς ἀληθοῦς δόξης，1013F）。普鲁塔克让他自己处于和"大多数柏拉图主义者"对立的位置上，主张要重建柏拉图的真实讯息（1012B）。在字面意义上，《蒂迈欧》被认为是真理的古代来源，同时，任何对《蒂迈欧》的偏离都自动地成为一种错误或一个谎言。

此外，斐洛方法的精神也反映在普鲁塔克对核心的柏拉图文本及其早期解释的讨论中。评注活动开始出现。尽管还不是系统地解释这个文本，普鲁塔克的引用也要比他的前人更加广泛，他提供了

---

〔1〕 琉善，《论长寿》21.2；亚忒奈乌斯，《智者宴席》670F。
〔2〕 亦参 Boys-Stones，*Post-Hellenistic Philosophy* 106-113，根据普鲁塔克吸收斯多亚派的神话学方法来讨论普鲁塔克对于柏拉图主义兴起的重要性。尽管这方面的证据令人印象深刻，且非常有益，对普鲁塔克对柏拉图本人的态度的考察依旧需要被证明是正当的。

详细的解释，并提到了早期的诠释者。他按照主题推进，用一篇单独的"论文"（ἀναγραφή）来处理灵魂的起源（1012B），另一篇论文（λόγος）则用来处理宇宙的生成（1013E）。此外，他提出了"柏拉图问题"（Platonic Questions），其中五个问题处理《蒂迈欧》。于是，普鲁塔克证明了到1世纪晚期或2世纪早期为止，柏拉图的作品，尤其是《蒂迈欧》，被确立为表达了哲学真理的权威文本，这一真理被部分希腊传统忠实地传递了下去。

第三阶段：科尔苏斯和波斐利把《蒂迈欧》解读为他们面对基督教时的异教身份标志

在2世纪下半叶出现了一个新的发展，当时基督教变成了一个引人注目的因素，并视自己为以最优秀的古代传统为基础的哲学式宗教（philosophical religion）。[1] 科尔苏斯是核心见证人，他的《蒂迈欧》解释出现在他对基督教著名的反驳语境中。这个新宗教中的成员身份是亟须捍卫的。由于意识到了基督徒的解释，所以科尔苏斯捍卫他所认为的《蒂迈欧》的原始含义，更一般地说，是柏拉图作品的原始含义，从而寻求保存异教社会及其独特的崇拜形式。他对柏拉图文本的解读界定了"我们"希腊人和基督教他者之间的边界。

奥利金（Origen）为我们提供了关于科尔苏斯的态度的一个重

---

[1] 关于基督徒自我定义和诠释的策略，参见 G. G. Stroumsa, "The Christian Hermeneutical Revolution and its Double Helix," in L. V. Rutgers et al.（eds.）, *The Use of Sacred Books in the Ancient World*, Leuven, 1998, pp. 9-28。

要洞察:[1]

> 科尔苏斯特别引用了柏拉图的不少文段,将它们与一些能
> 吸引博学之士的圣经选段相比,说"这些[观点]已经在希腊
> 人那里得到了更好的表述,但他们并未试图[主张]某一声明
> 好像来自神或神的儿子"。

科尔苏斯在此被表现为喜爱柏拉图的文本,喜欢从中进行引用。他
将之与基督徒的"圣典"(Holy Writings)进行比较,强调它们的优
越性。正如博伊-斯通强调的,科尔苏斯显然相信柏拉图文本的权
威和核心地位。[2]然而,最令人惊讶和新奇的事实是,科尔苏斯首
次将柏拉图的作品与"希腊人"的观念关联起来。他把柏拉图的全
部作品解释为与基督教相反的希腊人伦常(ethos)的表述。科尔
苏斯构造了一个文本共同体,它以进入特殊的文本全体的独特方法
为核心。他主张[179]"我们的"文本传统相对于基督教文本传统
的优越性。这里的氛围显然是竞争性的,每个共同体都在捍卫其文
本遗产的价值和在一般社会中的地位。

重要的是,科尔苏斯斥基督徒的解释为"败坏了"和"误解了
柏拉图"。[3]类似的表述已经出现在斐洛和普鲁塔克的作品中,但
在科尔苏斯这里,它们获得了新的社会含义。显然,科尔苏斯否认
基于一个特定团体的基督教解读的合法性。在他看来,他们完全误

---

[1] 奥利金,《驳科尔苏斯》6.1(Marcovic 编,Chadwick 译校);参见 6.8。
[2] Boys-Stones, *Post-Hellenistic Philosophy*, pp. 105-119。
[3] παραφθείρουσιν(7.61)和 παρακούσαντες τοῦ Πλάτωνος(6.7)。

解了柏拉图的原始意图。这意味着柏拉图的作品传达的真理只由异教希腊人的共同体保存。"希腊人"的标志是正确的解释，而基督教他者的特征则是对文本的错误解读与操控。

如果我们考虑到希腊化时期一个佚名犹太人惊人的类似视角的话，[1] 科尔苏斯立场的社会意义就会变得清晰起来。科尔苏斯引用道，这个犹太人让基督徒面临如下指控（2.4）：

> 你为何一方面把你的起源追溯到我们的神圣事物那里，又最终鄙视它们，尽管另一方面除了我们的律法之外，你不能主张你的学说有其他起源？[2]

此外，科尔苏斯的犹太人还驳斥基督教对希伯来圣经的一种特殊解读："将有无数人拒绝耶稣，声称被用于他身上的预言实际上是说他们的。"（1.57）[3] 这些论述构建了［180］两个共同体之间的明显界限。在科尔苏斯的犹太人看来，任何接受这些神圣事物和摩西律法的人都属于"我们"，而那些把他们的起源追溯到犹太传统，但实际上误读了这些传统的人则追随耶稣。这位佚名的犹太作家和科

---

〔1〕关于科尔苏斯笔下的犹太人的来源，参见 H. Bietenhard, *Caesarea, Origenes und die Juden*, Stuttgart, 1974, pp. 42-47; R. L. Wilken, *The Christians as the Romans Saw Them*, New Haven, 1984, pp. 112-117。参见奥利金，《驳科尔苏斯》1.45，科尔苏斯在此回想"与一些犹太人的讨论，他们据说是智慧的，当时许多人都到场评判双方的论述"。

〔2〕ἢ πῶς ἄρχεσθε μὲν ἀπὸ τῶν ἡμετέρων ἱερῶν, προϊόντες δὲ αὐτὰ ἀτιμάζετε, οὐκ ἔχοντες ἄλλην ἀρχὴν εἰπεῖν τοῦ δόγματος ἢ τὸν ἡμέτερον νόμον.

〔3〕τινὲς δὲ καὶ ἐλέγχουσιν ... μυρίοι τὸν Ἰησοῦν φάσκοντες περὶ ἑαυτῶν ταῦτα εἰρῆσθαι ἅπερ περὶ ἐκείνου ἐπροφητεύετο. 亦参这个文段开头的修辞问题。

尔苏斯以他们的传统被基督教读者挪用来表达同样的挫败感。[1] 两人都抱怨他们的文本已经被征用于和它们的原始意图相异的目的。两人都希望恢复这些文本的真实含义，坚持他们自己的共同体的独立和最高地位。

虽然《律法书》已经为这个时代之前的许多犹太人确定了犹太人身份，[2] 但科尔苏斯正在建构一种新的文本共同体。到目前为止的希腊人身份毋宁聚焦于荷马史诗及其解释传统。许多注释家赋予荷马一种独特的亲希腊主义（philhellenism），以此支持他们自己的民族自豪感。[3] 当科尔苏斯着手一项新任务时，他通过参阅柏拉图的全部作品来界定"希腊人"共同体。

这一此前就被认识到的希腊人身份和柏拉图的权威之间的新关联可能有着一种特殊的亚历山大里亚背景。在某种程度上，科尔苏斯似乎已经阅读过斐洛，并接受了他对异教徒的建议。虽然他没有像斐洛已经主张过的那样称呼柏拉图为"最神圣的"，但他呈现了某些认为柏拉图的文本对"希腊人"具有权威的解释，从而把他们的身份奠基于这个特殊的文本传统之上。此外，科尔苏斯的立场或许与如下事实有关，即另一个亚历山大里亚人——因对斐洛的爱而出名——已经为这个新宗教主张过柏拉图。于是，亚历山大

---

〔1〕 科尔苏斯同意这个犹太人的批评，正如我们从他在 5.33 对这个批评的改写中收集到的；亦参他在 4.49-50 对希伯来圣经的寓意解释的反驳。

〔2〕 参见比如《律法书》在斐洛建构犹太身份过程中的作用：Niehoff, *Philo*, pp. 187-209。

〔3〕 比如《〈伊利亚特〉注释》1.1, 2（I3, 7, Erbse）；参见 M. Schmidt, *Die Erklärungen zum Weltbild Homers und zur Kultur der Heroenzeit in den bT-Scholien zur Ilias*, Munich，1976，pp. 56-57, 以及 "The Homer of the 'Scholia': What is Explained to the Reader？," in F. Montanari（ed.），*Omero tremila anni dopo*, Roma，2002，pp. 159-183, at 172-173。

里亚的克莱门赞美柏拉图是寻求上帝时的"同事"（fellow worker）[181]（《劝希腊人书》6.18，συνεργόν）。另一方面，荷马被拒斥为行走在"对真理不可靠的和有害的偏离"（2.27，ὀλισθηραί τε καὶ ἐπιβλάβεῖς παραεκβάσεις τῆς ἀληθείας）之路上。就算荷马的史诗依旧是每一个基督教孩童的重要教材，但要想把荷马融入基督教学说则很难。与之相反的是，柏拉图被选为在精神上一致的人。他的哲学被认为是导向基督教一神论的 *preparatio evangelica*（预备福音）。由此背景来看，科尔苏斯的立场就获得了新的意义。当他强调柏拉图属于异教希腊读者时，他是在反对基督教的主张，比如克莱门提出的那些。由于把基督教对柏拉图文本的挪用斥为歪曲，科尔苏斯就摧毁了他们对古典遗产的主张。

《蒂迈欧》在这些身份冲突之中发挥着特殊作用。科尔苏斯若干次引用了这个文本的文段，在与基督教的主张的对比中解释了它们的真实含义。对《蒂迈欧》28c 的讨论尤为仔细（7.42）：

在这些之后，他［科尔苏斯］向我们提到了柏拉图作为神学问题上最有成效的老师，引用他的《蒂迈欧》中的话："要发现这个宇宙的制作者和父亲是很难的，即便发现了，也不可能向每个人说出来。"（《蒂迈欧》28c）然后他［科尔苏斯］补充说：看看预言家和哲学家如何寻求真理之路，柏拉图如何知道"不可能"所有人都走这条路。因此，智慧之人发现了它，这样我们就可以获得关于不可说的和第一的［存在］的某种观念——这种观念显现它，要么是通过与其他事物的综合，要么是通过与它们的分析性区别，要么是通过类比。我倒愿意教授那种不用这些方

法就难以描述的事物，但如果你们听得懂的话，那才叫惊人，因
为你们完全受困于肉体，全然看不见纯洁的东西。

科尔苏斯在此说基督徒无法正确理解《蒂迈欧》，因为他们过度
"受困于肉体，全然看不见纯洁的东西"。科尔苏斯想到的基督徒之
一可能是克莱门，他恰好在《劝希腊人书》中引用了相同的文段。
克莱门用《蒂迈欧》28c 来表明，在所有希腊作家中，柏拉图是与
基督教的要旨最一致的（《劝希腊人书》6.68）。［182］在他看来，
柏拉图意识到了认识上帝的困难，同时还宣称"唯一真实的神是上
帝"（the only true God to be God）。克莱门暗示，柏拉图已经预见
到了基督教一神论，因为他提到了独一的（the）真正的神而不是
某个崇拜偶像。于是在他那里，柏拉图就成了抛弃多神论的最早的
基督徒（proto-Christian）。基督教读者对《蒂迈欧》的这种使用与
某些基督徒对希伯来圣经的解释相当类似。当确定特定的诗文暗示
了他们的教义时，基督教解释者宣布这些文本为他们所有，拒绝和
这些文本密切相关的原始崇拜形式。因此，异教的和犹太教的文本
都被吸收进基督教共同体之中，从而异教读者和犹太教读者就面临
着这样的选择：要么加入新的团体，要么被斥为过时的。

科尔苏斯通过展示对《蒂迈欧》的一种无疑是希腊式的解读来
反驳基督徒的策略。他相当蔑视地评论基督教读者过度困于肉体之
中，从而看不到任何纯洁的东西，这可能颠倒了他们自己对灵性和
纯洁性的要求。[1]科尔苏斯可能还暗示了这样一个事实，即基督徒

---

[1] 这是奥利金理解科尔苏斯的方式（7.45）。

在每个地方都看见这位已经道成肉身的神耶稣，于是对这些文本的原始含义熟视无睹。[1]当他反对这些解释的时候，科尔苏斯对《蒂迈欧》中的文段的解读强调了他认为专属于希腊的价值。首先，他强调哲学学识（philosophical learning）的精英特点。柏拉图知道，只有预言家和哲学家能够领悟神，但"'不可能'每个人都走上"这条道路。贯穿于他对基督教的驳斥，科尔苏斯对比了"我们的"精英主义和新宗教的方法，后者诉诸无教养的大众并依赖于愚蠢的书籍。[2]因此，《蒂迈欧》28c就被用来作为证明异教社会在当前受到基督教挑战的典型结构和学识的证据文本。

[183]科尔苏斯也把来自异教的中期柏拉图主义的观念用于《蒂迈欧》28c。他把柏拉图具体提到的"这个宇宙的制作者和父亲"转变成"不可说的和第一的［存在］"这个更超越的观念。这一转变使得这个文本摆脱了基督徒把制作者和父亲等同于耶稣的父亲。此外，科尔苏斯对完全抽象的神圣者的观念的坚持类似于阿尔比努斯（Albinus）的《概要》（Epitome）中的表述。这位叙利亚的柏拉图主义者的鼎盛期大约是在150年，他之所以出名，是因为他倾向于把亚里士多德的原理引入柏拉图主义。当他采用亚里士多德的神作为不动的动者（unmoved mover）这一描述时，阿尔比努斯特别注意到了这位第一神的超越本性。他还概述了有助于人们克服随之而来的分歧的各种认识论方法。[3]科尔苏斯采用了相同的解释

---

〔1〕 参见科尔苏斯对基督教的如下学说的批评性评价：耶稣作为一位神，他下降到尘世并变成肉身（4.14-18）。

〔2〕 尤其是1.27, 3.44, 3.55, 3.69, 3.75, 4.73, 6.15, 7.61；关于《新约》，尤其参见6.1-2。科尔苏斯同样说明了作为基督徒承认的文本的希伯来圣经的弱点（尤其是4.30-47）。

〔3〕 阿尔比努斯，《概要》10，尤其是5-6（P. Louis编）；亦参R. E. Witt, *Albinus and the History of Middle Platonism*, Cambridge, 1937, pp. 115-126。

思路。他同样让这位造物主摆脱单纯的人类感觉的领域，并提到了类比（analogy）作为一种方法，智慧之人借此传递不可说的、第一的存在的观念。因此，科尔苏斯对《蒂迈欧》的解释根植于异教传统，这在现在被用来挑战流行的基督教解释。

奥利金对科尔苏斯的回应证实了我们的印象，即团体身份岌岌可危。虽然奥利金承认科尔苏斯引用了柏拉图的一则"高贵的和不低劣的"文段，但他要求他的读者认识到基督教对该文段的解释的优越性（7.42）：

> 看一下神圣逻各斯（divine Logos）是否引入上帝逻各斯（God-Logos），"他起初与上帝同在"并道成肉身，因为他对人类更仁慈，这样圣言——对此，柏拉图说"即便发现了他，也不可能向所有人宣布"——或许能传到所有人。

奥利金否认智慧之人能在没有神圣帮助的情况下获得关于上帝的真实本性的洞察。当他拒绝科尔苏斯的方法时，他坚称只有凭靠耶稣的基督徒才能知道他。《约翰福音》14：9被引用来证明，一个人凭借观看他的形象就能认识到制作者和父（7.43）。[184]当然，这个形象是耶稣的形象。奥利金继续说，只有通过耶稣，关于上帝的真正知识才能被传递，从而有益于人类。基督教的知识与对人类的爱同异教徒的有限洞察和势利的精英主义形成对照。奥利金欢欣鼓舞地得出结论说，异教徒"自豪于从哲学认识上帝并学到神圣真理"，但实际上他们"就像最鄙俗的人一样，继续着崇拜各种偶像、神庙、秘仪，这些都是常见的闲聊话题"（7.44）。于是，科尔苏斯的《蒂迈欧》解释就被斥为常见的异教信仰无能的例子。他们的解释不仅是由错误的精神告知的，而且是被引向了错误的崇拜形式。当坚称多神论已经变成了"常见的闲聊话题"时，奥利金暗示诸如科尔苏斯这样的异教徒属于一个通常被拒斥的不幸团体。他们的生活方式不再有吸引力，而是让人反感。这种修辞反映了奥利金相信基督教对于古典异教世界的最终胜利。当在 3 世纪写作时，教会对他来说似乎已经走在一条不可战胜的上升之路上了。

科尔苏斯关于创造的解释在我们当前的语境中是重要的，因为其指出了他在柏拉图是否在字面上表达《蒂迈欧》这一古老争论中的立场。科尔苏斯是作为寓意式解释者出现的，他认为宇宙"不是被创造的和不可毁灭的"。[1] 他秉承亚里士多德的精神，认为"没有什么由质料产生的事物是不朽的"（4.61）。科尔苏斯显然采纳了对《蒂迈欧》的融合式（syncretistic）解释，这种解释已经被斐洛和普鲁塔克拒绝过。和欧多鲁斯（Eudorus）、阿尔比努斯及陶儒斯一样，他相信宇宙不可毁灭，故而不可能在字面上被创造，因为创造也内在地意味着瓦解。然而，由于科尔苏斯也处理过圣经关于创造的论述，所以他超越了早期的异教柏拉图主义者。他斩钉截铁地斥这种论述是"最愚蠢的"。[2] 圣经和《蒂迈欧》之间的那种斐洛式的和基督教的融合遭到了拒绝。一种深刻的二分反而出现在 [185] 异教的柏拉图主义和基督教的柏拉图主义之间。

奥利金对科尔苏斯的回应再一次确认了我们关于"分道扬镳"

---

〔1〕 ἀγενήτου ὄντος τοῦ κόσμου καὶ ἀφθάρτου（4.79）．

〔2〕 ἔτι γε μὴν καὶ ἡ κοσμογένεια μάλα εὐηθική（6.49）．

的印象。他确认科尔苏斯的立场不仅是不一致的，而且是典型异教的和与基督教精神相反的（4.61）。奥利金坚称字面创造这种看法本质上呈现了与基督教世界观的共鸣（4.79）。于是，对《蒂迈欧》的寓意式解释就被降为异教的他者，而对《蒂迈欧》的字面解读——也起源于异教信仰——如今则专属于基督教。按照科尔苏斯的看法，异教作家似乎已经接受了在创造问题上的基本二分。在他之后，我们不知道有哪位异教徒会赞成《蒂迈欧》的字面含义。[1]斐洛、普鲁塔克和阿提库斯的传统断裂了，尽管围绕着《蒂迈欧》的寓意式解读形成了一个明确的希腊人共同体。因此，无须惊讶的是，撒路斯特（Sallustius）——朱利安（Julian）的密友和这位皇帝努力恢复古老仪式的幕后操纵者——把一个永恒宇宙的观念提升到异教教义的层面上来。[2]

3 世纪晚期的波斐利标志着另一个里程碑。他的身份特别有趣，因为他将各种重要活动结合起来：《蒂迈欧》诠释，反基督教作品，荷马批评。作为朗吉努斯（Longinus）的学生，波斐利非常精通以文本批评的方法进入对塑造早期希腊人身份特别重要的荷马史诗。[3]他尤其直言不讳地反对基督教，创作了十五卷作品反对

[1] 参见 J. F. Phillip 对从陶儒斯到普罗克洛的解释的分析，*Journal of the History of Philosophy* 35，1997，pp. 173-197。

[2] G. Murray，*Five Stages of Greek Religion*，New York，1955，p. 171；Sallustius，*About the Gods and the World* 7，Murray（trans.），pp. 197-198. 然而，撒路斯特没有提到《蒂迈欧》，而是以一般的亚里士多德式术语言说。对柏拉图文本的唯一暗示或许见于他坚称"宇宙由于上帝的善性而存在"。注意，这位犹太教祭司采用了相反的方法，接受基督教 creatio ex nihilo（无中生有）的观念；关于细节，参见 M. R. Niehoff，"*Creatio ex Nihilo* Theology in *Genesis Rabbah* in Light of Christian Exegesis，" *HthR* 99，2006，pp. 37-64。

[3] 残篇收集于 H. Schrader，*Porphyrii Questionum Homericarum*，Leipzig，1880。

这个新宗教，[186] 揭示基督教诠释的倾向性本性。[1] 作为一个和奥利金几乎同时代的人，他尤其尖锐批评了这位主要的基督教学者，认为奥利金对希腊文化尤其是柏拉图文本的凭靠只不过掩饰了他本质上的野蛮人作风：[2]

> 奥利金，一个在希腊的学问上受过教育的希腊人，一头扎进了野蛮人的轻率之中。当他直奔这轻率时，他出卖了他自己和他的文学技能；虽然他的生活方式是基督教的，并且违反了法律，但就他关于尘世事物和神的观点而言，他假装是希腊人（ἑλληνίζων），让希腊人的 [诸传统] 臣服于外人的 故 事（τὰ Ἑλλήνων τοῖς ὀθνείοις ὑποβαλλόμενος μύθοις）。因为他总是与柏拉图结伴，并熟悉努曼尼乌斯、克诺尼乌斯（Cronius）、阿波罗芬尼（Apollophanes）、朗吉努斯、莫德拉托斯（Moderatus）和尼各马科斯（Nicomachus），以及毕达哥拉斯学派中那些杰出之人的作品；他也使用了斯多亚派的凯瑞蒙（Chaeremon）和科努图斯（Cornutus）的著作，从他们那里学到了对希腊人那里 [实践的] 秘仪的寓意解释，他将这种方法运用于犹太教圣经。

---

[1] 关于一个批评性的概要，参见 A. Meredith, "Porphyry and Julian against the Christians," *ANRW* II 23.2, 1980, pp. 1119-1149。von Harnack 收集到的这些残篇的真实性一直都有争议，参见新近的 J. M. Schott 接受 von Harnack 的有争议残篇, "Porphyry on Christians and Others: 'Barbarian Wisdom', Identity Politics, and Anti-Christian Polemics on the Eve of the Great Persecution," *JECS* 13, 2005, pp. 277-314, at 282-283。在目前的分析中，我只考虑明显提到波斐利的残篇。

[2] 尤西比乌斯，《教会史》6.19.7-8（Oulton 译，有改动）。

波斐利拒绝奥利金的文学作品，因为在他看来，这是对古典希腊传统的严重滥用。柏拉图的哲学和斯多亚派的比喻被操控来表达基督教学说，这些学说与最初的作品根本格格不入。波斐利尤其强调"基督教的生活方式"（τὰ τὸν βίον Χριστιανῶς ζῶν）和"在尘世事物和神方面假装希腊人"之间的对立。这暗示着与此相反，一个真正的希腊人能正确理解柏拉图和其他希腊文本，同时还保持着异教的生活方式。一个特定共同体中的成员身份和对古典文本的正确解释于是被密切关联了起来。[187]只有异教希腊人才被相信代表了希腊文化。波斐利的修辞是对基督徒身份的一种巨大颠转。虽然奥利金认为他自己通过按照希腊人的方式，尤其是按照柏拉图的哲学来解释希伯来圣经，从而把希伯来圣经提升到了一个更高的精神层次，但波斐利把他贬低到野蛮他者的一边。

此外，波斐利写了第一部关于《蒂迈欧》的连续注疏，巴尔特斯认为其"在这个时代，在这类作品中，毫无疑问是最全面和最完整的"。巴尔特斯赞扬其语文学的精准性，强调波斐利在提出他自己的解释之前系统地回顾了前人的观点。[1]波斐利对《蒂迈欧》的处理的确新颖。他比他的前人更一致地运用了荷马研究的方法，并更有力地强调了异教身份。他的作品在某些方面可与狄底谟斯（Didymus）的作品相比，后者在奥古斯都时代的亚历山大里亚写了一部关于《伊利亚特》的广博的评注注疏。两位学者都批评性地回顾了早前的解释。狄底谟斯关注阿里塔克斯（Aristarchus）和泽诺多图斯（Zenodotus）之间的争议，而波斐利则特别留意了普

---

〔1〕 Baltes，*Weltentstehung* I161-163.

鲁塔克、阿提库斯和陶儒斯之间的差异。

然而不幸的是，波斐利的评注只以极其残损的形式保留了下来。这无疑主要是因为他激烈反对基督教的立场；他的对手显然不想保留他的作品。尽管如此，普罗克洛和斐洛波努斯还是让我们对波斐利划时代的评注有了某些重要的了解。然而，他们的见证必须要批判地使用，因为他们中的一个是基督徒，而另一个则被教会认可并传播开来。因此很难知道，比如，波斐利是否提到了基督徒对《蒂迈欧》的不同解释。他在现存的残篇中没有提到，但那很可能是后来的作家选择的结果。

正如从普罗克洛那里知道的，这些残篇表明波斐利在从荷马到柏拉图的背景中看待他的《蒂迈欧》评注活动。他比较了《蒂迈欧》和荷马史诗，主张柏拉图在哲学上的优越性。首先，[188] 波斐利显然秉承了荷马研究的精神，对《蒂迈欧》进行前后一致的文本分析，他经常提出 ἀπορία（疑难），然后给出 λύσις（说明）。[1] 此外，他主张气息音（breathings）不重要，并且"从柏拉图"解释"柏拉图"（普罗克洛，《柏拉图〈蒂迈欧〉评注》I219 和 94）。追随朗吉努斯和最优秀的亚历山大里亚传统，波斐利还处理了文本批评问题，追问比如《蒂迈欧》的序言是否是原来对话的一个内在部分（I204，参见 II300-301）。此外，他提出了关于柏拉图和荷马之间关系的清晰看法，认为他们彼此补充（I64）：

> 荷马的确足以把巨大和崇高赋予激情，并在一个有想象力

---

〔1〕 参见比如普罗克洛，《〈蒂迈欧〉评注》I63，202，216，439-440。

的块物中激起行动，但是……他不能给出一种理智的和激发哲学生活的无激情（impassivity）。

波斐利在此为每一位作家确定了一个特定的角色：虽然荷马是诗人，诉诸人类的情绪，但柏拉图表达了哲学真理，训练他的读者朝向一种哲学的生活方式。此外，波斐利强调，"最好的生活是诗人不能[模仿的]，因为这超过了他们的能力"（I66）。柏拉图在哲学上更有价值，但荷马史诗也没有被完全贬低。这个立场相当重要。波斐利以某种方式用荷马来替换柏拉图，把直到那时为止还用于荷马史诗的相同学术关注用于后者的文本。于是，一位异教哲学家运用荷马研究的传统方法，就柏拉图的创造论述写了一部连续评注，而基督徒则评注了《创世记》。每一个共同体都关注一个特殊的创造神话，强调其各自的种族和宗教身份。

对波斐利而言，《蒂迈欧》在比喻意义上具有不可侵犯的权威。为了捍卫这个异教学说，反对源自内部的竞争者，他批评字面解读是"不敬的"（I382）：

> 波斐利和扬布里柯的追随者指责（ἐπιρραπίζουσι）[普鲁塔克和阿提库斯关于[189]宇宙出自前存在的混乱的字面创造]这个观点在整体上把无序置于有序之前，把未完成的置于已完成的之前，把无理智的置于有理智的之前。而且[他们补充说普鲁塔克和阿提库斯]是不敬的（ἀσεβοῦσαν），不仅在关于宇宙的问题上，还有在关于造物主的问题上，因此他们确实完全取消了造物主的善良意志或创造能力。

波斐利、扬布里柯和他们的学生显然假定柏拉图的《蒂迈欧》具有终极真理的价值。这个文本被认为教导了对待诸神的正确态度和对宇宙本性的正确理解。按照他们自己的论述，字面解释被排除了，因为创造的时间顺序暗示了混乱和不完美在时间上的先在性。然而，这个尤其尖锐的"不敬"表明有更多的东西岌岌可危，而不仅仅是理论上的解释学。实际上，似乎普鲁塔克和阿提库斯的观点之所以受到如此激烈的批评，是因为他们的方法被教会采用。尤西比乌斯（Eusebius）尤其强调，阿提库斯的《蒂迈欧》解释是正确的，因为其符合圣经（《预备福音书》15.6.1）。阿提库斯被赞为基督教信仰和柏拉图哲学之间一致性的典范。相反，亚里士多德被谴责为总是阐述相反的和——通过暗示——错误的世界观。在这场基督教论战的背景下，波斐利和扬布里柯的立场获得了新的意义。当他们拒绝那些如今被引用来支持基督教的早期异教观点时，他们为其异教共同体构建了坚实的边界。

文本共同体是在异教圈子中围绕着《蒂迈欧》建构起来的，我们对此的印象得到了波斐利关于异教徒宗教生活的讨论的进一步证实。在他的《蒂迈欧》评注残篇中，波斐利两次详细评注了柏拉图文本中提到的祈祷。一个例子就能说明他的解释精神（I208）：

> 祈祷尤其属于高贵的人，因为这是与神圣者结合，相似者喜欢与相似者结合，高贵之人最与诸神相似……此外，正如我们就像是脱离了父亲的小孩，所以为了回到我们真正的父母即诸神那里，祈祷是合适的。

[190] 波斐利在此把柏拉图的作品奠基于当时的异教信仰之上。在某种程度上，他就类似于早期的亚历山大里亚学者，他们根据自己时代所知道的仪式背景来讨论荷马对雅典娜的描述。[1]然而，一旦我们考虑他们当时的背景，波斐利的解释就获得了新的社会意义。虽然基督徒为了他们的共同体而主张对《蒂迈欧》进行字面解释，从而切断了这个文本与其最初的异教 *Sitz-im-Leben*（生活实况）的关联，但波斐利反对他们的方法，他明确强调了这个文本在他看来真正所属的异教共同体的宗教实践。

这个对围绕着《蒂迈欧》，以及更一般地围绕着柏拉图的作品而出现的文本共同体的概述，得到了后康斯坦丁时代（post-Constantinian period）的两位证人的证实。朱利安和普罗克洛付出了英雄般的努力来抵制教会不断增强的力量，保存真正的异教传统。广为人知的是，在 362 年，朱利安颁布了一项法律，阻止基督徒以异教文本教导适学儿童。[2]显然，他怀疑基督徒会误解古典遗产。此外，朱利安还为《蒂迈欧》指派了一个特殊的角色，称之为关于世界创造的"我们的论述"（《驳加利利人》96c）。于是，他比他之前的任何人都更明确地使《蒂迈欧》的论述类似于基督徒所接受的圣经论述（49a-b）。《蒂迈欧》已经成了《创世记》的异教对应文本。

普罗克洛的《〈蒂迈欧〉评注》（本文无法对之进行全面考察）提供了进一步证据来支持我们的论证。普罗克洛收集了大量关于

---

[1]《〈伊利亚特〉注释》6.92-93（II147, Erbse）。

[2]《狄奥多西法典》13.3.5；参见 G. W. Bowersock, *Julian the Apostate*, London, 1978, pp. 83-84.

《蒂迈欧》的异教诠释传统，但竟然没有提到这个文本的哪怕一位基督教读者。这是真正值得注意的沉默。我认为，这可以根据拉比文献中的类似现象来解释，其中没有提到康斯坦丁皈依基督教。这个空白表明了真正地不关注"外部"事件。然而，鉴于康斯坦丁皈依的巨大政治含意，[191]正如一些学者认为的，这更有可能是，拉比们在这个主题上的沉默是针对已经获得至高无上力量的敌对宗教的一种相当自觉的姿态。同样，似乎普罗克洛和《蒂迈欧》的其他读者在教会确立自身之后就转向了内部。那些可用的异教传统被收集起来，一种团结感通过他们自己对柏拉图作品的评注计划得到增强。[1]

---

[1] 本文基于2005年7月在耶路撒冷希伯来大学高研院的"文字的统治"（Dominion of Letters）工作坊举办的讲座。感谢组织者G. G. Stroumsa和M. Finkelberg的邀请和参与者富有思想的点评。同样要感谢Y. Liebes，F. Millar和《希腊、罗马和拜占庭研究》的匿名读者对此文草稿的有益点评。本计划的研究得到以色列科学基金的支持（批准号：810/03）。

柏拉图本原学说的一元论和二元论[*]

Jens Halfwassen^{〔1〕}　程宇松　译

　　柏拉图的学园内本原学说（inner-Academic doctrine of
principles）——其20世纪的最重要阐释者是 H. J. Krämer^{〔2〕}——提
出了我们现在所熟悉的两个最终本原：绝对一（αὐτὸ τὸ ἕν）与大和

---

* 本文选自 Jens Halfwassen，"Monism and Dualism in Plato's Doctrine of Principles，"
  The Other Plato：*The Tübingen Interpretation of Plato's Inner-Academic Teachings*，New
  York：State University of New York Press, pp. 143-160。

[1] Jens Halfwassen（1958—2020），德国哲学家，海德堡大学讲席教授。著有《向一攀升》
  （*Der Aufstieg zum Einen*，2006）、《一的踪迹》（*Auf den Spuren des Einen*，2015）、《黑格
  尔和古代晚期新柏拉图主义》（*Hegel und der spätantike Neuplatonismus*，1999）等。

[2] 该论文曾在 1994 年 4 月 29 日展示于图宾根大学，在纪念教授 H. J. Krämer 博士 65 岁
  生日的研讨会上；它也出现于 H. J. Krämer 的纪念出版物中：Th. A. Szlezák（ed.），
  Platonisches Philosophieren，Hildesheim：Georg Olms，2001。我要感谢 Thomas Szlezák
  和希尔德斯海姆的 Georg Olms 出版社，为他们慷慨地允许我在这里出版。H. J. Krämer
  在解释柏拉图未成文的本原学说及其与他的书写作品的一致性方面最重要的作品是
  Krämer 1959；Krämer 1964；Krämer 1964（2）；Krämer 1966；Krämer 1967；Krämer
  1968；Krämer 1969（参见该书的第 2 章）；Krämer 1971；Krämer 1973；Krämer 1980；
  Krämer 1981；Krämer 1982；Krämer 1990；Krämer 1982（2）；Krämer 1983；Krämer
  1986；Krämer 1988；Krämer 1989；Krämer 1990（2）；Krämer 1993；Krämer 1994；
  Krämer 1996；Krämer 1997；Krämer 1997（2）。H. J. Krämer 在 Krämer 1990，287–300
  中给出了关于柏拉图未成文学说的详细参考文献。

小（μέγα καὶ μικρόν）的不定的二（ἀόριστος δυάς）。根据这一学说，每个存在都可以追溯到这些本原的相互作用。K. Gaiser 在 1963年的开创性著作《柏拉图的未成文学说》（*Platons ungeschriebene Lehre*）中提出"根据柏拉图，这两个对立的本原最终是如何相互关联的"，这样的问题是柏拉图本原学说的"核心事实和历史问题"。[1]

上个世纪对柏拉图哲学的研究经常涉及这个问题，即柏拉图本原学说中一元论和二元论之间的关系。[2]可能的立场涉及明显的一元论（如 J. Findlay 在他强烈黑格尔化的解释中描绘的）[3]和彻底的二元论（如 P. Wilpert 和 H. Happ 在柏拉图的著作中明显发现的）[4]。

C. de Vogel 和 C. F. von Weizsäcker 更倾向于谨慎的一元论，其中多的本原是明确的从属，根据普罗提诺的一元本体论（henology）模型而来。[5]Gaiser 自己倾向于一种类似于绝对中的对立统一（*coincidentia oppositorum*）的解决方案。[6]在类似的方

---

[1] Gaiser 1963/1968, 12-13.

[2] 对于本原之间关系概念化的各种可能性、一元论和二元论的许多可能变种，以及两者的相互渗透，大体来说，Ph. Merlan 已经在 Merlan 1965 做出了区分。一些学者在柏拉图主义的历史中考察了一元论和二元论的多种形式，例如：（1）Vogel 1970；（2）Theiler 1964；还有 Theiler 1965, esp. 205ff.；（3）Rist 1965；（4）Dillon 1977, esp. 12ff.（斯彪西波），119ff.（伪毕达哥拉斯主义者），126ff.（欧多鲁斯），342ff.（亚历山大·波利希斯托［Alexander Polyhistor］和塞克斯都·恩披里柯），346ff.（墨德拉图斯［Moderatus］）；也有 Dillon 1981, esp. 11, 17ff.。

[3] Findlay 1974, esp. 322ff.

[4] Wilpert 1949, esp. 173ff.; Happ 1971, esp. 141ff.; Reale 1993, esp. 205ff. 也特别相似。

[5] De Vogel 1959, esp. 31; 以及 de Vogel 1986; Weizsäcker 1971, 474–491, esp. 476; Weizsäcker 1981, 57f., 74f.。

[6] Gaiser 1963, esp. 12-13, 27, 200-201, 506.（200: "在对立学说的矛盾背后，一个综合的基础明显在自身之中同时蕴含存在和非存在，只有这样，最终的'根据'才会被给出。"）

向上，V. Hösle 大力发展了这样一种信念，即在统一性和多元性辩证统一的意义上，可以在柏拉图那里找到否定本原对肯定的包容。[1] 相反，H. J. Krämer 有力地强调柏拉图思想本原的二元论痕迹，尽管如此，他还是在二元论的基础上留下了最终一元论（final monism）的可能性。例如，在他的不朽著作《精神形而上学的起源》(*Der Ursprung Der Geistmetaphysik*，1964）中，Krämer 考虑了一元论的解决方案。然而，他并没有考虑对立统一（如库萨的尼古拉斯或黑格尔理解的那样），而是按照柏拉图的新柏拉图主义解释的传统，提出将多的本原还原为一，作为奠基一切的原始本原（allbegründendes Ur-Prinzip）。[2]

以上关于学术研究的讨论警告我们，不要毫无保留地把柏拉图未成文的学说解释为一种直接的、几乎是摩尼教（Manichean）的二元论。然而，W. Kullmann 最近反对未成文学说的"二元论"和对话录的"一元论"是两种语境上难以统一的哲学。[3] 与这种观点相反，应当指出的是，对话录（即《蒂迈欧》《智者》《斐莱布》和《巴门尼德》）也思考了类似于未成文学说的两极现实结构；[4] 另一

---

〔1〕 Hösle 1984, 478-490.（481："在特定意义上，柏拉图的哲学将自身带到了这个公式……它思考了统一性和多元性的统一性；在这个规定中，重要的是框架，它在肯定的范畴中结合了一个肯定的范畴和一个否定的范畴。"）

〔2〕 Krämer 1964, esp. 332-334.

〔3〕 Kullmann 1991, esp. 11ff. 和 18ff.；参见 21："第二本原的学说首先是根据'国家'的构成而形成的，并且在严格形式上依然完全没有在对话录中得到考虑，因为它无法与柏拉图哲学的基本立场相协调。"

〔4〕 另外，对该主张的完全解释出自 Reale 1993, 293ff., 315ff., 355ff., esp. 443-521，关于《蒂迈欧》。也参见 Migliori 1990 和 Movia 1990。

方面，未成文学说本身的证据为柏拉图的最终一元论提供了暗示，顺便说一句，本原学说的历史证明了这一点，不仅是从新柏拉图主义开始，而且是从斯彪西波（Speusippus）开始。[1] 在下文中，我将首先研究一些关于柏拉图一元论和二元论之间关系的对话录的有益段落。然后，我将研究间接传统中最终一元论本原的一些特别重要的迹象，并提出一个我认为以前没有讨论过的解决方案。最后，我将从历史的角度，通过斯彪西波和中期柏拉图主义哲学家欧多鲁斯（Eudorus）支持这个解决方案，后者依赖于前者。

一、对话录中的一元论和二元论

关于理解柏拉图的本原概念，对话录中信息最丰富的段落可能是《理想国》第六卷和第七卷中的一系列比喻，以及相邻的关于数学入门和辩证法之间关系的言论。[2] 柏拉图在这里只揭示了他的第一本原，这个本原表现为"善本身"或"善的理念"，但其自身

---

〔1〕 在这里，提及我自己的相关出版物的信息是适当的：Halfwassen 1992, esp. 98ff., 201ff., 282ff., 363ff.；Halfwassen 1992（2）；Halfwassen 1993, esp. 342ff., 350ff., 360ff.；Halfwassen 1996；Halfwassen 1998, 29-42；Halfwassen 1999, esp. 175-196。

〔2〕 根据本原学说，理解《理想国》核心段落的基础是 Krämer 的著作：Krämer 1959, 135-145, 473-480, 533ff.；Krämer 1964, esp. 214f., 221；Krämer 1969, 96-103；Krämer 1997。Reale 和我基于 Krämer 的发现对"日喻"的阐释也应被提及：Reale 1993, 257-291；Halfwassen 1992, 220-264；Szlezák 1985。Szlezák 1985 也是非常重要的，因为它精确证明了正确的逻各斯"帮助"建立了柏拉图对话中始终贯彻的构成原则，通过回归 τιμιώτερα——回归一个更本原的基础；进一步，通过对对话录内在引用功能的深入分析，Szlezák 间接证明了对话录需要全部或部分地由未成文的本原和目标完成；亦参 Szlezák 1993, esp. 67ff., 85ff.。

的本质被有意隐藏起来了。[1]就像亚里士多德报告的，[2]柏拉图在《理想国》中无疑明确指出，善按其自身的本质就是一本身，因为他要求善的理念有一种本质的辩证规定，即把善从一切别的事物中抽象出来，ἀπὸ τῶν ἄλλων πάντων ἀφελών，[3]并且把善从存在和思维的一切基本规定中剔除。[4]但是，这个一切的抽象（ἀφαίρεσις πάντων）必然导致一本身，它的绝对简单性排除了每一个多元的决定性，因此也解释了为什么"善"——作为存在、知识和价值的最终本原——必须"超越存在"（ἔτι ἐπέκεινα τῆς οὐσίας）。[5]它必须超越存在，因为"一存在"的说法已经包含了一与存在之间的二

---

[1] 柏拉图《理想国》506E，509C。

[2] 亚里士多德《形而上学》N4，1091b13-15；《优台谟伦理学》A8，1218a19-21。还有亚里士多塞诺斯（Aristoxenus）的 *Harm.* II39-40, da Rios（根据亚里士多德）；亚里士多德《形而上学》A6，988a14f.，Λ8，1075a35f.，A8，1084a34f.，1092a29ff.；《物理学》A9，192a15；塞克斯都·恩披里柯 *Adv. Math.* X. 268-275；赫尔谟德鲁斯，参见辛普里丘 *In Phys.* 248, 2ff.——柏拉图以一种含蓄的方式将一称为善的本质，通过援引阿波罗（509C1），其名字被阐释为对多的否定（A-pollo，非—多）；参见普罗提诺《九章集》V.5.6.27f.；普鲁塔克 *De E apud Delphos* 20，393C 和 *De Iside* 75，381F-382A（以柏拉图的本原学说为语境：一切都来自 ἕν—Ἀπόλλων—κατ᾽ ἔλλειψιν καὶ ὑπερβολήν, ἰσότητι）。

[3] 柏拉图《理想国》534B。

[4] 关于《理想国》534B-C 中这个非常重要的立场的解释，参见 Krämer 1996。柏拉图在这一点上设想了一种否定神学，这在普罗克洛 *In Remp.* I. 285, 5-28 和 *In Parm.* VII. 64, 16-27 中得到了正确的证实。普罗克洛将该立场阐释为纯粹一的否定神学（*via negativa*），这基本符合 Krämer 的阐释，但是并未明显区分对一的普遍的（generalizing）和基础的（elementary）上升；另外，普罗克洛将其结合于《巴门尼德》的假设 I，柏拉图在其中就像普罗克洛那样实行了 ἓν ἀγαθὸν ἀπὸ τῶν ἄλλων πάντων 的 ἀφαίρεσις，即"一切善中的一个善"的"抽象"。

[5] 柏拉图《理想国》509B；参见《巴门尼德》141E。关于一和善的绝对超越性，特别要参见 Halfwassen 1992, 19ff., 188ff., 221ff., 257ff., 277ff., 302ff., 392ff.。

元性，存在的其他一切基本规定都是从二元性中引申出来的，就像《巴门尼德》的假设 II 表明的那样。[1]

　　那超越存在或善的一明显被称为"无条件的"[2]"无条件的本原"[3] 或 "一切［理念］的本原"[4]。因此，一的无条件性关联于它作为 "一切的本原" 的地位，因而关联于作为一切基础的本原。[5]《理想国》的辩证纲领清楚地描述了向**一个**无条件者和绝对者的上升，这是**一切事物**的根本基础。这似乎排除了本原的不可还原二元论（irreducible dualism）：如果多作为一种同等起源和同等独立的本原而反对一，那么一将不再是**一切事物**的本原或无条件的本原（ἀνυπόθετος ἀρχή），因为它作为起源的动力将通过它与多本原的相互作用而受到制约。此外，几个无条件本原在它们的无条件性中会相互中和，这就是为什么只有**一个**无条件者（ἀνυπόθετον）能够克服条件（ὑποθέσεις）的多元性。[6]《理想国》中的陈述坚决支持对本原学说的一元论解释。因为这里提到了理念的数（ideal

---

〔1〕　柏拉图《巴门尼德》142f.。参见斯彪西波那里翔实的对应，fr. 72, Isnardi Parente（扬布里柯 *De comm. math. sc.* IV.15, 7-10）：τὸ ἓν ὅπερ δὴ οὐδὲ ὄν πω δεῖ καλεῖν, διὰ τὸ ἁπλοῦν εἶναι καὶ διὰ τὸ ἀρχὴν μὲν ὑπάρχειν τῶν ὄντων, τὴν δὲ ἀρχὴν μηδέπω εἶναι τοιαύτην οἵα ἐκεῖνα ὧν ἐστιν ἀρχή（"一，它甚至不应被称为存在，因为它是简单的，并且是构成了诸存在的本原，这个本原自己没有它作为其本原的东西的属性"）。对此，参见 Halfwassen 1992, 19ff., 188ff., 221ff., 257ff., 277ff., 302ff., 392ff.。

〔2〕　柏拉图《理想国》511B6：τὸ ἀνυπόθετον。

〔3〕　柏拉图《理想国》510B7：ἀνυπόθετος ἀρχή。

〔4〕　柏拉图《理想国》511B7：ἡ τοῦ παντὸς ἀρχή。

〔5〕　柏拉图《理想国》511B。

〔6〕　柏拉图《理想国》511B，533C。

numbers）[1]与大和小（μέγα καὶ μικρόν）[2]，任何试图在传承上平衡《理想国》的一元论与间接传统的二元论（即通过它们的年代）的解释都很容易被否认。[3]当然，对本原学说的一种更似是而非的一元论解释，并不意味着**消除**彻底的、决定性的两极化，而只是将其**相对化**，因为多本原比不上一本原，它并不是同样原初或强大的，因此不能被认为是第二个绝对者。[4]

这在《巴门尼德》的第二部分得到了证实，这部分也许最好地

---

〔1〕 柏拉图《理想国》，476A5-7：πάντων τῶν εἰδῶν πέρι ὁ αὐτὸς λόγος, αὐτὸ μὲν ἓν ἕκαστον εἶναι, τῇ δὲ τῶν πράξεων καὶ σωμάτων καὶ ἀλλήλων κοινωνίᾳ πανταχοῦ φανταζόμενα πολλὰ φαίνεσθαι ἕκαστον（"那么，同样的论证适用于……所有形式；每个自身都是一，但是通过在一个共同体中以行动、身体和彼此出现于每个地方，每个都是幽灵般的多"[Bloom 译]）。这恰恰符合支持理念的数的特征的论证，在塞克斯都·恩披里柯 Adv. Math. X. 258 的报告中：ἐπείπερ ἑκάστη ἰδέα κατ᾽ ἰδίαν μὲν λαμβανομένη ἓν εἶναι λέγεται· κατὰ σύλληψιν δὲ ἑτέρας ἢ ἄλλων δύο ἢ τρεῖς ἢ τέσσαρες（"因为，就其自身来看，每个理念都被说成是一，但与其他理念结合起来，它就是二、三或四"）。

〔2〕 柏拉图《理想国》524C, 525A, 524C11：τί οὖν ποτ᾽ ἐστὶ τὸ μέγα αὖ καὶ τὸ σμικρόν，（"什么是大和小"）。也参见：ἅμα γὰρ ταὐτὸν ὡς ἕν τε ὁρῶμεν καὶ ὡς ἄπειρα τὸ πλῆθος（"因为我们将同一事物同时视为一和不定的多"）——οὐκοῦν εἴπερ τὸ ἕν ... καὶ σύμπας ἀριθμὸς ταὐτὸν πέπονθε τοῦτο（"如果这正是一的情况……那么这对所有数不都是一样的吗？"[Bloom 译]）。而且，柏拉图在分割线的比喻中称呼的数学本原（510C）——偶和奇、图形及三种角——又回到了未成文学说中关于相等和不相等的两个普遍本原，以有限者（πέρας）和无限者（ἄπειρον）作为最高属（参见 TP 37-38；也有 Gaiser 1986, esp. 100ff.）。柏拉图更典型的说法是只将一个无条件者（ἀνυπόθετον）说成"一切的起源"，它从数学的本原向其上升；这仅仅意味着不定的二对柏拉图来说不是一个无条件的本原（ἀνυπόθετος ἀρχή）。

〔3〕 Kullmann 1991, esp. 11ff.

〔4〕 回想 Krämer 在 Krämer 1964, 332f. 中的基本澄清："如果一个人在'晚期的'解决方案的背景下更精确地思考学园本原学说的可能和问题，那么这立即就会显示出，替代方案不是简单的一元论或二元论，而是更确定的一元论与随后二元论（subsequent dualism）或原始二元论（original dualism）……或者换种说法：一元论的解决方案对应于两个'本原'对立背后的反映（Rückgriff），而不扬弃它。"

揭示了柏拉图著作中未成文的本原学说。一和多——未成文学说的两个本原——在那里通过八个论证或"假设"（hypotheses）得到了考察，关于它们本身的绝对性和它们彼此之间的关系。假设 II 和 III 通过两种本原的相互作用论证了理念世界的存在——即本体的一（ontic one）——的构成。假设 II 这样描述从第一本原出发的本体论解释：通过二的分裂而扩张的力量，使得一展开于多。假设 III 描述了完全相同的本体论，但从第二本原的角度来看，这是通过一的设定统一力量来限制无限。[1] 相比之下，假设 I 和 IV 将一和多各自独立地主题化，即在它们的不相关性中主题化。结果是否定的，因为每一种存在规定的本原本身——即本体的一的谓词——以及存在本身、知识和言语都被否定了。[2] 这就是说，首先，一和多这两个本原并不是本体的，因为它们先于一切可以思考的规定，因而先于存在的一切可能的意义。绝对一[3]的非存在被更准确地理解为存在的超越或"超越存在"（beyond being）[4] 假设 I 的所有其他否定都必须被理解为对超越性的陈述，它以彻底的否定神学（theologia negativa）方式切断了绝对和它的所有派生者。在《理想国》[5] 中，这是通过对

---

〔1〕《巴门尼德》第二部分和间接传统之间的一致已经得到了反复强调，从 Stenzel 到 Reale 和 Migliori。关于亚里士多德的解释，参见《形而上学》A8, 989b18, M7, 1081a25, M7, 1082a13ff., M8, 1083b23f., N4, 1091a25；亚历山大 *In Met.* 56, 19f., 26ff. 和 57, 4；辛普里丘 *In Phys.* 454, 14 和 455, 6f.；塞克斯都·恩披里柯 *Adv. Math.* X. 276-277。参见斯彪西波，见扬布里柯 *De comm. math. sc.* IV. 16, 17f.；以及色诺克拉底（Xenocrates）fr. 68, Heinze。

〔2〕柏拉图《巴门尼德》141E-142A。

〔3〕柏拉图《巴门尼德》141E。

〔4〕参见柏拉图《理想国》509B；*TP* 50, 52。

〔5〕柏拉图《理想国》534B-C。

绝对本原的必要的否定排除实现的。[1] 然而，纯粹的、没有统一性的多的非存在并不意味着"超越存在"，而是意味着"存在的缺乏"（deficiency of being）。因此，与此相对应的假设 IV 的否定，只能在缺乏的意义上理解，而不能在超越的意义上理解。

纯一的本体超越性和纯多的本体缺乏性也在学园内学说的报告中得到了论述。[2] 然而，这些报告阐明了本原独特的不对称

---

〔1〕 参见我对假设 I 的阐释，在 Halfwassen 1992, 276ff., 302-405。我认为，对假设 I 作为一种否定神学的解释是唯一从历史角度可能的阐释，理由如下：（1）一对于存在的超越性在柏拉图的间接传统中得到了反复证实；善等同于一这个观念在《理想国》509B 得到了确认。然而，一个**超越存在**的本原只有通过否定法（via negationis）才能得到把握，因为每个肯定的规定都已经蕴含了存在。柏拉图要求善的理念的规定是 ἀπὸ τῶν ἄλλων πάντων ἀφελών，"从所有其他事物中抽象出来"（《理想国》534B9），也就是通过否定神学。（2）柏拉图在《智者》中批评爱利亚学派的一，但不是因为它是绝对简单的，并且因此没有规定性——就像人们可能会预想的，如果假设 I 意在表示一个反爱利亚学派的态度——而恰恰是因为它同时是存在和大全，并且因此**不是**绝对简单且没有一切多元性的；因此，爱利亚学派的一具有部分，并且这不可能是"一"的（《智者》245A5f.）。因此，柏拉图批评爱利亚学派的一，因为它**不是**一个纯粹的、绝对简单的一。他在《智者》245A8-9 中宣称：ἀμερὲς δήπου δεῖ παντελῶς τό γε ἀληθῶς ἓν κατὰ τὸν ὀρθὸν λόγον εἰρῆσθαι（"真正是一的东西，根据正确的解释，的确应该被说成是没有部分的"）。这是对《巴门尼德》137Cf. 的更准确引用，在那里，一被假设为绝对无部分和没有多元性的。如果假设 I 对柏拉图来说是一（ἕν）的正确推理（ὀρθὸς λόγος），它就不能是一个归谬法，并且因此必须被理解为否定神学。（3）对假设 I 的"新柏拉图主义"阐释不仅明显支持普罗提诺，就像 Dodds 1928 已经表明的，而且它在大体上可以追溯到斯彪西波，Dodds 已经假定了这一点（140）；这就是说，可以表明普罗克洛 In Parm. VII, 40, 1ff.（= TP 50）中的斯彪西波关联于《巴门尼德》的前两个假设（参见 Halfwassen 1993, esp. 365ff.）。并且，有了这一点，将假设 I 阐释为否定神学的正确性已经得到了柏拉图学园一个成员的证实。顺便一提，普罗克洛在他的评注中引用斯彪西波的残篇恰恰是为了表明这一点：在这个语境中，他批判性地处理将之作为归谬法的解释。对《巴门尼德》特别是假设 I 的"新柏拉图主义"阐释，在本原学说这一方面，已经得到了 Horn 1995 的辩护。

〔2〕 斯彪西波 TP 50；亚里士多德 TP 28A；参见《形而上学》N5, 1092a14f.；波斐利 TP 52；赫尔谟德鲁斯 TP 31。关于一的超越性，还有其他的参考：斯彪西波 fr. 48, 57, 62, 72, Isnardi Parente；亚里士多德 Περὶ εὐχῆς, fr. 1, Ross；《优台谟伦理学》VIII2, 1248a27-29；关于多的本原的缺乏特征，特别参见亚里士多德《物理学》I9, 192aff.。

关系：一本身对于多元性的绝对超越可以而且必须是纯粹就其自身的——因为它拥有摆脱与另一者即第二本原的关系的绝对性——另一方面，多不能是纯粹就其自身的，因为它只要分离于一，就会成为无。[1] 只有一绝对地设定了它自己，而不是多，因为多本身是无。因此，只有一个绝对者。《巴门尼德》的最后一个假设证实了这一点，它表明多与一分离时就不再是多，[2] 而是无。[3] 以肯定的方式说，这意味着多本身需要有统一性（Einheit）的特征，才能被普遍地理解为本原；并且，事实上，亚里士多德就柏拉图的多本原明确地证明了统一性的特征。[4] 因此，多不能作为同样原初的和同样有力的事物对立于一。但是，从绝对一向原初多在推论上可理解的派生是不可能的。

《斐莱布》也暗示了柏拉图的最终一元论，它没有消除二元论，却是二元论的基础。与《巴门尼德》和间接传统一致，这篇对话录假定一与多——即毕达哥拉斯的术语 πέρας 和 ἄπειρον，有限与无限——是存在的每一层次上的实在的两个构成性本原。[5] 柏拉图一方面强调，这两个本原在不同的层次和现实的不同领域产生了多种方面和表现，但另一方面，每个本原本身就是一（23Ef.）。[6] 柏

---

[1] 参见柏拉图《巴门尼德》165E-166C。

[2] 柏拉图《巴门尼德》165E；参见 159D。

[3] 柏拉图《巴门尼德》166C。

[4] 亚里士多德《形而上学》N1, 1087b9-12, 1088a15。也参见 Szlezák 1987, 45-67。

[5] 柏拉图《斐莱布》14Cf.。

[6] 柏拉图《斐莱布》23E4-6: πολλὰ ἑκάτερον ἐσχισμένον καὶ διεσπασμένον ἰδόντες, εἰς ἓν πάλιν ἑκάτερον συναγαγόντες, νοῆσαι πῇ ποτε ἦν αὐτῶν ἓν καὶ πολλὰ ἑκάτερον（"既然每个都分为多，［就让我们试着］将它们结合为一，并且理解它们中的每一个如何既是一又是多"）。

拉图因此指出了关于 ἄπειρον——即**第二本原**——统一性的必要特征，以一种非常明显的方式（25A-C, 23E）。[1] 然而，如果多的本原必须具有统一的性质，而不管它的方面和表现的多元性——因为它不能是它自己的多种表现的**一个**本原或统一的属——那么，它就既不能与作为**所有**统一性的基本根据的一本身同样原始，也不能独立于一本身。本原的最终一元论的另一个迹象来自《斐莱布》，它在 πέρας 和 ἄπειρον 之外提出了现实的两个额外本原（23Cf.）：混合即 μικτόν 作为限制无限的产物，以及混合的原因即 αἰτία τῆς μείξεως 协调两个本原在限制无限中的相互作用（27B，30A-B）。在真存在的层面上，对《巴门尼德》来说，混合可以等同于作为一切理念的本体的一。在《斐莱布》的宇宙论限制视角中，原因（αἰτία）与理智（νοῦς）联系在一起，因此也与作为动力因（*causa efficiens*）的匠神联系在一起。[2] 然而，我们可以搁置这种观点上的限制，并对这两个普遍本原相互作用的基础提出质疑。就这种协调本身是一种统一而言，只有它的本原才能是绝对的本原，这种本原代表着"根据"本身，高于本原的对立，并首先使这种对立

---

〔1〕 特别是柏拉图《斐莱布》25A1-4：εἰς τὸ τοῦ ἀπείρου γένος ὡς εἰς ἓν δεῖ πάντα ταῦτα τιθέναι, κατὰ τὸν ἔμπροσθεν λόγον ὃν ἔφαμεν ὅσα διέσπασται καὶ διέσχισται συναγαγόντας χρῆναι κατὰ δύναμιν μίαν ἐπισημαίνεσθαί τινα φύσιν（"在我们看来会变得更多或更少的一切事物——我们需要将它们全部归入无限的属，就像归入一，根据我们不久前给出的解释，以此收集那些潜在地分裂和分开的事物，并且用一个本性标记它们"）；25C10-11：ὁπόσα ἐν τῷ πρόσθεν τῆς τὸ μᾶλλόν τε καὶ ἧττον δεχομένης ἐτίθεμεν εἰς ἓν φύσεως（"我们之前假定为处在**一个本性的属**中的东西，它接受更多和更少"〔作者的强调〕）。参见 Reale 1993, 417ff. 。
〔2〕 参见 Reale 1993, 429ff., esp. 440ff. 有说服力的阐释。

成为可能。[1]柏拉图自己似乎将一视为最终或绝对的原因，因为他根据其 αἰτία- 功能把 νοῦς 称为"天地之王"（28C）。这可能会让我们想起善的理念，它是《理想国》（509D）中奠基一切的本原的隐喻，也是柏拉图第二封信（312E）中"万物之王"的隐喻，这里毫无疑问是在说一。此外，在《斐莱布》中，理智属于"万物基础的属"（30D10f.: ὅτι νοῦς ἐστι γένους τῆς τοῦ πάντων αἰτίου λεχθέντος），[2]因此，该对话录仅仅代表它的一个表现。然而，根据《理想国》，"万物的基础"是善的理念，即一切的本原（ἀρχὴ τοῦ παντός）（511B7），[3]这是超越的一本身，νοῦς 在宇宙存在的从属领域中模仿其奠基统一性的动力。[4]

二、未成文学说中的一元论和二元论

正如对话录的证词明确证明了柏拉图的最终一元论，这种一元论并没有消除现实的二元结构，而是将其建立在一个更深刻、更全面的本原之上，这样的解释也可以在未成文学说的报告中被发现

----

[1] 然而，这个论证——即同样原初而结合的本原的二元性必然预设了一个原初本原作为其协调的根据，并且只有一自身能够作为最后的和最全面的统一性（*Einung*）——即使对普罗克洛来说，也是对所有不可还原二元论的决定性反驳。参见 *Theol. Plat.* II. 1, 12-14 和 II. 2, 15-16，以及同样的 *In Parm.* 619, 30-620, 3; 695, 39-697, 20; 706, 19-27; 709, 6-36; 724, 27，在对芝诺反对多的论证的系统解决中（柏拉图《巴门尼德》127E）。

[2] 也参见柏拉图《斐莱布》30D8: ὡς ἀεὶ τοῦ παντὸς νοῦς ἄρχει（"理智总是统治一切"）。

[3] 参见柏拉图《理想国》517C2: 善的理念 πᾶσι πάντων ... ὀρθῶν τε καὶ καλῶν αἰτία（"在任何情况下都是正确的和美好的原因"）。

[4] 关于德穆格的 νοῦς 及其与绝对一的完全关系，参见 Reale 1993, 487ff. 和 526ff.；以及 Halfwassen 2000, 39-61。

并得到支持。事实上，这里我们找不到从一到多的本原的实际派生。塞克斯都·恩披里柯（Sextus Empiricus）（*TP* 32，§261）似乎是唯一一谈到这种派生的人，但其叙述仍然不令人满意。他对一的"根据差异性"（according to its otherness）的自我划分的描述，被认为产生了不定的二，[1] 这已经预设了差异性，并且指的是在无限中，本体一的两个组成部分总是可重复地相互蕴含，如《巴门尼德》（假设 II：142Ef.）所示。这些组成部分在差异性的基础上互相区别和添加，正如塞克斯都指出的那样，理念的数是由此派生的（143Bf.）。[2] 这在存在的最原初结构中展示了二的动力性，而不是二的本原本身从绝对一的派生，[3] 这种绝对一超越同一性和差异性。相比之下，有许多说法支持不定的二（ἀόριστος δυάς）在本原上对一的从属，而不必从一派生出来，那样其本原地位就被取消了。

例如，赫尔谟德鲁斯（Hermodorus）对本原学说的极简说明（*TP* 31）证实了不定的二的非存在的缺乏意义，[4] 这与《巴门尼德》的假设 IV 和 VIII 一致。此外，赫尔谟德鲁斯否认了不定的二的 ἀρχή 地位，我认为这可以被理解为，二元对立不可能是存在的

---

[1] 塞克斯都·恩披里柯 *Adv. Math.* X. 261：καὶ ταύτην〔τὴν μονάδα〕κατ' αὐτότητα μὲν ἑαυτῆς νοουμένην μονάδα νοεῖσθαι, ἐπισυντεθεῖσαν δ' ἑαυτῇ καθ' ἑτερότητα ἀποτελεῖν τὴν καλουμένην ἀόριστον δυάδα（"就其自身被思考时，它〔单一〕被思考为单一〔monad〕，但根据差异性〔otherness〕被添加于自身时，它产生了所谓的不定的二"）。

[2] 参见 Halfwassen 1992, 34. f, n. 221。

[3] 假设 I，《巴门尼德》139B-E；也参见 Halfwassen 1992, 336-352。

[4] 辛普里丘 *In Phys.* 248, 11ff. 中的赫尔谟德鲁斯：αὐτῶν ἀμφοτέρων τῶν συζυγιῶν πάντα πλὴν τοῦ ἑνὸς στοιχείου τὸ μᾶλλον καὶ τὸ ἧττον δεδεγμένον. ὥστε ἄστατον καὶ ἄπειρον καὶ οὐκ ὂν τὸ τοιοῦτον λέγεσθαι κατὰ ἀπόφασιν τοῦ ὄντος. τῷ τοιούτῳ δὲ οὐ προσήκειν οὔτε ἀρχῆς οὔτε οὐσίας（ὄνομα, Theiler 校订）, ἀλλ' ἐν ἀκρισίᾳ τινὶ φέρεσθαι。

基础本原，而只是一展开的空的基础。这里明显对比于奥古斯丁将恶（*malum*）视为缺陷的原因（*causa deficiens*）的描述，这是他从普罗提诺那里继承来的。

亚里士多德似乎也反复提到学园内本原学说的最终一元论。具体地说，他报告了一个思想家，该思想家把一和不相等作为本原，把不相等看作大的和小的（不定的）二元，但把不相等、大和小说成**一个存在**（ὡς ἓν ὄντα）。亚里士多德批评这位思想家没有区分这些成分，只形成了一个**概念的**（λόγῳ）而非**数的**（ἀριθμῷ）的统一性（*TP* 49）。[1] 这完全符合柏拉图在《巴门尼德》和《斐莱布》中明确指出的多本原的必然统一性特征。然而，亚里士多德指出上述区别是为了说明，在柏拉图看来，第二本原不仅具有概念上的统一性，而且作为数的统一性具有本体论的本性。因此，如果柏拉图在概念和本体论上都为不定的二赋予了统一的性质，那么，他的第二本原相比于一就既不原初也不有力，而是根据 συναναιρεῖν καὶ μὴ συναναιρεῖσθαι [2] 的标准依赖于它。正如《巴门尼德》指出的，如果一被取消了，那么多的本原就也被取消了（假设 VIII）；但是，

---

[1] 亚里士多德《形而上学》N 1, 1087b9-12: καὶ γὰρ ὁ τὸ ἄνισον καὶ ἓν λέγων τὰ στοιχεῖα, τὸ δ᾽ ἄνισον ἐκ μεγάλου καὶ μικροῦ δυάδα, ὡς ἓν ὄντα τὸ ἄνισον καὶ τὸ μέγα καὶ τὸ μικρὸν λέγει καὶ οὐ διορίζει ὅτι λόγῳ ἀριθμῷ δὲ οὔ（"因为即使那些说不相等和一是元素并且不相等是由大和小组成的二的哲学家也将不相等或大和小视为一，并且做出了这样的区分，即它们在定义上而非数字上是一"[Ross 译]）。波斐利也证实了同一性的特征，在辛普里丘 *In Phys.* 454, 8f.: ἐν τούτοις δὲ καὶ ἡ ἀόριστος δυάς ὁρᾶται ἔκ τε τῆς ἐπὶ τὸ μέγα καὶ τῆς ἐπὶ τὸ μικρὸν μονάδος συγκειμένη（"在这些之中也可以看到不定的二，包括趋向于大的**单位**和趋向于小的"[作者的强调][J. O. Urmson 译]）。

[2] συναναιρεῖν καὶ μὴ συναναιρεῖσθαι 用于表示存在的不同层次之间的关系，即高等存在可以不依赖于低等存在，但反之则不成立。这是新柏拉图主义形而上学的基本公式。——译者注

如果多没有被取消，那么一就没有被取消（假设I）。同样，亚里士多德的评论也表明，严格地说，没有什么东西可以对立于一，"如果有什么，那就是多"。[1]如果多本身必须在概念和本体论上是统一者——否则它就不可能是多——那么一就是**一切**的本原，甚至是多的本原，排除并超越对立。然而，这两种本原形成了一种准对立（quasi-opposition），[2]因为一可以绝对分离于多，反之则不可。此外，亚里士多德断言，"两个本原"学说的倡导者——他明确地称之为形式之友（the friends of the forms）——假设了另一个更高本原（ἀρχὴ κυριωτέρα），后者也能以同样的方式得到理解。[3]因此，理念的本原是一，[4]它是相对于不定的二的"更高本原"，以《斐莱布》的 αἰτία- 本原的方式，建立了作为一种统一形式的两种本原的协调——因此也建立了理念对本原的分有和事物对理念的分有。

由此可见，柏拉图的多本原一方面依赖于作为**一切事物**的绝对

---

〔1〕 亚里士多德《形而上学》N1, 1087b27ff.: εἰ δ᾽ ἐστίν, ὥσπερ βούλονται, τὰ ὄντα ἐξ ἐναντίων, τῷ δὲ ἑνὶ ἢ οὐθὲν ἐναντίον ἢ εἴπερ ἄρα μέλλει, τὸ πλῆθος ("如果就像他们声称的那样，事物是由对立面组成的，并且对于一，或者没有对立的事物，或者如果有什么，那么它就是多元性"[Ross 译])。

〔2〕 普罗克洛使用了这个表达，*Theol. Plat.* II12, 66, Saffrey and Westerink: τὴν τῶν πολλῶν πρὸς τὸ ἓν οἷον ἀντίθεσιν ("多和一之间的一种对立")。参见 *In Parm.* 1095, 18f., Cousin: ἀναίρεται γὰρ ἡ τοῦ ἑνὸς ἔννοια τὸ πλῆθος ("因为'一'的概念拒绝多"[Morrow 和 Dillon 译])。

〔3〕 亚里士多德《形而上学》Λ10, 1075b17-20: καὶ τοῖς δύο ἀρχὰς ποιοῦσιν ἄλλην ἀνάγκη ἀρχὴν κυριωτέραν εἶναι, καὶ τοῖς τὰ εἴδη ὅτι ἄλλη ἀρχὴ κυριωτέρα. διὰ τί γὰρ μετέσχεν ἢ μετέχει ("而且，那些设定两个本原的人必须设定另一个，一个最高的本原，相信形式的人也必须如此；因为，为什么事物要分有，或者为什么它们分有？"[Ross 译])。

〔4〕 参见亚里士多德《形而上学》A6, 988a10-11: τὰ γὰρ εἴδη τοῦ τί ἐστιν αἴτια τοῖς ἄλλοις τοῖς δ᾽ εἴδεσι τὸ ἕν; A6, 988b4-6: τὸ τί ἦν εἶναι ἑκάστῳ τῶν ἄλλων τὰ εἴδη παρέχοντα—τοῖς δ᾽ εἴδεσι τὸ ἕν ("形式是所有其他事物的本质的原因，并且一是形式的本质的原因"[Ross 译])。

起源的一，但另一方面又不能从绝对的一本身派生出来；而且，即使是根据一的绝对超越性——它就是一本身，因此它本身不可能有任何潜在的、未发展的多——第二本原也既不是被隐含的，也不是被预先规定的。不定的二显然是一个本原，但并不是说它作为同样原初和独立的本原对立于一，而是说它在推论上不能从作为其展开基础的一派生出来：要从一中推出任何东西，必须先假定不定的多或二，正如《巴门尼德》的假设 II 和假设 III 表明的那样。因此，不定的二并不是绝对最终的或第一的，在**还原**上升到原初根据时，也就是说，它不是第二个无条件的本原，而是存在的演绎在推论上的非派生条件；因为从一的绝对超越性和非相对性中，不能得出任何可思考的规定性。此外，"它自身"就其纯粹的本质而言绝对地超越存在和多，因此还不能作为本原与它们有任何关系，[1]正如巴门尼德的假设 I 的结论说明的那样（141E-142A）。通过公开承认这种关系的困难，斯彪西波对柏拉图的本原学说的解释证实了这

---

[1] 这也是对一本身的本原特征的否定，因为这蕴含了与衍生者的关系。除了 *TP* 50，也参见普罗提诺《九章集》VI. 8. 8. 9ff.：[τò ἕν ἐστιν] ἀρχή: καίτοι ὅπερ τρόπον οὐκ ἀρχή ... δεῖ δὲ ὅλως πρòς οὐδὲν αὐτòν λέγειν: ἔστι γὰρ ὅπερ ἐστὶ καὶ πρò αὐτῶν [sc., τῶν ἄλλων πάντων]: ἐπεὶ καὶ τò "ἔστιν" ἀφαιροῦμεν, ὥστε καὶ τò πρòς τὰ ὄντα ὁπωσοῦν（"[一是本原，]尽管如此，在另一个方面不是本原……但是我们必须说，它终归不关联于另一个事物；因为它是在它们之前的东西；因为我们去掉'是'，并且因此也去掉了与现实事物的任何一种关系"[Armstrong 译，有改动]）。《九章集》VI. 9. 3. 49ff.：ἐπεὶ καὶ τò αἴτιον λέγειν οὐ κατηγορεῖν ἐστι συμβεβηκός τι αὐτῷ, ἀλλ᾽ ἡμῖν, ὅτι ἔχομέν τι παρ᾽ αὐτοῦ ἐκείνου ὄντον ἐν αὐτῷ（"因为说它是原因，并不是谓述某种对它来说偶然的东西，而是对我们来说偶然的东西，因为我们有从它而来的东西，而那个东西在自身之中"[Armstrong 译]）。另外，参见 Halfwassen 1992, 106-130。就像对普罗提诺，对柏拉图来说也是如此：绝对者并不在自身之中，只是对于存在是本原，因此存在单向依赖于绝对者，而这并不符合绝对者自身这一边的任何关系；这似乎也证实了亚里士多德的报告：*EE* A8, 1218a15-30。

一点：

> 他们（即毕达哥拉斯学派，斯彪西波在这里把柏拉图的学
> 说归于他们）相信一是**超越存在**的，而且是存在的"从何而
> 来"，他们甚至把**作为本原的一从任何关系性规定中解放**出来。
> 但是，因为他们的意思是，没有任何事物由别的事物产生，所
> 以，如果一个人只观察一自身，单单就其自身，不将任何纯粹
> 就其自身的规定性奠基于它，也不给它添加任何第二元素［本
> 原］，那么，他们就把不定的二作为存在的本原。[1]

如果这种解释是正确的，那么柏拉图的本原学说就结合了一元论的
绝对**还原**和二元论的存在**演绎**。如果更精确地观察，这种**还原一元
论**（reductive monism）和**演绎二元论**（deductive dualism）的结合
对超越的绝对者的形而上学来说似乎事实上不可避免。反过来是不
可能的；因为二元论的还原总是只会导致两个本原，这两个本原都
不是真正无条件的，它们的相互作用也不能得到确定。反之，一元
论在演绎中总是发现多，或至少发现一个潜伏的多已经在一本身中

---

[1] 斯彪西波，就像普罗克洛报告的那样，*In Parm.* VII 40, 1-5（fr. 62, Isnardi Parente
= *TP* 50）：Le unum enim melius ente putantes et a quo le ens, et ab ea que secundum
principium habitudine ipsum liberaverunt. Existimantes autem quod, si quis le unum
ipsum seorsum et solum meditatum, sine aliis, secundem se ipsum ponat, nullum alterum
elementum ipsi apponens, nihil utique fiet aliorum, interminabilem dualitatem entium
principium induxerunt（"因为他们认为一比存在更高并且是存在的来源；并且他们甚
至从本原的地位传达它。因为他们认为，如果一自身被认为是分离的和孤立的，没有
其他事物，没有附加元素，那么没有东西会产生。因此，他们引入了不定的二作为诸
存在的本原"［Tarán 1981, 350-351 译］）。也参见 Halfwassen 1992, 282ff.; Halfwassen
1993, 365ff.。

了，它在自身中分裂它自己，因而不再超越一切事物。同样，我们在普罗提诺那里找不到任何——他对一的连贯的形而上学思考是典范的——从超越的一到多的推论上可理解的派生，正如黑格尔已经表明的那样（并且从他的立场批评了这一点）。[1] 普罗提诺只是假设了从绝对简单的一产生多，并在其著名的流溢暗喻中重申了它，但其必要性从未在理智上变得显而易见和易于理解。鉴于人对知识的超越性，这是根本不可能的。相反，多以**一种不可理解的方式**产生于一的过剩。普罗提诺在一的设定存在力量（being-positing power）和过剩（super-abundance）的概念中暗示了为什么在一之外的某些东西能够存在，例如多和存在。然而，对于这一点，只能知道多产生于**一这件事**，而不能知道**如何**和**为何**。[2] 关于绝对的"设定存在力量"的决定性的普罗提诺式概念来自柏拉图（《理想国》509B，《巴门尼德》157E-158B）；在柏拉图那里[3] 和流溢的隐喻[4] 中，我们也发现了一的无限性，它在普罗提诺的意义上被理解为力量（δύναμις）的过剩。我们不知道柏拉图是否像普罗

---

[1] Hegel 1971, vol. 19, 447；Hegel 1995，415："但是，从第一者中产生了一切，由于它自身的显现……但是绝对者（Absolute）不能被视为创世的（creative）……因此，普罗提诺并没有哲学地或辩证地完成这个［向第二者的］过渡，其必然性是在表征和图像中得到表现的。"另外，参见 Halfwassen 1999，第 5 章。

[2] 也参见 Halfwassen 1992, 98-130，以及特别是 107ff. 和 188ff. 的证明。

[3] 参见柏拉图《巴门尼德》137D7-8：ἄπειρον ἄρα τὸ ἕν, εἰ μήτε ἀρχὴν μήτε τελευτὴν ἔχει（"一是无限的，如果它既没有开端也没有终结"）；以及《理想国》509B910：ἐπέκεινα τῆς οὐσίας πρεσβείᾳ καὶ δυνάμει ὑπερέχοντος（"在尊贵和力量方面超越存在"）；也参见 Halfwassen 1992（2），50ff., 65f., 70f.。

[4] 柏拉图《理想国》508B6-7：οὐκοῦν καὶ τὴν δύναμιν ἣν ἔχει［τὸ ὄμμα］ἐκ τούτου［τοῦ ἡλίου］ταμιευομένην ὥσπερ ἐπίρρυτον κέκτηται（"难道它没有得到它［视力］从太阳的宝藏的流溢中获得的能量吗？"［Bloom 译]）。

提诺一样，接受了由一而出的多无法通过推论性思维得到理解的观点。然而，就存在的动机而言，我们可以假定，由于定在的动机，从超越的绝对者的优越性的流溢（πρόοδος）——被视为主要是新柏拉图主义的概念——是学园所熟悉的，而且可以追溯到学园。斯彪西波特别谈到了从一中"存在现实的产生"（coming-forth of the reality of being），同样地，一作为设定统一性的本原在每一个存在的领域中都同样有效（fr. 58，72，88，Isnardi Parente）。[1]

三、斯彪西波和欧多鲁斯概述

斯彪西波[2]并没有把多的本原对立于超越存在的一，而只是把它对立于作为数的本原的第一派生者（first derivative）、单一

---

[1] 参见亚里士多德《形而上学》N 4，1091a35：προελθούσης τῆς τῶν ὄντων φύσεως（"当诸存在的本性得到发展时"）；Iamblichus, De comm. math. sc. IV. 16，12：προϊούσης γὰρ πορρωτέρω ἀπὸ τῶν ἐν ἀρχῇ φύσεως（"因为［美和善的］本性进一步从它们的本原得到发展"）；IV. 17，5 和 12-16：καίπερ τοῦ ἑνὸς ὁμοίου ἐγγιγνομένου διὰ παντὸς … τὸ γὰρ ἁπλούστατον πανταχοῦ στοιχεῖον εἶναι. λοιπὸν οὖν τινα ἑτέραν μεγέθους αἰτίαν ὑποθεμένους, ὡς ἐν ἀριθμοῖς μονάδα κατὰ τὸ ἕν, οὕτως στιγμὴν ἐν γραμμαῖς τιθέναι（"尽管一同等地出现于一切事物……因为最简单的应该是无处不在的元素。因此，仍然需要为［空间］大小假定一个不同的原因，这样，在数中，单一对应于一，因此在线中，点应该得到预设"）。

[2] 在亚里士多德《形而上学》Z 2，1028b21-24（斯彪西波 fr. 48, Isnardi Parente），一作为超越存在的等级排列层次的单一原初本原及其（二分的）特殊本原：Σπεύσιππος δὲ καὶ πλείους οὐσίας ἀπὸ τοῦ ἑνὸς ἀρξάμενος ⟨οἴεται εἶναι⟩, καὶ ἀρχὰς ἑκάστης οὐσίας, ἄλλην μὲν ἀριθμῶν ἄλλην δὲ μεγεθῶν, ἔπειτα ψυχῆς· καὶ τοῦτον δὴ τὸν τρόπον ἐπεκτείνει τὰς οὐσίας（"并且斯彪西波考虑了更多种类的实体，从一开始，并且为每类实体制定了本原，一个是数的，另一个是空间大小的，还有一个是灵魂的；以此方式，他增加了实体的种类"［作者的强调］［Ross 译，有改动］）。因此，一自身在亚里士多德的报告中——正如扬布里柯 De comm. math. sc. IV. 17，14f.——也被区分于数领域的本原。

（monad）或本体的一（ontic one），因为这些本原与多一起构成数本身。对斯彪西波来说，这是存在的最高层次。本原的对立——在这里主要被理解为数的统一性和多元性的对立——仍然从属于作为唯一原始本原的绝对一，它在每一个存在层次上协调每一个领域的二元对立的本原（fr. 88, Isnardi Parente）。[1] 由于斯彪西波假定存在是由一逐渐产生的，而且由于"产生"（προελθεῖν）为后来层次的发展多元性奠定了基础——后者区分了本体论上"更晚"和本体论上"更早"的层次——他似乎接受了从一产生的多。这种产生与单一共同构成存在的第一层次；因为，既然数的单一是由绝对的一通过对多的限制而生成的（fr. 72, 88, Isnardi Parente）——并且已经以多为前提——那么显然，多本身最初是从一产生的。因此，我们可以在斯彪西波身上发展出一种两阶段的原初行为，在第一阶段，多作为无限者产生于一，然后在第二阶段受到一的限制。产生者的无限性与斯彪西波接受的一本身的无限性是一致的（Proclus, *In Parm.* 1118, 1019, Cousin）。[2] 然而，就原初行为的第一阶段而言，从一产生多本身并不属于传统，但仍然可以形成充分的确定性，根据从一产生现实的观点——亚里士多德和扬布里柯（Iamblichus）各自独立地将其归于斯彪西波——及其在阶段系统的派生的一贯性中的功能。斯彪西波的两阶段原初行为与普罗提诺的两阶段原初行为是完全一致的，通过这两阶段原初行为，多"起初"同样是不确定地从一的优越性中产生的，以便通过转向一来限制自己；因此，这样的产生是以一种推论上不可知的方式发

---

〔1〕 参见 Halfwassen 1993, 361ff.。
〔2〕 参见 Halfwassen 1992（2）。

生的。[1]

与此相关，尤其富于信息的是老学园的本原学说版本——它取决于斯彪西波和柏拉图的《巴门尼德》——中期柏拉图主义哲学家，亚历山大的欧多鲁斯，把它归于毕达哥拉斯学派：

> 在最高层次上（κατὰ τὸν ἀνωτάτω λόγον），毕达哥拉斯学派认为一是万物之源；但是，在第二层次上（κατὰ δὲ τὸν δεύτερον λόγον），他们假定了现实的两个构成性本原，即一和与之对立的本质。于是，人们认识的一切对立事物都被归类为对立者；具体来说，一之下的有价值者和与之对立的本质之下的无价值者。因此，这个学派并不把这些本原理解为绝对第一者；因为，如果前者是一列对立面的本原，后者是另一列对立面的本原，那么它们就不像绝对本原那样是一切事物的共同本原。……因此，他们也教导说，在一个完全不同的意义上，绝对的一是一切的起源，因为质料和每个存在都来自它。这［即绝对的一］是超越的神。……因此我说，毕达哥拉斯学派的学说通向作为一切的原始本原（ἀρχή）的一；同时，在另一个意义上，他们也假定了两个最高元素（στοιχεῖα），由此，绝对的一作为起源而出现，但［第二］元素和不定的二元作为诸元素而出现，这样，这两个本原中的每一个又都是一个统一体（ἀρχαὶ ἄμφω ἓν ὄντα πάλιν）。同样明显的是，最高的一，

---

[1] 参见 Halfwassen 1992，114-149，带有证明。柏拉图 "原初行为"（*Urakt*）的历史分析的基础是 Krämer 1964，312-337，这特别是通过 Szlezák 1979，52-119 的来源分析完成的。

一切的起源，不同于两个对立元素中的一，他们也将之称为单一。[1]

因此，欧多鲁斯把现实的两极结构引回到一和不定的二这两个本原上，但又像斯彪西波和《巴门尼德》中的柏拉图那样，区分了作为**一切事物**的超越本原的绝对的一和作为存在的内在元素（στοιχεῖον）的本体的一或单一。[2] 不定的二作为质料性本原，同单一共同构成存在的二元结构。因此，欧多鲁斯区分了**一元论的**最高层次（ἀνωτάτω λόγος）和**二元论的**第二层次（δεύτερος λόγος），这似乎与我们在柏拉图那里发现的一元论还原到绝对的一和存在的二元论派生的关系完全一致。欧多鲁斯坚持这两个层次的一致性，根据其假设，不定的二"以及每一个存在"都是从超越的一中产生的。因此，欧多鲁斯的卓越论证是：这两个本原中的每一个又都是一个统一体（ἀρχαὶ ἄμφω ἓν ὄντα πάλιν）。这个论点是真正柏拉图

---

[1] 辛普里丘 *In Phys.* 181, 10ff.（逐字的引文）报告的欧多鲁斯。关于斯彪西波对柏拉图《巴门尼德》的依靠，参见 Halfwassen 1993, 350ff. 和 359ff.（在那里可以找到更多文献）。

[2] 在本原和元素之间的区分，以及对绝对一的 στοιχεῖον 特征的否定可能受到了 στοιχεῖον 的内在性的激发，亚里士多德在《形而上学》Δ3, 1014a26 强调这是构成性的：στοιχεῖον λέγεται ἐξ οὗ σύγκειται πρώτου ἐνυπάρχοντος（"元素意味着内在于一个事物的主要部分"[Ross 译]）。出于同样的理由，普罗提诺也拒绝了一自身的 στοιχεῖον 特征，参见《九章集》V. 3. 11. 16f.：τὸ δὲ πρὸ τούτων ἡ ἀρχὴ τούτων, οὐχ ὡς ἐνυπάρχουσα· τὸ γὰρ ἀφ᾽ οὗ οὐκ ἐνυπάρχει ἀλλ᾽ ἐξ ὧν（"但是先于它们的是它们的本原，后者并不内在于它们；因为内在的不是它们从中而来的东西，而是它们由之组成的部分"[Armstrong 译]）。顺便一提，斯彪西波同样拒绝了它，在其对柏拉图本原学说的报告中（*TP* 50）：Le unum enim melius ente putantes et a quo le ens[ἀφ᾽ οὗ τὸ ὄν], et ab ea que secundum principium[στοιχεῖον]ipsum liberaverunt. 相比之下，他在这里将不定的二称为元素（*elementum*）和存在的本原（*principium entium*）。

式的，因为我们从亚里士多德那里知道，对柏拉图来说，不定的二本身也是一个统一体。因此，我们可以假定柏拉图已经接受了由一而来的多的本原，但也不能再进一步解释了。

参考文献

古代文献

作品集

TP——*Testimonia Platonica*：*Quellentexte zur Schule und mündlichen Lehre Platons*, in Gaiser 1963, 441-557.

独作文本

ALEXANDER OF APHRODISIAS

In Met.——*In Aristotelis Metaphysica commentaria*, M. Hayduck（ed.）, vol. 1 of Commentaria in Aristotelem Graeca. Berlin：G. Reimer, 1891.

ARISTOXENUS

Harm.——*Elementa harmonica*, R. da Rios（ed.）, Rome：Typis publicae officinae polygraphicae, 1954.

IAMBLICHUS

De comm. math. sc.——*De communi mathematica scientia*, N. Festa（ed.）, 1891；rept. Stuttgart：Teubner, 1975.

PROCLUS

In Parm.——*Procli philosophi Platonici opera inedit*, V. Cousin（ed.）, 2nd, 1820-1827；rept. Hildesheim：Georg Olms, 1961.

In Remp.——*Procli Diadochi in Platonis rem publicam commentarii*, W. Kroll（ed.）, 2 vols., Leipzig：Teubner, 1899-1901.

——*Proclus*：*Commentaire sur la république*, A.-J. Festugière（trans.）, 3 vols., Paris：Vrin, 1970.

——*Procli Successoris Platonici in Platonis Theologiam Libri Sex*, A. Portus（ed.）, 1618；rept. Frankfurt am Main：Minerva, 1960.

Theol. Plat.——*Proclus*: *Théologie platonicienne*, H. D. saffrey and L. G. Westerink (eds.), 6 vols., Paris: Les Belles Lettres, 1968-1997.

SEXTUS EMPIRICUS

Opera, H. Mutschmann and J. Mau (eds.), Leipzig: Teubner, 1954-1962.

SIMPLICIUS

In Phys.——in *Aristotelis Physicorum libros quattor priores commentaria*, Hermann Diels (ed.), vol. 9 of Commentaria in Aristotelem Graeca, Berlin: G. Reimer, 1882.

二手文献

Dillon, J., *The Middle Platonists*, London: Duckworth, 1977.

Dillon, J., "Eudoros und die Anfänge des Mittelplatonismus," in *Der Mittelplatonismus*, C. Zintzen (ed.), Darmstadt: Wissenschaftliche Buchgesellschaft, 1981, pp. 2-32.

Findlay, J. N., *Plato: The Written and Unwritten Doctrines*, London: Routledge & Kegan Paul, 1974.

Gaiser, K., *Platons ungeschriebene Lehre: Studien zur systematischen und geschichtlichen Begrundung der Wissenschaften in der Platonischen Schule*, Stuttgart: Klett, 1963.

Gaiser, K., *Platons ungeschriebene Lehre: Studien zur systematischen und geschichtlichen Begrundung der Wissenschaften in der Platonischen Schule*, 2nd, Stuttgart: Klet, 1968.

Gaiser, K., "Platons Zusammenschau der mathematischen Wissenschaften," *Antike und Abendland* 32, 1986, pp. 89-124.

Halfwassen, J., "Der Aufstieg zum Einen: Untersuchungen zu Platon und Plotin," *Beiträge zur Altertumskunde* 9, Stuttgart: Teubner, 1992.

Halfwassen, J., "Spcusipp und die Unendlichkeit des Einen: Ein neues speusipp-Testimonium bei Proklos und seine Bedeutung," *Archiv für Geschichte der Philosophie* 74, 1992 (2), pp. 43-73.

Halfwassen, J., "Speusipp und die metaphysische Deutung von Platons 'Parmenides'," in *Hen kai plēthos: Einheit und Vielheit: Festschrift für Bormann*, L. Hagemann and R. Glei (eds.), Würzburg: Oros, 1993, pp. 339-373.

Halfwassen, J., "Das Eine als Einheit und Dreiheit: Zur Prinzipientheorie Jamblichs," *Rheinisches Museum* 139, 1996, pp. 52-83.

Halfwassen, J., "Philosophie als Transzendieren: Der Aufstieg zum höchsten Prinzip bei Platon und Plotin," *Bochümer Philosophisches Jahrbuch für Antike und Mittelalter* 3, 1998, pp. 29-42.

Halfwassen, J., *Hegel und der spätantiken Neuplatonismus: Untersuchungen zur Metaphysik des Einen und des Nous in Hegels spekulativer und geschichtlicher Deutung*, Bonn: Bouvier, 1999.

Halfwassen, J., "Der Demiurg: seine stellung in der Philosophie Platons und seine Deutung im antiken Platonismus," in *Le Timée de Platon: Contributions à l'historie de sa réception*, A. B. Neschke(ed.), Löwen: Peeters, 2000, pp. 39-61.

Happ, H., *Hyle: Studien zum aristotelischen Materiebegriff*, Berlin: Walter de Gruyter, 1971.

Hegel, G. W. F., *Werke in zwanzig Bänden*, E. Moldenhauer and K. M. Michel(eds.), Frankfurt: Suhrkamp, 1971.

Hegel, G. W. F., *Lectures on the History of Philosophy*, 3 vols., E. S. Haldane and F. H. Simson (trans.), Lincoln: University of Nebraska Press, 1995.

Horn, C., "Der Platonische Parmenides und die Möglichkeit seiner prinzipientheoretischen Interpretation," *Antike und Abendland* 41, 1995, pp. 95-114.

Hösle, V., *Wahrheit und Geschichte*, Stuttgart-Bad Cannstatt: Frommann-Holzboog, 1984.

Krämer, H. J., *Arete bei Platon und Aristoteles: zum Wesen und zur Geschichte der platonischen Ontologie*, Heidelberg: Carl Winter, 1959.

Krämer, H. J., *Der Ursprung der Geistmetaphysik: Untersuchungen zur Geschichte des Platonismus zwischen Platon und Plotin*, Amsterdam: B. R. Grüner, 1964.

Krämer, H. J., "Retraktationen zum Problem des esoterischen Platon," *Museum Helveticum* 21, 1964 (2), pp. 137-167.

Krämer, H. J., "Das Problem der Philosophenherrschaft bei Platon," *Philosophisches Jahrbuch* 74, 1967, pp. 254-270.

Krämer, H. J., "Die grundsätzlichen Fragen der indirekten Platonüberlieferung,"
in: *Idee und Zahl: Studien zur platonischen Philosophie*, H. G. Gadamer
and W. Schadewaldt (eds.), Heidelberg: Akademie der Wissenschaften,
1968, pp. 106-150.

Krämer, H. J., "ΕΠΕΚΕΙΝΑ ΤΗΣ ΟΥΣΙΑΣ: Zu Platon, Politeia 509B,"
Archiv für Geschichte der Philosophie 51, 1969, pp. 1-30.

Krämer, H. J., *Platonismus und hellenistische Philosophie*, Berlin: Walter
de Gruyter, 1971.

Krämer, H. J., "Aristoteles und die akademische Eidoslehre: zur Geschichte
des Universalienproblems im Platonismus," *Archiv für Geschichte der
Philosophie* 55, 1973, pp. 119-190.

Krämer, H. J., "Neues zum streit um Platons Prinzipientheorie,"
Philosophische Rundschau 27, 1980, pp. 1-38.

Krämer, H. J., "Zum neuen Platon-Bild," *Deutsche Vierteljahrsschrift für
Literaturwissenschaft und Geistesgeschichte* 55, 1981, pp. 1-18.

Krämer, H. J., "Kritische Bemerkungen zu den jüngsten Äußerungen von W.
Wieland and G. Patzig über Platons Ungeschriebene Lehre," *Rivista di
Filosofia neo-scolastica* 74, 1982, pp. 579-592.

Krämer, H. J., *Platone e i fondamenti della metafisica: Saggio sulla teoria dei
principi e sulle dottrine non scritte di Platone*, Milan: Pubblicazioni della
Università cathòlica del sacro cuore. 1982 (2) .

Krämer, H. J., "Die Ältere Akademie. in Ältere Akademie—Aristoteles
Peripatos," vol. 3 of *Überwegs Grundriss der Geschichte der Philosophie:
Philosophie der Antike*, H. Flashar (ed.), Basel/stuttgart: Schwabe,
1983, pp. 3-174.

Krämer, H. J., *La nuova immagine di Platone*, Naples: Bibliopolis, 1986.

Krämer, H. J., "Fichte, Schlegel und der Infinitismus in der Platondeutung,"
Deutsche Vierteljahrsschrift für Literaturwissenschaft und Geistgeschichte
62, 1988, pp. 583-621.

Krämer, H. J., *Dialettica e definizione del Bene in Platone: Interpretazione
e commentario storico-filosofico di Repubblica VI, 534B3-D2*, Enrico
Peroli (trans.), Milan: Vita e Pensiero, 1989.

Krämer, H. J., *Plato and the Foundations of Metaphysics*, J. R. Catan

(trans.), Albany: State University of New York Press, 1990.

Krämer, H. J., "Zur aktuellen Diskussion um den Philosophiebegriff Platons," *Perspektiven der Philosophie* 16, 1990 (2), pp. 1-20.

Krämer, H. J., "Altes und neues Platonbild," *Methexis* 6, 1993, pp. 95-114.

Krämer, H. J., "Das neue Platonbild, " *Zeitschrift für philosophische Forschung* 48, 1994, pp. 1-20.

Krämer, H. J., "Platons ungeschriebene Lehre," in *Platon: Seine Dialoge in der Sicht neuer Forschungen*, T. Kobusch and B. Mojsisch (eds.), Darmstadt: Wissenschaftliche Buchgesellschaft, 1996, pp. 249-275.

Krämer, H. J., "The New View of Plato, " J. Uhlaner (trans.), *Graduate Faculty Philosophy Journal* 19, 1996, pp. 25-41.

Krämer, H. J., "Die Idee des Guten: Sonnen-und Liniengleichnis (Buch Vi, 504a-511e), " in *Platon: Politeia*, O. Höffe (ed.), Berlin: Akademie, 1997, pp. 179-203.

Krämer, H. J., "Zu neuen Büchern über Platon," *Allgemeine Zeitschrift für Philosophie* 22, 1997 (2), pp. 49-68.

Kullmann, W., "Platons Schriftkritik," *Hermes* 119, 1991, pp. 2-21.

Merlan, P., "Monismus und Dualismus bei einigen Platonikern, " in *Parousia: Festschrift für J. Hirschgerger*, K. Flasch (ed.), Frankfurt: Minerva, 1965, pp. 143-153.

Migliori, M., *Dialettica e verità: Commentario filosofico al "Parmenide" di Platone*, Milan: Vita e Pensiero, 1990.

Movia, G., *Apparenze, essere e verità: Commentario storico-filosofico al "Sofista" di Platone*, Milan: Vita e Pensiero, 1990.

Reale, G., *Zu einer neuen Interpertation Platons: Eine Auslegung der Metaphysik der großen Dialoge im Lichte der ungeschiebenen Lehre*, Paderborn: Schöningh, 1993. (Italian: *Per una nuove interpretazione di Platone*, Milan: Vita e Pensiero, 1994.)

Rist, J. M., "Monism: Plotinus and some Predecessors," *Harvard Studies in Classical Philology* 69, 1965, pp. 329-344.

Szlezák, Th. A., *Platon Lesen*, Stuttgart-Bad Cannstatt: Frommann-Holzboog, 1993.

Theiler, W., "Einheit und unbegrenzte Zweiheit von Platon bis Plotin," in *Isonomia: Studien zur Gleichheitsvorstellung im griechischen Denken*, J. Mau and E. G. Schmidt (eds.), Berlin: Akademie, 1964, pp. 89-109.

Theiler, W., "Philo von Alexandria und der Beginn des kaiserzeitlichen Platonismus," in *Parousia: Festschrift für J. Hirschgerger*, K. Flasch (ed.), Frankfurt: Minerva, 1965, pp. 199-218.

Vogel, C. J. de., "La théorie de l'ἄπειρον chez Platon et dans la tradition platonicienne, " *Revue Philosophique de la France et de l'Etranger* 84, 1959, pp. 21-39.

Vogel, C. J. de., "The Monism of Plotinus," in *Philosophia: Studies in Greek Philosophy*, Assen: van Gorcum, 1970.

Vogel, C. J. de., *Rethinking Plato and Platonism*, Leiden: Brill, 1986.

Wilpert, P., *Zwei aristotelische Frühschriften über die Ideenlehre*, Regensburg: Habbel, 1949.

德穆格：在柏拉图哲学中的定位与古代柏拉图主义的解释[*]

Jens Halfwassen　裴浩然[1] 译　王大帅[2] 校

一

[39]"找到这个大全的创造者和父亲自然是困难的，如果有人找到了，他也无法讲述给所有人。"[3] 在《蒂迈欧》中，柏拉图用这些话引入了世界的神圣创造者——德穆格。与此同时，这些话很好地描绘了柏拉图的神圣创造者给解释者造成的困难。因为在柏拉图哲学中，德穆格的含义和定位在古代已经有了相当不同的解释。造成这些不同解释的原因正在于《蒂迈欧》中柏拉图的阐述本身。因为，即使"德穆格式的努斯"并不是在《蒂迈欧》中才

---

[*]　本文选自 "Der Demiurg：seine Stellung in der Philosophie Platons und seine Deutung im antiken Platonismus," in：Ada Neschke-Hentschke（ed.），*Le Timée de Platon. Contributions à l'histoire de sa réception*，Leuven：Peeters Publishers，2000，pp. 39-62。

[1]　裴浩然，四川大学哲学系硕士生，波恩大学博士生。
[2]　王大帅，海德堡大学哲学博士，华侨大学哲学与社会发展学院讲师。本译文为国家社会科学基金青年项目"本原学说视阈下的古希腊老学园派残篇译注与研究"（23CZX038）阶段性研究成果。

[3]　柏拉图《蒂迈欧》28c3-5：τὸν μὲν οὖν ποιητὴν καὶ πατέρα τοῦδε τοῦ παντὸς εὑρεῖν τε ἔργον καὶ εὑρόντα εἰς πάντας ἀδύνατον λέγειν。

首次被引入，而是——正如雷亚利（Giovanni Reale）详尽细致地指出的——可以从《斐多》开始的许多更加大型的对话录中得到明证，[1]但正是在《蒂迈欧》这部对话录中，柏拉图不仅最为详尽地，而且最为根本地阐释了德穆格作为可见宇宙之秩序的创造者，以及他和可知的理念宇宙的关系。因此，要确定柏拉图赋予德穆格的意义，即使有其他对话录的陈述和柏拉图学园内部的证词作为补充，也必须首先从《蒂迈欧》开始。

然而，柏拉图在《蒂迈欧》中对德穆格作为世界秩序的神圣创造者的描述，却停留在完全模糊的表达当中。因为柏拉图在《蒂迈欧》的创世神话中，一方面把德穆格当作一个独立的形而上学实体，在神话叙述的上下文中，他不仅有别于被创造的世界及作为其创造者的世界灵魂，还有别于所有理念的无所不包的整体，即"完满生命"（παντελὲς ζῷον），它充当着完满的［40］范本（παράδειγμα），德穆格正是注视着它来创造这个世界的。但另一方面，柏拉图在整理为世界奠基的本原（ἀρχαί）和现实的"种类"（γένη）时（Tim.48e 以下，50e 以下，尤其是 52d），却没有特别提及德穆格，[2]而是除了"生成"，即可感世界的存在方式和本

---

[1] 参见 G. Reale, *Zu einer neuen Interpretation Platons. Eine Auslegung der Metaphysik der großen Dialoge im Lichte der "ungeschriebenen Lehren"*, Paderborn usw., 1993, pp. 376-412。

[2] 巴尔特斯最近正确地强调了这一点：M. Baltes, "Γέγονεν（Platon, *Tim.* 28b7）— Ist die Welt real entstanden oder nicht？," in: *Polyhistor Studies in the History and Historiography of Ancient Philosophy. Presented to Jaap Mansfeld on his Sixtiesth Birthday*, K. A. Algra, P. W. van der Horst, D. T. Runia（eds.）, Leiden usw., 1996, pp. 78, 89；在我看来，巴尔特斯无可置疑地证明了德穆格实际上等同于理念宇宙，即等同于理念的动态—创造性方面，而仅仅出于教学的目的才将其说成独立的，参见前引, pp. 82, 88 及以下；盖瑟尔已经基于更一般的考虑，得出了同样的结论，参见 K. Gaiser, *Platons Ungeschriebene Lehre. Studien zur geschichtlichen und systematischen Begründung der Wissenschaften in der Platonischen Schule*, Stuttgart, 1963, 2. Aufl., 1968, p. 193 以下；同样还可以参见 W. J. Verdenius, "Platons Gottesbegriff," in: *Entretiens sur l'antiquité classique*, I, Vandceuvres-Genöve, 1952, p. 250 以下。

原作用的产物之外，只列举了"生成之所处"——即空间（χώρα），以及自身永恒不变的"存在"（ὄν）——它明确等同于理念宇宙（48e）。柏拉图仅仅设定了两个世界创生的本原：努斯（νοῦς）和必然（ἀνάγκη）（47e 以下），这二者彼此对立，并且可以用亚里士多德的术语表述为形式因和质料因；——然而与此相反，德穆格作为世界创生的动力因（causa efficiens），对柏拉图来说却显然不是一个与二者有所区别的独立本原；作为世界本原的努斯指的显然不是德穆格，而是存在，即理念的总体，作为动力上效果显著的范本因（causa exemplaris）。[1]现在，这个关于世界生成的诸本原的段落，它将蒂迈欧讲辞结构中第一部分关于努斯的作用，与第二部分关于必然的作用连接起来，自身并不同时属于神话叙述，而是有着和神话截然不同的知识学（gnoseologisch）的地位：对于"生成"的基本原理的解释，正如伽达默尔强调过的，对柏拉图而言不是一种"相似的故事"（εἰκὼς μῦθος），就像对德穆格创造世界的描述那样；而是正如存在与生成之间基本的本体论区分（27d 以下）那样，是"在逻各斯的意义上完全可以理解的"。[2]事实上，[41]作为对存在的辩证知识，它甚至要求着最高的知识约束力，因为认识的方式应该与认识对象的存在方式相适应，正如柏拉图所说（29bc），对生成世界永恒存在的本原的认识，恰恰是"不可辩驳、不可动摇的"（ἀνέλεγκτος καὶ ἀνίκητος），就像对永恒存在的理念的认识那样。

---

〔1〕 同见 M. Baltes，"Γέγονεν"（见第 240 页脚注 2），p. 89 以下。

〔2〕 H.-G. Gadamer，"Idee und Wirklichkeit in Platos Timaios"（1974），收录于 Gesammelte Werke，Bd. 6，Tübingen，1985，p. 245，参见 p. 253；G. Reale，Zu einer neuen Interpretation Platons（见第 240 页脚注 1），p. 449 甚至谈到了"绝对真理层面上的学说"。

现在，从德穆格在世界创生诸本原中的缺席，人们可以得出以下不同的结论：（1）对柏拉图来说，德穆格是一个神话形象，仅仅出于教学的目的（διδασκαλίας χάριν）才被引入关于世界生成的叙述，或者（2）他实际上等同于存在，即理念宇宙，因此对柏拉图而言，世界的"形式因或范本因"（causa formalis sive exemplaris）和动力因就是一致的，否则（3）工匠神虽然是一个真实的、不同于诸理念的形而上学实体，但与理念不同的是，他无法通过对存在的辩证知识企及，而只能在神话的言说中得到揭示。这三种含义都能在文本中找到支撑，同时，它们并非只在今天才被持有，而是早在古代就已经被提出。亚里士多德似乎假设（1）柏拉图仅仅出于教学的目的才将德穆格引入，虽然他援引《蒂迈欧》的次数超过其他任何对话录，但同时似乎又默默地略过了德穆格。[1]实际上，一些古代柏拉图主义者也持有这一解释，例如努美纽斯（Numenios），以及在某些方面，波斐利（Porphyrios），他将德穆格等同于世界灵魂，作为可感世界统一性和秩序的本原。[2]与之相

---

〔1〕　请参见 H. F. Cherniss, *Aristotle's Criticism of Plato and the Academy*, Bd. 1, Baltimore, 1944, 3. Aufl., New York, 1962, p. 609; L. Taran, "The Creation Myth in Plato's *Timaeus*," in: *Essays in Ancient Philosophy*, J. P. Anton, G. L. Kustas (eds.), Albany, 1972, pp. 382, 391.——克莱默指出，亚里士多德凭借自己对神的概念，彻底越过色诺克拉底，而和《蒂迈欧》直接相连，但是他将神这一概念彻底地去神话化了：H. J. Krämer, "Zur geschichtlichen Stellung der Aristotelischen Metaphysik I: Zur Aristotelischen Theologie," in: *Kantstudien* 58, 1967, pp. 313-337, 尤其是 p. 333 以下。

〔2〕　参见 Numenios 残篇 12 (*Fr. 12, des Places*); Prophyrios, *In Plat. Tim. Fr.* XLI Sodano (Proklos, *In Tim.* I, 306, 32 以下, Diehl)。——关于努美纽斯对德穆格和世界灵魂的等同，参见 H. J. Krämer, *Der Ursprung der Geistmetaphysik. Untersuchungen zur Geschichte das Platonismus zwischen Platon und Plotin*, Amsterdam, 1964, 2. Aufl. 1967, p. 69 以下, p. 75; 还包括 M. Baltes, "Numenios von Apamea und der Platonische *Timaios*," in: *Vigiliae Christianae* 29, 1975, pp. 241-270, 特别是 p. 267. 关于波斐利对德穆格的解释，参见 W. Deuse, "Der Demiurg bei Porphyrios und Jamblich," in: *Die Philosophie der Neuplatonismus*, C. Zintzen (ed.), Darmstadt, pp. 239-260。

反的解释，即认为［42］（3）工匠神代表最高的形而上学实在，但只能间接地以神话的言说方式通达，在古代，所有将德穆格等同于柏拉图的最高本原，即善的理念和"神圣的一"的人，都支持这种解释，例如亚历山大的斐洛（Philon von Alexandria）、普鲁塔克（Plutarch）和阿提库斯（Attikos）[1]，努美纽斯则将"大全的创造者和父亲"看作最高本原，而不同于柏拉图叙述中出场来说话、行动的德穆格。[2] 当然，绝大多数的古代柏拉图主义者（2）将德穆格等同于理念宇宙；这些解释开始于柏拉图的学生——《蒂迈欧》的第一位诠释者色诺克拉底，一直延续到中期柏拉图主义者阿尔比努斯（Albinos）或阿尔基努斯（Alkinoos）写的《柏拉图教义旨归》（Didaskalikos），再到新柏拉图主义者，这一观点的诸变体可以被整合为两个主要方向。如果德穆格式的努斯等同于作为理念整体的存在，那么问题就在于，这种同一究竟是通过作为世界的创造者和塑造者而起作用的努斯来理解，还是通过作为唯一的真正存在的理念来理解；如果是前者（2a），理念作为非独立性要素，似乎就被扬弃（aufheben）到创造世界的努斯中——这种同一性命题的变体很明显是基于一种将理念看作神的思想的教义学说，它主要流行于中期柏拉图主义，并且正如克莱默（Hans Krämer）展

---

〔1〕 参见 Philon, *De opificio mundi* 7 以下，16 以下；Plutarch, *De E apud Delphos* 392 e 以下；Attikos 残篇 12 和 34（*Fr.* 12 mit *Fr.* 34, des Places）；——也可以参见 J. M. Dillon, *The Middle Platonists*, Ithaca, New York, 1977, 2. Aufl., 1996, pp. 155, 199, 254 页以下；关于斐洛，还可以参见 D. T. Runia, *Philo of Alexandria and the* Timaeus *of Plato*, Leiden, 1986。

〔2〕 参见 Numenios 残篇 16，17，21（*Fr.* 16, 17, 21, des Places）。

示的那样，极有可能追溯到色诺克拉底（Xenokrates）。[1]相反情况下，（2b）德穆格则反过来，作为世界设定者而起作用的要素，被扬弃到理念的存在中；这不仅意味着理念是思想的可理知内容（νοητά），而且意味着，纯粹的自在存在就是精神和思想——众所周知，我们可以在普罗提诺那里找到这种解释，它在晚期新柏拉图主义中有些许变化。[2]我将依次考察这四种可能的解释［43］，并试图辩护最后一种，即普罗提诺的解释的正确性。

二

1. 那么，首先是德穆格与世界灵魂的等同！事实上，在神话叙事的内部，德穆格的功能是支持这一观点的：因为将理念世界的结构传递到可感世界，并根据理念的范本来安排生成世界，正是世界灵魂的真正任务。尽管如此，根据《蒂迈欧》中的表述，可以明确排除将德穆格等同于世界灵魂的观点。不仅蒂迈欧神话描述了世界灵魂是由德穆格（34b以下）联结的，所以很难将德穆格等同于他自己最卓越的造物；而且关于世界灵魂的本体论结构和存在方式的表述，也排除了他本身就是创造世界的努斯的可能性。因为灵魂

---

[1] 参见 H. J. Krämer, *Der Ursprung der Geistmetaphysik*（见第 242 页脚注 2），pp. 21-126；也可以参见他在这本书中更进一步的论证："Grundfragen der Aristotelischen Theologie II: Xenokrates und die Ideen im Geiste Gottes," in: *Theologie und Philosophie* 44, 1969, pp. 481-505。

[2] 参见 J. Halfwassen, *Geist und Selbstbewußtsein. Studien zu Plotin und Numenios*, Mainz und Stuttgart, 1994, 特别是 pp. 26, 44, 56 以下。对此的基本信息，可以参见 H. J. Krämer, *Der Ursprung der Geistmetaphysik*（见第 242 页脚注 2），pp. 405-413。

的存在方式是"居间的"，即作为存在和生成之间的中介，它是由"不可分且与自身永恒同一的存在"（ἀμέριστος καὶ ἀεὶ κατὰ ταὐτὰ ἔχουσα οὐσία）与"在身体中生成的可分的存在"（περὶ τὰ σώματα γιγνομένη μεριστὴ οὐσία）两种要素联结而成的（35a 以下）；因此，除了不可分的理念存在，灵魂同样包含着可分的现象存在，作为在其自身中的构成性要素。[1] 但这不可能适用于德穆格：因为柏拉图强调，德穆格是"可知和永恒存在中最完善的"（τῶν νοητῶν ἀεί τε ὄντων ... τὸ ἄριστον）（37a1）；[2] 那么，最完善的存在，即不可分且在其不可分性之中自身不变、保持同一的存在（οὐσία），就只能属于德穆格。另外，世界灵魂的存在方式是时间（χρόνος），它"依照数字的法则运转，[44] 永远持续着，是'永恒'的仿本"；而德穆格则是所有存在中最完善和最好的，是最完满的存在方式，即"保持在一之中的永恒性（αἰών）"只能属于他，他既不能被"过去是"，也不能被"将来是"言说，而只被纯粹的"是"（τὸ ἔστι μόνον）言说，即属于纯粹存在的、无时间的"当下"（37d-e，以及

---

[1] 关于产生出灵魂的这种复杂的混合关系和灵魂中的每一个组成部分，普罗克洛给出了极为准确的分析，并正确地规定了它们彼此之间的关系，参见 Proklos, *In Tim.* II, 147 以下，238 以下，Diehl；*In Euclid. Elem.* 3 以下，16f., 92f., 107-109, Friedlein。追随着普罗克洛，这些组成部分的正确混合关系也在现代研究中逐渐变得清晰起来，特别参见 F. M. Cornford, *Plato's Cosmology. The Timaeus of Plato translated with a Running Commentary*, London, 1937, p. 60 以下；H. F. Cherniss, *Aristotle's Criticism of Plato and the Academy*（见第 242 页脚注 1），p. 408。另外，关于普罗克洛有所考察的学园内部的背景，可以参见 K. Gaiser, *Platons Ungeschriebene Lehre*（见第 240 页脚注 2），p. 41 以下；G. Reale, *Zu einer neuen Interpretation Platons*（见第 240 页脚注 1），p. 507 以下。

[2] 哈弗瓦森用"最完善的"（Vollkommenste）来翻译"最善好的"（ἄριστον），这暗示了柏拉图"善与一"的等式。中译选择更贴近德语的表达，以体现作者的理解。——译者注

34a）。[1] 因此，将德穆格等同于世界灵魂的做法在这一点上已经失败，因为在柏拉图看来，灵魂无论如何都不可能是"可知和永恒存在中最高、最好或最完善的"（37 a）。同时可以看到，德穆格在其存在中通过永恒性、不变性和不可分性而赢获其特性，因此，他在《蒂迈欧》中表现为一个在行动、推理和言说的存在，这只能是出于教学的目的；同样可以看到，对柏拉图来说，"创世"也不可能是一个时间性的、一次性的过程，这一过程将暗示不变的创世神的某种决断，进而暗示了某种变化，"创世"只能是建立、安排和维持世界的永恒行动；[2]——近来，巴尔特斯（Matthias Baltes）非常有力地指出，这种对世界创造的非时间性解释实际上是唯一根据文本得出的有意义的解释，而从斯彪西波（Speusipp）和色诺克拉底开始的绝大多数古代柏拉图主义者也都这样认为。[3]

2. 如果德穆格是所有可理知和永恒存在中最高、最好和最完

---

[1] 关于永恒性的概念和它在古代柏拉图主义者关于神的概念中的重要性，参见 J. Whittaker, *God Time Being. Two Studies in the Transcendental Tradition in Greek Philosophy*, Oslo, 1971；关于柏拉图的永恒与时间的本体论关系，参见梅施的有说服力的解释：W. Mesch, "Die ontologische Bedeutung der Zeit in Platons *Timaios*," in: *Interpreting the Timaeus-Critias. Proceedings of the IV. Symposium Platonicun*, T. Calvo, L. Brisson（eds.）, St. Augustin, 1997, pp. 227-237；关于效果史，可以参见拜尔瓦特斯的奠基性著作 W. Beierwaltes, *Plotin: Über Ewigkeit und Zeit. Enneade III 7*, Frankfurt, 1967, 4. Aufl., 1995。

[2] 普罗克洛已经强调过该点，参见 Proklos, *In Tim*. I, 288, 14 以下，Diehl。

[3] 参见 M. Baltes, "Γέγονεν"（见第 240 页脚注 2），尤其是 p. 81 以下，p. 86 以下；——古代对这个问题的讨论，参见巴尔特斯的这份详尽的解释：M. Baltes, *Die Weltentstehung des Platonischen Timaios nach den antiken Interpreten*, Bd. 1, Leiden, 1976（Alte Akademie bis Syrian）, Bd. 2, Leiden, 1978（Proklos）；现在对此还有一些补充的视角，参见 J. F. Phillips, "Neoplatonic Exegesis of Plato's Cosmology（*Timaeus 27c-28c*）," in: *Journal of the History of Philosophy*, XXXV, 1997, pp. 173-197。

善的，那么他是否等同于柏拉图的最高本原——"善的理念"？
如果要支持这种等同，我们可以说，柏拉图把善的理念称为"最明亮的存在"（φανότατον τοῦ ὄντος）、[45]"最有福的存在"（εὐδαιμονέστατον τοῦ ὄντος）和"存在中最善好的"（ἄριστον ἐν τοῖς οὖσι）(《理想国》518c，526e，532c)，这使我们想起德穆格作为"完满存在"（ens perfectissimum）的特点，还可以进一步说，善的理念是"难以辨认的"（μόγις ὁρᾶσθαι，517c），而柏拉图对"万有的制造者和父亲"说了同样的话（《蒂迈欧》28c）。此外，我们还可以参见《理想国》第十卷，柏拉图在批判艺术时说，神创造了床的理念（597b-d）；如果把这一点联系于第六卷中关于善的论述，它作为本原，理念的存在、本质和可知性（508b以下）奠基于它，那么柏拉图的神似乎与善的理念是同一的。相反，人们也很难说，德穆格在《蒂迈欧》中并不是创造了理念，而是创造了灵魂和可感宇宙（κόσμος αἰσθητός），并在此过程中以作为范本的理念宇宙为指引，后者对他而言是预先给定的；因为如果工匠神真的是所有存在中最高、最好、最完善的，那么理念无论如何都不能高于他。基于这些考虑，将德穆格等同为善的理念在中期柏拉图主义中似乎得到了广泛的接受。

然而，正因为工匠神——作为塑造世界的努斯——是最高的存在，对柏拉图来说，他就不能与"无前提者"（ἀνυπόθετον）、"万有的本原"（ἀρχὴ τοῦ παντός）同一（《理想国》511b6以下）。因为，正如柏拉图在"日喻"（509b）结尾处着重强调的那样，这种无前提的、绝对的存在，既不是任何存在者，也不是存在本身，而"仍超越存在，在原初性和能力上都超越它"（ἔτι ἐπέκεινα τῆς οὐσίας πρεσβείᾳ καὶ δυνάμει ὑπερέχοντος); [1] 因此，由于绝对

---

[1] 关于该点及下述内容，更进一步的细节可以参见 J. Halfwassen，*Der Aufstieg zum Einen. Untersuchungen zu Platon und Plotin*，Stuttgart，1992，pp. 221，257，261，277 以下；同样可以参见 H. J. Krämer，*Arete bei Platon und Aristotles. Zum Wesen und zur Geschichte der Platonischen Ontologie*，Heidelberg，1959，pp. 398，541 以下；还有他的 "ΕΠΕΚΕΙΝΑ ΤΗΣ ΟΥΣΙΑΣ," *Archiv für Geschichte der Philosophie* 51，1969，pp. 1-30；C. J. De Vogel，*Rethinking Plato and Platonism*，Leiden，1986，p. 45 以下。——关于另一种观点，认为善的理念并不 "超越存在"，且在普罗提诺之前的学园中也从未被理解为超越存在的，可以在这篇文章中找到论证：M. Baltes，"Is the Idea of Good in Plato's *Republic* beyond Being？" in：*Studies in Plato and the Platonic Tradition. Essays present ed to John Whittaker*，M. Joyal（ed.），Aldershot，1997，pp. 3-23. 巴尔特斯人为地将日喻区隔于《巴门尼德》的第一组假设（137c-142a），以及柏拉图学园内部的本原学说中关于一超越存在的证言（尤其是 *Test. Plat.* 50，52，Gaiser），还有斯彪西波的证言（*Fr.* 48，57，62，72，Isnardi Parente）；进而，他尝试将《理想国》509b 作为一个独立的断言，关联到另一些在其中善显得是存在者的文本（见上），而且是在这种意义上关联到的——善仅仅超越于那些由它奠基的其他理念存在（οὐσία），而非绝对地超越存在者和存在自身。由于在普罗提诺之前，关于绝对超越存在的证言几乎无一例外都涉及 "一"，并且处在本原学说和《巴门尼德》第一组假设的视阈中，这意味着普罗提诺实际上是第一个在 "日喻" 中发现了善超越存在的柏拉图解释者。巴尔特斯整个构想的成与败，都建立于他将日喻区隔于未成文学说（《论善》!）和《巴门尼德》上，然而这种区隔，以及如下这样的尝试，在方法和实事上都令人不满——即尝试从其他一般说来更少被强调的、更缺乏基本性的论断出发，去弱化那描述善对存在的超越性的开端，这一开端作为最重要的关于善的报导，已经被它的位置编排关系、引入它的方式和对话者的反应清楚无疑地标明了。ἐπέκεινα τῆς οὐσίας 并不等同于 ἐπέκεινα τοῦ ὄντος（Baltes，11 以下），否则就会与柏拉图所认为的 ὄν 和 οὐσία 始终可以互换的立场相矛盾（尤其可以参见《斐多》78d，92d；参见《理想国》479c，485b，486a，523a，524e，525b-c，526e，534a，585b-d；《斐德若》247c；《泰阿泰德》155e，160b-c，185c，186a-e，202a；《巴门尼德》141e，142b-d，143a-c，144a-e，151e，152a，155e，156a，161e，162a-b，163c-d，164a；《智者》232c，239b，245d，246a-c，248a，c-e，250b，251de，252a，258b，260d，261e，262c；《政治家》283de，285b，286b；《斐勒布》26d，27b，32b，53c，54a，c-d《蒂迈欧》29c，35ab，37a，e，52c；《法篇》903c，950b，966e；《书信》VII，344b）；对柏拉图来说，"一" 自身是超越存在（ἐπέκεινα τοῦ ὄντος）的，这一点已经由学园内部证明（*Test. Plat.* 50），并且可以从《巴门尼德》141e 中得出。——近来另一个和巴尔特斯相似的解释则为斯蒂尔（C. Steel）所持有，参见 "The Greatest Thing to Learn is the Good. On the Claims of Ethics and Metaphysics to be the First Philosophy," in：*Die Metaphysik und das Gute. Aufsätze zu ihrem Verhältnis in Antike und Mittelalter. Jan A. Aertsen zu Ehren*，W. Goris（ed.），Leuven，1999，pp. 1-25；斯蒂尔从列维纳斯（Lévinas）那里获得了灵感，并得出结论——在我看来显然是非历史的——对柏拉图来说，伦理学才是第一哲学。

者［46］对于存在的超越性，它不能等同于作为最高存在者的工匠神。进一步说，对柏拉图而言，绝对者也并不是德穆格这样的努斯（*Tim.* 36d8，参见 39c7），因为在"日喻"中，绝对者作为努斯和真的根据，以及作为努斯和理念的统一的根据，将它们确立为在实际的认识中从本原而出的事物（Prinzipiate），因此它自身超越于努斯（νοῦς）、真（ἀλήθεια）和知识（ἐπιστήμη），也包括存在（ὄν）、是（εἶναι）和本质（οὐσία）：如柏拉图明确说过的那样（《理想国》509a，参见 508bc 和 e），它是"高于它们"（ὑπὲρ ταῦτα）的——相应于"超越存在"（ἐπέκεινα τῆς οὐσίας'），"超越努斯"（ἐπέκεινα νοῦ）这一表达，并不是初见于普罗提诺，而是在老学园中已经存在（Aristoteles, *Fr.* 49, Rose）。因此，在柏拉图的意义上，普罗提诺正确地将作为存在整体的努斯，区分于超越存在的绝对。我们从亚里士多德（*Met.* 1091b13-15；*EE.* 1218a15-30 等）和其他人那里，以及从《理想国》的暗示中得知，在刻意有所保留的书写作品中，对柏拉图而言，正如普罗提诺认为的那样，善的真正本质就是一自身，[1]［47］它在其绝对超越性中是高于存在的，因此也不是肯定的认识可以企及的，而是相应地，只能在一种否定的辩证法中，通过将其他的存在排除出去来辨认。在《理想国》一个重要的

---

[1] 同样的观点还可见于 Aristoxenos, *Harmonika II*, 39-40, Da Rios（根据亚里士多德）；亚里士多德，《形而上学》988a14，1075a35，1084a34，1091a29 以下；《物理学》192a15；Sextus Empiricus, *Adv. Math.* X 268-275；辛普里丘提到的 Hermodor，《〈物理学〉评注》248，2 以下（*In Phys.* 248, 2ff., Diels）。——柏拉图在"日喻"的末尾解释了什么是对多的否定（A-pollon, 非—多），参见普罗提诺《九章集》V5，6，27 以下；Plutarch, *De E apud Delphos* 393c 和 *De Iside* 381f-382a-382。——反对这一背景的"日喻"解释，参见 H. J. Krämer, "Die Idee des Guten. Sonnen- und Liniengleichnis," in: *Plato: Politeia*, O. Höffe（ed.）, Berlin, 1997, pp. 179-203。

位置（534bc），柏拉图明确要求通过排除其他存在，来达成这样的一种对善自身的辩证规定。[1] 而他在《巴门尼德》中完成了这一点。《巴门尼德》的第一组假设表明，"一"自身根据其绝对的单一性，完全拒斥了一切对自身的规定，因此也拒斥了作为一切规定之整体的存在：οὐδαμῶς ἄρα τὸ ἓν οὐσίας μετέχει ... οὐδαμῶς ἄρα ἔστι τὸ ἕν（141e：一既不分有任何本质，也不是任何事物）。[2] 斯彪西波关于柏拉图本原学说的一则证言（Test. Plat. 50，Gaiser）已经较为清楚地指出，这应该在绝对者的超越存在性的意义上去理解。在证言中他说，一自身"比存在更善好"（melius ente，κρεῖττον τοῦ ὄντος），并且"超越存在"（ultra le ens，ἐπέκεινα τοῦ ὄντος）；斯彪西波给出的理由是，仅仅就其自身来看，一就是单纯的一，而不是别的任何，因为任何其他规定都会使一成为多，这和《巴门尼德》的第一组假设是吻合的（尤其140a）。因此，柏拉图在《智者》（244d以下）中批评了爱利亚学派对一和存在的等同，因为被思想为存在着的一总是一个包含着不同元素的整体，从而不再是绝对单一、纯然无部分的，而这是对"真正的一"（ἀληθῶς ἕν）的"正确言说"

---

〔1〕 参见 H. J. Krämer, "Über den Zusammenhang von Dialektik und Prinzipienlehre bei Platon"（1966）, in: *Das Problem der ungeschriebenen Lehre Platons*, J. Wippern（ed.）, Darmstadt, 1972, pp. 394-448。——柏拉图在这里构想了一种否定神学，这一点普罗克洛已经正确地强调了，参见《〈理想国〉评注》I, 285, 5-28（Kroll）和《〈巴门尼德〉评注》VII, 64, 16-27 和 58, 22 以下（Klibansky），他将这一点指向了《巴门尼德》的第一个假设，以作为后者的某种实现。

〔2〕 详见 J. Halfwassen, *Der Aufstieg zum Einen*（见第248页脚注 1），pp. 302-405；还可以参见后面的 p. 282 以下，以及同上，"Speusipp und die metaphysische Deutung von Platons *Parmenides*", in: *EN KAI ΠΛΗΘΟΣ-Einheit und Vielheit. Festschrift für Karl Bormann*, L. Hagemann und R. Glei（eds.）, Würzburg und Altenberge, 1993, p. 365 以下。

（ὀρθὸς λόγος）所要求的，这一点柏拉图已经清楚表明了。[1]

[48] 如果柏拉图仍然能够称善的理念为"最明亮的存在""最有福的存在"和"存在中最善好的"，那么正如普罗克洛认识到的[2]，这是一些非本真的言谈，它们从由本原而出的事物来刻画绝对本原，即通过类比（per analogiam）；超越存在的一和善，是真理和存在的理智之光的来源，也是幸福的本原（《理想国》508d-e，517c，参见 540a）。因此，从类比的视角来看，它是最明亮的、最完满的、最幸福的，因为它是存在者的真、完满和幸福的根据，并在其中显现出能够设定存在的超越性力量；但同时，它作为它自身保持在光、真、存在和幸福之上（参见 509a-b）。同样，善作为一切理念自身的本原，也仅仅在类比的意义上才是一个理念，因为绝对的一作为每一种杂多的根据，它与理念的杂多之间的关系，同单一的理念与以它为根据的现象的杂多一样（参见 Aristoteles, *Met.* 988a10-11，b4-6）；然而，就其本身而言，它仍然是"超越存在"的，这也同时意味着超越一切理念。与此相反，《蒂迈欧》对德穆格的表述"τῶν νοητῶν ἀεί τε ὄντων... τὸ ἄριστον"（可理知的永恒存在……中最善好的）却应该在本真的意义上而不是仅仅类比的意义上去理解。工匠神并不是否定神学或太一学（Henologie）的对

---

〔1〕柏拉图《智者》245A8-9：ἀμερὲς δήπου δεῖ παντελῶς τό γε ἀληθῶς ἕν κατὰ τὸν ὀρθὸν λόγον εἰρῆσθαι。——这里明显回指了《巴门尼德》137c 以下，在那里，关于"一"（ἕν）的"正确言说"（ὀρθὸν λόγον）得到了详细的说明。

〔2〕参见普罗克洛《柏拉图神学》II 7，48 和 9 以下（*Theol. Plat.* II 7，48，9ff., Saffrey-Westerink）；还可以参见 H. J. Krämer, *Arete bei Platon und Aristotles*（见第 248 页脚注 1），p. 542 注释 103，其中涉及《巴门尼德》（142b 以下）第二个假设中在存在中展开着的一——区别于第一个假设中纯粹的一。

象，而是通过肯定的本体论谓词被规定为最完满的存在和（最高的）努斯；同时，正如努美纽斯和普罗克洛强调的，[1]柏拉图还通过"他是善好的"（ἀγαθὸς ἦν，29e1）这一表述，隐含地区分了大全的创造者、组织者——它在其本质中通过"是善好的"被肯定地规定——与善自身（αὐτὸ τὸ ἀγαθόν），前者是后者的派生物；然而，对于善自身，他却不再能说"它是善的"，因为它不是通过善被规定的存在者，而是作为超越存在者而彻底地超出了一切肯定的规定。

同样，在《理想国》第十卷中，神是"床的理念"的工匠（φυτουργός）这一说法无论如何都不意味着，工匠与作为存在和理念之本原的一和善［49］是同一的。"床的理念"有着不同的本体论地位，区别于诸如正义的理念、美的理念，以及真和存在的理念，善被明确地说成是后者的本原（505a-b，506a，508e，509ab，517c，等等）。因为亚里士多德曾多次向我们保证，柏拉图并不认为有严格意义上的人造物的理念（《形而上学》991b3-7，1043b18以下，1070a13以下）；如果这类人造物的理念在对话录中仍然反复出现——此外，在《第七封信》中（342d）也是如此——，这并不像彻尔尼斯（Harold Cherniss）认为的那样，[2]表明亚里士多德

---

［1］参见努美纽斯残篇16（*Fr.* 16, des Places）；普罗克洛《柏拉图的神学》V 28，104，28 以下，和 V 29，108，17 以下（Proklos, *Theol. Plat.* V 28，104，28ff. mit V 29，108，17ff.，Saffrey-Westerink）；还可以参见普罗克洛《〈蒂迈欧〉评注》I，305，6 以下（*In Tim.* I，305，6ff.，Diehl）——同样的意思，还可以参见 G. Reale, *Zu einer neuen Interpretation Platons*（见第 240 页脚注 1），pp. 406 以下，526 以下。

［2］参见 H. F. Cherniss, *Aristotle's Criticism of Plato and the Academy*（见第 242 页脚注 1），pp. 240-260。

的讲法并不可靠，因为我们愿意和盖瑟尔一起假设，技艺产品的理念并不是在世界的可知范本中超越实在的——它们并不属于就其自身而言是完美秩序的宇宙之不变的持存——而毋宁说，灵魂才是人造物的范本的本体论位置；[1] 这样理解的话，神创造人造物的范本这一表述，就完美地适配于《蒂迈欧》中关于塑造宇宙灵魂的表达。——最后，我们至少还可以从亚里士多德早期著作《论祷告》（Über das Gebet）唯一保存下来的残篇中得知，神究竟应当被规定为努斯还是超越努斯的本原，这一问题对学园来说显然已经构成了一种严肃的选择：ὁ θεὸς ἢ νοῦς ἐστὶν ἢ καὶ ἐπέκεινά τι τοῦ νοῦ（神，要么是努斯，要么是某种超越努斯的东西）。[2] 现在，对柏拉图来说，德穆格无疑是努斯[3]（Tim.36d8），同样地，就其超越性而言，他也无疑是最高的本原，是"某个超越努斯的东西"，那么工匠神就不能等同于超越存在、超越努斯的绝对者。同时，斯彪西波似乎有和柏拉图相同的想法，据记载，他既不将规定为努斯的神等同于一，也不将他等同于善，而是将他视为一个与之不同的、独立的存在等级（Fr. 89, Isnardi Parente）。[4]

[50] 此外，通过柏拉图自己在《蒂迈欧》中的表达，人们也

---

〔1〕 参见 K. Gaiser, *Platons Ungeschriebene Lehre*（见第 240 页脚注 2），pp. 104-106；还可以参见 G. Reale, *Zu einer neuen Interpretation Platons*（见第 240 页脚注 1），pp. 409-411。

〔2〕 亚里士多德残篇 49（*Fr.* 49, Rose）；——这个表达出于语言上的原因，已经具有了严格的"选择"的含义，而非仅仅是"既是……又是……"（sowohl als auch），参见 Th. A. Szlezák, *Platon und Aristotles in der Nuslehre Plotins*, Basel und Stuttgart, 1979, p. 212。关于努斯（Geist）的超越性，可以参见亚里士多德《优台谟伦理学》1248a 以下；Oehler 澄清了亚里士多德关于这个问题的个人立场，可以参见 K. Oehler, *Subjektivität und Selbstbewußtsein in der Antike*, Würzburg, 1997, pp. 58-61。

〔3〕 这里作者使用"精神"（Geist）来翻译努斯（νοῦς）。——译者注

〔4〕 详见 H. J. Krämer, *Der Ursprung der Geistmetaphysik*（见第 242 页脚注 2），p. 214 以下。

可以完全排除德穆格与最高本原的同一：在一个非常明显的位置，即关于生成的诸本原的段落开头（48c），柏拉图明确指出，现在并不适合谈论"万有的本原"（ἀρχὴ ἀπάντων），换言之，因为用现在的处理方式（在单纯的、缺少必要的辩证依据的"相似言说"［εἰκὼς λόγος］的框架下）解释他就此的观点是困难的；——这种相同的表达肯定不是偶然，通过这种表达，柏拉图在《理想国》第六卷中对善的真正本质有所保留（506d-e）。如果《蒂迈欧》中明确略过了"万有的本原"[1]——不论是否考虑到柏拉图的书写批判，也没有别的什么能被期待了——，那么在对话录中出现并且被得体地详细描述的德穆格就不可能是"万有的本原"本身。

三

3. 如果德穆格既不能等同于超越存在的万有本原，也不能等同于世界灵魂，那么只剩下一种可能，即等同于作为理念整体的存在，如果我们不愿意接受对柏拉图而言，神是一种仅仅在神话的言说方式中才能够被企及的、自成一系（*sui generis*）的实在。然而，认为神仅仅在神话言说中才可以被企及，这一假设从根本上违背了柏拉图的认识论，根据这一理论，完满的存在者也完全可知（《理

---

[1] 参见 Th. A. Szlezák, "Über die Art und Weise der Erörterung der Prinzipien im *Timaios*," in: *Interpreting the Timaeus-Critias*（见第 246 页脚注 1），pp. 195-203，尤其是 p. 198 以下；——关于《理想国》506，可以参见他的 *Platon und die Schriftlichkeit der Philosophie*, Berlin und New York, 1985, p. 310 以下；关于"空略"（Aussparungsstellen）的功能和含义，见他的 *Platon Lesen*, Stuttgart-Bad Cannstatt, 1993, p. 92 以下和 p. 85 以下。（本书已有中译：斯勒扎克：《读柏拉图》，程炜译，译林出版社 2009 年版。——译者注）

想国》477a），这就是为什么对于永恒存在的认识，正如《蒂迈欧》（29b）所说，必须是"稳固、不变的……不可辩驳、不可动摇的"（μόνιμος καὶ ἀμετάπτωτος... ἀνέλεγκτος.... καὶ ἀνίκητος），而不能是神话言说，它只需要自身"显得真"，并且单独适用于生成，后者出于其较低的本体论地位而无法拥有可靠的知识。如果认识的完整性和确定性对应于存在的完满性和不变性，[51]那么，被认为是所有存在中最善好和最完满的德穆格，怎么可能只在神话言说中才可被企及？

　　支持德穆格等同于可理知生命，即理念整体的最有力论据，正是对"制造者"如下特征的强调："可理知的、永恒的存在中最善好、最完满和最高的"，这与他被反复强调的、通过最高级而标识出来的特征相符合（29a，30a，等等，以及37a）。如此一来，这位制造者既不可能被置于理念整体之下，也不能单纯与之并列。同样，可以排除它高于理念整体的可能，[1]因为理念是唯一真正存在和可知的，因此，理念的整体就是所有存在和可理知事物的总体，在它之上不可能有更完满的存在。[2]能够证实该点的是，柏拉图将理念整体明确称为"可理知事物中最美且在所有方面都最完满的"（τῶν νοουμένων τὸ κάλλιστον καὶ κατὰ πάντα τέλεον，30d1-2）；柏拉图以其无所不包的统一性（*allumfassende Einheit*，30 c）来

---

〔1〕　阿提库斯是这样认为的，参见残篇34（*Fr.* 34, des Places）。

〔2〕　神的本体论证明的根源在于完满存在的概念，普罗提诺已经表达了这一观点的核心（《九章集》III 6，6），我在这篇文章中尝试指出该点：J. Halfwassen, "Sein als uneingeschränkte Fülle. Zum Ursprung des ontologischen Gottesbeweises im antiken Platonismus," *Zeitschrift für philosophische Forschung* 54，2000。

证明完满生命的这种最高的完美性，凭借这种统一性，它将所有个别的可理知生命作为要素包含在自身之中（ἐν ἑαυτῷ περιλαβὸν ἔχει）。世界的可理知范本的这种总体性排除了与之并存的第二个范本的存在，因为这样的话——正如柏拉图所述（31c）——就必须假设另一个包含二者的一，而这个一凭借其最高的总体性，重新成为宇宙真正的范本。因此，理念宇宙这种无所不包的统一性和整体性，就成为其完满性的基础，同时也是其唯一性的基础，并因此成为宇宙统一性、唯一性、整体性和完满性的本原。[1] 那么，因为德穆格无疑是一个可理知的生命，他不可能出现在理念整体之外；所以只能在这二者之间选择，要么他是完满生命的一部分，要么就是它的整体。但神不能作为部分，因为如此一来，他就不再是最完满和［52］最善好的，如果"最美且在所有方面都最完满"恰恰意味着将所有可理知事物包含在自身之内；[2] 既然出于同样的原因，不存在两个各自均是最完满的事物，德穆格只能等同于所有理念的整体。因为柏拉图同时用最高的完满性来谓述和规定理念整体和工匠神，并且同时说彻底完满的事物只能是唯一的，因为它的完满性恰恰在于它的统一性、整体性和唯一性。

将德穆格等同于理念宇宙同样来自德穆格作为宇宙本原的定位。工匠神不仅是世界的动力因，而且明确是其目的因和范本因。柏拉图说（29d 以下），神不妒羡的善好（*neidlose Gutheit*）是宇宙

---

〔1〕 关于"一"的不同含义，及其在《蒂迈欧》中的系统功能，参见 H. J. Krämer, "Die Idee der Einheit in Platons *Timaios*," *Perspektiven der Philosophie* 22, 1996, pp. 287-304。

〔2〕 还可以参见 M. Baltes, "Γέγονεν"（见第 240 页脚注 2），p. 82。

生成的原因，而且是最高或最本真的原因（κυριωτάτη ἀρχή）；[1]因为神出于他的善好在各个方面都排除了妒羡——顺便一提，这是柏拉图一个巨大的、在其影响中绝没有被高估的突破，这一突破并不仅限于希腊神话的观念——而意愿万物生成得尽可能和他自身相似（πάντα ὅτι μάλιστα ἐβουλήθη γενέσθαι παραπλήσια ἑαυτῷ, 29e3）。根据这个说法，柏拉图通过说这是世界创生最高或最本真的原因而最为有力地强调了其重要性，神自身也就是宇宙完满性的范本。然而，仅仅在三句话之后，在自身之中包含所有理念的完满生命就被称作世界统一性、秩序和完满性的范本（30c），[2]它必须等同于神。对话的结论同样证实了这一点，当那里指出（92c），在自身之中包含着一切可见事物的世界整体，作为可理知事物的仿本，就成为一个可以通过感觉感知的神；而世界整体的可理知范本，因此自身就是可理知的神，正如之前的段落中所说（34a），德穆格是永恒存在着的神，创造了宇宙这个生成的神；而且对柏拉图来说，永恒存在着的事物和可理知事物是同一的，正如生成着的事物和可感对象是同一的（28a）。而除了可理知范本的绝对完善性——它明确被描述为"最美且在所有方面都最完满的"（30d）——以外，神的"不妒羡的善好"又该是什么呢？[53]如果这种完善性明显就在于其无所不包的整全性和唯一性，即其在自身之中完满的统一性，这符合柏拉图著名的善与一的等同。因此，神的善好，不妒羡地把宇宙作为一个完美的秩序从自身中创造出来，显然就在于如下事实：

---

[1] 希腊文原意为"最统领性的原因"，哈弗瓦森翻译为 *höchste oder eigentlichste Grund*，即最高或最本真的原因。——译者注

[2] 还可以参见《理想国》500c。

神作为包含着所有理念的整体，是"完满的一"（ἕν ὅλον τέλειον），正如《巴门尼德》（157e）所说，在其中，绝对的一以一种原初和完满的方式展现其设定着存在的超越性力量，[1]同时还展现了在超越存在的一自身之后的第二个一，即存在的一。因此，在世界创生的诸原则中，除去空间—质料之外，只出现了存在；这也是为什么亚里士多德能够解释说（《形而上学》988a7 以下），柏拉图只使用了两个本原，即质料因和形式因，以这种方式，他将集范本因、目的因和动力因为一体的理念，理解为形式因。因为《蒂迈欧》（68e）即便只区分了原因的两个种类（δύ'αἰτίας εἴδη），必然的和神圣的原因（τὸ μὲν ἀναγκαῖον, τὸ δὲ θεῖον），即努斯和必然（47e及以下），这就是理念和质料。[2]

再者，其他对话录中也曾暗示过神等同于理念整体，我们在这里只提及其中两例。在《理想国》第二卷中，柏拉图对神话中神的概念的批评非常著名，他跟随色诺芬尼，通过善（379b）来定义神的本质，就像在《蒂迈欧》中那样，而善在内容上又通过完善、统一和不变这些谓词变得具体（381 bc）；这些规定也在《蒂迈欧》中再次出现，并在其中标示出了德穆格和可理知范本的存在方式。正是这里讨论的这些本体论谓词，在柏拉图本原哲学的系统文本中，将理念标定为"绝对的一"的派生物。然而，根据《巴门尼德》（157d 以下），从一派生出来的最高事物并不是个别的理念，

---

〔1〕 同见 J. Halfwassen, *Der Aufstieg zum Einen*（见第 248 页脚注 1），pp. 23, 239 以下；还可以参见 H. J. Krämer, *Arete bei Platon und Aristoteles*（见第 248 页脚注 1），pp. 137 以下，472 以下。

〔2〕 关于这些文本，还可以参见 M. Baltes, "Γέγονεν"（见第 240 页脚注 1），p. 89, 同样提到了 48e3 以下的概述。

而是"完满的一",作为所有理念的统一的、唯一的整体,他将对存在而言可能的最高的统一性和完满性统摄于自身之内,因此就成为那一个最高的神,在这种意义上,他将所有神性事物(理念)统摄到自身之内,他就是唯一的神;[54]——其他柏拉图接受的神,要么是他的内在要素,如理念,他曾在《蒂迈欧》(37c6)中明确被称为"永恒的诸神"(ἀΐδιοι θεοί),要么就是其派生物(例如世界灵魂和星体灵魂)。这也很好地符合《斐德若》中的说法(249c),即使得神成为神的,是与理念同在;因为这样一来,《蒂迈欧》中的神,以不妒羡的善好设定着世界,也就是神性的总体,因为他正是理念的整体。[1]

四

因此,剩下的就是要澄清,在上面已经区分开的两种方式中,应该以哪一种来理解神和理念整体的同一。从哲学史的角度来看,这就是中期柏拉图主义的同一性理论变体和新柏拉图主义的变体哪一个正确的问题。将神规定为最高、最善好和最完满的存在,以及色诺克拉底的例证,将神看作为世界奠基的一(μονάς),后者将所有理念作为要素包含在自身之中,[2]这些乍看起来似乎支持着中期柏拉图主义解释的正确性;而且《蒂迈欧》中的诸个别理念也明确是完满生

---

〔1〕 同见 M. Baltes, "Γέγονεν"(见第 240 页脚注 2), p. 88 注释 41。

〔2〕 参见 Xenokrates, 残篇 15, 16 和 5(*Fr.* 15 mit *Fr.* 16 und *Fr.* 5, Heinze); H. J. Krämer, *Der Ursprung der Geistmetaphysik*(见第 242 页脚注 2), pp. 34 以下、42 以下、120 以下;以及他的 "Grundfragen der Aristotlischen Theologie II"(见第 244 页脚注 1)。

命的内部要素，这一完满生命包含着诸个别理念，且根据我们的解释，等同于工匠神。然而，让我们对中期柏拉图主义的解决方案产生怀疑的是，所有中期柏拉图主义者——不确定是否还有色诺克拉底[1]——都与这样一种观点相联系，即在自身中包含着理念的神同时也是为存在奠基的一和善本身；但是正如我们已经看到的，这种将德穆格等同于绝对的做法［55］与柏拉图的太一论（Henologie）并不相容。现在，让我们仔细检查一下，其实《蒂迈欧》本身就有足够的证据来支持新柏拉图主义的同一性理论解释的正确性。

4. 首先，引入德穆格的方式就已经非常重要。柏拉图开始于一个对他的哲学来说非常基本的区分，即对永恒存在和始终生成的事物的区分（28a 以下），结束于说一切生成之物出于解释的需要，均有某种生成的原因（αἴτιον）；然后这个原因在没有任何其他解释的情况下，就被区分为德穆格和其创造活动的范本。[2] 既然明显只需要考虑作为所有生成之物的普遍原因的"存在"，且"工匠"是在没有任何特别解释的情况下被引入的，创造世界并维持其秩序的功能由此显然是可理知存在的一个内在方面，于是可理知存在

---

〔1〕 残篇 68（*Fr.* 68, Heinze）支持该点，在这个残篇中，色诺克拉底似乎将《蒂迈欧》35a 中用于混合灵魂的"不可分的存在"，即诸理念的存在，等同于"一"，即两个普遍本原中的第一本原；然后将"可分的存在"等同于不定的二。另一方面，亚里士多德在《形而上学》的文本中将色诺克拉底和柏拉图、斯彪西波放到一起来系统概述的方式，可能表明色诺克拉底和柏拉图、斯彪西波一样，已经将一自身区别于存在的最高等级，并将它视为超越存在的；这一点还得到了 *Test. Plat.* 32, Gaiser（Sextus Empiricus）这一文本的支持，这个文本说一超越于理念数（§§ 261-262, 270, 276），如果这些表述最终真的可以追溯到色诺克拉底，正如盖瑟尔带着强力的观点猜测的那样："Quellenkritische Probleme der indirekten Platonüberlieferung," in: *Idee und Zahl*, H.-G. Gadamer und W. Schadewaldt（eds.）, Heidelberg, 1968, pp. 38, 78, 80。

〔2〕 关于这点，参见 Th. Ebert, "Von der Welturversache zum Weltbaumeister," *Antike und Abendland* 37, 1991, 尤其参见 p. 51; 同见 M. Baltes, "Γέγονεν"（见第 240 页脚注 2）, p. 90。

相对于德穆格来说是更优先的。因此，提到本原的段落中，对世界秩序而言，存在既能够代表范型性本原，也可以代表积极的塑造性本原。

然而，最重要的就是证明，柏拉图已经像后来的普罗提诺那样，将理念设想为在自身之中拥有努斯。因为他将理念整体描述为将一切包含在自身之内的可理知生命，它将所有作为可理知生命的诸个别理念也包含在自身之中（30c 以下）。可理知生命这个术语，显然不仅仅意味着理念只能在纯粹的思想中被认识这一相对微不足道的事实；相反，生命应当明确地归于理念，而且不是任意的生命，而是理智生命——不过，理智生命除了思维（Denken）之外不可能是别的，如此，一个理智生命必然就是努斯，它不是单纯地被思考，而且自身也思考。再就是对亚里士多德来说，完全自明的是，神圣努斯永恒不中断的思考活动是最高、最完美的生命形式："生命是努斯的实现"（ἡ γὰρ νοῦ ἐνέργεια ζωή，《形而上学》1072b26-27）；他称自己的神为"最善好的永恒生命"（ζῷον ἀΐδιον ἄριστον，1072b29），并和《蒂迈欧》有着无法忽视的呼应。柏拉图还强调，完满的生命将一切可理知生命都包含在自身中；因此它也在自身之中包含着努斯。——在这一点上，必须排除近来受到支持的迪耶斯（Diès）和 [56] 康福德（Cornford）的解释，即将可理知生命仅仅看作生命的理念；[1] 因为柏拉图明确表达了，可理知生命凭借

---

[1] 参见 A. Diès, Platon: *Oeuvres completes*, Bd. VIII 3, Notice p. 289; F. M. Cornford, *Plato's Cosmology*（见第 245 页脚注 1），p. 40 以下；同见 B. H. F. Cherniss, *Aristotle's Criticism of Plato and the Academy*（见第 248 页脚注 1），p. 576 以下；W. D. Ross, *Plato's Theory of Ideas*, Oxford, 1951, p. 212; A. Levi, *Il problema dell' errore nella metafisica e nella gnoseologia del Platone*, Padua, 1970, p. 145; 与 Levi 解释一致的，还有 G. Reale, *Zu einer neuen Interpretation Platons*（见第 240 页脚注 1），p. 498; ——反对的观点则可以参见 H. Krämer, *Der Ursprung der Geistmetaphysik*（见第 242 页脚注 2），p. 200。

其整体性特征，在其内容的完善性中为宇宙的唯一性奠基（30d，31ab）；如果世界整体因此也将一切可感事物包含在自身之中（92c及其他），那么作为其模本的完满生命必须同样地将所有可知事物包含在自身中，因此它不可能仅仅是生命的理念，而正是所有理念。此外，如果在宇宙生成之前，存在就已经对混乱动变的原初质料有预一塑形的作用，并制造了之后元素体的痕迹（ἴχνη）（50c，51a，52d 以下，尤其是 53b），那么可理知生命就更不能仅仅包含生命的理念了。柏拉图甚至在某处提到了火的理念（51b），它属于可理知生命，被包含在"完满生命"中；所以，完满生命就是所有理念组成的完备整体。

作为可理知生命，不仅理念整体，而且每一个理念都必须在它之中，它就是努斯，并且自己思考。当柏拉图强调"没有任何作为整体的缺少努斯的事物（ἀνόητον）可以比作为整体的有努斯的事物更美"（30b1 以下），并且出于这个原因，创造者为宇宙赋予了努斯时，那么理念整体作为努斯的特征，在世界创造故事的一开始就变得完全清楚了，这一特征要比每一个个别的理念之为努斯更容易把握。因此，如果没有理智的事物永远无法比拥有理智的事物更美，那么理念整体必然有理智，否则它就不可能是"最美且在所有方面都最完满的"（30d1-2）。此外，如果宇宙只有通过努斯存在于它之中，才是德穆格"在本性上最好和最美的作品"（30b5 以下），那么由此也可以得出，它的范本必然以卓越的、典范的方式而是努斯，因为具有努斯的宇宙的完满性正是以努斯为前提，而在这种完满性中，它模仿的仅仅是其模型的卓越的完满性。由此看来，当柏拉图提到世界的本原时，他有时将范本称为 ὄν（存在）或 ὄντα

（诸存在），有时称为努斯，这并不会导致含义的明显变化。——而当柏拉图说，努斯在那个本质性的生命中看到了多少理念，[57]德穆格就计划在世界中建造出多少种类的生命时（39e），那么，明显的是，在这里我们并不需要区分出两个甚至三个实体——正如努美纽斯想要在这里区分出被注视的生命、在直观的努斯、进行推论式计划的德穆格[1]——而是说，这是同一个本质的三个不同方面，它同时是可理知的理念宇宙、在理智观察的努斯和有效地塑造着世界的德穆格，在这里，对德穆格的行动的描述，刻画了他的推论性行动（"他计划、他认为、他决定"，等等），仅仅是出于教学的目的[2]才发生的，因为显而易见，只有最完满的精神行动——努斯的认知，即在一个直观中（uno intuitu）把握着理念整体——才能归给作为最完满存在的德穆格。——此外，如果范本、努斯和德穆格事实上是相同的，那么可理知的思维和生命在思考什么也就变得非常清楚了：它思考的正是它自身——作为存在和思维的、包含一切的统一体。因为如果神圣的努斯是所有存在中最完美和最好的，那么它也只能思考"最美且在所有方面都最完满的事物"（参见29a，30ab）；但这是作为理念整体的它自身。因此，对柏拉图来说，最高的存在就已经是对自身的纯粹思维（νόησις νοήσεως），而不是从亚里士多德开始才这样。然而，与亚里士多德不同的是，

---

[1] 努美纽斯的报告可见于 Plotin, *Enn.* III 9, 1, 以及 J. Halfwassen, *Geist und Selbstbewußtsein*（见第 244 页脚注 2）, pp. 50-55。——而理智的（noetischer）认识和推论的（diskursiver/dianoetischer）认识之间的区分，仍然停留在较为基本的讨论上，参见 K. Oehler, *Die Lehre vom noetischen und dianoetischen Denken bei Platon und Aristotle*, München, 1962, 2. Aufl., Hamburg, 1985。

[2] 普罗提诺已经强调过这点，参见 Plotin, *Enn.* IV 8, 4, 38 以下。

柏拉图认为神圣努斯同时也是积极的世界设定性本原，它使得灵魂和宇宙在无妒羡的善里从它自身中产生。

　　对柏拉图来说，理念在自身之中拥有努斯，这一点在他不仅仅把所有理念的"一和全"设想为可理知生命，还把其中包含的每一个个别理念也都理解为可理知生命的事实中，变得完全清楚了。那么人们应该怎样理解，每一个个别的理念都是努斯且自己思考呢？要回答这个问题，《蒂迈欧》提供了一条重要线索。文本指出，完满生命之所以在所有方面都完满，是因为它将所有个别的可理知生命都作为要素完全包含在自身之中（30cd）。那么怎样理解这个"包含在自身之中"（ἐν ἑαυτῷ περιέχειν）呢？要排除的是，[58] 柏拉图借此指一种概念—逻辑式的包含关系，因为一个逻辑上的上位概念并不在自身之中包含它的下位概念，而是在自身之下包含着；同时，上位概念并不比下位概念更完满，而是内容上更贫瘠；此外，理念作为可理知的生命和思维，也不是其关系可以按照简单的模态逻辑归类来理解的推理性概念。相反，我们必须把完满生命对理念的"包含"非常清楚地理解为一种"努斯上的"包含；只能这样理解，即完满生命将自己思考为在自身中完满的一，所有个别的理念就作为它完满的整全性的融合要素而被包含在它自身中。——柏拉图的另一个指引（30c6）又向前推进了一步，即在完满生命中包含着的理念，根据属和种被划分开了（τἆλλα ζῷα καθ' ἕν καὶ κατὰ γένη μόρια）。[1] 在柏拉图看来，对一个理念的完全规定意味着，每个理念与另一个理念处在关系中，要么以肯定的方

---

〔1〕 希腊文原意为"其他生命在个体上及在属上都是（完满生命的）部分"，作者在此采取了意译的策略。——译者注

式，即一者作为种或属在自身之中包含着另一者，抑或二者处在其他肯定的分有关系中；要么以否定的方式，即一者作为与另一者完全区分的和对立的存在而被排除出自身。如果每个理念仅仅通过在同一与差异中关联于所有其他理念而在自身之中得到完全的规定，那么，每个个别理念就以某种方式在自身之中包含了所有理念的整体，因为它自己的本质就是它与这个整体的关系。[1]因此，理念的整体——用黑格尔的话说——就是一个具体的总体性（konkrete Totalität），它在差异化为要素的过程中保持着总体性，因为在其中，每个要素自身都具有总体性的特征，也就是说，它本身就是整体。因此，在这个在其要素中保持着自身的整体中，整体与要素的关系是一种自身关系，[2]而自身关系的完满形式就是对它自身的思考，即自我思考的努斯（νόησις νοήσεως）。——通过一个理念与其他诸理念［59］相联系，后者同时是它自身规定性的要素，而它就在这种与他者的关系中同时又与自身相联系；作为包含他者的统一体，它思考着自身。这种在思考着的自身关系由于整体和所有要素相互渗透，而既属于整体，也属于每个个别要素自身，这就是为什么不仅理念整体，而且作为整体的构成性要素的每个个别的理念，

---

〔1〕 J. Halfwassen, *Der Aufstieg zum Einen*（见第 248 页脚注 1），74，81ff.，231ff.，239ff.，320，331ff.，372-392。——斯彪西波已经提到了相应的知识学后果，即每个完全的定义都预设了对理念整体的认识，参见 *Fr.* 38-44, Isnardi Parente。

〔2〕 当柏拉图提到个别理念和理念整体（存在的一）的关系时，他在暗示这种自身关系：ἐπειδάν γε ἓν ἕκαστον μόριον μόριον γένηται, πέρας ἤδη ἔχει πρὸς ἄλληλα καὶ πρὸς τὸ ὅλον καὶ τὸ ὅλον πρὸς τὰ μόρια（《巴门尼德》158c7-d2；陈康译："但是，再者，当某一部分成为部分时，它们就有界限，在它们之间和相对于整个，以及整个相对于部分，也有界限"）。在这个语境下，πέρας 应当被理解为规定着每个理念的本质的界限，作为与他者之间互相区分的、自在存在的某物，即一般而言对它们的存在（所是）的规定。

都是理智生命和努斯。普罗提诺诉诸柏拉图，将努斯准确地构想为理念的总体，并在此清楚地表达了具体的总体性的思想，他以此证明了将黑格尔"具体的普遍性"作为在思考着的自身关系的概念结构回溯与投射到古代并不是历史错置。[1]

因此，理念整体和作为这个整体的要素的每一个理念都是努斯，正是因为思维是理念整体中的诸理念在其中相互联系的关系，同时也是所有理念的一和全与内在于它的诸要素的关系，以及在这些诸要素中理念的一和全同时与它自身的关系，这也就是完满生命在自身中包含所有个别理念的那种关系。[2]因此，柏拉图的理念宇宙并不仅仅在理念作为其思维对象的意义上才是努斯，而是作为所有理念在自身中关联着的"一和全"意义上的努斯，其诸要素与这一整体是同一的，由此是一种在诸理念自身的存在中被表达出来的、本质的、在某种意义上客观的思维，即普罗提诺所说的 οὐσιώδης νόησις（作为存在的努斯）。[3]这一解释的正确性同样得到了《智者》一个著名段落（248e 及以下）的证明，在那里，柏拉图将理智运动、生命、灵魂、思考和努斯 [60] 归给了完满的存

---

〔1〕 特别参见 Plotin, *Enn.* V 8, 4; V 9, 8; V I7, 14; V 12, 20-21; 以及 III 8, 8, 40 以下; VI 2, 3, 20 以下; I 8, 2, 15 以下。上述仅仅以假设的方式讲述的东西，我在这本书中给出了展开解释: J. Halfwassen, *Hegel und der spätantike Neuplatonismus. Untersuchungen zur Metaphysik des Einen und des Nous in Hegels spekulativer und geschichtlicher Deutung*, Bonn, 1999 (*Hegel-Studien*, Beiheft 40), Kapitel V, §§3-4。

〔2〕 诸理念彼此之间的辩证关系构成了永恒（αἰών）——即理念整体——的（具有努斯的）生命力（Lebendigkeit）这一结论，还得到了麦施的支持，参见 W. Mesch, "Die ontologische Bedeutung der Zeit in Platons Timaios"（见第 246 页脚注 1），p. 235: "永恒的生命力就是存在的生命力，正如它在不依赖于时间的辩证法中展示的那样。"

〔3〕 Plotin: *Enn.* V 3, 5, 37, 以及 J. Halfwassen, *Geist und Selbstbewußtsein*（见第 244 页脚注 2），pp. 29 以下, 44 以下, 56。

在。[1]根据柏拉图的语用（尤其参见《理想国》477a）和文本的语境，完满的存在只能指诸理念在质上完满的、可理知的存在。在文本的语境中，柏拉图关注的是驳斥"理念之友"的观点，即认为理念的存在是僵化的、在自身之中不动的，从而是无生命的。"理念之友"在此必须承认，第一步，在纯粹思维中才可以被认识的理念，在被认识时也是被推动的。被思考的第二步，仅仅在如下方式中才是有意义的，即诸理念不仅作为思维的认识内容而似乎从外部被推动，而且思考诸理念本身这一运动也属于它们；因为诸理念只有这样才是——人们或许必须这样重构柏拉图的论证——完满的存在，即存在的完全充盈，当它并不通过他者从外部获得其规定性，而是通过其自身，因为它们是原初存在；然而，诸理念也不能仅仅通过被他者思考、被他者认识才获得思维运动和认识运动，而是在自身之中就是思维和努斯，由此，诸理念才是原初的、范本的；因为仅仅在自身之中拥有努斯的理念才是原初的，即通过其自身而是可理知的，否则它们和认知着的思维的关系就是外在的和偶然的。《智者》——正如《蒂迈欧》一样——通过诸理念存在的完满性，确立了其努斯和生命特征，最终，通过它们作为具体总体性的特征，外部的事物都无法归于它；以此，两部对话录中的表述证实、补充并阐释了彼此；然而，《蒂迈欧》在这里超出了《智者》，当它将生命的特征——同时暗示着努斯的特征——不仅仅赋予理念整体，而且给予个别的理念。

亚里士多德的证言（*De an.* 404 b 16-27=*Test. Plat.* 25A，Gaiser）

---

[1] 对这一核心段落的解释，参见 H. J. Krämer, *Der Ursprung der Geistmetaphysik*（见第 242 页脚注 2），p. 194 以下。

明确提到了《蒂迈欧》中的可理知生命，这为我们的解释提供了进一步的实据，并提供了一些关于理念宇宙的数学结构的启示。[1]《蒂迈欧》中曾经提到，范本在自身中包含了可理知生命的四个种类（39e），[61] 这似乎与它包含着所有理念这一承诺有所冲突。现在，由亚里士多德可知，这四个种类指的是前四个理念数的"四元体"（Tetraktys），正如盖瑟尔详细指出的那样，它将其他所有理念都纳入自身之中，并规定着它们的结构，这种结构是根据一和多建构起来的。[2] 前四个理念数通过这种方式，就成为最高的理念，并将其他理念——理念数，属理念和种理念，直到不可分的理念（ἄτομα εἴδη）——作为内在要素包含在自身之中，如此，诸理念的存在充盈，整体可以通过划分法（dihairetisch）划分，在四元体中就集中到了最紧密的统一性中。在四个最上方的、最原初的理念数中最高的一个，它在最紧密的充盈中将所有理念包含在自身之中，就是一的理念（ἰδέα τοῦ ἑνός）——这一报道将它和作为原初本原（Urprinzip，στοιχεῖον）的一自身区分开（404b25）。[3] 这个最高、最完满的理念——一的理念，现在（404b22）就明确地等同于努斯：νοῦν μὲν τὸ ἕν（作为一的努斯）。之所以一的理念——在《蒂迈欧》（30c 以下）和《巴门尼德》（142b 以下）中可以清晰地看到——显然就是努斯，是因为它将所有在它之后的理念，作为存在

---

[1] 可以参见盖瑟尔的解释：K. Gaiser: *Platons Ungeschriebene Lehre*（见第 240 页脚注 2），p. 44 以下；以及他的 "Quellenkritische Probleme der indirekten Platonüberlieferung"（见第 259 页脚注 2），p. 49 以下。

[2] 参见 K. Gaiser: *Platons Ungeschriebene Lehre*（见第 240 页脚注 2），p. 116 以下。

[3] 支持性的证据，还可参见 H. J. Krämer, *Der Ursprung der Geistmetaphysik*（见第 242 页脚注 2），pp. 202-207，p. 376 注释 15。

的一和全，纳入自身之中；所以，所有理念都是一的理念自身中的要素，后者就是《巴门尼德》第二组假设中的存在的一，作为"具体的总体性"而展开为自身，复又在它的自身展开中，作为努斯以思考的方式回到自身。一的理念，作为在自身之中包含着所有理念的努斯，就是理念整体，即生命自身（αὐτοζῷον），也就是将宇宙及灵魂从他自身中无妒羡地制造出来的德穆格。

如此——正如我相信——德穆格在柏拉图哲学中的定位就得到了说明。现在，我们理解了，为什么柏拉图说要找到"万有的制造者和父亲"是困难的，而且不可能将他传达给所有人。柏拉图的工匠神之所以难以找到，是因为他——正如巴尔特斯形象地阐述的——"似乎藏身于神圣的范本中"；[1] 而之所以无法传达给所有人，则是因为只有那个能够同柏拉图一同实现理念的辩证法的人才会理解这种传达，从而理解理念自身就是，以及为什么是神圣的努斯。由此，亚里士多德对于德穆格的沉默似乎也有了不同的解释；亚里士多德——他的确是学园的"努斯"，正如他被称呼的那样，一定是 [62] 柏拉图向他传达了这位难以寻找的神的对象——曾经提及"生命自身"、一的理念，这些说法，对那些能够找到和理解柏拉图的神的少数人而言，已经足够了。

---

〔1〕 M. Baltes, "Γέγονεν"（见第 240 页脚注 2），p. 90。

亚里士多德对自然的定义*

Sean Kelsey[1] 魏奕昕[2] 译

亚里士多德对自然的定义说明，与人造物相比，自然物的独特标志是他们有内在的动变（movement）的本原（principle）。在这篇论文中，我关心的问题是这条理论到底意味着什么：在亚里士多德看来，自然物和人造物的区别是什么？

通常情况下，这个问题并不显得困难："区别就是自然物有一个内在的动变本原。"但该问题的实质是"内在本原"这个概念：亚里士多德说自然物的动变有一个本原，说这个本原内在于它们，他指的是自然物的什么特质？甚至这个问题也经常有比较直接的答案："他的意思是，某物的自然是其动变的某种原因和（或）解释。"可是，虽然这完全是正确的，但如果想清晰地表达这个观点，反映出亚里士多德观点中自然物和人造物的区别，也并不容易。其

---

* 本文选自 Sean Kelsey, "Aristotle's Definition of Nature," *Oxford Studies in Ancient Philosophy* 25, 2003, pp. 59–87.

[1] Sean Kelsey，美国圣母大学 Rev. John A. O'Brien 学院哲学教授，著名古希腊哲学专家。

[2] 魏奕昕，四川大学哲学系博士后。

中一种解释范围太窄：例如，它忽略了世界中无生命的那部分，即元素及元素构成的混合物。至于另一种解释，虽然人们有时候认为它弥补了第一种解释的缺点，但它范围太广：据此标准，人造物也算作自然物，被排除在自然之外的只有摆起来、堆起来的偶然混合物。这些答案也并非基本正确，只在奇怪或非常规的反例中遇到麻烦；相反，他们在重要的核心例子中就出错了。如果说第一种解释区分的确做出了任何区分的话，那么它区分了生物和非生物；第二种解释区分了偶然集合和真正的统一体，或者用我的术语说，区分了偶然物和真实物。然而，虽然这两种区分都很有趣，但它们都不是亚里士多德对自然物和人造物的区分：在他看来，自然物不只包括生物，真实物也不只包括自然物。

本篇论文由两个部分构成。首先，我将回顾现存的解读，目的是阐明在我看来核心难题是什么（一至三节）。之后我会提出一种新的解读，它克服了这些难题，并且至少在我看来既符合直觉，也有希望成功（四至六节）。

一

我想考察的第一个提议符合直觉，它基于对亚里士多德自然定义的一个顺畅的解读。根据此定义，自然是"动变或静止的一种本原（ἀρχή）或原因"（《物理学》2.1，192b21-22）。辛普里丘的评注说，亚里士多德这里说的本原指的是动力因（《物理学评注》264.10，Diels）。我认为大多数读者至少刚开始会倾向于同意这个解读，不只因为"动变的本原"是亚里士多德用来指称动力因的标准表述，而且之后在《物理学》第二卷，在讨论四因时，亚里士多德引入动力因的表述正是"变化或静止由以开始的本原"（2.3，194b29-30）。读到这句话时，我们很容易想到自然的定义，尤其容易想到，亚里士多德之前把自然定义为"一种本原或原因"时，他说的就是动力因。这种观点暗示自然物造成自身的动变，这表面上看起来很有道理。因为我们或许会认为，在大体上，人造物只是坐在那里，除非有人把它们拿起来使用；而自然物被某种内在的力量或冲动影响和引导（参见《物理学》2.1，192b18-19处的 ὁρμὴ ἔμφυτος，"内在冲动"），根据自身而动变。另外，这种观点符合亚里士多德的其他观点：例如符合他反复提及的自然和技艺的类比（动力因的主要例子），也符合他另一个观点，即生物（亚里士多德也许认为生物是最自然的东西）造成了它们自身的某些典型动变（例如生长和位移）。[1] 这些想法可能让我们倾向于得出结论，亚里士多德认为自然物和人造物的区别就是自然物造成自身的动变。[2]

---

〔1〕 参见《形而上学》Θ8，1049b8-10，该处亚里士多德把自然表述为动变的本原（ἀρχὴ κινητική）。

〔2〕 参见 F. Solmsen, *Aristotle's System of the Physical World*［*System*］, Ithaca, NY, 1960, 95ff., 232ff.。同样有参考价值的是，许多学者认为，亚里士多德的理论至少在表面上存在张力，一方面是他对自然的定义，另一方面是他认为单纯的物体是被外在的推动者推动到自然位置的（例如 D. Furley, "Self-Movers," in G.E.R. Lloyd and G.E.L. Owen［eds.］, *Aristotle on Mind and the Senses*, Cambridge, 1978, pp. 165-179; S. Waterlow, *Nature, Change, and Agency in Aristotle's Physics*［*Nature*］, Oxford, 1982, 204ff.; S. Cohen, "*Aristotle on Elemental Motion*"［"Aristotle's"］, *Phronesis* 39, 1994, pp. 150-159; D. Graham, "The Metaphysics of Motion: Natural Motion in Physics II and Physics VIII"［"Metaphysics"］, in W. Wians［ed.］, *Aristotle's Philosophical Development*, Lanham, MD, 1996, pp. 171-192; I. Bodnár, "Movers and Elemental Motions in Aristotle"［"Movers"］, *Oxford Studies in Ancient Philosophy*［*OSAP*］15, 1997, pp. 81-117; M. Matthen, "Holism in Aristotle's Cosmology"［"Holism"］, *OSAP* 20, 2001, pp. 171-199）。

虽然上述提议看上去顺畅且符合直觉，我仍然相信它并不成立。核心问题是，亚里士多德认为有很多种自然动变都来自外在的动力因。[1]我举三个例子。第一，火或土这种单纯物体，它们向自然位置的移动是自然的，但是有外在的动力因，因为（亚里士多德认为）这些物体必须被**某物**推向它们的自然位置，既然它们不能把自己推向那里（由于是单纯的，它们不具有这种运动所要求的复杂性和结构），那必然是被其他东西推动的。[2]第二，亚里士多德认为单纯物体也有其他方式的变化（例如，水和油在靠近火的时候会有性质变化）；这些变化也由外在动力因造成，而且至少其中一些变化是自然的（单纯物体分类标准的一部分就是它们发生此类变化的倾向）。[3]第三，亚里士多德认为生物也在外界影响下进行自然

---

[1] 需要补充的是，这个提议所预设的对自然的定义的解读，和之后《物理学》2.1的行文并不十分相符。该处亚里士多德讨论了质料和形式可被称为自然的各种理由。如果我们假定自然刚刚才被等同于动力因，那么也许突然转换到质料和形式就有些让我们惊讶。但绝对令人惊讶的是，在裁定它们哪个是自然时，亚里士多德完全没有提到它们是动力因。

[2] 这一点我们很熟悉；例如 Waterlow, *Nature*, pp. 205-206; Cohen, "Aristotle," p. 151. 亚里士多德认为每种动变都由**某物**造成，参见《论生成与毁灭》1.10, 337a17-18，《物理学》7.1, 241b34（以及柏拉图的《蒂迈欧》57e3-5）；他也认为无生命的物体不能推动自己，参见《物理学》8.4, 255b29-31，《论动物的运动》5, 700a16, 6, 700b6；至于这种观点的理由，参见《物理学》8.4, 255a12-18，《形而上学》Θ1, 1046a19-29，《动物的行进》3, 705a19-25，《论灵魂》1.4, 409a1-3, 10-14（以及柏拉图在《蒂迈欧》57a3-5, 57e5-6 的观点）。这不仅是说，无生命物体的自然动变不是动物的位移那个狭义上的"自我动变"，而是说，即使在广义上，即在主体能力的运用所造成的意义上，它也不是"自我动变"。（关于自我动变的文献，包括 Furley, "Self-Movers"; M. L. Gill, "Aristotle on Self-Motion," in M. L. Gill and J. Lennox（eds.）, *Self-Motion: From Aristotle to Newton*, Princeton, 1994, pp. 15-34; 以及现在的 S. Berryman, "Aristotle on Pneuma and Animal Self-Motion," *OSAP* 23, 2002, pp. 85-97。）

[3] 例如《论天》3.1, 298a27-b5，"变化和互相转化"显然算作单纯物体自然变化的一种；也见《天象学》4，例如381b24-27："物体的被动本原是湿和干，物体要由它们构成。如果哪一种本原占优势，就由它决定该物体的自然，所以有些物体较干，有些则较湿。"

变化；最明显的例子是感知，因为他认为感知就是感官被动接受了感知对象的主动影响（见《论灵魂》2.5 各处）。

我认为上述反驳是充分的，但也有回应的空间。再次说明，该提议是，亚里士多德认为自然物的独特标志就是它们造成自己的动变（所有的动变）；[1] 反驳则说恰恰相反，亚里士多德认为某些自然动变本质上是被动的，是由外在于动变事物的动力因造成的。应对这种反驳的方式当然是要看具体情况；在任何具体情况下，一种回应是否认亚里士多德认为这种现象算自然动变，另一种是否认他认为存在外在的动力因。接下来我考察四个具体的回应，它们运用了这两个基本策略的不同变种。

我们先来讨论单纯物体的位移。一种回应是否认这种动变是自然的，也就是否认这是完全自然的物体的完全自然的动变，理由是无生命的单纯物体并不是完全意义上的自然物。这背后的观点是，火和水这种无生命物体其实不是自然实体，因为（举例而言）它们缺乏任何实体所要求的统一性和结构（见《形而上学》Z16，1040b5-10）。这种观点容许这些物体在更宽泛的意义上算作自然物，因为它们和本身就是自然物的东西之间有某种关系（例如是它们的构成部分或质料）。重点是强调它们只在派生的意义上是自然的，因为和严格意义上的自然物不同，它们并不造成自己的动变。[2] 第二，还是关于单纯物体的位移，另一种回应是承认这种

---

〔1〕 我假设亚里士多德认为自然是**所有**自然动变的本原，因此我略过一种可能性，即他认为自然物和人造物的区别是每个自然物都造成了它自身的**部分**动变，因为这是没有根据的。

〔2〕 这正是 Matthen 最近在 "Holism" 中的观点，他声称元素只在派生意义上是自然的，因为它们是整个宇宙的部分，而整个宇宙的确有造成自身运动所需的复杂性和结构。

动变完全是自然的，但否认它严格来说有动力因。此处的观点是，虽然我们必须承认，亚里士多德认为火苗和石头并非**自身**向上或向下移动，但这并不意味着他认为某个其他东西让它们向上或向下移动，除非在一种宽泛和不重要的意义上。他的观点其实是，这些东西就是这么"由于自身"（of themselves）移动的：也就是说，它们事实上就是移动的（非及物动词），但没有任何东西造成了它们的移动。我们或许可以借此来掌握那个提议的本质精神：即使这些物体不造成自身移动，它们也"由于自身"移动，这正是亚里士多德自然定义的真实含义。[1] 第三，就单纯物体的质的变化而言（例如湿和热带来的铁或土的变化），即使我们承认这些**物体**完全是自然的，也承认这些变化出于（完全外在的）完全意义上的动力因，我们也可以否认这些**变化**是自然的，因为它们没有以正确的方式表现出这些物体的自然。[2] 这里的想法是，在亚里士多德看来，一个物体凭借自己的"自然"动变"成为自身"，即完善了自身种类的具体样例。据此标准可以论证，我们很难把铁生锈或土变硬看作自然变化（甚至在一些情况下，它们代表着腐坏，即堕落、远离相应的

---

[1] 例如 A. P. D. Mourelatos, "Aristotle's 'Powers' and Modern Empiricism"["Powers"], *Ratio* 9, 1967, pp. 97-104; Waterlow, *Nature*, §5; Graham, "Metaphysics"; 以及 W. Wieland, *Die Aristotelische Physik*[*Physik*], 3rd, Göttingen, 1992, §15（我此处描述的观点完全否认了外在推动者，但 Wieland 没有彻底否认）。最近，Bodnár 进行了细致的研究，但我们很难将其观点归类；他的主要观点是，只要自然动变是"自发的"（autonomous），它就可以有外在的推动者，但此处的"自发性"和总是被外在推动者推动是矛盾的（Bodnár, "Movers", pp. 109-110）。在这方面，他也倾向于尽量淡化单纯物体的自然动变有真正的、完全的外在推动者，从而保留它们"自然"的状态。

[2] 一种传统解读认为位移是单纯物体唯一的自然动变：例如泰弥修斯，35.15-16；亚历山大的辛普里丘 *In Phys*, 265.1-2, Diels（参见辛普里丘自己在 261.24-28, 264.10-15 等处的观点）。在当代评注家中，Mourelatos, "Powers" 明确持这个观点。

种类）。第四，也是最后一个，还有感知这个情况。感知唯一的问题是，亚里士多德认为动物是自然的，感知也是它们自然的一种表现，但感知有外在的动力因。尽管如此，此处仍有一条出路，因为亚里士多德认为在严格、无限制的意义上，感知不算一种动变（他的理由是，和严格意义上的变化不同［例如从这儿到那儿，或从热到冷］，感知不涉及"相反者中一方的灭坏"）。[1]

所以人们可以应对这个反驳，在具体例子中要么否认所讨论现象是自然动变（例如，其主体不是自然的，或因为它并不表现主体的自然，抑或因为它不是真正的动变），要么否认它真的在严格意义上有动力因。如果我们混合这些策略，或许能够拯救最初的提议。我的观点是这个提议不值得拯救，部分原因如下：第一，亚里士多德多次明确将单纯物体列作自然事物之一，包括《物理学》2.1 本身。[2] 在此章中，亚里士多德把"土、火、气和水这种单纯物体"列为"出于自然的物体"，在解释自身属性时，还把（火的）"向上移动"当作例子；[3] 不仅如此，在定义自然之前，他提到的最后一点就是虽然人造物本身没有内在的动变本原，但它们由具体的物质、"石头、土或它们的混合"构成，就此而言，它们的确有这样的本原（参见《物理学》2.1，192b8-23）。这个论断紧挨着亚里士多德正式给出的自然的定义，这强烈说明该定义涵盖这种物体

---

[1] 《论灵魂》2.5，417a31ff.（关于整个章节，参见 M. Burnyeat, "*De Anima* II 5", *Phronesis* 47，2002，pp. 28-90）。

[2] 同时参见《论天》3.1，298a27-b5；《形而上学》Z2，1028b8-13，H1，1042a4-11。

[3] 同时参见《物理学》8.4，255a2-4。这些文本也反对了另一个观点，即单纯物体向自然位置的移动不是自然的，只有静止在那里才是（也就是 Cohen, "Aristotle"里的观点）。

及它们的动变。在我看来,《物理学》第八卷彻底证实了这一点,其中亚里士多德对那些物体的讨论明确使用了对自然的定义,也恰恰强调了它们动变的被动性:"所以很明显,没有[单纯物体]造成自身的动变;但它们也有一个动变的本原,不过不是造成动变(κινεῖν)或施为(ποιεῖν)的本原,而是承受(πάσχειν)的本原。"(《物理学》8.4,255b29-31)[1] 这段文本至少说明,亚里士多德在某个阶段认为,对自然定义的某种理解能容许本质上被动的自然现象。可以说,这正是我想澄清的解读。[2] 第二,如果我们现在考察的提议是正确的,那么任何理论只要认为单纯物体被某种外在物推动,那就必然认为它们的动变不是自然的。但当亚里士多德考察这些理论时,他说的不是二者相矛盾,而是我们需要补充,它们的动变是自然的。[3] 因此,即使我们为了论证,暂时承认亚里士多德的

---

[1] 亚里士多德对感知和单纯物体的质的变化做出了相似的论断。关于感知,见《动物的部分》II,641b4-10,这里明显使用了对自然的定义,而且相关现象的被动性是毫无疑问的:"或许作为整体的灵魂和灵魂所有部分的集合都不是动变的本原。灵魂的某一部分,比如植物所具有的那一部分,是成长的动力因,另一部分,**即感觉部分,是质变的动力因**,还有一部分,即非理智的某一部分,是位移的动力因……显然,我们必须探讨的不是作为整体的灵魂,因为不是作为整体的灵魂都是自然。"关于单纯物体的质变,参见《论生成与毁灭》2.2,亚里士多德声称不同种类物体的"本原和形式"(即自然)就等同于那些相反物,单纯物体由于相反物倾向于作用于,**也受作用**于彼此;也参见《天象学》4.8,这里讨论了把单纯物体区分为不同种类的属性。

[2] 有关发展论的文献,参见 Graham,"Metaphysics"。

[3] 参见《论天》2.13,295b3-8,那里谈到了恩培多克勒的提议,某种漩涡把重物送到了宇宙中心,把轻物送到了边缘;也参见《论天》3.2,300b16-25,亚里士多德批评了《蒂迈欧》的主张,根据其中的描述,在宇宙形成前、元素形成之前的痕迹的运动同类相聚,被描述为"无秩序的"。(第二处文本存在争议;但无论哪个文本是正确的,亚里士多德的论证都说明,某种外在推动者造成的某种动变是自然的;文本的争议只关乎这个"第一"推动者是否推动自身,但并不影响我们现在关注的问题,即它在其他事物中造成的动变对它们而言是否是自然的。)

确认为单纯物体的位移有一个完全意义上的动力因，他也不认为这个事实让它们的动变不自然了。

鉴于以上理由，我不相信亚里士多德能够认为，自然物的特征是它们造成了所有自身的动变。接下来我考察其他提议。

二

我们假定（我认为我们必须承认这一点），亚里士多德认为自然物有时在自身动变的生成中扮演了被动的角色。即便如此，在某种意义上，它们的动变的过程及形态仍然首要地被某种内在于它们的因素来决定和解释。例如，颜色施加于某种有机物的"行为"造成了视觉感知（施加于石头则不行），其原因就和这种有机物的构造及结构有关（最笼统地说，它有眼睛）。同样地，铁和泥土对湿和热有不同的反应，这源于它们不同的自然，是不同种类的东西（对亚里士多德而言，这些不同最终源于形式的不同，即元素构成物比例的区别）。土坠落而气上升的原因是（亚里士多德这么认为）土是重的而气是轻的，而这就是重物和轻物的本质："轻之为轻或重之为重正是以向上或朝下为依据来规定的。"（《物理学》8.4，255b15-17）这些都说明亚里士多德自然定义的含义不是自然物造成自身的动变，而是它们基于特定方式的动变最终来源于和自身相关的事实，尤其是它们的形式或种类（εἶδος）。

我们或许可以用不同的方式来表达这里的基本想法。例如，第一，我们可以关注自然动变的解释，例如我们如何诉诸动变事物的"自然"，如何拒绝进一步解释的要求，说这是不合理的："所以，问为什么火往上升土往下降，与问治愈者当作为治愈者而运动和变化时为什么朝向健康而不是朝向白色是一样的。"（《论天》4.3，310b16-19）第二，我们可以指出某些动变的过程在外在世界被决定；此处的想法是，即使外在因素对造成自然动变起了一定作用，但那种动变的基本形态和过程（例如这个东西在变硬或变软，或那个东西是感知）都由主体内在的某种结构决定。第三，我们可以强调自然动变就是一种实现，它实现了某种自然物的典型潜能；这里的想法是，说一个动变是自然的，就是说它对该主体而言是规范性的，就是说那种动变（例如感知、上升或坠落）构成了主体作为其种类的一例的完善。此处我认为它们以不同方式表述了同一个观点，即自然事物之所以如此动变，是"因为"这些动变体现了某种形式或种类；[1]接下来我考察的提议就是，亚里士多德认为这就是自然物的特征。

　　这个提议有一个优势：亚里士多德的确认为，所有自然物以它们的方式延续的原因就是它们体现了某些种类。虽然亚里士多德的种类（在大体上）由它们的形式或结构定义，这个形式也一般被看作某种实现或行为的潜能或能力。可是问题在于，形式也能解释人造物的动变。对上文所说的基本观点的所有变种，这一点都成立。第一，对人造物而言，某些动变是规范性的；它们典型的动变构成了作为其类的一例的完善（不能砍的斧子和不能航行的船只不是理

---

[1]　第一种观点见 Wieland, *Physik*, §15；第二种见 Waterlow, *Nature*, §11；第三种或许可见 Zeller and Guthrie，他们在这个问题上尤其提到了《物理学》1.9，192a16-25 处的质料"渴望"形式（E. Zeller, *Aristotle and the Earlier Peripatetics*, London, 1897, pp. 368, 379；W. K. C. Guthrie, *A History of Greek Philosophy*, vol. 6, Cambridge, 1981, pp. 257-258）。

想的斧子和船只）。第二，不只是某些动变对于人造物是规范性的，而且这些动变的形态和过程都由人造物的形式和结构决定；因此斧子才能砍（而不是击打），船只才能在被正确操控或以常规方式对外力做出反应的情况下航行（而不是沉没）。最后，想要解释为什么船只和斧子以它们的方式动变或静止，我们会诉诸它们的结构和功能；超出这个范围，继续问为什么船只会航行或斧子会砍（而不是飞或削或做饭）是不应当的：船只和斧子就是用来航行和砍的。至少在刚才这些方面，人造物体现的形式能够解释它们的动变，就像自然物的形式能解释它们的动变一样。人们有时用这一点来反驳亚里士多德对自然的定义。[1] 可是，亚里士多德著作中常见的自然和技艺的类比，恰恰就是要阐释自然解释中形式的首要性；这个事实，和批评他不知怎么忽略或忘记了我们在解释人造物的典型运动时也诉诸形式，二者很难不产生矛盾。因此，鉴于人造物如此动变的原因就是它们体现了某种形式和种类，我认为这反驳了亚里士多德把这当作自然物特征的提议。

对此处的一种回应是，虽然亚里士多德的确认为形式如上文所述，解释了人造物的动变，但他认为我们在进行这种解释时诉诸的那个"形式"不在人造物自身之中，而在制造或使用它们的人的灵魂中。（例如，在解释船舵常规的动变时，我们使用的"技艺"概念指的不是木头体现的形式，而是舵手或造船匠这个匠师灵魂中的专业技能。）果真如此的话，虽然技艺和自然中的解释如刚才所述那样一致，"自然是一个解释性的本原"这个提议也不会被反驳；

---

〔1〕 J. L. Akrill, *Aristotle the Philosopher*, Oxford, 1981, p. 34; W. Charlton, *Aristotle's Physics Books I and II*, Oxford, 1970, p. 89.

因为这样一来，亚里士多德对自然的定义恰恰就是要承认这种一致性，而不是否认它，只不过需要一个添加条件，即自然中的相关本原处于我们要解释其动变的事物之中，而技艺中的本原在事物之外。然而，虽然这个回应有一些道理——亚里士多德确实说自然物有一个内在的本原（可以称之为"解释性"本原），而人造物有一个外在的本原——但这没有抓住原本的提议的核心，那就是把"位置"上的区别转化为解释上的，从而让我们能够理解这个区别：在解释自然动变时，我们最终借助动变物的形式或类别，在解释其他类型的动变时我们则不这么做。我们此刻考察的回应承认没有这个区别（在提及的那些方面，技艺和自然中的解释是一致的）；它指出的区别不在于自然物和人造物"为什么"如此这般地动变，而在于解释动变所诉诸的形式"在哪里"。然而，一旦承认这个位置上的区别不显示为解释上的区别，该回应实质上就抛弃了原本的提议。它仍然说自然是一个解释性本原，但它不起"解释性"作用了；也就是说，它不再能解释自然物和人造物的**区别**。

我并非在暗示，在任何意义上亚里士多德都不认为，自然物有一种内在的"解释性"本原，而人造物没有——我们可以承认这一点——我的意思只是，想要解释这一点的话，我们不能单单指出自然动变是由自然形式或类别决定、判定和解释的。对亚里士多德而言，这恰恰是技艺和自然相似的地方，而我们当前的任务是解释它们的区别是什么。

三

亚里士多德在明确**对比**自然和技艺时，似乎把技艺看作生成的本原，即人造物由以**被制造**的本原。他在《物理学》2.1说"任何［由技艺制造的东西］自身内都没有制造的本原"；在讨论胚胎时，他说和自然相比，技艺"是生成物的一个本原和形式，但处在另一物之中"；他在《物理学》2.8讨论自然目的论时写道，"假如造船术在木头中，那么它也会同样［也就是以与现在同样的方式］自然地造出船来"（《物理学》2.1，192b28-29；《论生成与毁灭》2.1，735a2-4；《物理学》2.8，199b28-29；参见《形而上学》Λ3，1070a4-8；《尼各马可伦理学》6.4，1140a10-16）。这些文本说明自然同样是生成的本原，自然物因自然而生成。虽然《物理学》2.1列举的以自然为本原的动变中不包括生成（192b14-15）；但这符合我们的预期，因为如果一个事物在某个过程完成前并不存在，那么很难想象它自身如何拥有该过程的本原。[1] 既然亚里士多德多次把技艺看作制造的本原，这足够让我们进一步探求"自然是生成的本原"这种可能性。我们首先需要弄明白亚里士多德这句话可能的含义。

一种想法是，他的意思是自然物生成和自己**同类**的东西，就像（在亚里士多德看来）许多动物生成的本原就是它们的父亲。[2] 能支持这个解读的是，在多处文本中，亚里士多德似乎都暗示只有在自然的生成中，生成物和被生成物才是同类事物（例如《形而上学》Z7，1032a22-27；《优台谟伦理学》2.6，1222b15-18）。当然，

---

〔1〕 参见"没有东西自己生成自己"这个断言（《论生成与毁灭》735a13；《论灵魂》2.4，416b16-17）。

〔2〕 例如 D. Keyt, "Three Basic Theorems in Aristotle's *Politics*," in D. Keyt and F. Miller（eds.），*A Companion to Aristotle's* Politics, Oxford, 1991, pp. 118-141 at 121.

我们很难理解他如何能认定这是个普遍事实；就是"人生人"是事实，怎么看石头都也不生石头。但让我们搁置这个问题。为了论证的方便，我们假设亚里士多德的确认为所有自然物都诞生于同类事物。但更深一层的问题仍未解决，即这是否是自然的定义想要表达的意思。当亚里士多德在《物理学》2 中说自然是"动变或静止的一种本原或原因"时，他的意思是自然物诞生于同类事物吗？看起来答案是否定的，这种最初印象也有证据。亚里士多德有时讨论医生治疗自己这个特殊例子来对比自然和医术。在这个对比中，自然就像一个人治疗自己，区别只是自然并非"恰好如此"，而是一个准则，即动变的本原和主体是同一的。如果亚里士多德的自然定义想要表达的就是，与技艺不同，自然中的本原和主体是同类事物，那么对比的就应该是这样的特殊情况，医生和病人不是在数量上，而是在类上一致，就像（"恰好如此"）一个医生没有让他的病人变得健康，而是变成一个医疗专家——此时亚里士多德应该说自然**与此相像**，区别只是自然不是偶然发生而是一个准则，即本原和主体是同类事物。[1] 但实际上，亚里士多德不是说这个情况和自然最像，而是说后者和医生治疗自己最像。这说明亚里士多德对自然的定义想要表达的是，自然物的特征是动变的本原和主体不单单在类上一致，而且在数量上同一。因此，如果亚里士多德的确相信，自然物在某种意义上有内在的生成的本原，那么似乎他的意思一定是

---

[1] 参见《物理学》2.8，199b28-29："假如造船术在木头中，那么它也会同样地［也就是以和现在同样的方式］自然地造出船来。"此处文本让我们设想的不是造船匠把木头变成另一个造船匠（甚至也不是具有船的形式的木制的造船匠），而是木头把**自己**变成船。

在某种意义上，个体自然物有内在的**自我**生成的本原。这怎么可能呢？

如果我们考察生物的繁衍，至少从某个角度来看，生成的最终目的是制造该类事物的成熟个体。从这个角度看，生成的过程在某种意义上直到后代成熟才真正完成。当然，我们很难否认在成熟前就存在某类事物的很多个体了；在某种意义上，生成的过程远在更早的时候就完成了，也许该物一旦符合其类成员的最低要求就完成了。即使如此，在某种意义上，对于已经存在的生物——至少是还未成熟的那些生物——我们仍可以把它们的典型动变看作它们生成的高等阶段。我们可以从这个角度上说，无论生物在哪个意义上有内在的自身动变的本原，在同样的意义上，它们也有内在的自我生成的本原，因为从这个角度看，这些动变就是生成的（虽然是较高级的）不同阶段。当然，越接近成熟，这个角度就越难成立。但是对有机体的某些阶段，例如胚胎期而言，这个角度仍然是自然且符合直觉的。

事实上，亚里士多德偶尔会采取这个视角，不止在讨论胚胎学的时候（例如《论动物的生成》2.4，740b30ff.），还在某些对无生命物体的讨论中（《论天》4.3，《物理学》8.4）。当然，在无生命物体的问题上，亚里士多德之所以采用这个视角，是为了解释这些物体如何被外在推动者推动（虽然表面上恰恰相反）；他的策略是把它们的动变——例如重物下沉和轻物上升——看作生成的阶段，再把它们的推动者等同于生成者。换句话说，亚里士多德在无生命物体上采取这个视角，不是为了论证这些物体有内在的生成本原，而是为了论证它们有外在的动变动力因。不过亚里士多德有时的确采取了这个视角，据此我们可以说，某物动变的本原（无论是什么）在某种意义上也是它生成的本原。因此，如果我们愿意把它们的某些动变或行为看作生成的阶段，那么亚里士多德也许认为，既然自然物有内在的动变本原，在同样的意义上，它们也有内在的生成本原。

如果我们用这个观点来解释亚里士多德如何能认为自然物有内在的自我生成的本原，那我觉得这个观点是值得开发的。[1]但很可惜，对回答我们最初的问题而言，它没有任何帮助。我们想要确定的是，亚里士多德所说的自然物的动变有内在的本原是什么意思。如果提议只是说，他的意思是自然物有内在的生成本原，而且他只能把动变看作一种生成，那么我们的探究就没有什么进展。因为这样一来，他就会在相同的意义上认为，自然物有内在的生成本原和动变本原——但后者正是我们想要弄清楚的事。

四

我已论证了，对亚里士多德而言，自然物和人造物的区别既不是自然物造成自身的动变，也不是自然物在某些方面动变的方式体现了它们的形式或种类。前者的问题在于，亚里士多德认为许多自然动变都由外在事物造成；后者的问题是，在提及的那些方面，他认为人造物动变的方式也是由于它们的形式或种类——对他而言，技艺与自然在这一点上相似。至于第三个提议，亚里士多德也许认

---

[1] 对相同问题的讨论，参见 A. Code, "Soul as Efficient Cause in Aristotle's Embryology," *Philosophical Topics* 15, 1987, pp. 51-59 at 55-58.

为，和人造物不同，自然物有内在的生成本原，但对此唯一的解释让我们回到了最初的问题：亚里士多德在何种意义上认为自然物有内在的动变本原？

我们可以这么理解当前的难题，目前为止，我们仍未能找到在亚里士多德看来，人类在人造物的动变中始终扮演的角色，以及自然物在自身动变中扮演的角色。因为虽然他认为人造物总是由于人类而动变，但他不认为自然物始终由于自身而动变。虽然他的确认为自然物体现了能够解释其动变的形式，但人造物也是如此。因此，我们的任务就是找到人类在人造物中、自然物在其自身中扮演的角色。为了这个目标，我首先探究在亚里士多德的观点中，技艺除了动力因之外还能以哪种方式作为本原。

在《形而上学》Δ1中，亚里士多德讨论了"本原"的多种含义，只有第五个含义用技艺作例子："根据它的选择（οὖ κατὰ προαίρεσιν），运动和变化的受体运动和变化。"（1013a10-11）对于这种本原，亚里士多德给出的例子包括城邦中的行政官、寡头、独裁者、僭主和技艺，"尤其是主导技艺"（1013a11-14）。这些例子说明，在此处文本中，亚里士多德把技艺看作一种掌控（authority）：它之所以被称为"本原"（ἀρχή），是因为它在某种意义上"掌管"或"控制"（ἄρχει）。

表面上看，无论我们预计认为亚里士多德如何理解这种掌控，它都不同于动力因。也就是说，即使他认为掌控者在典型情况下是动力因，他也不认为掌控单单意味着动力因（制造、运动或行为）。我们可以证实这种初始预计，因为亚里士多德区分了掌控者和动力因，把它们列作不同种类或方式的本原。如上文所述，掌控者是

《形而上学》Δ1中的第五种本原，而动力因是第四种：

> 那个来源，不是内在的部分，而是事物最初生成，以及运动或变化自然开始的来源，就像孩子来源于父母，争斗来源于辱骂。（1013a7-10）

我们可以合理地认为第四种本原就是动力因。这不仅体现在亚里士多德把它描述为"事物动变自然开始的来源"，也体现在他的例子中：《形而上学》Δ2也把"孩子来源于父母"当作动力因的例子（1013a31=《物理学》2.3，194b30-31），《论动物的生成》1.18（724a29-30）和《形而上学》Δ24（1023a29-31）把"争斗来源于辱骂"当作动力因的例子。虽然他不认为母亲是后代的动力因，但他也经常用违背自己思虑后的判断的例子来阐释自己的观点，尤其当他认为眼前的问题需要论证的时候（参见《论动物的生成》1.19-20），此处就是如此。因此，除了观点本身就可信外，现在我们还有了直接的文本证据，说明亚里士多德认为掌控者和动力因是不同的。[1]

---

[1] 亚里士多德说第四种本原"不是内在的部分"，鉴于他不认为这是动力因的条件，我们或许会疑惑这里是否真的指动力因。我怀疑这个条件不适用于所有第四种本原，而是只适用于"事物最初生成的来源"（不适用于"[非生成的]运动或变化自然开始的来源"）。一处证据是，这个条件明显是用来区分第四种本原和已提到的第三种的："作为内在部分，事物最初生成的来源。"（1013a4）（需要注意，这个普遍表述及具体例子都只和生成相关。）另一处证据是，第四种本原的一个例子——"争斗来源于辱骂"——在别处基本被当作**内在的**动力因的例子（《论动物的生成》1.18，724a31-35）。（该处的例子是"侮辱"，它之所以是"内在的"，是因为它是"整个干扰的一部分"；"侮辱"和"辱骂"的唯一区别是侮辱更早："辱骂来源于侮辱，然后争斗来源于此。"[724a29-30]）

因此，亚里士多德认为，技艺还能以动力因之外的方式成为本原；不仅制造或运动，技艺还"掌管"或"控制"。下文中我将考察亚里士多德是否把自然看作与此类似的本原。

五

如果亚里士多德把自己看作一种"掌控"，那么马上浮现出一个问题：亚里士多德认为（除人类外的）自然物不具有选择能力（προαίρεσις，或译为"决定"或"意志"）；这样一来，他就不太可能把自然看作那个"根据它的选择，运动和变化的受体运动和变化"的东西。当然，亚里士多德认为即使在技艺中，选择或决定也不是必要的。选择的对象是由考虑预先确定的，但是技艺，至少更成熟的技艺并不涉及考虑：技艺的规则已经确定了技艺如何展开（参见《物理学》2.8，199b28）。然而，即使亚里士多德不认为决定或选择是技艺的特征，但他的确认为技艺是理性能力（μετὰ λόγου，《尼各马可伦理学》6.4，1140a3-5）。与此相比，如果要讲自然中的掌控，那么我们必须要剥离它本质中与理性和选择的联系。问题就在于这看上去甚至是不可能的。

亚里士多德的"掌控"概念有多重含义。[1] 有独裁者对民众的掌控，有父亲对孩子的，丈夫对妻子的，主人对奴隶的，老师对学生的，船长对水手的，医生对患者的，等等。虽然任意两种关系都

---

[1] 亚里士多德对自然和各种掌控的论述分散在《政治学》和其他地方。我主要援引的是《政治学》第一卷，尤其是 1.4-7，12-13；第三卷，尤其是第四、六章；第七卷，尤其是第三、八章。

不尽相同，但亚里士多德认为它们都可分为两类。第一类我称之为"暴政"掌控，其典型是主人对奴隶的掌控；亚里士多德说这是为了统治者的利益。第二类我称之为"非暴政"掌控，典型例子是在某些政体中，公民轮流掌控他们的同胞自由民；亚里士多德说这类掌控是为了被统治者的利益（特别是《政治学》3.6，1278b30ff.）。这些表述至少在直觉上相当直接。主人向奴隶发号施令时，他们明显是为了自身的利益；就算政权统治者向公民发号施令的目的并非明显是公民的利益，也有其他明显的例子：父母对孩子或老师对学生的掌控。即便如此，我们也很难轻易明白这些表述和更抽象的想法之间的关系。考虑到亚里士多德认为每个事物的善好就在于它的功能，而统治者的功能就是统治，被统治者的功能就是被统治——例如，老师的功能是教育，学生的是受教育，或更宽泛地说，某项事务中的统治者的功能是在该事务中统治，而为他们服务或受他们管理的人的功能是在该事务中被统治——那么他至少应该认为，无论是暴政的还是非暴政的，每种掌控的运用都同样构成了统治者和被统治者的善好。如果这是正确的，那么问题就是如何在更宽泛的框架下理解暴政和非暴政掌控这个符合直觉的区分。如果在某种意义上，两种掌控都必然同样构成统治者和被统治者的善好，那么到底在何种意义上，暴政掌控是为了统治者的善好，而非暴政掌控是为了被统治者的善好呢？

　　我想追问这个问题，因为我认为它的答案能指明我们目前难题的出路。我们首先看暴政掌控，其典型是主人和奴隶的关系。亚里士多德说奴隶是工具，但和普通工具不同的是，对他们的使用不是为了制造，而是为了某些行为（《政治学》1.4，1254a7-8）。（他的想法似乎是自由人的时间不是用来建造房屋或者制作鞋子，而是用来过好的人类生活，而这不在于制造［ποίησις］，而在于行为［πρᾶξις］；正是在这种活动中，自由人把奴隶当作工具或辅助来使用。）这里的重点是，若是奴隶的功能不是建造房屋或者制作鞋子，而是生活，那么显然这项工作的主体不是奴隶，而是主人。他才是生活的真正主体，虽然这是二者共同的事业。这说明，即使主人和奴隶的善好都在于同一项事业的成功，至少在一种意义上，这种善好首要地属于主人，因为这项事业首要地属于主人：奴隶的善好就在于让他的**主人**过好的生活。保证掌控的其他体现形式也是相同的，例如技艺中匠师和助手或工人的关系。这里我们也能看到，亚里士多德认为匠师才是他们的共同工作（例如建造房屋）的真正主体："一般来说，这项工作［不属于工人，而］属于匠师（τὸ γὰρ ἔργον ἐστὶν ἁπλῶς τοῦ ἀρχιτέκτονος）。"（《政治学》1.13，1260a18）和上文一样，这说明之所以工人和匠师关系中的善好首要地属于匠师，部分是因为匠师才是这种善好所属的事业的真正主体：例如，严格来说，建造房屋的是匠师。[1]

我们简略地过渡到非暴政掌控，发现情形恰恰相反。统治者和被统治者共同事业的主体是被统治者。例如，政府的工作提供的好的生活属于公民，就像身体训练师的工作是让人塑形，医生的工作

---

[1] 亚里士多德认为这不是大众的普遍观点，这从他对一般法律和具体法令的区别的论述中能够看出："政治学的主导部分（ἡ ὡς ἀρχιτεκτονική）是立法学，而另一个处理具体事务的部分拥有二者共同的名称，'政治学'；它是那种显现于行为和考虑的东西，因为法令是最后一步。因此，我们说［只处理］后者的在'参与政治'；只有他们如手工业者那样行动。"（《尼各马可伦理学》6.8，1141b24-29）亚里士多德本人的观点则恰恰相反，参见《政治学》7.3，1325b21-23。

是让人恢复健康，飞行员的工作是安全航行——这些都是非暴政掌控的例子（参见《政治学》3.6，1278b30ff.）。当然，如果这项工作有主动方和被动方，那么在某种意义上，从"主动方"的角度考虑，这种工作严格来说属于统治者。例如，政府工作、（为他人的）治疗、（为他人的）训练，以及安全航行都是掌控者的活动，也就是政治家、医生、训练师和飞行员的活动，而不是被掌控者的活动。然而众所周知的是，亚里士多德认为一个过程的主动和被动双方都是同一个过程的不同方面，而这个过程恰恰就在于被动方的主体（典型文本是《物理学》3.3）。因此，我们的观察看来是成立的：在非暴政掌控中，统治者和被统治结合于其中的事业的主体不是统治者，而是被统治者。这说明在非暴政掌控中，虽然统治者和被统治者的善好都在于同一项事业的成功，但是被统治者才是这项事业的主体，在这个意义上，这个善好首要地属于被统治者：例如，虽然政治家和公民都关注好的生活，但真正过这种生活的是公民。

总结：我们的问题是，亚里士多德区分了暴政掌控和非暴政掌控，我们该如何把这个直觉上的区分融入理论框架，即任何事物的善好都在于它的功能？因为如果我们预设，统治者和被统治者的功能在双方共同的事业中，那么似乎对掌控的实践永远带来双方共同的善好。我们在解答这个问题的过程中发现，亚里士多德认为统治者和被统治者在构成他们功能的事业中，并不处于同等地位。在暴政掌控中，统治者和被统治者是同一方（即"主动方"），这项事业严格来说属于统治者，只有统治者进行这个事业。对比之下，在非暴政掌控中，统治者和被统治者不是同一方，这项事业严格来说属于被统治者，只有被统治者作为被动方经历了这个活动。在这些观察的基础之上，我们提议，亚里士多德区分了暴政掌控和非暴政掌控，这个符合直觉的区分能融入更理论化的框架之中：这些不同种类的掌控带来的善好，属于这些善好所依存的功能实践的主体。如果这个提议是正确的，那么一切都说得通了：暴政掌控的实践首要地是掌控者的善好，而非暴政掌控的实践首要地是被掌控者的善好。

然而，对我们的目的而言，重要的不是此项提议是否正确，而是它背后的观察。我们探究的是自然物在自身动变方面是否拥有某种"掌控"，类似于匠师对人造物拥有的那种。具体而言，我们的问题是如何把亚里士多德的掌控概念和它与理性、选择的本质联系区分开来。这样一来，问题就转化为用"某个过程的真正主体"的概念区分了暴政掌控和非暴政掌控之后，我们该如何使用这个概念来完成目标。因为虽然某些活动的真正主体需要理性和选择，但并非任何活动或动变都必然如此。因此，自然物是自身动变的"掌控者"的一层含义就是成为真正的主体。这一点对自然物而言的确是成立的，即使它们并非普遍地拥有理性或选择。

六

我们的提议是，亚里士多德说自然物有内在的动变本原，他的意思是自然物是自身动变的真正主体。相反，说人造物有外在的动变本原，意思就是它们动变的主体恰恰不是它们自身，而是另外的某个东西。和我们考察过的其他提议相比，我相信这个提议更好地捕捉到了亚里士多德眼中的自然物和人造物的区别。

正如我们已经看到的，我们考察的一个提议是自然是动变的动力因，但它的问题在于，亚里士多德否认所有自然物都造成自身所有的动变。他认为，自然动变有时候是由其他东西造成的。我们的提议避免了这个问题，因为从动变的承受方来看，成为一个动变的主体并不需要造成这个动变，例如，（亚里士多德认为）动物只有在"承受"环境中感知对象的动变时才会感知——"就像没有能点燃可燃物的东西时，可燃物不会自身燃烧"（《论灵魂》2.5，417a7-8）——但动物仍然是感知的真正主体。当动物进行感知时，感知的主体绝对是动物。无生命物体的自然动变也是如此。例如，油虽然只有靠近热源或火苗时才会燃烧，但这并不意味着油不是如此受动后的燃烧的主体，事实也并非如此。无生命物体的位移与此相似，例如火的上升和土的下沉，虽然亚里士多德认为外在的动力因造成了这些变化，但他不需要，也确实并不认为这些变化的主体是火和土之外的东西。

这些都说明，亚里士多德认为自然物的一个典型特征就是它是自身动变的真正主体。但他是否认为这个特征可以为自然物所独有？我们记得，之前的一个提议是自然物能够"解释"自身的动变，其问题在于当亚里士多德类比技艺和自然的时候，他的部分观点就是在"解释"方面，技艺和自然是相似的。我们的提议是否遭遇了同样的困难呢？我认为没有，但这一点也许有些复杂。

我们之前提到过，当亚里士多德对比作为本原的自然和技艺时，看起来他把技艺看作人造物制造的本原。换句话说，他把技艺看作人造物动变的本原，但这种动变使得人造物生成，而不是构成它们的实际运行。我们现在开始思考，他是否认为人造物是构成它们的制造的动变的真正主体。显然，他不认为人造物是这些动变的主动方的主体。在主动方，主体不是被制造的人造物，而是进行制造的匠师。然而，他也不认为人造物是被动方的动变主体。当然，我们说被制造的就是如此的人造物（例如一个房屋正被建造）。即便如此，根据亚里士多德成熟的观点，当某物生成或被制造成某物时，严格来说，"生成"或"被制造"成成品的东西**不是**最后的成品，而是这类事物的构成材料，而此材料只在潜能上是那类事物（这一点是《物理学》I 的巨大成绩）。[1]我们已经知道了背后的理由：事物无法成为自身生成的真正主体，因为严格来说，它们在此生成过程完成之前并不存在。

目前为止一切顺理成章；无论是在主动方还是在被动方，亚里士多德都不把人造物看成自身的制造的真正主体。然而，我们不能太依赖这个结果，因为自然物也不是自身的生成的真正主体，而且理由相同：在生成的过程结束前，它们严格来说也不存在。在某种意义上，如果我们把自然物的某些动变看作它们生成的阶段，我们的确可以说自然物是自身制造或生成的真正主体；这样一来，它们是自身生成的真正主体的原因就是它们是这些动变的真正主体。这说明了当前的提议如何能够解释那些文本，它们暗示了自然物有内

---

〔1〕 换句话说，技艺并不掌控它制造的东西。参见《尼各马可伦理学》6.13，1145a6-9："然而，实践智慧并不掌控（κυρία）智慧，也不掌控最好的部分，**就像医术并不掌控健康一样；因为它并不使用健康，而是让它产生**；因此，它的命令是为了健康，而不是向着健康。"也参见《物理学》2.2，194a36-b2，亚里士多德谈到了技艺"统治质料和有对它的知识"（αἱ ἄρχουσαι τῆς ὕλης καὶ γνωρίζουσαι τέχναι）。（亚里士多德的确紧接着说，这些技艺指的是使用的技艺，或制造的［主导］技艺，而**使用**技艺似乎并不统治质料［见下文］。但请注意，亚里士多德接着对比了这两种技艺，说使用技艺有对**形式**而非料料的知识；他修改了使用技艺的知识，这或许意味着使用技艺所"统治"的东西也相应地该被改写。）

在的生成本原。然而，即使在这个延伸的含义上，上述思考也不能说明亚里士多德认为只有自然物是生成的真正主体，因为它们没有说明，在这个延伸的含义上，人造物不是生成的真正主体。为此，我们要么论证亚里士多德认为人造物的动变不同于人造物的产生，要么论证他认为人造物不是构成其功能活动的动变的真正主体。

我将为第二点提供论证（我们必须论证这一点）；至少有三层理由对它有利。第一，我们已经知道，亚里士多德认为匠师雇用的助手不是匠师的工作的真正主体："一般来说，工作属于匠师。"（《政治学》1.13，1260a18）我们还知道，他认为人造物在构成其功能活动的动变中的角色和匠师的活动中助手的角色是类似的，都是工具：

> 有些工具有生命，有些没有；例如，在航海中，船舵是没有生命的工具，而瞭望者是有生命的；因为在技艺中，助手应当算作工具。（《政治学》1.4，1253b27-30）

因此我们预期，就像亚里士多德认为助手不是他们的活动的真正主体，他也否认人造物是它们活动的真正主体，因为它们在构成其功能活动的过程中（例如航行中）扮演相似的角色。[1] 第二，人造

---

[1] 值得注意的是，我们可以在不同程度上定义某个事物的常规功能活动（例如，**航行**或者**瞭望**）。基于此，我们当前的提议可以有强弱两种：根据较强的那种，无论我们如何定义自然物的常规功能活动，它们都是真正的主体，而根据较弱的那种，自然物只在最细小的定义下是真正主体。两种解读之间很难选择，因为具体的情况涉及我们如何理解相关现象的自然本质，而亚里士多德在这些问题上的立场并不明晰。（举例而言，蜜蜂生活在蜂巢中，它们在家庭、城邦和生态系统中都起着作用。在亚里士多德看来，我们应该在哪个层级上描述它们的常规功能活动？这对它们作为自然物的角色意味着什么？）

物不是自身动变的真正主体这一点有许多可以阐发的地方。我们来看一些熟悉的例子：房屋、雕像、船舵、斧头、斗篷和床。这些东西都可以被合理地看作工具，帮助使用它们的人类完成首要属于他们的活动。最明显的例子是有些人造物，它们的典型动变就是某种操控，例如船舵和斧头；所谓船舵掌控方向和斧头砍，部分的含义就是有人使用它们来掌控方向或砍。即使在另外的例子中，这一点也是合理的，那些人造物的典型的功能或活动不在于某种长期的操控或使用，例如房屋和雕像。人类并不操控房屋和雕像来（例如）存放物品或再现偶像；大体上，这些东西坐在那里就够了。即便如此，它们以这种方式（存放或再现）实现功能就意味着有人使用它们。一处证据是，废弃的房屋即使还有功能（functional），也并不在实现功能（functioning），原因正是没有人用它们来存储任何东西（也许收起来的雕像是也如此）。在所有这些熟悉的例子中，我们能直接看出人造物不是自身常规动变的真正主体，这一点也显得很正确。[1]最后，亚里士多德自己在文本中多次暗示这一点。此处我只举一处文本，亚里士多德批评之前的思想家没有充分思考动力因，说这些人称之为原因的东西都"过于像工具"（λίαν

---

〔1〕人造物在常规使用中经常会发生变化，它们似乎是这些变化的真正主体。例如，斗篷不只保持身体的温暖，它们还自身保持（内部的）温暖；同样，床之所以能够支撑睡眠的人的重量，就是因为它们自身能够伸缩。有人也许认为这些例子说明，人造物至少是自身某些动变的真正主体；但即使这一点也需要进一步的阐述。一方面，如果我们把床的塌陷自身看作一个完整的变化，把它和对睡眠者的支撑彻底分开，那么即使床算作这个变化的真正主体，在相关意义上它也不是床的典型变化，因为它并不构成床的使用的真正功能（一处证据是，压在一堆垃圾下的废弃的床和废弃的房屋一样，都不在实现它的功能）。另一方面，如果我们把床的塌陷看作支撑的本质环节，那么虽然支撑睡眠中的身体的活动是床的典型活动——和垃圾堆在一起的床完全没有参与此项活动——但是它的真正主体不是床，因为该活动在于其他人对床的使用。

ὀργανικάς），因而称不上，也不能被合理地看作造成某种结果的原因："他们的行为就像有人会把事物生成的原因归结于（ἀπονέμοι τὴν αἰτίαν）锯子和各个工具。"（《论生成与毁灭》2.9，336a7-9）这个对比暗示，虽然锯子在制造（例如）桌子和房屋时起了作用，它并不真正使桌子和房屋"生成"，也就是不制造它们：锯子的作用"太工具化"，因而是不足够的。

这些思考说明，亚里士多德认为人造物不是自身动变的真正主体。就制造它们的动变而言，真正的主体要么是制造它们的匠师（从主动方来说），要么是制造使用的材料（从被动方来说）。就构成其实现活动的动变而言，真正的主体同样要么是使用它们的匠师，要么是（如果有的话，从被动方来说）使用它们来塑造、改变或制造的材料。对比来看，亚里士多德认为自然物永远是自身动变的真正主体，即使在动变由外部事物造成时也是如此。

七

我的提议是，亚里士多德说自然物有内在的动变本原，他的意思是它们"掌控"自身的动变，与之联系的范畴不是动力因，而是真正主体。根据这种解读，自然的定义暗示，自然物和人造物的区别在于自然物是自身典型动变的真正主体；也就是说，人造物的常规动变或实现活动在于其他事物对它们的某种使用，自然物则并非如此。和另外两个提议，即自然物使自己动变，以及自然物动变的方式是由自身所属的形式或种类决定的相比，我们的提议至少同样符合直觉，而且有另外二者都没有的优势，即（根据亚里士多德的文本）正确进行了情况的分类。因为他认为自然物并非永远都是自己动变的原因，也不是唯一一种属于解释了它们动变的种类的东西。但他的确认为，一般来说，人造物的动变需要被其他东西使用，自然物则永远不需要这样。最后，这个解读还解释了多处文本，其中亚里士多德说，自然是生成的一个内在本原，这里同时也说明了为什么这是正确的：自然物是自身生成的**真正主体**，因为它们是自身动变的真正主体。

此处或许有一种反驳称，即使这些都是正确的，事实上我们也很难，甚至不可能认为亚里士多德的意思是自然是一种"掌控"；"本原"这个词在《物理学》中的用法并不带有必要的政治含义。他的确把自然对比着技艺来看，而且把技艺看作一种掌控（甚至就在《物理学》第二卷中，他也说它是一种掌控）。[1] 他也认为，匠师对工具所具有的那种掌控，就是成为这些工具的动变所构成的工作的真正主体。我们甚至可以承认，至少在亚里士多德看来，一个过程的真正主体并不必然伴随自然中基本没有的理性或选择的概念。即便如此，如果再通读一遍《物理学》2.1，我们不可避免地有一种感觉，即自然的定义中的"本原"一词没有当前的解读中所说的那种掌控的含义。

我认为这是一个公平的反驳。由于篇幅限制，此处我只能给出简略的回应。在文章的结尾，我想指出，有些对《物理学》第二卷的合理解读能够大大舒缓上述反驳。这里只举一例：学界曾经普遍在柏拉图灵魂论的背景下理解亚里士多德对自然的定义，特别是

---

[1] 我指的是《物理学》2.2，193a36-b7 处的 ἄρχειν 和 ἐπιττάτειν。

《法篇》第十卷，其中，灵魂明确被称为动变的一个本原。[1]《法篇》的这一部分关注的问题是，宇宙秩序的各种标志——天体系统、生物和植物、四季，等等——来自某个类似于理性或技艺的东西还是"自然"，此处"自然"被理解为宇宙中原始的无理性的材料。《法篇》的结论是这些现象来自灵魂，以及和灵魂相关的东西：

> 我的朋友，几乎没有一个人能认识灵魂，不论是它是什么还是它的力量，尤其是它的生成，它如何最早生成，先于所有物体，和任何其他事物相比，它都更加掌控了它们的每一变化和重构。如此……意见、照料、心智、技艺及法律，都先于硬的、软的、重的、轻的东西，特别是最早的、重大的产物和行为都出自技艺，因为它们属于最早之物，而自然——我指的是他们错误地称之为自然的东西[2]——以及出自自然之物之后由技艺和心智掌管（ἀρχόμενα ἐκ τέχνης καὶ νοῦ）。[3]（《法篇》892a-b）

和《法篇》第十卷的其他各处一样，这段文本明确表示，之前的思想家认为，出于自然的那些动变其实都由灵魂掌控。假设我们和那些学者一样，认为亚里士多德的自然定义的背景就是《法篇》中的讨论，其中对"任何曾经探究过自然的人"（891d）有严厉的批

---

[1] 例如 A. Mansion, *Introduction à la Physique Aristotélicienne*, 2nd, Paris, 1946, 83ff.; Solmsen, *System*, 95ff.; Wieland, *Physik*, 234, 240ff.。

[2] "我指的是他们错误地称之为自然的东西"：错误的原因是，最初生成的事物不是他们称之为自然的物体，而是灵魂（见 892c）。

[3] 把 ἄρχεσθαι ἐκ τινος 翻译为"由某人掌管"，见索福克勒斯《厄勒克特拉》264，《安提戈涅》63（见 LSJ s.v. ἄρχω, II. 4）。另一种可选的翻译是"从……开始"。

评，也许亚里士多德就是在这方面表明了自己的立场。在这种解读下，或许他的定义就是在说明一种自然的观念，既与之前的思想家相似（因而足够被称为对**自然**的观念），[1] 又与柏拉图对技艺、理性和灵魂的观念足够相似，从而能够成为它们的本原和秩序的来源："因为自然是所有事物的秩序的原因（ἡ γὰρ φύσις αἰτία πᾶσιν τάξεως）。"（《物理学》8.1，252a12）[2] 如果此类的解读能够成功，那么也许"掌控"的概念就不会和自然的定义如此格格不入了。[3] 这个问题我们将来再讨论。

参考文献 ————————————————————————————

Ackrill, J. L., *Aristotle the Philosopher*, Oxford, 1981.

Berryman, S., "Aristotle on Pneuma and Animal Self-Motion," *Oxford*

---

[1] 雅典人的确说，相比于其他思想家称之为自然的无生命物体，灵魂更配得上"自然"这个名称，因为灵魂先于这些物体；即使如此，雅典人也没有把他的 ἀρχή 命名为"自然"，这一点很重要。（《蒂迈欧》中任何起作用的本原也都没有被称为"自然"。）

[2] 参见 Solmsen："当亚里士多德把自然和自然物定义为有内在的动变本原时，我们意识到，自然代替了柏拉图赋予灵魂的功能。"（*System*, 95）关于自然与秩序的一致，见《论动物的生成》3.10，760a31；《物理学》8.1，252b16-19；《论天》3.2，300b16-25，301a4-6。

[3] 另一条路径是把自然的定义理解为不是对动变的"掌控"，而是**起始**，真正主体的概念部分解释了起始概念：如果你是某个动变的真正主体，那么它起始于你。（这种诠释和上文的解读可以兼容。在荷马那里，ἄρχω 这个动词的一个含义是**开始一个过程**［+属格或不定式］，有时意思是为某人开始［与格］，也就是让他在某方面开始：例如为密尔弥冬人［与格］开始一场战斗［不定式］，也就是带领他们进入战斗《伊利亚特》16.65］。但它的另外一个意思是让**某些人**［属格］"开始"，即统治或命令他们，成为他们的领袖［见船只目录各处；参见 ἄρχος+属格，"领袖"，等等］。）因此，在希腊语中，**起始**和**掌控**有密切的联系。（对这些问题的讨论，参见 J. L. Myres, *The Political Ideas of the Greeks*, London, c. 1927; repr. New York, 1968, 139ff.。）

Studies in Ancient Philosophy (*OSAP*) 23, 2002, pp. 85-97.

Bodnár, I., "Movers and Elemental Motions in Aristotle" ("Movers"), *Oxford Studies in Ancient Philosophy* (*OSAP*) 15, 1997, pp. 81-117.

Burnyeat, M., "*De Anima* II 5," *Phronesis 47*, 2002, pp. 28-90.

Charlton, W., *Aristotle's* Physics *Books I and II* , Oxford, 1970.

Code, A., "Soul as Efficient Cause in Aristotle's Embryology," *Philosophical Topics 15*, 1987, pp. 51-59.

Cohen, S., "Aristotle on Elemental Motion" ("Aristotle"), *Phronesis 39*, 1994, pp. 150-159.

Furley, D., "Self-Movers," in G. E. R. Lloyd and G. E. L. Owen (eds.), *Aristotle on Mind and the Senses*, Cambridge, 1978, pp. 165-179.

Gill, M. L., "Aristotle on Self-Motion," in M. L. Gill and J. Lennox (eds.), *Self-Motion: From Aristotle to Newton*, Princeton, 1994, pp. 15-34.

Graham, D., "The Metaphysics of Motion: Natural Motion in Physics II and Physics VIII" ("Metaphysics"), in W. Wians (ed.), *Aristotle's Philosophical Development*, Lanham, MD, 1996, pp. 171-192.

Guthrie, W. K. C., *A History of Greek Philosophy*, vol. vi, Cambridge, 1981.

Keyt, D., "Three Basic Theorems in Aristotle's Politics," in D. Keyt and F. Miller (eds.), *A Companion to Aristotle's Politics*, Oxford, 1991, pp. 118-141.

Mansion, A., *Introduction à la Physique Aristotélicienne*, 2nd, Paris, 1946.

Matthen, M., "Holism in Aristotle's Cosmology" ("Holism"), *Oxford Studies in Ancient Philosophy* (*OSAP*) 20, 2001, pp. 171-199.

Mourelatos, A. P. D., "Aristotle's 'Powers' and Modern Empiricism" ("Powers"), *Ratio 9*, 1967, pp. 97-104.

Myres, J. L., *The Political Ideas of the Greeks*, London, c.1927; repr. New York, 1968.

Ross, W. D., *The Works of Aristotle*, viii. *Metaphysica*, 2nd, Oxford, 1928.

Solmsen, F., *Aristotle's System of the Physical World* (*System*), Ithaca, NY, 1960.

Waterlow, S., *Nature, Change, and Agency in Aristotle's Physics* (Nature), Oxford, 1982.

Wieland, W., *Die Aristotelische Physik* (*Physik*), 3rd, Göttingen, 1992.

Zeller, E., *Aristotle and the Earlier Peripatetics*, London, 1897.

亚里士多德目的论中的自然与技艺[*]

Sarah Broadie^{〔1〕}　樊　黎^{〔2〕}　译

一、导论

　　亚里士多德目的论曾遭受到一种常见的批评：由于它致力于解释的大多数现象都缺乏一种恰当的心理学基础，因而这种解释破产了。反对者认为，除非我们假定甲和乙的产生取决于思想、欲望或意图（conscious purpose）——把甲当作实现目的乙的手段——，否则试图用乙的产生或存在来解释甲的产生或存在是无意义的。但亚里士多德本人明确主张，在某个范围之内，若是我们要获得任何充分的科学解释，目的论解释不仅是有益的，而且是必需的，而这个范围远超出我们能合理地把信念、欲望和意图归于它的那个范围。^{〔3〕}另一方面，亚里士多德没有引入一个依照神圣意图来制作或

　本文选自 *Aristotle and Beyond*：*Essays on Metaphysics and Ethics*，Cambridge University Press，2007，pp. 85-100。译者在翻译过程中蒙张家昱老师解答了若干疑难，特此致以谢意。

〔1〕　Sarah Broadie（1941-2021），知名古代哲学学者。曾执教于罗格斯大学、耶鲁大学、得克萨斯大学奥斯汀分校、爱丁堡大学、普林斯顿大学及圣安德鲁斯大学等多所学府。

〔2〕　樊黎，圣安德鲁斯大学哲学博士，同济大学副教授。

〔3〕　参见《物理学》ii.8, 199a20-21；b26-28。

塑造现象的超自然的存在者，以此来保护自己免受上述反对意见的攻击。这样一来，如果应用目的论的前提是存在上面提到的那样一些心理因素，那么亚里士多德就完全没能看到这一点。反过来，如果目的论不依赖于上述前提，那么亚里士多德就并未犯错。

这就产生了下面的问题：亚里士多德显然认为一种没有心理因素参与的目的论是可理解的；他的看法正确吗？我们可能倾向于无视这个问题，因为在其他方面，亚里士多德的目的论解释看起来是有效的，或至少就我们所知，比其他竞争者的更有效。尽管这个问题对亚里士多德主义者来说是尴尬的，但正是对他们来说，这个问题看起来十分紧迫。这是因为，类比于技艺（technē）来设想自然（physis）是亚里士多德的典型做法。这里所谓的自然不是指一般而言的自然或宇宙，而是个体的特定的本质性自然，即它的行为和结构的内在原理。正是这种意义上的自然，亚里士多德将其类比于技艺——这种或那种具体的技艺；因为，对某些在自然世界中生活、运动和获得其存在的个体来说，技艺为其提供了活动原理。技艺的活动显然朝向某个目的，而对亚里士多德来说，自然也是如此，尽管不像前者那样明显。因此，是技艺为自然提供模型，而非相反。二者的相似性似乎无须多言，但恰恰是在这一点上，亚里士多德的立场易受攻击。假如我们独立设想某物，其自然具有目的性，然后用这种自然观念来解释技艺之目的性的意涵，结果就会是：我们将发展出一种不必包含心理学概念的技艺（即技艺之活动）观念。因为，一般而言，自然并不具有心灵特征，而当我们反过来将技艺类比于自然的时候，技艺也将不具有心灵特征。我将在后文中探讨这种设想技艺的可能方式。同时，亚里士多德实际上是把技艺当作模型，把某物的自然当作被解释者（*explanandum*）：这一点并不让人惊讶，因为在前反思的意识中，相比于某物的自然，我们更知道技艺是什么样的。但麻烦在于：对技艺的前反思意识也包括以下看法——技艺工匠是基于信念、欲望和意图来行动的人，而技艺没有这些就不可能——，不是吗？但假使如此，我们对亚里士多德的信任不就是错的吗？因为他确信自然同技艺一样，可以被融贯地设想成指向某一目的，哪怕自然并不像技艺那样运作，前者基本上不依赖于心理活动。

这里有一些问题。我将指明其中两个问题，以便集中探讨第二个问题。首先，对自然目的论有一种由来已久的反对意见："一种顶多存在于将来的，甚至可能根本不会发生的事态（因为目的可能不会实现）怎么能对现在造成影响？只有当下在场的东西才能导致当下在场的东西：例如，当下的欲望导致某种运动。除非作为当下某物的对象，否则未来的东西不能造成当下的运动；这样的话，真正造成运动的是当下在场的那个东西，而未来的东西只不过是它的对象。因此，离开了当下的诸如欲望、意志和有意识的计划，就失去了用尚未存在的东西来进行解释的基础。"有时人们会评论说这一看法误将目的因当作了效力因：效力因尚未存在的话就不能起作用，但目的因的意义就在于它尚未存在就能起作用（这个"能"并不意味着目的因具有某种超常的能力）；对此感到意外只不过表明反对者没能理解目的因的概念。不过，这一回应本身是不充分的，因为它不仅暗示目的因不是效力因，而且暗示目的因可以不通过效力因而独立起作用。如果是这样的话，我们必须能合理地将目的因设想为一个处在未来却能够反过来影响现在的代理性效力因。这恰恰是反对意见认为不可能的，而在这一点上，反对意见是正确的。然而在亚里士多德看来，效力因和目的因是互补的：目的总是某个施为者（agent）的目的，而施为者总是致力于实现某个目的。并且，这一互补性是普遍的，在有意志和欲望的情形下如此，在没有意志和欲望的情形下也是如此。在某一情形下缺乏心理因素并不会迫使我们从以下选项中进行选择：要么（甲）只有一个在真空中起作用的目的因（这是荒谬的）；要么（乙）目的因解释根本不成立；要么（丙）目的因解释只有通过某种中介才能成立，即专门为此设立一个在经验层面找不到的欲望，诸如此类。这几个选项并未穷尽所有的可能性，除非我们假定，只有通过欲望或意图，施为者才能成为朝向目的的效力因来实现某个目标，这个目标反过来也作为上述主动施为的目的因起作用。换句话说，我们必须假定：意向性（intentionality），或更精确地说，目的朝向性（end-wardness），必定是某种心灵的特征，或建基于心灵，即必须存在对目的的心灵表象。

然而，亚里士多德的目的论显然不需要上述假定。这就让我提出了第二个问题：指向某一目的却无关心灵，这件事是可理解的吗？本文并不试图在整体上回答上述问题，而是聚焦于检验其中一个实例是否融贯——尽管这一实例是典范性的，因为亚里士多德正是这一观点在历史上最伟大的支持者。我们必须思考亚里士多德自然目的论的学说同他对技艺类比的使用之间的关系，才能对其是否融贯做出判定。这就是下文的主题。我主要思考两个问题：（1）亚里士多德的学说是否依赖于技艺类比？（2）技艺类比是否把我们不希望看到的心理因素引入了该学说？如果对第一个问题的回答是否定的，那么对第二个问题的回答哪怕是肯定的也没关系。不过，我将论证，对第一个问题的回答是肯定的（第二部分），而对第二个问题的回答是否定的（第三部分）。之后在第四部分，我将进一步考察技艺类比产生的问题。

二、技艺类比是必要的吗？

在什么意义上亚里士多德的目的论依赖于技艺类比？例如，他需要技艺类比是为了证明自然像技艺一样，必须借助目的来进行解释？还是说他已经假定上述主张是真实的，为了对其进行阐释才需要技艺类比？在一个段落中，[1]他用技艺类比来进行证明，论证说：既然自然在其他方面类似于技艺，那么它也就像技艺一样指向某个目的。然而在大多数时候，他似乎只是意图用技艺类比进行阐释。后者是这一部分关注并打算为之辩护的（第四部分的问题涉及的也是后者）。库珀（John Cooper）的论文《亚里士多德论自然目的论》是一个很好的出发点。[2]库珀通过极为清晰和彻底的论证表明，我们可以以某种方式理解亚里士多德的目的论而无须暗中求助于心理因素。这一论证的基础是亚里士多德的下述观点：种（species）是永恒的。库珀主张，生物形式在任何时候绝不会不通过相关种类的个体而实现，这是亚里士多德宇宙的一个基本事实。

---

[1] 《物理学》ii.8，199a8-20。

[2] 刊载于 Schofield, M. and Nussbaum, M.（eds.）, *Language and Logos*, Cambridge, 1982, pp. 197-222, 重刊于 Cooper, J. M., *Knowledge, Nature, and the Good*, Princeton, 2004, pp. 107-129, 页码使用重刊的页码。

按照库珀的论述，上述事实大概会被我们称为终极的自然法则。这一法则并非某种可以被解释的东西。它尤其不能被我们在宇宙中发现的无机物的运动和性质所解释。同其他学者一样，[1]库珀强调，从亚里士多德所知的证据当中做出如下推断是完全合理的：无机物的行为无法解释我们称之为生物的那些高度有序的自我维持的系统的形成、保存和种类的永恒繁衍。反过来，将上述法则贬低为单纯的偶然则是荒谬的。此外，哪怕生物现象可以通过组成它的材料来解释——无机物遵循其自然规律产生的结果（亚里士多德认为并非如此），这些生物的存活（viability）也仍然只会是那些更简单的物质作用的偶然产物。因为在这一解释中得到解释的仅仅是诸无机要素如何各就各位，在此过程中碰巧构成了可存活的生物个体。这些生物个体本身则不曾被解释。按照这一解释，它们是无机作用的副产品，而亚里士多德同时相信，这样的副产品会不断地产生（reinstantiated），这对亚里士多德来说是同样荒谬的。如果我们不把这种永恒的产生当作不能被任何解释所容纳的事实，那么唯一的办法就是把它本身当作解释的基本原则。因此，我们不应试图用物质来解释它，一旦发现这种解释不成立便感到惋惜、认为它不可解释；与其如此，不如用它来解释物质的行为。这样，我们就转而主张，正是因为这种有序的生命系统存在并将永远存在，所以组成它们的躯体、食物和环境的那些物质材料才会以那种方式组织起来，使得它们存在并永远存在。换句话说：由于它们存在并永远存在，

---

[1] 例如，Gotthelf, A., "Aristotle's Conception of Final Causality," *Review of Metaphysics* 30, 1976, pp. 226-254; Waterlow[Broadie], S., *Nature, Change, and Agency in Aristotle's Physics, a Philosophical Study*, Oxford, 1982, 1988, ch. 2。

并且，除非物质材料以特定的方式运动，否则它们不可能存在并永远存在，所以，物质材料必定会这样运动——为了实现生物形式。

上述分析大体上符合文本的精神，[1]并且如库珀指出的，[2]它具有如下优点：它展示了一种理性目的论无须依赖于心理学假定。如果在某些条件下，对生命现象唯一合理的解释是目的论解释，那么就有理由主张，在这些条件下不对其应用目的论解释就是不可接受的，以至于哪怕可以合理地假定存在心理因素，加上这些心理因素也不会加强目的论解释，因为主张后者的理由已经足够充分了。但是在这种情况下，亚里士多德的技艺类比命运如何呢？按照库珀的论述，技艺类比似乎是不必要的。因此库珀写道："……对亚里士多德的目的论而言，技艺类比有时被认为是核心和基础，我们必须拒绝这种看法。"[3]这一主张令人吃惊。因为正是亚里士多德自己的文本不断提出了被库珀拒斥的看法，因为他清楚无误地反复使用技艺类比。库珀正确地指出，亚里士多德建立自然目的论的诸论证中，至少有一个论证不依赖于技艺类比。[4]这并不意味着我们可以在缺乏上述类比的情形下恰当地呈现亚里士多德的整体观点。诚然，相对于技艺类比实际上的价值，亚里士多德有可能过分地重视它；但我们为何要这样怀疑？若要为亚里士多德目的论辩护，就必须考虑这样一种怀疑的动机，即使算不上怀疑的理由：技艺类比将带来我们不希望看到的心理因素。

---

〔1〕 但在一个重要的方面有所限定，见第 309 页及以下两段，以及第 310 页脚注 1。

〔2〕 Cooper 2004, 128-129.

〔3〕 Cooper 2004, 107-108, 注释 2。

〔4〕《物理学》ii.8, 198b32-199a8。

不论心理因素是否是我们不希望看到的，我接下来要论证：尽管某些版本的自然目的论不需要技艺类比，但对亚里士多德的自然目的论来说，技艺类比是必不可少的。不过，技艺类比的意义体现在形而上学方面，而非科学方面。因此，在争论目的论解释和（例如）机械论解释的科学价值的语境下，其形而上学意义往往被忽视。正如库珀所澄清的，亚里士多德目的论依赖于两个假定，这两个假定是否合理取决于经验证据及其特定推论。第一个假定是：生物形式不可能不实现为生物个体；另一假定是：上述事实无法由物质组成来解释。此外，还考虑到目的论解释在生物学领域很有效：例如，目的论解释作出的预言往往能得到验证。由于一些经验事实（或被认为的经验事实），目的论在科学层面上很有吸引力，但这些事实本身并不能决定任何深层的形而上学。毕竟，相较于别的时代（或别的领域）中接受机械论的科学家，接受目的论的科学家并没有理由更加拥护任何特定的形而上学。试举一无关目的论的例子：分子理论被用来解释一种化合物在不同温度下的反应。有关经验中因果联系的根据（这一形而上学问题），分子理论解释可以兼容不同的形而上学立场。人们既可以认为，一种非经验性的纽带使得温度变化直接驱动分子重组，也可以认为是上帝的意志单独驱动了接下来的一系列现象，抑或认为（现象）序列反映了普遍之物的关系，抑或认为只有以下事实是真实的：同其他情形一样，一种类型的事件紧接着另一种类型的事件。

自然目的论也一样，允许各种各样的形而上学解释。例如，人们可能相信，某些形式总是会实现被称为"宇宙"的这种事物的内在自然。按照这种看法，物质材料实现形式的行为只有一个单独的形而上学根据，即宇宙的自然。如果某些特定形式的实现被视为某种目的，那么这个目的是属于宇宙的，是宇宙必须履行的命令。[1]这一目的并不属于宇宙之内的自然存在，其行为和演化在目的论的解释中对于实现形式是必要的。因为，如果上述目的属于宇宙，那么自然存在物只不过是宇宙利用的手段和工具；而工具并不具有工具使用者具有的那种目的。为了说明这一点，我们不必把宇宙想象成一个思考着的、具有意图的存在，正如我们不必设想一个超越性的上帝意图实现诸形式，因而意图将物质排列成相应的模式。我们要说明的有三点：第一，哪怕我们假定，生物形式总是会实现属于**宇宙**的自然本性，库珀分析的那种适合应用目的论解释的条件也能被满足；第二，上述假定是彻底非亚里士多德的；第三，它不是亚里士多德式的，并非因为宇宙被设想成一个有意识的存在（这对该假定而言并不是必然的），而是因为，上述假定未能给亚里士多德的自然实体留下位置。按照上述假定的图景，特定形式之实现这一目标，只是通过，而非基于符合自然事物之自然的行为。甚至，我们是否还有权将这些事物设想成具有某种亚里士多德意义上的**自然**的东西？因为，亚里士多德所说的"自然"，指的不仅是表现为某种确定行为的一组性质，而是这些行为的内在本原。[2]自然尤其指

---

[1] 库珀的表述往往具有这种倾向，例如（我添加的着重记号）："……**自然世界**的一个固有的、非派生的事实是：它部分地由各自然种类组成，**它的运作维持着各自然种类的永恒存续**……**世界**的一个基本事实是：**它永恒地维持着这些生命形式**。"(121)但严格说来，亚里士多德的形而上学多元主义意味着，有多少种不同的生物种类，就有多少种基本事实：对每一种类来说，都有一个基本事实，即**这一种类**必然要在其个体身上实现。

[2] 《物理学》ii.1, 192b13-23。

相对未分化的物质形成某一形式的变化的本原。在这种意义上，说自然事物是其变化的本原，不仅是说它表现出无法被外在自然因素说明的变化。后者只是经验层面的问题，它并不排斥所有变化都基于这个宇宙的自然本性这一形而上学观点。因此，按照上述假定，宇宙是唯一的实体，因为亚里士多德把"是一个实体"与"是变化的本原"相等同。[1] 照这种看法，普通的自然事物必须被设想为这一实体的诸模态；它们仅仅是变化的主体（subjects of change），而非形而上学层面上独立的变化的本原。

亚里士多德的形而上学目的论与此的区别，我们可以用呈现目的的两种方式——谓词式和命题式——之间的逻辑关系来说明。从一般而言的亚里士多德式观点来看，存在以下共识：（例如）相对未分化的物质团块（例如青蛙卵）的演化方式，我们无法用当下在场的因素——形状、重量、黏度、温度，等等——来进行解释，相反，如果我们根据它们最终将变成青蛙这一知识则很容易理解它。那么，我们该说目的是"应该有（或应该已经有）青蛙"，还是"**是青蛙（或：变成青蛙）**"？如果目的是前者，那么只有宇宙才是合乎逻辑的施为者；如果目的是后者，那么合乎逻辑的施为者则是亚里士多德的自然实体，而在上述例子中，自然实体就是潜在的青蛙，它正处在变成**它的**目的（即现实的青蛙）的过程中。这一目的的实现（如果最终实现的话），不仅是**为**（for）自然实体实现的，而是**由**（by）自然实体实现的。这正是亚里士多德意图用技艺类比让我们理解的，即个别的自然事物在实现其形式的过程中，将

---

〔1〕《物理学》ii.1，192b33；cf. 193a9-10 and 20。

个别的自然事物本身视为这一变化的形而上学中心或施为者。因为，工匠也是变化的本原，就像在自然秩序之中运作的许多本原一样。区别在于，工匠的目的不是变成什么样，而是通过施行他的技艺把某物制作成什么样。只考虑自然事物的话，人们很容易将它们仅仅看作变化的主体，谁知道本原是什么呢？但在技艺这里，本原和主体的功能判然有别，因为一般而言，技艺导致的变化都发生在工匠自身之外的某种事物上。[1] 亚里士多德用技艺作为模型来理解个别自然事物的自然，这么做毫不含糊地表明这些自然事物的形而上学地位就是施为者（centre of activity）。离开了技艺类比，目的论解释还能成立，但我们就会失去亚里士多德的自然实体概念。

三、技艺类比不会造成的问题

如上所述，技艺类比是必需的。既然如此，假如它最终被证明依赖于亚里士多德目的论所排斥的心理学假定，就令人遗憾了。这就是我接下来要探讨的问题。首先我们要知道，技艺类比很复杂，其中包含的东西远远不止信念和欲望，后两者有些时候被认为是目的论成立的前提。如果主张自然过程指向目的，就必须援用信念和欲望的话，直接说自然过程类似于有意图的施为者的活动不就够了吗？既然我们考虑的目的和手段有那么多与技艺无关，何必还要独独关注技艺？何必舍近求远（Why not take going to a neighbour's

---

[1]《物理学》ii.1，192b15-20；《形而上学》xii.3，1070a7。

house in order to find out the latest news）？理由如下：（a）在技艺的世界中有不同种类的技艺工匠，每个人作为工匠都致力于属于他的特殊领域。自然实体的世界也是如此。对每一个别事物而言，其特有的可定义的本质都决定了它特有的目的，也相应地决定了特定范围的手段。其中没有外行或半吊子。（b）健康的自然实体，其行为是**有规律的**，这展现出无可比拟的专业性。而技艺有其规则，可重复应用，这一点与自然实体的规律性相似，尽管从现实的角度说，技艺是在人类历史中发展演进的，在此过程中不仅产生新的方法，也产生新的视野。（c）自然总是做得正确，技艺亦然。这也就是说，尽管技艺工匠也会犯错，但正如《理想国》中色拉叙马霍斯指出的，[1]一个人之所以称得上技艺工匠，靠的是他的知识而不是他的错误。认为目的论解释需要心理学假定的人关注信念（同时也关注欲望、意向和意图）。但在解释中起作用的信念不必是正确的。使用技艺工匠这一形象基本不可能是为了在解释中提供信念要素；因为，信念本质上是可错的，而技艺本质上（就其规范性本质而言）是不会犯错的。（d）正如亚里士多德的自然具有形而上学层面的统一性，技艺认知和技艺目标在目的论中也是统一的。我的意思是，技艺运用的知识通常正是为了技艺工匠的目的而发展出来的。不仅对必然的因果关系的概括是这样，在实际情况中应用这些概括所需的个别观察也是这样。技艺的认知体系只是为了目的而存在和起作用。这一理想化的技艺概念接近亚里士多德的自然概念，后者的目的和实现目的的能力是完全结合在一起的。在任一

---

[1] 340c-e1. 参见《尼各马可伦理学》vi.2，1139b15-16，称技艺是"灵魂通过肯定与否定把握**真实**"的品质之一（我添加的着重记号）。

情形下，相关的能力不能用来实现其他的目的，也不会超过实现其目的之所需。在这一方面，不妨比较以下两者：一方是自然和技艺，另一方我们可称之为"普通的"具有目的性的人类行为。在后者中，相关的欲望或利益，与相关的信念或认知状态，二者很可能是独立发展的，二者的结合是外在的。(e)要解释具有目的性的"普通"行为，通常我们会说这一行动发生是因为施为者欲求某某或有理由追求某某。而在解释自然实体的活动时一般不会使用这样的陈述，因为一般而言，我们并不认为这种活动体现出欲望或经过思考的关切。技艺活动就其自身而言也是如此。在某种意义上，技艺工匠专注于他手头的工作，而不受欲望或对目的的理性关切的驱动。说一个人像建筑师一样工作，就意味着他追求建筑师的典型目的（而不仅仅意味着他运用特定技术）。在想要建房子可以**解释**建筑师建房子这一活动的意义上，建筑师作为建筑师并**不想要**建房子。建筑师之为建筑师，并不具有建房子的动机，而是要么单纯建房子，要么单纯是潜在的建筑师，拥有建房子的技术。而作为一个建筑师，他的工作也并不提供建房子的理由。这种意义上的建筑师当然是一种抽象，以上论断也只适用于这种抽象。以上论断并不意味着一个人不可以为了某个理由，即他想要做这件事或拥有其产品而进行建筑活动。假使一棵树是因为欲求成为一棵树才是一棵树的话，它就不只是一棵树了。这不是因为树没有心灵状态如欲望，而是因为，哪怕树这样的生命拥有欲望，它们的欲望就展现在获得树的形式的趋势之中，因而不能反过来解释后者。

上述观点（e）直接主张，我们不能说技艺工匠之为技艺工匠拥有欲求工匠之目标的心理欲望。之前的一些观点则帮助我们建立有关其他心灵活动的类似主张。亚里士多德说，技艺不思虑。[1]他还可以补充说，作为范例，工匠在工作中并不思考他运用技艺的行动，除非在以下两种情况下：第一种情况是他尚在学习这门技艺；第二种情况是他为了教授这门技艺而进行展示。但在第一种情况下，他还够不上一个技艺工匠；在第二种情况下，他则不只是一个技艺工匠。技艺有两个特征阻止我们认为它包含信念。我们探讨的无疑是理想化的技艺，但我们正是据此来理解那些并非理想化的情况的。第一，技艺不犯错；第二，技艺的认知体系与它要实现的目的之间完美匹配。但在不会有错误的情况下，还有必要，或者有可能设想信念吗（至少在信念涉及真或假的心灵表象的意义上）？并且，"信念"一词总是涉及如何对待事实（或命题主张），而在认知材料完全服务于给定目的的情况下，技艺还有可能涉及如何对待事实（或命题主张）吗？要对以上问题做出肯定的回答，就必须肯定我们在上述情况下仍可以区分信念与（例如）欲望（要确定"信念"一词的含义，这一区分扮演了重要的角色）。然而，如果一种信念无法独立于它所从属的意图的话，我们还可能区分信念与欲望吗？

以上讨论只是提示，但对目前有限的目标而言已经足够清楚了。我们至少将证明的负担转移到了那些反对者那边，他们反对的是：技艺在某些方面可以为理解亚里士多德的自然提供模型，而正是在这些方面，技艺不包含心理因素。

---

[1]《物理学》ii.8，199b26-28。

四、进一步的思考

我已经论证了，亚里士多德用技艺类比自然的做法并不会像某些人担忧的那样引入心理因素。但他对这一类比的使用也绝非毫无问题。下面我将检验这一类比导致的一些问题。首先，技艺的概念建立在一些预设的基础上，而思考这些预设可能会令我们质疑使用技艺概念来扩展我们对自然的理解是否恰当。其中一个预设当然是：业已存在一个自然秩序，为人类技艺的产生和活动提供条件。即便技艺本身是**人类**本性的一种表达，以理性的方式组织起来的技艺试图控制的那些对象和力量原本就不依赖于人类起作用。因此，一个非人类的自然实体的自然要类比于技艺，仅仅在如下程度上是恰当的：只有当我们能够设想该自然实体的有序演化依赖于不同于它自身的自然事物的自然性质和关系，它所依赖的自然事物在这一语境中被视为实现相关自然形式的材料。这样来理解自然世界，对亚里士多德来说毫无困难。而且我认为，就方法而言，他的确不应感到困难。或许有人会反对说，如果我们以技艺工匠为模型来设想一般而言的非人类的自然，那么当我们分析技艺时，上述预设会迫使我们陷入循环。但这一反对意见只是表面的：尽管不预设技艺尚未触及的自然就无法理解技艺，但反过来将技艺尚未触及的自然视为类似于技艺也不会造成任何矛盾。因为，我们并非在同一个语境中一方面将自然与技艺对立起来，另一方面又将二者相类比。即便自然类似于技艺，它也并非由于这种类似而成为理解技艺的前提。无论是对那些不认为自然类似于技艺的哲学家，还是对亚里士多德主义者来说，把握技艺对非技艺的依赖都不必陷入循环。

但还有一种预设会导致疑虑，而这种疑虑不那么容易打消。正如技艺依赖于一个它遭遇到的、不依赖于人类而存在的实体所构成的世界，同样，在人类事务中，技艺也以非技艺为前提。人类会引导和改变自然过程，使之服务于人类的目标，因此，技艺工匠必须知道自然拥有什么可能。但这些目标本身在根本上由那些不属于任何特殊技艺的原则所确定。无论哪种技艺工匠都追求某种善；但这并不只是说工匠追求定义了他的技艺的那个目的。因为，被追求的目的是一种善，并不是因为在这种技艺中它被追求，而是因为它有助于回应某些人类的需求、激情和利益。毫无疑问，如果一个木匠除了木匠之外什么也不是，那么他心目中的善不过就是木柜的制造；但假设存在一个工匠，其专长是吹出各种有趣造型的泡泡，那么同样，他心目中的善也不过就是吹泡泡。然而事实上，制造一件东西之所以是好的或有用的，是因为我们总是想要这些东西，而我们想要它们的理由与制造它们的技艺毫无关系。这与我们假设的情况形成了鲜明的对比：对于假设中的情况，我们只能说，**只有当**我们设想的技艺制造出来的东西有一定价值，它的目的**才**是善。而真实的木匠，作为一个能够思考的人类，是怎样工作的呢？他首先考虑到那些人类需求，正是从这些需求中才产生了他使用的技艺。诚然，要把（例如）居住的需求和对用具的需求转化为可实行的目标，技艺是必不可少的，尽管如此，我们不必成为任何专家也能看到这些产品的价值。它们是否具有价值，取决于那些不是木匠的人，或不只是木匠的人的判断。众所周知，亚里士多德认为这样的判断，其根据在于人类幸福，或人之为人的善的观念。身份低微的木匠可能不会就此思考太多，我的意思是他不会关注一个全面的定义；但涉及他制造什么、在什么时间制造、制造多少，他会响应市场的力量，否则会因无视市场而使自己陷入危险。因此，只有在一个高度抽象的意义上，一个特定类型的工匠才总是制造同样的东西。实际上，有些时候哪怕他醒着并且身体允许，他也不去制造，而当他去制造的时候，他的目标也总是不断变更。而在亚里士多德看来，上述变更是绝不会发生在一个非人类的世界中的。

简言之，具体的技艺并没有自主性，而是在一定的界限之内起作用，这一界限是由亚里士多德称之为"实践智慧"（phronēsis）的东西——关于实践生活整体的智慧——所划定的。诚然，亚里士多德有时像柏拉图那样图示化地理解劳动分工：木匠是一个实体，而决定木匠何时、何地、做多少木匠活儿的存在是另一个实体——政治家（politikos），后者关心的是善的一切方面（the good in all its aspects）。[1]但这一做法只是为了进行分析。实际上，木匠必须也是某种政治家：未必是一个地位崇高的"治邦者"，但必须是一个社会性存在。他的专业技能也部分地依赖于此，因为，谁会聘用一个除了木匠活儿什么都不懂的木匠呢？更重要的是，这样高度抽象的技艺观念是很难理解的。技艺本质上是实践的，也就是（更抽象地说）有序变化的本原。这是它与自然类比的基础。但技艺并不能单独产生任何东西。[2]因为，即使技艺的原理能够解释工匠制作什么东西，技艺原理是否起作用、在什么时候起作用、在多大程度上起作用，

---

〔1〕 例如《尼各马可伦理学》i.2，1094a26ff.。

〔2〕 参见《尼各马可伦理学》vi.2，1139a35-37："思考自身不产生任何运动；为了某个目的的、实践性的（指狭义的实践，即关注人之为人的善的意义上）思考才产生运动。因为它也支配着制作性的思考（即技艺）……"（中译者译）

这些都依赖于隐藏在技艺背后的那些价值。与之相对的是自然实体的自然，它不仅是变化的内在原理，而且按照亚里士多德所说，也是变化的内在**冲动**（hormē）。[1] 因此，只要没有自然障碍，它特有的变化就必然发生。正如在《形而上学》Z7 中，[2] 亚里士多德在比较自然事物的主动本质与"工匠灵魂中的形式"的时候，仿佛技艺形式仅凭自身就足以充当产品的效力因。这里，亚里士多德实际上将技艺视为在概念上孤立于那些决定其目标的非技艺因素。但这是对技艺观念的扭曲，因为如我论证的，我们只能把技艺理解为实践性的，而如果我们没有注意到它依赖于它自身之外的某个东西，即一般的实践智慧，就没有办法把它理解为主动实践性的。这并不意味着，这种孤立的技艺观念不能刻画出亚里士多德所理解的自然的某些方面，但这的确意味着他用技艺作为自然的**模型**是不可靠的，因为，把甲作为乙的原型，乙的结构就该展现出甲的所有本质特征。假如事物的自然真的与人类技艺同构，那么（正如我们已指出的）自然的行为就不可能始终不变，而这正是自然的特征。正如我在第二节指出的，技艺工匠的类比有助于维护亚里士多德的形而上学多元论，但自然—技艺的同构性会削弱这种多元论。现在我们可以看到，只有孤立地理解技艺，脱离赋予它生命的概念关联系统，技艺类比才有助于维护形而上学多元论。因为从全局看来，技艺更像是一个器官，而非一个独立的实体性原理。对一个器官来说，必定有一个使用者来理性地协调对它的使用和对其他器官的使用。一门技艺的使用者是具有社会性的个体，他同时使用许多技艺，只不过他

---

[1]《物理学》ii.1，192b18-19。

[2] 1032a32-b1.

与不同技艺的关系不同，有些是他自己从事的技艺，有些是由别人从事的技艺。一旦把这种思路应用到自然上面，就很容易假定有一个单独的普遍的自然原理，自然世界的每一部分都从属于总体的目标。亚里士多德在个别段落中似乎的确有这种倾向。[1]我们不必对此感到惊讶，因为不谨慎地使用技艺类比必定会造成这一结果。

到目前为止我所关注的是，如果技艺要在类比中扮演它本该扮演的角色，它的概念必须在哪一点上受到限制：那便是技艺与实践智慧的联系。但还有其他必要的限制，其中一些与技艺的专业性有关。我们通过教授来学习和传授技艺，在这一方面，技艺的种类与自然的种类有本质的不同。因为，技艺在本质上是由文化而非基因来传承的。或许正是出于这个理由，理性的这一特殊维度令希腊哲学家极端重视技艺。在理性的这一维度中，以合乎理性原理的方式起作用，同对这些原理的反思性知识，以及交流这些原理的能力结合在一起。假如像亚里士多德相信的那样，非人的自然无意识地追求目的，并且总是以智力惊人的自然策略实现这些目的，那么反思又起什么作用呢？我们无法回答，对实现目标来说，反思一般而言是必要的甚至有用的，可是在无数情形中，没有反思也一样毫不含糊地实现了目标。另一方面，人类也有自然；例如，反思性的行动对他们而言就是自然的。但自然不做无用之事。因此我们必须设想，人类的不同就在于他的目的必须通过反思，通过提供和接受理由来实现。我们在此关心的其中一个目的是，传承那些只有通过教授才能传承下去，不使其随着人类个体一同死去的各种人类活动。

---

[1] 例如，《形而上学》xii.10，1075a11-25。

按照这一思路，反思性理性是在人类自然无法通过基因传递其发展和延续之所需的前提下提供补偿的手段。与之相对，非人类的自然之所需，包括种群繁衍所需，仅凭基因传递就够了。亚里士多德要将这种自然与技艺相类比，就必须忽略苏格拉底和柏拉图如此重视的技艺之特征：技艺工匠掌握了其技艺的道理。

技艺会发展；哪怕技艺的原理已被充分揭示，有效地应用这些原理也往往仍需要智慧；面对事实与目标，仍需要思考、创造和探索精神。与此相反，对自然而言，其目标似乎绝不会尚未最终确定，其手段绝不会尚未完全知晓。因此，当亚里士多德将自然类比于技艺工匠时，他心目中的技艺工匠是一位**已经在有效工作**的工匠，他并不考虑工匠得以有效工作——无论是通过学习技巧、分析目标，还是更仔细地评估事实——的过程及其中的疑虑、尝试与错误。或许正是在这一阶段，清晰可辨的**心灵**活动是最明显的。我们感到奇怪、反复权衡，尚未做好准备去行动，尽管有人担保，但他们的知识完全内在于其行动。对那些熟练的工匠而言，行动中的思考并不伴随着他的工作，也不高于、超越于他的工作，甚至不关于他的工作，而就是他的工作本身。当亚里士多德比较技艺与自然的时候，他设想的是已实现的技艺的活动。技艺类比的危险，不在于它会把心理因素带进自然的概念，而在于它会把心理因素排除在技艺概念之外。[1]因为在这个类比中，自足完善的技艺并不包含任何可辨识的心理维度。这一理想状态下的高效（假如它是**技艺**的高效的话）很大程度上依赖于它自身之外的方面；而承认这些方面会摧毁技艺类比。

---

[1] 不过，应该提到反对这一论断的事实：在《伦理学》中，技艺常常被说成在考虑，并且被用来刻画伦理考虑。只是在《物理学》中，技艺从不考虑。

在本文开头，我思考了一种对亚里士多德目的论的旧式批评，即目的论将心理因素带进自然。晚近的哲学工作对一般而言的目的论解释更为同情；而晚近的学术研究对亚里士多德的目的论，以及技艺类比在其中的位置也有更精确的理解。但这些进展对亚里士多德主义者提出了新问题，这正是我在本文结尾所做的工作。技艺类比中的技艺观念真的是有意义的吗？在本节中，我实际上论证了技艺类比中的技艺观念是一种错误的抽象。如果是这样的话，我们原以为自己在探讨一个熟悉的概念，但事实未必如此。这些思考或许让我们进一步好奇，这一类比的方向是否同它表面的方向相反。因为，"技艺"原本是为了给目的论的"自然"提供模型，但这样一种人为裁剪的技艺观念显然并不比目的论的自然更好理解。甚至"技艺"一词本就是错误的命名，因为这个词的真正所指并不是人类技艺工匠那里实际存在的技艺，而是指向目的的自动装置（end-directed automation）。亚里士多德列举的这种自动装置的例子是幻想而非现实（尽管他并不排斥为此运用想象力，只要这么做能说明问题[1]）。在现实世界中，若要找这种自动装置的范例，还有比生物的自然活动本身更明白易懂的范例吗？因此，当自然类比于技艺的时候，恰恰是前者规定了后者的含义。如果按照亚里士多德使用这个类比的方向，那么这个类比就失败了。但我们的论证或许表明，从一开始我们就不需要这个类比。因为，要不是我们已经了解了一种无须反思的目的论运作形式，我们又怎么能理解这个类比中被当作技艺的那个东西呢？

---

[1]《政治学》i.4, 1253b33-1254a1。

亚里士多德的图像、表象与 *phantasia**

Krisanna M. Scheiter[1]　左逢源　译

一、序言

  phantasia 是亚里士多德心理学中最重要的部分之一。[2]它对做梦、记忆、回忆甚至思考都是必要的。然而，正如许多评注者指出的那样，《论灵魂》(*De Anima*) 3.3，即他对 *phantasia* 最广泛的讨论，是极其不清楚的。[3]在该章的开头，他将 *phantasia* 描述为产生图像 (images) 的东西，例如在记忆中 (《论灵魂》3.3，427b19-20)。但他没有解释这意味着什么或我们如何使用这些图像。相反，他专注于 *phantasia*、判断 (*hupolēpsis*) 和感知 (perception) 之间的

---

* 　本文选自 Krisanna M. Scheiter, "Images, Appearances, and 'Phantasia' in Aristotle," *Phronesis* 57, no. 3, 2012, pp. 251-278。

[1]　Krisanna M. Scheiter，联合学院 (Union College) 哲学助理教授。

[2]　除非有不同说明，柏拉图文本的翻译来自 Cooper 1997，亚里士多德文本的翻译来自 Barnes 1984。*phantasia* 这个词在亚里士多德那里经常被翻译为 "想象" (imagination)，但是因为这个翻译预设了对 *phantasia* 的特定阐释，我不翻译这个词。

[3]　已经有很多作品对关于 *phantasia* 的讨论作出了重要贡献，包括 Caston 1996、Dow 2010、Rees 1971、Frede 1992、Freudenthal 1863、Lorenz 2006、Lycos 1964、Modrak 1986、Nussbaum 1978、Schofield 1992、Turnbull 1994、Watson 1982、Wedin 1988 和 White 1985。这绝非全部名单。

差异。当他做出这些区分时，很明显，*phantasia* 不仅产生图像；还被认为用来解释表象（appearance），比如为什么太阳显得只有一步宽，尽管我们相信它相当大（《论灵魂》3.3，428b2-4）。

许多评注者声称，事物呈现给我们的方式不能通过心理图像得到解释，因此他们主张，亚里士多德要么在《论灵魂》3.3 中不止以一种方式使用 *phantasia*，要么他并不真的认为 *phantasia* 是一种产生图像的能力。[1] Martha Nussbaum 主张，图像不能解释感知表象，但她的批评源于图像对于亚里士多德是什么的狭隘观念。她将图像阐释为图形表征（pictorial representations），它通过两个"不同过程"带来感知表象，即拥有图像和审查或沉思图像以了解它如何映射世界（1978，224-225，230）。然而，图像对亚里士多德来说不仅是图形。我们可以有任何感知经验的图像，不仅是视觉感知的图像。此外，正如我们将看到的，图像并不是通过两个不同过程带来感知表象。在本文中，我论证了亚里士多德一贯地使用 *phantasia* 指代图像，更重要的是，这些图像是理解感知表象的关键。[2]

在第二节中，我展示了亚里士多德对感知的描述，并解释了感知如何引起 *phantasia*。我得出结论，*phantasia* 是回忆以前的感官

---

[1] 很多评注者声称亚里士多德只是没有一个对 *phantasia* 的统一观点，例如，Hamlyn 宣称《论灵魂》3.3 有一个"不连贯的外观，其统一性的原则是松散的"（1068a，129）。Nussbaum 认为亚里士多德以不止一种方式使用 *phantasia*，但是我们会看到，她主张总体上"图像似乎不是其理论的中心"（1978，223）。她将 *phantasia* 解读为对欲求和动物行动来说必要的说明性能力。Schofield 主张亚里士多德没有一个关于 *phantasia* 的统一理论，但是他不认为 *phantasia* 指代图像。他将 *phantasia* 阐释为"非典型的感觉经验"（1992，252）。

[2] 将 *phantasia* 解读为产生图像的能力的人包括 Frede 1992、Lorenz 2006（特别参见 133-134）、Sorabji 1972 和 Turnbull 1994。关于图像如何引起感知表象，还没有得到太多关注，除了 Turnbull 的论文和 Cashdollar 1973 关于偶然感知（incidental perception）的论文。

知觉即图像的能力。在第三节中，我详细讨论了亚里士多德在谈到 *phantasia* 时想到的图像的类型，这对使 *phantasia* 的"图像"观变得可信来说至关重要。一旦我们对图像是什么有了清晰图景，我们就可以考虑图像是否可以解释表象。如果这确实是亚里士多德的观点，我们可以预期他在《论灵魂》3.3 提供一个关于图像如何产生表象的解释，因为他诉诸 *phantasia* 以解释我们的思想和感知如何出现错误。（当事物显得与实际情况相反时，我们的思想和感知就是错误的。）但是，与我们的预期相反，他并没有这样做。在第四节，我论证了《论灵魂》3.3 中之所以没有 *phantasia* 如何带来感知的错误（和表象）的解释，是因为柏拉图已经在《泰阿泰德》中解决了这个问题，而该章节的重点主要是修正和调整柏拉图的术语。

我提议我们在阅读《论灵魂》3.3 时一并阅读柏拉图的《泰阿泰德》和《智者》。如果我们这样做，我们会发现亚里士多德很可能接受了苏格拉底在《泰阿泰德》中的提议，即记忆解释了我们如何在某个方面感知物体，但苏格拉底称之为"记忆"的东西，亚里士多德称之为 *phantasia*。更重要的是，这种术语上的变化迫使亚里士多德纠正在《智者》中柏拉图的 *phantasia* 是"感知与信念的结合"（264b2）[1]的描述，这就是为什么《论灵魂》3.3 的这么多内容都集中在否定 *phantasia* 是感知和信念的某种结合的说法。我们一旦有了一个关于图像如何涉及产生感知表象的合理叙事，就不再有理由认为亚里士多德在《论灵魂》3.3 中是不连贯的，也有充分理由采取 *phantasia* 的"图像"观。

---

[1] 柏拉图实际上在这里使用了动词 *phainetai*，通常译为"显现"（to appear），而不是动名词 *phantasia*（φαίνεται δὲ ὃ λέγομεν σύμμειξις αἰσθήσεως καὶ δόξης）。但是他的确在几行之前使用了 *phantasia*，在那里，他问泰阿泰德，我们能够将别的什么称为通过感知产生的信念（264a5-6）。

二、感知与 *phantasia*

亚里士多德在《论灵魂》中对感知的描述既着眼于感知的生理学，也着眼于感知的心理学。对感知的生理学解释只关注感知的机制，而心理学解释考察感知影响生物的方式、有感知的生物凭借这种能力能做的事情，以及感知与灵魂其他能力之间的关系。总体来说，亚里士多德关于我们认知能力的生理学解释被阐释者淡化和低估了，因为我们现在知道它在经验上是不正确的，所以它在哲学上可能显得不那么有趣。但是，把亚里士多德的生理学和他的心理学分开是错误的，因为其心理学几乎总是深受其生理学的影响。事实上，我们在《论灵魂》中了解到的关于灵魂能力的第一件事就是它们涉及身体（1.1，403a16-17）。[1]亚里士多德对人与动物的生理学理解制约并影响着其心理学；我们需要理解两者，以便充分把握其心理学作品在哲学上更突出的方面。因此，这将是我们考察他关于感知和 *phantasia* 的解释的一般策略。

根据亚里士多德，感知是一种身体中的运动，由一棵树、一块石头或一把椅子这种物理对象的刺激而产生。物理对象由可感形式（sensible forms）组成，如颜色、质地、温度、味道和气味。可感形式是物理对象的属性，并且具有作用于感知者的力量，因此引起

---

[1] 他保留了这样一种可能，即思想是不涉及身体的灵魂的受动，但是他后来说所有人类思想都要求 *phantasia*，这导致所有人类思想都涉及身体（《论灵魂》1.1，403a8-10，3.7，431a14-17；《论记忆》449b31-450a1）。当然，这不是说**所有**思想都涉及身体，因为不动的推动者作为思考自身的思想，大概不需要 *phantasia*（《形而上学》12.9，1074b33-35；也参见 Nussbaum 1978，267）。

感知。当感觉器官接受一个物理对象不含质料的可感形式时，感知是可能的（《论灵魂》2.12，424a17-19）。亚里士多德举了一个图章戒指在蜡块上留下印记的例子：

> 一般来说，关于一切感知，我们可以说一个感官是能够将事物不含质料的可感形式接受于自身的东西，就像一个蜡块能印上一个图章戒指的不含铁或金的印记（impress/sēmeion）；产生印象（impression/sēmeion）的东西是铜或金的印章，但它不是作为铜或金；相似地，感官受到颜色、味道或声音的影响，不是因为每个都是其所是，而是因为它是这样一种并且符合它的解释（logos）。（《论灵魂》2.12，424a17-24）

图章戒指在蜡块上留下印记，而不会将戒指上的任何质料赋予蜡块。同样地，当我们看到一个白色的咖啡杯时，我们的眼睛接受白色的可感形式，它存在于咖啡杯，但我们的眼睛没有接受构成咖啡杯的任何质料。亚里士多德没有解释颜色如何在不赋予质料的情况下作用于感知者，但这对我们的目的来说并不重要。[1] 我们需要知

---

[1] 关于如何解读亚里士多德对感知的解释，有一个持续的争论。一方面，有一些人在字面上对待亚里士多德的主张，即感知包含一个在身体中的物理质变。根据这个观点，当眼睛感知白的可感形式时，它在字面意义上变得白。Sorabji 1974/1992 第一个明确表达了该立场。Everson 1999 形成了一个相似的观点。另一方面，有一些人采取感知的"唯灵论"（spiritualist）解读，并主张亚里士多德不认为我们的感觉器官在感知中实际上被改变了（Burnyeat 1992；Johansen 1998）。出于本文的目的，我不需要在该辩论中采取立场，但是我倾向于同情字面论的观点，只是因为我认为，当亚里士多德（一再）说感觉器官在感知中被影响，并且经历了实际的物理质变时，他是严肃的。另外，我认为这个物理质变是对对象的感知的一部分。我不确定这个质变究竟在于什么，但是我赞同Caston 2005 的观点，即对亚里士多德来说，这不会是白的可感形式实际上使眼睛变白。

道的全部是，可感形式是物理对象的主动力量，可以作用于各自的感觉器官并改变它们。[1]

当我们接受一个物体的可感形式时，感知是可能的，但感觉器官中的质变（alteration）本身不算感知。当我们触摸某个冷的东西时，我们在我们的手上感知冷，因为我们有附加的能力感知手变冷时发生的质变。一个对象能够接受可感形式并不导致我们感知可感形式。植物在接触寒冷时会被改变（许多植物在霜冻后死亡证明了这一点），但植物没有感知这种质变的能力（《论灵魂》2.12，424a32-b1；《物理学》7.2，244b12-15）。因此，感知包括以某种方式在物理上被可感形式改变**和**意识到这种质变。[2]

除了五个感觉器官外，感知还需要一个第一感觉器官（primary sense organ），所有感觉都发生于此。[3]亚里士多德认为心脏是

---

[1] Magee 表明了一个有趣的看法，即可感形式不能正像它存在于物理对象那样存在于感觉器官，因为一旦可感形式被感知，它就不会引起其他印象（2003，323）。

[2] 就像我已经提到的，存在这样一个问题，即感觉器官在感知中经历哪种物理过程。Johansen 1997 和 Magee 2000 都主张（反对感官知觉的字面阐释），感觉器官不经历植物在冷的时候经历的那种单纯的性质变化（qualitative change）。例如 Magee 主张"感觉器官经历的物理过程不是标准的性质变化（即质变），而是动物身体物质构造中的活动或潜能的实现"（307）。类似的观点也参见 Rorty 1984，530。我不认为在感知中感觉器官里绝对没有性质变化，但这是其他场合的话题。

[3] 尽管在《论灵魂》中，亚里士多德经常说诸特殊感官（special senses）是独立的，他在《自然诸短篇》（*Parva Naturalia*）和他的生物学专著中相当明确地表明，感知需要一个作为感知所在地的第一感觉器官。这引人联想到《泰阿泰德》中苏格拉底的主张，即必须有一个"单一的形式、灵魂，或无论人们应该如何称呼它，所有这些〔感知〕交汇于此"（184d2-4）。也参见 Kahn 1966，10，他主张"诸特殊感官必须被认为不是根本上独立的能力，而是相交的线，在单一的、全面的感觉能力中交汇于中心"。关于一般感觉器官和第一感觉器官的更多讨论，参见 Gregoric 2007、Hamlyn 1968b、Johansen 1997 和 Modrak 1981。

第一感觉器官，也是感知的所在地。[1] 在《论动物的部分》（*De Partibus Animalium*）中，他声称"一个动物是由其感知能力定义的；而第一感知部分是最先有血液的部分；这就是心脏"（3.4，666a34-35）。他进一步表示，"在所有动物的身体中，必须存在某些中心的和指挥的部分，以容纳灵魂的感觉部分和生命的源头"（《论动物的部分》4.5，678b2-4）。在《论动物的生成》（*De Generatione Animalium*）中，他声称："正如在关于感觉的专著中说的那样，所有感觉器官的通道都通向心脏或没有心脏的生物中的类似物。"（5.1，781a20-23）并且，在其专著《论睡眠》（*De Somno*）的一个相当长的段落中，他再次表示，心脏是感官知觉的所在地（并补充说心脏也是运动起源的地方）（455b34-456a6）。

个别感觉器官中发生的质变通过血管转移到第一感觉器官，血管将心脏和诸感觉器官连接起来，将个别感觉器官产生的感觉印象传递到第一感觉器官。亚里士多德在解释耳朵和鼻子如何受到影响时，对其如何运作做出了相当明确的解释。他表示，耳朵和鼻子包含"与外部空气相连的通道，并且自身充满了内在气息；这些通道终止于大脑周围的小血管，这些小血管从心脏延伸至此"（《论动物的生成》2.6，744a1-5）。连接外部空气和颅内血管的通道能够受到声音或气味的影响，它们影响了外部空气。声音或气味通过血管

---

[1] 对亚里士多德来说，大脑不是感知（或思想）的所在地（《论动物的部分》656a24-27；也参见 Johansen 1997，78-81）。大脑似乎是一个冷却装置，对调节体温来说是必要的（参见《论睡眠》457b26-458a9）。

传到心脏。[1]

我们现在对感官知觉有了一个完整解释。当我们感知一个物理对象时，存在于物理对象中的可感形式改变了我们的感觉器官，在实际器官上留下了印象。然后印象通过血液传递到心脏，这时我们能够感知可感对象。当我们看到一个白色的咖啡杯时，咖啡杯的白色会在我们的眼睛上留下印象，这引起我们眼睛的物理质变。然后，这种印象通过血液传递到第一感觉器官即心脏。

有了这个关于感知的解释，我们现在可以转向 *phantasia* 了。亚里士多德声称，*phantasia* 只会被发现于感知被发现的地方（《论灵魂》3.3，427b14-16），并且没有感知就不可能有 *phantasia*（《论灵魂》3.3，428b11-12），所以只有那些有感知的生物才能有 *phantasia*。在亚里士多德早期的作品之一《修辞学》（*Rhetoric*）中，他将 *phantasia* 描述为"一种微弱的感知"（1.11，1370a28-29）。在他关于梦的专著中，他提出在 *phantasia* 能力（*phantastikon*）和感知能力（*aisthētikon*）之间存在一种实际的同一关系：

> *phantasia* 能力和感知能力是一样的，尽管 *phantasia* 能力

---

[1] Johansen 对血液在感知本身中发挥作用表示怀疑（尽管他乐意承认它可能在 *phantasia* 中发挥作用）（1997，91-93）。亚里士多德明确表示，必须有某种东西连接诸感觉器官与心脏，但是 Johansen 不认为亚里士多德对于连接的实体是什么有明确想法。他将亚里士多德在其他地方关于血液没有任何感知能力的观点作为血液不涉及感知本身的证据。亚里士多德表示："因为血液自身和任何无血的部分天生都没有感觉，很明显这个首先具有血液并且就像容器那样容纳血液的部分必须是主要来源（即心脏）。"（《论动物的部分》3.4，666a16-18）我对该段落的解读稍有不同。我认为，亚里士多德需要保证人们不会错误地将感知归于血液而非心脏，鉴于血液在感知中发挥的重要作用即将可感形式传递到心脏。

的存在不同于感知能力的存在，并且因为 *phantasia* 是由感官知觉的现实开启的运动，而梦显得是一个图像。……很明显，梦属于感知能力，但属于作为 *phantasia* 能力的这个能力。(《论梦》459a16-21）

理解这段话的诀窍在于理解 *phantasia* 能力以何种方式可以与感知能力相同，同时又保持与其本质上的不同。[1]

首先，让我们考虑 *phantasia* 在哪些方面与感知相同。在《论灵魂》3.3 中，亚里士多德重复了他在《论梦》(*De Insomniis*) 中的主张，即 *phantasia* 是一种类似于感知的运动（428b11-12），"源于感官知觉的现实"（429a1-2，我的翻译）。我们可能想知道，*phantasia* 在什么意义上是一种类似于感知并由感知产生的运动。他在《论梦》中给了我们一个线索，在那里他说："即使感知（*aisthēton*）的外部对象已经离开，它造成的印象（*aisthēmata*）仍然存在，而它们本身就是感知对象（*aisthēta*）。"（460b2-3）尽管他在这个特定段落中没有提到 *phantasia*，但考虑到他之前将 *phantasia* 确定为弱感官知觉和类似于感知的运动，那些持续存在

---

[1] 我们通过其他作品知道亚里士多德心中的至少一些想法，在那些作品中，他讨论了数量上是一而解释上是二的事物。在《物理学》中，他谈到是一个"人"和是"会音乐的"是相同的（即在数量上是一），因为"人"和"会音乐的（人）"由数量上同一的质料构成（《物理学》1.7，190a13-21，190b23-29）。但是"人"和"会音乐的"在存在上是二，因为是"人"和是"会音乐的"在本质上不同。一个人是"人"，这是因为他具有理性思考的能力；而一个人是"会音乐的"，这是因为他具有产生音乐的能力。另外，在《论生成与毁灭》(*De Gen. et Corr.*) 中，亚里士多德解释说"在所有生成的例子中，质料是不分离的，在数量上同一，尽管在定义（*logos*）上不是一"（320b12-14），使得"人"和"会音乐的（人）"相同的是它们由相同质料组成。鉴于这些段落，当 *phantasia* 和感知被证明在质料（即身体）上相同时，我们不应该感到惊讶。

并且自身成为感知对象的感知似乎很有可能实际上是 *phantasia* 的对象。

到目前为止，我们可以得出这样的结论，我们经历 *phantasia* 时身体受到影响的方式类似于在感知中受到影响的方式。而且，*phantasia* 的对象与感知的对象相同，我们之前将其等同于可感形式。因此，当亚里士多德在《论梦》（459a16）中声称 *phantasia* 能力与感知能力相同时，他的意思一定是 *phantasia* 与感知是同一种生理受动，受到相同对象（即可感形式）的影响，并在身体的（至少部分）相同部位经历相同的运动。现在我们必须确定 *phantasia* 以何种方式在本质上不同。

phantasia 在三个方面不同于感知。首先，亚里士多德声称 *phantasia* "在我们希望的任何时候都在我们自己的能力之内"（《论灵魂》3.3，427b18）。然而，感知不在我们自己的能力之内。我们可以选择睁开或闭上眼睛，但当我们睁开眼睛并且我们的感知能力适当运作时，我们必然会感知到视野内的任何东西（至少一些）。[1] *phantasia* 的对象不一定以这种方式得到确定。不管我们的视野中是否有红色、紫色或白色的东西，我们都可以唤起红色、紫色或白色的可感形式（只要我们以前经验过这些颜色）。这就引出了感知与 *phantasia* 的第二个区别，即感知**需要**物理对象在场，而 *phantasia* 不需要。我们在梦中可以有视觉经验，即使我们闭着眼，并且我们的视觉能力没有参与其中（《论灵魂》3.3，428a6-8）。第三，所有动物都有感知的能力，但并不是所有动物都有 *phantasia*

_____

[1] 我说"至少一些"，是因为根据亚里士多德对感知的解释，感觉器官很可能受到可感对象的影响，但未能意识到对象。

的能力（428a8-11）。亚里士多德特别指出，幼虫是缺乏 *phantasia* 的动物，即使它们有感知。他似乎后来在《论灵魂》中改变了自己的观点，声称所有动物都至少以某种不确定的方式拥有 *phantasia*（例如，参见《论灵魂》3.11，434a1-7）。不管其观点最终是什么，他考虑到动物缺乏 *phantasia* 的可能性很能说明问题。[1]具体地说，这告诉我们，他认为没有 *phantasia* 而有感知至少在概念上可能，即使在现实中没有缺乏 *phantasia* 的有感知动物。

通过以上概述的区别，我们可以得出这样的结论，即 *phantasia* 的内容与感知相同，即可感形式，但 *phantasia* 的直接原因与感知不同。感知的原因是一个物理对象，它通过可感形式作用于感觉器官，而 *phantasia* 的直接原因是别的东西。[2]亚里士多德没有确切告诉我们是什么在梦和记忆中引起了 *phantasia*，但很明显它不是物理对象，因为在没有我们梦见或记起的对象的情况下，我们也可以做梦和记忆。

因此，感知与 *phantasia* 之间的本质区别在于它们的直接原因。可感形式构成 *phantasia* 的内容，正如它们构成感知的内容一样。此外，它们涉及许多在感知过程中发生的相同质变，这意味着感知能力和 *phantasia* 能力必须具有相同的生理结构。唯一的区别是 *phantasia* 不需要物理对象的直接在场，而感知总是需要。当我们感知白色时，作用于我们眼睛的可感形式包含于物理对象。但是对 *phantasia* 来说，"白色"的可感形式已经保存于我们体内的某个

---

〔1〕 关于是否所有动物都有 *phantasia* 的更多讨论，参见 Lorenz 2006。
〔2〕 因为 *phantasia* 的产生原因可以追溯到物理对象，而在第一感觉器官引发图像的直接原因不是物理对象。

地方，即第一感觉器官，[1] 并且我们能够回忆这种可感形式并"看到"白色，即使房间里没有白色的对象。

总之，我们已经建立了关于 phantasia 的三个非常重要的事实。首先，phantasia 涉及许多与感知相同的身体运动。其次，它不需要物理对象的在场。第三，phantasia 的对象是可感形式。亚里士多德实际上并没有把 phantasia 的对象称为"可感形式"。相反，他称它们为"图像"，有时使用希腊语单词 eidōla（《论灵魂》3.3，427b20；《论梦》462a11-17），但更多时候使用 phantasia 的同源词，即 phantasmata（参见例如《论灵魂》3.3，428a1；《论梦》458b18-25）。因此，phantasia 可以被定义为一种产生图像的能力，这些图像是最初通过感知获得的可感形式。phantasia 与感知是完全不同的，我们已经看到，感知仅限于当前作用于感觉器官的任何东西。除非我们的视野中有白色的东西，否则我们无法感知白色。但 phantasia 并不局限于此，它允许我们在希望的任何时候回忆"白色"的图像（假设我们过去经验过白色）。

到目前为止，我们的例子都集中于特殊可感对象（special perceptibles/idia aisthēta），它们是只能被五种感官之一感知的可感形式（《论灵魂》2.6，418a11-17；《论感觉》439a6-12）。例如，视觉是唯一感知颜色的感官；除了眼睛，没有其他感觉器官能感知颜色，这使得颜色成为视觉的特殊对象（《论灵魂》2.6，418a13）。

---

[1] 同样确定的是，phantasia 的图像保存于第一感觉器官。在《论记忆》中，亚里士多德强调回忆在字面意义上涉及在身体中寻求图像（phantasma）（453a14-15）。他声称，围绕"感知部分"（aisthētikos topos）的水汽影响图像的运动（453a23-26）。他正在谈论的感知部分应该是心脏。

同样，听觉的特殊对象是声音，嗅觉的特殊对象是气味，味觉的特殊对象是味道，触觉的特殊对象是触感（《论灵魂》2.6，418a13-14；2.11，422b23-26）。但特殊的可感对象，如白的颜色和薰衣草的气味，并不是我们唯一能感知和保存于 *phantasia* 的东西。我们还能感知到白色的咖啡杯、薰衣草蛋糕和我们父母的 50 周年结婚纪念日。但是，当咖啡杯没有可感形式时，我们如何对咖啡杯有感知（然后是图像）呢？可感形式存在于物理对象中并构成它们，由此，当我们看到咖啡杯时，作用于我们眼睛的可感形式不是**咖啡杯**的形式，而是某种白色和圆柱形的东西的形式。在下一节中，我将解释我们如何从对特殊可感对象的感知（和图像）走向对咖啡杯和蛋糕的更复杂的感知和图像。

三、统一的图像与偶然的感知

在本节中，我将仔细研究感知对象，亚里士多德将其分为三类。首先是特殊可感对象，即颜色、声音、气味、味道和触感（我们在上一节中简要讨论过）。其次，还有普遍可感对象（common perceptibles/*koina aisthēta*），如数字和运动，我们将在下一节讨论它们（《论灵魂》2.6，418a17-20）。最后，还有一些偶然可感对象（incidental perceptibles/*aisthēta kata sumbebēkos*），比如**咖啡杯**和**蛋糕**这样的事物（《论灵魂》2.6，418a20-23）。在本节中，我们将重点讨论偶然感知，因为正如我们将看到的，这是感知表象的一个例子。如果我们能解释我们如何从对可感形式（如颜色和气味）的感知转变到对偶然可感对象的感知，我们就会有资源解释感知表象的许多情况，Nussbaum（和其他人）非常关注它们。我们将看到，偶然感知的产生是由于 *phantasia*，以及我们将特殊可感对象的图像（在第一感觉器官中）结合起来产生更复杂图像的能力，这些更复杂的图像转而产生更复杂的感知。

偶然可感对象是像人、**咖啡杯**和**蛋糕**这样的东西。偶然感知不同于对特殊可感对象的感知。特殊可感对象是直接被感知的，因为它们作用于我们的诸感觉器官。当我们看到一个白色的咖啡杯时，杯子的白色作用于我们的眼睛，使我们看到白色，但没有任何**咖啡杯**的可感形式使我们看到杯子。我们不能直接而只能间接感知偶然可感对象。那么我们如何感知咖啡杯之类的东西呢？

亚里士多德提供了关于偶然感知如何产生的少量信息，但我们在《后分析篇》2.19 中获得了这如何发生的某些想法，在那里，他解释了我们如何通过感官知觉获得知识：[1]

> 因此，从感知中产生了我们所说的记忆（*mnēmē*），从记忆（当记忆经常与同一事物有关时）中产生了经验（*empeiria*）；因为数量众多的记忆形成了单一的经验。从经验或停止于灵魂的整个普遍性中，由多产生一，无论在所有这些事物中同一的是什么，都产生了技艺（*technē*）和知识（*epistēmē*）的一个本原。（《后分析篇》2.19，100a3-8）

在这个段落中，亚里士多德解释说，所有的动物都有感知的独特能

---

[1] 也参见《形而上学》1.1。

力，但只有一些动物有附加能力——通过记忆保存感官知觉。注意，亚里士多德在这个段落中使用了 *mnēmē* 这个词，其意为"记忆"，而不是 *phantasia*。我们不应为此感到困惑。亚里士多德在这段话中使用"记忆"这个词，指感官知觉的保存，我们在上面看到它是 *phantasia* 的功能。[1]

亚里士多德在上面的段落中继续说，一些有能力在记忆中保存感知的动物能够将相似感知结合为单一的经验。我们感兴趣的正是这种将相似感知组合成单一而统一的经验的概念。将被保存的感官印象结合起来的能力意味着我们的图像不局限于单一感知的确切印象。当我们感知前院的橡树，并将这种感知保存于记忆时，我们拥有的图像就是关于那棵特定橡树的。当我们感知另一棵在我们邻居院子中的橡树时，我们记住这个感觉印象，以此类推，直到我们对橡树有许多个别印象。根据亚里士多德，在某个时刻，这些橡树的个别印象结合为一个单一图像。当这些印象结合，形成一个新的"统一的"图像时，将我们的橡树与邻居的橡树区别开来的特殊性（如高度、宽度、颜色）就消失了，而剩下的一切就是我们经验过的每棵橡树的特征，如发芽并在秋天变色的树叶、挂在树枝上的橡子，等等。统一的图像不能追溯到单一的感知经验，所以我们现在有一个我们从未直接经验的图像，但它是许多独立感知的合并，所以仍然起源于感知。

---

[1] 非常可能的是，亚里士多德将柏拉图的记忆概念用作"感官知觉的保存"（《斐莱布》34a10-11），而不是他自己在《论记忆》中形成的对记忆的精细解释，即伴随对时间的感知的图像（449b25）。无论哪种，我们都可以看他关于记忆的说法归于 *phantasia*，因为根据亚里士多德的解释，记忆需要 *phantasia*。

在亚里士多德的经验主义叙事中隐含着这样一种想法，即在我们拥有橡树的统一图像之前，我们无法将事物感知为橡树，也就是说，我们无法感知偶然可感对象。在我们获得统一图像之前，我们只能感知特殊可感对象，例如颜色、气味、触感。统一图像使我们能够将对象**作为**物理对象区分彼此，因此只有在我们形成了橡树的统一图像**之后**，我们才能将对象视**为**橡树。[1]

到目前为止，我们已经确定了我们的感知经验可以得到保存和统一。通过对于相似对象的众多经验，我们的感觉印象（在第一感觉器官中）得到统一，所以它们现在代表一个物理对象，比如一棵橡树。对颜色、声音和气味等特殊可感对象的感知不需要先前的经验，也就是说，它们不需要 *phantasia*。未能首先拥有关于红色的经验，我们也能看到红的颜色，因为当可感形式"红色"被印在眼睛上时，就会产生对红色的感知。然而，将红色识别**为**红色需要经验，因为这种识别涉及把红色看作某个特定种类，即红色事物的种类的一员。[2]

在这一点上，我们已经表明我们必须有对象的统一图像，比如一棵橡树，以便将其视为一棵橡树，但我们还没有解释这如何运

---

〔1〕 我们应该对这个例子持保留态度，因为在我们形成橡树的统一图像之前，我们可能拥有"树叶""树皮""种子"等统一图像，因此，我们对橡树的感知经验实际上可能不仅关于特殊可感对象。但是在我们认知经历的某个时刻，我们的确需要**仅仅**以特殊可感对象作为开端，这就是我们坚持的要点。

〔2〕 也许动物和人类（只要它们有 *phantasia*）都可以拥有统一的图像。但是，动物仅仅能够通过统一的图像区分一组对象和另一组对象，而人类能够实际上理解这些统一图像中有什么可以区分它们与其他统一图像（因为人类拥有 *nous*）。动物能够对微小的、甜美的、红色的物体有统一的经验，并认识到这些对象不同于坚硬的、灰色的、无味的对象，但动物不能做到而人类能够做到的是理解树莓是什么，以及树莓与岩石的区别。动物不能把握事物的本质，因为它们没有理性和语言。

作。常见的解读似乎是，对亚里士多德来说，图像就像"心理图形"那样发挥作用，我们为了提取信息而研究它们。[1] 而且亚里士多德的确有时把图像说成某种"心理图形"，比如在《论记忆》(*De Memoria*) 中，他声称图像是思想所必需的，就像图画是证明几何真理所必需的一样（449b30-450a7）。根据亚里士多德，思考有时在于比较一个图像，例如一个三角形的图像，就像我们画了一个三角形，并把这个图像作为所有存在的三角形的代表。从三角形的心理图形中，我们可以提取出关于实际存在的三角形的各种信息。

对亚里士多德来说，心理图形有时确实是一个人正在思考的东西的范例，做着与实际绘画相同的工作（即使不那么有效）。这并不意味着图像总是以这种方式发挥作用。此外，亚里士多德不太可能认为偶然感知类似于比较图形 A（我们对一个对象的当前感知）和图形 B（保存于第一感觉器官的统一图像）。但图像**是**如何带来偶然感知的呢？要回答这个问题，我们需要将注意力转回《论灵魂》3.3。

四、从柏拉图的记忆到亚里士多德的 *phantasia*

亚里士多德以一个关于错误的谜题作为《论灵魂》3.3 的开篇，这个谜题可以追溯到"古人"（他特别引用了荷马和恩培多克勒），并且柏拉图在《泰阿泰德》和《智者》中也谈到了这个问题。这个

---

[1] 例如，参见 Sorabji 1972，6 和 Nussbaum 1978，224。

谜题源于"相似者被相似者理解和感知"（427a27-28）的原则。[1]在"古代"观点中，橡树是唯一能引起对橡树的感知的东西。电线杆不能使我们看到橡树，因为电线杆**不类似于**橡树。然而，亚里士多德指出，我们的感知和思想常常出错。有时，当我们实际上在看电线杆时，我们确实看到了一棵橡树。亚里士多德想要保持古代原理，即相似者产生相似者，同时仍然解释了错误。因此，他必须在感知和思想之外添加一些东西，以解释为什么我们有时会出错；他添加的是 *phantasia*。

对亚里士多德来说，对特殊可感对象的感知永远不会出错（《论灵魂》2.6，418a14-16；3.3，428b18-19）。例如，当我们感知颜色或声音时，可感形式直接作用于我们的感觉器官。唯一能使我们看到白色的是"白色"的可感形式，因此，根据亚里士多德，我们可以确定世界上有某种白色的东西作用于我们的眼睛。只有对偶然可感对象和普遍可感对象的感知才会出错。根据亚里士多德，"我们面前有白色的感知不可能是错误的；白色的东西是这个东西或那个东西的感知可能是错误的"（428b21-22）。[2]换句话说，我

---

[1] 亚里士多德在《论灵魂》1.2中预示了上面的谜题，在那里，他展示了对灵魂的早期解释，从泰勒斯到柏拉图。他声称，他所有的前辈都认为灵魂是运动和思想的源头。此外，所有这些哲学家（除了阿那克萨戈拉）都认为灵魂由一种或多种元素（即土、火、气或水）构成。亚里士多德的前辈们（再次除了阿那克萨戈拉）坚持"相似者被相似者理解"的原则，因为一切可以被知道的都是一个物质性身体（即由一个或多个元素组成），灵魂也必须是一个物质性身体（由元素组成）。亚里士多德不赞成灵魂是身体，但他想保留上述原则，因此他必须解释为什么我们有时在感知和思想上是错误的。

[2] 亚里士多德在该段落中肯定假设了感觉器官是正常发挥功能的。如果一个人生病了或感觉器官在某种程度上受损了，他似乎完全愿意承认我们可能在感知白色这一点上出错。例如，在《形而上学》中，他声称"即使在不同的时刻，一种感觉也不会不符合性质，而只是不符合性质所属的事物。我的意思是，例如，如果酒或一个人的身体发生了变化，那么同样的酒似乎有时甜而有时不甜；但至少当甜作为甜存在时，它永不发生变化，而一个人对此的看法总是正确的，甜的事物必然具有这样的本性"（4.5，1010b19-26）。关于这一点的更多讨论，也参见 Block 1961，4。

对白色的感知不可能出错，但我对咖啡杯的感知可能出错。

亚里士多德在《灵魂论》3.3 中的目的是建立偶然可感对象和普遍可感对象如何会出错。[1] 一旦我们理解了他对错误问题的解决方案，我们就会理解偶然感知出错如何可能。然而，当我们转向《灵魂论》3.3 时，我们注意到，虽然亚里士多德提出 *phantasia* 是古代错误谜题的解决方案，但令人惊讶的是，他并没有告诉我们 *phantasia* 实际上如何解释错误。相反，他跳过了这一部分，用该章节的大部分区分 *phantasia* 与信念（*doxa*）和感知（这就是为什么这么多评注者把《论灵魂》3.3 解读为关于 *phantasia* 的章节，而不是关于错误的章节）。[2] 然而，有一种途径可以解读这一章，使所有元素都有意义，并告诉我们 *phantasia* 如何解释错误。我建议我们把这一章和柏拉图的《泰阿泰德》结合起来解读，在《泰阿泰德》中，苏格拉底提出了错误问题的可能解决方案。（柏拉图——或者苏格拉底这个人物——是否赞同这个解决方案是有争议的。）

在《泰阿泰德》中，苏格拉底和亚里士多德一样，声称必须在思想和感知中添加一些东西，以便解释我们为什么有时会出错；亚里士多德添加了 *phantasia*，而苏格拉底添加了记忆。我主张亚里士多德接受了苏格拉底的解决方案，但他认为"记忆"太狭隘了，并在《论灵魂》3.3 中告诉我们，苏格拉底称之为"记忆"的东西实际上应该被称为 *phantasia*。然而，为了在术语上做出这种改变，他必须解释**他**的 *phantasia* 是什么意思，以便不混淆于柏拉

---

[1] 他也想解释我们的思想如何出错。

[2] Caston 1996 也将《论灵魂》3.3 解读为关于错误的章节。其他评注者注意到亚里士多德在该章讨论了错误，但似乎不认为该章是围绕错误问题组织起来的。

图使用的 *phantasia*，后者在《泰阿泰德》和《智者》中都指表象，通常是虚假的表象，例如某物显得很小，但实际上很大。我们将看到，虽然亚里士多德认为 *phantasia* 解释了表象，但他并没有用 *phantasia* 专门指表象。[1] 他想更广义地使用 *phantasia* 指代产生图像的能力。[2] 如果我们在这样的语境下阅读《论灵魂》3.3，也就是说，考虑到柏拉图，我们会发现，亚里士多德毫无疑问确实在把 *phantasia* 变成一个专业术语，用来表示灵魂产生图像的能力。

柏拉图在《泰阿泰德》中使用了 *phantasia* 这个词两次（152c1，161e8），而只使用了 *phantasmata* 一次（167b3），这两个词都不指代图像，而是指代事物显现于我们的方式。例如，第一次使用 *phantasia* 时，苏格拉底考虑到这样一个事实，即风可能对一个人来说是热的，但对另一个人来说是冷的，即使是同样的风。由此，他得出结论："事物的显现（*phantasia*）……和感知是一样的，在热和类似事物的情况下。"（152c1-2）在《智者》中，来访者再次使用 *phantasia* 指代表象（通常是虚假的表象），并指出表象是"感知和信念的结合"（264b2）。亚里士多德明确拒绝了《智者》对 *phantasia* 的定义，在《论灵魂》3.3 中详细地反驳了 *phantasia* 是感知和信念的"结合"的说法。让我们从《泰阿泰德》中对错误的

---

[1]　因此，我不赞同 Nussbaum，她认为亚里士多德追随柏拉图，将 *phantasia* 使用为"显得"（1978，242）。亚里士多德没有追随柏拉图，而是用 *phantasia* 指代产生图像的能力。然而，这些图像解释了为什么对象对我们来说似乎是这样。

[2]　大多数评注者同意亚里士多德是第一个以专业方式使用 *phantasia* 指代灵魂能力的人（尽管他们在如何理解这种能力上存在分歧）。在古希腊作品中，*phantasia* 也是一个相当新的单词。据我所知，它从未出现于前苏格拉底时代的任何残篇，而仅仅出现于柏拉图的中后期对话录（例如，参见柏拉图《理想国》382e10；《泰阿泰德》152c1，161e8；《智者》260e4，263d5，264a6；并参见 Ross 1961，38）。

解释开始，这在《论灵魂》3.3 中是明显缺失的，然后我们看看亚里士多德如何纠正《智者》中对 *phantasia* 的解释，从而使他自己在《论灵魂》中的解释没有混淆。

在《泰阿泰德》中，苏格拉底和泰阿泰德着手解决认识论问题，即什么是知识，但当泰阿泰德提出知识是真信念（*doxa*）时，他们绕了一个有趣的弯路，进入了关于错误的问题。苏格拉底渴望循着这条思路，但出于某种原因，他偏离了这个任务，"以回到关于信念的旧观点"（187c7），特别是关于假信念的观点。他声称这是一个困扰他很长时间的问题，而且他对目前的（关于知识的）讨论是否是解决这个问题的最佳时机犹豫不决。他最终让步了，并问泰阿泰德错误如何可能。

在多次尝试解释错误失败后，苏格拉底提出错误因"记忆的礼物"（191d1-4）得以可能。他让我们假设"我们的灵魂中有一个蜡块"，它对于每个人都是不同的（191c8-9）。对一些人来说它很大，对另一些人来说它很小，对一些人来说它是硬的，对另一些人来说它是软的（191c9-d1）。他声称，在我们看到、听到和想到的事物中，我们将希望记住的一切都印在了蜡块上：

> 在我们自己看到、听到或想到的事物中，我们希望记住的一切都在这上面留下了印象；我们把蜡块置于我们的感知和思想之下，并在它们那里刻下印记，就像我们刻下图章戒指上的印记（*sēmeia*）一样。只要图像（*eidōlon*）还留在蜡块上，我们就能记住并知道任何刻在蜡块上的东西；任何被抹去或无法

留下印象的东西，我们忘记也不知道。(191d4-e1)[1]

苏格拉底在解释了我们如何保存感官印象后，接着解释了我们的感知如何有时出错。他声称，当我们回忆这些印象（*eidōla*）中的一个，并将其应用于当前的感知时，我们会判断错误，也就是说，我们有假信念。苏格拉底为泰阿泰德提供了一个例子：

> 我认识你和塞奥多罗（Theodorus）；我在那块蜡上为每个人都留下了印记，就像戒指的印记一样。然后我从远处看到你们两个，但看得不够清楚；但我急于将正确的印记与正确的视觉感知（*opsis*）联系起来，以便将其与自身的痕迹相匹配，这样就可以识别了。我没有做到；我让它们不一致了，将一个的视觉感知应用到了另一个的印记（*sēmeion*）上。(193b10-c6)[2]

在这个段落中，苏格拉底解释说，当我们将当前对他的感知同过去对他的感知的记忆或我们保存于记忆的代表他的"印记"结合起来时，我们就将塞奥多罗视为塞奥多罗。如果我们将正确的印记应用于我们的感知，那么我们就会有一个真信念，但如果我们应用了错

---

[1] 我们应该注意到，苏格拉底在这个段落中使用 *eidōlon*，这是亚里士多德有时也用来指代图像的词语。

[2] 我对 Cooper 1997 中 Levett/Burnyeat 的翻译做出了细微的修改，将 *sēmeion* 翻译为"印记"（imprint）而非"记号"（sign）。

误的印记，那么我们就会有一个假信念。[1]对苏格拉底来说，感官知觉留下的印象保存于我们的记忆，而且正是通过我们的记忆能力，我们才能回忆这些印象，并将它们结合于我们直接的感官知觉，由此，我们能够将对象视为特定对象，并形成关于我们感知的对象的信念。

首先要注意的是，亚里士多德对 *phantasia* 的描述与苏格拉底对记忆的描述非常相似。亚里士多德将 *phantasia* 描述为"在眼前产生某种东西，就像在记忆中发生的形成图像（*eidōlopoiountes*）"（《论灵魂》427b18-20，我的翻译）。亚里士多德的用语和苏格拉底在《泰阿泰德》中的用语非常相似，他使用了 *eidōlon* 的同源词，而不是他表示"图像"的典型词语 *phantasma*。[2]但亚里士多德为什么要改变苏格拉底的术语呢？为什么不坚持"记忆"呢？原因当然是，对亚里士多德来说，记忆不仅仅是对过去感官知觉的保存。在《论记忆》中，他解释说，记忆涉及将图像识别为我们过去经历过的事情。换句话说，记忆是一种伴随对时间的感知的图像（449b24-30）。但并非所有的图像都涉及对时间的感知；具体地说，涉及思想、做梦和感知的图像不需要对时间的感知。因此，在《论

---

[1] 苏格拉底和泰阿泰德最终放弃了这个关于假信念的图景，因为这似乎导致了在同一时间知道和不知道同一事物的悖论。但是，正如我们后来在对话录中发现的那样，它导致悖论的原因是他们对"知识"的理解是错误的。尚不清楚一旦他们对"知识"有了更好的定义，苏格拉底是否会接受这种对信念和错误的解释，但无论如何，没有迹象表明苏格拉底认为这种对信念和错误的解释是有缺陷的。同样值得注意的是，根据苏格拉底，要有一个错误的信念，一个人必须首先有一个错误的或不准确的感知。

[2] 我们也应该注意到他在《论灵魂》2.12，424a17-24（在前文中有引用）中使用蜡块隐喻解释感知，它可能是另一个暗示，即他在关于感知和 *phantasia* 的讨论中想到了柏拉图。

灵魂》3.3 中，亚里士多德选择了一个不同的词表示这个过去感官印象的广义范畴，即 phantasia。

在《论灵魂》3.3 中对 phantasia 进行第一次描述的几行之后，亚里士多德指出 phantasia "非隐喻地"（mē... kata metaphoran，《论灵魂》428a2）产生图像。在《泰阿泰德》中，我们看到苏格拉底用蜡块的隐喻解释记忆，但这里亚里士多德进一步将自己与柏拉图拉开距离，强调他并非隐喻地说话。当他声称 phantasia 产生图像时，他的意思完全是字面上的。对亚里士多德来说，我们的灵魂中没有象征物。正如我们在关于感知的那节看到的，诸感觉器官、血液和心脏都是由可以被可感形式影响和改变的那种材料组成的。可感形式施加于感觉器官，并被保存于第一感觉器官中的印象是**真实**印象，它们通过感官知觉形成，并且能够在另一时刻被回忆起来。

在《泰阿泰德》中，苏格拉底声称，我们通过结合我们的记忆与我们当前的感知获得真或假的信念。不过，苏格拉底设定了记忆，而亚里士多德设定了 phantasia。此外，苏格拉底使用蜡块的比喻，亚里士多德谈论的是实际的印象，即保存于第一感觉器官中的图像。综上所述，我们可以得出结论，这些图像与我们当前的感官知觉相结合，不是在隐喻上，而是在事实上。当我们感知一棵橡树时，存在于橡树中的可感形式在我们的眼睛中留下了一个印象，眼睛使其进入第一感觉器官，在那里，可感形式与印象即**橡树**的统一图像相结合，使我们看到的不仅是绿色和棕色的斑块，而且是一棵真正的橡树。当对可感形式的感知（比如橡树的绿色和棕色斑块）与正确的图像（在这种情况下是**橡树**的图像）结合时，我们的感知是正确的。当它与错误的图像（一根电线杆的图像）结合时，我们的感知是错误的。

在我们继续之前，我们还有最后一个问题必须回答，即**橡树**的图像如何与我们当前的感知相结合。答案在于亚里士多德在《论记忆》中对回忆的解释。根据亚里士多德，回忆包括以各种方式组合和联想图像。对亚里士多德来说，保存于第一感觉器官中的图像是相互联系的，因此记住一个我们并未试图记住的图像，可以把我们引向我们想要的图像。例如，如果我们试图回忆我们把钥匙放在了哪里，我们可以从最近的记忆开始并向前追溯，直到我们回忆起钥匙放在厨房柜台上。当然，图像并不一定要按时间顺序被联想。亚里士多德声称，我们可以"从一个点迅速地过渡到另一个点，例如从牛奶到白色，从白色到雾，再从那里到潮湿，借此他想到了秋天，如果这是一个人试图回忆的季节"（《论记忆》452a13-16）。

图像之间相互联系的方式有一个真实的生理学解释。亚里士多德声称，回忆是一种身体受动（《论记忆》453a14-15），并且因为"一种运动出于本性有相继的运动"（《论记忆》451b10-11）得以可能。他进一步指出，当我们回忆时，"我们正在经历一个向前的运动（antecedent movements），直到最后我们遇到那样的东西，在那之后通常有我们寻求的东西"（《论记忆》451b16-18）。回忆是可能的，因为保存于第一感觉器官中的图像是物理质变或运动，并且每一个运动通常通过习性或习惯与其他运动联系起来，由此，当一个运动起来时另一个也运动起来。

亚里士多德关于回忆的解释表明，第一感觉器官的一个运动可以引起其他运动。偶然感知与回忆非常不同，根据亚里士多德，回忆是一种"推理模式"（mode of inference），只属于那些有思考能力的人（《论记忆》453a10-14）。但亚里士多德的回忆理论表明，他确实把第一感觉器官中的图像看作能使其他图像运动起来的运动。如果图像可以激起并唤起其他图像，那么我们当前的感知经验当然也可以激起图像，因为感知和 *phantasia* 是同一种运动。因此，在这种解读中，发生于偶然感知的 *phantasia* 和感知的结合不需要推理或考虑。相反，我们当前对一个物体的感知完全有可能使最相似或最常与我们的感知相关的图像运动起来，由此，使两者在第一感觉器官中结合，从而产生偶然感知。[1]

到目前为止，我已经论证了亚里士多德使用了苏格拉底在《泰阿泰德》中对错误问题的解决方案，并将 *phantasia* 也就是柏拉图的 *mnēmē* 结合于我们当前的感知。我进一步主张，对亚里士多德来说，*phantasia* 和感知是在第一感觉器官中结合的。结合他的生理学，我认为这就产生了对亚里士多德整体观点的极其合理的分析。更重要的是，在这篇文章中，我们避免了援引 Nussbaum 和其他"图像"观的反对者担心的对感知中图像的尴尬使用。感知表象并不包括两个不同的过程：唤起一个图像，然后反思或沉思那个图像，看看我们当前的感知经验是否与那个图像相匹配。首先，感知

---

[1] Cashdollar 1973 为亚里士多德提供了一个关于偶然知觉的解释，它与我在本节中呈现的解释非常相似。他说要感知"一个有颜色的物体作为 y，我肯定必须将 y 保存为一个图像，并且这个图像在被感知时自然地与特定的适当感官相联系。对这种联系的单一意识是偶然感知。在普遍的意义上，并且考虑到上面提到的不同，亚里士多德可能会认为这种联系类似于记忆和回忆，也就是说，'习性'（451b12, 452a27）在联系一个'相似者'与另一个'相似者'的方面发挥重要作用"（169）。然而，Cashdollar 并没有像我一样，将亚里士多德关于偶然知觉的讨论与错误问题或柏拉图的《泰阿泰德》联系起来。他的兴趣在于感知，而不是 *phantasia*。

表象涉及的图像不仅仅是对过去感知经验的复制；它们是无数过去经验的累积，这些经验结合在一起形成了一个统一的图像，而这个图像不能追溯到任何一个特殊的感知。其次，当我们有一个类似于这个统一图像的感知经验时，感知会自动启动我们的感知系统，调用图像并与该图像结合。*phantasia*（即图像）与感知的结合解释了我们如何感知偶然可感对象，以及为什么我们的感知经验有时会出错。

一旦亚里士多德用 *phantasia* 代替了柏拉图的 *mnēmē*，他就必须确保他对 *phantasia* 的使用不混淆于柏拉图对 *phantasia* 的使用，柏拉图在《智者》中将它描述为"感知和信念的结合"（264b2）。[1]所以我们在《智者》3.3 中看到，亚里士多德表明他自己远离柏拉图对该词的使用，强调 *phantasia* 根据其解释绝不是信念和感知的结合：

> 很明显，*phantasia* 不可能是信念加感知，或通过感知而产生的信念，或信念与感知的结合；既出于这些理由，也因为假定信念的内容不可能与感知的内容不同（我的意思是，*phantasia* 是对白色的感知与它是白色的这一信念的结合：它几乎不可能是它是好的这一信念与它是白色的这一感知的结合），显现（*phainesthai*）就是相信（*doxazein*）与一个人非偶然感知的东西相同的事情。但有一种假事物显现，同时又有

---

[1] 错误的问题在《智者》中重新出现，但是这次讨论集中在对真和假的语义学关注，检验是什么使话语或思想为真或为假，而不是我们的思想和感知如何出错（260b8-264b7）。

一种真判断；例如，太阳显得（*phainetai*）一步宽，尽管我们确信它比地球上有人居住的部分要大。因此，要么事实没有改变，而观察者既没有忘记也没有失去对他拥有的真信念的坚信，这个信念就消失了；要么他保留了它，那么他的信念就既真又假。然而，只有当事实在不知不觉中改变时，一个真信念才会变假。（428a24-b8）[1]

那些反对 *phantasia* 的"图像"观的人经常引用上面段落中提出的太阳的例子。例如，Malcolm Schofield 声称，图像无法解释 *phantasia* 和信念如何区分。他表示，如果 *phantasma* 确实意味着"图像"，而 *phantasia* 指的是产生这种图像的能力，那么"就要发挥很多才智为亚里士多德解释，为什么那些比如太阳显得一步宽或一个模糊感知的事物看起来像一个人的例子与讨论的 *phantasia* 相关。在这两个例子中，假设它们涉及对心理图像的沉思似乎都是不可信的；亚里士多德在提出它们时也没有表示它们如此"（1992，265）。根据 Schofield，我们不能用"图像"理解太阳的例子。所以让我们仔细看看上面的段落，看看我们是否可以用图像解释为什么太阳显得只有一步宽。

让我们先弄清楚亚里士多德反对什么。对柏拉图来说，太阳显得是一步宽，**因为**我们相信我们对太阳一步宽的感知是准确的。但正如亚里士多德指出的，我们可以有太阳实际上非常大的信念，即使太阳显得只有一步宽。如果柏拉图对 *phantasia* 的描述是正确的，

---

〔1〕 我适当微调了 Barnes 1984 中 Smith 的翻译。

那么两种情况中有一种是正确的。或者，当太阳显得很小的时候，我们忘记了它实际上很大的真信念，而暂时持有它只有一步宽的假信念。或者我们对太阳持有一种既真又假的信念。[1]但是，正如亚里士多德指出的，这两种描述都与我们的经验相悖。我们可以有太阳比可居住的地球更大的信念，尽管它显得很小。

我们应该注意到，当亚里士多德谈论事物如何显现（*phainetai*）时，他不仅仅指我们通过记忆或 *phantasia* 唤起的图像。他谈论的是感知表象。亚里士多德在上面引用的段落中指出，有时我们**知道**我们的感知经验是不准确的，所以有时我们即使在经历错误或不准确的感官知觉时，也会保持一个真信念。

我们在前一节中看到，对特殊可感对象的感知永远不会出错，但偶然的和普遍的感知会出错。感知一步宽的太阳不是感知特殊可感对象（例如颜色或气味），而是感知普遍可感对象，它包括运动、静止、图形、大小、数字、统一——这些东西可以被不止一个感觉器官感知（《论灵魂》3.1，425b5-6；3.3，428b23-24；《论感觉》437a9）。每个感觉器官都能感知运动，因为所有感知都会导致身体中的运动。亚里士多德宣称，数字是"通过连续性的否定得到感知的"，而连续性也是通过每一个感觉器官被感知的（3.1，425a19）。

---

[1] 当亚里士多德说信念既真又假时，他的意思并不完全清楚，哪个信念被认为真和假也不清楚。是相信太阳有一步宽，还是相信太阳比地球大？Dow（2010，156-162）、Lycos（1964，496-514）和 Ross（1961，287-288）都曾试图解决这个问题。我倾向于认为 Dow 的阐释是最有前途的。他说："困难来自理论家的混合主张，即我对太阳有一步宽的观点（即信念）和我对太阳巨大的观点是一样的。但稍加思考就会发现，这完全**不是**同一种立场。事实上，正如亚里士多德坚持的那样，我对太阳大小的全部信念都是正确的。"（2010，161-162）

我们感知到喇叭响了三次，因为我们感知到声音缺乏连续性。我们感知到桌子上有两个咖啡杯，因为我们感知到颜色缺乏连续性。但是，将运动视为运动，将"缺乏连续性"视为数字，并不是我们仅仅通过对特殊可感对象的感知得出的结论。和偶然感知一样，普遍感知也不能归结为个别感觉器官中的质变。

亚里士多德并没有确切解释我们如何感知运动和数字，但我们可以想象这与偶然感知相似。之前，我论证偶然感知包括将我们当前的感知经验与一个统一图像相结合。当绿色和棕色斑块与统一的图像即**树**结合时，它们**显得**是一棵树。当我们经验普遍可感对象时，一定会发生类似的事情。为了让一个物体**显得**是一步宽，我们现在的感知必须与我们过去被证明是一步宽的其他感知相似。当我们看太阳时，太阳在眼睛上留下的印象开始运动，并与保存在第一感觉器官中的其他**一步宽**的图像结合起来。太阳显得很小，因为它在很远的地方，而距离决定了太阳能在我们眼睛上留下的印象的大小。当我们说太阳的直径显得只有一步宽时，我们是在比较我们对太阳的感知与其他过去的感官知觉（甚至可能是当前的感知）。[1] 我们正在回忆其他对我们的眼睛有类似影响的物体，并已经证明它们的直径实际上是一步宽。因此，说某件事显得是这样或那样，就是单纯说我现在对 X 的感知与我关于 Y 的图像非常相似，所以 X **显得**是 Y。但这并不一定是沉思的或有意识的行为，就像

---

[1] Frede 将《论灵魂》3.3 中太阳的例子与《论感觉》448b13 进行了比较，并指出在这两个段落中，"解释似乎是，人们可能预期作为一种比较观察的 *phantasia* 是估计某物的大小，也许是通过比较太阳的大小与树顶或烟囱的大小。如果 *phantasia* 比不同感觉本身呈现出更全面的画面，那么很明显为什么它经常被描述为 *doxa* 的对应物（《论梦》462a1，461b1）"（1992，286）。

Nussbaum 和 Schofield 认为它必须是的那样。我们当前的感知经验开始运动并与相似或相关图像结合。当亚里士多德说表象经常错误时，他的意思是我们的感知经验（它是当前对特殊可感对象的感知和它所唤起的统一图像的结合）并不符合事物的真正所是。

太阳显得直径一步宽，而这种表象是错误的，因为图像不能准确地代表对象（即太阳）。但是，正如亚里士多德指出的，我们的信念不受当前感知经验的限制。我们看到太阳**有**一步宽，但我们知道太阳离地球很远，我们也知道物体离我们越远，它们在我们的视野中占据的空间就越小，因此看起来也就越小。因为我们知道的关于太阳的事实比任何单一感知经验呈现给我们的要多，所以我们能够保持太阳相当大这一真信念，同时仍然经验到太阳只有一步宽。图像不仅与太阳的例子有关，它们还解释了为什么尽管我们知道事物并不像它们显现的那样，但表象仍然存在。

五、结论

接受 *phantasia* 的"图像"观的主要障碍是担心图像不能带来感知表象，比如太阳显得只有一步宽。我已经非常仔细地展示了图像究竟是如何与感官知觉结合，从而产生感知表象的。尽管亚里士多德并没有真的解释图像如何引起感知表象，但我给出的解释得到了他对感知（和 *phantasia*）的生理学解释的支持，并且在我们联系柏拉图的《泰阿泰德》和《智者》解读《论灵魂》3.3 时得到了支持。一旦我们把《论灵魂》3.3 解读为与柏拉图的对话，许多长期存在的阐释问题就消失了，出现的是连贯的解释，即 *phantasia*

是一种产生图像的能力，它解释了感知表象如何可能，以及为什么它们有时是错误的。[1]

Barnes, J. (ed.), *The Complete Works of Aristotle*, 2 vols., Princeton, 1984.

Block, I., "Truth and Error in Aristotle's Theory of Sense Perception," *The Philosophical Quarterly* 11, 1961, pp. 1-9.

Burnyeat, M., "Is an Aristotelian Philosophy of Mind Still Credible? (A Draft)," in Nussbaum and Rorty, 1992, pp. 15-26.

Cashdollar, S., "Aristotle's Account of Incidental Perception," *Phronesis* 18, 1973, pp. 156-175.

Caston, V., "Why Aristotle Needs Imagination," *Phronesis* 41, 1996, pp. 20-55.

——, "The Spirit and the Letter: Aristotle on Perception," in R. Salles (ed.), *Metaphysics, Soul, and Ethics: Themes from the work of Richard Sorabji*, Oxford, 2005, pp. 245-320.

Cooper, J. (ed.), *Plato: Complete Works*, with D. S. Hutchinson, Indianapolis, 1997.

Dow, J., "Feeling Fantastic? Emotions and Appearances in Aristotle," *Oxford Studies in Ancient Philosophy* 37, 2010, pp. 143-176.

Everson, S., *Aristotle on Perception*, Oxford, 1999.

Frede, D., "The Cognitive Role of *Phantasia* in Aristotle," in Nussbaum

---

[1] 我特别感谢 Susan Sauvé Meyer 关于本文的深刻评论和有益对话，本文也从 Elisabeth Camp、Gary Hatfield、Charles Kahn、Jon McGinnis 和 Warren Schmaus 的评论中受益匪浅。还要感谢福特汉姆大学第 29 届古希腊哲学协会与伊斯兰哲学研究协会联合年会（29th Annual Joint Meeting of the Society for Ancient Greek Philosophy and the Society for the Study of Islamic Philosophy at Fordham University, 2011）的参与者，我在会上发表了本文的一个版本。也感谢 *Phronesis* 的匿名读者。

and Rorty, 1992, pp. 280-295.

Freudenthal, J., *Ueber Den Begriff Des Wortes "Phantasia" Bei Aristoteles*, Göttingen, 1963.

Gregoric, P., *Aristotle on the Common Sense*, Oxford, 2007.

Hamlyn, D. W., *Aristotle's De anima, Books II and III (with certain passages from Book I)*, Oxford, 1968a.

——, "*Koine Aisthesis*," *The Monist* 52, 1968b, pp. 195-209.

Hicks, R. D., *Aristotle, De anima. With Translation, Introduction and Notes*, Cambridge, 1907.

Johansen, T. K., *Aristotle on the Sense-Organs*, Cambridge, 1997.

Kahn, C., "Sensation and Consciousness in Aristotle's Psychology," in J. Barnes, M. Schofield and R. Sorabji (eds.), *Articles on Aristotle*, vol. 4: *Psychology and Aesthetics*, London, 1979, pp. 1-31. (Originally published in *Archiv für Geschichte der Philosophie* 48, 1966, pp. 43-81.)

Lorenz, H., *The Brute Within: Appetitive Desire in Plato and Aristotle*, Oxford, 2006.

Lycos, K., "Aristotle and Plato on 'Appearing'," *Mind* 73, 1964, pp. 496-514.

Modrak, D., "*Koine Aisthesis* and the Discrimination of Sensible Differences in *De Anima* III.2," *Canadian Journal of Philosophy* 11, 1981, pp. 405-423.

——, "Φαντασία Reconsidered," *Archiv für Geschichte der Philosophie* 68, 1986, pp. 47-69.

Nussbaum, M. C., "The Role of Phantasia in Aristotle's Explanation of Action," in her *Aristotle's De Motu Animalium*, Princeton, 1978, pp. 221-269.

——, and Rorty, A. O. (eds.), *Essays on Aristotle's De Anima*, Oxford, 1992.

Rees, D. A., "Aristotle's Treatment of *Phantasia*," in John Anton with George Kustas (eds.), *Essays in Ancient Greek Philosophy*, Albany, 1971, pp. 491-504.

Rorty, A. O., "Aristotle on the Metaphysical Status of 'Pathē'," in *The Review of Metaphysics* 37, 1984, pp. 521-546.

Ross, D. (ed.), *Aristotle De Anima*, Oxford, 1961.

Schofield, M., "Aristotle on the Imagination," in Nussbaum and Rorty,

1992, pp. 249-277. (Originally published in G. E. R. Lloyd and G. E. L. Owen [eds.], *Aristotle on Mind and the Senses. Proceedings of the Seventh Symposium Aristotelicum*, Cambridge, 1978, pp. 99-141.)

Sorabji, R., *Aristotle on Memory*, Providence, RI, 1972.

——, "Body and Soul in Aristotle," in *Philosophy* 49, 1974, pp. 63-89.

——, "Intentionality and Psychological Processes," in Nussbaum and Rorty, 1992, pp. 195-225.

Turnbull, K., "Aristotle on Imagination: *De Anima* III," in *Ancient Philosophy* 14, 1994, pp. 319-334.

Watson, G., "Φαντασία in Aristotle, *De Anima* 3.3," in *Classical Quarterly* 32, 1982, pp. 100-113.

Wedin, M., *Mind and Imagination*, New Haven/London, 1988.

White, K., "The Meaning of *Phantasia* in Aristotle's *De Anima*, III, 3-8," *Dialogue* 24, pp. 483-505.

生物学在亚里士多德哲学中的地位*

D. M. Balme[1]　程宇松　译

　　阅读亚里士多德的生物学专著的第一个困难，就像阅读亚里士多德时经常碰到的那样，很可能是确定它们的目的到底是什么。它们是如此事实性和如此全面，以至于很容易被误认为是描述性的信息，即一部动物百科全书，就像古人认为的一样。现代读者试图将它们与当今的分类同化，将《动物志》(HA) 归为自然史 (natural history)，将《论动物的部分》(PA) 归为比较解剖学 (comparative anatomy)，将《自然诸短篇》(PN) 归为生理学 (physiology)，将《论动物的生成》(GA) 归为胚胎学 (embryology)。但这种同化并不合适。我们可以通过查找《动物志》中任何给定动物的事实来测试它。没有索引（古代读者没有索引），那么只有通读整篇专著才能找到事实，因为它们分布于整个专著中；而当人们发现它们时，它们可能会显得令人奇怪地不充分。一个引人注目的例子是盲鼹鼠

---

*　　本文选自 D. M. Balme，"The Place of Biology in Aristotle's Philosophy," *Philosophical Issues in Aristotle's Biology*，Cambridge University Press，1987，pp. 9-20。

[1]　　D. M. Balme（1912—1989），美国加纳大学首任校长，伦敦大学玛丽女王学院古典文学讲师。

（*aspalax*），亚里士多德在《论灵魂》（*De Anima*）中引用它作为一个有趣的例子。[1] 他两次描述了对其隐藏眼睛的解剖。[2] 但他报告的唯一另外的事实是它是胎生的——而不是它是哪种动物，有多少条腿，它的皮毛、脚或尾巴是什么样子，它如何生存，什么都没有。他的目的显然不是讲述鼹鼠的自然史，而是展示它如何区别于其他动物：这是他那里失明且胎生的唯一例子。

其他专著同样无法通过相应的测试。《论动物的部分》主要不是比较性的。当它讨论长腿和短腿鸟类之间的区别时，它的兴趣不是解剖学上的——不是如何比较腿或它们如何工作——而是在于它们的用途，以及为什么有些鸟的腿更长，有些动物的胃更多。[3]《论动物的部分》II-IV 研究了每个组织和器官，解释了每个的功能，以及它们由之构成的气、土、火和水之间必然的相互作用。卷 I 是生物学的导论，首先讨论目的论——它论证除非目的性因果关系也存在，否则必然的相互作用无法产生动物的部分——然后讨论了用属（genus）和种差（differentia）定义动物的正确方法。因此，《论动物的部分》主要关注一些仍然令人感兴趣的大问题：目的论如何与质料—动力的因果关系相协调，目的因真的是一个客观因素，抑或只是生物学家的一个启发性工具？如果我们把这篇专著归类为我们比亚里士多德知道得多得多的比较解剖学，我们就有贬低他的风险，并且，委婉地说，忽视他可能在他并不比我们差的哲学层面上发表一些有趣观点的可能性。

---

[1] III, 425a11.

[2] 《动物志》I 49b28, IV 533a3。

[3] 鸟的腿：IV 694b12, 参考 692b20；动物的胃：III 674a22。

《自然诸短篇》里的那些生物学部分确实引发了生理学问题，的确如此。但如果我们再一次测试它们，一些比过时生理学更有趣的东西会成为它们真正的主题。在亚里士多德的生理学中，正如人们在全部生物学著作中发现的那样，最重要的元素是血液，以及营养的副产品（*perittōmata*）；其中，通过以混合（*pepsis*）为主的各种过程，发育出具有不同特征的组织。但是，虽然使用这些元素和过程，《自然诸短篇》不是对它们而是对生命热（vital heat）的讨论：它如何通过呼吸或其他方式得到调节和保存。在其他专著中，亚里士多德宣称生命热是高等动物和低等动物之间差异的关键指标。[1]因此，《自然诸短篇》是专题研究，附属于动物如何不同，以及它们为什么不同这些重大问题。如果就像我们和亚里士多德认为的那样，它们的功能是进食、生存和繁殖，为什么它们不能都以相同的方式完成呢？对于这个简单的问题，无论在经验层面还是哲学层面，我们都还没有一个令人满意的答案。亚里士多德对此有很多论述。对于仍然伴随我们的一个主要问题，《自然诸短篇》形成了一个解释性脚注或附录。

　　在《论动物的生成》中，亚里士多德思考了父母的形式如何传递给后代，以及偶然特征如何产生。这可能是这组专著中最令人兴奋的，因为其论证性质更瞩目而持久，它解决了一个在《论动物的部分》中没有得到讨论的问题，即目的论在现实中如何运作，目的因通过什么物理手段施加于质料。亚里士多德的解释是，形式从父本传递给胚胎，作为运动的复合，它继续控制胚胎的发育。雄性只

---

[1]　例如《论动物的部分》III 668b34，IV 686b28；《论动物的生成》II 732b27。

贡献形式的运动，而非任何肉体的东西。通过这种解释，亚里士多德不仅将形式和目的转化为物理术语，而且使父母的形式成为它自己的个体形式而不是其种的形式。他对他在《形而上学》Z卷中苦苦思索的问题持有明确的立场，这个问题就是持存的个体动物——这个苏格拉底——如何在形式上是可定义的，如果它包含质料。[1]

在《动物志》中可以观察到相同的立场。其意图在一开始就已经得到了表述：把握专属于诸动物的种差，以及它们的偶然特征。[2]它不是研究作为动物的动物，而是研究人们区分和定义它们的方法。它检验的种差出现于每一个分类学层次，下到亚种的（sub-specific）种族和奇怪的个体。[3]在后一个方面，它类似于《论动物的生成》V，该章解释了一些非本质的偶性（比如灰头发），这些偶性仅仅来自质料的相互作用而不是目的因，并且因个体而异，不一定与种有关。因此，《动物志》是走向定义**这个**可见动物的途径。

在亚里士多德的逻辑学和形而上学中，相比于我前面提到的其他问题，比如目的论（其中，我们的问题似乎并没有令他困扰），最后一个问题显然更让他深切关心。然而，目的论仍然是《论动物的部分》的主要主题，其他专著同样具有主要是理论性的目的。它们不仅仅是运用一些哲学概念的实证研究。如果我们把它们看作对

---

[1] 参见下文和第11章第292页和第305页。关于对《论动物的生成》的繁殖理论的引用，参见第11章注释2-14。（这里提到的章节、页码和注释均出自 *Philosophical Issues in Aristotle's Biology*。第11章是 Balme 的另一篇文章："Aristotle's Biology Was Not Essentialist," pp. 291-312。——译者注）

[2] 《动物志》I 491a9。

[3] 《动物志》V 556a14；VIII 605b22f.；IX 617b28，632b14。

这些通过实证资料形成的概念进行的研究，我们就不会有大错。

这表明了这样的可能性，即通过研究它们在生物学中被提及的方式和围绕它们的论证，我们可能会了解这些概念——如实体、形式、种、本质、逻各斯（logos）。从亚里士多德自己的讨论来看，形式（eidos）及其与个体的关系对他来说似乎是一个关键问题；它产生了《形而上学》Z 卷的悖论、《形而上学》和《范畴篇》之间的明显冲突，以及很多人都评注过的亚里士多德哲学中可能存在的张力。如果就像我个人接受的那样，亚里士多德真的希望他对于《形而上学》Z 卷谜题的答案在 H 6 中被发现——即在任何给定的时刻，一个对象的形式和质料是一体的，所以个体的定义在逻辑上是可能的，即使它每时每刻都在变化——那么这是生物学可以证实的理论，因为其任务是分析和解释可见的动物。在这种情况下，亚里士多德的形而上学讨论和他的生物学之间是否有任何相互影响的迹象？马上能说的是，《论动物的部分》在种类上考察动物，而《论动物的生成》在个体上考察动物。这是否反映了亚里士多德本体论中从种类到个体的进展？生物学是否暗示了其他概念中的进展？

在我们可以展示任何这样的进展之前，特别是在我们可以谈论形而上学专著和生物学专著之间的相互作用之前，为它们提供一个可信的年代顺序是至关重要的。太多旨在描绘亚里士多德发展的宏大计划都无功而返，因为它们迫使年代顺序匹配想象的理智进步：人们只需要提一下 Jaeger 或 Nuyens。必须避免这个陷阱。但是由于这些专著现在的状态，它们的年代是不确定的，因为它们在被写成后经历了两次重要重组。第一次显然发生在亚里士多德事业的最后阶段，这时它们在吕克昂学园（Lyceum）被加入教授的课程。生物学专著比大多数专著更清楚地暴露了这一点，因为它们形成了一个同质的群体，其中频繁的相互引用表明了它们应该被研究的顺序。这些引用中的一些是相互的，这表明一对引用中至少一个是在作品完成后被插入的。几乎所有引用都可以被删除而不打乱它们所在句子的句法；没有一个提供语境所需的任何东西，无论是作为资料还是作为论证。因此，它们很有可能都是对原始文本的补充，并且最有可能的插入时间是在讲授课程得到设置时。如果是这样的话，它们就不是写作顺序的证据，而只是教学顺序的证据。

第二次重组是在亚里士多德死后两个世纪由安德罗尼柯（Andronicus）编辑的。我们从斯特拉波（Strabo）那里被告知了一个著名的故事，我还没有找到足够的理由不相信它，它说安德罗尼柯掌握了新发现的手稿，编辑它们，并"按主题排列它们"——这是一个令人震惊的说法。毫无疑问，他的修订版是我们现在拥有的手稿的原型。

因此，亚里士多德的原始版本，就像 Düring 常说的那样，"像黄油一样被搅拌了"，而任何可能包含写作顺序的证据都可能被抹去了。然而，还是能说一些事情，而且可能刚好足够支持一个满足我们当前目的的假设。我们知道亚里士多德在公元前 347 年柏拉图去世时离开了阿卡德米学园（Academy），40 岁的他去伊奥尼亚小亚细亚海岸的亚索斯（Assos）待了一两年，然后又去泰奥弗拉斯托斯（Theophrastus）居住的莱斯博斯（Lesbos）待了两年。D'Arcy Thompson 在其牛津译本《动物志》的序言中指出，该书有不少对皮浪湖（现在的卡洛尼［Kalloni］）的提及。1948 年，Lee 接着对地名进行了更彻底的分析，并得出结论，即亚里士多德生物学即使并非全部，也有很大部分可能得益于在该地区获得的信息。[1]Ross和Guthrie，可能还有大多数学者，都接受了这个年代，这当然又一次打击了Jaeger的理论，即亚里士多德完成其哲学工作后在吕克昂学园进行了他所有的所谓实证研究。

地名的证据更适用于《动物志》而不是其他的专著；事实上，在其他文献中，这些引用少到以至于可以归结为常见信息，因为伊奥尼亚和其他岛屿与雅典有着密切联系。但关于《动物志》，还可以说些别的。有相当多的内部证据表明，它可能是在其他作品之后写成的，但作者是亚里士多德而不是泰奥弗拉斯托斯或其他任何人。人们通常想当然地认为，《动物志》更早出现，因为亚里士多德在其中说它包含对事实的研究，而这必须先于对原因的研究，这一步骤与他在《后分析篇》和《论动物的部分》I 中所说的一致。[2]但这个说法出现于《动物志》的导言，而且明显指讲课顺序。人们也自然期望亚里士多德在提出理论之前收集事实，但它们不必然是这些事实；因为其他关于因果解释的专著本身就包含了它们需要的所有事实。它们的资料也与其他资料一起出现在《动物志》中。当比较这两组资料时，有两个非常有趣的结果。首先，《动物志》中与其他专著报告相同事实的段落往往比对应段落简短得多，有时简短到除非查阅对应段落，否则不容易理解；这有力地表明它们是其他专著的摘录或总结。其次，在只有《动物志》报告的资料中，有许多与其他专著中的解释相冲突，亚里士多德如果当

---

[1] Lee 1948；也参见其 1985。
[2] 《动物志》I 491a11。

时知道这些资料，就应该修改那些解释。[1]

有非常多类似的段落，这意味着从中能够得出的任何一般结论都能构成有力证据；它不依赖于奇数行或偶数段，这些可以很容易地插入像《动物志》这样的作品，而是依赖于以下顺序的数量——通过贝克尔（Bekker）行来计算，约占卷 I 的 40%，其中三分之一似乎是从其他地方的解释中总结出来的；在卷 II 中是 44%，其中近一半似乎由总结构成；在卷 III 和卷 IV 中大约是 35%，其中三分之一似乎是总结或摘录。在后几卷中，百分比正如预料的那样下降了，因为它们讨论的不再是部分，而是其他专著较少关注的动物活动。这里有几个用于比较的例子。

《动物志》I 490a26。亚里士多德说，所有动物都有四个或更多的支点或支骨，有血动物只有四个支点，无血动物有更多，他举了人、鸟、四足动物、鱼的例子，但没有进一步说明。现在，《论动物的行进》(*IA*) 对这个问题进行了很长的讨论，首先说（707a18，b5）有血动物凭两个或四个支点移动，但最终（709b22）决定它们都使用四个支点，而无血动物都使用四个以上。《论动物的部分》IV 说（693b5）有血动物使用四个支点。《论动物的部分》和《论动物的行进》都使用了人、鸟、四足动物、鱼的例子，特别描述了鳗鲡（muraina）、水蛇、陆蛇、鳗鱼、茶隼（kestreus）、比目鱼的运动。因此，《动物志》的解释只给出了一般结论，占用了 9 行，而《论动物的行进》的讨论占用了 40 行，《论动物的部分》的讨论占用了 25 行。此外，《论动物的行进》和《论动物的部分》引用的

---

〔1〕 我在下面总结了在《动物志》即出版本中得到更详细展示的证据。

具体资料在《动物志》中没有得到引用（除了其他地方即 489b28 的一个隐晦说法，即鳗鲡使用海洋就像蛇使用陆地一样，它同样出现于《论动物的行进》和《论动物的部分》的讨论；但在《动物志》中，它的出现无关于鳍数的比较）。

I 492b8。"呼吸直到胸腔；光靠鼻孔无法完成，因为它来自胸腔，经过小舌，而不是来自头部；甚至不用头部也可能活下去。"这也是隐晦的。但在《论呼吸》(*Resp.*) 473a19 中有一个更完整、更容易理解的版本："呼吸既要通过气管离开胸腔，也要通过鼻孔，但是没有气管就不能凭借鼻孔自身呼吸。不通过鼻孔呼吸的动物不会受到影响，但它们如果不能通过气管呼吸就会死亡。……因为呼吸不是鼻孔的性质，而是沿着小舌旁边的通道移动，那里是上颚的末端，一些呼吸在这个方向上通过鼻孔的孔径，一些通过嘴，既吸入又呼出。"《论呼吸》中的说明没有为《动物志》的资料增加因果解释；《论呼吸》本身是对资料的完整说明，《动物志》只是以这样的方式总结了它们，除非得到《论呼吸》的说明补充，否则这种总结几乎是不充分的。

II 498a33。亚里士多德对比了动物弯曲腿的方式，似乎再次总结了《论动物的行进》(第 12—16 章) 中更长的说明。例如，他在这里说："胎生四足动物向前弯曲前腿，向后弯曲后腿，而且拥有相互对立的外围凹面。"如果不查阅用一张图表 (712a1) 充分解释了这一点的《论动物的行进》，那么没有多少人能理解它。

许多共同段落非常接近，以至于成了同源语，无法说出两个中的哪一个先出现。但是，如果这些段落超过三分之一显然在《动物志》中得到了总结，这就允许我们推断其他段落也起源于其他专著，那么《动物志》前几卷的很大一部分应该比这些专著更晚。这表明，当亚里士多德开始为《动物志》收集资料时，他首先从他以前的工作中提取所有相关信息，然后继续添加新信息。这里第二个重点变得明显：在其他专著中没有对应的段落包含许多与这些专著相冲突的资料。例如，刚刚引用的关于动物运动理论的段落（I 490a26）接着又添加了关于四足昆虫的报告，它也在 V 552b20 中得到报告，这推翻了《论动物的行进》和《论动物的部分》的理论，即所有无血动物都必须有四个以上的足。I 487b9 和 V 548b10，549a8 都提供了海绵（sponge）有感觉的证据，这使它有资格成为动物，而拥有《动物志》VIII 588b20 的同源语的《论动物的部分》IV 681a17 却称海绵"完全像植物一样"。卷 I 和卷 VI 报告了一种能生育的半驴（491a32，577b23，580b1），这是骡子不育的一个例外，而骡子不育在《论动物的生成》中被认为是普遍的，并在其中支持一个重要论证（《论动物的生成》II 747a25）。《论动物的生成》中的另一个论证认定鸟类没有外生殖器；但是《动物志》卷 III 和卷 V 报告了外生殖器（《论动物的生成》I 717b16；《动物志》III 509b30，V 541a2）。还有更多这样的资料，它们应该修改其他专著得出的结论。[1]

《动物志》还报告了其他著作中没有被注意到的特有特征，例如某些鸟类的羽冠，海洋动物的"毛发似的"结构（可能是鳃），

---

[1] 例如，自然向后游泳的动物（《动物志》I 489b35，490a3，IV 524a13；参见《论动物的行进》706b30）；头足动物有一个大脑（I 494a27，IV 524b4；参见《论动物的部分》II 652b23，IV 686a6）；变色龙的大脑与眼睛相连（II 503b18；参见《论动物的部分》II 652b3）；卵生板腮鱼和鮟鱇（VI 565a22-28；参见《论动物的生成》III 754a25）；以及其他很多。

以及人们认为需要因果解释的其他许多特征。[1]另一方面，其他专著没有包含更多应该在一个种差集合中但不在《动物志》中的东西。

总的来说，《动物志》知道的多得多，例如关于大脑和通向大脑的血管。[2]在亚里士多德记载的560个物种中，有390种只在《动物志》中被提及。虽然其他专著并没有真正显示出比普通公民应有的更多的知识，但《动物志》包括了来自畜牧农民、养蜂人、鳗鱼饲养者、鸟类爱好者和许多其他人的专业信息。它在收集资料的努力和处理资料的精密上都显示了巨大进步，例如，在区分海洋动物的重要特征方面，它的信息要丰富得多。

然而，我没有发现任何证据表明《动物志》中的基础理论是不同的。一些批评家表示它支持目的论、自然的阶梯、繁殖、普纽玛（pneuma）的生理学等观点，它们与《论动物的部分》和《论动物的生成》相冲突。如果这样的冲突存在的话，它们将比我引用的那些微小修正影响更深远。在过去，我认为它们是非亚里士多德作者的证据。但无论如何，更仔细的考察让我相信《动物志》在这些基本问题上符合其他专著。显然，没有人能确定《动物志》没有被篡改；但也没有充分证据表明存在大规模的伪造。此外，对插入完整的新部分来说，整个作品的计划太连贯了，如 Joachim 和 Dittmeyer 对卷 IX 及卷 II 与卷 V 的大部分提出的那样。他们关于

---

〔1〕 羽冠：I 486b13，II 504b9，IX 617b20；"毛发似的"结构：IV 524b21，529a32，b30。其他的包括：特定的"暗黑"结构（ta melana）：IV 529a22，530a34，b13，31（参见《论动物的部分》IV 680a14）；石头似的结构（chalazae）：VI 560a28；乳头或乳房的区别（thelai）：II 499a18，500a17，25，30，502a34，504b23，VI 578b31。

〔2〕 例如 I 494b29，III 519b2；参见《论动物的部分》652b30。

泰奥弗拉斯托斯是作者的说法初看起来是不可信的，因为这些卷与《植物志》(HP)和《论植物的原因》(CP)风格不同。卷 VII 已经被否认部分由《论动物的生成》、部分由《希波克拉底文集》编纂而成。对《论动物的生成》的借用很明显，占 40%；但对《希波克拉底文集》的借用并不存在：相反，它发表了与希波克拉底的观点相冲突的言论。至于《动物志》最初由卷 I-VI，甚至只由卷 I-III 的一半组成的说法，据我所知，从没有人提出过证据，但是有人看到一些可敬的学者引用过这种说法。这种批评大多出现在 19 世纪和 20 世纪初，来自那些坐而论道的博物学家，他们不相信亚里士多德的报告，并认为它们对一个伟大的哲学家来说太愚蠢——与 Athenaeus 在一篇著名文章中提出的批评同类，时间证明它是完全错误的。[1] Aubert & Wimmer 1868 和 Dittmeyer 1907 是这种批评的高峰。现代相机教会了我们更多。我承认我曾经责怪亚里士多德，因为他相信了水牛向敌人投射粪便的描述，直到 1983 年我在电视上看到了河马这样做的画面。

可以向批评者承认的是，在亚里士多德去世时，《动物志》仍然是未完成的且凌乱的，而且他显然一直把它当作在新信息到来时存储它们的文件柜：这可以解释一些孤立的完整描述，如卷 II 的猿猴和变色龙。

我们拥有的确凿证据，虽然不过如此，但使这成为一个可信的假设，即《动物志》是亚里士多德在莱斯博斯逗留期间和接下来写

---

[1] "从普罗透斯（Proteus）或涅鲁斯（Nereus）在深渊中升起什么，亚里士多德学到了鱼做什么，或者它们如何睡觉或度过一天？因为这都是他写的东西，让傻瓜去惊叹……"（VII 352d）

完其他生物学专著之后写成的。相比于我们必须把《动物志》放在最先，这给了我们更大的回旋余地。因为不仅《动物志》是亚里士多德要花好几年才能收集到的重量级著作，而且如果莱斯博斯的证据正确地把它放在中期，那么其他的生物学专著就必须更晚，而这样很难符合其形而上学的发展；因为我怀疑现在是否有人接受Jaeger的论点，即亚里士多德在离开阿卡德米学园之前有二十年是柏拉图主义者。

就得到关注的其他生物学专著而言，证据只能是印象性的。《论动物的部分》II-IV回顾了柏拉图的《蒂迈欧》，既有善与必然性的双重因果关系，也有关于自然阶梯（scala naturae）及其相关价值判断的观点。《论动物的行进》是关于位移（locomotion）的专题研究，比《论动物的部分》更详细，但与其一致，甚至更强调价值判断：人类不仅更先进，而且更好；右比左好。《论动物的部分》I对目的性和假设必然性（hypothetical necessity）的分析类似于《物理学》II，而对逻辑划分的分析则与《形而上学》Z 12一致，而且稍进一步。人们通常感觉《论动物的生成》更成熟，比《论动物的部分》更晚；虽然我分享这种感觉，但我必须说我拿不出客观证据支持这一点。《自然诸短篇》是类似于《论动物的行进》的专题研究，但现在肯定更成熟，可能与《论动物的生成》相配。所以一个合理的写作顺序可以是（1）《论动物的行进》和《论动物的部分》II-IV在阿卡德米学园早期；（2）《论动物的部分》I在《物理学》II和《形而上学》Z 12之间；（3）《自然诸短篇》，然后是《论动物的生成》，仍在阿卡德米学园；（4）《动物志》也许开始于阿卡德米学园，但大部分是后来写成的，亚里士多德当时已经40多岁了。

无论如何，考虑生物学专著和形而上学专著之间是否存在相互影响没有时间顺序的障碍，例如引用诸如实体之类有困难的大概念，等等。本书的其他研究探索了这些可能性，因此我现在不会再说更多关于它们的事情，除了我已经触及的一个例子：《论动物的生成》中的个体形式。

亚里士多德主张，雄性对胎儿的贡献仅仅是形式和运动而不是肉体。它在胎儿的质料中开始运动，质料起初显然是简单的，但后来发展为复杂的，控制着胚胎的多样化。这些运动是胚胎的灵魂，它们起初位于心脏，这时心脏是到此为止产生的唯一部分，但它们后来位于所有部分，作为这些部分的实现（entelechy）。为了展示这是可能的，亚里士多德使用了自动机的模型——不是一些评注者认为的木偶，事实上是什么都不会是木偶；相反，这些是自动玩具，它们独立工作，没有绳子，一旦被设置好，就会形成一个程序。它们展现了三件事：（1）推动者不再控制时，运动仍可继续；（2）一个运动可能在现实中很简单，但在潜能中具有更大的复杂性；（3）运动的复合可以控制和指导自己。这些运动从父本的血液通过精液中的普纽玛传递；它们是他的血液在成为身体部分之前混合最后阶段的运动。没有进一步的质料性作用施加于这一时刻和它们的个别化之间的运动；因而它们已经是个体了，由此传递给新生胎儿的是这个现实个体的形式的潜能。在该专著的后面，当讨论个体相似性的传递时，亚里士多德强调个体父本起主要的形式性作用："生成者不仅是雄性，而且是作为雄性的雄性，即科里斯库斯或苏格拉底……产生的既是个体也是类（genos），但主要是个体；因为这才是真正的存在（ousia）。"（IV 767b24）在同一个讨论中，他说种的相似性是一个结果（*akolouthei*，768b13）。

在这个理论中，亚里士多德似乎证明《形而上学》Z卷谜题的解决方案实际上是有效的：人们可以形式化个体的质料性状态和偶性。需要补充两个小点。在《论动物的生成》IV 3 中，亚里士多德对相似性进行了冗长的讨论，并没有使用 *eidos* 这个词。他只说 *genos*、*idion*、*kath' hekaston*、*kath' holou*，它们在这里没有歧义。可能正是因为它在种类和个体之间指代的模糊性，他才避开了 *eidos*。另一点是《论动物的生成》II 1 给出的关于繁殖的理由，即生存的尝试：因为动物不能在数量上（即作为一个持存的个体）持续存在，但可以在形式上持续存在，所以它以对其可能的方式持续存在；因此，总是存在它的种类。这句话有时被引用来证明种是永恒的，个体为了种而行动。但我自己在这里没有发现这一点。相反，个体在寻求保持自己的形式，而它只能通过传递来做到这一点；这就是为什么它的种类持续存在。[1] 我认为，这种更简单、更少雄心的解释符合《论生成与毁灭》(*GC*) 最后的讨论。在《动物志》中，目标显然是收集和分析种差，由此，动物的形式可以得到定义，而且这种定义将能够是个体性的。因为有些种差是可变的偶性，如绵羊、山羊、牛的地理差异，以及鸟类颜色和音调的变化，还有许多亚种的，如某些蝉的腹部分裂。《动物志》不区分偶然就其自身（*sumbebēmkota kath' hauta*）和非就其自身（*mē kath' hauta*）。这并不暗示这种区别已经被抛弃，而是（1）对一种动物来说是就其自身，对另一种动物来说可能是非就其自身；既然主题

----

[1] 参见下文第 10 章，以及 Balme 1972, 93-98。（第 10 章是 Balme 的另一篇文章："Teleology and Necessity," pp. 275-285。——译者注）

是种差而不是动物，区别就变得无关紧要了；（2）更重要的是，无论是否必要，每一种偶性都可以得到形式化和解释，就像《论动物的生成》Ⅴ中的特性（pathēmata）一样。《动物志》的导言将其与《论动物的部分》Ⅰ2-4中关于划分的讨论联系起来。亚里士多德在那里得出结论，如果不像柏拉图那样二分地（dichotomously）使用，而是同时将所有相关种差应用于属，那么区分法（diairesis）就可以把握形式；之后，他解释了动物特征通过比较以建立种差的方法——通过属（genē）之间的类比，通过种（eidē）内组成形式之间的多少比较。《动物志》重申了这一点，然后继续分析一般类型的种差，即部分、活动、生命、特征的种差；从卷Ⅰ到卷Ⅸ的整部专著都遵循这个分析。对动物的把握（lambanein，《论动物的部分》Ⅰ642b5）使得对属及其所有种差的把握不是分类的（classificatory）（因为它不从其在分类中的位置获得其含义），而是直示的（ostensive）——通过正确展示属于一个动物的种差。它显然不能宣称拥有严格的效力。但它可以宣称《形而上学》Z 12渴望的统一。因此，当这些种差得到它们的因果解释时，这个解释就可以把整个动物解释为生命在自然界中的实现方式的一个例子。因为四因的解释必须指向《论动物的部分》Ⅰ5中动物的目的因，所有部分都以目的的和必然的方式联系起来。现在，形式定义的道路已经很清晰了。以这种方式，《动物志》实现了亚里士多德的分析。他的逻辑理论和形而上学理论都没有崩溃，反而解决了其中的一个严峻问题。因为现在崩溃的是《形而上学》Z卷的悖论，它关于塌鼻，关于无法定义的个体。如果这个关于亚里士多德的描述是正确的，我们就可能失去了一个笨拙的自然史学家和一个困

惑的百科全书编纂者；但我们得到了一位关于生物界的更伟大的
哲学家。[1]

参考文献 [2] ───────────────────

Balme，D. M.，*Aristotle's De Partibus Animalium I and De Generatione Animalium I（with passages from II. 1-3）*，Clarendon Aristotle Series，Oxford，1972.

Düring，I.，*Aristotle's De Partibus Animalium：Critical and Literary Commentaries*，Göteborg，1943.

Gotthelf，A.（ed.），*Aristotle on Mature and Living Things：Philosophical and Historical Studies Presented to David M. Balme on his Seventieth Birthday*，Pittsburgh and Bristol，1985a.

Lee，H. D. P.，"Place-Names and the Date of Aristotle's Biological Works，" *Classical Quarterly* XLII，1948，pp. 61-67.

——，"The Fishes of Lesbos Again，" in Gotthelf 1985a，pp. 3-8.

Thompson，D. W.，*Aristotle：Historia Animalium*，J. A. Smith and W. D. Ross（trans. & eds.），Oxford，1910.

─────────

[1] 关于区分、定义，以及《动物志》的角色，更多内容参见第4章；关于形而上学议题，参见第11章。（第4章是Balme的另一篇文章："Aristotle's Use of Division and Differentiae，" pp. 69-89。——译者注）
[2] 这里只包含在原书的引用文献中列出的相关文献。——译者注

亚里士多德的神学*

Stephen Menn[1] 窦安振[2] 译

一

    理解亚里士多德神学的一种通常的方式大致如下。亚里士多德的**神**，或说他用来代指诸神的那个东西，是不被推动的推动者（the unmoved mover）。它是支配诸天运动的一种形式，就像我们的灵魂支配我们的身体一样；但由于诸天体更加完善，它们不需要营养的或感觉的功能，所以就诸天而言，形式在本体论上不依赖于身体，其活动分离于身体，并因此完全保持不变。亚里士多德想用这个推动者填补一个解释上的漏洞，而这个漏洞是早期天体自然学的意外产物，但即使在那种自然学体系中，这个推动者的因果性也非常微弱，以至于我们也许会怀疑，亚里士多德只是为了让它有事做才对它有所安排；它似乎不作用于这个世界，甚至都不认识这个

---

* 本文选自 Stephen Menn, "Aristotle's Theology," *The Oxford Handbook of Aristotle*, Christopher Shields（ed.）, Oxford University Press, 2012。

[1] Stephen Menn, McGill 大学历史与古典学教授, James McGill 讲席教授, 著名亚里士多德专家。

[2] 窦安振, 西南民族大学哲学院副教授。

世界，而如果说设定它乃是为了满足任何宗教上的愿望，它也做得很糟糕。所以，我们几乎没有什么动力去相信这样一个东西真的存在。但如果我们把它当作一个思想实验，那么它也许能满足一些形而上学的愿望：如果这样的东西存在，那它就能典范性地呈现出完全独立于质料和其他东西的形式、实体或存在是什么样子的；而且，因为它仅有的活动是脱离了感觉和实践需求的纯粹沉思，所以它也可以作为形而上学家的典范。

这种理解亚里士多德神学的方式并非完全错误，但具有严重的误导性。首先，亚里士多德没有类似于以大写字母"G"打头的"God"这种概念：他认为有许多神和神圣事物，而且它们并非都是不被推动的推动者。当亚里士多德谈到"theologikê"（神学）时——我也将在他的这种意义上使用"theology"——他指的不是对一个唯一神的研究，而是对诸神和诸神圣事物的一般性研究。（他经常把"神"这个词当成像"人"一样的单数集合名词。）其次，他认为有许多不被推动的推动者，但它们并不都是神：除了天上的那些不被推动的推动者之外，每个人的或动物的灵魂也都是一个不被推动的推动者（见下面的讨论）。亚里士多德从来没有用"不被推动的推动者"这个短语来特指某一存在（甚至也没用它特指那些天体的推动者），这个短语也不能表达它所指的那些存在者的本质。当他想要更充分地表达那唯一的第一本原的本质时，他并不称它为"神"或"不被推动的推动者"，而是称之为"nous"（**理性**或理智）或"noêsis"（思考或理智理解），或**善**。他从未说它是一个形式，它似乎也不是一个实体或一种在某种意义上比其他实体更强意义上的存在，但这个有序世界的现实存在又需要它的活动。[1] 我们关于其存在和活动的认识，似乎确实是满足宗教上的愿望的一种方式。

为了理解在这样的存在中会有怎样的宗教旨趣，以及"神"和"神圣的"这样的词语是如何进入亚里士多德的哲学的，我们最好首先来考察一下他在伦理学和政治学背景下关于诸神和神圣事物的说法。[2] 在《形而上学》中，亚里士多德提到过对神的一个定义，即"最好的永恒生物"（XII 7，1072b28-29），这个定义非常接近伪柏拉图《定义》中的话，"在幸福方面自足的不朽生物"（411a3）。[3]

---

〔1〕 Eugene Ryan, "Pure Form in Aristotle," *Phronesis* 18, 1973, pp. 209-224 引起了学者对这一事实的关注：除非亚里士多德谈到的是被柏拉图错误地认为其存在的那些事物，除此之外，他从未把分离的非质料实体称作形式。虽然很多阐释者都相信，亚里士多德认为存在（和／或实体）"中心含义地"首先谓述神非质料实体，其次谓述质料性实体（尤其是 Joseph Owens, *The Doctrine of Being in the Aristotelian Metaphysics*, Toronto, 1951; Günther Patzig, "Theology and Ontology in Aristotle's Metaphysics," in Jonathan Barnes, Malcolm Schofield, and Richard Sorabji, *Articles on Aristotle*, vol.3, London, 1979, pp. 33-49; Michael Frede, "The Unity of General and Special Metaphysics: Aristotle's Conception of Metaphysics," in his *Essays in Ancient Philosophy*, Minneapolis, Minn., 1987, pp. 81-95），但并无文本证据支撑这一观点。Pierre Aubenque, *Le problème de l'être chez Aristote*, Paris, 1962 坚持认为，存在同名异义地而非中心含义地谓述神和其他事物；但是，除了《形而上学》X 10 提到不可灭事物和可灭事物"不同属"外，同样没有证据支撑其观点。

〔2〕 Richard Bodéüs, *Aristotle and the Theology of Living Immortals*, Jan Garrett（trans.），Albany, N.Y., 2000 详细地讨论了亚里士多德关于神的所有主张，包括那些当代读者倾向于斥为非严肃作品的很多文本。虽然我认为 Bodéüs 过于极端，但对于当下那种试图把亚里士多德关于神或诸神的阐释仅限于《形而上学》XII 及与之相关的很少几处文本的倾向，他的著作却是极为有用的校正。

〔3〕 这本《定义》虽然并非出自柏拉图之手，但手稿署的是他的名字，并被印在 OCT 版柏拉图全集的最后，J. M. Cooper and D. S. Hutchinson（eds.），*Plato: Complete Works*, Indianapolis, Ind., 1997 有其译本。这些定义似乎出自早期学园。这些定义很可能受到了亚里士多德和其他人的影响，但并无实据，并且它们的写作似乎也与亚里士多德无关。它有时会为同一个词项给出几种不同的解释，尽管这些解释看起来互相融洽，但它们很可能代表着学园里不同人的观点。

因此，众神和生活在福岛上的居民（同样被认为是不朽的）就是幸福的极限，不受人类在生活中面临的那些限制。他们的幸福必然和我们的一样，在于一种能施展德性的活动；思考一下一个摆脱了凡俗生活的人会施展什么德性，可以帮助我们分离出构成这种美好生活的要素，这些要素纯粹因其自身而是好的，不受恶的存在的限制。如果一个人不得不在战场上保卫自己和自己的城邦，那勇敢的行为就比懦弱的行为好，但更好的情况是根本就没有需要表现这种勇气的场合；但是，如果去除了这些坏的背景条件，还会留下什么样的好的活动呢？

> 神被我们看作最享得福祉的和最幸福的。但是，我们可以把哪种实践行为归于他们呢？**公正的**行为？但是，说众神也互相交易、还钱等岂不荒唐？**勇敢的**——为高尚［高贵］而经受恐惧与危险？**慷慨**的行为？那么是对谁慷慨呢？而且，设想他们真的有货币等东西就太可笑了。它们的**节制**的行为又是什么样的呢？称赞神没有坏的欲望岂不是多此一举？如果我们一条一条地看，就可以看到用哪一种行为来说神都失之琐细、不值一提。可是我们一般都觉得他们**活着**并**积极地活动着**。我们不认为他们像恩底弥翁那样一直睡觉。而如果一种存在活着，这些行为又都不属于它，而它的创造力又最大，那么它的活动除了沉思还能是什么呢？所以，神的实现活动，那最为优越的福祉，就是沉思。(《尼各马可伦理学》X 8，1178b8-22)[1]

---

[1] 中译来自《尼各马可伦理学》，廖申白译，商务印书馆 2003 年版，根据作者英译略有改动；本文中的《尼各马可伦理学》引文皆如此。——译者注

结论就是，神不仅没有伦理德性（与柏拉图坚称的神是正义的说法相反），而且他们也没有实践理智德性或 phronêsis（"审慎"或实践智慧），即对个人的或集体的行为作良好思虑的秉性（与柏拉图坚称的神为人类或宇宙精心策划的说法相反）。因此，在《优台谟伦理学》的结尾，亚里士多德推断，神不会通过发布命令的方式来统治，例如，命令人们以某种方式崇拜他：[1] 亚里士多德认为，神只有在他需要从我们这里获得什么或从我们的行为中受惠时才会这样做，而神（正如伪-柏拉图的《定义》所说）"在幸福方面是自足的"。

与神不同，我们人类需要 phronêsis 来规划我们的生活，需要伦理德性来规范我们的那些不合理性的欲望，我们还必须要为获取必需品和那些以恶的存在为前提的好东西而操心。但 phronêsis 应该以某种纯粹的善作为它的最高目标，而我们发现的唯一一个这样的善就是沉思。沉思什么呢？亚里士多德说是理论的或沉思的智慧，sophia，是"对本性上最可敬事物的理智感知（nous）和科学知识（epistêmê）"（《优台谟伦理学》V 7=《尼各马可伦理学》

---

〔1〕 "〔一个〕神并不通过下命令的方式统治，但 phronêsis 是为了他而下命令——因为'所为的一什么'有两层含义：其他地方已对此做出区分——因为他自身什么都不需要。"（《优台谟伦理学》VIII 3，1249b13-16）："所为的一什么"的两层含义，参见第 381 页脚注 1 和第 434 页脚注 1。注意，一些编者会把我所说的《优台谟伦理学》VIII 印刷为《优台谟伦理学》VII 的一部分，这样的话，《优台谟伦理学》VIII 3 就是《优台谟伦理学》VII 15，比如 Jonathan Barnes 编的 Revised Oxford Translation of the *Complete Works of Aristotle*, 2 vols., Princeton, N. J., 1984。还要注意，《优台谟伦理学》和《尼各马可伦理学》III 是相同的，《优台谟伦理学》IV-VI =《尼各马可伦理学》V-VII：它们经常会被印在《尼各马可伦理学》里，但大多数学者认为它们原本是《优台谟伦理学》的一部分，并且我们可以把这几卷中展开的一些论证延展至《优台谟伦理学》VIII 3。

VI 7, 1141b2-3）；就在这同一个地方，亚里士多德随意地用"神圣的事物"或"属神的事物"（daemonic things）代替"可敬的事物"，就好像它们能互相等同。与 sophia 不同的是，phronêsis 与推理者所属的物种相关，对人而言，它涉及属人的事物的知识；"如果［像有人说的那样］人是动物中最好的，这也没有什么不同，因为存在着就其本性而言比人更神圣的东西，其中最明显的就是那些构成了宇宙的东西［亦即天体］"（1141a33-b2）。phronêsis 和更高级的 sophia 之间的差别，不仅在个人的生活规划方面是这样，从整个城邦的角度来看也是如此。因此，亚里士多德强调，政治家的主要目标不应该是战争或为城邦和公民获取财物，甚至也不应该是培养政治或伦理德性，而应该是正确地利用和平状态下的闲暇，来从事那些即使在没有对外战争和内战的威胁、没有不义需要纠正、没有短缺需要弥补的情况下依然有价值的活动；这些活动，就其是一种整个城邦都能参与其中，且政治家也能为之制定计划的活动而言，就是能在诸神祭祀典仪上获得的那种 theôria（沉思）。

事实上，在希腊语中，theôria 和与之同词根的动词 theôrein 的主要含义就是参加和观看宗教典仪，广义上也包括参加和观看体育的、音乐的、诗歌的和戏剧的比赛；这是一种纯粹因其自身而具有观看价值的活动的范例。哲学家最初隐喻性地用这个术语指代对宇宙的沉思，然后又用它指对先于宇宙的原因的沉思，而借助政治家和公民对宗教表演的关切，他们找到了理解这些超出原有范围的 theôria 类型的模型。因此，《优台谟伦理学》V 13（=《尼各马可伦理学》VI 13）说 phronêsis "不是 sophia 的主子……正如医学［技艺］不是健康的主子：因为前者不指使后者，而是为后者的产生做准备；所以前者是为了后者下命令而不是给后者下命令。要不然就好像是说政治学统治诸神，因为它对城邦里的所有事务下命令［也就是说，其中也包括公共祭祀］"（1145a6-11，对比1143b33-35）。这种对比又出现在《优台谟伦理学》的结尾："神并不通过下命令的方式统治，但 phronêsis 是为了他而下命令……所以不管是哪种对自然之善——不管是身体的善还是财富、朋友或其他的善——的选择或获取，若它最能导致对神的沉思，那它就是最好的，并且这是最高尚的标准。而不管什么事情由于过度或缺乏阻碍我们侍奉（therapeuein）和沉思（theôrein）神，那它就是坏的。"（《优台谟伦理学》VIII 3，1249b13-20）[1] 从字面上理解，"侍奉和沉思神"就是参与并观看宗教表演；但由于亚里士多德坚称神并不会由此受惠，侍奉的用处似乎也就只能被等同于沉思的用处。（亚里士多德区分了两种意义上的"为了"［for the sake of］，当他说神是 phronêsis 下命令"所为的什么"［for the sake of which］，不是在"为惠及什么"［to hô（i），to benefit whom］的意义上说的，而是"为得到什么"［to hou，to attain which］，就像当你为了健康或金钱而做什么事时，你不是为了使健康或金钱受惠，而是为了拥有它们。"拥有"［possess］某物就是与该物处于某种关系中，这种关系使你能进行某种涉及它的恰当活动，所以拥有神的意思很

---

［1］ 这里不接受 OCT 中的奇怪校订，它毫无理由地把 ton theon therapeuein kai theôrein（"侍奉和沉思神"）校成 to en hêmin theion therapeuein kai theôrein（"侍奉和沉思在我们中的神圣事物"），而且同样地把前面的 tên tou theou theôrian（"沉思神"）校成 tên tou theiou theôrian（"沉思神圣事物"）。

可能就是能思考神。)[1] 但是，虽然在节日里正确地使用闲暇肯定
是政治的一个合情合理的目标，但亚里士多德并非真的认为这是
phronêsis 的最高目标。整个城邦通过节日里的 theôria 获得的这个
价值，也可以通过沉思其他东西——至少对一些人来说如此——更
好地实现：

---

[1] 这里的文本说"所为的—什么有两层含义：其他地方已对此做出区分"（1249b15）。
它实际上并未说"所为的—什么"的两层含义是什么，但我们可以根据《论灵魂》
II 4，415b2-3 和 415b20-21 予以补充，这两处用几乎同样的字眼把"所为的—什
么"区分为"所惠及的—什么"（to hô[i]）和"所为得到的—什么"（to hou）："所
为的—什么有两层含义，所为得到的—什么和所惠及的—什么"。（《形而上学》XII
7，1072b2-3 可能稍微有些不同的话做了相同区分，但文本存在争议，参见第 434
页脚注 1。）《自然学》II 2 也做了同样的区分，亚里士多德在那里说，我们使用事物
就像它们是为了我们而存在的一样，"因为在某种意义上，我们自己就是目的：所
为的—什么有两层含义，正如我们在《论哲学》中所言"（194a35-36），意思是，我
们是"所惠及的—什么"意义上的目的，而非（更常见的）"所为得到的—什么"意
义上的目的。在《论灵魂》中，有一次他说，动物和植物之所以繁衍后代，"是它
们为了能尽可能地分有永恒和神圣性：因为它们全部［或：因为所有事物］都追求
它，它们为了它而根据本性做它们所做的事"（415a29-b2），另有一次他又说，动物
和植物的身体是"灵魂的工具"或"为了灵魂"（416a18-20）。为了解释为什么能
说同一些事情既为了灵魂又为了外在的神圣事物，他区分了"为了—什么"的两层
含义：其观点显然是，它们在"所惠及的—什么"的意义上是为了灵魂，在"所为
得到的—什么"或"所为分有的—什么"（to-participate-in-which）的意义上是为了
永恒的神圣事物。参见罗斯在《论灵魂》注疏中的这种解释（Aristotle, *De anima*,
edited with introduction and commentary by Sir David Ross, Oxford, 1961）。所以，to
hou 中的属格是 Smyth 所谓的"表欲求目的的属格"，"和动词一起使用表追求、力
求、欲求"（H. W. Smyth, *Greek Grammar*, revised edition, Cambridge, Mass.,
1956, p. 321）。应该注意到，很多欧陆阐释者并不这么理解这里的属格，而是认
为它只是对 hou heneka 中的 hou 的重复：他们有时说，这个属格指的是客观上有
价值的事物，而与格指的则是从个人的某种角度看有价值的事物，或说，这个属格
指一种内在的目的，与格是一种外在的目的（所以《论灵魂》II 4 用 hô［i］指神
圣事物，用 hou 指灵魂），但他们对属格与与格的这种差异并没有给出可行的句法
解释。比如，参见 Konrad Gaiser, "Das zweifache Telos bei Aristoteles," in Ingemar
Düring (ed.), *Naturphilosophie bei Aristoteles und Theophrast*, Heidelberg, 1969,
pp. 97-113。

正如我们为了风景本身而前往奥林匹亚，即使从中我们没有获得更多的东西（因为风景本身比很多钱更有价值），正如我们观赏酒神剧不是为了从演员那里得到什么东西（实际上我们还在他们身上花了钱），也正如其他那些相比于很多钱我们更愿意选择的风景那样，对宇宙的沉思也比所有那些被认为有用的东西更值得尊重。我们费尽心思地去看男人模仿女人和奴隶，却不认为应该不花钱地去观看事物的本性和实在，这肯定是不对的。（《劝勉篇》B44，Düring）[1]

由此，《劝勉篇》和这些伦理学论著推动人们追求 sophia——一种能够进行特定的哲学沉思的知识。也许它会是对宇宙和天体的沉思（不仅仅是凝视它们，而是做天文研究），亚里士多德将这一观点归给阿那克萨戈拉（《优台谟伦理学》I 5，1216a11-16）；或者我们也许可以认识那些超越这个宇宙的原因，它们更值得沉思，柏拉图对于**理念**——尤其是**善之理念**——就持这样的看法。《形而上学》I 通过追求可感事物的最初原因和本原的方式来追求 sophia（I 1-2 里的描述，这与伦理学著作和《劝勉篇》形成明显的呼应），I 2 说这种知识在两种意义上是"神圣的"，即它既是神所拥有的那种知识，又是关于神圣事物或神的知识，因为"所有人都认为神

---

[1] 我依据的是 Ingemar Düring, *Aristotle's Protrepticus: an Attempt at Reconstruction*, Göteborg, 1961。Barnes 在 *Complete Works of Aristotle* 里再版了 Düring 的翻译（此处的引用在 p. 2409，无变化），但 Düring 的版本提供了很多的信息，这些信息对评估文本很有用。关于 Düring 对《劝勉篇》重构的最新评价，参见 D. S. Hutchinson and M. R. Johnson, "Authenticating Aristotle's Protrepticus," *Oxford Studies in Ancient Philosophy* 29，2005，pp. 193-294。

是一个原因和本原"（983a5-10）。这表明智慧可能是关于诸天的知识，因为天体肯定是神圣的东西。但在《形而上学》VI 1中，亚里士多德提出了这样一个问题，即在自然实体（它们都是可变的，即使是永恒的天体）之外是否存在着永恒不变的实体，并且表示，如果有这样的实体，那它们就将是自然学之外的一门理论科学的对象，他称之为 theologikê（"神学的［科学］"，亦即"讨论诸神或神圣事物的科学"，1026a18-22），他还论证说，如果是这样的话，这个 theologikê 就最能满足 I 1-2 描述的那种对智慧的愿望。这种说法并不会让我们惊讶（柏拉图也认为存在着永恒不变的实体，即**理念**，他也称它们是神圣的，且认为它们比自然事物更值得思考），让我们惊讶的是他使用了"theologikê"一词。对亚里士多德来说，theologoi（谈论诸神的人）是像荷马、赫西俄德和俄耳甫斯这样的诗人，但亚里士多德并不认为他们是哲学家；从泰勒斯开始的所谓 phusikoi（"自然学家"或自然哲学家）至少在尝试着系统地解释事物的本质，因而完全可以被视为哲学家（亚里士多德之所以会在某些场合混同这两个群体，目的是削弱 phusikoi 的威信，而不是赞扬 theologoi）。亚里士多德极力避免把他说的智慧描述为 theologia（这是诗人总会做的事情），但他仍然声称哲学可以实现诗人的那个愿望，即认识和描述自然领域之外的神圣事物。柏拉图也声称，通过使用《理想国》VII 里描述的那种辩证实践来把握**理念**，就能实现这一愿望，从而在诗人（他们因对神拟人化的和其他不恰当的描述而遭到严厉批评）失败的地方取得成功。但亚里士多德并不认为柏拉图做得比诗人更好：

> 这［理念论］在许多方面有着困难。这样的说法也未免荒

唐：在天之外存在着某种和感性一样的东西，只不过一种是永恒的，另一种是可消灭的罢了。有些人还说存在着人自身、马自身、健康自身，不过如此。提出这些的人正如说神存在，不过其形式和人一样。因为，这些人［诗人］杜撰出来的［神］不过是些永恒的人，而那些人［柏拉图主义者］的那些**形式**也不过是永恒的可感的东西。(《形而上学》III 2，997b5-12)[1]

亚里士多德的这些话，延续了从色诺芬尼（Xenophanes）到柏拉图的对荷马和赫西俄德人格化神的批评，并将这一批评的矛头指向了柏拉图。诗人声称他们拥有关于神的知识，这确实让人振奋；但当他们真正地描述神时，却让人失望，他们显然并不具有某种超越人类领域的特殊知识，而只是将他们对凡俗事务的熟悉投射到了永恒的领域；并且，亚里士多德说，柏拉图做的也是这样的事。"那些主张**形式**的人，说**形式**是分离的时，这是对的，假如它们是实体的话；但他们又是错的，说**形式**是多上的一。其原因在于，他们不能证明，在个别可感者之外，这些不灭的实体到底是什么。他们把实体看作和可消灭的事物（对之我们是熟知的）类别（或形式，eidos）相同的东西，把'自身'这个词加到可感之物之上，得出人自身、马自身。不过，即使我们没有见过星星，也仍然知道在我们所知之外，存在着永恒的实体。现在也是这样，即使我们说不清它们是什么，也总归会有某种必然存在。"(《形而上学》VII 16，1040b27-1041a3)。这里的"即使我们没有见过星星"指的是"即

---

[1] 中译来自《亚里士多德选集·形而上学卷》，苗力田译，中国人民大学出版社2000年版，根据作者英译略有改动；本文中的《形而上学》引文皆如此。——译者注

使我们从未走出过洞穴"：[1]柏拉图主义者认识到我们生活在可感世界的洞穴里，却自欺地认为自己找到了一条通往外面世界的通道，而实际上他们"没有见过星星"，只了解下面这些熟悉的事物。在这些段落里面，亚里士多德并没有明确地解释为什么不能有一匹和我们这个世界中的马同类但又永不死亡，甚至永远不变的马；不过原因可能是（就像我们从《论动物的部分》I中了解到的）对马的科学定义必须提及马的官能性部分，这些部分不可能脱离诸如进食、繁殖、逃离捕食者等生命活动，但这些活动对必然不朽的存在来说毫无意义（对一个不变的存在来说，运动根本就是不可能的）。

亚里士多德在这里对诗人和对柏拉图的**理念**的批评，非常类似于他在《尼各马可伦理学》X 8中对把道德的（而非理智的）德性归于神的批评：在这两种情况下，他都试图清除掉那些被用于神圣事物，但实际上只适用于低等事物的谓述，而且在这两种情况下，他都试图正面地描述神圣事物，并且，相比于前辈们说的那些话，他的描述更有依据，还剥离了对神圣事物和低等事物的不当同化。英语或希腊语里没有什么词汇能简便地描述这一过程，但一些阿拉伯语的术语可能会有所帮助。在穆斯林的神学讨论中，以及在伊斯兰世界里其他宗教团体的讨论中，人们普遍认为应该避免 tashbîh，这里的"tashbîh"的字面意思是"同化"（assimilation，使某物或宣称某物与另一物相似），但在这里，这个概念特指以把**神**同化为**神**以外的事物（通常但并非必然指人类）的方式来描述神。tashbîh

---

[1] 对比亚里士多德版本的洞穴喻，西塞罗《论诸神的本性》第二卷第27、95节指出，那被隔绝于洞穴者的至高的沉思对象是星星（相比之下，柏拉图强调的是太阳）。但他在这里讲的就是字面意义上的星星，包括它们自身及其作为进一步的神圣原因的证据。亚里士多德在《形而上学》VII 16也提到了星星，但仅仅是为了拿它们对比他真正关心的那些东西，即不被推动的或非物体性的永恒实体。

的反义词是 tanzīh，后者的字面意思是"净化"（purification），但在这里，这个概念特指把**神**从对他的不恰当描述中净化，净化的方式要么是否认这些描述，要么是重新解释这些描述，以澄清它们在什么含义上适用于描述**神**，并把这种含义与那些不恰当的含义进行区分。所有人都同意 tanzîh 是件好事，但问题是如何找到一个原则性的标准，以确定哪些对**神**的描述是合适的，哪些是不合适的 tashbîh，并且在这么做的同时，还要避免走向极端的 ta'tîl，这个词的字面含义是"虚无化"（nullification），即变得关于**神**无话可说，不管是就其自身，还是就他如何作用于其他事物，或他如何认识及被认识，因为所有可能的描述都被否决，或以没留下任何意义的方式被重新解释了。许多穆斯林思想家对亚里士多德和那些他们借以读懂亚里士多德的希腊注疏家感兴趣的原因之一，恰恰就是他们认为后者是在尝试（通过否认或重新解释的方式）避免那种似乎出现在诗人和柏拉图身上的 tashbîh；虽然这一主题肯定不能涵盖亚里士多德对柏拉图的所有批评，但它确实相当准确地表达出了亚里士多德在做的一件事，所以采纳这个阿拉伯语术语是合理的。[1]

---

[1] tashbîh 和 tanzîh 这两个术语和相关问题虽然源于 kalâm（伊斯兰神学），却是由 falâsifa（希腊式哲学家）提出的；一个起点是 Josef van Ess 的文章 "Tashbîh wa-Tanzîh," in the *Encyclopedia of Islam*, 2nd。Al-Fârâbî 在他的 *Harmony of Plato and Aristotle* 中称，亚里士多德在谈及以下两个方面时，尤其着意避免 tashbîh，即宇宙的那个神圣运动因（这里亚里士多德试图避免隐生成出于先在的质料或历经一步步的时间顺序）和可感之物的神圣模型（这里亚里士多德试图避免隐射在这个可感宇宙外还有其他宇宙）。Fârâbî 的这篇著作已被翻译并收入 *Alfarabi: The Political Writings: "Selected Aphorisms" and Other Texts*, translated and annotated by Charles Butterworth, Ithaca, N. Y., 2001, pp. 115-167。（已有学者质疑该著作出于 Fârâbî: Marwan Rashed, "On the Authorship of the Treatise *On the Harmonization of the Opinions of the Two Sages* attributed to Al-Fârâbî," *Arabic Sciences and Philosophy* 19, 2009, pp. 43-82, 其中从正反两面讨论了各种观点和论证，但它们并不影响我在这里表达的观点。）应该注意，虽然 kalâm 和 falsafa（希腊式哲学）的通常观点都是应避免 tashbîh 并实践 tanzîh，但 Ibn 'Arabî 极具个人特色地声称，相应于**神**的不同方面，tashbîh 和 tanzîh 都是必要的：人们通过各种流行渠道，特别是因特网，所找到的对 Ibn 'Arabî 哲学特色的宣称，大多说得好像它是一种标准的穆斯林式的思考方式。

然而，有一个重要的区别。对穆斯林一神论者来说，每个存在要么是神，要么是由神创造的东西，tashbîh 就是同化神和由神创造的任何东西，但亚里士多德认为存在着很多层级的神或神圣的事物，所以我们可以用 tashbîh 指将任何神圣事物同化为任何低于它的事物的做法——将只适用于把对自然事物的谓述用在超越自然世界的神圣事物上，将只适用于把对月下世界事物的谓述用在天界事物上，将只适用于把对身体的谓述用在灵魂上。从《形而上学》III 2，997b5-12 和 VII 16，1040b27-1041a3 的文本里我们已经看到，亚里士多德主要关注的是存在于自然世界之外，并被假定为非质料、不变的实体（《论天》I 9，278b21-279b3 同样如此，其关注的是存在于"天外"，并且不受时间和变化影响的事物）：这些事物可能不是神，因为它们可能没有生命，但它们肯定是"神圣的事物"，也就是说，它们至少具有传统上神具有的那些属性，比如是永恒的存在，且没有任何不足之处。（在这个意义上，柏拉图区分开了"神圣的"圆和球与"属人的"圆和球，《斐利布》62a7-b2，参见《巴门尼德》134c10-e8。）然而，亚里士多德在《论天》I 2-3 中论证说，因为天体自然地绕着宇宙的中心运动，而不是做朝着它或远离它的运动，所以，那些构成了它们的元素肯定不同于构成月下世界里事物的元素，这样一来，它们也就必然没有月下事物才有的那些自然对立，因此必然不会生成、毁灭、增长或缩小，以及改变。通过这种方式，亚里士多德声称他为论证天体是"神圣的"这一观点提供了依据，而这一观点是每一个认为神居于天上的人都隐含地预设的观点（《论生成与毁灭》I 3，270b4-11）。[1] 在

---

[1] 亚里士多德本人并不认为神住在天上，只是赞同这种诗意表述背后的严肃观点，即天体是完美的和永恒的——因此是"神圣的"，或类似于诸神的本性——因此是想象中神栖居的合适场所。

其他文本中，亚里士多德还反驳了那些把只适用于身体的谓述归于灵魂的人，其中也包括柏拉图。在这些谓述中，亚里士多德认为运动（kinêsis，位移或量上、质上的变化）尤其只能用于身体（灵魂只在偶然的意义上被推动，即当有生命物被推动时），因此他反对那些认为灵魂在进行思考或感知，或者推动身体时会被推动的人。这一批判针对的不仅是像德谟克利特那样认为灵魂实际上就是一种物体的前苏格拉底哲学家，也包括柏拉图，后者在《蒂迈欧》中对人类的和宇宙的灵魂做了如下描述：它们是一种与它们的身体共同延展的（co-extended）三维物体，而且它们处于运动状态，并通过自发的位移将运动传递给它们的身体，在进行感觉时，它们还会从它们的身体那里接受运动，当进行理性思考时，它们会推动自己做完美的圆周运动，但当这种理性状态被干扰时，它们就会陷入混乱的运动状态。[1] 柏拉图还在《斐德若》245c5-246a2 中论证说，既然相对于无生命物，有生命物的独特之处就在于它们是自我推动的，又由于灵魂就是有生命物的独特原则，那灵魂就必然是自我推动的，灵魂通过将它们的运动传递给身体的方式使有生命的复合物自我推动。无论亚里士多德谈论的是完全无质料的不变的东西，还是天体、灵魂，问题都是要弄清楚这些事物本身是怎样的，以及它们以什么样的方式在不具有月下事物的那些性质的情况下成为后者（例如，灵魂怎样移动它们的身体）。

　　单就完全非质料且不变的事物而言，亚里士多德认为柏拉图之

---

[1]　关于宇宙灵魂与其身体一同延展，参见《蒂迈欧》36d8-37a2；36b6-d7 指出宇宙灵魂的运动也携带着天体，38c7-39b2；42e5-44c4 生动地描述了当源于营养和感觉的直线运动从人的身体传播到灵魂时，灵魂中理性的圆周运动如何会被阻碍或扭曲。

所以会对这些事物（如人本身、马本身等）给出不恰当的描述，是由于他设定了错误的因果关系，也就是说，他错误地认为这些事物是那些可感事物的形式因；但是，在亚里士多德看来，一个事物的形式因不可能分离于这个事物而独立存在，如此一来，柏拉图做的只不过是设定了一些新的实体，这些实体与他声称要进行解释的可感事物之间只有虚构的因果关系（《形而上学》I 9，991b1-3，992a26-29）。与此不同，亚里士多德想把非质料实体理解为可感实体的另一种意义上的原因，这样的因果关系能引导我们理解这些非质料实体和由它们造成的可感物之间有何不同。

二

亚里士多德与柏拉图的分歧不仅在于应该怎样推知不变实体，还在于如何推知第一本原或万物第一因，以及如何描述它。柏拉图称这个第一本原为善自身；他还在《理想国》VI-VII将其描述为"善的理念"，这也就意味着它是一个独立存在的、所有善的事物之所以为善的形式因；并且，他在"关于**善**的讲座"中显然还把它等同于一自身，即一个首先对于数的原因（显然是形式因），然后才间接地是对于其他事物的原因。亚里士多德同意柏拉图关于智慧应该是关于"善，以及所有本性中至善者"的知识（《形而上学》I 2，982b4-10，尤其是b6-7）的观点，他也愿意将第一因描述为"善自身"（善"分离地且独自地"存在，《形而上学》XII 10，1075a11-15；"善自身"是"诸善者中最首要的，并且它的存在就是其他事物之善的原因"，《优台谟伦理学》I 8，1217b3-5，而且它也是一个目的因，1218b7-12）。但亚里士多德并不认为只有柏拉图在探求善自身（他认为恩培多克勒的**爱**是善自身，《形而上学》I 4，985a4-10，或许也可以如此描述阿那克萨戈拉的 nous 或**理性**，参见 XII 10，1075b8），并且他可以在认同有善自身的同时，拒绝接受柏拉图关于善自身是"善的理念"且是善的形式因的描述：事实上，亚里士多德说，即使有一个分离于存在的善的形式因（实际上并没有分离于存在的形式因），它也不会比其他善的事物更善，因此也不会是善自身（《优台谟伦理学》I 8，1218a8-15）。亚里士多德也拒绝接受柏拉图将善自身等同于一自身的做法，因为一自身是数目统一性的形式因（若把**理念**等同于数，那它也是**理念**之统一性的形式因）。[1] 更一般地说，亚里士多德认为，把**理念**降阶为数、把哲学降阶为数学的思路，虽然可能是避免 tashbîh 的一个可行办法，但也意味着我们的解释实际上与善无关，即使我们说数的第一本原是善也不行（《形而上学》I 9，992a29-b1，III 2，996a22-b1，XIV 4，1091a29-XIV 5，1092a11；《优台谟伦理学》I 8，1 218a15-32）。[2]

在《形而上学》I 里，亚里士多德把对柏拉图的这一批判表述成柏拉图在《斐洞》中对阿那克萨戈拉的批判的一个扩展。当阿那克萨戈拉说"nous 安排万物"时，他就是在（在柏拉图和亚里士多德看来）隐含地宣称要根据善来解释世界，但他实际上给出的

---

[1] 亚里士多德把该观点归于柏拉图，参见《形而上学》I 6；他拒斥该观点，参见《形而上学》XIV 4，1091a29-XIV 5，1092a11。

[2] 亚里士多德承认有善自身，但他批判柏拉图提出的善自身的候选项（即善的理念和一——亚里士多德显然认为后者才是柏拉图眼中更加正式的候选项），参见我的 "Aristotle and Plato on God as Nous and as the Good," *Review of Metaphysics* 45，1992，pp. 543-573, and "La sagesse comme science des quatre causes?," in Maddalena Bonelli（ed.），*Aristote：physique et métaphysique*，Paris，2012。

解释只是把 nous 当作"运动的来源"或动因，当作搅起宇宙生成性漩涡的东西：即使 nous 的确是善的，这些解释也不是将作为善的 nous 当成原因，并且，通过这种意义上的原因来推知 nous，也无法使我们获得关于它的善的知识。柏拉图在"关于**善**的讲座"里给出的替代方案，是试图把善的第一本原理解为一自身和统一性的形式因，但这也面临同样的问题，即使一的确是善的，这些解释也不是将作为善的它当成原因：只有目的因或"所为的东西"才因其善而成为原因，才是造成那些在较弱的程度上善的结果的原因，并且，只有能做出改变的事物才能为了什么而改变。[1]出于这个原因，为了通过因果关联的方式推知善的第一本原，亚里士多德没有从数学对象开始，而是从自然事物开始，来寻找它们运动和有秩序的原因；所以他的一些做法更像是阿那克萨戈拉做的事，或更像柏拉图在《蒂迈欧》里谈论德穆革时做的事，而不像柏拉图在"关于**善**的讲座"里做的。在探求运动因时，亚里士多德首先（像阿那克萨戈拉一样）寻找的是动因；但他声称，如果我们以正确的方式做

---

[1] 亚里士多德在《形而上学》I 3，984b15-19 对阿那克萨戈拉 nous 理论的介绍呼应了《斐洞》97b8-d4，而且，亚里士多德在 I 4，985a16-21 对阿那克萨戈拉并未充分地把 nous 当成原因的批判，更加明显地呼应了《斐洞》98b7-c2。但是，亚里士多德在 I 7 中说，柏拉图自己的状况也和阿那克萨戈拉差不多："有些人讲到 nous 和友爱，并把这些原因当作善，但是存在着的东西却不是为了它们而存在和生成，只不过是说运动由它们而来罢了（亦即把它们说成动因而非目的因）。有些人也像这样，把一和存在说成这样的本性或自然，是 ousia 的原因（亦即一种形式因），但事物并不为了它而存在或生成。这样就引申出了一个结论，他们似乎既承认又不承认善是原因，因为他不是一般地说，而是在偶性上说。"（988b8-16）。关于反对为不变的事物（特别是数学对象）寻求目的因的论证，参见《形而上学》III 2，996a22-b1 和《优台谟伦理学》I 8，1218a15-32；关于该文本，以及关于"柏拉图关于**善**的讲座"，参见 Jacques Brunschwig 的重要论文："EE I 8，1218a15-32 et le ΠΕΡΙ ΤΑΓΑΘΟΥ," in Paul Moraux and Dieter Harlfinger (eds.), *Untersuchungen zur Eudemischen Ethik*, Berlin，1971，pp. 197-222。

这件事，那它最终会把我们引向一个同样是目的因的原因。并且他声称，这也会将我们引向一个永恒不变的原因，但对形式的探究就不会有这个效果。

这并不是最显而易见的那种探求永恒不变的原因的方法：我们可能更自然地希望从永恒不变的数学对象开始探求永恒不变的原因，我们可能还会认为，变化的原因自身就是变化着的事物。但是，亚里士多德首先想要探寻其原因的，是宇宙的稳定秩序，包括宇宙中的那些稳定的运动模式（天体的运动、季节的循环、植物和动物的生命周期），而且他显然不是第一个提出这种秩序和这些运动的原因超越了这个宇宙中的可见物体的人：阿那克萨戈拉的 nous，恩培多克勒的**爱**，以及《蒂迈欧》中的德穆革（他或许可以被等同于《斐利布》28c6-30e3 处的 nous）都是作为运动和秩序的此类原因。所以，就把运动和秩序的本原规定为 nous 而言，亚里士多德也会把他自己归在阿那克萨戈拉和柏拉图的行列中。[1]

―――――――――

〔1〕关于《蒂迈欧》中的德穆革就是《斐利布》（和《法篇》X、XII）中的 nous 的论证，以及关于应该如何理解这个 nous 的讨论，参见我的 *Plato on God as Nous*, Carbondale, Ill., 1995。我的主要观点是，在该语境下，nous 的意思不是"心灵"（mind）或"理智"（intellect），而是类似于"**理性**"（Reason）或"合理性"（rationality）的东西：它不是一个理性灵魂，也不是这样一个灵魂的理性能力或活动，而是灵魂可以分有的一种理智德性，灵魂更多或更少地分有它，会使灵魂的认识或行为更加合理或更不合理；并且，就像柏拉图描述的其他德性那样，它独自存在，分离于所有分有它的灵魂。我还论证说，阿那克萨戈拉也认为那个统治宇宙的 nous 不是一个心灵，而是**理性**或合理性，是一种独立存在的物体性实体，生物可以通过在自己的身体里包含一部分它的方式分有它。人们有时会认为柏拉图的一些文本表明 nous 无法离灵魂单独存在，但这些文本实际上说的是，只有灵魂（而不是物体，像阿那克萨戈拉想的那样）才能分有 nous，或说，只有灵魂才能直接分有 nous，物体只能通过灵魂才能分有它。其他观点可参见：F. M. Cornford, *Plato's Cosmology*, London, 1937, esp. pp. 38-39 and p.197; Harold Cherniss, *Aristotle's Criticism of Plato and the Academy*, vol.1, Baltimore, Md., 1944, esp. p. 425; Reginald Hackforth, "Plato's Theism," in R. E. Allen（ed.）, *Studies in Plato's Metaphysics*, London, 1965, pp. 439-447; and Richard Mohr, *The Platonic Cosmology*, Leiden, 1985. 另外, Michael Bordt, *Platons Theologie*, Freiburg, 2006 有对这一争论的综述。

但阿那克萨戈拉、恩培多克勒和柏拉图并没有把这些原因表述为完全不变化的东西。阿那克萨戈拉的 nous 与恩培多克勒的**爱**和**憎**似乎是三维延展的事物，既存在于宇宙之内，也存在于宇宙之外，在推动这个宇宙的同时也被推动；此外，当 nous 开始搅起宇宙生成性漩涡时，它也会从不活动状态（静止？）转变为活动状态（运动？），而**爱**与**憎**轮流主宰宇宙。即使是《蒂迈欧》里的德穆革，虽然是独立的、不占空间的而且应该不会发生变化，似乎也会经历从不活动的状态（不介入流变的**容器**［Receptacle］）转变为活动状态（产生有序的世界）的过程。然而，亚里士多德认为，任何会经历变化——包括从不活动到活动的变化——的事物都不是严格意义上的本原，亦即并非在严格意义上先于其他一切东西：不管什么东西要想从潜在地是 F 转变为现实地是 F，都必须通过某个在某种意义上已经现实地是 F 的东西来实现，特别是，不管什么东西要想从非活动状态转变为活动状态，都必须通过某个已经活动着的事物导致它活动。阿那克萨戈拉声称宇宙最初处于永恒的静止状态，继而 nous 开始发起漩涡运动，但这样的宇宙—历史是不可能的，因为没有什么充分的理由能够解释，为什么 nous 在此刻而不是之前开始活动；恩培多克勒描述的那种宇宙—历史倒是可能，在这一描述中，**爱**和**憎**交替地主宰宇宙，但是，还必须有一种在先的、总是一致地发生作用的原因，以解释为何**爱**和**憎**会接续地活动和不活动，以及为何它们主宰的时间是相同的（例如，你可以设想有个东西导致一个圆环做匀速的旋转运动，这个圆环承载着**爱**和**憎**，带着它们依次做远离宇宙和朝向宇宙的运动）。[1] 亚里士多德从自然事物出发推知第一本原——这个第一本原要像柏拉图的**理念**、数和**善**一样是永恒不变的——的计划依赖于找到一个因果链，从而把这个宇宙中的有序运动和一个纯粹现实的、不包含未实现的潜能的原因——因而它就永恒地活动着，且以相同的方式永恒活动着——连接起来。这必然会包含对第一本原的 tanzîh，对人们关于它常说的那些东西的净化，因为这些描述里的大多数，尤其是对它如何引发其他事物运动的描述，都至少隐含地把运动或潜能归给这个原因。的确，我们可能会怀疑这样的一个关于本原的观念是自相矛盾的，或者至少它会导致 ta'tîl，亦即导致对它自身是什么或它如何作用和产生影响变得无话可说。

事实上，直到希腊化时代晚期亚里士多德主义的复兴（可能直到公元 2 世纪），亚里士多德和他的亲传学生泰奥弗拉斯托斯（Theophrastus）、优台谟（Eudemus）都是仅有的坚持认为不被推动的事物可以引起其他事物运动的哲学家。[2] 与此相应，柏拉图在《法篇》X 根据《斐德若》中关于灵魂的本质自我运动的论证

---

[1] 关于为何恩培多克勒的宇宙史比阿那克萨戈拉的更可取，以及为何还要为它补充另外的原因，参见《自然学》VIII 1。但如果在"爱"或"憎"取得胜利后会有完全静止的一段时间，那恩培多克勒也会像阿那克萨戈那样无法解释为何运动会重新开始。

[2] 泰奥弗拉斯托斯关于不被推动的推动者以及活动（energein）但不运动之物可能性的讨论，参见他的《形而上学》7b9-15 和 Fr. 307D（William Fortenbaugh, Pamela Huby, Robert Sharples, and Dimitri Gutas（eds.）, *Theophrastus of Eresus: Sources for His Life, Thought, Writings and Influence*, 2 vols., Leiden, 1992）。优台谟在他的《自然学》中追随着亚里士多德的《自然学》论证说第一推动者是不被推动的，参见他的以下残篇：Frr. 120, 121, and 123b in Fritz Wehrli, *Die Schule des Aristoteles*, 2nd, 10 vols., Basel, 1967, vol. 8，但他似乎来在这一语境里提到"活动"。据我所知，第一个复活不被推动的推动者和活动但不运动这一观念的作家，是柏拉图主义者 Alcinous（2 世纪？）, *Didaskalikos* 10, 2（英译本：Alcinous, *The Handbook of Platonism*, John Dillon [trans.], Oxford, 1993）；这些观念然后又被 Alexander of Aphrodisias 延续下去。

（灵魂是生命的原因，从而是动物身体自我运动的原因，因此，灵魂根本上是自我推动的东西，它通过推动身体使灵魂—身体复合体自我推动，《斐德若》245c5-246a2，上引）表明，在宇宙中，灵魂先于身体：任何被其他事物推动的事物，要么是被某个自我推动的事物推动，要么是被某个被其他事物推动的事物推动，因此，如果排除无限倒退的可能，那运动的第一本原就将是自我推动者，因而也就是一个灵魂。这个论证有一个逻辑漏洞：那个推动其他事物的东西，可能既不是自我推动的，也不是被其他事物推动的，而是根本就不被推动。但柏拉图要么从未考虑过这样一种可能，即某个自身不被推动的东西能让其他事物运动，要么就是认为这太荒谬了，根本不值得一驳。至少有两个原因可以解释为什么他（以及一般而言，希腊哲学家）不愿意接受不被推动的东西可以引起运动。首先，假设让 X 推动 Y，而 X 自身是不变的，那 X 似乎就不能开始推动 Y，因为没有什么充分的理由能让 X 现在推动 Y 但在此之前不推动 Y。这个推理大体上没问题，并且它表明（如上面反驳阿那克萨戈拉时说的那样）一个一开始就不运动的东西无法产生运动，但它不能排除 X 可能一直在推动着 Y，比如永恒地以圆周的方式推动着 Y（还有一种可能是，虽然 X 一直在以相同的方式活动着，但直到其他一些情况发生了变化，例如一些障碍被移除了，Y 才在此刻开始运动）。然而，还有一个反对意见，它指出，让 X 推动 Y 就是让 X 去做某事。塞克斯都·恩披里柯（Sextus Empiricus）这样阐述这个论证："推动［其他事物］就是在以某种方式活动着［energei ti］，但那活动的东西就是在运动，因此推动［其他事物］的东西就是在运动。"（《驳自然学家》II 76）显然，所有希腊化时期的哲学家都会接受这一点。他们可能会设定不动的东西，例如虚空、数字或 lekta（"可言者"［sayables］或斯多亚派的思想内容），但这些东西并不活动，因此也不会推动任何东西；也许柏拉图的**理念**也是如此，既然它们不运动，因此也不活动。（柏拉图也许会承认德穆革是不被推动的推动者，而且《智者》248c4-e4 可能暗示处于被认识状态的**理念**可以在不被推动的情况下作用于灵魂；但如果是这样的话，柏拉图似乎在《法篇》中忘记了这种可能性。）

对于这一论证和柏拉图在《法篇》X 中关于第一个推动者自我推动的论证，亚里士多德的回应依赖于他对活动（energeia）和运动（kinêsis）的概念区分，以及他断言存在着一些不是 kinêseis 的 energeiai（或者说，这种活动不是在施动着的东西中发生的变化，虽然在这个活动的对象或工具里可能会有变化）：因此，作为灵魂的一种秉性，当技艺被执行时，它就是在"施动"，但技艺自身并不会因此发生任何改变，同样地，当一种颜色"施动"于眼睛从而引起视觉时，这个颜色也并未发生性质的或位移的变化。亚里士多德在这里看到了一种替代柏拉图关于灵魂是一种自我推动的运动本原的观点的可能：亚里士多德同意柏拉图所说的灵魂是动物推动自身的原因，但他不认为由此能推出灵魂推动自身。[1] 亚里士多德的

---

[1] 技艺是技艺品的动因，在严格的意义上甚至比技艺家更是动因，参见《自然学》II 3，尤其是 195b21-25；技艺施动但自身不被影响，或说它是一个不被推动的推动者，参见《论生成与毁灭》I 7，324a24-b13。亚里士多德有时会拿灵魂与其身体的关系类比技艺家与其工具的关系（《优台谟伦理学》VII 9，1241b17-19），但当他在其他地方更加准确地谈及这一类比时（如《论灵魂》I 3，407b20-26），后者变成了技艺及其工具。故而，技艺推动其工具但自身不受影响，这种作用方式为他描述灵魂对身体的影响提供了一个模板，既然活着的身体是一种自然工具（一种"工具性的自然身体"，《论灵魂》II 1，412a27-b6），那灵魂就是内在的运动之源，而技艺从外部推动其工具。对此更加详细的讨论和对相关文本的引用，参见我的 "Aristotle's Definition of Soul and the Programme of the *De Anima*," *Oxford Studies in Ancient Philosophy* 22，2002，pp. 83-139。

替代方案是，灵魂是动物身体的一个不被推动的推动者，身心复合体在这种意义上是自我推动的：它有两个组成部分，其中一个部分推动另一个部分，但它们两个没有一个是自我推动的。（如果灵魂绝对地不会被推动，那它就必然总是以同样的方式活动，并且必然是不朽的；但是由于当身体发生位移、改变或成长时，灵魂也会偶然地被推动，所以灵魂会产生不同种类的活动，而且如果身体不再给它提供其活动所需的器官，它可能会完全停止活动和存在。）因此，根据这种理解，灵魂对身体的施动就是一种不是 kinêseis 的 energeiai；但在所有常见的情况中，当一个物体推动另一个物体时，第一个物体也都会被推动（要么是为了推动第二个物体而被推动，就像当第一个物体推动第二个物体时那样，要么作为推动第二个物体的后果而被推动，就像当第一个物体加热第二个物体时它自己也会在这个过程中变冷那样），我们对灵魂独特的活动方式的无知诱使我们 tashbîh，使得我们认为灵魂推动身体的方式和物体推动物体的方式相同。亚里士多德认为《蒂迈欧》和实际上把灵魂等同于物体的前苏格拉底哲学家一样陷入了 tashbîh："德谟克利特……说这些不可分割的球会被推动，因为它们的本性就是永不静止，并且它们推动整个身体，拖拽着它和它们一起……但灵魂似乎并不是以那种方式推动身体的，而是通过选择和思考。蒂迈欧也以自然学的方式说（phusiologei）灵魂以同样的方式推动身体，亦即它通过推动自身也推动了物体，因为它与身体交织在一起。"（《论灵魂》I 3，406b20-28）柏拉图说的那些，即灵魂的理性认知做一种圆周运动，当这种运动被直线运动扰乱时，它会产生非理性的认知，同样是 tashbîh，对此，亚里士多德恰当地给出了理智不可能做一种旋转运动的论证（407a2-34）。灵魂如何思考的问题和它如何推动身体的问题相关，因为柏拉图给宇宙灵魂做圆周运动——从而是一种理性运动——提供的证据就是它推动天体做圆周运动这一事实：他把灵魂带动整个天绕着天极所做的运动等同于它的理性认知活动，把灵魂带着以不同速度运动着的七个天体绕着黄道的两极所做的运动等同于它关于可感对象的稳固的真判断（《蒂迈欧》37b3-c5）。由此，柏拉图直接将天上的运动结构复制为灵魂的结构，正如亚里士多德轻蔑地指出来的那样，"就好像诸天的位移运动就是灵魂的运动"（《论灵魂》I 3，407a1-2）。当亚里士多德说"灵魂似乎并不是以那种方式推动身体，而是通过选择和思考"时，他的意思是，选择关涉的因果关系是目的论的，亦即我做某事是因为其结果是或看起来是好的：通过灵魂的推动作用来解释自主运动是不恰当的，这就像我们试图通过苏格拉底的骨头和筋腱来解释他为什么选择坐在监狱的椅子上。

到目前为止，我们已经看到亚里士多德试图论证灵魂在施动时并非必然会被推动，而我们之所以会认为它在运动，是因为我们不恰当地把我们在物体那里看到的活动类型扩展到了灵魂。亚里士多德通过各种方式（在《论灵魂》I 3 和《自然学》VIII 5 中）尝试将这些想法发展成一些相当专业化的、关于灵魂不可能被推动的论证；其中很多论证有一个共同的主题，即为了使灵魂能维持身体中的恒定的运动模式，灵魂自身必须不能受身体变化的影响。因此，举例来说，不能因为"只有这种元素体［火］被认为是可被滋养和可增长的"（《论灵魂》II 4，416a10-12），就将生物生长的原因归给火，因为"只要有燃料存在，火的增长就［趋向］无限，但自然构成的所有事物都有一个大小和生长的限度和 logos；而这些属于灵魂而不属于火，属于 logos 而不属于质料"（a13-14）；但如果灵魂自身会随着身体一块儿生长而非保持不变，那么，将灵魂而非火设定为生长原因的优势就没有了。而且，亚里士多德论证说，如果灵魂推动自身，那么，无论它在什么方面被推动，它都会在它被推离的那个方面（比如，它的位置或它的大小）"被取代"（displaced）；而且，如果像柏拉图在《斐德若》中说的那样，灵魂的自我运动不只是影响其偶性，而是构成了灵魂的本质，那么"灵魂就会在其本质上被取代"（《论灵魂》I 3，406b11-15）。柏拉图说，只有能推动自身的东西，并且是因其本质而如此的东西，"才不会与自身分离"（《斐德若》245c7-8），才能始终以相同的方式被推动，并以相同的方式推动其他事物。但亚里士多德回应说，运动的连续性和无穷性依赖的是一个不变的原因。也许柏拉图也认识到了这一点，所以他才试图把灵魂的不变本质归结为运动（或自我运动）自身，因为他似乎在《法篇》X，895a5-896b3 中说，灵魂是"自我推动的运动"自身，而不是一个可被推动的对象；亚里士多德认为自我保持（self-subsistent）的运动这一观念很荒谬，但导致柏拉图提出这一观点的那些压力，其中一些也导致亚里士多德将神圣**理性**描述为一种自我保持的活动。《蒂迈欧》也是这样，柏拉图在那里把灵魂的运动描述成围绕其自身的轴旋转的运动，因而是一个连续实体的不可分的部分间的互相取代：亚里士多德嘲笑这种描述，但这可能是柏拉图能给出的描述中，最接近那样一种在施动主体内没有状态改变，但又足以在其他事物中引起运动的活动了。

三

　　基于对柏拉图关于灵魂是自我运动的观念的批判，亚里士多德
开始在《自然学》VIII 里修订柏拉图在《法篇》X 中给出的宇宙神
学论证。[1] 正如我们所见，基于灵魂是自我推动的运动本原这一

---

[1] 关于运动的神圣本原或诸本原，以及它们与天的关系，亚里士多德在不同的地方有
　　不同的说法；这些说法之间存在着张力甚至不一致的地方，这或许意味着他就这些
　　问题曾改变过想法。除了《自然学》VIII 和《形而上学》XII、《论天》的几处讨论
　　和其他自然学作品（主要是《论生成与毁灭》）里的简述，还有《论哲学》里的几
　　个残篇）。Werner Jaeger 在 *Aristotle: Fundamentals of the History of his Development*，
　　Richard Robinson（trans.），Oxford，1934，2nd，1948 中试图为亚里士多德在此问题和
　　其他问题上的变化提供一个发展史；Hans von Arnim，*Die Entstehung der Gotteslehre
　　des Aristoteles*，Vienna，1931 则更加严肃地考察了所有证据，并提供了另一个相当
　　不同的发展史方案；W. K. C. Guthrie，"The Development of Aristotle's Theology，"
　　Classical Quarterly 27，1933，pp. 162-171 and 28，1934，pp. 90-98 本质上是为 von
　　Arnim 的观点提供了一个英文版的概述。这些作者经常沉溺于——有时震怒于——《形
　　而上学》XII 8 关于有复多个不被推动的推动者的描述，他们往往想要证明，亚里
　　士多德直到其哲学生涯的后期才接受了这一观点，但《自然学》VIII 6 已有相关证
　　据（参见我接下来的讨论），《论哲学》（Cicero，*De natura deorum* I，13，33）明显
　　也有：既然 mens=nous，似乎就有不同于那个通过 replication——它显然指的是一
　　种反向旋转——推动宇宙的东西。无论如何，鉴于亚里士多德的承诺，他不可能在
　　不承认有诸多推动者的情况下解释天体复多的旋转运动。（Jaeger 指出，《形而上学》
　　XII 8 与 XII 其他章节之间有文体上的差异，由此断言，XII 8 一章是后来才被亚里
　　士多德添加到主体上是"一神论"的 XII 中的，但同样有可能的是，正如 Friedrich
　　Blass，"Aristotelisches，" *Rheinisches Museum* 30，1875，pp. 481-505 论证的那样，亚
　　里士多德在写作 XII 时，纳入了某些早期的文本——可能是《论哲学》中的东西，从
　　而构成了 XII 8［的大部分内容］）。此外，von Arnim 和其他一些人确信，在以《论哲
　　学》为代表的早期阶段，亚里士多德并不相信存在着非质料的神圣推动者，而是认为
　　有一种类似于自我推动的神圣以太作为至高本原；在我看来，这种说法与上面引用的
　　《论哲学》残篇明显有矛盾，并且，《自然学》II 从《论哲学》引述的对"所为的一什
　　么"的两层含义的区分，很有可能已经被用来解释，一个永恒不被推动的实体，在不
　　可能被惠及，否则就会被影响的情况下，如何能够成为诸天运动的目的因。

理解，柏拉图在那里论证说，宇宙中的一切运动必然源于灵魂，而且灵魂（其运动由于源于自身，故而永远不会失效）必然是不朽的；这样，具体而言，天体的运动就源自一个或多个不朽的天体灵魂；由于天体的运动是一些单纯的圆周运动的结果，故而就是天体的灵魂在以这些单纯的圆周运动的方式推动它们自身（从而也推动着它们的身体），那么，它们就必然是完全理性的、善的，值得被称为神。在最基本的层面上，亚里士多德的计划是从运动存在这一事实出发推出第一推动者；并推出这个第一推动者不能是自我推动的，而必须是不被推动的（如果一个运动因的链条把我们引向一个自我推动的推动者，比如一个动物，那他会论证说那个推动者还可以分解成一个不被推动的推动者和一个被它推动的东西，例如灵魂和它的身体）；然后得出结论，这个或这些第一推动者既然是不被推动的，就必然是永恒。亚里士多德在《自然学》VIII 中并没有说这个推动者是有生命的、善的或是神，但他确实称它们是永恒统一的圆周运动的推动者，并且他也为在《形而上学》XII 得出更具体的神学结论提供了自然学基础。

然而，出于以下几个原因，亚里士多德的论证实际上要比这复杂得多。首先，虽然柏拉图似乎并不担心运动因会有无限倒退的可能，但亚里士多德确实试图论证那种会威胁到其论证的无限倒退是不可能的。其次，即使没有无限倒退的可能，而且我们也在给定的系列里找到了第一运动因，但是，根据亚里士多德的观点，即使它必然不被推动，这也不足以推出它是永恒的：对亚里士多德来说，各个动物的灵魂都是一个不被推动的推动者，足以启动一连串的推动者，但它会在偶然的意义上被动物的身体推动，它的活动和存在依赖于身体处于适当的状态，所以在动物生成和毁灭时，灵魂也会（在不生成于或毁灭为任何灵魂—质料的情况下）在偶然的意义上生成和毁灭。[1]这使得我们更加难以下结论说，运动的存在需要一个永恒的不被推动的推动者。亚里士多德解决这个难题的方式，并不只是追溯到任何给定的运动的第一原因，而是追溯到天体运动的第一原因或诸原因，后者必然会像其发起的运动一样是永恒的。这似乎是在遵循《法篇》X 的做法，事实上，亚里士多德最终做的就是这样的事情。但是，他在《自然学》VIII 中的论证策略有一些值得我们注意的地方，而上面这种说法并没有捕捉到这一点。亚里士多德所谓的"自然学"或"论自然"在宽泛的意义上包括了《论天》《论生成与毁灭》和《气象学》，或许还包括那些生物学和心理学著作：总之，它特别地包括了他对五种简单元素、它们不同的自然运动形态（朝向中心、远离中心或围绕中心），以及由它们组成的宇宙结构的描述。但是，狭义地被我们称作《自然学》的那八卷著作，作为自然学论著的某种长篇导言，只着力于一般地分析运动、运动的先决条件（位置、时间、连续性、无限……）和原因，并不系统地依赖于对宇宙或某种特别的自然元素及其运动方式的理解，尽管亚里士多德也没有严格地排除所有这些因素。在这个意义

---

[1] 灵魂作为并非就其自身地而是偶然地被推动的东西，与作为即使在偶然的意义上也不会被推动的东西，关于这两者的区别，尤其可参见《自然学》VIII 6，对此下面会有讨论。关于灵魂及其他会随着复合体的生灭而在偶然的意义上开始存在、停止存在的形式，尤其可参见《自然学》VIII 6，258b16-22 和《形而上学》VII 15，1039b20-27、VIII 3，1043b13-21；Ross 在其 *Aristotle's Metaphysics*, 2 vols., Oxford, 1924, vol. 1, p. 360 对《形而上学》VI 2，1026b23 的注疏中，对亚里士多德提到"不经历生成和毁灭，但在某个时间存在，在某个时间又不存在"的东西的文本做了一个（不完全的）列表。

上说，《自然学》VIII 是其华丽终章，它试图表明，即使没有宇宙论上的经验性证据，前面几卷的分析也足以让我们推断出在这个自然世界外有一个原因，从而为 theologikê 奠定自然学基础。亚里士多德并没有尝试去掩饰他谈论的是天体，并试图由之推出它们的不被推动的推动者。但他的论证充满了抽象的、一般性的术语，他说任何运动的存在都要预设某种类似于天体的永恒运动的东西，而不是——像《法篇》X 做的那样——依赖于经验性的天文学理论，证明天体运动能被分解为统一的圆周运动。

论证计划大概是这样实施的。《自然学》VIII 1-2 从当下有运动存在这一事实出发，亚里士多德论证说，必然总是存在着运动（因为如果以前没有运动，那就没有充分的理由让运动在现在而非更早或更晚开始），并且一个与此对称的论证也会表明运动将来也总是存在。这一论证是为了表明，运动在一种较弱的意义上是永恒的，亦即总是会有这种或那种运动存在着，而不是在更强的意义上表明总会有某一种运动永恒地存在着。（亚里士多德在《自然学》V 4 中讨论了运动的同一性条件：如果一个运动是连续的，那它就是在时间上数量为一的运动，而一个连续的运动也就意味着，它是一个单一持存主体在一个连续的时间中、朝着相同的最终状态或相同的空间方向的运动；它应该也是速度统一的运动。）事实上，亚里士多德认为我们通常所见的事物并不总是处于运动状态，而是交替地运动和静止；但是他试图从这些运动中推出，首先，至少有一个永恒的事物在永恒地被推动着做一个单一连续的运动，其次，至少有一个永恒不被推动的事物（《自然学》VIII 3 描述了这个计划）。他在 VIII 4 论证说，任何被推动的东西都是被某物推动，要么被它自己（或它自己的某个部分）推动，要么被另一个东西推动。但是，对自然地做朝上或朝下运动的四种单纯元素体来说，这一说法并非显然（它们并不推动它们自己，因为这是生物的特征——"它们具有运动的本原，但不是作为能推动［及物的］或施动意义上的本原，而是能被施动意义上的本原"，255b30-31），但亚里士多德声称（255b13-256a3），当这滴水（比方说）向下朝着其自然位置移动，就其自身的那个推动者，是最初在水的自然位置上方生成这个水的任何东西。[1] 接着，他在 VIII 5 中反驳了就其自身的推动者可以无限后退的想法：如果 X 被 Y 推动，Y 又被 Z 就其自身地推动（也就是说，Y 是 X 的推动者，而不是其他什么），则 Z 是 X 的真正推动者，而 Y 只是与 Z 形成因果关系的工具而传递运动；如果在这个系列的开头没有非工具性的推动者，那 X 就根本不会被推动（256a4-b3，通过 257a27 给出了进一步的论证）。虽然亚里士多德说，这样的第一推动者必然要么是自我推动的，要么是不被推动的，而如果它是自我推动的，它就必然包含一个不被推动的部分，这一部分才是真正的第一推动者（257a27-258b9），[2] 但他不能，也没有推定这个第一推动者会是绝对不被推动的或是永恒的。

---

[1] 亚里士多德还说（255b24-29），推动一个重的或轻的事物做自然运动的东西，在偶然的意义上是阻碍一移除者，比如，把手里的石头放开或把桶放倒让水流出来的那个人；但水会落下的根本原因是，在水的自然位置上方有水，而就其自身的推动者，就是任何使这件事发生的东西。这样看来，导致水最终落下的那个就其自身的推动者，就不是在水的自然位置上面产生水（比如通过压缩云中的气体产生水）的东西，而是从水的自然位置取水，并把它抬升到远离其自然位置的那个抬升者。

[2] 关于为何灵魂不是自我推动的，而是不被推动的，参见上面对《论灵魂》中相关文本的讨论；关于亚里士多德对自我运动的一般看法，可参见论文集：Mary Louise Gill and James Lennox, *Self-Motion*, Princeton, N. J., 1994。

它必然能够开启一个真正的新的运动因链条（而不只是传递一个运动），但它也可能会受到影响，至少可以像当身体被推动时灵魂也偶然地被推动那样；一些不被推动的推动者可能并不是永恒的，而是在某个时间存在，之前或之后则不存在，尽管它们就其自身不会生成或毁灭，这是因为由它们构成的自我推动的推动者会经历生成和毁灭。

然而，这样一来，论证就有了一个新的转折：

> 有些事物［亦即一些自我推动者］在生成，有些事物在消灭，并且连续不断，其原因不可能是虽然不能被推动，但不是永恒存在的那些东西，也不可能是这类东西：其中的一些总是引起一些事物的运动，另一些则引起**另一些**事物的运动。因为这些东西不论是个别还是全体，都不能成为永恒而又连续运动的原因。理由在于，一方面，这个运动具有永恒性，且是出于必然的，但另一方面，全部［非永恒的不被推动的］推动者是为数无限的，而且并非全都同时存在着。那么，很明显，如果有些不能被推动的推动者和许多自己推动自己的推动者在千万次地生成和消灭着，而且，如果**这个**不能被推动的东西推动着**那个**东西，而其他东西又推动着**那个**东西，那么，就会还有一个既包容它们［全部］但又不是它们之中的任何一个的某物，只有它才是一些事物存在，另一些事物不存在，以及连续变化的原因［亦即是自我推动者的，因而也是它们包含的那个不被推动的推动者成分的，连续生成和毁灭的原因］。并且，它也是那些运动者［自我推动的推动者，或它们包含的那个不被推

动的推动者成分]的原因,而那些运动者又是其他被运动的东西的原因。(《自然学》VIII 6,258b26-259a6)[1]

从经验上说,这里的自我推动者指的是动物(或植物),而那些并非总是存在的不被推动的推动者是它们中那个不被推动的部分,即它们的灵魂。亚里士多德在这里想说的是,这些非永恒的不被推动的推动者,亦即灵魂,不足以解释动物的(因而在偶然的意义上也是它们的灵魂的)永恒的生成和毁灭现象。珀琉斯的灵魂确实能解释阿基里斯(及其灵魂)的生成,也许我们就此认为,一般意义上的灵魂能解释一般意义上的生成,因为每个动物(及其灵魂)的生成都可以通过其父亲的灵魂得到解释。但是,亚里士多德现在说,还有另外一个需要得到解释的现象,即物种的繁衍和更替过程"永恒而又连续地"发生着。这个结果肯定不是由珀琉斯的灵魂引起的,因为这个结果是永恒的,而珀琉斯的灵魂并不永恒,亚里士多德还断言,这个结果也不能通过"它们全体"来充分解释,因为它们"并非全都同时存在着",而且(显然是出于这个原因)它们无法通过协作的方式产生一个单一的结果;如果这种结果,即物种的永恒,只是无限多个暂时的原因在无限多个未协调下的行动里产生的副产物,那它就不会是"必然的",然而,只要物种还是亚里士多德式科学的对象,它就只能是必然的。

论证的这一转向对《自然学》VIII 的计划至关重要。亚里士多

---

[1] 中译来自《物理学》,徐开来译,中国人民大学出版社 2003 年版,根据作者英译略有改动;本文中的《物理学》引文皆如此。为保持相关术语译法的一致性,本文把亚里士多德的这一著作译作《自然学》。——译者注

德现在断言，我们之所以需要一个永恒的不被推动的推动者，不是为了解释运动存在这一事实本身，而是为了解释生成的无穷尽性，从而也就是为了解释：在每个时刻都有一些不被推动的推动者，即一些灵魂，这些灵魂相应地开启着运动因链条，从而也就解释了运动的事实。为了更好地理解为什么他会认为这里有一个需要进一步得到解释的东西，以及为什么这么多灵魂"全体"也不能解释它，考察一下物种的持续更替为何会失败或许有帮助。当亚里士多德说有"一个包容它们［全部］（的东西）……是一些事物存在，另一些事物不存在，以及连续变化的原因"时，他实际上想到的是经验中的天体，尤其是太阳绕黄道的一年期旋转，他在《论生成与毁灭》II 10中明确地说，这是季节交替和简单元素及其组合物、动植物物种周期性的生成与毁灭的原因。正如亚里士多德在这一章和《论动物的生成》IV 10中所说，所有月下的物种都有它们"朝向"（boulontai，《论动物的生成》IV 10，777b18）的自然周期、自然寿命，同时也有各自孕育和成熟的自然周期，这些周期通过天体周期的倍数得到确定。所以，诸天体，尤其是像太阳这样的天体，通过某种机制，起到了类似于节拍器一样的作用，设定了下界事物的周期，若没有天体的运动，就没有能客观地度量均衡时间段的东西，下界事物也就没有能够朝向的自然周期。所以，如果我们想象，天上并没有什么运动产生一年的周期，那就没有什么理由能解释为什么某个物种会这样地生成、繁殖和毁灭，以至于父母和子女的出生日期之间的平均间隔会是 N 年，而不是这一代的间隔是 N 年，下一代的间隔是 N/2 年，接着是 N/4 年，如此等等，以至于在 2N 年之后，极多世代都会被穷尽；或者，同样可能的是，生命的生理过程会慢慢减缓，那样我会在一年的时间里走完一半朝向死亡（或孕育中的胚胎走完一半朝向完全成型）的路程，接下来的一年走完剩下的一半，再接下来的一年又走完剩下的一半，如此等等，以至于没有人能完成死亡或出生的路。（你可能会想到柏拉图《政治家》269a1-271c2 中的那个神话，即宇宙旋转的逆转导致所有生理过程的逆转：它可能并非完全真的指这个意思，但它依赖于这样一个严肃的想法，即宇宙旋转的速度——若不是方向的话——决定了生理过程的速度。）

亚里士多德坚持在《自然学》VIII 里以抽象的方式说话，所以他在 VIII 6 中并没有说世代的规律性和无穷尽性需要天体的运动来确保；他只是说，有某种数量上单一的运动，与诸多非永恒的不被推动的推动者之整体的永恒连续性共存，因而它自身也必然是永恒的、连续的，而且显然是统一的。接着，他在 VIII 7-9 指出，永恒连续的运动必然是位移运动，具体而言就是旋转运动，因为质变、增减或直线运动必然会达到一个界限，继而在界限处静止，然后再朝着相反的方向开始新的运动：因此，这样的运动就不可能是永恒连续的运动，因而也就需要某种在先的、连续的运动作为其永恒交替的原因，正如我们在上面所见亚里士多德反驳恩培多克勒时说的那样。（亚里士多德通过永恒连续的圆周运动来解释永恒交替的运动，这一模型来自数学天文学。从冬至到夏至的升温和从夏至到冬至的降温，这两种质变运动之间有规律的年度交替，可以用太阳从冬至点朝夏至点的向北的直线运动——这样它就离在北半球的我们更近，距离地平线的高度更高，在地平线以上停留的时间更长——和从夏至点朝冬至点的向南的直线运动之间的交替来解释。但这又可以通过太阳绕黄道带做的那个单一连续的旋转运动得到解释，这个运动把太阳从其在冬至时所在的最南端的摩羯座引向其在夏至时所在的最北端的巨蟹座，然后周而复始。)[1] 当然，就这个论证自身而言，它并不能让我们从非永恒的不被推动的推动者推知有一个永恒的不被推动的推动者，而只是让我们推知有一个永恒连

---

[1] 太阳以恒星天为背景在黄道环或黄道带上运动，这种看法似乎是在公元前 5 世纪从巴比伦流传到希腊的：欧诺庇得斯（Oenopides）和斐洛劳斯（Philolaus）首先证实了这一点。但在这之后，还是有很多希腊作家认为太阳有两个不同的运动，一个是每天从东到西的运动，一个是从冬至点到夏至点朝北、从夏至点到冬至点朝南的运动；亚里士多德在《形而上学》I 2，983a15 提到了至点（字面含义就是太阳在南北界限上的"转向点"），认为它是一种典型的令人惊讶因而需要得到解释的起源。典型的解释要么是说，当太阳抵达那两个界限时，会遇到季风或成片的压缩空气，它们会把太阳吹回去，要么是说，太阳之所以来回行进，是为了从大海的蒸汽中寻求养料，如果超出了南边或北边的某个范围，就没有蒸汽了；这些解释不能设定永恒不变的施动因，而是要设定导致太阳向北和向南运动的相反原因。亚里士多德有意识地拒绝了这些解释——但斯多亚派（比如，Cicero, *De natura deorum* III, 14, 37 里的 Cleanthes）和伊壁鸠鲁派（比如，Lucretius V, 517-525 and 637-649）依然持有这些观点——并用数学天文学的解释取而代之。假设太阳匀速地在黄道环（黄道带中间的环上）运动，我们可以用下面这个模型来解释这个运动：它在一个球体的赤道上，球体做周期为一年的匀速旋转运动，这个球体的极点嵌在一个更大的球体中，后者承载着恒星，以一恒星日（大约 23 小时 56 分）为周期匀速地绕着它自己的极点旋转。我们主要是通过《形而上学》XII 8 和辛普里丘对《论天》II 12 的注疏，得知了欧多克索斯（Eudoxus）关于太阳、月亮和行星的那些模型，以及卡利普斯和亚里士多德对它们的修正，后者用很多匀速旋转球体（它们的极点内嵌于一个更大的球体）之间更复杂的结构来模拟更加复杂的运动。这些材料并不完全清楚。权威的重构——出于 19 世纪的天文学家 Giovanni Schiaparelli——呈现于 T. L. Heath, *Aristarchus of Samos*, Oxford, 1913, pp. 28-33；以及 G. E. R. Lloyd, *Early Greek Science: Thales to Aristotle*, London, 1970, chapter 7. 改进意见有：Henry Mendell, "Reflections on Eudoxus, Callippus, and Their Curves: Hippopedes and Callippopedes," *Centaurus* 40, 1998, pp. 77-275 and "The Trouble with Eudoxus," in P. Suppes, J. M. Moravscik, and H. Mendell (eds.), *Ancient and Medieval Traditions in the Exact Sciences*, Stanford, Calif., 2000, pp. 59-138；Ido Yavetz, "On the Homocentric Spheres of Eudoxus," *Archive for the History of Exact Sciences* 51, 1998, pp. 221-278; and "On Simplicius' Testimony Regarding Eudoxan Lunar Theory," *Science in Context* 16, 2003, pp. 319-329; and Alan Bowen, "Simplicius and the Early History of Greek Planetary Theory," *Perspectives on Science* 10, 2002, 155-167。

续的运动，从而也能推知有一个永恒持存的运动主体。但是，如果我们现在把上面的那个论点，即每个运动都以某个第一不被推动的推动者为原因，应用到这个永恒运动身上，那么，既然一个单一连续的运动必然只能是由一个单一永恒的施动着的推动者所引起，而不可能由一系列的推动者引起，那我们由此就可以推知，有一个永恒的不被推动的推动者。亚里士多德还说，我们由此得到的那个不被推动的推动者，甚至都不可能在偶然的意义上被推动，因此它也不可能在偶然的意义上生成或毁灭，故而是永恒的（259b20-28）；但是，正如我们将会看到的，"永恒的不被推动的推动者"和"即使在偶然的意义上也不会被推动的不被推动的推动者"并不完全等同。

在《自然学》的最后一章（VIII 10），亚里士多德试图推出永恒连续运动的第一推动者的一系列否定属性，把对其肯定属性的探讨留给了《形而上学》XII。首先，它当然必须是不被推动的。亚里士多德还试图证明它不可能是一个物体，或者一种延展至整个物体的力量（如热或重量）。他的论证是，由于它产生了一个无限的运动（无限时间里的一个统一运动），推动者的力量就必然是无限的；但是，无限的力量不可能被延展至一个有限的量上（因为那就意味着它会被分割成无限个力量—部分存在于这个量的有限个部分中，但说一个无限的整体具有无限的部分会产生悖论），也不能被延展至一个无限的量上，因为亚里士多德在《自然学》III 5 已经论证过，并不存在现实的无限的量；因此，这个推动者的力量就根本不可能存在于任何量或任何可分的主体中。这一论证意味着（即使没有 VIII 5 关于自我推动者可被分解的论证），天体不可能是自我推动的，也不可能是被一个延展至整个天的、自我推动的灵魂推动的。但是，尽管亚里士多德显然对这一论证感到满意——它将来自《自然学》里的不同地方的前提汇集到一个华丽的终章中，我们却可以在很多方面质疑亚里士多德给出来的根据，特别是，我们还不清楚它是否成功地排除掉了自我推动的物体或灵魂。在《论天》I 2-3 中，亚里士多德称，构成天球的元素是一种就其本性会绕宇宙的中心运动的东西，他在那里似乎认为，这足以解释天体的运动，无须援引任何其他运动因：我们或许可以这样来表述这一观点，如果一个物体本性上就会运动，那它就不需要任何东西来推动它，或者我们也可以这么说，天球是自我推动的（如果按亚里士多德所说，自我运动是生物的特征，那就算它们有生命）。如果亚里士多德现在又说，天球推动自身需要无限的力量（也许是类似于无限重量的某种东西），而这种无限的力量不能被分配给一个有限的球体，那我们可以回应说，一个有限的力量就足够了；因为这个力量和它所推动物体的速度成比例关系，而不是和推动它的时间成比例关系；并且，一个就其本性而做旋转运动的物体并不像一个沉重的物体那样有它可以静止于其中的自然位置，所以它也就没有理由会在某个特定的时间点停止运动，所以它就会永远持续地做它具有的无论哪种运动。（亚里士多德在《自然学》VIII 10 声称，当抛掷物离开了抛掷者的手，这个抛掷物不会自己保持运动，而是被手和抛掷物之间的空气推动，但即使在古代，也有读者认为这种解释令人难以置信；并且，若不受其他事物的推动，即使月下世界中的物体会倾向于停止运动，就其本性而旋转的物体难道不是不会停止吗？）[1] 如果亚里士多德说，由于产生的这个运动是恒定的，推动

---

[1] 针对亚里士多德有关抛物运动的描述，涌现了很多反对意见和替代观点，理解这一复杂历史的切入口是 Richard Sorabji, *Matter, Space and Motion*, Ithaca, N.Y., 1988, chapter 14，这里主要讨论的是 John Philoponus。

者也必须是恒定且不被推动的，那我们可以回应说，一个自转球体（充满这个球体的不可分部分间的相互取代）经受的微小变化，不会对它所能施加的推动力产生任何影响，也不会阻止它在自身中永恒地产生相同的运动。

然而，对此，亚里士多德也有一些合理的观点来回应。首先，最明显的是，如果没有其他推动者，天体的性质或许足以解释它们为什么围绕宇宙中心旋转，但肯定不能解释它们为什么围绕特定的轴旋转、以特定的速度旋转；一个靠近旋转球体极点的星星，其绝对速度要比在赤道上的一颗星星的绝对速度小得多，而且它甚至不会绕宇宙的中心旋转，而是绕轴上靠近极点的一个点旋转，而且我们也不可能用以太的本性来解释这种差异。（即使在《论天》中，亚里士多德也清楚地意识到，不同的天体以不同的周期绕不同的轴旋转，他认为这有某种好处——季节的循环和月下世界动物物种的生命周期都取决于黄道带与天球赤道之间的倾斜——因此，无论是什么导致了它们的这种特殊的圆周运动，都是为了某种好处而在起作用［参见《论生成与毁灭》II 2-3 和 II 12］。在《论生成与毁灭》II 10 中他说，"神"［336b31-32］安排诸天的圆周运动以保障月下世界世代交替的持续性，但很难搞清楚神的这一活动会是什么。）[1]除

---

[1] David Sedley 在其文章 "Is Aristotle's Teleology Anthropocentric?," *Phronesis* 36，1991，pp. 179-196，以及 Michael Frede and David Charles（eds.），*Aristotle's Metaphysics Lambda: Symposium Aristotelicum*，Oxford，2000 中写的关于《形而上学》XII 10 的一章，还有他的 *Creationism and Its Critics in Antiquity*，Berkeley，Calif.，2007 一书中关于亚里士多德的章节，已经为亚里士多德的整体宇宙目的论给出了当代最好的辩护，而这种目的是无法根据各个事物的本性甚至各个物种的本性来充分解释的（他并没有专门地讨论天的结构和运动）。Sedley 认为，亚里士多德并不相信有什么神圣旨意在有意地指引着宇宙，像《论生成与毁灭》II 10，336b31-32 这样的段落都只是比喻性的（*Creationism*，p. 168 如是说）。

此之外，《自然学》VIII 5 有一个专业的论证，这个论证反驳了运动的第一本原是自我推动的东西，如果我们对这个论证细加考察，它就可以帮助我们理解，为什么亚里士多德不认为自我推动的诸天或自推运动的灵魂可以充分地解释诸天的旋转运动。如果一个自我推动的推动者有部分，它的每个部分都推动其他部分（或它的每个部分都按照圆形接续的方式推动下一个部分），那么，亚里士多德说，当 A 部分推动 B 部分时，A 部分不必然同样被 B 推动；因此，要么 A，就像我们理解的不被推动的推动者那样（无论它是否在偶然的意义上也被推动），必然产生永恒的运动，要么复合体 AB 实际上并不一定是永恒地被推动的（这似乎是 257b20-25 的想法）。

　　如果我们知道了亚里士多德批判的是谁的观点，我们就能更好地体会这个论证的力量。一个明显的目标是德谟克利特：他像阿那克萨戈拉那样用一个漩涡运动来解释天的运动，但他并未设定另一个类似于阿那克萨戈拉的 nous 那样的运动因；相反，这种漩涡运动是偶然发生的，这些物体都被环绕着宇宙的膜状物推动和限制，如此一来，每个物体都顺着宇宙旋转的方向碰撞着、推动着在它前面的物体，运动由此得以维系（尤其可见第欧根尼·拉尔修的《名哲言行录》IX，31-32，这一观点被归给留基波，第尔斯-克里茨所编残篇集把它包含在留基波 A1 条目中）。似乎可以说，这并不能解释连续圆周运动的必然性（更不用说去解释那些绕不同轴、具有不同周期的圆周运动是如何叠加为那种复杂的形式的了），而德谟克利特的确会同意，这个运动是在偶然的约束下开始并维持的。一个球体绕其轴线做匀速旋转运动，这似乎是一种可以持续不变的活动，不需要任何原因进行维持，但亚里士多德认为，当我们把球体分析为其多个部分时，这种可能性就会瓦解：它们中没有一个是因其自身的本性而运动的（总之不是因之而围绕这个轴线、以这种速度旋转），不如说，每一个部分之所以运动，都是因为它后面的那个部分碰撞了它，那种单一、必然的永恒运动只是一种幻象，而且德谟克利特也极其诚实地承认了这一点。（这就是为什么亚里士多德会在《自然学》VIII 10 提出抛物运动的问题，还说只有当抛掷物被和它接触的东西推动时它才会运动，方式是通过一系列的推动者，每个推动者都把推动的能力传递给下一个推动者，使其推动后续的推动者，因此，那个单一连续的抛物运动只是一个幻象：除非我们愿意说天的运动也是这样，否则说天的运动由天维持就不充分。）当然，柏拉图完全同意亚里士多德的观点，即诸天的那种永恒的、具有数学上的精确性的（以及向善的）运动无法用漩涡来解释，这就是为什么他引入了自我推动的灵魂来代替这个漩涡。但如果灵魂是可延展的，那灵魂就会因为其每一部分都会被后面的部分冲撞而推动它自身，这样一来，同样的困难将再次出现。也许柏拉图说的灵魂延展至整个身体只是一个诗意的表述，灵魂并非真的是可延展的。但这样的话它就不会旋转；亚里士多德认为他可以证明，"不可分割的"或非延展性的东西根本不可能运动（这是因为，只有当 S 能使其一部分在非 F 中，另一部分在 F 中时，我们才能说 S 能完成从非 F 到 F 的运动——这是一个连续的变化）；[1] 因此，如果我们以这种方式改进柏拉图，他提出来的那种运动着的灵魂就将不再是一个自我推动的推动者，而是一个没有量度的、不被推动

---

[1] 可见于《自然学》VI 4，234b10-20，又在《自然学》VIII 5，257a33-b1 提起，并被用于下面的论证。

的推动者，这正是亚里士多德想要证实的。

因此，就像柏拉图改进德谟克利特的理论一样，亚里士多德也改进了柏拉图的理论，由此推至永恒的不被推动的推动者；但亚里士多德似乎不是第一个这样做的人。《形而上学》XII 7 结尾是这样总结《自然学》VIII 的教益的："通过上面所说，显然有某种永恒而不被推动的实体，独立于可感事物而存在。这种实体没有体积，没有部分，不可分割……［基于《自然学》VIII 10 关于不管是有限的量还是无限的量都不能包含无限能力的推理］……此外，它不承受作用，不被改变。一切其他运动都在地点运动之后。"（1073a3-12）令人惊讶的是，所有这些否定属性（可能除了"是分离的"）都适用于亚里士多德在《论动物的运动》第三章中提到的一个理论——亚里士多德把该理论归给一位未提及其姓名的学园派哲学家（通常的猜测是斯波西彪）——该理论认为每个天球的推动者就是它们各自的极点。[1] 极点是不可分的点，如果它们旋转并通过它们的旋转之力推动整个围绕着它们的球体，那它们就不会被推动——球体之所以被推动，是因为它的所有部分都被推动了，但极点不是这个球体的一部分，所以它绕着轴线的旋转运动不会发生任

---

[1] Leonardo Tarán 在其 *Speusippus of Athens: A Critical Study with a Collection of the Related Texts and Commentary*，Leiden 1981 中把《论动物的运动》3，699a12-24 作为 Fr. 62 刊印；Tarán 在他的注疏（pp. 386-388）中指出，他接受了 Cherniss 的观点，把该理论归于斯波西彪。他的基本理由是，亚里士多德称斯波西彪认为点是实体（以及几何量的本原），并且称柏拉图和色诺克拉底持有线不可分的理论，以及点是几何虚构的观点。这确实不错，《论动物的运动》3 指的不可能是柏拉图或色诺克拉底，但有可能是其他学园派哲学家：尤其可能是欧多克索斯。（人们有时会说，欧多克索斯作为一个数学家，不会对这些哲学问题感兴趣，但我们知道他曾对快乐和理念的分有问题发表过看法。）然而，因为斯波西彪认为一是数的本原、点是几何学对象的本原，所以如果他会认为旋转的点是天文学对象的本原，那也不会让我们觉得奇怪。

何改变。在柏拉图看来，灵魂的力量散布于与球体一同延展的整个灵魂中，但现在，这种力量无限地集中在这个不可分割的点上，它的活动解释了球体运动的轴线和速度。提出这个理论的人，似乎就是不被推动的推动者这一观念的先驱，亚里士多德肯定是通过立足于该观念、批判该观念才提出了他自己的理论，他在《论动物的运动》中正是这么做的：他在那里反驳说，两个极点不能产生单一的运动（确实如此，但亚里士多德重新表述说，推动者是包含了这两个极点的那个轴），[1] 并且更严重的问题是，点是从它们所限制的物体而来的抽象物，自身并非实体，因此也不可能是力量的承载者（699a20-24）。亚里士多德给出的替代方案是，正如他在这里所说，天体的不被推动的推动者外于天体，故而在严格的意义上"是分离的"（699b32-35；对比《论天》I 9, 278b21-279b3 提到的外在于诸天的神圣事物）。但《自然学》VIII 本身似乎与推动者作为极点的理论融洽（它刻意地没有对推动者的本性作肯定性判断）。此外，《自然学》VIII 还与极点理论有另一个关联之处。亚里士多德断言，每一个即使在偶然的意义上也不会被推动的推动者都是永恒的，但不能反过来说每一个永恒的不被推动的推动者在偶然的意义也都不会被推动。"被自身引起的就偶性的运动和被他物引起的就偶性的运动是不相同的；因为被他物引起的就偶性的运动还属于天体中的

─────────

〔1〕 但这样的表述——轴是推动者——可能会让亚里士多德的批判者有机可乘，因为亚里士多德在《论动物的运动》3, 699a27-b11 论证说，诸天不可能被内在于它们的东西推动，因为如果是那样的话，就没有不被推动的东西让它凭靠了（就像《论动物的运动》2 里提到的那个例子，船里面的人无法推动船，除非这个人能把他的桨或木棍抵在船外面的东西上）。亚里士多德在这里考虑的是，地球可能不是诸天的一部分，因为它不随它们的运动而运动，所以轴可能是靠在地球上的；但是，由于地球的阻力肯定比诸天小，所以轴试图施加在诸天上的扭矩力会更容易让地球旋转。

一些本原，即那些被带着进行的比移动更多的运动的本原，而被自身引起的就偶性的运动只属于可以消灭的事物［亦即属于那些当推动身体时自身也会就偶性地被推动的灵魂］。"（《自然学》VIII 6，259b28-31）根据极点理论，即使在偶然的意义上，一个球体的极点也不会被它们自身产生的运动影响，但是，在欧多克索斯式的模型里，由于较低层天球被嵌入了较高层天球，所以当较高层的天球被推动时，较低层天球的极点就会在偶然的意义上被推动。如果球体的推动者即使在偶然的意义上也不被推动，那它们就会一直产生绝对相同的运动，也就是绕着同一轴线的旋转运动，但是实际上，它们的旋转运动围绕着的那个轴线，会跟随较高层天球的运动而改变；因此，只有最外层天球的旋转运动才围绕着一个不变的轴线，因而也只有最外层天球的推动者才即使在偶然的意义上也不被推动。即使球体的推动者不是极点，这些考察也是有效的：除了最外层球体的推动者，其他球体的推动者都会在偶然的意义上随着较高层球体的运动而以某种方式被推动，所以亚里士多德在《形而上学》XII 8中说，只有"那些存在者的最初本原"才"不管是就其自身还是在偶然的意义上都不被推动，并产生那个首要的、永恒的和单一的运动"（1073a23-25），而对于诸行星的运动，他只是说它们"必然被一个就其自身不被推动且永恒的实体推动"（1073a32-34，对比 a26-27），显然，他并没有说这些推动者不会在偶然的意义上被推动。

四

《自然学》VIII 不是 theologikê 或科学智慧，而只是 theologikê

的自然学基础。在《形而上学》XII 中，亚里士多德试图进一步对诸天推动者的本性和因果性进行肯定的描述，以满足他在《形而上学》I 和《优台谟伦理学》V=《尼各马可伦理学》VI 中对智慧所做描述的要求。[1] 亚里士多德在《自然学》VIII 和在《形而上学》XII 7，1073a3-12 对《自然学》VIII 的概括中，否定性地说诸天的推动者是不被推动的（且是分离的、非延展性的）。正如我们在上面所见，之所以说 X 在推动 Y 的同时自身保持不被推动看起来有些矛盾，是因为说 X 推动 Y 就是说 X 在施动（energein），而我们所熟悉的施动活动（energeiai）都包含着活动主体的变化或运动（kinêsis）；所以，《形而上学》XII 的一个主要任务就将是以一种不会蕴含 kinêsis 的方式描述 energeia。正如我们在上面所见，亚里士多德认为第一本原必然是纯粹的现实，没有任何未实现的潜能，这就为 tanzîh 提供了一个标准：不能把任何蕴含着变化或潜能的状态或活动归于第一本原。问题是，这个标准是否能让我们对第一本原及其因果性给出肯定的描述。XII 7 提到："欲望的对象（orekton）和思想的对象（noêton）以这种方式进行推动：它们推动但不被推动。"（1072a26-27）这使我们想到了亚里士多德曾提到过的一个不被推动的推动者的基本模型：《泰阿泰德》中的"赫拉克利特派"认为，在感性知觉里，能感知者和被感知者都会发生改变，亚里士多德反对这种观点，他坚称（比如说）一种颜色，作为持存的状态作用于眼上（以及介于其自身和眼之间的透明中介物

---

〔1〕 关于《形而上学》I 和《优台谟伦理学》V=《尼各马可伦理学》VI，尤其可参见上文。关于《形而上学》X，参见上引 Frede and Charles 一书各个章节的注疏。

上），但自然不会发生变化。[1]（现在我们可能会说，虽然颜色或带颜色的物体不会因为被观看而发生变化，但为了能被观看，它必须要反射光子，这就会引起这个对象在动量上，或许还包括在其能量级上的极轻微变化。）诸天的推动者不是物体或物体的性质，所以它们不是感知的对象：如果诸天能够认识推动者，那它们必然是通过某种直接的理智知觉进行认识的，但不管这是如何发生的，它们的对象都将会像视觉的对象那样不发生变化。视觉或思想的对象，作为视觉或思想的对象，并不会在知者那里产生除了知觉活动或思想活动自身外的任何运动，这就是为什么亚里士多德会加上"欲望的对象"这几个字。但欲望的对象只能通过首先产生一种认识活动，然后才能产生运动：比如，一种水果可能会在一个动物那里产生一种它自身是红的、圆的的认识，并由此（通过作用于动物的想象力）产生它自身是成熟水果的认识，然后产生它自身是可欲求的的认识，然后产生动物朝向水果的运动（参见亚里士多德在《论灵魂》III 10 和《论动物的运动》6 中的分析，《形而上学》XII 7 与这些章节相呼应）。因此，亚里士多德并不是说这种不被推动的推动者只是一个目的因：它必须首先作为运动因产生运动（至少产生一种其自身是好的和可欲求的认识），只有这样它才能成为一个目

---

[1] 关于颜色的实现，参见《论灵魂》II 7。《论灵魂》II 5 给出了"潜能"的两种含义，颜色很明显是第二种意义上的潜能，因此，当潜能实现时，它不会被改变；亚里士多德在《论灵魂》III 7, 431a4-7 明确地说了这一点，尽管人们会以不同的方式翻译这段文本。关于"赫拉克利特派"，参见《泰阿泰德》156a2-157c1 和 159c15-d6：在他们看来，酒就其自身并不是甜的，也不会持久地保持甜味（也不会有其他持久的特征），只有当舌头碰到酒的那一时刻，在这一关系里，舌头才把酒呈现为甜的。亚里士多德在《论灵魂》III 10, 433b10-18 说，欲望的对象首先引发动物的感觉，继而让动物欲求它，由此进行推动而不被推动。

的因。

　　亚里士多德在 XII 7 对推动者的描述产生了很多令人不解的地方，现在我会提及其中的两个。其中一个是，亚里士多德似乎认为推动者是认识和欲望的对象，仿佛它们是唯一的一类不被推动的推动者，尽管他也在别的地方说过另外一类，即灵魂中的技艺，当它被施展、作用于其对象时自身不会发生质变：如上所述，亚里士多德在解释灵魂自身如何能成为身体的不被推动的推动者时就使用了技艺模型。[1]另一个让人不解的地方是，虽然亚里士多德在这一章的开头就设定，对诸天而言，推动者是思想和欲望的对象，但在这一章的结尾，他却说推动者是 nous 或**理性**，因而是自身思想着的且自身活着的、幸福的东西（这些描述被悄无声息地放在 1072b13

---

〔1〕 关于技艺作为不被推动的推动者，参见上文及第 396 页脚注 1，以及那里引的我的文章。虽然亚里士多德说"欲望的对象和思想的对象以这种方式推动：它们推动但不被推动"（XII 7，1072a26-7，上引），并且"它作为热爱的对象（hôs erômenon）进行推动"（1072b3），但严格来说，他并没有说它是一个目的因或欲求的对象，Sarah Broadie（in "Que fait le premier moteur d'Aristote?," *Revue Philosophique de la France et de l'étranger* 183，1993，pp. 375-411）和 Enrico Berti（尤其是在上引的 Frede and Charles 一书中，由他写的关于 XII 6 的那篇文章）已经对此进行了论证，他们坚称诸天的不被推动的推动者只是动因；而且对于如何理解这些永恒独立存在的实体怎能是目的因确实存在着困难（下文对此有述）。（还应该注意到，T 手稿里没有 hôs erômenon but hôs horômenon，"作为视觉的对象"。）但是，如果 XII 7 还不够清楚的话，XII 10，1075a36-b10（与上文第 391 页脚注 1 引的 I，988b8-16 放一块儿读）表明，在亚里士多德看来，相较于阿那克萨戈拉、恩培多克勒和柏拉图对善的第一本原的因果性解释，他的解释有一个重要优势，即他把善之本原解释为目的因，从而也就是作为善的原因，尽管这个原因同时也是一个动因："阿那克萨戈拉把善作为推动者（亦即动因），说它是本原。因为 nous 进行推动，但推动要有个为什么，这样就有另一个善了，只能像我们说的那样，医学（类比于 nous）在某种意义上就是健康（类比于善）。"（XII 10，1075b8-10）善作为所为的一什么意义上的本原，确实与作为运动本原的 nous 完全等同，因为如果分离的善自身（1075a11-15）存在于某种质料中，那它就不可能有别于 nous，就像健康和医学那样。

和 b30 之间）：他是怎样从一个描述过渡到另一个上去的？当然，亚里士多德关于 nous 在诸天产生圆周运动的描述，是阿那克萨戈拉和《蒂迈欧》中所描述版本的一个批判修订版，亚里士多德也许会有办法让阿那克萨戈拉的或柏拉图的读者接受他的修订版，但在 XII 7 的开头，他似乎并没有假设他的读者需要给出任何这样的承诺：那么他们为什么应该认同这个推动者不仅是 noêton，而且自身就是 nous？

这两个谜题的答案都出自亚里士多德在《论灵魂》里假定的一个前提，即灵魂关于某个对象 X 的知识，是脱离质料的 X 的形式（所以，关于感觉，见《论灵魂》II 12，424a17-24，关于理智认识，见《论灵魂》III 4，429a13-18）。但是，如果对象 X 一开始就没有质料——如果它像诸天的推动者那样是一个脱离存在的无质料实体呢？在这种情况下，关于 X 的知识就不再只是离开质料的 X 的形式，而是必然直接地与 X 等同。亚里士多德在《论灵魂》III 4 中说：

> 对于没有质料的东西，认识者（nooun）和被认识的事物（noooumenon）是相同的：因为理论知识（epistêmê）和以这种方式被认识者（epistêton）是相同的……而有质料的事物［知识］潜在地是可认识的每个事物（noêta)［也就是说，就像建造房子的技艺潜在地是它能够建造的房子］。（430a3-7：最后一句经常会有不同的译法，但这些不同对于理解无质料对象的描述关系不大。）

而且，基于《论灵魂》，他在《形而上学》XII 9里重述了差不多一样的话：

> 在一些情况下，对象即知识（epistêmê），即使在创制科学中，知识就是不计质料的实体和其所是的是；在思辨科学中，原理（logos）[同时]就是对象和思想（noêsis）。既然在没有质料的事物那里，认识对象和知识（nous）并无不同，那么知识（noêsis）和认识对象将是一样的。（1074b38-1075a5）

在这两个文本里，亚里士多德都对比了理论知识和关于具有质料的事物的知识，后者显然包含了所有关于有质料的事物的科学，其中不只有像木艺之类的科学，也包括作为"创制的"知识的自然学：[1] 严格意义上的理论科学，即关于不变化、无质料事物的科学，都完全等同于它们的对象，或换一个说法，它们的对象自身就是科学。既然你和我都能认识同一个无质料的对象 X，那么，关于 X 的科学——它正是 X 自身——必然能在不被分割的情况下，以在你灵魂中的那种方式也"在"我的灵魂里。所以这种知识并不是通常意义上的我的属性（accident）：如果我们要说它在我之中，或我把它作为一种 hexis（习惯或状态，但字面意思是"具有"）而具

---

[1] 这也是《论动物的部分》I 1，639b30-640a9 隐含的分类方式，这里把自然学和理论科学相对比，而与《形而上学》VI 1，1025b18-1026a22 的观点背道而驰。《论动物的部分》I 1 表达的观点不是说自然学能帮助我们实际地生产出某些东西，而是说我们的知识会追踪自然在生产自然事物时经历的那些相同步骤，就像为了具有关于房子的科学知识，我必须追踪建造师在其创制性知识中经历的那些相同步骤：这就是为何自然学类似于房屋的知识而非"理论知识"，它从目的因出发，并由之获得通往这些结果的手段、部分和过程。

有（echein）它，唯一可能的理解方式是，它能在我之中施动，或说，它能在我对它的沉思活动中被运用（being exercised）。[1]这就回答了为什么亚里士多德在解释诸天的不被推动的推动者时，并没有使用另外两种可能的模型，即作为认识的对象而进行推动的东西和作为技艺而进行推动的东西：既然诸天的无质料的认识对象也是推动诸天的技艺或科学，那这两种模型最终就是一回事。

由此，亚里士多德通过结合《自然学》和《论灵魂》中的前提表明，正如阿那克萨戈拉和柏拉图所说，诸天是被 nous 推动的。他由之推定，诸天的推动者是神："生命也属于它，因为 nous 的 energeia 就是生命 [也就是说，这和感觉的 energeia 是两种生命]，

---

[1] 在《论灵魂》III 5 中，当提到某种自我维持的知识时（"当被分离，它就正是其 [本质上] 所是"而不是某个其他载体的属性，430a22-23），他说"现实的知识（epistêmê）等于其对象"（430a19-20）：这个对象，或这个自我维持的知识，必然不是形质复合体或此类复合体的形式，也不是某个载体的属性，而是一个分离的非质料实体。"在个别 [认知者] 中潜在的 [知识] 在时间上在先，但总体上看，它甚至在时间上也不在先；而且它 [= 现实的知识] 并非在某个时候知道 [=noei，通过沉思运用其知识]，在另一个时候又不知道（430a20-22）：故而在这种情况下，关于 X 的现实的知识，以及 X 自身，已经永恒地存在着了，但它还并非总是我的知识，而且它并非总是会以我沉思它的方式作用于我。显然，亚里士多德在《形而上学》XII 9 描述的那种自我维持的知识（epistêmê 或 nous），受到了他在《论灵魂》III 5 中的阐释的影响：《论灵魂》III 5 里谈的是什么，（比如说）是诸天每日运动的推动者，还是只是某种与之类似的东西，还存在争议，就像这个东西在个体灵魂的认识活动里的因果地位那样，实际上，关于此章的所有东西都有争议。关于《论灵魂》III 5 和相关文本的争议的复杂历史，理解的切入口是：H. A. Davidson, *Alfarabi, Avicenna and Averroes on Intellect*, Oxford, 1992 和 F. M. Schroeder and R. B. Todd, *Two Greek Aristotelian Commentators on Intellect*, annotated translations of Alexander and Themistius, Toronto, 1990. 理解最近相关讨论的切入口是：Victor Caston, "Aristotle's Two Intellects: A Modest Proposal," *Phronesis* 44, 1999, pp. 199-227；我在一篇尚未面世的长篇文章里讨论了这个问题："From *De anima* III, 4 to *De anima* III, 5"。

它是 energeia，它就其自身的 energeia 是［一种］至善的、永恒的生命，而且我们说神是［一种］至善、永恒的生物。"这样一来，这里说的 nous 就符合我们在本章开头引用的伪柏拉图的《定义》里对神的定义（可对比 XII 7，1072b26-29 和《定义》411a3）。这就使得亚里士多德兑现了他在《形而上学》I 2 中给出的承诺，即智慧是关于神的知识，因为"所有人都认为神是一个原因和本原"（983a8-9，上引）。并且，因为神具有且就是天所具有的那种知识，亦即关于神的知识，而它也是我们在智慧中所获得的那种知识，那么，亚里士多德同时也就能兑现 I 2 里的另一半承诺，亦即智慧将会是神具有的那种知识（983a5-10）。

针对阿那克萨戈拉和柏拉图关于 nous 自身是什么、它知道什么、它如何是诸天运动和宇宙秩序的一个原因的描述，亚里士多德现在就可以展开批判性的净化，剔除这些描述中暗示了 nous 具有变化或潜能的那些说法。当然，柏拉图已经开始净化阿那克萨戈拉的描述了，他在《斐洞》中批判了后者，并试图在《蒂迈欧》中予以改进。《斐洞》批判了包括阿那克萨戈拉在内的一切试图通过设定一个漩涡运动来解释地球稳定性的言论，说他们就像是在寻找"一个更加强壮、更加不朽的阿特拉斯"，因为他们不相信"这些事物的力量"按照尽可能好的方式得到了安排（99b6-c6）。在《蒂迈欧》中，柏拉图试图指出，德穆革的所有行为都可以通过他致力于把宇宙变得最好（在德穆革所面对的质料给予他的那些限制下是最好的）得到解释，同时还指出，德穆革并非通过暴力，而是通过"说服"的方式实现了这一最好的结果。柏拉图还说，凡是由德穆革制作的，除非出于德穆革的意志，否则不可能被瓦解，而德穆革不会愿意瓦解他制作的东西（41a7-b6）：因此，德穆革自己只会制作不朽的东西，即作为整体的宇宙、天体、宇宙的和诸天的灵魂，以及人类灵魂的理性部分，而月下世界里的生物、人的非理性灵魂，以及动物的灵魂都是由"年轻的神"——亦即具有灵魂的天体（参见41a7-d3描述的纲领，以及44c4和69a6-72b5描述的年轻神的后续工作）——制作的。这里的意思可能是，nous的因果能力总是要通过诸天和理性灵魂来实现，诸天的永恒旋转模仿了nous永恒不变的活动，而具有知识的理性灵魂以合理的方式运动，从而分有**理性自身**；这也是从nous的因果性中消除暴力和可变性的方式。亚里士多德接受了柏拉图对阿那克萨戈拉的这些改进，但他认为柏拉图并没有达到他自己设定的关于如何描述nous的因果性的那个计划。最明显的是，柏拉图称德穆革在某个时间点开始行动，但是，让德穆革停止行动并让其制作物瓦解的理由，同时也是让他在此之前不采取行动去制作它们的理由。柏拉图还曾经明确地说，德穆革"通过暴力"完成一些事情（35a6-8，亦即在构造宇宙灵魂的过程中将**异**的本性与**同**的本性相协调的时候），并且他说德穆革把多面体赋予土、水、气和火，而这一工作似乎不可能在不使用暴力的情况下完成（而且如果德穆革没有手或其他可运动部分，他又怎么做到这一点呢？），并且也不是借助诸天或理性灵魂来完成的。德穆革还让由火组成的天体做圆周运动（直接地或通过宇宙灵魂的方式），亚里士多德——隐含地使用了他自己关于火自然地朝远离中心的方向运动的前提——指出这是暴力地要求它们做一种对它们而言非自然的运动（《论天》II 1，284a27-35）。亚里士多德消除所有这些问题的方式是指出，诸天是由以太构成的，而以太永恒地存在着、旋转着；天球，或者可能应该说星星，依然可能是有生命、有灵魂的东西，但如果是这样的话，它们的灵魂不会强制它们反抗自己的本性，而是顶多会决定它们旋转的轴和速度。

柏拉图还试图充实阿那克萨戈拉关于 nous 作为宇宙秩序之原因的描述，方式是为它的思想提供一个永恒不变的对象，即一个完美的活物自身（living-thing-itself），作为有灵魂的自然宇宙的模型（《蒂迈欧》30c2-31b3）。亚里士多德也和柏拉图一样认为，nous 思考的是一个永恒不变的对象；因为它是不变的，所以它的知识就必须是理论式的，然而，对亚里士多德和柏拉图来说，宇宙的秩序必然最终源自这种理论知识，而不是源自指向这个自然宇宙自身的实践性或创制性知识。在《形而上学》XII 9 中，亚里士多德提出并试图解决关于 nous 的知识对象的问题。它们部分地是 tanzîh 的问题，是关于充分地描绘神圣事物的问题："关于 nous 的问题，有许多困难。在各种现象之中，它似乎是最为神圣的，但它为什么是这样［即最神圣的］，这里难以说清。如果什么也不思想（noei），那么它的尊严（semnon）在哪里呢？仿佛是个睡着了的人一样。"（1074b15-18）——就像《尼各马可伦理学》X 8 里提到的恩底弥翁，那里曾把它当成神的反面加以讨论。如果神圣 nous 单纯只是一种理智认识的能力，那对于它认识什么的问题就没有一个确定的答案：因为同一个理智可以认识许多不同的事物。但既然它不只是某种认识的能力（或具有这样一种能力的实体），而是一种独立存在的认识行为，那它就必然是关于特定某物的知识，且是永恒地、本质上关于同一事物的知识。（我们可以把它与柏拉图式的**知识的理念**相比较，亚里士多德在《形而上学》IX 8，1050b34-1051a2 指出，它只能是一种能力——大概是因为它必须能同等地应用于所有的知识上，因此它自身就不可能是关于任何一种特定事物的知识——因此，相比于这种能力对应的活动，它就是较低程度上的认识。）亚里士多德在 XII 6 论证说，第一本原依据其本性必然是永恒的现实，否则就会倒推出有另一个更在先的现实的原因，以便激发它从潜能变成现实；在 XII 9 这里，他又为第一本原永恒地、本质上现实地是认识活动提出了一个类似的论证，这个论证不是从它作为第一因推出来的，而是从它是至善的或最"值得尊重的"推出来的："如若它思想（noei），而别的什么主宰着（kurion），那么它不是以思想（noêsis）[的行为] 为实体，而是潜能，不成为最高贵的实体，因为归于它的荣誉（timion）来自思维（noein）[行为]。"（1074b18-21）两个论证都诉诸无限后退：能使 S 的能力变为现实的东西，在因果性上和在价值上都先于 S。但能使 S 关于 X 的知识成为现实的——至少就无质料事物的知识而言——是对象 X 自身，而正如我们所见，亚里士多德把它等同于关于 X 的知识，它独自存在，但又因为它能作用于 S，从而导致 S 沉思 X 的活动，所以也可以说，它"存在于"S 中。因此，如果 S 是与其认识对象不相同的理论性 nous，那 S 自身就只是一种潜在的认识，需要一个在先的、作为与其认识对象相等同的理论性 nous 才能实现，亚里士多德想要描绘的本原正是这种在先的 nous。

现在我们可以说，在亚里士多德看来，《蒂迈欧》里的德穆革并不需要观看那个外在于他的活物自身，因为那样就意味着他需要依赖后者来实现他的认识从而获得完善；相反，这个活物自身就是德穆革的 nous。他的生活之所以是典范，不是像柏拉图所说的那样因为他最普遍，把鱼、鸟、陆地动物和（天上的）神都包含在自身之内，而是因为他过着最好的那类生活，这种生活，正如我们所见，就是 nous 的活动。亚里士多德还认为，神圣思想的这个对象并不像《蒂迈欧》说的那样，混合着很多部分或形式（活物自身等于德穆革这个前提并不必然意味着这一点，因为德穆革自己可能就包含着这种复杂性）：他断言（XII 9，1075a5-10），所有这样的复合物都蕴含着潜能，并且，对这种事物的思考，都蕴含着从对某一对象的思考向对另一对象的思考的过渡。他的部分观点是，神圣知识不可能是证明性知识，因为这种知识的结论是通过将两个或更多个前提放在一起推论出来的，而（他认为）这就意味着结论最初只是潜在地被认识，接着才从对前提的现实认识中获得了现实性：不管神圣知识是关于什么的，它必然同时关于它们全部。但他也认为，它不可能同时把握多个分离的对象，因为一个认识行为必然只关于一个东西，而不能关于一个单一复合的对象，因为他认为任何复合物都包含着潜能。虽然 XII 9 并未把这个论证清楚地表述出来，但其基本思想似乎是，如果某物是由很多部分构成的整体，那它就既是一又是多，而作为一和作为多（柏拉图所见略同）是相反的；单一的主体具有相反属性的唯一方式是，它现实上具有其中一个属性，潜在地具有其他属性。所以，一个由部分构成的整体，必然现实地是一个整体，潜在地是多个部分，因为它可以被分割：但是，在永恒不变的事物中没有潜能，而且没有什么能被分割，所以如果一个对象是一，那它就不能也是多，也不能有任何可区分的部分。[1]

通过这种方式，亚里士多德就消解了德穆革和活物自身之间的区别；在从活物自身里消解所有复多性的同时，他也消解了活物自身和第一本原——也就是善自身——之间的差异，而后者是德穆革（或所有人）思考的最高对象。回想一下，亚里士多德曾在《形而上学》I 中探究过早期哲学家设定的那些被当成善自身的不同本原（阿那克萨戈拉的 nous、恩培多克勒斯的**爱**、柏拉图的**一**），以及他们各自把这些本原认作原因的不同方式。在阿那克萨戈拉（以及柏拉图，他认为 nous 后于第一本原）看来，nous 是运动的和秩序的动因，而 nous 的思想对象就应该是一个形式因（就像活物自身或一）或目的因（就像是善自身，如果我们能对 nous 如何为了这个善而行动给出一个目的论解释的话）。亚里士多德在《形而上学》XII 10，1075a25-b11 中就《形而上学》I 里的所有这些论题进行了讨论，意图表明自己已经实现了阿那克萨戈拉、恩培多克勒和

---

[1] 没有潜能就不可能有部分—整体的结构，XII 9，1075a5-10 预设了这一点，参见《形而上学》XIV 2，1088b14-28 和 VII 13，1039a3-14（另对比《自然学》I 2，185b25-186a3）。尽管有了 XII 9，还是有很多人持续地尝试（至少可追溯到泰米斯提乌斯［Themistius］对 XII 的绎读）找出亚里士多德的至高 nous 认识可感事物的余地，或至少是认识可感事物的普遍形式的余地，来为 nous 的知识内容增添一些多样性。可能有些"巧合的"（providential）文本支持这种解读，比如《论生成与毁灭》II 10，336b31-2（上引），以及亚里士多德对恩培多克勒暗示其**天球**（Sphairos）不具有关于"憎"的知识的批判（《形而上学》III 4，1000b3-6），但这与 XII 9 不融洽，与它所预设的本原也不融洽，即纯粹现实的 nous 等于其知识，关于 X 的知识等于 X 或等于离开其质料的 X，而且没有完全现实的复合物。关于 XII 9 引发的长久的不安及如何缓解这一不安的各种建议，参见最近由 Jacques Brunschwig and Aryeh Kosman 所著、收入上引 Frede and Charles 所编一书中的相关章节。

柏拉图都未实现的关于智慧的各种想法。[1]他改进了阿那克萨戈拉和柏拉图关于 nous 因果性的描述——nous 确实是动因，却是极大地"改进了的"（refined）动因，它把自身作为知识的和欲望的对象呈现给诸天，或许还呈现给了其他理性存在，从而使它们朝着它运动。但是，通过把 nous 等同于它的至高对象，也就是善自身，他同时也就解释了这个善是什么，以及它是怎样的一个原因：它不是一自身或数目的形式因，而是 nous——一个"改进了的"nous，作为纯粹的现实性，具备作为纯粹现实性所蕴含的一切——和自然事物（首先是对天体而言，其次是对它们所推动的和安排的月下世界而言）的目的因、"改进了的"动因。因为它总是在施动，且

---

[1] 亚里士多德在 XII 10 的一开头——上面已经提到过该段落——就问道："善和至善怎样在各个自然中，它是分离的，就其自身而存在；还是有秩序或安排？"结论是它两者都是，就像军队既有内在的秩序，有独立的将领作为它的善，但首要的是独立的将领，而将领相当于和善自身等同的 nous，因为秩序之所以存在（或之所以是善的），是因为将领（1075a11-15）。在本章的后面，他又将他的观点与那些（他认为）没能解决关于第一本原的困难的观点进行了对比。有些人——他指的尤其是斯波西彪——"既不承认善是本原，也不承认恶是本原，尽管在万物之中，善是最高的本原"，而"有些人是正确的，把善当作本原，但没有说它怎样才是本原，是作为目的，或是作为推动者，还是作为形式"（1075a36-b1）。他接着批评了阿那克萨戈拉和恩培多克勒把善本原描述为动因的做法（b1-11），就像他对柏拉图的批评那样，后者认为善之本原是一，是与一个恶的质料本原相对的形式因（a32-36）。亚里士多德试图表明，通过将善设定为既是动因又是目的因（这样它就是为了自身而施动，而不是为了其他事物而施动。参见第 420 页 A 脚注 1 所引的 1075b8-10）——它不是作为事物构成性部分的形式或质料，也没有与之相反的恶之本原（不管是作为质料，还是在对某些质料产生影响或针对某些受动者进行施动方面进行竞争的东西）——他可以避免他在早期哲学家那里发现的所有困难。请注意，虽然亚里士多德认定柏拉图的第一本原，即善自身，不是 nous 而是一，但一些古代柏拉图主义者（尤其是 Alcinous, *Didaskalikos*, chapter 10）将其等同于 nous。这似乎不太可能，因为善自身被认为是诸形式自身的本原，而 nous（或德穆革）之所以被援引，是被当成分有着形式的质料的原因，似乎还并不是形式自身的原因；或者说，如果它是的话，它也不是进行推动的动因，而这是亚里士多德和柏拉图（《斐利布》26e1-27c1，28c1-30e3）赋予 nous 的因果角色。

总是以相同的方式施动，总是在造就着宇宙秩序，因此它就不是因为在时间上先于宇宙而成为宇宙的"本原"，而是因为在因果性上、价值上，以及或许还在某种本体论上在先。没有像恩培多克勒的**憎**那样与之对立的本原，因为那将意味着这两个本原都具有潜能，都争相在质料性载体中发挥自己的力量，或者交替地掌控质料（参见1075b20-24）；这种交替之所以能够实现，必然意味着有一个在先的、纯粹现实的本原，它永远一贯地施动着，以确保这两个竞争性的低级本原规律性地交替。

五

但谜团和困难依然存在，至少亚里士多德的学生泰奥弗拉斯托斯在其《形而上学》里就已经提出来了：这使我们很难相信亚里士多德生前在他的学园里没有讨论过这些问题。[1]最明显的困难是，为什么诸天或各个星星对其推动者（最在先的善自身，或其他从属的、不被推动的推动者，不管它们到底是什么）的思考，会激发它

---

[1] 泰奥弗拉斯托斯的《形而上学》已有以下译本：W. D. Ross and F. H. Fobes, Oxford, 1929, Marlein van Raalte, Leiden, 1993a（英译本）；André Laks and Glenn Most, Paris, 1993b（法译本）。Laks 和 Most 提供了一份非常有用的导言和注释，van Raalte 则提供了一份非常有用的语文学注释；两者都为该文本提供了参考文献，并对围绕该文本的相关争议进行了探讨（比如，关于它的标题，它是否写就于亚里士多德在世期间，它是否完整或只是残篇，为何它以 aporiai 的方式写成，泰奥弗拉斯托斯是否曾打算回答这些 aporiai，以及如果是的话，他的回答是什么）。泰奥弗拉斯托斯的《形而上学》仍然是对亚里士多德《形而上学》中的有关问题最富启迪性的批判讨论，尤其是那些更具有"神学"色彩的问题。许多现代作家（包括 Ross）不喜欢这个文本，因为它似乎只专注于亚里士多德的神学，牺牲了他更根本的本体论；但泰奥弗拉斯托斯很可能比 Ross 更理解亚里士多德。

们做圆周运动。如果亚里士多德是想拿这种说法与一个红的、圆的水果引发动物朝着它运动的方式相类比，那它们之间有一个明显的区别，即在动物朝着水果运动时，它会离水果更近，且在大多数情况下，动物真的能吃到水果，然而，旋转运动并不会让天体或星星更接近其推动者。而且，除了这种运动外，它似乎也不会引发任何其他活动。如果星星的运动类似于赛犬因被电子兔吸引而绕着轨道奔跑，那就意味着它们受到了欺骗并会因此受挫，这对 nous 的和善的因果性而言似乎并不合适。[1]也许亚里士多德会说，人们不应该期望他能准确地知道因果性是如何在天界运作的，他也不需要知道：他从诸天的永恒运动这一结果出发就能推断出，它们只能是被思想的和欲望的一个永恒不被推动的对象引起的，虽然他不能准确地知道为什么这个原因会产生我们观察到的那种效果。但我们至少可以希望用某种类比或模型来理解这种因果关系运作的方式。nous会在天界造成一种圆周运动，这种观点显然也出现在阿那克萨戈拉和柏拉图那里。亚里士多德拒绝了柏拉图的这种说法：理性认知就是圆周运动——不是一种物体的圆周运动，就是一种有延展的灵魂的圆周运动。但他仍然可以像柏拉图那样（《蒂迈欧》34a1-5）说，物体能够具有的与 nous 最高程度的相似性，就在于这种统一的圆周运动。我们这也可以用亚里士多德的说法把这表述为，神圣的

---

[1] 然而，Pierre Aubenque 确实主张，在亚里士多德看来，诸天过的是永远受挫的生活，参见 *Le Problème de l'être chez Aristote*，Paris，1962，尤其是 pp. 367-368（神就像"一场探寻和追求里，那总是迟迟达不到的目标"）和 pp. 386-390。Aubenque 也试图表明，从亚里士多德的描述里产生了一种肯定性的善，和一种对神的模仿，尽管这种模仿与柏拉图所说的不同，它不是神通过作用于宇宙而产生的他自己的影像，而是宇宙为了试图弥补神不在它之中且不作用于它这一事实而做出的一种不完美的尝试。

nous 是一种无变化的活动：由于物体的地位较低，它们不可能做无变化的活动，所以它们模仿神圣无变化活动的最好方式是行动、变化，而不是不变化、不行动；而在各种包含变化的活动中，那种最大程度上模仿神圣无变化活动的类型，就是自身永远统一的、不变的运动，亦即球体绕着通过其中心的轴的旋转运动。[1]我们或许也可以说，如果诸天的认识活动能以某种方式引发运动，那么，既然这种认识不变，它就会总是产生相同的运动，所以如果它确实会产生运动，那这种运动就必然是永恒的圆周运动。

　　然而，这些解释尤其不能让我们明白，为什么天体以这种方式响应它们的推动者，即通过做不同周期的、绕着不同轴线的多种圆周运动：不只是不同的天体具有各自的圆周运动，而且每一个较低层的天体都做着多种运动，即它独有的运动和它与较高层天体共有的运动，包括所有天体与恒星天共有的每日的旋转运动（我们也不清楚它们是由恒星天推动的，还是只是由推动恒星天的那同一个推动者推动的）。也许，正如《论生成与毁灭》II 10 所言，它们之

───────────

[1] 诸天的旋转运动模仿的是它们的推动者的活动，这种观点非常流行，显然可以追溯到泰奥弗拉斯托斯《形而上学》5a23-28，并被古代晚期和中世纪的注疏家继承，但在亚里士多德这里，并没有直接的文本依据表明他也接受这一点，上面引用过的 Berti 和 Broadie 的文章对此也提出过质疑。亚里士多德的确说过月下世界里元素的循环"模仿"诸天的运动（《形而上学》IX 8，1050b28-30；《论生成与毁灭》II 10，336b26-a7；《气象学》I 9，346b35-347a1）。另参见《优台谟伦理学》VI 14 =《尼各马可伦理学》VII 14，1154b20-31 对快乐的讨论："[一个]神享有一种单纯而永恒的快乐。因为，不仅运动有实现活动，不运动也有实现活动。而快乐更多的是在静止中，而不是在运动中。"（b26-28）然而，我们无法愉快地坚持进行某一种单纯的活动，只能享受更复杂、本质上不那么快乐和不那么有价值的活动，这是出于我们本性方面的缺陷，亚里士多德将这种缺陷比作欧里庇得斯的《奥瑞斯泰斯》中生病（或被狂怒困扰）的奥瑞斯泰斯的境况，后者不管处于什么样的姿态都不能安静地休息，对他来说，"在一切事物中只有变化……因为它包含了一种健康的迹象，而迹象压倒一切，即使它离真相很远"（《奥瑞斯泰斯》234-236，亚里士多德在 1154b28-29 引用了其中一部分）。

所以如此，乃是为了使地球上的动植物持续繁衍；但令人不解的是，诸天或它们的推动者如何获知月下世界中的任何事物。亚里士多德的文本并没有澄清这一点，但确实提出了一个有趣的建议。《形而上学》XII 8 说，诸天的每一种位移都是"为了星星"（1074a25-31），这也就是说，如果木星由四个复合的圆周运动推动，其中的每一个运动最初都是最初天的运动，其次还是最初天里被它推动的其他球体的运动，包括这个复合体中最内层的那个天球，也就是推动木星的那个，而这四个运动都是为了木星，而且没有哪个多余的运动或天球，会无助于形成某个星星独特的复合运动。这有点让人惊讶，因为亚里士多德在前一章中还坚持说，诸天的运动是为了它们的那些无形的推动者。理解这一问题的关键在于，正如我们在讨论《优台谟伦理学》时所言，要知道"所为的什么"有两层含义，即"所惠及的什么"和"所为得到的什么"。亚里士多德在《优台谟伦理学》VIII 3 中说，诸天的推动者不可能在任何意义上受惠，所以它们必然是所为得到的—什么意义上的目的因，而星星——不是天球——则必然是所惠及的—什么意义上的目的因（亚里士多德显然也在《形而上学》XII 7，1072b1-3 以同样的目的作了这种区分，但文本存在争议）。[1]

---

〔1〕 关于《优台谟伦理学》VIII 3 和"所为的—什么"的两种含义，参见上文及第 378 页脚注 1、第 381 页脚注 1。根据 Ross 和 Jaeger 两人的校订本，《形而上学》XII 7, 1072b1-3 的内容是"所为的—什么存在于不被推动的事物中，这通过［这个］划分［或区分，diairesis］得以表明：因为所为的—什么既是 tini［＝为某物的 /for something？］又是 tinos［＝关于某物的 /of something？］，其中一个［属于不被推动的事物？］，而另一个则不是"。这里通过与格 tini 和属格 tinos 所做的划分，似乎与《论灵魂》II 4（上引）使用与格 hô（i）和属格 hou 所做的划分相同。如果是这样的话，亚里士多德的意思可能是说，所惠及的—什么这种目的因不可能存在于永恒不变的事物中（它们不会被影响，因此也不能被惠及），但所为得到的—什么这种目的因可以——这很接近于他至少在《优台谟伦理学》VIII 3 已经表明的观点，或许还包括他在其他文本里做的这种区分。（转下页）

（接上页）然而，被现代各种版本当作底本的手稿里，对应于 XII 7，1072b1-3 的地方实际上都没有这样说。对于这个关键句，Ross 和 Jaeger 的校订版是 esti gar tini to hou heneka kai tinos，手稿 E 和 J 只是简单的 esti gar tini to hou heneka，而手稿 A^b 则是 esti gar tini to hou heneka tinos。E 和 J 的文本虽然并不完全符合语法，但也可以理解：它的意思是"所为的—什么属于某物（即存在着某个所为的东西），它一方面（即所为的什么）存在［于不被推动的事物中］，另一方面（即为了它的东西）则不存在"。换句话说，尽管我们可以合理地反驳永恒不变的事物具有目的因（关于这一点，参见 III 2，996a21-29），但这并不影响它们是诸天的目的因。（但若把这称为 diairesis 可能有点牵强。）参见 Silvia Fazzo，"Lambda 7 1072b2-3，"*Elenchos* 23，2002，pp. 357-376（意大利文）对 E 和 J 中读法和这种解释方式的辩护。但在 Bekker 之后，没有任何编者采纳这一文本。Schwegler 曾追随 Bonitz 提出 esti gar ditton to hou eneka（"因为所为的—什么有两层含义"）这个猜想，这就使它与《优台谟伦理学》VIII 3、《论灵魂》II 4 和《自然学》II 2 中的段落非常接近。而 Christ 采纳了 A^b 本，并插入了一个"和"字，esti gar tini to hou heneka kai tinos（"所为的—什么既是 tini［= 为惠及某人］又是 tinos［= 为得到某物］"），Ross 和 Jaeger 接受了这种读法，这尤其是因为 Christ 的猜想得到了通过 Averroes 的注疏得以流传的阿拉伯译本的确认：wa-dhâlika anna mâ min ajlihi yûjadu li-shay'in wa-li-dhâ shay'un，wa-dhâlika minhumâ mawjûdun，wa-ammâ hâdhâ fa-laysa bi-mawjûdin，其中"li-shay'in wa-li-dhâ shay'un"似乎译的是"tini kai tinos"，这可能是由于并未完全弄明白与格和属格传达的含义有什么区别（Averroes 以为它们分别指的是作为实体的目的因和作为偶性的目的因，所以在这个意义上，前者"是"后者"不是"）。上面引的 Fazzo 一文已经在不同层面上对这种通过阿拉伯译本重建希腊文文本的方式提出了挑战，同时还有 Cecilia Martini Bonadeo，"*Hôs erômenon*: alcune interpretazioni di *Metaph. Λ* 7，"in Vincenza Celluprica and Cristina D'Ancona（eds.），*Aristotele e i suoi esegeti neoplatonici*，Rome，2004，pp. 211-243，但我认为这种重建是正确的。从阿拉伯译文着手的这种重建，也和希腊语手稿传统中两次出现的一种读法相一致。手稿 E 中的一个注释（奇怪的是，Christ、Ross 或 Jaeger 都没有引用它）也证实了一些手稿的读法和这些现代编辑校订的读法相同：proskeitai en tisi to kai tinos——一些手稿可能在 esti gar tini to hou heneka 之后又添加了 kai tinos，或者也可能是在 esti gar tini 之后、to hou heneka 之前。（Silvia Fazzo 在其 *Il libro Lambda della Metafisica di Aristotele：Introduzione，edizionecritica，studio，commento，appendici*，dissertation Lille/Trento，2009 里的"Note sulla costituzione del testo"提示人们注意这个注释。）并且，手稿 V^d（至今还没有编辑校勘过）的读法是 esti gar tini to hou heneka kai tinos，这里的"kai tinos"是后来某人添加到行上方的。然而，那个要"惠及某人"或"得到某物"的不是所为的—什么，而是那个为了它的东西。因此，我们不应该（像 Christ、Ross 和 Jaeger 那样）把亚里士多德在这里使用的代词当作不定代词，即尾音节上没有重音或有抑音的 tini 和 tinos，从而把它变成"惠及某人"和"得到某物"，而是应读作尾音节上有扬音的疑问代词 tini 和 tinos，表示"所惠及的—什么"和"所为得到的—什么"，就像 to dia ti 里带扬音的 ti，意为"所由的—什么"（the on-account-of-what），即"为什么"或原因。

亚里士多德在《论天》II 12 对这个观点进行了独特而有趣的阐发,他在那里讨论的问题是,为什么一些星星进行一种单一的旋转运动,而其他则是更少或更多的星星进行一种旋转运动,特别是,为什么离我们最远的恒星只有一种单一的运动,离恒星最近的行星具有最多的运动,而离大地更近的太阳和月亮的运动却更少。[1]他给出的答案是:"很可能,处于最好状态的东西具有无须实践(praxis)的善(to eu);离这种状态最近的,则需要一个小的[实践];那距离更远的,就需要更多的[实践]——就像在身体方面,一个人即使不锻炼也处于很好的状态,一个人只需要稍微散散步,一个人则需要跑步、摔跤和在训练场上挥汗,但对另一个人,即使再努力锻炼,好状态也不会随之而来,到来的只是另外的东西[亦即所愿望之善的某种模仿或替代]。"(292a22-28)在第一种情况里,那种不需要通过实践就能取得善的东西自身就是善,也是其他东西努力追求的目标——"处于最好状态的事物不需要实践,因为它自身就是所为的东西,而当既有所为的—什么和为了它的东西时,实践就总是关乎这两者"(292b4-7)——而这指的不会是某个星星,而是不被推动的善自身。(他并非否认它具有任何活动,而是否认它具有一种实践性的活动,后者追求的是外在于这个活动自身的某种善,他在《尼各马可伦理学》X 8 否认神具有这种

---

[1] 在欧多克索斯的体系中(亚里士多德最初采用的体系),这是正确的,亚里士多德在《形而上学》XII 8, 1073b17-32 中描述了这个体系,但在卡利普斯的体系中并非如此,亚里士多德后来采用了该体系并进行了修正,并且他在 1073b32-38 中简要地描述了这个体系(他自己的修改和结论在 1073b38-1074a14)。

活动；praxis 预设运动，而 energeia 则不会。）第二种情况是恒星，第三种情况是靠近恒星的行星，亚里士多德把它们比作为了获得健康而做 X 的人，这个人为了做 X 而必须先做 Y，如此等等。第四种情况也是真实存在的："对另一个人来说，不可能朝着变得健康的方向前进，只能朝着跑步或减肥的方向前进，后者的其中之一就成为这样的人的目标。因为对每个人来说，能达到那个目的是最好的，但如果他们不能，那越接近那最好的［目的］就越好。因此，地球根本不运动，靠近地球的物体则做很少几种运动，因为它们并未达到最终的［目的］，只是尽它们所能地获得（tunchanein）最神圣的本原；而第一层天通过一种运动直接获得它，那介于最初者和最后者的东西也能获得它，但要通过更多种运动才行。"（292b15-15）基于亚里士多德这一论证的背景，那种只进行很少几种运动的"靠近地球的物体"必然是太阳和月亮，亚里士多德的意思必然是——虽然听起来很奇怪——它们和地球一样，并不以所有东西都追求的那种善为目的，而是追求那种善的某种模仿品或近似物。但是，对包括太阳和月亮在内的所有星星而言，至高神都是作为所为得到的—什么意义上的所为的—什么，即使它们实际上不可能得到它，就像我们上述的《优台谟伦理学》VIII 3 所言，神对所有人而言都是所为得到的—什么。即使人类"得到"它的最好方式就是沉思它，我们也无法越过实践活动直接地进行沉思，而是必须首先具备一系列的个人习惯——就整个城邦而言是法律，后者使前者成为可能；对一些人而言，实现这一目标比较容易，对另一些人而言则比较困难，其他人则不得不满足于模仿这种对神的沉思。[1]对于恒星为何必须通过旋转的方式才能"得到"至高神，我们已经做了一些猜测，但是为什么土星不能通过一种旋转"得到"这同一个神，而是需要由四种不同天体发起的四种不同的旋转运动才能达到那个目的，对此我们很难理解。但我们又看到土星确实在按照这种方式运动，由之我们也许能推出，出于某种本性上的弱点，土星必须靠这种另外的约束才能受惠：它的这种复合运动或许可以比之节日里合唱舞（choral dance）的那些动作（关于这一类比，参见《蒂迈欧》40c3-d3，以及特别是伪柏拉图［奥普斯的菲利普（Philip of Opus）］《厄庇诺米斯》982d7-e6）。而月下世界中的事物，甚至显然也包括诸天低层边缘的东西，都处于较差的状态，以至于我们完全没必要考察其复杂的规则。

最后，回到《形而上学》XII，亚里士多德在 XII 10 提出了一种类似的观点，他说，宇宙中的所有事物都朝着首要的善自身得到"安排"，就像一个家庭、一个城邦或一支军队中的不同成员朝着某种善被安排一样："万物都是与一［目的］相关联着而安排起来的，例如，在家中自由人极少有自由随便行事，而对全部至少是大部活动都要有所安排。而奴隶和牲畜很少参与公共事务，大部分活动是随意进行的。"（1075a18-22）当然，奴隶会被要求为自由人或市民

---

[1] 关于"得到"或"拥有"神，参见上文。当某人模仿哲学沉思时，比如通过参加宗教仪式、音乐或体育竞技，或通过实践推理和行动，这并不必然意味着他是在有意识地追求哲学沉思，并决定满足于次优选择。也就是说，无论他是否知道，他的行动的客观目标（telos）都是哲学沉思，而科学的观察者解释他实际上所做之事的方式就是指出，他是在尽可能地达到这一目的，就像动植物延续其物种也是因为这是最接近个体不朽的方式（参见《论灵魂》II 4，415a26-b7）。关于亚里士多德对模仿的看法和对沉思生活的模仿作为次优生活，可参见 Gabriel Richardson Lear, *Happy Lives and the Highest Good*, Princeton, N. J., 2004。

的利益而行动，但（在亚里士多德的理想中）自由人或市民以最能产生德性的方式规范自己的生活，而对于奴隶，统治者放弃了让他们也追求这一目标的希望，只要他们能为自由人提供外在的生活必需品就足够了；奴隶可以在空闲时间里不受道德约束地生活。或者也许奴隶也能获得德性的某种模仿物，因为亚里士多德认为可以把奴隶类比于月下事物，后者能通过元素转化和动植物繁衍这些循环模仿天体的活动（参见1075a22-25）。我们可以期望人类比月下世界中的其他事物具有更高级的命运，期望我们能像星星那样真正地"得到"至高神，因为我们能沉思至高神，并且，为了达到这一目的，不管是就个人而言还是就集体而言，我们都能通过一系列复杂的实践活动来完善我们自己；或者，即使我们无法进行这种沉思，我们也能获得比单纯的繁衍更高级的完善。柏拉图在《蒂迈欧》中强调的正是人在月下世界中的这种独特地位。[1] 考虑到亚里士多德在伦理学著作中说的东西和《形而上学》的整个目的都是引向对神圣第一因的沉思，我们可以认定，亚里士多德在这一点上是认同柏拉图的，虽然他在《论天》II 12甚至对太阳和月亮（因而更是对人类）也表达了一种悲观的态度。但在这里，他充分地讨论了星星的秩序，它们远比人类能更好地沉思神，按照柏拉图的说法，它们也远比人类能更好地为了至高神（或为了很多高阶或低阶的神）而

---

〔1〕 正如我们在上面所见，德穆革直接制作了人类灵魂的理性部分，就像他也制作了宇宙灵魂、宇宙的整体结构和每个天体，它们都是不朽的，并且都受理性支配（因此都具有统一的圆周运动），而"年轻的神"（天体）则制作了人的身体和人类灵魂的非理性部分，它们并非直接受理性支配（因此具有不规则的运动，并且是有朽的）。故而很可能，人类并不能仅仅通过沉思天体（尽管这是一种有用的手段）来达到他们的目标，而是与天体灵魂以相同的方式达到理性，并与天体灵魂沉思相同的事物。

"舞",以至于他根本就没费心去解释人类在这一图景中的位置。

参考文献 ———————————————————————

Alcinous, *The Handbook of Platonism*, John Dillon (trans.), Oxford, 1993.

Aubenque, Pierre, *Le Problème de l'être chez Aristote*, Paris, 1962.

Barnes, Jonathan (ed.), *The Complete Works of Aristotle*, 2 vols., Princeton, N.J., 1984.

Blass, Friedrich, "Aristotelisches," *Rheinisches Museum* 30, 1875, pp. 481-505.

Bodéüs, Richard, *Aristotle and the Theology of Living Immortals*, Jan Garrett (trans.), Albany, N. Y., 2000.

Bordt, Michael, *Platons Theologie*, Freiburg, 2006.

Bowen, Alan C., "Simplicius and the Early History of Greek Planetary Theory," *Perspectives on Science* 10, 2002, pp. 155-167.

Broadie, Sarah, "Que fait le premier moteur d'Aristote?," *Revue Philosophique de la France et de l'étranger* 183, 1993, pp. 375-411.

Brunschwig, Jacques, "EE I, 8 1218a15-32 et le ΠΕΡΙ ΤΑΓΑΘΟΥ," in Paul Moraux and Dieter Harlfinger (eds.), *Untersuchungen zur Eudemischen Ethik*, Berlin, 1971, pp. 197-222.

Butterworth, Charles (trans.), *Alfarabi: the Political Writings: "Selected Aphorisms" and Other Texts*, Ithaca, N.Y., 2001.

Caston, Victor, "Aristotle's Two Intellects: a Modest Proposal," *Phronesis* 44, 1999, pp. 199-227.

Cherniss, Harold F., *Aristotle's Criticism of Plato and the Academy*, vol.1, Baltimore, Md., 1944.

Cooper, J. M., and D. S. Hutchinson (eds.), *Plato: Complete Works*, Indianapolis, Ind., 1997.

Cornford, F. M., *Plato's Cosmology*, London, 1937.

Davidson, H. A., *Alfarabi, Avicenna and Averroes on Intellect*, Oxford,

1992.

Düring, Ingemar, *Aristotle's Protrepticus: an Attempt at Reconstruction*, Göteborg, 1961.

Fazzo, Silvia, "Lambda 7 1072b2-3," *Elenchos* 23, 2002, pp. 357-376.

Fazzo, Silvia, *Il libro Lambda della Metafisica di Aristotele: Introduzione, edizione critica, studio, commento, appendici*, dissertation Lille/Trento, 2009.

Fortenbaugh, William, Pamela Huby, Robert Sharples, and Dimitri Gutas (eds.), *Theophrastus of Eresus: Sources for His Life, Thought, Writings and Influence*, 2 vols., Leiden, 1992.

Frede, Michael, "The Unity of General and Special Metaphysics: Aristotle's Conception of Metaphysics," in his *Essays in Ancient Philosophy*, Minneapolis, Minn., 1987, pp. 81-95.

Frede, Michael, and David Charles (eds.), *Aristotle's Metaphysics Lambda: Symposium Aristotelicum*, Oxford, 2000.

Gaiser, Konrad, "Das zweifache Telos bei Aristoteles," in Ingemar Düring (ed.), *Naturphilosophie bei Aristoteles und Theophrast*, Heidelberg, 1969, pp. 97-113.

Gill, Mary Louise, and James Lennox (eds.), *Self-Motion*, Princeton, N.J., 1994.

Guthrie, W. K. C., "The Development of Aristotle's Theology," *Classical Quarterly* 27, 1933, pp. 162-171, and *Classical Quarterly* 28, 1934, pp. 90-98.

Hackforth, Reginald, "Plato's Theism," in R. E. Allen (ed.), *Studies in Plato's Metaphysics*, London, 1965, pp. 439-447.

Heath, Thomas L., *Aristarchus of Samos*, Oxford, 1913.

Hutchinson, D. S., and M. R. Johnson, "Authenticating Aristotle's Protrepticus," *Oxford Studies in Ancient Philosophy* 29, 2005, pp. 193-294.

Jaeger, Werner, *Aristotle: Fundamentals of the History of his Development*, Richard Robinson (trans.), 2nd, Oxford, 1948.

Lear, Gabriel Richardson, *Happy Lives and the Highest Good*, Princeton, N.J., 2004.

Lloyd, G. E. R., *Early Greek Science: Thales to Aristotle*, London, 1970.

Martini Bonadeo, Cecilia, "*Hôs erômenon*: alcune interpretazioni di *Metaph*. L 7," in Vincenza Celluprica and Cristina D'Ancona (eds.), *Aristotele e i suoi esegeti neoplatonici*, Rome, 2004, pp. 211-243.

Mendell, Henry, "Reflections on Eudoxus, Callippus, and Their Curves: Hippopedes and Callippopedes," *Centaurus* 40, 1998, pp. 77-275.

——, "The Trouble with Eudoxus," in P. Suppes, J. M. Moravscik, and H. Mendell (eds.), *Ancient and Medieval Traditions in the Exact Sciences*, Stanford, Calif., 2000, pp. 59-138.

Menn, Stephen, "Aristotle and Plato on God as Nous and as the Good," *Review of Metaphysics* 45, 1992, pp. 543-573.

——, *Plato on God as Nous*, Carbondale, Ill., 1995.

——, "Aristotle's Definition of Soul and the Programme of the *De Anima*," *Oxford Studies in Ancient Philosophy* 22, 2002, pp. 83-139.

——, "La Sagesse comme science des quatre causes?," in Maddalena Bonelli (ed.), *Aristote: physique et métaphysique*, Paris, forthcoming.

——, "From *De anima* III, 4 to *De anima* III, 5," unpublished.

Mohr, Richard, *The Platonic Cosmology*, Leiden, 1985.

Owens, Joseph, *The Doctrine of Being in the Aristotelian Metaphysics*, Toronto, 1951.

Patzig, Günther, "Theology and Ontology in Aristotle's Metaphysics," in Jonathan Barnes, Malcolm Schofield, and Richard Sorabji (eds.), *Articles on Aristotle*, vol. 3, London, 1979, pp. 33-49.

Rashed, Marwan, "On the Authorship of the Treatise *On the Harmonization of the Opinions of the Two Sages* attributed to Al-Fârâbî," *Arabic Sciences and Philosophy* 19, 2009, pp. 43-82.

Ross, W. D. (ed.), *Aristotle's Metaphysics*, 2 vols., Oxford, 1924.

——, *Aristotle De Anima*, edited with introduction and commentary, Oxford, 1961.

Ryan, Eugene E., "Pure Form in Aristotle," *Phronesis* 18, 1973, pp. 209-224.

Schroeder, Frederic M., and Robert B. Todd, *Two Greek Aristotelian*

Commentators on Intellect, Toronto, 1990.

Sedley, David, "Is Aristotle's Teleology Anthropocentric?," *Phronesis* 36, 1991, pp. 179-196.

——, *Creationism and its Critics in Antiquity*, Berkeley, Calif., 2007.

Smyth, Herbert W., *Greek Grammar*, revised edition, Cambridge, Mass., 1956.

Sorabji, Richard, *Matter, Space and Motion*, Ithaca, N.Y., 1988.

Tarán, Leonardo, *Speusippus of Athens: a Critical Study with a Collection of the Related Texts and Commentary*, Leiden, 1981.

Theophrastus, *Metaphysics*, W. D. Ross and Francis H. Fobes (eds. & trans.), Oxford, 1929.

Theophrastus, *Metaphysics*, Marlein van Raalte (eds., trans. & comm.), Leiden, 1993a.

Théophraste, *Métaphysique*, André Laks and Glenn Most (eds. & trans.), Paris, 1993b.

van Ess, Josef, "Tashbîh wa-Tanzîh," *Encyclopedia of Islam*, 2nd.

von Arnim, Hans, *Die Entstehung der Gotteslehre des Aristoteles*, Vienna, 1931.

Wehrli, Fritz, *Die Schule des Aristoteles*, 10 vols., 2nd, Basel, 1967.

Yavetz, Ido, "On the Homocentric Spheres of Eudoxus," *Archive for the History of Exact Sciences* 51, 1998, pp. 221-278.

——, "On Simplicius' Testimony Regarding Eudoxan Lunar Theory," *Science in Context* 16, 2003, pp. 319-329.

学园、斯多亚，以及西塞罗论柏拉图《蒂迈欧》[*]

Reydams-Schils[1] 陈威[2] 译

在近来的学术研究中，[3]柏拉图的《蒂迈欧》对斯多亚派宇宙论的根本影响逐渐得到重视。但这种影响有多少直接来自斯多亚派对柏拉图作品的接触呢？这仍是一个引起争议的话题。首先是克莱默（Hans-Joachim Krämer）[4]，然后是塞德利（David Sedley）[5]和狄龙（John Dillon）[6]称，老学园在其中起到了重要的中介作用，他们预示了斯多亚派物理学的关键方面，并塑造了斯多亚派对《蒂迈欧》的释读。西塞罗的作品是这一所谓中介作用的核心来源，而这一中介早在希腊化时期就开始了。为了重新检验塞德利和狄龙的说法，这篇文章将从斯彪西波和色诺克拉底开始，接着讨论波勒蒙

[*]　本文选自 "The Academy, the Stoics and Cicero on Plato's *Timaeus*," *Plato and the Stoics*, A. G. Long（ed.），Cambridge，2013，pp. 29-58。

[1]　Reydams-Schils，美国圣母大学教授。

[2]　陈威，四川大学哲学系博士生。

[3]　Long 2010，Gourinat 2009，Betegh 2003. 本章重申了一些我曾在 Reydams-Schils 1999 中处理的议题。

[4]　Krämer 1971.

[5]　Sedley 2002；另见 Sedley 2012。

[6]　Dillon 2003a.

（Polemo）和阿提库斯（Antiochus of Ascalon），最后再讨论西塞罗。尽管我在这里将重点讨论物理学方面的证据，但这一问题将在更广泛的层面上影响我们对斯多亚派获取和掌握柏拉图作品的整体状况的理解。我认为，狄龙和塞德利低估了这种释读中争论与合作并存的复杂性。[1]老学园的形而上学中有许多特点不能在斯多亚派中找到对应。我们关于波勒蒙的证据太少，对这些证据的可能理解又太多，很难确认是否他就是缺失的那一环。阿提库斯对前人传统的阐释，是在尝试重写哲学史的论战背景下进行的。最后，西塞罗在对阿提库斯的观点进行解释时，带入了他自身的意图。

与塞德利的作品专注于柏拉图之后学园的第三任领导人波勒蒙不同，狄龙处理的是整个老学园的传统。狄龙对老学园观点的重建蕴藏着很大的价值，我这篇文章想要聚焦于狄龙声称这些观点预示着斯多亚派有关神圣者和实在原理的观念。狄龙可能过于看重将哲学分为物理学、伦理学和逻辑学的做法（参见2003a，26和98），这种做法被归功于色诺克拉底（fr. 1 =Sextus Empiricus，*M* 7.16-19），[2]而且似乎在斯多亚派中获得了准经典的地位。然而，用这种分类方法来评估老学园观点的方式，是选错了研究的出发点，因为将这种三分法归功于色诺克拉底，本身就是在表示老学园与斯多亚派在实在的第一原理问题上有着相似之处。即便我们承认这个三分法确实来自色诺克拉底，但单单某一思想家采用了三分法的事实，并不足以证明某一理论是否采用了其形而上的原理。

---

〔1〕 参见 Owen 1983。
〔2〕 在这一片段的上下文中，斯多亚派的划分方法占了大多数，而波西多尼（Posidonius）则被单独标出。

一个较晚的作品，即阿尔基努斯（Alcinous）的《柏拉图教义旨归》（*Didaskalikos*），最简明扼要地说明了其间的关系（第三、七章）。尽管阿尔基努斯意识到哲学分为伦理学、物理学和逻辑学，但他将这些分类整合进了一个截然不同的框架中，认定哲学的主要分支是实践的、理论的和辩证的（dialectical）。这三者中，实践哲学显然相当于伦理学，辩证的则相当于逻辑学。然而，关于哲学中理论的部分，阿尔基努斯做了一个重要且富有争议的转变：根据亚里士多德的划分，物理学只代表理论知识的一个子集，从层级来说，它位于数学之前，神学（theology）之后。在这一框架中，神学关乎第一因、不动者和神圣者，物理学关乎天体的运动、宇宙的构成、整体的性质、人与神的关系、神意及其他次级的神圣者的存在。

我认为，划分的这种变化，反映了斯多亚派与学园在内在性和超越性问题上的长期论争。斯多亚派物理学将实在的原理放在物理实在之中，这一立场受到柏拉图主义的激烈质疑。因此，老学园在多大程度上会将对第一原理的研究归入物理学仍是一个开放的问题，而非先验的已知事项（a priori resolved matter）。柏拉图的《蒂迈欧》确实很早就作为探究自然的著作而周知了，但柏拉图关于第一原理的观点当然也并不局限在《蒂迈欧》中。

在这个问题上，与斯彪西波和色诺克拉底同时代的逍遥派哲人泰奥弗拉斯托斯（Theophrastus）提供了重要的证据：

> 他［柏拉图］主要关注"第一哲学"，但也关注现象，开始对自然进行探究。就此，他希望原理有两个，一个作为物质／

质料［事物］的基础，他称之为万物的接受者；另一个作为运动的原因和来源，他将其归结到神和善的力量上。（fr. 230 = Simplicius, *In Phys.* 1.2，184b15）[1]

请注意泰奥弗拉斯托斯在这里对"第一哲学"和有关"现象"的"探究自然之学"做的区分。泰奥弗拉斯托斯接着将神和物质都作为有关自然的**后一种探究的原理**，这与《蒂迈欧》里的载体存在明确无误的呼应。但是，在阐释柏拉图的观点时，他显然为在"第一哲学"标题下对原理进行额外分析留出了余地，这种细微差别的重要性无论怎样强调都不过分。矛盾的是，正如大卫·鲁尼亚（David Runia）正确指出的那样，鉴于《蒂迈欧》引发的争论，柏拉图本人可能根本不想在这部作品中讨论现实的终极原理。[2]

　　普罗克洛（Proclus）的以下残篇中提到，泰奥弗拉斯托斯再次明确地阐述了该问题，并申明在柏拉图和亚里士多德后，老学园并不能独占有关第一原理的论争的主导权：

　　　　泰奥弗拉斯托斯［在与柏拉图的交流中］说灵魂是运动的来源，而并未在此前设置任何条件，并且认为没有必要为［本身］就是原理的东西寻找其原理。这很合理。毕竟他也认为诸天有生命（animate）并因之而神圣，他说：如果它是神圣的，并以最好的方式存在，那它就是有生命的。因为没有哪样崇高的事物是没有灵魂的，这就是他在《论天》中写的。

---

〔1〕 另参见 Atticus, fr. 2.1。
〔2〕 Runia 2003.

（trans. Fortenbaugh et al., emphasis added；fr. 159, 27-end ＝
Proclus, *In Tim.*, 1.122）

这一残篇证实，泰奥弗拉斯托斯对亚里士多德在《形而上学》中提出
的（in the latter's *Metaphysics*）彻底超越性的"不动的推动者"概念
持批判态度。宇宙能否凭其自身得到解释，还是其秩序取决于某种更
高的终极原理？（如果普罗克洛的说法是可靠的，那么泰奥弗拉斯托
斯赞同第一个选项，认为在诸天中的灵魂负责整个宇宙的结构。）

　　将哲学划分为物理学、伦理学和逻辑学并不意味着排除了超越
的"第一"原理，这一基本认识与此章的所有部分都有关，它使我
们能够重新评估来自老学园的证据，并为阿提库斯和西塞罗的诠释
策略带来新的启示。如果在处理物理学时，把任何超越物理原理
的问题都放在一边，就更容易把柏拉图主义和斯多亚主义对《蒂迈
欧》的解释统一起来。但是，如果更广泛的辩论确实是围绕着对有
序宇宙（kosmos）的替代性解释展开的，那么柏拉图之后的学园首
任首脑斯彪西波和色诺克拉底追求的是哪种思路呢？

一、对斯多亚派物理学的预见？斯彪西波和色诺克拉底

　　重新审视"第一原理"在老学园中的角色，可以让我们了解他
们的思想在多大程度上预见了斯多亚派物理学。在狄龙关于斯彪西
波和色诺克拉底的文章中，《蒂迈欧》里的世界灵魂在老学园那里
取得了更重要的角色，成了一种宇宙内部的德穆革式（秩序化）力
量。狄龙还表示，斯彪西波甚至把"神"的标签下降到了世界灵魂

处。他翻译了斯彪西波的残篇：

Σπεύσιππος τὸν νοῦν οὔτε τῷ ἑνὶ οὔτε τῷ ἀγαθῷ τὸν αὐτόν, ἰδιοφυῆ δέ.（Aetius Placita 1.7.20）

解释为：

> 斯彪西波**宣称神是**理智，与"一"或"善"不同，而是自身具有特别的性质。[1]（强调部分由作者添加）

斯彪西波的这一残篇出现于讨论"神是什么"或"论神"的部分，之后紧随的是关于物质的部分。这种标题间的结构反映出中期柏拉图主义中盛行的神与物[2]对立的二元原理，而正如上文所述，泰奥弗拉斯托斯已将其归功于柏拉图（fr. 230，Fortenbaugh et al.）。（如下所示，这种标题的顺序在波勒蒙那里也很重要。）此外，在一些观点的简短表达中，第一个指称代词，即这里的理智/努斯，似乎确实能代表某思想家认为神的核心观念为何。所以斯彪西波的确更将理智视为神，而非"一"或"善"。

---

[1] 单看这段残篇，也可以简单将其译为："斯彪西波宣称理智并不等同于'一'或'善'，而是具有自身的性质。"（参见 Tarán 1981，377）这种译法留有余地，即对斯彪西波而言，构成神的不是理智，而是与理智不同的"一"和"善"。这种解读首先是将其与那些认为理智是神性关键点的思想家对比，其次是与毕达哥拉斯主义对比，因为根据这一信条式的列表，毕达哥拉斯主义者是把理智（αὐτὸς ὁ νοῦς）等同于"一"和"善"的。然而，考虑到这个信条的全文和语法上的相似，狄龙的译法是有道理的。

[2] 正如阿提库斯 ch. 9（将理念视为神的思想）和第欧根尼·拉尔修论柏拉图（3.69，75-76），关于这一主题的更广泛讨论，参见 Dörrie and Baltes 1987ff.，vol. 4（Die philosophische Lehre des Platonismus[1]），secs. 111-122，with commentary on pp. 377-489。

但正如狄龙自己也承认的那样，在斯彪西波的体系中并不容易看到理智／努斯。根据《蒂迈欧》的说法，"努斯不可能存在于任何事物之中，除非是灵魂"（30b，Zeyl 将其翻译为："任何事物都不可能脱离灵魂而拥有理智。"另参见 46d）。这就对德穆革的地位提出了问题，他认为，对斯彪西波来说，理智代表着"世界灵魂里理性的、德穆革的一面"。[1]但这仅仅是一种假设，并且很可能与斯彪西波残篇中的信条式（doxographical）内容冲突：他的观点有别于"第欧根尼、克里安特斯和恩诺皮德斯，这些人**宣称神是**世界的灵魂"（17，τὴν τοῦ κόσμου ψυχήν）。此外，斯多亚派的芝诺**宣称神是**世界的火般的理智（νοῦν κόσμου πύρινον），他认为这一信条弥补了斯彪西波残篇中缺少的明确规定。与这些立场不同，这一信条实际上似乎并没有将斯彪西波关于神与世界灵魂的概念统一，他的理智概念也没有与宇宙建立关联。此外，至少斯彪西波的一个残篇明确区分了理智和灵魂的实质（fr. 29c =Asclepius, *In Metaph.* 379.12-15）。[2]

即便我们承认斯彪西波会为理智保留"神"的标签（不论是否在宇宙之内，也不论是否与世界灵魂不同），但在考虑实在的结构

---

[1] 狄龙（2003a，63）还宣称，Cicero, *ND* 1.32 也证实了这一点。但其中，狄龙讨论斯彪西波的部分和全书整体都颇有一些瑕疵。例如，在斯彪西波的章节的 53—54 部分，他**区分了**（a）一个原型（archetypal）的方面，即**超越性**的理智；和（b）一个"执行的"功能，可以最自然地转移到世界灵魂中（强调部分由作者添加）。所以，他本人有时将"理智"或理智的一个方面解释为居于"灵魂"之上，有时又将两者结合于世界灵魂中。在 25，他提出了第三个选项，即理智就是宇宙理智，而且区别于世界灵魂。另见 235。

[2] Tarán 本人否认这个证据，理由是它似乎仅仅来自亚里士多德的信息，而且可能受到了新柏拉图主义的污染（1981，303）。相反，他认为理智确实与灵魂有关，但这里灵魂的原理不等于世界灵魂（47-48；376-379）。

方面，"一"和"多"的关系仍然比理智和世界灵魂的关系更基本。此外，"一"完完全全地超越了存在物的结合，因此严格来说，它甚至不能被称为善（fr. 42-43，48）。

斯彪西波可能将"神"的主要含义保留在较低的形而上学阶梯上，但他的继任者色诺克拉底甚至连这也不允许。但在具体讨论色诺克拉底对实在和神性的原理的处理之前，应该先对斯彪西波和色诺克拉底整体做更广泛的思考。不可否认，对在柏拉图之后的这两位老学园的领袖来说，神的"一""单一"和"有限"，以及物质的"多""二"和"无限"的概念，构成了这些原理的核心术语（designations），这开端于毕达哥拉斯传统，在柏拉图的《斐勒布》中得到发展，并在亚里士多德的作品中被描述出来。与此相反，斯多亚派并不采用这些术语（terminology），他们对原理的主要分析依赖于主动/被动的区别，根据这种区别，物质的特点不像斯彪西波和色诺克拉底说的那样具有流动性和不稳定性，而是具有完全的中立性，即无特质（apoios）而可塑的。[1]

我认为，柏拉图《蒂迈欧》里的一种基本张力，可以用于解释这些方法的不同。最初，"载体"（柏拉图不将其称为物质）被比作诸如黄金、香水的液体基底或任何柔软易塑的材料（50a-51b）等物体，它们必须是中性的，具有足够的延展性，可以被塑造为其他状态（features）。然而，在随后的阶段，我们被告知，除非德穆革进行干预，否则载体会进行不规则运动，并包含元素的样子，因此也似乎具有无序的特征，而不仅仅是前述那样，仅具有中立性和接

---

[1] Gourinat 2009；Reydams-Schils 1999，53；更详细的讨论参见 Decleva Caizzi 1988，esp. 439ff. and 455。

受性（52d-53b）。老学园似乎通过关注对载体的第二段描述来解决《蒂迈欧》中的这一紧张，而斯多亚派则通过假设一种没有任何特质，但本身仍具有实体的物质，将第一段描述推向了自然的结局。这一立场是斯多亚派独立解读了《蒂迈欧》的有力证据。[1]

克莱默（1971，118-122）和狄龙（2003a，102-107，131，154）在解读色诺克拉底关于神性及其与宇宙关系的观点时，都主要依赖以下残篇（fr. 15），此片段由埃提乌斯（Aetius）收集（1.7.30，与上文讨论过的斯彪西波残篇列在同一标题下）：

> 阿伽瑟诺尔之子，卡克顿（Chalcedon）的色诺克拉底[认为]诸神有"单一"和"二"，前者是男性，拥有父亲的角色，统治着上天（ἐν οὐρανῷ βασιλεύουσαν）。他用的称呼是"宙斯""奇数"和"理智"，对他来说是主神。另一位是女性，扮演众神之母的职能（in the manner of），统治着诸天以下的领域，对他来说是世界灵魂。
>
> 他认为天也是神，星星是火热的奥林匹斯诸神，他还相信有其他生命，即人间看不见的灵明（sublunary daemons）。他同时还认为神力也渗透到物质元素中。而且，他认为水神波塞冬和播种之神、地神德墨忒尔是隐形的。所有这些说法他都是从柏拉图那里学来的，并传给了斯多亚派。

在第一个片段中，克莱默和狄龙认为"统治着上天"的术语是色诺

---

[1] 关于这类解读的更多证据，参见 Reydams-Schils 1999，41-83。

克拉底试图将最高的原理与宇宙联系起来。但这个术语的可能解释太多了，可能只是一个隐喻，狄龙自己也承认这一点（d2003a，102，n. 44）。如果我们将色诺克拉底的说法与斯彪西波的相比，并将该残篇与其他现存的证据（如下所述）相比较，有几点会非常明显：

与斯彪西波不同，色诺克拉底把"单一"当作主神和理智（努斯）。

色诺克拉底将最高神与世界灵魂区分开来。[1]

普鲁塔克宣称"色诺克拉底称呼位于不变和同一领域的宙斯为'最高'，而在月亮以下的他称为'最低'"。因此，我们知道色诺克拉底区分了不同层次的宙斯，而普鲁塔克的叙述可能遗漏了第三种位于中间的神性。

词组"不变和同一的领域"（τοῖς κατὰ ταὐτὰ καὶ ὡσαύτως ἔχουσιν）在普鲁塔克的段落中被用来形容"最高"的宙斯，很可能指可知世界或纯形式；按这种解读，色诺克拉底的最高宙斯是超越宇宙的。[2]

根据恩披里柯（*M* 7.147-149 = Xenocrates fr. 5），色诺克拉底坚持"可感物（οὐσία，狄龙 2003a，124 认为其作为'存在物的形式'[form of existence]）存在于诸天之下，而可知物是属于天以外（ἐκτὸς οὐρανοῦ）的万物，可信物（opinable）和复合物则是天本身"。亚里士多德（*Met.* 1028b24 ff. = fr. 34，Heinze）则表示，

---

[1] 这段文本的一个问题是，将"二"（Dyad，通常被视为物）与世界灵魂等同了起来，但这与此文的讨论无关。

[2] 关于普鲁塔克的措辞，参见 *Plat. Quaest.* 1001d，*An. Procr.* 1015f，1022e and（for fixed stars and diversity in identity）1024e。

"有些［色诺克拉底的追随者］认为，形式和数字具有相同的性质，而其他事物如线和面则依附于它们；以此类推，直到天的实质（μέχρι πρὸς τὴν τοῦ οὐρανοῦ οὐσίαν）和可感世界"。两个段落都表示，可知世界与天并不重合，甚至不与天的外缘重合。[1]

总之，如果我们把所有证据结合起来看，色诺克拉底似乎并没有放弃超越的第一神性原则的概念，而转向宇宙内部的秩序存在。他的"一"（Monad），也就是理智，是最高的宙斯，也是可知世界的锚，且不能与宇宙本身的结构联系起来。[2]

上文引述的色诺克拉底的残篇（fr. 15）似乎提到了更多对斯多亚派的影响，里面明确说色诺克拉底将柏拉图的这些观点传递给了斯多亚派。斯多亚派的神性原理确实渗透到了物质之中，斯多亚派把所谓的较低的诸神变为这个神性原理的各个方面，因为神性原理会在世界的不同地方展现自身。但这最后一句将这种联系归功于色诺克拉底，显然是信条表编撰者或其资料来源对他观点的注解。因此，斯多亚派和老学园的关系在此得到了一个解释，它以类似阿提库斯的立场为中介，这个人我们之后还会谈到。

除了色诺克拉底对物质和神性的处理之外，关于灵魂的看法也

[1] 狄龙（2003a，123）将另一片段 Theophrastus Metaphysics 6b6-10，fr. 26（fr. 100，Isnardi Parente）解释为"他（色诺克拉底）以某种方式为所有事物分配了宇宙中的位置，不管是感官对象、理智对象、数学对象还是神圣的事物"；但是泰奥弗拉斯托斯的短语 ἁπαντάπως περιτίθησιν περὶ τὸν κόσμον 不过是暗示色诺克拉底提供了有关宇宙结构的所有要素而已（Gutas 2010，311-312）。出于语法和习惯用语的原因，Usener 提议用 διατίθησιν 代替 MSS 的读法 περιτίθησιν；我不同意 van Raalte 的说法（1993，267-268），即 περί 加语气助词必须等同于 ἐν 加助词，尽管泰奥弗拉斯托斯有时确实在此意义上使用它。

[2] Thiel 2006，283-285 通过不同的推理得出了类似的结论，即不应将宇宙中神圣个体彰显自身的部分等同于它所处的位置。

是评估他对斯多亚物理学影响的一个绝佳案例。尽管狄龙（2003a，148）在概述色诺克拉底的伦理学时讨论过以下残篇，但任何关于灵魂本质的讨论都与物理学有关：

> 就像大自然给予所有造物一个特征，一个可以起到区别于其他造物作用的特征，而每个造物都会维持自己的特征，不使其偏离。大自然也给予了人类更卓越（pre-eminent）的东西，尽管卓越一词应该应用于可比较的东西，但人的灵魂是从神性的理智中摘取（decerptus）的，没有任何事物可与之相比，除非是神，如果神可以用来比较的话。因此，如果这个灵魂得到了如此的训练，如果它的洞察力得到了如此的呵护，以至于它不会被错误所蒙蔽，那么结果就是理智变得完美，也就是完全的理性，这也意味着美德。（如果万物都是幸福的，没有任何欠缺，以其本身的特征来度量也是充裕的，如果这就是美德的特殊标志，那么所有有美德的人肯定都是幸福的。至此，我与布鲁图斯，也就是与亚里士多德、色诺克拉底、斯彪西波、波勒蒙的观点一致。）（Cicero，*TD* 5.38-39）[1]

---

[1] "Et ut bestiis aliud alii praecipui a natura datum est, quod suum quaeque retinet nec discedit ab eo, sic homini multo quiddam praestantius, etsi praestantia debent ea dici, quae habent aliquam comparationem, humanus autem animus decerptus ex mente divina cum alio nullo nisi cum ipso deo, si hoc fas est dictu, comparari potest. Hic igitur si est excultus et si eius acies ita curata est, ut ne caecaretur erroribus, fit perfecta mens, id est absoluta ratio, quod est idem virtus. Et, si omne beatum est, cui nihil deest et quod in suo genere expletum atque cumulatum est, idque virtutis est proprium, certe omnes virtutis compotes beati sunt. Et hoc quidem mihi cum Bruto convenit, id est, cum Aristotele, Xenocrate, Speusippo, Polemone."

这一段的框架是亚里士多德、色诺克拉底、斯彪西波、波勒蒙就人类生活的目标和幸福取得的共识。正如狄龙指出（2003a，147，n. 163）的那样，海因策（Heinze）只在他的色诺克拉底残篇集（fr. 85）里搜集到最后一句（用括号标出）。[1] 布鲁图斯在这里代表着阿提库斯的观点，我们也有理由信任他说的，即他的观点来自亚里士多德与老学园，而且斯多亚派与老学园的观点大体一致。狄龙（2003a，148）将阿提库斯视为历史事实，认为这整个段落反映了老学园，尤其是色诺克拉底的观点。

但是，西塞罗这段话表现出高度斯多亚主义化的影响，最明显的就是"人的灵魂是从神性的理智中摘取的"这一说法。西塞罗用动词"decerptus"来描述人的灵魂与神性理智间的关系。金的 Loeb 译本和狄龙都将其译为"获取"（derived），但拉丁语的原词比获取表达了更强的物理上的分离含义，[2] 更接近的翻译是"摘除"（plucked）甚至是"撕下"（torn off）。这更强的说法让人想起斯多亚派的说法，人类理性确实是从神圣理性的一部分，或者说是从 apospasma 破裂的一小块，这两者都是有实体的存在物，又被称为"气息"（普纽玛）。[3] 斯多亚派的模式假定了人类理性与神圣理

---

〔1〕　Isnardi Parente 也这样认为（fr. 242），这一小部分与 TD 5.30，51（只提到色诺克拉底），87 中的其他类似说法一致。

〔2〕　将这段话与西塞罗的伊壁鸠鲁派代言人海因策在 ND 1.27 中归因于毕达哥拉斯的观点进行比较，后者用 carpere（采摘）和更强烈的 discerpere（撕裂）来表示神被撕裂。在 Sen. 78 中，西塞罗再次将这观点归功于毕达哥拉斯，他使用了更柔和的 delibatos（来自），即"我们灵魂来自普遍的神圣理智"；另见 Div. 1.110，2.26。在 Div. 1.70 中，类似的观点被认为是逍遥学派的克拉蒂普斯（Cratippus）的观点，他教导了西塞罗和他的儿子。

〔3〕　如 Diogenes Laertius 7.142-143；Epictetus，D 1.14.5-6，2.8.6。

性间最大可能的物理连续性。相反，柏拉图的《蒂迈欧》则在世界的灵魂（从字面意思来看，柏拉图的世界灵魂并不意味着最高的神性实体）和人类的对应物之间设下了巨大的本体论鸿沟，后者不过是由前者的混合物中较不纯的残渣组成的（41d）。此外，人类灵魂除了理性之外，还有两个部分——"精神"和"欲望"，这两者找不到在世界灵魂处的对应物，至少《蒂迈欧》认为它们是属于有朽者的（42d-e，69c-72d）。因此，关键的问题就在于，我们是否应该相信阿提库斯和西塞罗，将斯多亚派在人类理性和神圣理性之间假定的强大连续性溯源到色诺克拉底和老学园那里；我们也许有充分理由对此种重构采取更加谨慎的态度。

暂时撇开这个问题不谈，到目前为止，我们对老学园提出的实在原理的研究表明，即使承认斯彪西波和色诺克拉底至少在一定程度上将德穆革的作用归结为宇宙内部的理智或世界灵魂，他们也没有将其作为实在的终极原理。与之相反，斯多亚派则视理智和宇宙灵魂并不仅是世界内的主要秩序因素，而且是同一个积极且内在的神圣的原理的各个方面。[1] 所以，回到此前讨论的泰奥弗拉斯托斯残篇（fr. 159），如果要问是否需要用超越其本身框架的术语来解释宇宙，斯彪西波和色诺克拉底似乎持柏拉图主义的标准肯定立场，而斯多亚派则朝另一个方向做出了激进的举动。将泰奥弗拉斯托斯的回答与斯彪西波和色诺克拉底所捍卫的立场进行比较，可以得出结论：在这个问题上，早期斯多亚派与泰奥弗拉斯托斯保持一致，而不是老学园。还可以找到进一步的证据来证明：首先，在柏

[1] 如 Diogenes Laertius 7.135-137，*SVF* 2.1076（from Philodemus De pietate），1.160（Lactantius on Zeno）；Seneca，*NQ* 2.45，*Ben.* 4.7.1。

拉图的《法篇》中，不仅有关于宇宙灵魂作用的观点，还有对天意的分析（903b4-d3；cf. Also Reydams-Schils 1999，72-74）；其次，可以在菲利普斯（Philippus of Opus）在柏拉图死后创作的《厄庇诺米斯》中找到；最后但并非最不重要的是，在色诺芬保留的另一种苏格拉底传统中，我们也可以找到一些。[1]

二、对斯多亚派物理学的预见：波勒蒙和阿提库斯

然而，柏拉图之后的第三任学园领袖波勒蒙的出现（与斯多亚派创始人基提翁的芝诺同时代），似乎让这个问题变得更为复杂。塞德利和狄龙称，可以在他那里找到更明确的证据，证明老学园预见了斯多亚派的物理学和对《蒂迈欧》的解读。我们知道芝诺曾跟随波勒蒙和犬儒主义者克拉底，[2]所以老学园通过波勒蒙帮助塑造了斯多亚主义并非不可能。但是，波勒蒙最为人知的贡献集中在伦理学方面，尤其是以下几个观点：（1）根据自然生活；和（2）与斯多亚派方法类似的实践的哲学主张。[3]然而，在这个文本里，我们主要讨论物理学。

为什么像塞德利和狄龙等人，总是下意识认为影响只会是单方面的，譬如只从波勒蒙到芝诺？诚然，波勒蒙代表着老学园的权威，而芝诺不过个新来的。但是他们当时都作为哲学家而活跃

---

〔1〕 如 *Mem*. 1.4.5-18，4.3.2-18。讨论斯多亚派传统中的竞争，参见 Malcolm Schofield, Chapter 1。

〔2〕 关于克拉底，参见 Diogenes Laertius 7.2，关于波勒蒙，见 7.2，25。

〔3〕 如 Diogenes Laertius 4.18，Clement of Alexandria, *Strom*. 2.22.133.7，西塞罗的引用参见 n.46 以后。

着，一旦芝诺有意识地提出自己与柏拉图不同的观点，并得到一定的认同，波勒蒙很可能为了竞争而考虑回应芝诺，并借鉴他的思想。这样的发展也可以解释阿凯西劳斯（Arcesilaus）为何对老学园的路线产生反感，并促使他激进地转向怀疑论。事实是，我们几乎没有任何关于波勒蒙和芝诺之间确切关系的信息，因此也不能事先排除这种影响其实是按照另一个方向进行的可能。

尽管我们对波勒蒙的物理学观点了解不多，但塞德利和狄龙都认为有一个残篇非常重要，它与斯彪西波和色诺克拉底关于"神"的主要观点处于相同的信条表背景下，即

波勒蒙宣称宇宙就是神。（Πολέμων τὸν κόσμον θεὸν ἀπεφήνατο, Aetius 1.7.29）

根据这句话，波勒蒙认为宇宙是神，而不是超越的"一"/"唯一"，不是理智，甚至也不是世界灵魂。所以这个声明是否代表了一种彻底内在的神论，它在这一关键处预示了斯多亚派的物理学？但这句话时常有多种解读，比较常见的解读中也往往为其他类型的神论留有余地（见下文）。

如果将波勒蒙的措辞与《蒂迈欧》的原文相比较，至少可以找到一种替代的解释：

波勒蒙：Πολέμων τὸν κόσμον θεὸν ἀπεφήνατο.

《蒂迈欧》92c：[ὅδε] ὁ κόσμος [οὕτω. ζῷον ὁρατὸν τὰ ὁρατὰ

περιέχον. εἰκὼν τοῦ νοητοῦ] θεὸς [αἰσθητός, μέγιστος καὶ ἄριστος κάλλιστός τε καὶ τελεώτατος γέγονεν εἷς οὐρανὸς ὅδε μονογενὴς ὤν] .

上文的方括号内列出了波勒蒙版本里缺失的《蒂迈欧》内容。在这段中，柏拉图宣称宇宙作为神，[1] 最美最完善，而且独一无二。但在柏拉图那较长版本的宣言中，宇宙当然也是可见、可感的，也因此只是可知世界的形象而已。作为一个截去了波勒蒙主张的广阔背景，而倾向于提供简短片段的信条，这不能说不可信。此外，埃提乌斯认为波勒蒙的这句话也可以理解为"宇宙是一个神"，而且可与普鲁塔克的一句话进行有益的比较："在生成的领域中，宇宙是 [一个] 神。"（Plutarch, *Plat. Quaest.* 1007d：ἐν γενέσει θεὸς ὁ κόσμος. ）

此外，波勒蒙的这个信条与他对斯多亚派的理解也惊人地不同。波西多尼认为神是理智和炽热的"气息"（普纽玛）(19)；芝诺认为是宇宙炽热的理智（23）；而大多斯多亚派则认为神是理智的、工匠一样的大火（πῦρ τεχνικόν），是在整个宇宙间弥漫的气息（33）。根据这些信条，他们仍然将宇宙、群星和大地称为神，但在他们的整个等级体系最高处（ἀνωτάτω，比宇宙更高）的是神一样的以太似的理智。最终，根据这个信条来看，斯多亚派的观点仍然非常不同于

---

[1] 与西塞罗《论诸神的本性》中归因于柏拉图《蒂迈欧》和《法篇》的措辞 mundum deum esse 相比，这个短语贯穿了伊壁鸠鲁派哲人维莱伊乌斯对有关神性哲学观点的整个考察（1.18-41）；它也在巴尔布斯对斯多亚派的论述部分反复出现（譬如 2.21，39，46，80）。

波勒蒙，前者区分了神性原理与作为秩序活动体现出来的宇宙。鉴于斯多亚派（除了帕奈提乌［Panaetius］以外）大多认同世界周期性的毁灭，世界本身也很难担当最高的神（Cicero，*ND* 2.118）。

塞德利和狄龙认为，西塞罗的《学园派》（*Academica*，1.24-26）是另一个有力的文本，可用于重构波勒蒙的物理学观点。但西塞罗的论述反映的是柏拉图主义者阿提库斯对学园历史及其中对立的思想体系的精心重构，因此学者们倾向于认为其不够可靠。塞德利和狄龙认为，不能自动接受这一假设，必须说清楚其不可靠的原因，这当然正确。然而，当我们更仔细地研究时，这些原因就会显现出来了。[1]

阿提库斯在尝试突破怀疑论的障壁时，声称柏拉图、老学园、亚里士多德、逍遥学派和斯多亚派在最重要的问题上几乎持相同观点，并最终都可以推到苏格拉底的启发。西塞罗在《学园派》里说，瓦罗（Varro）是这种观点的代表人物，他对"学园"物理学的阐述无疑是高度斯多亚化的。但是，考虑到我们已经确定波勒蒙物理学的一个观点是"世界是神"，塞德利和狄龙认为，瓦罗的概述中或许有比学者们预想的更多的真实的老学园材料。换句话说，他们认同：（1）阿提库斯声称老学园预见了芝诺和斯多亚派的思想，这一点值得严肃对待。（2）尤其是波勒蒙的观点可以弥补两方之间缺失的环节。他们认为，如果这一假设成立，那么西塞罗在《学园派》中的叙述也可以加深我们对波勒蒙的了解以重构其思想。

---

[1] 对于塞德利假设的其他批判性评估，参见 Algra 2003a，76-78；Lévy 2003；Frede 2005a；Gourinat 2009，51-55；Inwood 2012。

塞德利侧重于物理学和波勒蒙的作用，而狄龙则将推理延伸到伦理学和逻辑学领域，以及老学园的其他成员，特别是斯彪西波和色诺克拉底（见上文）。例如，鉴于阿提库斯的重构提到或暗示了对斯多亚伦理学至关重要的"适当"亲密（oikeiôsis）的概念，狄龙认为（2003a，164-165）此概念也可能是老学园所预见的，[1]而且塞德利的论证确实有助于根据阿提库斯的重构来理解老学园对斯多亚派的预见。

但该假设的可信度到底有多高呢？我认为，单单由西塞罗转述而保存下来的波勒蒙的物理学观点，比塞德利和狄龙假设的要更不确定。并且这还依赖于相应信条的叙述的可靠性，毕竟阿提库斯之后的记载很可能受到他重构的影响。就阿提库斯的论点而言，我们面对着一个重大的方法论问题。当然，阿提库斯的说法有一定的可信度，所以他们才会采信，但回过头来看，想在准确的历史信息和后来者对其的重构之间划出清晰界限是不可能的。为了避免循环论证，必须要有阿提库斯以外的证据来证明某一观点确实属于老学园，否则越是类似斯多亚派的观点，越需要谨慎的对待。关键点不在于西塞罗归功于瓦罗的、基于阿提库斯的叙述是否确实通过老学园将柏拉图主义的特征传递给了斯多亚派，而是某些斯多亚派的关键观点已经被重构过了。而且，即便是那些来自柏拉图主义的特征，如"原理"与"元素"的可互换性（*Acad.* 1.26；参见 Sedley 2002，55）或被动原理的指称的流动性（Sedley 2002，55），都可能直接来自《蒂迈欧》本身，而不需要老学园的中介。毕竟西塞罗

---

[1] 早先的研究主要集中在亚里士多德和泰奥弗拉斯托斯那里可能存在的预见，但这些研究结果也不是决定性的；参见 Brink 1955-1956 进行的仍很重要的分析。

本人也非常熟悉《蒂迈欧》，他曾从事对其的翻译，这将在下文中谈到。

但让我们先退后一步，考察一番阿提库斯等人所做的重构在更广泛的文化实践层面上的影响。阿提库斯的方法明显带有论战色彩，在以他自己的方式延续所谓的"怀疑主义"或新学园与斯多亚派之间的论争。哲学家如何对待其对手？作为新学园的代表，阿凯西劳斯和卡尔涅亚德（Carneades）的著名做法是利用不同哲学体系之间的分歧，以便建议人们悬置判断。他们利用诉诸人身（ad hominem）的论争技巧，即采用斯多亚派的信条来反对斯多亚派，通过揭露其中的自相矛盾或指出其可能产生斯多亚派认为不可取的结果，来削弱斯多亚派的观点。这一方法的最大问题是，没有给任何积极的学说（positive doctrines）体系，不论是柏拉图主义还是其他学说的内容，留有真正的空间。

有人认为，阿提库斯采用的方法大不相同。为了尽可能地维护真理而非悬置判断的需要，他试图消除学说中的分歧，尽可能地吸纳亚里士多德、逍遥学派和斯多亚派的传统。为了合法化这种方法，他将这些观点归功于老学园，将其视为苏格拉底和柏拉图的真正继承者。在这样的做法下，他抹杀了逍遥学派，特别是斯多亚派的原创性。相对而言，他对亚里士多德和逍遥学派做得更克制，毕竟亚里士多德曾是柏拉图的学生，阿提库斯似乎将逍遥学派看作柏拉图主义者反对斯多亚派时的盟友。因此，斯多亚派被全面指责为剽窃者，除了改变术语之外，他们基本上全盘保留了旧概念。最后，这种方法还认为，每当逍遥学派或斯多亚派与柏拉图产生分歧时，他们基本都是犯了错。这一解释给出了阿提库斯进行重构的合理动机。[1] 这也表明阿提库斯将亚里士多德和柏拉图的区别表述得最小，因此我们有了足够的证据进行独立比较（即便考虑到亚里士多德的失传作品）。这让我们有充分理由相信，他也对斯多亚派采取了同样的做法。

所有的这些论争方式都出现在瓦罗对西塞罗《学园派》的阐释中，他认为：（1）"著名的老哲学体系起源于苏格拉底"（1.3；1.15-16）；[2]（2）柏拉图是"老哲学"观点的支柱（1.3；1.19）；（3）逍遥学派和学园派只在名称上有区别，实际上反映的都是源自柏拉图的单一且一致的体系（1.17-18）；（4）即便如此，亚里士多德和逍遥学派在某些方面还是脱离了柏拉图，并因此劣于老学园（1.33）；（5）芝诺不过是对旧体系进行"改革"而已（1.35，43），而且大多数情况下改变的是术语而不是实质（1.37）。

阿提库斯使用了一种并非其独有的战略，即通过建构学统来使自己的学说合法化，通过诋毁对手缺乏原创性来更方便地采纳其观点。这一战略甚至不仅由哲学家使用，以建立社会文化资本，而且渗透到古代世界的方方面面。最为知名的案例是时间稍晚，基督教与所谓的"异教徒"竞争时，在一次精心策划的"单挑"比赛中，双方都声称比对手的观点更古老、更成熟，并预见了大部分后来的思想。但到了公元 4 世纪，这种做法在哲学界越来越普遍，甚至柏拉图也难逃剽窃的指控。[3]

柏拉图自己也试图让《蒂迈欧》带有毕达哥拉斯色彩，所以他

---

〔1〕 参见 Bonazzi 2012，其中侧重于柏拉图的理念和认识论，以及心理学和血气。

〔2〕 但对于苏格拉底的行为也不乏批评声音，这方面可参见 Karamanolis 2006，51-59。

〔3〕 参见 Ziegler 1950，1970-1974。

让对话者来自意大利南部的洛克里。斯彪西波和色诺克拉底也都曾尝试将毕达哥拉斯描述为他们观点的来源。但柏拉图的尝试可能会适得其反，因为这种尝试的结果往往都如此，我们会看到阿提库斯的做法也是一样。例如，被托名为"蒂迈欧·洛克里斯"的希腊文本《论世界和灵魂的本质》，虽然与柏拉图的《蒂迈欧》有很多共同点，但并非一份摘要，它采用了神、理念、物质的三重框架（c. 7）。这部作品被一层面纱笼罩，作者的名字很可能只是来自柏拉图作品的笔名。[1] 而如果事实确实是这样，与人们的猜测相同，这部作品的目的可能是什么呢？它可以成为《蒂迈欧》的补充，强化柏拉图继承了毕达哥拉斯遗产的立场，也可以相反，使柏拉图失去地位，毕竟其缺乏了原创性。有文本支持后一种可能，普罗克洛说，提蒙（Timon of Phlius，公元前325—前235年）就声称柏拉图是从蒂迈欧·洛克里斯的材料中拼凑出的《蒂迈欧》（*In Tim*. 1.1.8-16）。[2] 尽管如此，该文本显示出作者为了塑造某种学术传统的不遗余力程度。[3]

---

〔1〕 Thesleff 认为此文大概写于公元前 200 年，但真实地反映了柏拉图之前的毕达哥拉斯学派的内容，原始资料 Q 可能写于稍早的公元前 300 年（Thesleff 1961，62，102），回应了 Harder 1936 的假设，但 Harder 认为 Q 可能完成于公元前 1 世纪，而此文写于公元 1 世纪。不同的学者认为的此文写作日期分布于公元前 4 世纪到公元 1 世纪之间，但大多数学者同意其属于希腊化后期的作品。Zürcher 1954，154-157 提到了作者可能是波勒蒙的假设，Matthias Baltes 1972 认为我们现在见到的版本受到了波西多尼和阿提库斯的影响，但 O'Daly 1975 提出了有力的证据反驳这一点。

〔2〕 参见 Diogenes Laertius 8.85，Timon fr. 54，Aulus Gellius 3.17.1-5。关于所收集段落对柏拉图作品的价值和独创性提出的质疑，参见 Dörrie and Baltes 1987ff.，vol. 2（Der hellenistische Rahmen des kaiserzeitlichen Platonismus），secs 36-38。

〔3〕 根据第欧根尼·拉尔修（8.54，8.55）保存的两份证词，柏拉图自称是毕达哥拉斯的继承人这点受到激烈的质疑，证词指出，柏拉图和之前的恩培多克勒一样，都被排除出毕达哥拉斯学派的圈子，因为他将毕达哥拉斯的学说公之于众了。

在战争、爱和文化竞争中，做什么都是公平的。从这一背景看，阿提库斯试图重建学园思想及其与其他学派的关系历史的做法并没有什么特别。亚里士多德就以自己的观点重写哲学史而知名，这反映在他的《论灵魂》和《形而上学》第一卷中。塞德利和狄龙本来可以利用以下事实来支持他们的推理，即普鲁塔克（*Stoic. rep.* 1045f.）表示，克律西波本人毫无犹疑地宣称波勒蒙是斯多亚派的盟友，他属于盟友序列："柏拉图、亚里士多德和他们的继承者，一直到波勒蒙和斯特拉托，而且尤其是……苏格拉底。"话说回来，克律西波一直试图将他的论点建基在尽可能广泛的共识上。当亚历山大的克莱门特这样的人出现，并提出与阿提库斯非常类似的学术传承序列时，柏拉图就得依赖于毕达哥拉斯，而且两者都得依赖于埃及人了（参见 *Strom.* 6.2.27），同时，希伯来人的智慧则远远不能与埃及人的相比。这种影响序列的构建需要相当可观的文化深度，意在展示倡议者和他的听众的知识水平。这类做法的规则相当复杂：重构必须有足够的说服力，才能获得一定的信赖，同时我还认为，在持续不断的竞争中，只有充分的独创者（one-upmanship）才能取得胜利。

现在回到西塞罗在《学园派》中对物理学的阐释（1.24-29），阿提库斯是如何做到上述要求的？鉴于泰奥弗拉斯托斯对"第一哲学"和物理学做出的关键区分，我认为阿提库斯最重要的举措正是对伦理学、物理学和逻辑学做出了区分。如果把对宇宙秩序基础的探究归入"物理学"的范畴，把物理学视为仅是对自然的研究，那么任何超物理原理的问题从一开始就被排除在外了。这种限制使得在对《蒂迈欧》的解释中更容易发现斯多亚派和柏拉图主义的共同点。

在西塞罗讨论物理学的章节中，形式或任何可知的、超物理的领域都完全被囊括进来了，但戈勒非常敏锐地指出，这其中呼应《蒂迈欧》的部分完全脱离了上下文。[1] 例如，在瓦罗的论述中（1.24），我们读到"没有什么东西不是必然存在于某处的"（nihil est enim quod non alicubi esse cogatur）。《蒂迈欧》52b 的确说"所有存在的东西都存在于某处"（φαμεν ἀναγκαῖον εἶναί που τὸ ὂν ἅπαν ἔν τινι τόπῳ），但上下文说得很清楚，这个原理不适用于关于存在和形式的可知世界，因为它们独立于载体存在。类似地，《蒂迈欧》52c 论及可知世界时说："真正的存在是由真实确切的主张（claim）支撑的，即只要两个事物各自保持其本来所是，一个事物就永远不可能存在于另一个事物之中（οὐδέτερον ἐνοὐδετέρῳ），也不可能同时是同一个和两个事物。"然而在西塞罗的论述中，这一限制并不适用于主动的神圣原理和被动的物质原理："这两个原理中的任一个都存在于两者的结合中"（in utroque tamen utrumque，24），两者一起组成了"形体"。因此，西塞罗在这里的表述只注意到了《蒂迈欧》对物理实在的适用，而系统地忽略了对可知的、超物理的领域的提及。

然而，即便出于我们的目的而在这里暂时忽略阿提库斯如何解释可知世界和形式的争议性问题，我们仍需要注意到，形式并没有从西塞罗的论述从完全消失，而是被包含在了逻辑学中（1.30），

---

〔1〕 尤其见于 Görler 1990，127-129，在随后的辩论中，Görler 提出的这些关键点似乎被忽略了。

后来的柏拉图主义者如阿尔基努斯（放在辩证法中，*chs.* 4-6）有时也会采用这个方法。据说，亚里士多德是"第一个破坏形式的人"。瓦罗本人则暗示说，老学园的每一个成员，即便是波勒蒙，在形式的重要性问题上都没有偏离柏拉图。相反，"柏拉图的体系和权威的首批继承者，斯彪西波和色诺克拉底，以及他们之后的波勒蒙、克拉底和克兰托，都聚集在学园这个大集体中，孜孜不倦地捍卫他们从前辈那里继承的学说"（1.34）。

如果在物理学的标题下，注意力应集中于世界的秩序本身，而抛开超越的第一原理不谈，那么就更容易看出，柏拉图主义者和斯多亚派如何以类似的方式，把被动的物质和某种位于宇宙内部的主动的神性秩序，都理解为自然的原理。毕竟，与阿提库斯没有邀请的伊壁鸠鲁主义者不同（1.6），柏拉图主义者和斯多亚派都提出了一个理性的秩序世界，其中万事万物都有各自的角色和目的。这些类似之处，足以让西塞罗《论诸神的本性》（*De natura deorum*）中的伊壁鸠鲁主义者维莱伊乌斯（Velleius）把《蒂迈欧》和斯多亚派的神的概念放在一起批判了（1.18-25）。他提到，管理世界的"力量"（vis）是"世界的心灵，也是完美的理智和智慧，他们说这是神，是某种天意"（*Acad.* 1.29）。这看上去像是调和柏拉图主义和斯多亚派的观点，尽管阿提库斯的目的并不是调和，而是将斯多亚派贬低为二流。

一旦有了这种建构共同点的方法，阿提库斯就可以把斯多亚派的材料放置在柏拉图主义的框架中，而不至于破坏框架本身。在西塞罗对阿提库斯重构的描述中，可以发现很多斯多亚派特征：

物质被说成形式或本质的缺乏。[1]

神圣的"力""有时也被称为必然性（Necessity），因为在注定和不可改变的永恒秩序的串联下，除了命运的安排之外，没有其他事情会发生"。这呼应了斯多亚派将命运定义为一连串不可改变的因果链条的做法。[2]

狄龙正确地指出（2003a，173），西塞罗在关于物理学的章节中，忽略了斯多亚派将"大火"和"气息"视为活动的原理的说法。但西塞罗本身的论述解释了这种遗漏。如前所述，西塞罗认为芝诺"仅仅改革"了体系（1.35，39）。在物理学领域，芝诺的创新只限于：否定第五元素，而假设主动和被动的原理本身都必须是物质，因为只有物质才可以使动和被动。最后这一点则是斯多亚派和柏拉图主义的主要不同。阿提库斯不至于声称，老学园或任何一个真正的柏拉图主义者会认为灵魂、理性和理智是物质的，不然他的整个重构就会摇摇欲坠，丢掉所有可信度。

至此，我们已经确定了阿提库斯尽力把老学园和斯多亚派描述得相似的动机，他是希望削弱斯多亚派的独创性，消灭他们在哲学上的竞争力，同时吸收掉他们的洞见。我们也可以可信地描述出他的策略，即巧妙地建构出足够的共同点，把斯多亚派的材料与他对柏拉图主义的诠释结合起来。有人认为，如果阿提库斯对哲学史的重构没有包含历史真实的重要内核，那么它就会受到质疑。[3]事实

---

[1] 譬如 *SVF* 1.86-88，2.316-317。

[2] 西塞罗本人在 *Div.* 1.125 中将这一观点归于波西多尼，在 *ND* 1.55 中将其归于斯多亚派。参见 *SVF* 1.98，2.917，946，1000。塞德利在 2002，73-75 中承认，这一说法给他的假设带来了问题，但他提出了一个初步的解决方案。

[3] Sedley 2002，51.

上，它确实受到了质疑，西塞罗就谴责过阿提库斯的策略，塞克斯都·恩披里柯、努美纽斯和奥古斯丁也是这样。[1]他们直接把矛头指向阿提库斯本人，指责他背叛了柏拉图，扭曲了柏拉图思想，投靠了斯多亚派，除了自称的哲学家身份以外，他完完全全是个斯多亚主义者，只是伪装成柏拉图主义者而已。这些认识把我们领向了西塞罗在这一结构中的角色问题。

三、西塞罗的走向

目前，已经讨论了《蒂迈欧》对斯多亚派的重要性、老学园作为《蒂迈欧》和斯多亚派的中介的可能、波勒蒙的角色，以及阿提库斯对老学园物理学的重构。如果说这种结构还不够复杂，那么可以继续讨论塞德利和狄龙忽略的重要角色：西塞罗。我们不仅可以从阿提库斯那里了解到学园的历史，西塞罗作品里那些发言的人也说了这个。而西塞罗并不是像透明玻璃屏那样的中立媒介，我们尤其可以从其《学园派》第二版第一卷和其他哲学作品对阿提库斯重构的使用中发现这一点。由于这些作品大多是西塞罗在生命的最后两年时间里创作的，因此，研究他的写作风格就更有意义了。这里的目的显然不是详尽无遗地叙述，而是提醒人们要注意在解读这些材料时需要考虑的各种复杂性。

蒂迈欧译本：正如卡洛斯·莱维（Carlos Lévy, 2003）所言，西塞罗译的《蒂迈欧》有明显的希腊化痕迹，特别是斯多亚派的

---

〔1〕 关于西塞罗，参见后文，以及 Sextus Empiricus, *PH* 1.235；Numenius fr. 28(des Places)；Augustine, *Contra Academicos* 3.41, *De civitate dei* 19.3。另见 Plutarch, *Cicero* 4.2-3。

影响，看来后来者对柏拉图的解释已经与他的初始文本密不可分了。未完成的译本序言暗示了《学园派》第一卷，似乎是对计划中的物理学对话的介绍，对话者分别是以毕达哥拉斯主义倾向著称的尼基狄乌斯·费古卢斯（Nigidius Figulus）和逍遥派哲人克拉蒂普斯。这一框架再次表明，西塞罗首先把《蒂迈欧》视为关于自然的作品，鉴于瓦罗在《学园派》里对物理学的论述是由翻译《蒂迈欧》的同一个人完成的，因此，这两种说法具有许多重要的共同特点也就不足为奇了：

（1）在西塞罗的解读中，柏拉图的德穆革的地位大大降低了，他被置于自然之下（Lévy 2003，100-103）：当柏拉图声称（30a）神想使世界尽可能地好时，西塞罗将"κατὰ δύναμιν"译为"quoad natura pateretur"，即"在自然允许的范围内"。西塞罗在《论诸神的本性》中借斯多亚主义者巴尔布斯之口，将斯多亚派的神性概念用于强化这一观点："自然的机巧至高无上，除了自然以外，还有什么工匠能在感官的构造上触及如此高超的技艺呢?"（2.142）对西塞罗来说，自然（Natura）是主导性因素，在第二个例子中，自然已经取代了工匠。

（2）至于在瓦罗的言说中，西塞罗的译文淡化了柏拉图与可知世界的相关程度（Lévy 2003，103-105）。《蒂迈欧》30d 说，德穆革创造世界的目的是尽可能地与最美的可知存在相似（τῶν νοουμένων καλλίστῳ）。西塞罗将其译为"就事物本质而言可被理解的最美之物"（that which can be understood as the most beautiful in the nature of things，*quod enim pulcherrimum in rerum natura intellegipotest*）。与柏拉图将理智和物质世界从根本上分开不同，西塞罗将两者混为一谈。柏拉图将德穆革称为"永在的最好的可知之物"（τῶν νοητῶν ἀεί τε ὄντων ὑπὸ τοῦ ἀρίστου），而西塞罗只留下了"最优秀的父亲"（optimo et praestantissimo genitore）。[1]

（3）斯多亚派将物质也称为"实体"（οὐσία），西塞罗则反其道而行之，在译文中将与构成世界灵魂相关的两种"存在"（35a）称为物质（materia）。换句话说，他也将"不可分的存在"，即柏拉图文本中说的不可分的可知之物，译为物质（materia individua），而其他解释者只会认为这指的是可分的东西，因为柏拉图将其与身体（περὶ τὰ σώματα）联系起来，并描述为物质。[2] 在这个例子中，西塞罗再次淡化了柏拉图的可知现实的独特性。

西塞罗哲学作品中的物理学：鉴于西塞罗对《蒂迈欧》的斯多亚式解读，他在其哲学作品中如何看待物理学？我们会不断发现与《学园派》里瓦罗所说的同一主题相关的内容：（a）物理学涉及物质和动力因（vis et causa efficiendi, *Fin.* 1.18）；（b）斯多亚派和逍遥学派都认同宇宙由神圣的理智统辖（*Fin.* 4.12）；（c）物理学研究天体（*Acad.* 1.26）和自然的秘密（*Fin.* 5.9-10，58；*TD* 1.44，62-3，5.68-9，70〔chain of causes〕；*Rep.* 6，Dream of Scipio）。

然而，如果符合他的目的，西塞罗也会选择强调不同思想流派之间的差异，以及有关宇宙原理的各种观点，譬如在他回应卢库鲁斯（Lucullus）对阿提库斯体系的解释时（de principiis

---

〔1〕 使问题复杂化的是，希腊文 τῶν νοητῶν ἀεί τε ὄντων 的含义并不完全清楚。这里选择的译法得到了普鲁塔克（Plutarch, *An. Procr.* 1016b-c）的认可，但普罗克洛在 *Tim.* 2.293.1-295.25 中列出了其他解释。因此，从这个角度来看，西塞罗选择了一个不将德穆革与可知世界联系起来的方案，这一点很重要。

〔2〕 参见 Plutarch, *An. Procr.* 1012d, f, 1013b-c；Calcidius, ch. 29.

rerum e quibus omnia constant ... dissensio，*Acad.* 2.118-128；the phrase is in 117），他说"柏拉图的观点是，世界由一个在所有物质（all-receiving matter）以外、永远存在的神创造"（*Acad.* 2.118, emphasis added），这种翻译至少为超宇宙的神留出了空间。另一方面，斯多亚派相信"这个世界是智慧的，其中有一种理智构造了自身和世界，并控制、移动且统治着世界"。他们同样相信"日月星辰和大地海洋都是神，因为有一种'活生生的理智'渗透和穿过它们，但总有一天，这个世界会在高温中烧尽"（*Acad.* 2.119；trans. Rackham，emphasis added）。与柏拉图的观点不同，西塞罗在这里强调了斯多亚派认为世界秩序原理是根本内在的，以及大多数斯多亚派哲人并不认为世界永存这一事实。但是，即使在集中论述柏拉图与斯多亚派的差别时，西塞罗也没有明确提及柏拉图意义上的形式（在此背景中，形式在宇宙论中的作用非常重要），或老学园认可的高阶原理。

西塞罗对斯多亚派的认识：西塞罗对斯多亚主义的了解并不完全或主要依靠阿提库斯。他的《论诸神的本性》《图斯库兰论辩集》《论义务》《论至善和至恶》《论预言》和《论命运》证明，他接触的资料非常广泛，尤其是帕奈提乌，他似乎是重要的来源（他经常将帕奈提乌描述成斯多亚派中的反对者，以证明斯多亚派甚至在内部都没有达成一致，[1]这一用法与盖伦对波西多尼的用法类似）。例如在《论至善和至恶》（1.6）中，西塞罗谈到了阅读斯多亚派"克律西波……第欧根尼、安提帕特、姆涅撒库斯、帕奈提乌和其他

---

[1]　譬如 *Acad.* 2.107；*Fin.* 4.23；*Div.* 1.6，12，2.88。

人，尤其是我们的朋友波西多尼"。阿提库斯对学园史的重构在西塞罗的著作中可能仅仅是组织文本的手段。它可以为西塞罗本人提供一个框架，毕竟他自称忠于学园，然后又可以在其中或多或少地插入他认为合适的斯多亚派材料。同时，尽管他对斯多亚派的一些关键信条很感兴趣，他仍把斯多亚派视作次等的（并在阿提库斯被指责为过于斯多亚后仍然追随阿提库斯，见下文）。尤其是，他声称斯多亚派与柏拉图、学园以及／或者逍遥学派只有术语上的差异，观点的实质并无不同，这种说法在西塞罗的哲学作品中随处可见。[1] 因此，我们难以在瓦罗的物理学论述中辨明哪些是斯多亚派、哪些是阿提库斯、哪些是西塞罗的观点，但显然不能简单地否认西塞罗本人参与了重构。

建立共识：阿提库斯的重构并不是摆脱分歧导致的潜在僵局的唯一尝试，西塞罗的作品中也透露出曾有过这样的尝试。西塞罗提到，雅典的一位执政者格利乌斯（Gellius）要求哲学家解决他们间的分歧（*Leg.* 1.53）。更重要的则是，波西多尼和帕奈提乌都曾基于斯多亚派的立场，尝试与柏拉图和亚里士多德达成和解。西塞罗本人说，帕奈提乌使用过柏拉图、亚里士多德、色诺克拉底、泰奥弗拉斯托斯和狄凯阿科斯（Dicaearchus）的材料（*Fin.* 4.79）。而波西多尼，据说曾"评注过《蒂迈欧》"，这并不一定意味着他写过完整的评注，但确实

---

[1] 譬如 *Acad.* 2. 15, 135；*Fin.* 3.5, 10, 4.2, 19, 22, 52, 56-57, 72-73, 5.22；*TD* 4.6, 5.34；*Rep.* 3.12；*Leg.* 1.53；他还经常对他认为过于微妙的东西进行批判，譬如 *Fin.* 3.3, *TD* 4.36。西塞罗笔下代表斯多亚派的巴尔布斯则抗议说，恰恰相反，两者之间的差别是实质性的。（*ND* 1.16；另参见 Cato in *Fin.* 3.41）西塞罗使用这一立场主要是为了质疑斯多亚派"优先的冷漠"（preferred indifferents），也就是说，是为了一个非常具体的伦理学观点。

说明他愿意回归到柏拉图本人那里去。[1] 就我这篇文章而言，没必要解答这种和解在多大程度上背离了斯多亚派，而向柏拉图和其他思想体系让步的问题，近来学术界正好在激烈争论这一点。重要的是，阿提库斯，尤其是西塞罗，也可能依赖于传统中的这一部分来进行自己的重构，其次，斯多亚派和学园派的争论也延伸到了谁能最成功地自称吸纳了其他的观点并达成共识。[2] 总之，除了阿提库斯外，还有很多人尝试达成哲学上的共识，这些尝试都不要求波勒蒙成为中介。

转变的联盟：如果撇开西塞罗本人的学术忠诚度这个复杂问题不谈，我们会发现他的作品中有着各种各样的重构，并且根据他想要提出的具体主张而随之变化。他毫不犹豫地指出波勒蒙预见了斯多亚派，但《论至善和至恶》尤其指出，这只是在伦理学领域，而不是物理学领域。[3] 因此，可以把波勒蒙看作西塞罗《学园派》里瓦罗提到的观点的主要创建者，西塞罗将毫不犹豫地认可这一点，并依此将波勒蒙与芝诺对立起来。

第欧根尼·拉尔修（7.25）说，波勒蒙曾指责芝诺剽窃了他的观点，而伦理学中的相同处可能解释了其缘由。根据西塞罗本人的说法，阿凯西劳斯（Acad. 2.16）[4] 和卡尔涅亚德（Fin. 3.41）预

---

[1] Posidonius, fr. 85.

[2] 对于辩论另一种解读，参见 Gill 2006, 212-215。关于波西多尼，参见 Vimercati 2010 and Tieleman 2007a，其中还附有相关书目。

[3] 如 Acad. 2.131-132；Fin. 2.34, 4.14, 45, 51, 61, 5.14。

[4] 也可参见 Charles Brittain 2006, 11 的译文，他认为这一说法只是在阿提库斯的立场外插叙了阿凯西劳斯的立场。拉丁原文："posteaquam Arcesilas Zenoni ut putatur obtrectans nihil novi reperienti sed emendanti superiores immutatione verborum, dum huius definitiones labefactare volt conatus est clarissimis rebus tenebras obducere." Charles Brittain 译文："自从阿凯西劳斯反对芝诺以来 [正如我们所想]，他想推翻芝诺的定义，试图把最清晰的东西蒙上一层黑暗 [尽管在我们看来，芝诺并没有新发现，只是改变了前人的术语]。"

见了阿提库斯否定斯多亚派在伦理学领域内的原创性的策略。[1]
而关于物理学，西塞罗用了类似的方式攻击伊壁鸠鲁：他的观点
大部分来自德谟克利特，而他偏离的地方，譬如原子运动中的旋
转概念，则通通是错误的（*Fin.* 1.17-21，4.13；cf. also Clement of
Alexandria，*Strom.* 6.2.27.1-4）。

在他的《卢库鲁斯》里（*Acad.* 2.113），西塞罗在关于表象的
可靠性问题中，把老学园（包括波勒蒙）和逍遥学派拉到了卡尔涅
亚德一边，从而推翻了阿提库斯的重构。但这一点毕竟是芝诺的创
新，而瓦罗口中的阿提库斯承认这是芝诺的原创，在后来的《学园
派》中承认了这一点（1.40-42）。

对本文的目的而言更重要的是，西塞罗如何在《图斯库兰论
辩集》第三、四卷中，通过拒绝对激情的节制（metriopatheia）让
步（3.74，4.38），在（a）斯多亚派的激情 / 血气（passions）观
和（b）老学园派尤其是逍遥学派的观点间打入了楔子。这一论证
思路在《图斯库兰论辩集》第五卷中达到顶峰，其方式类似于他
在《论至善和至恶》最后一卷中的做法，即承认，如果像老学园和
逍遥学派那样，认可有德性之外的善，那贤者的幸福可能会因之
受损（5.83-86）。所以可以发现，西塞罗几乎不顾自身的好恶，怀
疑斯多亚派最终可能不是那个（only）真正的哲学家（*TD* 4.53，
66），尽管他继续让斯多亚派依附于柏拉图和苏格拉底，并且毫不
犹豫地批评他们。芝诺仍然"只是一个外来者和晦涩难懂的词语
的发明者，以寄生虫（wormed）的方式进入古代哲学"（5.34；cf.

---

[1] 参见 Giusta 1964-1967，1.82 and 2. 147-148；Lévy 1992，392-394。

also *Fin.* 5.74：斯多亚派是篡改赃物标签的小贼）。但这时的老学园和逍遥学派也"结结巴巴"，即在争论中失败（*TD* 5.75-76）。最后（5.120），西塞罗让卡尔涅亚德（而非阿提库斯）解决了争端，但其方式却表明双方缺乏分歧的理由，这与说斯多亚派只是在引入他人原本完全可接受的立场时加入了无关紧要的玄虚术语完全不同：

> 他们之间的争论常常由卡尔涅亚德作为裁判来解决，他被争论者一致如此恭维着。因为所有逍遥学派（我们也可以补充老学园进来，cf. 119）认为是好的东西，斯多亚派也认为其有益；逍遥学派有自己的观点，但并不会比斯多亚派更重视富有、健康和其他此类事物。他因此说，只要关键因素在于事情而非言辞，这里就没有分歧的理由。

根据这种折中的尝试，斯多亚派并没有把其他派别视为善的东西看作完完全全无关紧要的，而逍遥学派也不会怀疑美德的至高无上地位。

这里分析的几个例子足以展示基于统一点和分歧点进行论证的风格的多变性。与其他的文化从业者一样，哲学家也通过创建谱系来加强他们的立场和观点的权威性。因此，阿提库斯的尝试并不罕见。与其他人一样，他也避免不了这种策略的主要缺陷，即任何此类的再解释都可能再次被重新解释，并被用于反对其创始人。

在阿提库斯之后继续：在《卢库鲁斯》里，西塞罗毫不留情地回应（阿提库斯的说法）。他推翻了阿提库斯对斯多亚派的攻击，坚持斯多亚派保留了老学园和逍遥学派观点的实质，改变的只是术语；而阿提库斯保留的只是学派的名头，观点的实质已被完全改变了（*Acad.* 2.70）。西塞罗宣称，阿提库斯在各种变化中，放弃了对他老师斐洛的效忠，实际上背离了学园，投向了斯多亚派，而仅仅是没有公开宣布效忠而已（2.69，另见 2.67，97，113）。因此，尽管阿提库斯自称老学园的代言人，但他甚至不该被称为学园派：他只需要做出一点小小的修改，就可以成为一个完美的、真正的斯多亚派。又或者，"阿提库斯是个不折不扣的斯多亚派，只在极少数问题上有些犹疑"，而且从未离开过克律西波半步（2.143）。最后一种说法让人联想到狗对主人的忠诚。很难想象还有谁能更明确、更尖锐地谴责阿提库斯的重构不可靠。

西塞罗在其哲学著作中的表述方式的复杂性表明，过于依字面意义看待阿提库斯提出的重构，在其中寻找和假定没有其他证据的关于前人的言论（antecedents），并忘记这种言论恰恰是重构，将产生问题。如果相信西塞罗的话，那么几乎所有的主要思想流派（伊壁鸠鲁派除外，根据他的说法，伊壁鸠鲁派似乎陶醉于自己特立独行的地位）都以极大的热情和智力玩过这种游戏，就像西塞罗本人与他的对话者（无论是真实的还是想象的）也做过的那样。

归根结底，正如我在这里论证的那样，老学园为斯多亚派提供了改编柏拉图《蒂迈欧》的主要线索，这一假设并无确凿证据。有充分的理由谨慎对待阿提库斯对柏拉图思想的重构，尤其还因为他的观点只是通过西塞罗而间接传递下来的，学园的历史被这两面镜子扭曲了。至于斯多亚派本身，目前的证据表明，虽然他们关注周围发生的争论，但他们能够自己阅读和思考，并没有不加批判地采纳学园对《蒂迈欧》的解释。芝诺并没有像波勒蒙本人指控他的那样，从波勒蒙的花园中偷偷溜走（Diogenes Laertius 7.25）；相反，他从前门走进去，引起了不小的轰动。[1]

---

[1] 本章的不同版本曾在大芝加哥地区研究研讨会（Greater Chicago Area Research Seminar）和圣母大学古代哲学研讨会（Notre Dame Workshop on Ancient Philosophy）上发表。我要感谢 Alex Long 的许多详细建议，以及 Elizabeth Asmis、Thomas Bénatouïl、Joseph Karbowski、Sean Kelsey、David O'Connor 和 John Wynne。虽然我与狄龙和塞德利的意见相左，但也要间接感谢他们多年来富有成效的讨论。

被生与被制作——中期柏拉图主义中作为宇宙生成论的创造[*]

George Boys-Stones[1] 罗 勇 译

一、导论

[85] 在蒂迈欧对事物如何生成的论述中，他将宇宙的第一原因描述为宇宙的"制作者和父亲"：ποιητὴν καὶ πατέρα τοῦδε τοῦ παντός（《蒂迈欧》28c）。[2] 显然，他的意思是神既是一种像"工匠"（craftsman）那样使用现有材料规划和建造宇宙的动源（agent），也是一种在"容器"（receptacle）（在 50d 和 51a 是相对于他的"父亲"的"母亲"）中找到合适的生殖条件的自我复制的存在。然而，事实上，至少现代评注家很少注意到这些断言中的第二个，即神是世界的父亲。"工匠"比喻已经被无尽而细致地研究过了；但是，如果想要找到关于神是父亲这个断言的除了顺带承认之

---

[*] 本文选自 Ricardo Salles（ed.），*Cosmology and Biology in Ancient Philosophy*，*From Thales to Avicenna*，Cambridge University Press，2021，pp 85-100。

[1] George Boys-Stones，多伦多大学古典学教授。

[2] 在 28b，我们被告知"宇宙"只不过是这个"整体"（whole），即"整个天"（the whole heaven，ὁ … πᾶς οὐρανός）的另一个名称。

外的更多东西，我们必须查阅文献。[1]但情形并非总是如此。中期柏拉图主义者严肃地对待这两个形象——而且，如果我们想要了解在解读《蒂迈欧》时，像对待神圣工匠这个比喻一样认真对待神圣父性（parternity）的比喻会造成何种影响，那我们最好还是考察一下它们。

[86]这个断言可能会让人惊讶。习传智慧认为，中期柏拉图主义只不过和现代学术一样关注于工匠形象。事实上，在中期柏拉图主义的作为技艺制品的世界概念，与他们在希腊化时代的斯多亚派先驱和他们始于普罗提诺的柏拉图主义传统继承者的"生物学"宇宙体系之间，经常被认为存在着一种对比。[2]但我想要表明这是一个错误。我当然不是想要否认中期柏拉图主义者认为世界是一种技艺制品和某种被制作（crafted）的东西：相反，我希望证实，他们同样认为世界是一个孩子，也是某种被产生（engendered）的东西。根据他们的看法，思考世界的这些方式并非互不相容的——毕

---

〔1〕 比如，Cornford 1937 和最近的 Broadie 2012 都没有评注过"父亲"的比喻。Johansen 2004, 81-82 之所以进行了评注，只是为了帮助解释"工匠"在50c-d的缺席。亦参见本书中的 Sattler 和 El Murr（此处原指 *Cosmology and Biology in Ancient Philosophy, From Thales to Avicenna*。下文同。——译者注）。Vorwerk 2010 是一个例外——尽管他的结论，即神是"世界灵魂"的父亲，也是世界身体的"制作者"，并不假装要增加我们对柏拉图的形而上学的理解（而且也可能被认为是关于32c的失误，因为这里的宇宙身体是"被生"的）。古人更关注完全地重视这两个比喻（并非偶然的是，Vorwerk 的文章在形式上是对古代评注传统的研究）：参见比如普罗克洛，《柏拉图〈蒂迈欧〉评注》1.299.10-310.2, Diehl（关于28c）。普鲁塔克，《柏拉图问题》2 将"神为什么必须是制作者和父亲"这个问题主题化，在表面上补充了 Vorwerk 采用的结论——正如我在下文认为的，尽管普鲁塔克在此处的观点需要与他在别处的评注关联起来解读，但可以看到，这只与他的全部观点有初步的近似。

〔2〕 尤其参见 O'Brien 2012；Michalewski 2014。Vorwerk 2010, 93 注意到，普罗提诺严格地将"父亲"这个词保留给第一本体，并且小心翼翼地避免"制作者和父亲"这个说法。

竟，蒂迈欧本人说二者同时存在（obtain）：神是制作者和父亲。如果要理解这二者如何同时存在是一种挑战的话，那我希望表明这是中期柏拉图主义者所应对的挑战，而且当他们应对的时候，他们对宇宙论和形而上学作出了某些最重要的贡献。事实上，我认为他们对宇宙论和形而上学的最核心问题之一——质料如何"分有"形式，从而根据这些形式的活动而具有宇宙秩序——的回答，取决于他们如何将神圣父性这个比喻和工匠模式结合起来。因此，从生物学的角度来看待宇宙，这对中期柏拉图主义者而言就如对斯多亚派成员和新柏拉图主义者而言一样重要——对他们而言，就是将宇宙看作一种由父亲产生的动物。

二、作为一种独特制作模式的生

蒂迈欧在 28e 主张神是宇宙的"父亲"，这并非绝无仅有的说法："父性"和"产生"（他通常使用动词 γεννᾶν）这些语言遍布于《蒂迈欧》的宇宙生成论中。[1] 蒂迈欧也没有试图将之限定于特定问题或主题。我们可能会认为，比如，"工匠"比喻对描述范型在创造中的作用，从而对说明特殊事物和形式之间的重要关系具有特殊的要求。[2] 但是，神在 28a 作为工匠而观看的"范型"本身，[87] 在 30c-d 被揭示为一种生命物——所有动物中最完整的。此外，这里的设想

---

[1] 参见比如 32c, 34a, b, 37c, 37a, d, 41a, 50d, 68e。对于明确地谈论生成（ἐγεννήθη），48a 增加了暗示性交（μεμειγμένη）和诱惑（πείθειν）的语言，以此来描述造物主理智的工作。

[2] 参见比如 O'Meara 2017, ch. 3 的出色讨论。

可能是它等同于制作者本身，因为我们还被告知，制作者希望他的造物尽可能地类似于他自己（29e3）。[1] 因此，即便是在概述形式的作用时，作为一个制造过程而开始的东西很快就变成了一种复制（reproduction）过程。宣称"工匠"比喻以某种方式主导了蒂迈欧的论述，或者是以一种"父亲"比喻没有使用的方式继续存在下去，这是完全错误的，至少作为关于蒂迈欧如何构建其论述的报告来说如此。

但有人或许会问，父生（fathering）比喻有可能为匠生（crafting）比喻增添什么呢？认为工匠模式在《蒂迈欧》的解释经济（explanatory economy）中具有认知优先权，其理由之一或许是它提供了比父亲比喻更多的细节和清晰性。事实上，如果我们问一位古代哲学家，为了生小孩，父亲要做什么，他们可能会说他做的事情和工匠的类似。比如，亚里士多德就将精子比作工匠（τέκτων），它利用在母亲子宫中找到的材料（ὕλη）进行工作（《论动物的生殖》1.22）。但是，如果工匠模式有助于我们思考父生是如何运作的，那么在引导我们对蒂迈欧的宇宙生成论的理解时赋予它优先权就似乎是恰当的。事实上，我们似乎发现一位中期柏拉图主义者承认了这一点。普鲁塔克把他的《柏拉图问题》之一用来处理《蒂迈欧》28c 的含义（蒂迈欧宣称神是制作者和父亲），他说，产生（begetting）不仅可类比于"制作"，其事实上就是一种"制作"："因为被生的东西也是被制作的——但反过来则不是。"（《柏拉图问题》2，1001A：ὡς γὰρ τὸ γεγεννημένον καὶ πεποίηται, οὐ

---

[1] 这一点我受益于 Jonathan Griffiths。

μὴν ἀνάπαλιν, οὕτως ὁ γεννήσας καὶ πεποίηκεν。)但因此，如果我们彻底考察神作为"制作者"的技艺，至少就原因论（aetiology）而言，我们会更有理由遮蔽掉他作为父亲之所为。

但这也太快了些。因为父生可能确实不涉及那些不容易按照作坊（workshop）来思考的原因类型，但这不意味着父生的程序与（普通的）技艺程序完全相同。想象一下，木工技艺实际上就是生孩子的方式。尽管如此，我们还是不会期望木匠会像完成比如制作一把椅子的任务——甚至一些更复杂的、能自动移动的技艺制品，如剧场自动装置——那样去完成这项任务。一个明显且相关的差异在于，[88]木匠对他亲自完成的椅子和自动装置负有独特的创造责任。但父亲的特点在于他不会以相同的方式"完成"他的孩子。相反，父亲的本性是赋予孩子完成自我的能力，即成长、发展和自我维持。如果有人要像木匠制作一把椅子或自动装置那样完整地制作一个人，那么这个人就是弗兰肯斯坦（Frankenstein），[1] 而不是父亲。孩子是父亲的产物，没有父亲就不会存在；但在从父亲那里"接管"制作自身的过程中，这个产物获得了对自身的所有权，并在行动和道德上独立于其父母。[2]

这种区别值得思考，因为蒂迈欧的论述的一个显著特征，正是他声称神在一个很早的阶段就移交了对宇宙的创造责任——移交给

---

〔1〕 弗兰肯斯坦是英国作家玛丽·雪莱在 1818 年创作的科幻小说《弗兰肯斯坦》的主角，这部小说也被译作《科学怪人》或《人造人的故事》。——译者注
〔2〕 或者换一种方式思考这一点：正是通过成为父亲所是的那种工匠——那种制作动物（就此而言，就是自身）的工匠——它实现了同其父亲的动源平等。顺便说一句，我并不是说"完成了的"人工制品不可能通过别的方式获得相关形式的自主——这正是《弗兰肯斯坦》提出的问题。我只是说，作为一种独特形式的生产，父生保证了自主。

了作为宇宙本身一部分的动源。这发生在《蒂迈欧》41a-d；发生的方式既不谨慎也不巧妙。神自身以令人印象深刻的演讲形式向读者宣布（采用泽尔［Zeyl］的译文）：

> 众神之神，我是这些神圣作品的制造者和父亲，[1]任何由我生成的东西，不经我同意则不可分解。……还有三个有死的物种尚未产生；只要它们还未生成，那么这宇宙就将是不完满的；因为它将没有尽含所有生物种类于其自身之中，而如果它想完满至极，就必须尽含。但是，如果这些生物由我生成且分有生命，那它们就会与诸神平等。因此，现在必须轮到你们自己了，你们的任务是根据你们的本性来制造这些生物。这将确保它们的有死性，而且这整个宇宙也将真正地成为一个整体。模仿我在制造你们时使用的力量。这就是说，它们适合于拥有那种配享我们的"不死"之名的东西……我会首先播下种子，然后将它交付给你们。剩下的就是你们的任务了。[2]

［89］如果有人想要了解为什么宇宙的制作也是一种"父生"，那么他可能会轻易地从这里找到解释。因为正如就父生而言那样（但不是比如椅子的制作），生产者尽早地将创造责任移交给他的产品；

---

［1］ 神是被造诸神和它们被实现于其中的宇宙的（工匠和）父亲（δημιουργὸς πατήρ τε），这一点当然是不矛盾的，特别是如果我们认为世界灵魂和被造诸神是作为一个整体的宇宙的特征（并且是它在这个阶段仅有的典型特征），而非注入其中的异己之物。进一步参见下文。
［2］ 此处的翻译参考了柏拉图：《蒂迈欧》，宋继杰译，盛传捷校，云南人民出版社 2023 年版。——译者注

而且相当明显的是，使得宇宙"完美"（从"不完美"之中）——或者翻译为"成熟"（从"不成熟"之中，原词是 τέλεος / ἀτελής）也不为过——的不是制作者，而是被造的诸神。如果人们倾向于相信（就像中期柏拉图主义者毫不犹豫地相信的）这些被创造的神作为一个集体与世界灵魂（34b-36d 描述了其复杂结构）等同，那么这个模型就更加合适了。这并非不合理：我们知道，至少一些被造诸神与诸天体有关联（40a-b），而诸天体则被放置在与构成世界灵魂的圆环一致的轨道之中（参见 38b 及以下，特别是 38c 和 40a）。因此，不难推断，诸天体及与它们相关的运动是为了在质料中实现 34b 及以下为世界灵魂制定的复杂公式。[1] 如果我们能确信这一点，那么制作者在 41a-b 的委托就不完全是交付给构成宇宙部分的诸动源的，而是交付给宇宙本身这个活的动源的。与父性的相似之处无疑正是如此：父亲为之前未成形的质料注入灵魂，而灵魂则尽其所能地接管这个动物的后续发展过程。同样重要而且显然与生物模型相关的是，这个灵魂（现在可以把"灵魂"与作为一个集体的被创造诸神互换）要以与制作者首先展现的完全相同的技艺和创造力行事：他说，"模仿我使用的那种能力"（μιμούμενοι τὴν ἐμὴν δύναμιν，41d）。蒂迈欧决心在后续内容中确认灵魂的这种作为（42e，69c）。事实上，在整个对被创造诸神的工作的叙述性描述中，蒂迈欧最初用来描述制作者的工作的关于动源和技艺的

---

[1] 还可以从机械的视角来理解这一等同：如果你认为月下领域（狭义的"自然"领域）的气候状况受到不同恒星和行星在各自范围内运行时的接近和回退的影响甚至决定，你马上就有办法说（比如阿提库斯就很清楚地这样说）世界灵魂是如何支配自然的。参见 Boys-Stones 2018, 217-218。

相同动词，现在也被用来描述他们的工作。我们非常熟悉的事实是神圣制作者被称作"匠神"（demiurge，28a）：但他们也是"匠神"（δημιουργοί，75b；参见46e）。

三、创造性动源在中期柏拉图主义中的转变

[90]到目前为止，我只是想要表明《蒂迈欧》有机会通过蒂迈欧假定的创造性动源完成从制作者到产物的转变，以及事实上这个产物是一种能够（由于这位制作者已经完成的事情）"完善"其自身创造的产物，从而为他的神圣父性用语做出解释。在我看来，中期柏拉图主义者之所以能抓住这个机会，是因为他们愿意——与现代文献中的观点形成鲜明对比——接受这样的看法，即事实上在蒂迈欧的论述中运行着两个不同的因果"阶段"：一个阶段确定宇宙的那些以匠神直接且主要的运作来进行解释的特征；另一个阶段则确定宇宙的这样一些特征，即对它们的解释与它们渐次的因果运作有关。[1]以普鲁塔克为例，他现存的关于宇宙论的最重要作品，正如其标题表明的，处理的不是宇宙本身，而是《〈蒂迈欧〉中灵魂的生成》——其前提无疑是，创造这一决定性行为是产生一个有序的世界灵魂，而世界灵魂随后将建构宇宙的其他部分。事实上，普鲁塔克在这篇作品中的关切是证明，除非假设创造发

---

[1] 我用"阶段"（stages）这个说法来表明一个阶段相对于另一个阶段的因果的或形而上学的优先性（在柏拉图的文本中，直接归因于匠神的结果与归因于被造诸神的工作的结果形成对比）。这承认但不暗示时间顺序——尽管正如我们马上要看到的，普鲁塔克证明，如果不在时间上分离，这些阶段就会消解。

生在一个确定的时间（当时的许多柏拉图主义者否定这一点，他们认为宇宙是被其原因永恒地产生的），否则就不可能维持灵魂相对于宇宙秩序的其他部分的因果优先性（《〈蒂迈欧〉中灵魂的生成》1013E-F）：

> 如果宇宙是非生成的，那么柏拉图的主张就是无效的，即灵魂先于身体，并作为领导者和发起者开启所有变化和运动，正如他说过的。（参见《法篇》896e-897a）

我们没有题为《质料如何分有形式？》（*How Does Matter Participate in the Forms*？，兰帕里阿斯目录［*Lamprias*］，编号 68）的作品；但完整标题给出的答案——《质料产生原初物体》（*That It Produces the Primary Bodies*）——是另一个清晰的标志，表明普鲁塔克认为有两个与创造的过程相关的"阶段"。既然我们知道（特别是根据《〈蒂迈欧〉中灵魂的生成》），灵魂就其极端形式而言，对普鲁塔克来说是质料的一个本质特征，那么将质料组织成此处"原初物体"的最初行为也只能是为灵魂带来秩序的行为。因此，这个标题中暗示的两个阶段［91］符合（a）《蒂迈欧》中描述（并且在《〈蒂迈欧〉中灵魂的生成》中探究）的神创造世界灵魂，以及（b）世界灵魂随后使得世界发展成熟的工作。因此，如果普鲁塔克说父生是一种匠作（crafting）（《柏拉图问题》2，上引），那他毕竟不是说前者对从后者那里可以学到的东西来说毫无增益：相反，他的意思是，重要的是明白蒂迈欧想的是何种匠作：不是任何种类的匠作（特别地，不是匠人亲自完成作品的那种匠作），而是父生。

所有这一切解释了一个事实，即普鲁塔克在别处能够以似乎矛盾的话谈论世界灵魂服从神的指令，但同时又发挥自己作为创造性动源的（作用）。例如，在《七贤会饮》(*Symposium of the Seven Sages* 163D-F=8C BS) 中，灵魂是神的"工具"，并按照神圣意图行事，即使它（灵魂）"完成了最美之事"(τὰ κάλλιστα περαίνεται θεοῦ γνώμη)。阿普列乌斯也说过非常类似的话，他将灵魂描述为生成性动源 (*virtute esse genetricem*)，但同时又断言灵魂"服务于创造者—神且为神的所有计划做好准备"(*subservire etiam fabricatori deo et praesto esse ad omnia inventa eius*，《论柏拉图及其学说》1.9［199］=8F BS)。[1] 此外，考虑一下阿提库斯，他非常清楚自然的整个领域都在灵魂的直接控制之下，也是创造者—神的产物——也就是说，对他而言这两者乃同一回事：如果亚里士多德未承认一位天意的创造者，并且如果亚里士多德未承认"自然"真的是一个"灵魂"，即世界灵魂（残篇 8，des Places ）：

　　　　柏拉图说，灵魂使得万物有序，"渗透于万物之中"；它是别的所有人都承认的使得每一事物有序的东西；自然就是灵魂……何者是理性的、思维着的灵魂应做之事，即"不做无用之事"，亚里士多德将此归于自然。但他不让自然分有"灵魂"一词［即像柏拉图那样］。

---

［1］下文引用的阿提库斯残篇 8 表明他认为灵魂的创造性工作有多么广泛——和亚里士多德的"自然"一样广泛；然而，这个主张的部分更广泛背景是（与亚里士多德相反）断言整个世界，包括灵魂制作的一切事物在内，也要归因于原初神灵的天意（残篇 6；关于匠神等同于善的形式，参见残篇 12-13 ）。

根据中期柏拉图主义者的一些论述，我们应当［92］将关于匠神的用语在匠神和世界灵魂之间的分布视作它们之间的一种张力或者矛盾。[1]但是，把匠神和世界灵魂都是创造者视作一种张力，那就会违背非扭曲的作坊理想的许诺。相反，我想提出中期柏拉图主义者将匠神用语分布在制作者和世界灵魂之间的事实，以便证明他们别有所思。制作者和世界灵魂都进行创造，这不是一个需要解决的难题：中期柏拉图主义者在《蒂迈欧》的宇宙生成论中能找到的是"生物学"模型的有机特征。

显然，关于蒂迈欧告诉我们的，一个诸如此类的解释会牵涉到并不讨每个人喜欢的诠释选择。但最终值得反思的是，这种解释对柏拉图的现代读者实际上完全忽视了的一个重要文段（41a-d）进行了严密且具有哲学建设性的解读。例如，近来的许多评注家毫无窘迫地说似乎正是制作者本身在进行着文本中的文字明确将之归于次等诸神随后的计划和活动的那些创造性活动。[2]那些没有走得这么远的人几乎总是这样描述被造诸神，仿佛他们就像作坊助手一样，为主人牵涉的东西和他的目的服务着，自己却对结果没有任何

---

[1] 这些论述通常通过一些举措来"解决"张力，而这些举措的极端性可能让人质疑问题的真实性——例如，它们否认某些中期柏拉图主义者（包括普鲁塔克）相信一位完全可以算作创造者的前宇宙之神（Opsomer 2005；Michalewski 2014）。

[2] 在这些评注家中，有些将"理性"提升到一种上位（superordinate）动源的地位，制作者和被造诸神都不过是它的工具：参见比如 Strange 1985；Brisson 1995, 22。（因此，既然这个差异不再重要，那么 Brisson 就会乐于且实际上更加乐于让动源匠神为蒂迈欧归于被造诸神的那些创造行为负责：参见比如 1995, 53；2006, 12。）有些认为根本没有交接，因为首先就没有与世界灵魂相区别的制作者，参见 Archer-Hind 1888, 39-40；Grube 1935, 169-171；Cornford 1937, 34-39；Cherniss 1944, 425-426，对观 603-610（附录 II）；还有最近的 Garone 2005。

个人投入或者所有权。[1]（所以，仿佛宇宙［只是］为了［93］制作者一样。）[2]但不论这种解释作为一种诠释性注释的优缺点如何，强调这就是它之所是——一种诠释性注释——并不会太过分。蒂迈欧本人从未将诸神描述为"帮助"制作者；在他的描述中，他们被赋予了完全的创造自主性，并且正如我在上文指出的，他们一直被描述为做着制作者本身正在做的事情。（可以在蒂迈欧的论述中找到"帮助"和"服务"这些用语：但相比之下，它们总是且仅用于引入必然性。）[3]中期柏拉图主义者可能是正确的，但他们比大多数现代评注家更忠实于文本。在下一节中，我希望表明他们也因此在哲学上获益。

------

〔1〕 比如，本书中的 El Murr 讨论了造物主"监督"他"委派"给次级诸神的工作——但蒂迈欧根本没有说过"监督"或者那种需要监督的委派。（相反，正如我们已经看到的，一旦他完成了交接，就让被造诸神去完成自己的工作："τὸ δὲ λοιπὸν ὑμεῖς"，41d。）其他学者也讨论了被造诸神是"助手"：参见 Steel 2001, 113-114；Broadie 2012（比如 18："那些辅助性匠神可以说是他的延伸"）；O'Meara 2017, 57。但这也是蒂迈欧本人极力避免的说法。（O'Meara 2017, 57, n. 56 诉诸 43a 的 ἀπεργάζεσθαι 和 46e 的 ἐξεργάζεσθαι；但 ἐξεργάζεσθαι 的主题是漫游原因［mindless causes］，而不是被造诸神；而且 ἀπεργάζεσθαι 也经常被用于制作者本人：比如 32b, 34a, 37c, 39e, 40a。不管如何，这两个词只意味着这些动源完成了手头的工作，而非它们为别的某个人工作。）我强调这一点，当然不是想要否定被造诸神也做制造者命令的一些事情（参见 42e, 69c, 71b；Sedley 2007, 124 将诸神发明眼睛追溯到制作者希望人有视觉）。但是，任何动物的灵魂都在努力把动物变成它的父亲指定要成为的那种成熟的样本——尽管如果说它只是在"协助"父亲这样做，那就太古怪了。
〔2〕 值得回顾的是，创造从一开始就被描述为就创造者而言的慷慨行为："他是善的，善者不会对任何事物产生嫉妒。"（29e）这与宇宙完全是为了它自己的利益而被创造的想法是不一致的，就像人工制品通常是为了工匠的利益一样。（当然，工匠也可能为了赞助人而工作，但这是蒂迈欧的工匠比喻没有考虑到的外在复杂性。）另一方面，即使父亲也能因拥有一个孩子而获益，只要孩子能被视为受益人，那么父生也可以被视为一种"慷慨"的行为。
〔3〕 参见比如 46d-e, 68e-69a, 对观 Strange 1985, 29。

四、世界灵魂对"亚里士多德的形式"

关于柏拉图宇宙生成论的一种解读严肃认真对待世界是动物的说法，认真到影响了我们如何理解神制作世界的方式。这种解读的第一个巨大优势，就是找到了神和世界灵魂在创世中所扮演的角色之间原因论的互补性。它表明，在神进行创造和世界灵魂进行创造这个事实中，没有任何张力需要解决：当我们处理动物时，情况就是这样。但我们要讨论的还不止这些：它发现了一种被充分激发的互补性。我的意思是，中期柏拉图主义者在这种宇宙生成论模式中找到了一种优雅的方式来思考柏拉图形而上学中最核心、最紧迫的问题之一：在一个潜在地无限的具体事物的组织良好的共和国（republic）中，范型形式是如何实现的。这里存在着大量众所周知的困难。其中最大的一个困难是，神圣制作者如何能够在未赋形的、混沌的质料层面上运作，从而引发那里的形式的实现。这很难与他不变的永恒这条公理性原则相吻合（如果他是生成世界的基础原因［*groungding case*］，就必须如此；例如，中期柏拉图主义者通常认为他与形式属于同一本体论等级）。

［94］我们已经看到，中期柏拉图主义宇宙生成论狭义的"工匠"观试图将创造理解为一个由单一的创造性动源驱动的单一过程。因此，在面对如何弥合特殊事物与形式之间的鸿沟这一问题时，中期柏拉图主义的答案是假设一整类中间实体——类似于，或许是非常精确地类似于亚里士多德的形式：实在的但无形体的（incorporeal）本质，其一方面对应于范型形式，但另一方面又能

够被质料个体化。（例如，与范型的人〔Human〕相对应，只有一个种—形式的人〔human〕；在这个质料中，它产生了一个特殊的人类，即我；但与此同时，当它出现在不同的质料中时，就产生了其他人类。）这一举动之所以看起来很有吸引力，是因为它给了我们一个造物主能制作的东西，一个有限而不朽，但同时又能给无限的个体以规定性（determination），超越了造物主所能知道的范围的东西。事实上，鉴于这是同一些评注者在柏拉图本人那里看到的一个问题的解决方式，它常常被认为对中期柏拉图主义而言是决定性的和基础性的举措。[1]

但是，将这一理论归于中期柏拉图主义者会面临非常大的困难。其中最大的困难是，它涉及将一种对柏拉图文本非常勉强的解读归于中期柏拉图主义者。因为柏拉图似乎很清楚，造物主完全不参与关于物种将如何发生（turn out）的讨论。例如，如果我们的问题是如何才能成为一个"人"，那么与此相关的是，人体的整个形态都要归因于被造诸神的工作，蒂迈欧用了相当长的篇幅描述他们在这一方面的深思熟虑——从69c（这里提醒我们，他们"模仿"神的创造性动源）到91d（开始更简要地描述他们和低等动物相关的工作）。

更糟糕的是，在我们关于中期柏拉图主义的证据中，没有任何地方明确诉诸"亚里士多德的形式"。我们偶尔会看到一些我们可能会倾向于解读为与这类形式相关的语言，但我们根本看不到依赖于我们这种解读的解释或论证。[2]事实上，在我们关于中期柏拉图

---

〔1〕 参见 Boys-Stones 2018，234-235。
〔2〕 Boys-Stones 2018，243-245 完整讨论了相关文本。

主义者的证据中，有一些标准的、明确的和重复的主张实际上排除了"亚里士多德的形式"在他们的形而上学中发挥作用的可能性。例如，中期柏拉图主义者坚持认为，虽然种与（"柏拉图式的"）形式之间存在一一对应，但形式（多重地）实例化于个体之中——也就是说，在个体的身体之中，而不是在单一的种—形式之中。模仿人的形式的是我自己，而不是寓居于我（不是我的灵魂，如果那是不同的）之中的假定的种—形式。[1]

最后，从纯粹哲学的角度来看，最重要的是，柏拉图主义形而上学能否给我们任何适用于"亚里士多德的形式"所是的那种东西，这是非常不清楚的。从表面上看，除了质料和（范型）形式之外，柏拉图主义者从一开始就无所作为；但"亚里士多德的形式"不可能是其中的任何一个，尤其是因为它们起的是在这两者之间的中介作用。出于同样的原因，它们也不可能是两者的某种结合。范型形式作用于质料的产物是物体；但"亚里士多德的形式"必须先于物体，因为（总是按照这个假设）是它赋予了物体规定性。

事实上，"亚里士多德的形式"只不过是对中期柏拉图主义者所需的那种对其本体论的"修复"的现代猜测而已。但请记住，需要这种修复的前提，是认为中期希腊柏拉图主义者赞同未经调整的、单阶段的宇宙生成论"工匠"模式——这种模式否认世界灵魂这个创造性动源是某种有别于它的父亲那种创造性动源的东西。只要允许世界灵魂成为创造性动源（和个体性），世界灵魂本身就可

---

[1] 参见比如阿尔基努斯，《柏拉图主义旨归》12.1，p. 167.5-7（=5F BS），在这里，一个（"范型"）形式是"每一个个体事物作为形式本身所示的那种事物的原因和原理"：τῆς ἰδέας οὔσης αἰτίας ⟨καὶ⟩ ἀρχῆς τοῦ εἶναι ἕκαστον τοιοῦτον οἷον αὐτὴ ὑπάρχει。

以在神的具有形式的永恒领域和它所管辖的自然领域之间发挥中介作用。世界灵魂是由神永恒的（和父性的）活动与范型形式在质料中产生的，因此，世界灵魂在质料中具有真正的内在存在，这让它能够在使宇宙成长到成熟／完美时接过其父亲的工作。世界灵魂已经在那里做着无疑激发了"亚里士多德的形式"这个假设的工作。一方面，普鲁塔克在《论〈蒂迈欧〉中灵魂的生成》1024C 明确地描述了世界灵魂的这一作用，将世界灵魂对形式的理解转化为必死物种的决定性特征：[1]

> ［97］［柏拉图所谓的］宇宙的"生成"，当它尚未生成时，只不过是在其转变和变化之中的基质（substance），［这种基质］位于压印者［即形式］和被压者［即质料］之间，它向后者传递来自前者的影像。(γένεσιν δὲ τοῦ κόσμου μήπω γεγονότος οὐδεμίαν ἄλλην ἢ τὴν ἐν μεταβολαῖς καὶ κινήσεσιν οὐσίαν, τοῦ τυποῦντος καὶ τοῦ τυπουμένου μεταξὺ τεταγμένην, διαδιδοῦσαν ἐνταῦθα τὰς ἐκεῖθεν εἰκόνας.)

普鲁塔克此处提到的"基质"就是灵魂：正是灵魂的位置——在本体论和认识论上同时介于形式和质料之间（正如普鲁塔克在《论〈蒂迈欧〉中灵魂的生成》1025E 所说，能够在沉思形式的同时影响具体事物）——赋予了它完成形式在质料中的"肖像"所需的独

---

［1］ 阿尔基努斯，《柏拉图主义旨归》14.3（=8A［3］BS）可能最好是从这个角度来解读：神首先在质料中"唤醒"灵魂，然后通过专注于范型，"接受"（即构思［conceive］）"形式和形状"，或许，灵魂将通过这些形式和形状来表达物质世界。

特视角，而这正是父亲开启创世行为背后的动机。

我曾在其他地方详细阐述过世界灵魂究竟是如何完成这一任务的（Boys-Stones 2018，231-234）。简而言之，我认为世界灵魂的目的是通过月下领域来创造各种经验性质的排列（patterning），这种排列与世界灵魂对于作为一个系统的形式的理解是同构的。之所以要这样说，是因为尽管我们的文本断言形式与自然物种之间存在对应关系——正如在我上面引用的阿尔基努斯的文段中那样——但一个形式本身（如果事实上可以设想这种东西的话）并不能为任何自然物种设定模式（同样，不考虑整个生态系统）。原因在于，自然物种的成员（a）是在经验性质中实现的，而在中期柏拉图主义思想的形式领域中，这些经验性质并没有任何范型上的关联者（颜色、质地，等等）；（b）它们具有的属性和特征几乎在每一种情况下都与它们必须生活的环境有关。因此，世界灵魂不可能逐一（seriatim）创造物种，而只能将其作为整个生态系统设计的一部分。如果这一点是正确的，那么我们就可以再次理解为什么自然秩序依赖于一种内在理智——一种能够从整体上构想自然并与形式相关联的理智；为什么"亚里士多德的形式"反而不足以发挥这样的作用；为什么一旦我们认识到世界灵魂的存在和活动，就没有任何解释的余地来假设（"亚里士多德的"）形式。简而言之，重要的是，宇宙内部秩序的形成和维持直接归功于它的灵魂——这并不是因为灵魂是最终创造者（它反过来又是制作者通过类似工匠的技艺产生的），而是因为被创造出来的是一种动物，而动物就是这样生长和维持自己的。

五、理智让世界变得更好

[97] 值得注意的是，强调世界作为神生动物的成长（自我创造），这在注释上还有一个好处。在《蒂迈欧》中，我们之所以开始思考世界灵魂的问题，是因为蒂迈欧认为，可见领域中的任何整体事物，如果具有理智就会"更美"（κάλλιον，30b2）；既然世界要尽可能地美，那么世界就必须具有理智——而灵魂是理智的一个条件。这通常被认为是一种直接的（尽管是约定性的）说法，即理智的事物比其他事物更美或更好，仅仅因为它们是理智的。[1] 不过，对这个说法的一种可能的理解方式是认为，理智存在[2]之所以更美，是因为它们能用理智使自身更美。比如说，理智存在会以比非理智存在所能做的更佳的秩序来维持它们自己，这并非不可信。在这种情况下，蒂迈欧认为它们擅长的那种美，在这个词完全日常意义上的美，这种说法并没有什么奇怪的或是约定性的。在紧接着 30b 的内容中，这个看法得到了支持。因为我们被告知，完整性至少是美的必要条件（ἀτελεῖ γὰρ ἐοικὸς οὐδέν ποτ' ἂν γένοιτο καλόν，30c）；但我们已经看到，只有当世界为了自身并且通过一个类似于制作者那样的创造性理智进行制作时，世界才是"完整的"（41a-d，上引）。因此，这里我们可以清楚地看到，宇宙因是理

---

[1] 参见本书中的 Sattler, 32, note 10。同样，在本书中，Salles 对同一个问题为斯多亚派提供了一个稍微不同的回答。

[2] 至少是经验领域内的理智存在，这是柏拉图在此指明的领域：τῶν κατὰ φύτῶν κατὰ φύσιν ὁρατῶν，30b1。这与我的主张相关，因为具身理智存在显然可以更开放地在习俗意义上使自身更美或更不美，即通过影响他们的身体外观的各种方式来行动。

智的而更美，但这只是出于它利用这种理智对自身进行创造性的照料并改善（完善）其物理结构这一平凡的理由。

不管如何，我知道，至少对中期柏拉图主义者而言，世界灵魂和纯粹"沉思"的活动无关：事实上，它是我们如何能够且必须集合沉思生活和实践生活的模型（普鲁塔克，《论〈蒂迈欧〉中灵魂的生成》1205E-1206A）：

> 灵魂同时是沉思的和实践的：它沉思普遍者，然后影响特殊事物，它显然拥有对前者的理知（intellection）和对后者的感知（perception）。

[98]只有当世界灵魂所做的不仅仅是管理制作者已经完成了的系统时，这种说法才有意义。作为制作者的孩子，世界灵魂也创造了这个系统。

六、结论

我们或许可以构建一个与柏拉图主义的体系在功能上十分相似的东西，只需诉诸一种神圣工匠模式，一种避免将宇宙视为生命物或将神视为宇宙之父的模式。但是，阿提库斯对亚里士多德的攻击（我在上文已经提到过）表明，这种模式缺乏让天意"一直下达"（all the way down）到宇宙中个体生物的渠道——这最终会侵蚀月下领域的价值基础。[1]除了制作者之外，柏拉图还引入了世界灵

---

[1]　参见 Boys-Stones 2016 和 2018，325-326。

魂，这是神的天意得以保存并传递到被造物的每一个角落的方式。但这也带来了对宇宙及其被创造方式的重新认识。与大多数现代学者的观点相反，我认为中期柏拉图主义者并没有试图将柏拉图的故事扁平化为关于创造的纯然"工匠"的论述——中期柏拉图主义的这种观点，一旦要求我们在掌握的所有证据面前假设他们也相信"亚里士多德的"形式作为范型形式和它们的具体事物的中介，我们就应该加以怀疑。相反，中期柏拉图主义者非常重视对宇宙的生物学论述，并据此把创造的两个阶段的论述理解为我们必须给出的关于一个动物的（前）创造（［pro］creation）的那种论述。这对他们的物理学和形而上学也具有重要意义，因为一旦世界灵魂的作用在这个模型中得到确立，它就可以让范型形式介入自然的模式。

斯多亚派的自然哲学（物理学和宇宙论）[*]

Michael J. White[1] 吕燕[2] 译

[参考文献体例说明] ————————————————

为方便读者检索，正文和注释中出现的主要古代文献（包括相关原文辑录）一律采用缩写。主要缩写说明如下：

DL　　　Diogenes Laertius, *Vitae Philosophorum*（第欧根尼·拉尔修：《名哲言行录》）

SVF　　*Stoicorum Veterum Fragmenta*, edited by H. von Arnim（冯·阿尼姆编：《早期斯多亚派残篇》）

Div.　　Cicero, *De divinatione*（西塞罗：《论预言》）

Acad.　Cicero, *Academica*（西塞罗：《学园派》）

Fat.　　Cicero, *De fato*（西塞罗：《论命运》）

---

[*]　本文译自 Michael J. White, "Stoic Natural Philosophy (Physics and Cosmology)," in Brad Inwood (ed.), *The Cambridge Companion to the Stoics*, Cambridge University Press, pp. 124-153。

[1]　Michael J. White，美国国家人文研究中心研究员，亚利桑那州立大学哲学和法学院教授。著有《能动性与完整性》(*Agency and Integrality*)、《连续与离散》(*The Continuous and the Discrete*)、《结党或中立：公共政治理论的无用性》(*Partisan or Neutral: The Futility of Public Political Theory*) 和《政治哲学纲要》(*Political Philosophy: A Short Introduction*)。

[2]　吕燕，西南大学哲学系博士生，主要研究希腊化时代哲学。

ND	Cicero, *De natura deorum*（西塞罗:《论诸神的本性》）
Alex. *Fat.*	Alexander of Aphrodisias, *De fato*（阿弗洛狄西亚的亚历山大:《论命运》）
Stoic. rep.	Plutarch, *De stoicorum repugnantiis*（普鲁塔克:《论斯多亚派的自我矛盾》）
Comm. not.	Plutarch, *De communibus notitiis*（普鲁塔克:《论普遍概念》）
Mixt.	Alexander of Aphrodisias, *De mixtione*（阿弗洛狄西亚的亚历山大:《论混合》）
Phys.	Aristotle, *Physicae*（亚里士多德:《物理学》）
Meta.	Aristotle, *Metaphysica*（亚里士多德:《形而上学》）

一、引言

根据第欧根尼·拉尔修的说法，大多数斯多亚主义者——从西提姆的芝诺开始——将哲学学说划分为三个部分：一部分是物理的，一部分是伦理的，还有一部分是逻辑的。第欧根尼还列举了三种关于哲学各部分之间关系的简单比喻：（1）哲学就像一个动物，逻辑学对应它的骨骼和筋，伦理学对应更有血有肉的部分，物理学则对应着灵魂；（2）哲学就像一个鸡蛋，逻辑学相当于"外部"（蛋壳），伦理学相当于"中间的东西"（蛋清），物理学相当于"最里面的部分"（蛋黄）；（3）哲学就像一片多产的土地，逻辑学对应围栏，伦理学对应庄稼，物理学则对应大地或树木。[1]

无论这些比喻的确切含义是什么，有一点似乎很清楚，即斯多亚派认为物理学与伦理学有着密切的关系。对斯多亚派来说，人生的目的在于"与自然和谐一致地生活"（*to homologmenon tēi phusei zēn*）。[2] 因此，物理学——哲学中与自然有关的部分，揭示了"与自然和谐一致地生活"的重要性——显然具有伦理的意义。物理学说在这方面的关系按道理不同于伦理学，这是它们二者之间的次要联系：当代人普遍认为，对自然进行"价值中立"的研究是可能的，也是可取的，这却与斯多亚的思想大相径庭。事实上，我们经常可以发现，可谓有大规模的斯多亚派哲学主题的东西影响着物理学说——包括斯多亚派物理学说的一些相当技术性的方面。特别是，宇宙的统一性（unity）和凝聚力（cohesion），以及控制宇宙的包罗万象的神圣理性等斯多亚派主题，对斯多亚派物理学来说极其重要。

二、物理学是什么？

第欧根尼报告说，斯多亚派将他们的物理学说分为关于物（bodies）、本原（*archai*）、元素（*stoicheia*）、神、边界或限度（*perata*）、位置和虚空的主题。他说，这是对物理学主题"具体的"分类。"一般的"分类区分了与宇宙有关的物理学主题，与元素（仍为 *stoicheia*）有关的主题，以及那些与研究原因（*aitiologia*）有关

---

[1] DL VII 40.
[2] DL VII 87.

的主题。[1]因此，斯多亚派对物理学或自然哲学的构想，显然比亚里士多德对它们的描述更为广泛，即对运动（kinēsis，运动或变化）和变化所暗含的任何东西（如大小、地点和时间）的概念性研究。[2]作为哲学的一个主要分支，斯多亚派的物理学不仅包括后来所谓的"自然哲学"，还包括宇宙论和"第一哲学"或形而上学。

对于前者，"具体的"分类图式，原则和元素之间的区别最初可能看起来令人费解，因为"本原"和"元素"并没有经常被用作同义词——如亚里士多德经常描述的，前苏格拉底哲学家对"本原和元素"的寻求，以及几何意义上的"元素"。经广泛证实，两个斯多亚派的"本原"（后文会有更多讨论），一个是等同于理性和神（inter alia）的主动本原（to poioun），一个是等同于无限定实体（unqualified substance，apoios ousia）或质料（matter）的被动本原（to paschon）。第欧根尼报告说，斯多亚派在"本原"和"元素"之间做出的主要区分在于，前一个原则上不生不灭，而后一个元素——根据火、水、气和土的传统范畴来确定——会在世界大火或"ekpurōsis"中被毁灭。[3]在斯多亚派的惯常用法中，本原是更基本的本体论概念，而元素则占据了一个派生的宇宙论（和天体演化学）位置。但是关于本原和元素之间的关系，还存在许多问题，这些问题将在后面的部分中讨论。

斯多亚派还认识到了数学家合理关注的宇宙论问题中的区别；也就是说，其一方面可以被称为数学天文学问题，而另一方面则是

---

[1] DL VII 132.

[2] Aristotle, *Phys*. III 4.202b30-31.

[3] DL VII 134.

被物理学家研究的宇宙论问题：例如，宇宙的"实质"（ousia）是什么，太阳和恒星是否由质料和形式构成，宇宙是否是生成的，它是否被赋予了灵魂，它是否可以毁灭，以及它是否受到神意的指引。[1]第欧根尼报告了一个关于原因的数学探究和非数学探究之间类似的区别。光学、反射光学，以及对云、雷、彩虹、光晕和彗星成因的研究都是前者的例子。[2]目前尚不清楚，在波西多尼（Posidonius）之前，斯多亚派的哲学家自己是否已经实践了"数学物理学"。我们确实有相当多的证据表明，波西多尼在公元前1世纪上半叶参与了非常广泛的学术、历史、数学和科学研究。[3]

物、本原、元素、神、位置和虚空应该被视为斯多亚派物理学的主题，这并不奇怪。这些主题要么具有不言而喻的重要性，要么在希腊古代自然哲学中具有公认的谱系（或两者兼而有之）。然而，也许令人惊讶甚或令人疑惑的是 perata（限度或边界）应该被给予如此突出的地位。本章的末尾有更多关于这个问题的讨论。

三、先验承诺在斯多亚派物理学中的作用

借用朗（Long）用于亚里士多德的物理学的概念，宇宙的统一

---

[1] DL VII 132-133.

[2] DL VII 133.

[3] 在众多其他成就中，波西多尼写了一本书，为欧几里得的几何学辩护，反对西顿的伊壁鸠鲁主义者芝诺对几何学的攻击。关于波西多尼丢失的《论海洋》（On Ocean）一书，I. G. Kidd 评论说，"波西多尼"的书似乎涵盖了一个惊人的跨度，不仅在内容上，而且在形式上，横跨从数学理论到对尤得塞斯（Eudoxus）的生动叙述（Kidd 1988, vol. II [i]，219-220）。

性和凝聚力，以及掌控宇宙的包罗万象的神圣理性等斯多亚主题，可能被视为斯多亚派物理学主要的支配性的"先验承诺"（prior commitments）。[1]换句话说，这些主题在很大程度上塑造了斯多亚派物理学中被认为重要的各种疑难问题，以及斯多亚派所说的关于这些疑难问题的实质。当然，这种影响并非完全设定了斯多亚派物理学的议程。但可以说，先验承诺对斯多亚派的物理学来说比对亚里士多德的物理学要重要得多。

对亚里士多德来说，人类的（感觉）经验不仅以现象的（ta phainomena）形式，而且以 ta endoxa（"我们"，我们中的大多数人，以及我们中的少数智慧之人，如何思考和谈论我们周围的世界）的形式在自然哲学中发挥着重要的调节作用。然而，斯多亚派显然更愿意脱离传统的思维模式和语言模式。斯多亚派以外的评论家，如普鲁塔克（Plutarch），指出了很多斯多亚派中与"普遍概念"（common conceptions）相悖的观点。西塞罗注意到，某些斯多亚派学说——他称之为"令人震惊且与所有人的信念相悖"（admirabilia contrque opinionem omnium）——被斯多亚派自己称为"悖论"（paradoxa）。[2]虽然西塞罗讨论的悖论是伦理学和认识论上的，但这里确实有证据表明斯多亚派对物理学问题采取了类似的方法——例如，在关于完全混合（krasis di'holōn）的学说中，克律西波声称，一滴酒倒入大海就会和整个大海相互渗透。[3]事实上，普鲁塔克的发言人迪亚多门努斯（Diadumenus）在《就普遍

---

[1] Long 1988, 280.

[2] Cicero, *Paradoxa Stoicorum* 4.

[3] Plutarch, *Comm. not.* 1078e.

概念驳斯多亚派》(*De communibus notitiis adversus stoicos*)中强调，斯多亚派的物理学说与"普遍概念"(*koinai prolēpseis*)完全不一致，就像他们的伦理学说一样。[1] 目前尚不清楚普鲁塔克的对象——克律西波等斯多亚主义者是否同意这种评价。然而，我们可以看到，斯多亚派的物理学研究相对脱离普遍概念的一个结果就是自然哲学中先验承诺作用的扩大。此外，对斯多亚派来说，自然研究中可以提升先验承诺影响力的另一个因素在于这一事实，即对自然世界的认识本身并不是寻求的目的，而是为了使我们能够与自然和谐一致地生活。

以下是关于斯多亚派物理学说某些关键特征之影响的讨论。这当然不是研究斯多亚派物理学的唯一方法。也许，这也不是最有辨别力的方法：一些微妙之处和困难之处被掩盖了，就像个别斯多亚派哲学家的学说中的一些重要差异一样。但是，希望这种方法对像现在这样的简要介绍和初步讨论特别有用。

四、物质主义（corporealism）和生机论（vitalism）

汉姆（Hahm）在他的《斯多亚派的宇宙论起源》(*The Origins of Stoic Cosmology*)的第一章开头写道："在斯多亚派哲学中，没有什么比坚信一切真实的事物都是物质的这一观念更加根深蒂固的了。"[2] 这似乎十分正确，但可能应该加上两个条件。第一，这里的"一切真实的事物"指存在的东西（*ta onta*）。斯多亚派有一个

---

[1] *Comm. not.* 1073d.

[2] Hahm 1977, 3.

更加宽泛的"物"（*ti*）范畴，除了物体（bodies）之外，还包括非物质或"基质"（subsistents，*ta huphestōta*），如虚空、位置、时间和"可说"（*ta lekta*：意谓）。第二个限定条件是，斯多亚派的宇宙物质性（corporeality）概念并不意味着 17 和 18 世纪自然哲学中惰性物质的物质世界，兰德尔（Randall）恰如其分地将其描述为一个仅由"固体的、坚硬的、结实的粒子，通过机械因果关系连接形成的世界"。[1]与此相反，斯多亚派遵循各个前苏格拉底思想家和柏拉图的先例，认为"整个宇宙是一个活生生的存在（或动物：*zōion*），被赋予了灵魂和理性，将以太（aether；斯多亚派通常把以太等同于火）作为主导原则（*hēgemonikon*）"。[2]根据克律西波和波西多尼的说法，"努斯（*nous*）延伸到它［宇宙］的每一个部分，就像灵魂相对于我们"。[3]斯多亚派关于宇宙是单一的、有限的、球体的学说也没有什么特别之处。和亚里士多德一样，他们认为宇宙不包含虚空。但他们引证了"同气"（conspiration）或"共呼吸"（*sumpnoia*）和"张力"（*suntonia*）作为将天上和地上的事物连结在一起的原因。[4]

这种"生机论"中最引人注目的一点就在于，斯多亚派显然坚持认为，宇宙的主动的、赋予生命的、理性的、创造性和指导性的原则，与被动的、"质料的"原则一样是物质的。根据亚里士多德的报告（本身由尤西比乌斯［Eusebius］所报告），西提姆的芝

---

[1] Randall 1962，vol. 1，60.

[2] DL VII 139.

[3] DL VII 138.

[4] DL VII 140.

诺（和赫拉克利特一样）认为火是一切事物的"元素"，并且（和柏拉图一样）认为火的"本原"是质料和神；"但他［芝诺］说，主动本原和被动本原都是物，而［柏拉图］说，第一个主动的原因是非物质的"。[1]奥利金（Origen）还评论了"斯多亚派的神"的物质性，并将以下学说归于斯多亚派，即在宇宙的周期性大火（ekpurōsis）中，"支配部分［即神］是所有物质（substance）"，但在宇宙的周期（diakosmēsis）之间，支配部分"存在于它的一部分"。[2]奥利金这里指的是斯多亚派宇宙循环学说的独特性。根据第欧根尼·拉尔修的说法，神"作为宇宙循环的'造物主'，在一定时间内把所有［即宇宙的］物质消融入自身，然后又让它们从自身中产生"。[3]因此，作为"造物主"（dēmiourgos）或工匠的神内在于宇宙，作为它主动的、理性的和物质的（corporeal）本原，与创造之火（pur technikon）尤为一致，世界循环由此产生，并周期性地返还其中。

斯多亚派认为宇宙的主动本原是物质的，这一观点引起了后来哲学家的强烈反对。根据这样一种反对意见，在普鲁塔克和普罗提诺的著作中可以找到这样的说法，斯多亚派把神等同于"理智之物"或"物质中的努斯"，会使神成为形式和质料的复合物，从而损害了神作为简单的"第一"原则或"本原"的地位。[4]因此，普鲁塔克总结道：

---

〔1〕 Aristocles *apud* Eusebius, *Praeparatio evangelica* XV = *SVF* 1.98.

〔2〕 Origen, *Contra Celsum* IV 14 = *SVF* 2.1052.

〔3〕 DL VII 137.

〔4〕 Plutarch, *Comm. not.* 1085b.

如果理性和质料是同一的，那么［斯多亚派］就没有正确地将物质定义为非理性的。但如果它们是不同的，那么神就是两者的某种受托人（trustee），因而不是简单的，而是一种复合物——质料加上理性的物质体。[1]

普罗提诺版本的论证清楚表明，基本的假设认为"物来自质料和形式"。[2]然而，几乎没有理由相信斯多亚派会接受这一假设。[3]斯多亚派对物的普遍定义是"在长度、宽度和深度三个维度上延伸"，[4]以及"同抵抗性（antitupia）一起在三维度上扩展"，[5]这似乎并不意味着亚里士多德意义上的形式质料说。事实上，斯多亚派认为——用汉姆的话来说——"如果构成一个事物的材料是物，那么这个事物本身就是物。"[6]他们似乎利用这一原理得出结论说：物质事物的性质本身就是物质的。[7]

---

〔1〕 *Comm. not.* 1085c.

〔2〕 Plotinus, *Enneades* VI 1.26.12.

〔3〕 用拉皮奇先生的话来说："*theos* 和 *hulē* 的不可分割性是斯多亚派宇宙论的一个特点，这一点再怎么强调也不为过：阿弗洛狄西亚的亚历山大、奥利金、普罗克洛和叙亚努都曾断言。"卡利迪乌斯也详尽地强调了斯多亚派一元论的这一特点（Lapidge 1973, 243-244）。

〔4〕 DL VII 135.

〔5〕 Galen, *Quod qualitates incorporeae sint* 10 = *SVF* 2.381.

〔6〕 Hahm 1977, 4.

〔7〕 有一些证据（例如，*SVF* 2.376 和 379）支持斯多亚主义的学说，据此，性质是"以某种方式存在或被安排的物质"（*hulē pōs echousa*）。然而，正如布伦施维格（Brunschwig）向我强调的那样，关于斯多亚派学说中性质是"*hulē pōs echousa*"还是"*pneuma pōs echon*"，前一段（来自普罗提诺）颇有争议，后一段（来自阿弗洛狄西亚的亚历山大）模糊不清。这里的一个问题在于，辛普里丘（Simplicius）（*In Ar. Cat.* 66-67=*SVF* 2.369）报告了一个斯多亚派的范畴图式，似乎将性质与 *pōs echousa*（秉性）和 *pros ti pōs echousa*（相对秉性）区分开来。另一方面，辛普里丘（*In Ar. Cat.* 214 = *SVF* 2.391）也报告说，斯多亚派将性质称为 "*hekta*"，当然，它与"倾向"（disposition）或"被安排是这样那样的一种方式（*pōs echon*）"来自同一个动词（*echein*）。我相信，主要的一点在于，斯多亚派拒绝承认在一种性质的有形"主体"和"性质本身"之间存在"本体论上的分离"。

类似的考量也适用于一个关于反对无穷推动者链条的论证，塞克斯都·恩披里柯（Sextus Empiricus）将这一论证归于斯多亚派。这种论证的结果是，他认为，存在着一种"自行运动的力量——这种力量神圣而永恒……因此，推动质料，并以有序的方式施加于质料之上，代代相传，不断变化，亘古永恒。因此，它将是神"。[1]值得注意的是，它没有对亚里士多德的主张进行任何暗示，即自行运动的推动者不可能是"最终的"推动者。在《物理学》（Physics）中，亚里士多德认为：

> 因此，推动自身的东西必然包含（i）一个不动的推动者，和（ii）推动但并不一定是一个推动者的东西，这两者之间相互接触。[2]

在《形而上学》（Metaphysics）第十二章中，他得出了这样的结论：反对无穷推动者链条的论证有一个结果："存在着某种永恒的、不动的、与可感事物相分离（kechōrismenē）的物质……这证明了这种物质不可能有任何大小，没有部分且不可分割。"[3]

从斯多亚派的角度来看，"分离"（kechōrismenē）在这里尤为重要。斯多亚派肯定会拒斥任何与宇宙相"分离"的第一推动者的论证，就像他们会拒斥普鲁塔克和普罗提诺的论证一样，这会导致神——或者神的形式或主导原则（hēgemonikon）的存在，用普罗

---

[1] S.E., *M* IX 76 = *SVF* 2.311.

[2] Aristotle, *Phys.* VIII 5.258a18-21.

[3] Aristotle, *Meta.* XII 7.1073a3-7.

提诺的话来说，就是使神成为一个"非物质的创造者"（*to poiētikon asōmaton*）。[1]这种拒斥的原因在于，斯多亚派相信非物质的东西既不能作用，也不能被作用。西塞罗报告说，芝诺否认"任何事物都可以被非物质的东西所作用"——就像色诺克拉底（Xenocrates）和其他老一辈思想家对灵魂的论述那样；更确切地说，非物质的东西根本不可能作用于任何东西或被任何东西所作用。[2]事实上，这种限制成了斯多亚派对物质的常见描述，"要么作用，要么被作用"，汉姆正确地将其描述为斯多亚派对物质的"最重要的"描述。[3]

尽管证据并不确凿，但斯多亚派似乎早已把逍遥学派的担忧（关于"分离"柏拉图的形式的因果效力）铭记于心了。但亚里士多德的"非物质的"不动的推动者和它推动的东西相"分离"，似乎也会产生一个类似的问题，尤其是如果人们认为亚里士多德的解释，"[一个最终的原因]作为欲求的对象而推动，但其他事物因被推动而运动"[4]没有构成一个关于某物因果作用的令人满意的解释的话。

非一元论的本体论历史，如17、18世纪各种二元论的发展，记录了充分解释"空间中"（*toto caelo*）两个不同实体之间相互作用的困难。事实上，像马勒布朗士（Malebranche）的偶因论这样的发展表明，这种二元论往往不会产生一个"单一"的世界秩序图

---

〔1〕 Plotinus, *Enn.* VI 1.26.14-15.

〔2〕 Cicero, *Acad.* I 39.

〔3〕 Hahm 1977, 11.

〔4〕 Aristotle, *Meta.* XII 71072b3-4.

景，而会产生多个或多或少相互分离的共存的世界秩序。如果人们认为亚里士多德试图统一柏拉图二元论中分离的世界秩序，那么斯多亚派很容易被解释为，一开始就假设亚里士多德主义在这个方向上走得还不够远。汉姆评论说：

> 显然，斯多亚派做的是……在两个实体（entities）间划分［亚里士多德的］四因，将质料因分给一个实体［被动"本原"］，将动力因、形式因和目的因分配给另一个实体［主动"本原"］。[1]

由于主动本原是物质的，斯多亚派对宇宙的统一性和凝聚力的先验承诺得以保留。这里没有"分离"的原则或原因，它们与物质世界秩序的联系可能被证明是有问题的。

主动本原的因果效力当然是局部发挥作用，不仅仅通过"表面的"接触，还通过某种全面的渗透和弥漫。根据阿弗洛狄西亚的亚历山大（Alexander of Aphrodisias）的描述，斯多亚派说："神与质料混合，渗透（dihēkonta）到一切之中，塑造和形成它，并以这种方式创造宇宙。"[2]第欧根尼·拉尔修描述中的克律西波认为："努斯渗透到［宇宙的］每一个部分，就像灵魂对于我们，尽管有些地方多，有些地方少。"[3]因此，作为物质的因果关系范例，主动的、生产性的本原的作用是局部的，在某种意义上，"通过接触"。但是

---

[1] Hahm 1977, 44.

[2] *SVF* 2.310.

[3] DL VII 138.

这种接触是"彻底的接触",而不是 17、18 世纪物质因果关系概念中"机械的"有效的因果关系：一个台球与另一个台球的碰撞，或者一个时钟齿轮的啮合。生物的而非机械的物质因果关系图景更适用于解释斯多亚派的概念：如希波克拉底（Hippocratic）的论著《论人的本性》（De natura hominis）中描述的物质的、局部的但普遍存在的体液或液体的作用。[1]

五、原则，元素，神和世界循环

对宇宙统一性和凝聚力的基本先验承诺，无疑在斯多亚派对宇宙构成的描述中得到了体现。然而，这里存在的对立紧张关系，加上我们缺乏关于斯多亚派物理学说的零碎的证据，造成了解释的困难。

各种问题接踵而至，首先，关于显然更具本体论意义的基本"本原"和显然具有较少本体论意义的基本"元素"之间的关系。问题显然与火的地位有关。它有时被等同于主动原则或神，指"创造性的火"。普鲁塔克引用了克律西波《论神意》（On Providence）第一卷中的一句话：

> 当宇宙遍及热火时，它只是自己的灵魂和主导原则。但当它变成水和其中保留的灵魂时，它就以某种方式变成了物和灵魂，从而变成了它们的复合物；然后它就有了另一种结构。[2]

---

[1] Oeuvres Complètes d'Hippocrate, É.Littré（ed.）, vol. 6, 1849; repr. 1962, pp. 32-68.
[2] Plutarch, Stoic. rep. 1053b = SVF 2.605.

同样，奥利金报告说："斯多亚派的神将物质的整体（*tēn holēn ousian*）作为它的支配原则，无论大火何时发生。但当世界循环（*diakosmēsis*）的时候，它成为其中的一部分。"[1] 问题是，其他资料表明，神或主动本原"首先创生了火、水、气和土四种元素"。[2] 作为一种被创造出来的、显然可以毁灭的元素，火具有一种次级的本体论和宇宙论地位。斯托拜（Stobaeus）的报告的不同之处似乎就是为了解决这个问题："有两种火：一种是非创造性的火，它把它的养料［即燃料］变为自身；另一种是创造性的火，是生长和保存的原因，就像植物和动物一样，那是它们的'自然本性'（*physis*）和灵魂。这种火正是星体的实质。"[3]

关于本原相对于元素的作用的另一个问题是，"气息"（breath）或"普纽玛"（*pneuma*）在自然过程中经常被赋予一种积极的、指示性的功能。普纽玛常被描述为由火和气两种元素构成。根据一种说法，它与构成无生命事物的本质特征的"聚合力"（*hexis*）相一致，也与植物的"自然"（nature）或"自然本性"，与动物的灵魂和人类的理性灵魂相一致。[4] 在涅墨修斯（Nemesius）的叙述中，这被解释为一种"张力运动"（*tonikē kinēsis*），"它同时向内和向外运动，向外的运动产生量和质，向内的运动产生统一性和基质"。[5] 在《斯多亚派的物理学》（*Physics of the Stoics*）一书中，桑

---

〔1〕 Origen, *Contra Celsum* IV 14 = *SVF* 2.1052.

〔2〕 DL VII 136.

〔3〕 Stobaeus, *Ecl.* I 25.3 = SVF 1.120.

〔4〕 *SVF* 2.458.

〔5〕 Nemesius of Emesa, *De natura hominis* 70-71（根据 Long & Sedley 1987 的翻译，vol. 1, 47J，283）。

伯斯基（Sambursky）将这一斯多亚派的概念解释为预示了后来西方物理学中的"力场"（force field）的概念，[1] 这种解读并没有得到普遍认同。但桑伯斯基在强调"像气息一样的力"（pneuma-like *tonos*）"[使]宇宙成为一个单一聚合体"的宇宙论作用方面无疑是正确的。[2] 虽然那些细节可能不复存在，但似乎很清楚的是，斯多亚派的"气息般的力"（*pneumatikos tonos*）在某种程度上成了他们对宇宙统一性和凝聚力的基本先验承诺的一种专门表达。

　　然而，问题仍然存在，普纽玛似乎经常发挥着与主动本原（创造性的火或神）相同的作用——然而，它的本体论地位似乎比不上一个元素，而是一种元素的复合物。这里的部分问题——就火的本体论地位而言——可能在于我们手中的证据数量不足且质量存在争议。还有部分问题可能在于不同斯多亚派思想家之间存在差异，现在很难准确地进行重构。但似乎可以合理地假设，第三部分问题在于将先前的自然哲学和物理学解释传统吸收到一元论的本体论框架中，这是斯多亚派对宇宙统一性和凝聚力的基本承诺所要求的。

　　这种早期传统之一就是四元素或四"根"——火、气、水和土。对斯多亚派来说，它们当然不是"基本的"（elemental），因为它们都是一种根本的、自成一种（*sui generis*）的物质，它们无法被转化为其他四种元素或从任何其他四种元素转化而来。但在更强烈的意义上，对柏拉图和亚里士多德来说，这些元素也不是"基本的"。根据亚里士多德的《论生成与毁灭》（*De generatione et corruptione*,

―――――――――

[1] Sambursky 1959，31-32.
[2] Sambursky 1959，5. 参见 Clement of Alexandria，*Strom*. V 8 = *SVF* 2.447；以及 Alexander of Aphrodisias，*Mixt*. 10 = *SVF* 2.441。

II 3）中的学说，四种元素中的每一种都由冷／热和湿／干这两对相反性质结合而成：土是冷与干，水是冷与湿，气是热与湿，火是热与干。在《气象汇论》第四卷（*Meteorologica*，IV）中，亚里士多德将热与冷描述为主动的，将湿与干描述为被动的，并评论说冷热导致的"凝结"（*sunkritikon*）是一种主动的方式。[1]

根据第欧根尼·拉尔修的说法，斯多亚派将火与"热"，水与"湿"，气与"冷"，土与"干"联系起来。[2]他们显然也区分了主动的（*drastika*）元素和被动的元素：气和火是主动元素，土和水是被动元素。[3]由此可见，就斯多亚派将对立性质和元素配对而言，这使冷与热成为主动的，使湿与干成为被动的图式——就像亚里士多德在《气象汇论》中做的那样。根据亚里士多德的更复杂的对性质和元素的配对，主动和被动的性质分布于所有四个元素中。斯多亚派做的改变使他们能够把冷和热的主动本原——如盖伦指出，如果人们倾向于从稠密或稀疏和收缩之交替的角度来考虑变化，那么冷和热就是尤为合适的主动本原[4]——与构成"普纽玛"或"热气息"的火元素和气元素联系起来。人们似乎可以合理地认为，斯多亚派改编了亚里士多德的元素理论，使其更符合气息般的力的主体学说。然而，普纽玛和"创造性的火"之间的关系仍然模糊不清。也许，如拉皮奇（Lapidge）所说，前者实际上取代了后

---

〔1〕 *Meteor.* IV 1.378b21-23.

〔2〕 DL VII 136.

〔3〕 Nemesius, *De nat. hom.* 164 = *SVF* 2.418.

〔4〕 Galen, *De naturalibus facultatibus* 106 = *SVF* 2.406.

者，成了宇宙主动本原或主动方面的一种解释。[1] 无论如何，有一点似乎很清楚，尽管受到他们的批评者的蔑视，斯多亚派还是希望维持宇宙主动本原的物质性。

爱利亚学派业已证明，用严格的一元论词汇来"研究宇宙学"格外困难——无论所讨论的一元论是否是唯物主义的。这一困难可能会使人对这项研究的融贯性产生怀疑。但斯多亚派似乎并不太担心这个问题，相反，他们选择征用传统希腊宇宙学、医学和神学的二元论或多元论词汇。作为一个斯多亚主义者，一旦理解了"整体"的本质统一性和凝聚力，那么，用下列哪几个词来表示这个本质上为物质整体的"主动方面"就显得不那么重要了：*pur*（火）、*to hēgemonikon*（主导原则）、*pneuma*（普纽玛）、*theos*（神）、*nous*（努斯）、*sperma*（种子）、*hexis*（聚合力）或 *tonikē kinēsis*（张力运动）。尽管这些术语之间存在背景上（微妙或不那么微妙）的差异，但在某种意义上，人们都用它们来指代相同的（物质的）事物或"东西"（stuff）；并且暗指该"东西"的主动的方面。[2]

斯多亚派使本体论的一元论与更传统的思考和谈论现实的方式相适应的另一个例证，可以在其宇宙循环学说的一个特点中找到。对斯宾诺莎这样的一元论者来说，神和自然的同一性不言而喻。对正统的斯多亚派来说，宇宙循环学说允许他们在一定程度

---

〔1〕 拉皮奇认为克律西波引入 *pneuma* 作为宇宙的主动原则或主动"方面"，也许部分是为了解决芝诺和克里安塞斯思想中的宇宙论问题："我们马上就会看到，在斯多亚派宇宙论中把 *pneuma* 作为核心主体将导致我们一直在思考的区别——'本原'和'元素'之间的区别，以及 *pur technikon* 和 *pur atechnon* 之间的区别——被抛弃。"（Lapidge 1973, 273）
〔2〕 这就是一些当代学者所称的斯多亚派"唯名论"的特征。特别是，斯多亚一元论唯物主义几乎保证了，在许多例子中，语言表达的差异并不对应于这些表达的"所指"的差异。

上"限定"这种同一性。在宇宙循环中的大火或"*ekpurōsis*"阶段，可以说，神可能被视为完全内在于"他自己"。如前文引用的奥利金的一段话所说："斯多亚派的神将所有物质作为它的支配原则，无论大火何时发生。"[1]普鲁塔克指出，在这一阶段，神以其最纯粹的形式存在：在大火期间，"没有任何邪恶，整个都是圣洁与智慧"。[2]这一宇宙循环的"神阶段"赋予了神一种准超越性，并使斯多亚派能够更自然地将神说成世界秩序的"创造者"——作为"创造性的火有条不紊地进行宇宙创造，将一切重要原则（*spermatikous logous*）囊括其中，根据这些原则，所有事物都因命运而产生"，[3]并且作为"一种种子，它拥有所有事物的原则，以及已经发生、正在发生和将要发生的一切事物的原因，它们的交织和顺序就是命运、知识、真理，以及存在之物的某种不可避免的、无法逃避的规律"。[4]

然而，在世界周期的剩余部分，神内在于宇宙，作为宇宙的灵魂或理性的、支配性的原则。根据普鲁塔克的报告，克律西波声称"宇宙的灵魂不是分离的，而是不断增长的，直到它将质料消解于自身"。[5]在这个节骨眼上，世界循环之大火的神阶段显然再次出现。因此，世界周期的时间阶段允许正统斯多亚派通过识别神和宇宙来维持他们对存在之物的统一性和凝聚力的一元论承诺，同时分配给神一个阶段，在这个阶段，他表现出准超越的完美性。

---

〔1〕 Origen, *Contra Celsum* IV 14 = *SVF* 2.1052.

〔2〕 Plutarch, *Comm. not.* 1067a = *SVF* 2.606.

〔3〕 Aëtius, *Placita* I 7 = *SVF* 2.1027.

〔4〕 Aristocles in Eusebius, *Pr. ev.* XV = *SVF* 1.98.

〔5〕 Plutarch, *Stoic. rep.* 1052c = *SVF* 2.604.

六、因果关系和宇宙凝聚力

如我们所见，宇宙的统一性和凝聚力是主动本原、神或创造之火的一个功能；后者的作用通常与命运（*heimarmenē*）联系在一起。在西塞罗的《论命运》（*De fato*）中，命运被等同于"前因"（antecedent causes，"自然的和在先的原因"或"外部的和在先的原因"），它们被描述为"辅助的和近似的原因"（*causae adiuvantes et proximae*），区别于"完全的和主要的原因"（*causae perfectae et principales*）。克律西波做出这些区分的目的之一，似乎是发展一种"弱决定论的"相容主义，这是斯多亚派的决定论讨论的话题。

然而，这一章更关注克律西波的决定论，这显然与他的前因概念有关。在《论命运》20-21 中，据说克律西波声称，从前提出发，通过推论的方式（*modus tollens*），每个命题（*axiōma*）要么为真要么为假，如果运动没有原因（*motus sine causa*），那么并非每个命题都为真或者为假，从而得出没有原因就没有运动的结论。然后他推断，一切事物都因先前的原因（*causis fiunt antegressis*）而发生，因此，一切因命运而发生。很明显，克律西波的论证的一个重要假设在于，具有未来意义的命题之真假导致了前因的存在，而这些前因导致（或分别排除）了使这些命题为真（或分别为假）的事态。

斯多亚派将命运解释为"一连串的原因（即不可改变的顺序和连接）"，[1] 这被昆图斯·西塞罗《论预言》（*De divinatione*）中的

---

[1] Aëtius, *Placita* I 28 = *SVF* 2. 917.

斯多亚派发言人描述为一个物理学问题，而不是迷信。[1]阿弗洛狄西亚的亚历山大的一段话，直接将斯多亚派包罗万象的因果关系的概念与其对宇宙统一性和凝聚力的关注联系起来：

> 在宇宙中，没有任何事物会以这样一种方式存在，即一方面没有其他事物无可替代地跟随它，并像依附于原因一样依附于它；另一方面，也没有任何随后产生的事物能够与先前产生的事物分离开来，使其不跟随其中的某一个事物，仿佛与它绑定在一起。但一切已经出现的事物都被其他事物所跟随，且这些事物必然依赖于它，并以之为原因，而一切已经出现的事物都有先于它的事物，它们以之作为连接的原因。因为宇宙中没有任何事物的存在或产生是没有原因的，并且宇宙中没有任何事物与所有先前存在的一切事物相分离或脱节（*apolelumenon te kai kechōrismenon*）。因为，如果引入任何无缘无故的运动，宇宙都将被撕裂和分割，永远不再保持单一，按照单一的秩序和条理来组织；如果现在和将来的一切事物都没有事先产生的原因（*progegonota* = *antecedentes*）[和]它们必须遵循的原因，那么它就会被引入。[2]

几行之后，亚历山大阐述了斯多亚派决定论的基本原则：

> 对所有［斯多亚派区分出来的原因］来说，这同样是真实

---

［1］ Cicero, *Div.* I 126.
［2］ Alexander of Aphrodisias, *Fat.* 192, 3-14.

的，他们说，当围绕着（*periestēkotōn*）原因和作为原因的所有情况都相同时，事情不应该在一个场合以某种方式发生，而应该在其他场合以那种方式发生，这是不可能的。如果这样的话，［他们说，］就会出现一些没有原因的运动。[1]

这样的原则实际上已经成了因果决定论的范例。斯多亚派认为这是他们的承诺的必然结果，即对宇宙的统一性和凝聚力与掌控宇宙的包罗万象的神圣理性的承诺。而决定论原则本身有两个重要的斯多亚派物理学说作为推论："不明显的""模糊的"或"暗昧的"因果要素和世界秩序的永恒再现。

　　一个显而易见的事实是，这一普遍因果决定论原则似乎并非无一例外都是正确的：也就是说，当所有相关的因果要素都"相同"时，总是有相同的结果，这似乎并不是普遍情况。对像斯多亚派这样的人来说，一个非常明显的举动是，他们的先验承诺使他们以严格普遍的形式接受了这一原则，他们引入了因果特征的概念，这些特征难以（或实际上不可能）发现，但根据它们出现与否，就足以产生不同的影响。斯多亚派对这种偶然性（*tuchē*）解释的接受，在许多出自冯·阿尼姆（von Arnim）的著作《早期斯多亚派残篇》（*Stoicorum Veterum Fragmenta*）的引文中得到了证实：偶然性是一个"对人类计算／思想／理性来说暗昧的原因"（*aitia adēlos anthrōpinōi logismōi/anthrōpinēi dianoiâi/anthrōpinoi logōi*）。[2] 普鲁塔克在他的《论斯多亚派的自我矛盾》（*De stoicorum repugnantiis*）中明确

―――――――
〔1〕　*Fat.* 192, 22-25.
〔2〕　*SVF* 2.965, 2.966, 2.967, 2.970, 2.971.

指出，克律西波在他严格的因果决定论背景下诉诸这些暗昧的原因。就像暗昧的原因会对相差无几（balances and scales）的行为产生不同的结果一样，"当它们以这样那样的方式引导我们的内驱力时，我们不会注意到它们"。[1] 从本质上讲，这些相同的"暗昧的原因"（aitiai adēloi）再次出现在当代混沌理论关注的现象中，在这些现象中，"初始条件"的细微差别——即"因果噪声"（causal noise）——可以在结果中产生巨大的差异。对许多斯多亚主义者来说，暗昧的原因学说的一个结果似乎是对特定自然现象的因果解释的发展的某种沉默。在评论斯特拉博（Strabo）关于波西多尼的评述时（"在他〔即波西多尼〕那里，我们发现了大量原因学和亚里士多德化的东西，这是我们学派的成员因为原因的模糊性而回避的东西"[2]），弗雷德（Frede）评论说："那么，根据斯特拉博的说法，斯多亚派一般不愿从事原因学，因为真正的原因如此晦暗不明；波西多尼是个例外，在这方面，他更像是一个逍遥学派的人。"[3] 弗雷德进一步指出，盖伦在《论希波克拉底和柏拉图的学说》（De placitis Hippocratis et Platonis）中对克律西波"反复抱怨"说，他"未能说明原因，或声称真正的解释是不确定的或难以弄清楚"。[4]

虽然，根据克律西波的说法，要找出特定事件和事态的原因学可能相当困难，但在决定论基本原则的形式中，对宇宙统一性和凝聚力的承诺意味着存在这样一种原因学。就我们能确定的东西而

---

〔1〕 Plutarch, *Stoic. rep.* 1045c.
〔2〕 Strabo, *Geographica* II 3.8.23-25.
〔3〕 Frede 1987, 130.
〔4〕 Frede 1987, 131.

言，对大多数斯多亚派来说，对这一普遍的物理原则的承诺，作为对宇宙统一性和凝聚力的表达，比"暗昧的"原因的存在为解释特定物理现象施加的限制要重要得多。斯多亚派物理学思想的这一特点强调了一个普遍的观点，即斯多亚派对物理学作为哲学的一个主要分支的期望，不同于许多经典的现当代物理学概念依附的"解释自然"的理想：一种名义上的推导图景，据此，物理学的"覆盖定律"，加上对瞬时世界状态的完整描述，就能使一个无所不知的观察者预测之后世界的走向，直至最精细的细节。

与决定论的基本原则密切相关的还有我们之前遇到过的一个斯多亚派学说：永恒再现的世界秩序或宇宙循环。在一种经典的形式中，这种学说似乎确实是一种永恒的重复。涅墨修斯（Nemesius）说："与以前发生的事情相比，不会有什么不同，但每件事都将以同样的方式发生，不可辨别，即使是最细微之处。"[1]这种形式的学说很可能是最正统的学说，因为这种形式似乎最严格地遵循了因果决定论的斯多亚派原则。虽然决定论原则并不包含这种精确再现学说，但该原则似乎涉及，如果宇宙中出现了一个"总状态"y，其在所有细节上都与之前的总宇宙状态 x 难以区分，那么这之间就存在一个宇宙历史的永恒循环。斯多亚派似乎很可能诉诸古代常见的"大年"（*annus magnus* 或 *perfectus*）学说来支持他们的猜想，即条件的前提得到了满足。这一学说在柏拉图的《蒂迈欧》（*Timaeus*，39d）和西塞罗的《论诸神的本性》（II 20）中均有所提及，关乎天体回归到它们确切的相对位置。在《驳塞尔修斯》

---

[1] Nemesius, *De nat. hom.* 38 = *SVF* 2.625.

（ *Contra Celsum*，Ⅴ 21）中，奥利金将这种学说归于占星术决定论背景下的"柏拉图主义者和毕达哥拉斯主义者"："因为当处于某些固定周期，恒星之间有着相同的结构和关系时，他们说，地球上的一切都将处于与上一次相同的位置，那时宇宙中恒星间的关系是相同的。"[1]前面引用的涅墨修斯的同一段话表明，斯多亚派将大年学说挪为己用：

> 斯多亚派说，当行星回归到相同的位置，就倾斜度和赤纬（inclination and declination）而言，回到一切的初始位置时，那时宇宙刚开始建立，在特定的时间内，它们会带来大火和事物的毁灭。当宇宙再次从开始回到同样的状态，且当天体再次有类似的排列时，前一时期发生的每一件事都将［与其过去发生的一切］不加区别地发生。[2]

一些当代评论家指出，斯多亚主义的永恒再现学说有几种变体。其中一种变体显然源于对个体、事件等在宇宙循环中的位置（identity）的思考。辛普里丘（Simplicius）报告说，斯多亚派"合理地问道，现在［存在］的我和过去［存在］的我是否在数量上是一个，或者我是否被从一个到下一个宇宙周期的秩序所分割（*diaphoroumai*）"。[3]因此，奥利金报告的正统的精确再现学说的一个变体指出，一个像苏格拉底这样的个体不会再次出现，而会出

---

［1］ Origen, *Contra Celsum* Ⅴ 21.

［2］ Nemesius, *De nat. hom.* 38 = *SVF* 2.625.

［3］ Simplicius, *In Ar. Phys.* 886.13-16 = *SVF* 2.627.

现一个无法区分的苏格拉底的对应者（counterpart, *aparallaktos*），他将与一个无法区分的对应的赞西佩（Xanthippe）结婚，并将被无法区分的对应的阿尼图斯（Anytus）和迈雷托斯（Meletus）起诉。[1] 如巴恩斯（Barnes）指出的，这种变体似乎与大多数斯多亚派接受的不可分辨的同一性原则相冲突。[2] 普罗提诺似乎建议将不可分辨的同一性原则限定为单一的宇宙周期，[3] 但我们不知道是否有任何斯多亚主义者采用了这样的解决方案。我们也不知道是否有任何斯多亚主义者青睐这种区分，即"'循环'的时间概念（只有一个由大火'连接'开端和末尾的世界周期）和线性的时间概念之间的区分……还是某一系列的事件/状态被精确地、永远地重复着"。[4]

虽然这些问题相当罕见，但有一个被进一步证实了的再现学说变体正中斯多亚派自然哲学的下怀。奥利金在《驳塞尔修斯》（V 20）中报告说，这一学说允许周期间有一些细微的差别。毫不奇怪，亚历山大用亚里士多德的术语解释了这一学说——允许在周期与周期之间存在一些"偶然的"属性变化。[5] 巴恩斯指出，这样的变体等同于放弃了因果决定论，这无疑是正确的。同样可信的是，他认为，既然决定论是斯多亚派自然哲学的核心，那么这样的异端学说"只能由学派历史上的一个次要人物来维持"（*par un*

---

〔1〕 Origen, *Contra Celsum* IV 68 = *SVF* 2.626.

〔2〕 Barnes 1978, 10-11.

〔3〕 Plotinus, *Enn.* V 7.2 21-23.

〔4〕 White 1985, 174.

〔5〕 Alexander of Aphrodisias, *In Ar. An. pr.* 181.25-31 = *SVF* 2.626.

personnage de peu d'importance dans l'histoire du stoïcisme)。[1]

关于永恒再现和决定论之间的关系，值得再次强调的一点是，这两个学说都被斯多亚派看作支配宇宙的包罗万象的神圣理性的显现。用朗和塞德利的话来说：

> 然而，如果认为永恒再现是斯多亚派决定论的机械的结果，那就错了。神是一个极其理性的主体，关于这场大火，最有趣的事实就在于其天意无处不在的实例化……在他自己的身份中，神是因果关系……；因此，因果的顺序是神圣理性和天意的律令。因为以前的世界都很美好……神没有理由去修改任何之后的世界。[2]

斯多亚派对宇宙的统一性和凝聚力，以及它被神意的神圣理性所掌控的承诺，导致了对人类自主权（autonomy）的轻视，因为这种自主权会损害宇宙的凝聚力和神圣理性的支配权。然而，似乎大多数斯多亚主义者都想要承认人类责任的概念。其结果是西方思想中第一个明确的弱决定论的出现，也就是说，肯定因果决定论原则，且"由我们决定"（*to eph' hēmin*）的概念被看作与决定论相容。西塞罗报告说，克律西波希望在这些人之间"找到一个中间位置"，他们中的一些人认为"所有事物都以这样一种方式因命运而发生，而

---

〔1〕 Barnes 1978, 10.
〔2〕 Long & Sedley 1987, vol. 1, 311.

命运承载着必然性的力量"，另一些人认为"心灵（minds）的运动是自愿的，没有任何命运"。[1] 目前尚不清楚克律西波或其他斯多亚主义者是否制定了不止一种策略，以开辟一个弱决定论的中间立场。但显然，西塞罗相信，克律西波最重要的策略包括区分原因的类型："由于克律西波既拒绝必然性，又不希望任何事情在没有预先确定的原因（*praepositis causis*）下发生，所以他区分了各种原因，以便逃避必然性，但保留命运。"[2]

斯多亚派以区分亚历山大说的整个"原因群"（*smēnos aitiōn*）而声名远扬（或臭名昭著），[3] 似乎斯多亚派"研究原因"或原因学（*aitiologia*）背后的主要动机就是得出他们的弱决定论，这允许他们以普遍因果决定论原则的形式保留对宇宙统一性的承诺，而不必完全牺牲常识性主张，即人类主体，至少在某些情况下，需要对自己的行为负责。尽管当代评论家做出了相当多的澄清，但斯多亚派的各类因果图式的细节仍然存在争议。[4] 尽管如此，西塞罗明确指出，"完全的和主要的"（*perfectae et principales*）原因与被称为"辅助的和近似的"（*adiuvantes et proximae*）"前因"（antecedent）之间的区别对克律西波（一个版本）的弱决定论来说至关重要。主要的和完全的原因似乎与斯多亚派特有的"恒常的"（sustaining, *sunhektika*）原因是同一件事，克莱门特（Clement）也将其称为

---

〔1〕 Cicero, *Fat.* 39.

〔2〕 *Fat.* 18.41.

〔3〕 Alexander of Aphrodisias, *Fat.* 192, 18.

〔4〕 尤其参见 Bobzien 1998。

"完整的"原因（autotelē）。[1]一个合因（synektic）或恒常的原因显然（1）必然导致其结果；（2）与其结果在时间上一致；且（3）用弗雷德的话来说，被斯多亚派看作一种（拥有它的事物）的内部力量（vis），……某种能动的东西，某种能施加力量东西，这种力量能带来其结果。[2]这里有几种示例，西塞罗归于克律西波：一个圆柱体和一个陀螺"除非被推动，否则无法开始移动，但当这种情况发生时，他认为圆柱体和陀螺是根据它们自己的本质（suapte natura）而持续滚动和旋转的"。[3]这种"本质"是圆柱体和陀螺之表现的合因。斯多亚派认为这种本质不仅仅是一种被动的、必然的"持续状态"（standing condition）。

也许可以将斯多亚派的合因视为类似于逍遥学派的形式因的东西，某种可以解释其拥有者的特殊行为或"存在方式"的东西——当然，尽管，它被斯多亚派视为一种主动的、物质的原则。西塞罗将克律西波描述为，在人类的行为中，他坚持"赞同"行为需要以感觉印象形式出现的前因，但这种感觉印象并不是赞同行为的合因。因此，赞同的行为"将在我们的能力范围内"（sed assensio nostra erit in potestate），因为它作为某些合因的结果，显然表现出了我们的理性本质——"如解释的方式那样，就圆柱体而言，虽然它是由外界推动的，但它仍然靠自己的力量和本质运动"。[4]

---

〔1〕 Clement of Alexandria, *Strom.* VIII 9 = *SVF* 2.351.

〔2〕 Frede 1987, 140.

〔3〕 Cicero, *Fat.* 42.

〔4〕 *Fat.* 44.

第七章[1]讨论了斯多亚派对"自由和责任"的论述。我目前的兴趣仅限于它与斯多亚派对宇宙统一性和凝聚力之承诺的联系。然而，像亚历山大这样的非斯多亚派的不相容主义者，致力于将人类的责任定位于某种程度上的主体与宇宙其余部分的"因果分离"（causal separation），显然，斯多亚派对宇宙凝聚力及其必然结果，即一个包罗万象的天意的宇宙理性的承诺，将不允许这种类似的做法。和后来的决定论者一样，如斯宾诺莎，正统的斯多亚派把重点从人的责任转移到了人的价值和尊严上——或者从价值和尊严的角度重新解释人的责任。似乎可以合理地认为，人的尊严或价值不需要将人类与宇宙的其他部分进行任何形式的因果分离。作为理性的主体，神圣理性的"碎片"，我们可以认为自己是神圣理性的牧师，而理性构成了宇宙的支配原则或主导原则。事实上，在西塞罗的描绘下，克律西波从人的尊严和价值出发（含蓄地诉诸斯多亚派的前提，即一个整体不可能"低于"它的任何部分），得出了神存在的结论：

> 因为只有［人］才有理性，再没有比人更优秀的东西存在了。但是，有人认为，世上没有比自己更好的东西，这是愚蠢的傲慢。因此，神确实存在。[2]

---

[1] 这里指《剑桥斯多亚主义指南》(The Cambridge Companion to the Stoics) 一书的第七章，这一章的主要内容为斯多亚派的决定论，作者多罗西娅·弗雷德（Dorothea Frede）。——译者注.

[2] Cicero, ND II 16.

七、反微粒说（anticorpuscularianism）和宇宙凝聚力

在斯多亚派成立时，亚里士多德已经对变化进行了详细的概念性阐释。但由于诉诸非物质的形式是亚里士多德的核心（这是亚里士多德特有的形而上学概念，如潜能和现实一样），这样的解释可能不会得到早期斯多亚派的支持。物质主义者为变化提供的解释是微粒论（corpuscularian），即前苏格拉底的和伊壁鸠鲁派原子论者的观点。但这种解释似乎也违背了斯多亚派关于宇宙统一性和凝聚力的基本承诺。因为每一个微粒（原子）都是分散且独立的，通过虚空与其他原子相分离，所以从字面意义上讲，宇宙的组成部分并不构成一个有凝聚力的整体。斯多亚派的回应是发展一种反微粒形式的唯物主义，在这之中，构成宇宙的物的特征是具有无缝隙的、完全的连续性。一个被充分证实的斯多亚派反微粒说的推论就是其特有的完全混合学说（krasis di'holōn）。另一个推论的证据更具推测性，就是以限度的形式（如宇宙的表面）消除"鲜明的分割"（sharp divisions）。

阿弗洛狄西亚的亚历山大在他的《论混合》（De mixtione）中，以及普鲁塔克在《**就普遍概念驳斯多亚派**》中，都批评前面的完全混合学说，说它自相矛盾。亚历山大把它与斯多亚派关于质料的根本连续性学说联系在一起——与那些"说质料是完全统一的，以及那些认为它对所有将要出现的事物来说都是同一个的人"联系在一起。[1]根据亚历山大的说法，在斯多亚派中，关于混合，有一些不

---

〔1〕 Alexander of Aphrodisias, *Mixt.* 216, 1-2. = *SVF* 2.470.

同的意见。他继续专注于克律西波的学说，报告说，尽管克律西波认为整个宇宙或所有实体都因普纽玛弥漫其中而聚为一体，他仍然在宇宙中区分了三种物的混合体。一种是把不同的材料（在克律西波的例子中是豆子和麦粒）大块大块地并置起来（parathesis），克律西波说这是通过"合在一起"（fitting together）或结合（harmē）而发生的，在这种情况下，每一种成分都保留了其固有的本质和性质。当然，从原子论者的角度来看，"所有的"混合意味着所有的变化都是通过这种微粒的并置而发生的。另一种混合是完全结合（sunkrisis di'holōn），在这种混合中，组成物质及其性质完全被破坏，以产生某种性质上不同于这些成分的东西。亚历山大并没有特别注意这种克律西波式的混合，但斯多亚派一定认为，这种混合是在一定的物质基础上，用一套定性测定（qualitative determinations）完全代替另一套定性测定——在这种情况下，"定性测定"本身就是用物质的术语来构思的（即用物质不同程度的"张力"来理解）。第三种混合指完全混合（krasis di'holōn）或适当混合（blend proper），即"两个或两个以上的物质以这样一种方式相互渗透，使它们各自在混合物中保持自己的固有本质和自身的性质"。[1]

正是这最后一种混合，即完全混合，亚历山大和普鲁塔克都批评它自相矛盾。亚历山大的报告很可能是克律西波对完全混合的描述：

这些混合物以这样一种方式相互交织（chōrountōn di'

---

[1] *Mixt.* 216，28-31 = *SVF* 2.473.

allēlon），以至于它们的任何一部分都在这样一种混合物中分享着一切。如果不是这样，那么结果将不再是混合（*krasin*），而是并置（*parathesin*）。[1]

这个想法似乎是这样的，无论这样一种完全混合物占据的三维空间区域有多小，这一区域都由混合物的"所有"成分占据。因此，不能认为这种完全混合是由非常小但分离的原始混合元素的微粒、小块、小球体或小液滴构成的，因为如果混合物中存在这种原始混合元素的微粒，每个微粒都有自己的表面，那么就会存在一个特定的三维空间量级，低于这个量级的元素就不会混合在一起。亚历山大指出，这种观点的一个结果就是，混合中的原始成分的任何部分都不能有自己的表面（*epiphaneia*）。他认为，这一事实意味着混合物中的原始成分不会被保存下来，也不会像克律西波声称的那样被分离出来，而会"在结合中融入和毁灭"。[2] 在这些反对斯多亚派完全混合学说的可理解性的论证中，有人声称，混合物中存在表面（假设的构成元素或物质的微粒）的观点与斯多亚派的完全混合概念不一致。也许一个激进的斯多亚主义者对这种批评的回应是完全消除表面的"物理现实"，我很快就会回到这个问题上来。

然而，在各种对斯多亚派完全混合学说的批评中，最主要的批评是认为它与物质混合的定量事实相矛盾。完全混合学说显然意味着每个组成材料或物都是另一个的容器。该学说的批评者认为，这意味着每一种材料的组成数量的空间"容积"都是另一种材料的容

---

[1] *Mixt.* 217, 10-13 = *SVF* 2.473.

[2] *Mixt.* 220, 37-221, 15.

器。因此，如普鲁塔克所言，如果一勺酒与两勺水"完全"混合，那么酒既具有一勺酒的体积（因为这是一勺酒的开始），又有"通过均衡混合"（tēs kraseōs exisōsei）的两勺酒的体积，因为这是水的体积，水应该成为与酒完全混合的容器。[1]普鲁塔克认为这是那些"把物体（bodies）塞进物（body）"之人的学说自相矛盾的结果。[2]普罗提诺也提出了类似的批评。事实上，一种混合物（一般）会比它的任何一个组成材料占据更多的空间，即它的组成部分的空间总和，这与斯多亚派的完全混合学说是相反的。因为如果完全混合，完全混合的化合物占据的空间应该仍然与组成材料占据的空间相同——但是哪一种（材料）呢？[3]

虽然没有任何关于斯多亚派对这种批评之回应的记录，但一种可能的回应强调了两种概念在量的问题上的区别。一种"量"的意义类似于现代意义上的"质量"（mass），物体或材料的质量在各种变化中保持不变。"量"的另一种意义类似于"体积"的意思，量极其可变：相同质量的物质（例如 H_2O）在经历各种变化过程时，可以假定有相当不同的空间体积（例如冰、水和蒸汽）。如我前文所说，克律西波可以坚持认为，完全混合是这样一种变化过程，这一过程可以导致相同的质量，但我们也可以假定它有不同的空间体积。因此，这种观点并非"先验"的荒谬：

在完全混合之前，一定量（质量意义上）的葡萄酒具有一

---

[1] Plutarch, *Comm. not.* 1078a.

[2] *Comm. not.* 1078b.

[3] Plotinus, *Enneades* II 7.1 = *SVF* 2.478.

定的体积（即一滴）。在与海水完全混合后，等量（质量意义上）的酒拥有了大得多的体积（即等于海水的体积，也等于海水与酒完全混合后的体积）。[1]

我们倾向于假设，两种质量的材料混合后的体积应该是混合前两种材料体积的数值之和。但没有一个"先验"的理由来证明这个假设是正确的。这样一种普遍信念的存在无疑是经验的结果。但如沙维（Sharvy）指出，经验有时会证明这种假设是错误的：把 10 毫升水和 10 毫升酒精混合，会得到大约 19 毫升的混合物。[2]

尽管我们已经习惯了假设物质具有某种量子结构或其他结构的物理理论，斯多亚派的反微粒说——物质具有根本的连续性结构的学说——可能让我们觉得它是物理学的一个特殊而且也许没有希望的基础。然而，尚不清楚这样的假设是否会产生内部的不一致，从而导致它以亚历山大、普鲁塔克和普罗提诺建议的方式被"先验"（a priori）地否定。并且，对斯多亚派来说，反微粒说无疑是他们致力于宇宙统一性和凝聚力的重要表现。

斯多亚派关于限度（limits）的学说（例如表面、边缘和边界）也有可能与他们对宇宙凝聚力和反微粒说的承诺密切相关。有大量证据表明斯多亚的学说否认限度具有物质的地位。普罗克洛报告说，斯多亚派认为限度"仅仅存在于思想中"（kat' epinoian psilēn huphestanai）。[3] 普鲁塔克显然把这一学说解释为暗指限度属于

---

〔1〕 White 1986, 386.

〔2〕 Sharvy 1983, 451.

〔3〕 Proclus, *In primum Euclidis elementorum librum commentarii* 89. 16.

斯多亚派的非物质的本体论范畴（*asōmata*），因此不能被当作存在的事物。[1]然而，第欧根尼·拉尔修提到，波西多尼坚持认为表面（*epiphaneia*）"既存在于思想中，又存在于现实中"（*kai kat' epinoian kai kath' hupostasin*），[2]他似乎还表明，相比之下，更正统的斯多亚派观点认为表面和其他这样的限度只存在于"理智中"。朗和塞德利推测："斯多亚派认为限度是一种心理结构……，因此，他们很可能认为它们完全不属于物质的与非物质的二分法。[3]事实上，他们认为限度属于他们自己的斯多亚派的本体论范畴，这也包括虚构的实体。当然可以将斯多亚派关于表面和限度的学说解释为一种很明显但不那么装腔作势的主张，由于这些实体缺乏表征物体的三个维度中的一个或多个，因此它们不可能是物质的，所以（根据斯多亚派将物质的东西等同于存在的东西）不存在。"然而，朗、塞德利和我都接受了斯多亚派学说中一个更强有力的假设，根据这种假设，有限的实体，作为"心理的建构"，是"几何学家"的虚构，因此在一定程度上包含对物理现实的歪曲。[4]布伦施维格（Brunschwig）提出了另一种可能性，即限度完全不属于"存在"范畴。它们"可以被看作纯粹心理的建构物，没有客观实在性，也就是说，作为 NSTs（not somethings：非存在）"。[5]

我在其他地方曾试图更详细地阐述一种对限度的解释的物理含

---

[1] Plutarch, *Comm. not.* 1080e.

[2] DL VII 135.

[3] Long & Sedley 1987, vol. 1, 301.

[4] White 1992, 286.

[5] Brunschwig 1994, 97.

义，这种解释最小化或否认了它们的现实性。这种解释使用了一些来自当代"模糊"点集拓扑学（point-set topology）的基本概念。从一个相对非专业的角度来看：

> 斯多亚派从物理世界中移除有限实体，导致了一系列对
> "*to holon*"即整个宇宙的直观或"前分析的连续性"。一个物
> 理对象在拓扑上与它所处的环境是如此紧密地联系在一起，
> 以至于它们之间没有连接点；它们不知不觉地彼此融合在一
> 起……这种直观意义上的［连续性］不应仅仅被视作一种认识
> 上的限制，而应被看作一种本体论事实，源于从物质世界中去
> 除有限实体，以及消除这种现实中（*kath' hupostasin*）的限度
> 带来的本体论的不确定性。[1]

当然，这种对斯多亚派限度学说的解释具有高度推测性。然而，如本章开头提到的，在他对物理学分支的斯多亚派分类学的叙述中，第欧根尼·拉尔修给予"限度"的重要性表明，关于斯多亚派的限度概念，有一些相当重要的，甚至不同寻常的事情正在发生。所有这些限度实体的概念，作为几何学的虚构之物，在刚才规定的意义上，肯定是一个极为重要且意义非凡的概念。事实上，如果这样的概念由斯多亚派发展起来，毫无疑问，这会是斯多亚派致力于宇宙统一性和凝聚力的另一种表现。在这一点上，我完全同意布伦施维格给出的理由，他把限度放在"非存在"的"范畴"中：他说，这

---

〔1〕 White 1992, 324-325.

样的解释"似乎是最合理的，牢记斯多亚派的物质宇宙的基本连续性概念"。[1]

八、总结

我们拥有的关于斯多亚派物理学或自然哲学的许多证据都来自敌对者的资料，他们的目的，在许多情况下，要么是使斯多亚派的学说内部不连贯，要么是使之与常识不符。因此，长久以来的诠释问题在于，尽管带有明显的偏见性质，这些证据是否可以被解释为或多或少正确地解释了斯多亚派的学说，还是说是对斯多亚派学说的扭曲或误读。这个问题似乎不太可能得到完全的解决，即使是根据普鲁塔克、阿弗洛狄西亚的亚历山大或奥利金的单一资料来源。因此，我们只剩下一个考据学的选择。

如果我们选择至少在一开始，不诉诸对斯多亚派自然哲学的完全误解或歪曲的假设，我们仍然必须处理这些资料告诉我们的关于斯多亚派物理学的常常会让我们觉得违反直觉或奇怪的学说。将这些学说置于基本的斯多亚派"先验承诺"的背景下，往往可以减少它们的奇怪之处。尤为重要的是，我们要经常提醒自己，作为希腊化的思想家，斯多亚派认为，"所有的"人类知识，在教导我们过幸福生活的道路上最终都是"实用的"。"物理学"或自然哲学绝不能被排除在这一主张之外。

---

[1] Brunschwig 1994, 97.

Kidd, I. G., *Posidonius II. The Commentary*, 2 vols., Cambridge: Cambridge University Press, 1988.

Long, "Socrates in Hellenistic philosophy," *Classical Quarterly* 38, 1988, pp. 150-171.

Hahm, D. E., *The Origins of Stoic Cosmology*, Columbus: Ohio State University Press, 1977.

Randall, J. H., Jr., *The Career of Philosophy*, 2 vols., New York: Columbia University Press, 1962.

Lapidge, M., "Archai and Stoicheia: A Problem in Stoic Cosmology," *Phronesis* 18, 1973, pp. 240-278.

Long, A. A., and D. N. Sedley, *The Hellenistic Philosophers*, Cambridge: Cambridge University Press, 1987.

Sambursky, S., *The Physics of the Stoics*, London: Routledge and Kegan Paul, 1959.

Frede, *Essays in Ancient Philosophy*, Minneapolis: University of Minnesota Press, 1987.

Barnes, J., "La Doctrine du retour eternel," in Brunschwig, 1978, pp. 3-20.

Bobzien, *Determinism and Freedom in Stoic Philosophy*, Oxford: Oxford University Press, 1998.

White, "Can Unequal Quantities of Stuffs Be Totally Blended?," *History of Philosophy Quarterly* 3, 1986, pp. 379-389.

——, *The Continuous and the Discrete: Ancient Physical Theories from a Contemporary Perspective*, Oxford: Oxford University Press, 1992.

Sharvy, R., "Aristotle on Mixtures," *Journal of Philosophy* 80, 1983, pp. 441-448.

Brunschwig, J. (ed.), *Les Stoïciens et leur logique*, Paris: Vrin, 1978.

——, *Papers in Hellenistic philosophy*, Cambridge: Cambridge University Press, 1994.

伊壁鸠鲁论虚空[*]

David Konstan[1] 兰志杰[2] 译

一、导论

在这篇论文中，我考察了伊壁鸠鲁的运动概念及其属性的几个方面。首先，我论证了伊壁鸠鲁将空间（space）构想为对物质 / 质料（matter）的补充：这就是说，空间就是物质不在的所在。这一观点并不新颖：事实上，早在 19 世纪，这一观点就已被提出，[3]

* 我要致谢 Francesco Verde，感谢他对本文的一个早先版本提出了慷慨且极富助益的评论意见。本文选自 Konstan，David，"Epicurus on the Void," in: Graziano Ranocchia，Christoph Helmig，and Christoph Horn（eds.），*Space in Hellenistic Philosophy*，2014，pp. 83-100。

〔1〕 David Konstan（1940.11—2024.5），纽约大学古典系教授，世界知名古希腊罗马情感史和情感哲学学者，他的研究领域包括古希腊和罗马文学（特别是戏剧和小说），以及古典哲学。Konstan 教授论著丰硕，代表性作品有《古希腊人的情感：对亚里士多德和古典文学的研究》（*The Emotions of the Ancient Greeks：Studies in Aristotle and Classical Literature*）、《宽恕之前：一个道德理念的起源》（*Before Forgiveness：The Origins of a Moral Idea*）、《罪的起源：希腊和罗马、早期犹太教和基督教》（*The Origin of Sin：Greece and Rome，Early Judaism and Christianity*）。
〔2〕 兰志杰，西南大学哲学系博士生。

〔3〕 参见 Teichmüller 1878；以及 Brieger 1901。

但是，在 Carlo Giussani 和 Cyril Bailey 的双重权威之下，另一种阐释成功地取代了它，根据那种阐释，空间是一个延续的矩阵，它在全宇宙间均匀地延伸，并且，空间要么是被填补了的，当它为物质所占据时，要么是空无的（empty），当物质缺乏时。[1] 在一篇博雅而精微的论文中，Brad Inwood 巧妙地捍卫了早先的观点，并进一步揭示了伊壁鸠鲁受惠于亚里士多德关于空间和场所（place）的观念，即便不同于亚里士多德，伊壁鸠鲁坚持主张虚空的实在性，而亚里士多德否定这一点。[2] 然而，在一篇几乎与 Inwood 的论文同时发表的重要论文中，David Sedley 重申了 Giussani 和 Bailey 的观点，并提供了一些新的论证。[3] Sedley 还在那本他与 Anthony Long 共同主编的极富影响力的希腊化哲学残篇集成中再度论述了自己的阐释，这一阐释很快就成为新的正统，此后的大多数学者未经质疑就接受了它。[4] 但是我相信，Sedley 的论证并不能完全令人信服，我希望在这里，我能够通过一些不同的推理形式证明，Inwood 的阐释事实上符合伊壁鸠鲁的概念。

对伊壁鸠鲁而言，空间也具有由最小物（minima）构成这一属性；这就是说，最小物不仅是原子最小的、不可分割的构成，同时

---

[1] Giussani 1896；Bailey 1928，294，296.

[2] Inwood 1981；参见 275：“伊壁鸠鲁有一个明确的虚空之概念；虚空不是一种被填满或未被填满的广延。它仅仅是一个环绕着彼此不同且持续运动的诸原子的 ἀναφὴς φύσις。根据伊壁鸠鲁的物理学，唯有形体与虚空是真实存在着的。虚空被视作形体的缺乏，它并没有被视作，像另一种解释那样，一个延伸的空间的未被占据的部分。”关于更多的论证，以及关于虚空之本性，伊壁鸠鲁在文献方面受惠于亚里士多德的地方，读者请参见 Inwood 的论文。

[3] Sedley 1982；参见 188：“伊壁鸠鲁的‘不可触知的实体’可谓第一次明确承认了几何空间是三维的广延，无论是否为形体所占据，它都持续存在。”

[4] Long & Sedley 1987，27，31.

也是虚空中的运动的可被构想的最小单元。然而，我要论证的是，空间并不像某些人设想的那样，起着分隔彼此原子的作用，宇宙的方向性（这就是说，原子倾向于朝下运动）也并不是空间本身的属性所致（毋宁说，这是因为原子具有重量这一事实）。根据伊壁鸠鲁的概念，空间的确是，如我们稍后所称，原子运动的绝对参照框架（absolute frame of reference）；空间内在地变换其形状，而它自身仍是一个整体。最后，我要论证空间并不是严格意义上被动的，它会进入复合的诸形体的机体中，这时，诸形体的密度是质料与虚空之间相对比例的一个函数。

二、形体与空间

根据被认为是普鲁塔克所作的《论哲学家的意见》（*Placita Philosophorum*，877d-e）中的记载，伊壁鸠鲁认为"存在事物的本原可为理性所观察到，它们是虚空不参与其中的、非生成的、永恒的，以及不可摧毁的"（τὰς ἀρχὰς τῶν ὄντων σώματα λόγῳ θεωρητά, ἀμέτοχα κενοῦ, ἀγένητα, ἀίδια, ἄφθαρτα; cf. Aët. 1, 3, 18, p. 285, Diels = fr. 267 Us.）。诸原子无法被改变或毁灭，但是"它们在虚空中运动，并穿过虚空；虚空本身是无限定的，而诸原子也是无限定的（ἄπειρα）"，在数量上亦如此。这段文字还补充说："下述三种事物被归属于诸形体：形状、尺寸和重量。德谟克利特提及了两种，尺寸和形状，而伊壁鸠鲁添加了这里面的第三种，即重量。他说，这是因为诸形体必须通过重量的冲击（τῇ τοῦ βάρους πληγῇ）而运动，否则它们就不会运动。"待会儿我还会回到重量；

这里我们只需注意到，伊壁鸠鲁继承自德谟克利特的归于诸形体的两种属性同样适用于虚空。如果这二者就是形体本质上具有的全部属性，那么空间看起来就与质料难以分辨了，正如笛卡尔在《哲学原理》(*Principles of Philosophy*，1644)第二卷第十一节中论证的，在心理上拒绝了"所有这一切就形体之本性而言是非本质的"之后，笛卡尔写道："我们将发现，除了那些具有长度、宽度和深度的事物外，形体的观念中不含有任何事物；而那些事物是在我们对空间的观念中构成的，不仅仅是那些被形体所填补的空间，还包括我们称之为虚空的空间。"[1]

但是，我相信，伊壁鸠鲁的构想事实上防止了形体和空间融合成一个具有广延特征的单一的实体。因为一方面，这里伊壁鸠鲁所言并不是"形体"(body)而是"诸形体"(bodies)；这种复数表述并不适用于空间。诸形体的确被空间与尺寸所规定，但是它们不能如笛卡尔设想的那样被轻易地还原到广延的观念中。因为伊壁鸠鲁明确表示，诸形体有其特定的形状与尺寸：这就是"它们不会轻易地被撞碎(θραυσθῆναι)，亦不会轻易地经历部分的重组或变形(ἀλλοιωθῆναι)"这句话所表达的。诚然，诸形体会经受旋转，但是它们的几何轮廓大体是不会变的：一个三角形的原子不会变成圆形的。但对空间而言则不是这样，至少，对那种被构想为是不为原子所占据的空区域(而不是原子就位于其中的延伸的矩阵，这种矩阵包含了原子占据的空间)的空间而言不是这样。当原子移动时，它们之间的空间就重组了：对区分诸形体与空间而言，这样说

─────────

[1] Descartes 2009, 45.

就足够了。

　　铭记这一点至关重要，伊壁鸠鲁提出的两个本原并不是物质／质料意义上的形体与虚空，毋宁说是诸形体与虚空。这一点有时会被评注者遗漏或忽略。正因如此，Long 和 Sedley 在他们那本杰出的希腊化哲学残篇集成中这样翻译伊壁鸠鲁的《致希罗多德的信》(*Letter to Herodotus*) 39-40："此外，万物之整体乃是诸形体与虚空［……］。除它们［亦即形体和虚空］之外，无物可以被思考。"[1] 但是，伊壁鸠鲁从未在质料或亚里士多德所谓的 ὕλη 这样的意义上谈论过"形体"；单数的 σῶμα 总是指称特定的形体。[2] 诚然，卢克莱修写道（1.419-423）：

> *omnis ut est igitur per se natura duabus*
>
> *constitit in rebus；nam corpora sunt et inane，*
>
> *haec in quo sita sunt et qua diversa moventur.*
>
> *Corpus enim per se communis dedicat esse*
>
> *sensus.*

当 Long 和 Sedly 将这句话译为"万物之整体，就它自身之（*per se*）存在而言，其本性由两个事物所构成：诸形体和虚空，它们处于虚空之中，并穿过虚空往各方向运动。形体之存在乃是由共同感

---

〔1〕 Long & Sedley 1987，vol. 1，27.

〔2〕 最近，Sedley 提出："悖论性的一点是，伊壁鸠鲁主义是一种过于物质主义的哲学，以至于他们不需要一个词来表示物质／质料。"（Sedley 2011，53）但是我猜测他们避免使用如此宽泛的术语的更直接原因在于其原子的概念。我很感激 Francesco Verde 提供的这一参考。

官自身所确证的"时，他们可能是根据字面意义解读的。[1]但我倾向于认为，此处的 *corpus* 应当被理解为"一个形体"（顺便一提，我会将拉丁语中的 *per se* 与 *corpus* 搭配，而非与 *communis sensus* 搭配）；其意思便成了："共同感官确证了一个形体自身之（*per se*）存在。"感官并未被设想为是用来确证诸如物质（以及诸原子，它们低于感官所能感受到的限度）这样抽象的东西的。这一点从与卢克莱修的诗句相贴合的《致希罗多德的信》中的一段话中也能清楚地看出（根据一个学者的观点，这段话也与伊壁鸠鲁在《大纲要》[*Great Epitome*] 开头和《论自然》[*On Nature*] 第一卷中的论述相对应）："诸形体存在，这已经由感官自身从各方面给予了证实。"（*Ep. Hdt.* 39: σώματα μὲν γὰρ ὡς ἔστιν, αὐτὴ ἡ αἴσθησις ἐπὶ πάντων μαρτυρεῖ）[2]我认为，这比 Long 和 Sedley 的版本更接近于伊壁鸠鲁的本意："诸形体的存在为感官自身所共同证实。"[3]

卢克莱修继续说道（1.426-428）：

tum porro locus ac spatium, quod inane vocamus,

si nullum foret, haut usquam sita corpora possent

---

[1] Long & Sedley 1987, vol. 1, 28.

[2] 伊壁鸠鲁《致希罗多德的信》的中译参见第欧根尼·拉尔修：《名哲言行录》（希汉对照本），徐开来、溥林译，广西师范大学出版社 2010 年版，第 1007 页。为了全文文语的统一，部分译文略有改动。——译者注

[3] Long & Sedley 1987, vol. 1, 27. 我想 Long 和 Sedley 将卢克莱修的 *communis sensus* 看作是修饰 ἐπὶ πάντων 的，并且将卢克莱修的 *per se* 解释为伊壁鸠鲁的 αὐτή 的对应。这里的"诸形体"很明显是复合物而非"诸原子"，因为后者不会被 αἴσθησις 所确证。至于复数的 σώματα，亦可参见 *Ep. Pyth.* 86: τὸ πᾶν σώματα καὶ ἀναφὴς φύσις ἐστίν；然而，手稿中将其写作 σῶμα καὶ ἀναφὴς φύσις，这里的复数形式是依据 Usener 1887, 36 的修订而更改的，Arrighetti 和大多数评注者亦采纳了这一修订。

esse neque omnino quoquam diversa meare.

（如果场所与空间，即我们所称的"虚空"，并不存在，诸形体就不会位于任何所在，也不会有任何所在让它们往各方向运动。）

这里指称的依然是诸形体，而不是单纯的形体性质料。现在，卢克莱修的语言或许意味着，他倾向于认为"虚空"（*inane*，对应于 κενόν）这个术语蕴含两种不同的概念：一方面是我们所称的"场所"（*locus*，对应于 τόπος），另一方面则是"一处空间"（*spatium*）。我们或许会认为这里存在着空间（被构想为一个普遍的矩阵，均匀且无限地向各个方向延伸，就像一个没有限制的基底一样）与空无的空间（empty space，亦即诸形体之间的间隙）之间的区分。但是，这与伊壁鸠鲁的《致希罗多德的信》40 中对应的段落产生了冲突。当然，Long 和 Sedley 将后者译为："如果场所（place），即我们所称的'虚空'（void）、'空间'（room）和'无法触知的实体'（intangible substance）不存在，诸形体就无法在任何所在存在，也无法在任何所在以我们观察到的那种方式运动。"[1] 但是，这里的"场所"一词出自 Usener 在先前的句子中的可疑的修订。第欧根尼·拉尔修的文本是棘手的；Arrighetti 将其读为：

τὸ πᾶν ἐστι ⟨σώματα καὶ κενόν⟩. σώματα μὲν γὰρ ὡς ἔστιν, αὐτὴ ἡ αἴσθησις ἐπὶ πάντων μαρτυρεῖ, καθ᾽ ἥν ἀναγκαῖον τὸ ἄδηλον τῷ

---

[1] Long & Sedley 1987, vol. 1, 27.

λογισμῷ τεκμαίρεσθαι, ὥσπερ προεῖπον τὸ πρόσθεν. 40 εἰ⟨δὲ⟩μὴ
ἦν ὃ κενὸν καὶ χώραν καὶ ἀναφῆ φύσιν ὀνομάζομεν, οὐκ ἂν εἶχε τὰ
σώματα ὅπου ἦν οὐδὲ δι’ οὗ ἐκινεῖτο, καθάπερ φαίνεται κινούμενα
（DL 10，39，8；40，4）.

插入语⟨σώματα καὶ κενόν⟩出自 Gassendi，显然这是最明显的增
补，并且被大多数校订者所接受。但是，Long 与 Sedley 接受了
Usener 的修订，而 Usener 增补了⟨σώματα καὶ τόπος⟩。这一更改
的理由源自这一句的末尾和下一个句子的开头，Usener 将其读为：
ὥσπερ προεῖπον. τόπος δὲ εἰ μὴ ἦν，等等，Long 与 Sedley 也遵从了
他的读法。将 τὸ πρόσθεν 更正为 τόπος δέ 的做法从古文字学的角
度来说是精巧的，但从哲学角度而言是不合理的。[1]将这句话以大
多数校订者接受的方式翻译则会得到："如果不存在那种我们称之
为'虚空'、'空间'（space，χώρα 在这里对应卢克莱修的 *spatium*）
和'无法触知的实体'的事物，诸形体就无法在任何所在存在，也
无法在任何所在以我们观察到的那种方式运动。"

　　现在，在某种意义上而言，κενόν 和 τόπος 之间的选择应该不
那么重要。[2]如果，像形形色色的来源向我们确证的（例如，Aët.
1，20，2），更不消说像《致希罗多德的信》中的这一段话那样，
伊壁鸠鲁只持有一种虚空之概念，而这个概念有形形色色的名称，
那么在卢克莱修的诗句中用 *locus* 替代 κενόν 几乎不会产生任何变

---

[1] 对整篇段落的探讨，参见 Verde 2010，89，93，以及 Dorandi 2010，282，284。
[2] 参见 Algra 1995，56，n. 73，他采纳了 Usener 的修订，并评论道："无论我们是选择
　　MSS. 中的读法，还是选择两个猜想中的任何一个，都不是很重要。"

化。此外，还有一些证据表明，伊壁鸠鲁本人在确立自然的两项基础性本原时可能使用的是 τόπος 而非 κενόν。[1] Sedley 由此断定："我将伊壁鸠鲁的话语（在 *Ep. Hdt.* 40）'"场所"，即我们所称的"虚空""空间"和"无法触知的实体"'理解为他在说他将不做区分地使用这些形形色色的名字［……］。确实如他所言，他在其他地方使用时会有变动。"[2]

采纳 Usener 的增补的危险之处与其说是替代所致，毋宁说是因为附加于术语 τόπος 上的一些关联，这些关联或许——但不必然——意味着一个为一种形体所填补的广延与空无的空间（即 κενόν）相对立，尽管 τόπος 和 κενόν 归根结底以某种方式不同于彼此。于是，在重申了亚里士多德对虚空的批判之后，Sedley 总结道："在不放弃虚空的情况下，唯一可行的举措便是允许虚空在一个形体进入它之后仍然存在。但是虚空能够与一个形体共在的唯一方式是它由此能成为形体所在的场所。于是，伊壁鸠鲁别无选择，只得追随亚里士多德，将虚空与场所混为一谈。"[3]——亦即，反过来说，在物质不在场的意义上的"场所"仅仅是"虚空"的同义词。

那么，伊壁鸠鲁的"虚空"到底与哪一种概念——普遍的矩阵

---

[1] Sedley 1982，183 印作 ⟨σώματα καὶ κενόν⟩，但是他断定（192，n. 18）："Usener 的 ⟨σώματα καὶ τόπος⟩ 受到了不应有的批判。同样的表述方式还出现在 fr. 76, Us. 和 Nat. 34, 14, 7, 9, Arr.。但是 Gassendi 的 ⟨σώματα καὶ κενόν⟩ 除了有卢克莱修的文本的支持之外，还与 frs. 74, 5, Us. 有着很好的对应关系。" 参见 Plu. *Col.* 1112e, f："Ἐπικούρου δὲ λέγοντος 'ἡ τῶν ὄντων φύσις σώματά ἐστι καὶ τόπος'." 这段文本源自《论自然》(*Περὶ φύσεως*)，读作：οὐδὲ διανοηθῆναι ἄλ［λ］α δύναται παρὲκ τού［τ］ων, ἄν τε σώματα［θῶ］μεν ἄν τε κα［ὶ］τὸν τ［όπο］ν πρὸς ἀναλογί［αν］.

[2] Sedley 1982，188.

[3] Sedley 1982，187.

抑或作为间隙的空间、形体之间的区域——相符合呢？我认为，答案必定是后者。我们引证的文献表明，诸形体要么位于空间之中（如卢克莱修所言），要么进入并通过空间（如伪普鲁塔克的观点）。"在空间之中"并不意味着被叠加在一个假托的基底（ostensible substratum）之上，而是意味着被空间所环绕（surrounded）。无论伊壁鸠鲁怎么看待亚里士多德将场所定义为环绕着的包容物的内在界限（the inner boundary of the surrounding container，更多参见本书 p. 89[1]），他对此联想到的图像是在水或气中的一个石头：空间是环绕性的（circumambient）。塞克斯都·恩披里柯的证词（*M* 10，2）似乎与这种观点相反：

κατὰ τὸν Ἐπίκουρον τῆς ἀναφοῦς καλουμένης φύσεως
τὸ μέν τι ὀνομάζεται κενόν, τὸ δὲ τόπος, τὸ δὲ χώρα,
μεταλαμβανομένων κατὰ διαφόρους ἐπιβολὰς τῶν ὀνομάτων,
ἐπείπερ ἡ αὐτὴ φύσις ἔρημος μὲν καθεστηκυῖα παντὸς σώματος
κενὸν προσαγορεύεται, καταλαμβα νομένη δὲ ὑπὸ σώματος
τόπος καλεῖται, χωρούντων δὲ δι᾽ αὐτῆς σωμάτων χώρα γίνεται.
κοινῶς μέντοι φύσις ἀναφὴς εἴρηται παρὰ τῷ Ἐπικούρῳ διὰ τὸ
ἐστερῆσθαι τῆς κατὰ ἀντί βασιν ἁφῆς.

塞克斯都在这里主张，伊壁鸠鲁所谓的"无法触知的本性"是在不同的视角或不同的心理考量（διαφόρους ἐπιβολάς）之下对

----

[1] 指 *Space in Hellenistic Philosophy* 一书的第 89 页。——译者注

"κενόν，τόπος 和 χώρα 的别称"：

> 对于同一本性，当它处于无任何形体的状态时，被称为 κενόν，但是当它被一个形体所占据（καταλαμβανομένη）时，被称为 τόπος，而当诸形体运动（χωρούντων）穿过它时，它变成了 χώρα。但是它被伊壁鸠鲁概括性地称为"无法触知的本性"，因为它在阻抗的意义上不产生触觉（τῆς κατὰ ἀντίβασιν ἁφῆς）。[1]

Sedley 呼吁要特别关注这段文本，他评论道：

> 伊壁鸠鲁发明了"无法触知的实体"这一术语表达来描述最宽泛的意义上的空间，无论空间是否被占据。然后他将那些与它相近的词汇"虚空""场所"和"空间"解释为仅仅是在特定语境下的我们对它的指称："虚空"即未被占据的，"场所"则是被占据的，而"空间"是当诸形体运动通过它时的。[2]

---

[1] 我认为，塞克斯都的证词与我们发现的伊壁鸠鲁的观点无法全然调和；参见 Verde 2010，96，97。我自己的猜想是，塞克斯都（或他参考的文献来源）使用了斯多亚主义的词汇来表述伊壁鸠鲁的立场，而这导致了一些混淆产生；Inwood 1981，280，281 也持如此见解。参见 Aët. 1, 20, on χώρα, with text, translation, and comments by Jaap Mansfeld in this volume, esp. pp. 188, 190。Mansfeld 通过采用一种不同的方法，亦即对学述传统（doxographical tradition）的细致分析，得出了和我对伊壁鸠鲁的观点的考察相差无几的结论。

[2] Sedley 1982, 188.

可是现在，没有证据表明伊壁鸠鲁曾在表示"占据"的意义上使用过 καταλαμβάνω 一词；进一步而言，他并没有在表示"位置"（location）的意义上非常典型地使用 τόπος 一词，而是在表示"区域"（locale）、"场所"（spot）、"地点"（site）的意义上使用它。[1] 因此，一个形体可以同时到达许多场所（ἐπὶ τοὺς πλείους τόπους，*Ep. Hdt.* 47），无论来自哪个出发点（ἐξ οὗ ἄν … τόπου，*ibid.*）。他还说事物跑到我们头上的地方去（τοὺς ὑπὲρ κεφαλῆς ἡμῶν τόπους ἀφικνῆται，60），说原子被携带至复合物内部的某个场所（ἐφ᾽ ἕνα τόπον φέρεσθαι，62），或者，更平平无奇地，说不同的人居住的场所（ἡ παρὰ τοὺς τόπους τῶν ἐθνῶν διαφορά，75）。一个场所就是要离开或到达的某个事物；伊壁鸠鲁并未用这一术语来表示这个事物恰好之所在。[2] 因此，塞克斯都关于当空间被一个事物占据时会发生什么的精巧的悖论（*M* 10，20-23）并不必然与伊壁鸠鲁的概念相矛盾。虚空意义上的空间在形体进入它时就变换自己的构造；空间总是，并且唯独是，诸形体不在的所在。

出于同样的理由，我也必须反对 Keimpe Algra 对伊壁鸠鲁的立场的阐释："只有一种空间性的广延（spatial extension，ἀναφὴς

---

[1] Francesco Verde 向我指出，亚里士多德（*Phys.* 4，214b17，28）已经排除了虚空可以成为一个场所的可能性；参见 Simp. *Ph.* 648，11 ff.，Diels = fr. 274，Us.。

[2] 斐罗德莫斯（Philodemus）将 τόποι 称作"诸神寓居之所在"（*D.* 3，col. 8，12，13），但是，这是相对于他们在 *intermundia* 中的位置来说的，而不是指环绕着的包围物和诸如此类的术语意义上的场所；见本书中 Holger Essler 撰写的章节，特别是 pp. 103 and 108。（即 Essler, Holger, "Space and Movement in Philodemus' *De dis* 3: an Anti-Aristotelian Account," in Graziano Ranocchia, Christoph Helmig, and Christoph Horn [eds.], *Space in Hellenistic Philosophy*, 2014, pp. 101-124。——译者注）

φύσις），当它未被事物所占据时，在严格意义上，它被称作虚空。一旦这个虚空为一个形体所占据，在严格意义上，据此它就不再是虚空了，它成了那个形体所在的场所。"[1] Algra 亦承认，"这并不是说伊壁鸠鲁在实践中严格遵从了他自己的概念区分"；[2] 因此，在 *Ep. Hdt.* 44 中，当伊壁鸠鲁称虚空在分隔诸原子（separating atoms）时，κενόν 的意思是，如 Algra 所观察的，"未被占据的空间"，在 *Ep. Pyth.* 89 中，当伊壁鸠鲁说"一个有着许多虚空的空间的区域"时也同样如此。[3] 然而，Algra 为了支持他的观点（伊壁鸠鲁的作品中包含不止一种类型的虚空），提供了另一处段落作为佐证，即 *Ep. Hdt.* 41-42，伊壁鸠鲁在那里论证支持宇宙的无限延伸（"如果虚空是有限定的，那么无限定的诸形体就无处可在"）。[4] Algra 评论道："这段话没有任何可疑之处；虚空的概念在这里被用作……诸形体在其中并且运动时会穿过的那个事物，亦即空间"，因为"伊壁鸠鲁并没有论证说空无的空间在数量上是无限定的"。[5] 然而，我们只消看一眼伊壁鸠鲁的这番陈述背后更大的语境，就会发现伊壁鸠鲁事实上主张空无的空间，即 κενόν，是

---

[1] Algra 1995，55. Pyle 1995，68 将"一个部分为形体所占据（因此被称为'场所'）、部分是空无（因此可以被称为'虚空'）的完全环绕着的三维的'不可触知的本性'这一概念"归于伊壁鸠鲁主义者；O'Keefe 2010，21："如果一个形体在另一个形体正要进入它本来占据的空间之时没有产生任何阻挠——如果它没有任何阻抗就让位——那么，这个形体根本就不是物质性的形体（corporeal body），而是虚空。"这里形体与空间之间的区分是正确的，但是，说形体占据了空间，而不是形体为空间所环绕，这一概念是错误的。

[2] Algra 1995，55.

[3] Algra 1995，56.

[4] Algra 1995，57.

[5] Algra 1995，57.

无限延伸的：

άλλὰ μὴν καὶ τὸ πᾶν ἄπειρόν ἐστι· τὸ γὰρ πεπερασμένον
ἄκρον ἔχει· τὸ δὲ ἄκρον παρ᾿ ἔτε ρόν τι θεωρεῖται· 〈ἀλλὰ μὴν τὸ
πᾶν οὐ παρ᾿ ἕτερόν τι θεωρεῖται.〉 ὥστε οὐκ ἔχον ἄκρον πέρας
οὐκ ἔχει· πέρας δὲ οὐκ ἔχον ἄπειρον ἂν εἴη καὶ οὐ πεπερασμένον.
καὶ μὴν καὶ τῷ πλή θει τῶν σωμάτων ἄπειρόν ἐστι τὸ πᾶν καὶ
τῷ μεγέθει τοῦ κενοῦ· εἴ τε γὰρ ἦν τὸ κενὸν ἄπει ρον, τὰ δὲ
σώματα ὡρισμένα, οὐθαμοῦ ἂν ἔμενε τὰ σώματα, ἀλλ᾿ ἐφέρετο
κατὰ τὸ ἄπειρον κενὸν διεσπαρμένα, οὐκ ἔχοντα τὰ ὑπερείδοντα
καὶ στέλλοντα κατὰ τὰς ἀνακοπάς· εἴ τε τὸ κενὸν ἦν ὡρισμένον,
οὐκ ἂν εἶχε τὰ ἄπειρα σώματα ὅπου ἐνέστη (41, 6; 42, 5).

首先出现的命题是，万有（即 τὸ πᾶν）是无限定的，因为它没有限
制（πέρας）。在万有之中，诸形体在数量上是无限定的，虚空在广
延上也是无限定的。诸形体与虚空是万有的互补性构成。它们二者
都必须是无限定的（在不同的方面），因为，如果虚空在广延上是无
限定的，而诸形体在数量上是有限定的，那么诸形体将分散穿过无
限延伸的虚空，无法如我们看到的那样产生碰撞并形成复合物。如
果反过来，虚空是有界限的，那么无限定的诸形体将无任何立足之
处（ἐνέστη：注意前缀），也无法被空间所环绕——而如果它们存
在所谓运动的话，它们必须被空间所环绕。当诸形体进入或者离开
任何有界限的区域时，诸形体与虚空二者的比例就产生了变化：加
入更多的诸形体，虚空的数量就减少了。伊壁鸠鲁的观点是，虚空

无法缩减至零，否则就会像虚空有界限而诸形体在数量上是无限定的情况那样，因为诸形体永远在虚空之中，并且为虚空所分隔。

到目前为止，我仅仅在几何学术语的意义上考察了伊壁鸠鲁的空间概念：空间是有广延的，在任何给定的时刻它是有形状与尺寸的（其尺寸为无限定），但是，当诸形体运动穿过它时，它的形状就发生了变化。于是，诸形体在空间中的运动对定义空间本身而言至关重要：如果诸形体没有运动，空间可能会被视作一个单一的、巨大的形体——当然，即便是在这种情况下，空间也有别于诸形体，因为诸形体是被包围的，而空间则不是；换言之，诸形体在空间之中，而空间不在诸形体之中。这一区别或许可以通过下述观察得到更为清晰的揭示，即一个人可以在理论上画一条从空间中的任何一个点到另外一个点的线，无须穿过一个形体的界限；然而，反过来讲，情况则不是这样：在不穿过形体间的界限的情况下，一个人无法画一条从一个形体内部到另一个形体内部的点。空间是延续的（我假定，诸原子无法联合形成一个包含部分虚空的稳定的包容物；诸原子会持续性地彼此相碰撞，奔向不同的方向，无法形成稳定的方阵）。[1]

然而，关于空间之本性，伊壁鸠鲁还有一点要说，亦即不同于形体，空间是无法触知的。这使得诸形体可以运动穿过它；当诸形体遇到其他的形体时，它们会受阻，因为它们无法穿透这些形体（在微观层面上，诸原子一定会离开并前往其他方向，因为在伊壁鸠鲁的理论中，原子无法停留在原地，它们只会以迅疾且均匀

---

[1] Francesco Verde 向我指出，伊壁鸠鲁的延续性的概念并不是亚里士多德式的，相反，它与持续不间断的（uninterrupted）这一日常概念相一致；参见 Verde 2011, 63, n. 99。

的速度继续运动）。空间的无法触知性意味着空间不会阻抗运动中的诸形体，而其他的诸形体则会阻抗。塞克斯都根据与阻抗或者说 ἀντίβασις 的关系来定义触觉，这无疑是正确之举，尽管我认为在伊壁鸠鲁本人那里找不到这一术语。如伊壁鸠鲁在反对亚里士多德的预设（在一个被质料填满了的空间［plenum］中场所间的移动互换）时论证的那样，并非只有空间才使运动得以可能，尽管它当仁不让是伊壁鸠鲁论证虚空存在的重要部分；反过来说，运动之事实构成了虚空的概念的条件。运动无非是位置的重置，在这个过程中，诸形体的形状与尺寸保持不变，而空间的轮廓却由此改变。空间的无法触知性是伊壁鸠鲁为了体现这种容易改变的特征而命名的，正如诸形体的可触知性是为了体现它们对除位置外任何形式的变化的阻抗而得到命名的。

如今，我们很容易将原子论者的空间观与亚里士多德的空间观彻底对立起来：对其书写深受柏拉图的传统影响，并可以最终上溯到巴门尼德的激进洞见的亚里士多德而言，虚空相当于非存在，而根据其定义，非存在并不存在；所以，虚空并不存在，并且，宇宙是一个充满了质料的空间（当然，为了支持这一结论，亚里士多德提出了一些独特的论证，譬如，虚空中不存在自然的场所，虚空中的物体必须以无限的速度运动，以及诸如此类）。但是，亚里士多德并没有像爱利亚学派那样一并否定运动，他论证说，即便是在一个充满质料的宇宙中，运动也是有可能的，因为物体可以越过彼此，就像我们都在环绕着的气中越过彼此一样。[1] Inwood 引用了

---

〔1〕 关于亚里士多德对运动与虚空的观点的讨论，亦可参见 Lang 1998，122，129。

亚里士多德的《物理学》(216b17-20)："因为气就是某种东西，虽然有人认为它不是那样——假如鱼是铁铸的，它们也就不觉得有水了。因为可触知物的存在是靠触觉来判定的。"[1] Inwood 补充说："如果比例得当，在水中运动的鱼儿会发现流动的水近似于虚空，就像我们发现空气也是如此一样。这使人回想起卢克莱修举的鱼的例子。如果这一类比从水到空气再延伸到一个对诸原子（即完全坚实的诸形体）而言至柔无比的理想的流体……那么，通过经验类比，虚空中的运动是可以构想的。"[2] 于是，伊壁鸠鲁克服了德谟克利特的失败之处，成功解释了虚空中的运动何以可能："这一至柔性，即虚空的全无阻抗和无法触知性……，类似于现象层面上对物体而言的流体的至柔性。而现象层面上的 ἀντιπερίστασις 引发的问题，在理想的流体，即虚空这里，并不会出现。"[3]

　　总结如下：伊壁鸠鲁并没有像 Sedley 说的那样，使用"'无法触知的实体'这一术语表达来描述最宽泛意义上的空间，无论空间是否被占据"；空间从来不会被占据，它只是诸原子的补足物，存在于诸原子不在的所在。这一点似乎在卢克莱修那里有着极其清楚的表述（1，503-510）：

> *Principio quoniam duplex natura duarum*
>
> *dissimilis rerum longe constare repertast，*
>
> *corporis atque loci，res in quo quaeque geruntur，*

---

〔1〕　Inwood 1981，279.（亚里士多德的《物理学》中译参见苗力田主编：《亚里士多德全集》第二卷，徐开来等译，中国人民大学出版社 1991 年版，第 109 页。——译者注）

〔2〕　Inwood 1981，279.

〔3〕　Inwood 1981，279.

esse utramque sibi per se puramque necessest.

Nam qua cumque vacat spatium, quod inane vocamus,

corpus ea non est, qua porro cumque tenet se

corpus, ea vacuum nequaquam constat inane.

Sunt igitur solida ac sine inani corpora prima. [1]

伊壁鸠鲁将一个不产生任何阻抗、其属性仅仅是不阻碍诸形体的运动的事物——不论你怎么称呼它——构想为自然的基础性本原之一，这已经足够激进了，足以使他反驳亚里士多德的反对意见。从现代物理学家占据的优势视角来看，原子论者没有更进一步将虚空构想为一个普遍延伸且不变的基底（无论它是被质料所占据的还是空无的），这多少有点不可思议。但伊壁鸠鲁设想的并不是物质与虚空之间的对立，毋宁说是诸形体与诸形体的缺乏之间的对立，而他的空间之概念完全与其视野相契合。

三、最小物

我们现在已经建立了空间的运动几何学，但是，我们还需从微观层面论述其结构。如我之前提到的，伊壁鸠鲁认为所有的原子（它们是最小的诸形体，不会发生变化，因为它们不具有在空

---

[1] 这方面我恐怕不能赞同 Carlos Lévy 的论证（在本书的 pp. 136, 137），他区分了 *locus* 和 *spatium*，根据这种区分，*spatium* 是"被填满了的"，而 *locus* 是"未被占据的"。（Lévy 的文章参见 Lévy, Carlos, "Roman Philosophy under Construction: the Concept of *Spatium* from Lucretius to Cicero," in: Graziano Ranocchia, Christoph Helmig, and Christoph Horn [eds.], *Space in Hellenistic Philosophy*, 2014, pp. 125-140。——译者注）

间之中的混合物）都以相同的速度运动穿过虚空（ἰσοτάχεια 的学说；这一抽象名词最先在 Simp. *Ph.* 10，1019，23 中被发现）；当诸原子成群纠缠在一起时，它们在限定的空间内颤动，速度却一点儿也不减少。[1] 我相信，诸原子统一运动的原因与最小部分学说紧密相关：诸原子以每时间上的最小单元分之一空间上的最小单元速度运动。我知道，关于伊壁鸠鲁本人是否在其生涯中对空间性的与时间性的最小物有过阐释，这是一个具有争议的议题；然而，无可置疑的是，后来的写作者，包括塞克斯都·恩披里柯，将空间与时间具有微粒性质或数量性质这一观点视作伊壁鸠鲁式物理学的特征之一，并且我认为，没有更好的理由主张这一观点是后来才得以发展的。这一观点并不是说，空间就是由最小物组合成的，就像诸原子也不是一样：不存在独立自在的最小物，即便存在，它们也无法构成一个延续的区间，因为它们没有部分，并且，如果它们彼此毗邻，那么它们会如亚里士多德证明的数学意义上的点的情况那样完全重叠在一起。但是，如辛普里丘澄清的，[2] 也如塞克斯都（*M* 10，144-147）对伊壁鸠鲁主义提出的诘难那样，空间中的运动是跳跃式的。塞克斯都请他的读者们设想，假若两个原子为九个最小物所分隔，并且，根据 ἰσοτάχεια，两个原子以相同的速度彼此相向径直行进。在经过一个时间上的最小单位之后，塞克斯都发现，两

----

[1] Francesco Verde 提出，诸原子运动的速度相同，伊壁鸠鲁提供了对这一点的两项证明：一个是诸原子运动穿过空间时不会遭遇任何阻抗（*Ep. Hdt.* 61），另一个则基于这一事实，即空间由没有部分的最小物所构成（Simp. *Ph.* 938，17 = fr. 277，Us.；see Verde 2010，179 ff.）。我认为，伊壁鸠鲁在其书信中认为，当诸原子穿过相当远的距离时，其速度是极快的；而当它们处于复合物之中时，诸原子仍然以相同的速度运动，但这时它们是在颤动，因为它们被困在相对较小的界限内。

[2] 亦可参见 Them. *Phys.* 184，9 28（fr. 278，Us.）。

个原子间的间隔是七个空间上的最小物的距离；很显然，塞克斯都预设诸原子运动的速度正好是每时间上的最小单元分之一空间上的最小单元。在接下来的时间单位内，原子间的间距将会是五个最小物、三个最小物，并最终彼此相距一个空间上的最小单元。然后，疑难出现了：两个原子不可能在最小物的中间会合，因为最小物是没有部分的；也不可能是一个原子穿过最小物而另一个原子停止不动，因为这违背了 ἰσοτάχεια 的原理。最终，两个原子将无法会合，也无法彼此碰撞后导致反弹。我相信，这个疑难的出现与伊壁鸠鲁的最小物理论脱不了干系，与此同时，伊壁鸠鲁事实上有着对此疑难的答案。答案是什么则不在这篇论文研究的范围之内；说下面这一点就足够了：伊壁鸠鲁的最小物是无穷小量——我认为，它们是伊壁鸠鲁称之为"无法把握但又不是严格意义上的无限"的巨大（the magnitude）的相反物——就像说无法把握的巨大的数量是奇数或偶数是没有意义的一样，说无穷小量是奇数或偶数更是毫无意义。[1] 对我们当下的意图而言，显著的一点是，空间性的区间，就和一个原子内部的区间一样，不是延续的（continuous），而是量化的（quantized）。如果塞克斯都提出的疑难是成立的，那么它必定会是虚空的一种属性。

四、空间是否将诸原子分隔？

到目前为止，我们知道了，当诸原子运动进入空间中时，空间就会被重置，并且，空间在结构上是具有微粒的特性的，在这

---

〔1〕 我在 Konstan 2014 中发展了这个论证；此外亦见 Konstan 1987。

一方面它与诸形体相像。但是，在伊壁鸠鲁的物理学中，空间除了在诸形体所不在的地方外，是否还起着更为主动的作用呢？它可能具有的一个功能是分隔诸原子，不至于让它们因为接触而彼此融合。根据菲洛泡努斯（Philoponus）在他对亚里士多德的《论生成与毁灭》(*De generatione et corruptione*)的评注中的记载，这一观点是由德谟克利特提出的："当德谟克利特说诸原子会彼此接触时，他不是在精确的意义上说接触的［……］毋宁说，他说的接触指诸原子之间相临近，而不是相距很远。"(1, 8, p. 158 = frr. 236-237, Luria) Salomo Luria[1] 相信，这就是德谟克利特的观点，此说近来也被 Charles Taylor 在他对德谟克利特的评注中采纳。Taylor 写道："因此，［原子之间］看起来的碰撞实际上还隔着一段非常短的距离；诸原子彼此排斥，并不是因为它们真正彼此碰在一起，毋宁说是某种经虚空传导的力所致。"[2] 然而，没有任何证据表明德谟克利特或任何其他原子论者诉诸了这样一种力，并且，无论菲洛泡努斯的表述有何依据，其依据都不可能是这个。[3] 伊壁鸠鲁在谈论困在复合物之中的诸原子的颤动时这样说："之所以如此［亦即运动的可能性］，乃是那让每一个原子同其他原子分开（διορίζουσα）的虚空之本性使然，因为虚空自身不能提供任何作用力（ὑπέρεισις），而诸原子的坚实性会在彼此发生碰撞（σύγκρουσις）后导致反弹，反弹的距离则取决于碰撞后的纠

---

〔1〕 Luria 1970, 154, 156.

〔2〕 Taylor 1999, 187.

〔3〕 对 Taylor 的一个批判，参见 Konstan 2000。

缠交错限度内的分隔。"（*Ep. Hdt.* 44）[1] 空间事实上环绕着任何一个原子并使其运动，直至它让它与另一个原子产生接触，此时这个原子会朝另一个未被阻挡的方向飞去；但是，这并不是在说空间之中存在着一个间隙（不论它有多么小），这个间隙会在诸原子会合之时分隔它们，从而防止完的接触。然而，我们可以猜想菲洛泡努斯的提议意图解决的问题是什么。如果说基础性的诸形体无非就是一些有边界的形状，那么，当两个形体延伸的表面产生叠合时，在什么意义上它们不同于一个具有二者相结合的轮廓的单一的形体？为什么它们不会融合在一起？对于这些问题，人们有着形形色色的答案，例如，根据其定义，诸原子的形状是不可变更的，或者，接触仅仅出现在不会延伸的点上面。[2] 我认为，根据最小物学说，诸原子有其边缘（edge），即与原子不可分离的最小物的外面一层，这些边缘保证了诸原子在接触时仍然保持其整全性。无论如何，我们不需要将相毗邻的诸原子不会融合视作空间具有的功能。

五、空间是否有方向？

在伊壁鸠鲁的无限延伸的宇宙中，诸原子被说成是会下降的。如果诸原子会下降而不是简单地随机运动，那么必然存在一些被认

---

[1] 中译参见第欧根尼·拉尔修：《名哲言行录》(希汉对照本)，徐开来、溥林译，广西师范大学出版社 2010 年版，第 1009 页。部分译文根据作者提供的英译进行了调整。——译者注

[2] 参见 Bodnár 1998；Hasper 1999。

为是朝下的具有优先性的方向。于是，伊壁鸠鲁的宇宙有其定向。是空间产生了这种方向性，并且"下"在某种意义上是依附于空间的一种性质吗？即便无限的宇宙显然没有底部，但它是否可以在某种意义上通过"朝下"，以及可能通过"朝上"来刻画呢？原子如何知道朝哪个方向下降？在我看来，原子下降的倾向并不像某些假定说的那样是空间固有的定向的属性，毋宁说它是诸原子本身具有的属性：确切地讲，它是重量的功能，而重量，如我们所知，被伊壁鸠鲁作为诸形体的基本特性之一，加入了形状与尺寸之列。[1]很显然，并非所有的原子在所有的时间内都以一律相同的速度朝一个单一的方向运动——一种原子雨——因为，如卢克莱修所言，那样便意味着将不会发生碰撞，因此也不会有原子间的互动；诸原子彼此之间呈静止关系。显而易见的是，诸原子具有一种优先朝某个方向运动的固有倾向，这从它们从不减缓速度就能看出。至于它们是如何实现这一点的则并不完全明晰：也许在它们飞行过程的伊始有一点点偏斜，也许，如我提出的那样，它们倾向于从碰撞中非对称地溢出，偏向一个特定的方向，而这个方向依据其定义就是下。[2]我认为，这一观点就是伪普鲁塔克关于"重量的冲击"的论述所蕴含的，尽管对于这一短语，或许还有其他的阐释方式。无论如何，这里的重点在于，万物的方向性乃是诸形体（而非空间）固有的属性所致。

---

[1] 关于重量在回应亚里士多德关于自然场所的论证中所起的作用，参见 Inwood 1981，283。

[2] 参见 Konstan 1979。

六、空间是否提供了一个绝对参照框架？

如果诸原子的确在下降，那么它们是相较于什么而言在下降呢？如果我们设想这样一种情形，在其中，诸原子平行下降——这可以被构想为原子具有重量导致的长期后果，这一后果之所以没有出现，只是因为诸原子的旋转改变了它们的排列方式，并重新开启了碰撞序列——那么，如我上文所说，相较于彼此而言，它们并没有在运动；所以，在它们以一律相同的方式运动与它们根本没有运动之间，到底有什么区别呢？相较于何种不变的参照框架，原子可以被说成是在运动的呢？我提出这一在现代相对论中变得尤为突显的问题，是为了考察伊壁鸠鲁是否认为空间在某种程度上是不运动的，这样，即便宇宙中仅有一个原子，这个原子相较于它所穿过的静止的介质（stationary medium），既可以被说成是运动的，又可以被说成是静止的。[1] 在仅有一个原子，或有一些平行运动的原子的情形下，我们既可以说空间在朝上运动，也可以说诸原子在朝下运动。但是，如我所论证的，如果空间的特征是当诸原子运动穿过它时其轮廓会发生变化，那么这些复杂运动对空间的影响就不能被描述为一种简单的线性位移。更经济的做法是，将空间视作一个静止的浑然的整体，而将运动归于诸原子，很显然，这就是伊壁鸠鲁的看法。

---

〔1〕 伟大的瑞士数学家莱昂哈德·欧拉（Leonhard Euler）曾认为，绝对运动和静止的观念需要那种作为一个绝对包容物的空间的概念：参见 Euler 1748；亦见 Jammer 1993，129，131。

七、空间与密度

　　在伊壁鸠鲁的物理学中，空间还有一个可能的功能，这个功能与复合物体的密度有关。David Sedley 认为空间并没有这种主动的能力。"形体与空间在某种意义上是世界的共同构成部分，"他说，"然而空间的许多部分都为形体所完全占据。"[1]根据 Sedley 的观点，尽管如此，"伊壁鸠鲁完全意识到了，他构想的那种虚空处于一种与形体非常不同的状态中。他没有选择追随留基波与德谟克利特的观点，将虚空也称作一种元素，而是选择将元素这一名称仅仅用在诸原子那里（Ep. Pyth. 86）。伊壁鸠鲁并没有犯下述这种错误，即将一个复合的形体视作由诸原子与虚空联合构成的"。在这一点上，Sedley 认为，伊壁鸠鲁不同于那些认为虚空是"居于空间中的一个实体"的早期原子论者；因此，虚空"本来可能是复合的形体的一个元素，并在这个形体的周围运动；但是，一旦伊壁鸠鲁将虚空与场所等同起来，虚空就成为静止不动的，它也不再是可运动的诸形体的一个构成元素"。[2]Sedley 总结道："复合的形体由有着不同间隔的诸原子所构成。空间为这些原子提供了位置、彼此之间的间距，以及运动的场地；但空间自身不是复合物的一部分。"[3]

---

〔1〕　Sedley 1982, 190.

〔2〕　Sedley 1982, 190. 伊壁鸠鲁在这里对 *stoicheia* 这一术语的使用似乎是例外性的，这也使人们怀疑《致皮提亚克勒斯的信》（*Letter to Pythocles*）的真实性。然而，Jaap Mansfeld 1994, 29, 47 论证说这里"伊壁鸠鲁是在逍遥学派的意义上使用 *stoicheia* 一词的"，而这与泰奥弗拉斯托斯（Theophrastus）的《物理学》（*Physics*）fr. 8, Diels, cited in Simp. *Ph*. 28, 8, 9 有着密切的联系。

〔3〕　Sedley 1982, 190, 191.

尽管我不认可 Sedley 的观点，因为我认为空间从来不会"为形体所占据"，它仅仅是形体不在的所在，但是，伊壁鸠鲁是否认为空间与原子性的构成物一样是复合物的一部分，这一问题依然存在。有些复合物要比其他复合物更轻，这是因为，在较轻的复合物的给定的体积之内，其原子性的构成物的体积之和要小于同等体积下较重的复合物中原子性构成物的体积之和。我们可以这样来表述，即较重的复合物中的质料与空间之比要大一些，密度则是汇集的原子体积与空间之间比例的一个函数。换言之，或许空间作为密度的一个构成性原理（constituted principle）、一个共同原因（co-cause）而在密度公式之中（而密度，如伊壁鸠鲁所知，并没有让一个复合物下降得更快，但它对 *ekthlipsis* 现象或挤压现象而言至关重要：密度更大的物体会取代密度较小的物体，使后者相较于原本的运动方向反向运动，当原本的运动方向如通常那般是向下时，就会使它们向上运动）。我认为，不可能在不提及空间的情况下去定义或描述一个复合物的密度，也没有任何必要不去提及空间：无论是从虚空中诸形体的位置与运动的角度来看，还是从诸形体的总体积与虚空的体积的关系的角度来看，诸形体与虚空之间的关系构成了伊壁鸠鲁的宇宙。空间与诸形体是互为补充的。[1]

八、结论

Kosmoi 是相对于空间而言原子数量尤为众多的局部区域，这

---

[1] Francesco Verde 向我指出，伊壁鸠鲁称虚空是一种 *physis*（*Ep. Hdt.* 44），因此，它应当在汇聚的诸形体的构造中有一定的作用。

些原子足以纠缠交错形成一种覆盖物，于是，限定空间内的原子间的碰撞变得频繁起来。而在 kosmoi 之外，原子数量稀疏，可以相对不受阻碍地运动至很远的距离，于是，它们在这么远的距离中运动的平均速度接近或等同于诸原子的自然速度，而诸原子的自然速度非常之大（如伊壁鸠鲁所言，其速度如思想般迅疾）。然而，必须要强调的一点是，在 kosmoi 之内，或者在复合物之内，诸原子的运动并没有变得更慢；如果它们的线性运动为其他原子所限制，那么它们就会来回颤动，因此，复合物在任何一个给定方向中的整体行程可能为零。卢克莱修以远处山坡上的羊群为例来说明这一现象，尽管这些动物各自在运动，但羊群看起来仍然静止不动。

总结如下：伊壁鸠鲁的空间是形体的补充，它存在于形体不在的所在。诸形体穿过空间运动，空间并不是一动不动的介质，它会随着形体的运动改变自身的轮廓。空间的这一特性被伊壁鸠鲁称为无法触知性或未产生抗阻性，它有别于诸形体的可触知性：诸形体的形状不会变更，空间的形状则会。空间是无限延伸的，并且，尽管宇宙有其方向性（向下与向上），这种方向性并不是空间的属性，而是诸形体的属性，它是一种被伊壁鸠鲁定义为重量的性质的功能。空间与诸形体的相对的量（被称为体积）构成了复合物的密度，在这个意义上，空间也可以被说成构成物体的属性。空间是空无的——它永远不会被填充或占据——但它可以被测量：它是三维的，并且，诸形体之间的距离可以根据它们之间的空间的伸展范围来计算。如同任何延伸的实体，它的伸展有大有小。整体来看，其巨大性是无限的：不存在任何上限。但是，其延伸有着最低层面上的限制，那就是能被思考的最小单位，伊壁鸠鲁规定它不可被进一

步还原但又不等同于零（亦即不等同于点的尺寸）。我猜测，伊壁
鸠鲁可能会将其称作不可把握的小，正如要构成任何有限的长度，
就需要不可把握但又不是严格意义上的无限的大一样。于是，空间
与诸形体一样，都有其最小的部分，而原子运动的均匀的速度或
ισοτάχεια 确切来说是每时间上的最小单元分之一空间上的最小单
元。塞克斯都提出的疑难就依赖于这个概念，而我认为没有任何理
由主张这个概念是在伊壁鸠鲁之后发展起来的；但是，即便它是在
伊壁鸠鲁之后发展起来的，它也早已变成了伊壁鸠鲁的空间概念的
一部分，我相信伊壁鸠鲁的理论不会排斥这类创新。

参考文献[1]

Algra, Keimpe, *Concepts of Space in Greek Thought*, Leiden, 1995.

Arrighetti, Graziano, "Filodemo, De dis III, col. X-XI," in: *Studi Classici e Orientali* 7, 1958, pp. 83-99.

Arrighetti, Graziano (ed.), *Epicuro. Opere*, Torino, 1973.

Bailey, Cyril, *The Greek Atomists and Epicurus*, Oxford, 1928.

Bodnár, Istvan M., "Atomic Independence and Indivisibility," in: *Oxford Studies in Ancient Philosophy* 16, 1998, pp. 35-61.

Brieger, Adolf, "Epikurs Lehre vom Raum, vom Leeren und vom All und die Lukrezischen Beweise fur die Unendlichkeit des Alls, des Raumes und des Stoffes," in: *Philologus* 60, 1901, pp. 510-540.

Descartes, René, *Selections from the Principles of Philosophy*, John Veitch (trans.), Middlesex UK, 2009.

---

[1] 本文原文收录于 *Space in Hellenistic Philosophy* 这部文集中。根据原书的编排模式，书中所有文章的参考文献统一汇集在书后，而不是在每篇文章之后单独列出。为方便读者查阅，这里我们列出了作者在正文及脚注中明确引用过的文献。完整版参考文献请查阅原书 pp. 201-209。——译者注

Dorandi, Tiziano, "Diogene Laerzio, Epicuro e gli editori di Epicuro e di Diogene Laerzio," in: *Eikasmós* 21, 2010, pp. 273-301.

Euler, Leonhard, "Réflexions sur l'espace," in: *Histoire de l'Académie Royale des Sciences et des Belles Lettres* 4, 1748 (1750).

Essler, Holger, "Space and Movement in Philodemus' *De dis 3*: an Anti-Aristotelian Account," in: Graziano Ranocchia, Christoph Helmig, and Christoph Horn (eds.), *Space in Hellenistic Philosophy*, 2014, pp. 101-124.

Giussani, Carlo (ed.), *T. Lucreti Cari "De rerum natura" libri sex*, vol. 1: *Studi Lucreziani*, 1896, Torino.

Hasper, Pieter Sjoerd, "The Foundations of Presocratic Atomism," in: *Oxford Studies in Ancient Philosophy* 17, 1999, pp. 1-14.

Inwood, Brad, "The Origin of Epicurus' Concept of Void," in: *Classical Philology* 76, 1981, pp. 273-285.

Jammer, Max, *Concepts of Space: The History of Theories of Space in Physics*, Mineola, NY, 1993.

Konstan, David, "Problems in Epicurean Physics," in: *Isis* 70, 1979, pp. 394-418; repr. in: J. P. Anton & A. Preuss (eds.), *Essays in Ancient Greek Philosophy*, vol. 2, Albany, 1983, pp. 431-464.

Konstan, David, "Points, Lines, and Infinity: Aristotle's Physics Z and Hellenistic Philosophy," *Proceedings of the Boston Area Colloquium in Ancient Philosophy* 3, 1987, pp. 1-32.

Konstan, David, "Democritus the Physicist," in: *Apeiron* 33, 2000, pp. 125-144.

Lang, Helen S., *The Order of Nature in Aristotle's Physics*, Cambridge, 1998.

Lévy, Carlos, "Roman Philosophy under Construction: the Concept of Spatium from Lucretius to Cicero," in: Graziano Ranocchia, Christoph Helmig, and Christoph Horn (eds.), *Space in Hellenistic Philosophy*, 2014, pp. 125-140.

Long, Anthony A. & Sedley, David N., *The Hellenistic Philosophers*, 2 vols., Cambridge, 1987.

Luria, Salomo (ed.), *Democritea*, Leningrad, 1970.

Mansfeld, Jaap, "Epicurus Peripateticus," in: A. Alberti (ed.), *Realtà e ragione: Studi di filosofia antica*, Firenze, 1994, pp. 29-47, repr. in: Jaap Mansfeld & David T. Runia (eds.), *Aëtiana. The Method and Intellectual Context of a Doxographer*, vol. III: *Studies in the Doxographical Traditions of Ancient Philosophy*, Leiden, 2009, pp. 237-254.

Sedley, David N., "Two Conceptions of Vacuum," in: *Phronesis* 27, 1982, pp. 175-193.

Sedley, David N., "Matter in Hellenistic Philosophy," in: Delfina Giovannozzi & Marco Veneziani (eds.), *Materia: XIII Colloquio Internazionale* (Lessico Intellettuale Europeo), Roma, 7-9 gennaio 2010, Firenze, 2011, pp. 53-66.

Taylor, Charles C. W. (ed.), *The Atomists: Leucippus and Democritus*, Toronto, 1999 (*Phoenix* Supplementary Volume 36) .

Teichmüller, Gustav, "Der Begriff des Raumes bei Lukrez," in: *Rheinisches Museum* 33, 1878, pp. 310-313.

Usener, Hermann (ed.), *Epicurea*, Lipsiae, 1887.

Verde, Francesco (ed.), *Epistola a Erodoto*, Roma, 2010.

Verde, Francesco, "Minimi in movimento? Note sulle coll. XLVIII-L Puglia del PHerc. 1012 (Demetrii Laconis opus incertum)," in: *Cronache Ercolanesi* 41, 2011, pp. 51-63.

神和物质世界：盖伦生理学中的生物学和宇宙论*

R. J. Hankinson[1] 戴碧云[2] 吕润生[3] 译

对盖伦来说，没有宇宙论，就不可能有严肃的生物学：

> 当任何人以开放的心态看待事实，看到在这样一种由肉体
> 和汁液组成的黏液中，同样蕴含着内在的理智，并观察任何动
> 物的结构（因为它们都证明了存在一位有智慧的造物主）时，
> 他就会理解天上理智的卓越之处。一个论各部分之功能的研
> 究，初看起来不那么重要，后来会被正确地认为是精确神学
> （akribês theologia）[4]的源泉，是比所有医学更伟大、更好的
> 东西。它并非仅对医生有用，对渴望增进对自然整体的理解的
> 哲学家来说更有用。我想，任何一个崇拜诸神的人都应该开始

---

* 本文选自 R. J. Hankinson, "God and the Material World: Biology and Cosmology in Galen's Physiology," Ricardo Salles（ed.）, *Cosmology and Biology in Ancient Philosophy*, Cambridge University Press，2021，pp. 224-244.
[1] R. J. Hankinson，美国得克萨斯大学奥斯汀分校哲学系教授，主要研究古代哲学和科学，尤其关注医学。
[2] 戴碧云，南开大学历史学院助理研究员。
[3] 吕润生，南开大学哲学院博士生。
[4] Frede 2003，85 指出，这是盖伦唯一使用"神学"（theologia）这个词的地方。

从事这项研究，这项研究不同于厄琉息斯（Eleusis）或萨莫色雷斯（Samothrace）秘仪，后两者只提供了他们所要传授的屠弱的证据，而自然的证据在所有动物上都清晰可见。(《论诸部分的用途》[*The Functionality of the Parts*，*UP*] IV 360-361，Kühn = 17.1，ii 447，16-448，9，Helmreich，1907-1909；此处及下文均参考 May 1968 的译文）[1]

这个段落出现在盖伦为他论动物结构的奇妙功能适应性的长篇论文做的铿锵有力的总结（他称之为"长短咏歌"[Epode][2]）的结尾处。对神学的提及不只是偶然的。这篇论文旨在展示，这样一种研究的唯一合理的结论将被承认下来，甚至被无保留地尊重，这个精湛的技艺被这个动物王国的创造者所展示，为了向柏拉图致敬，盖伦叫他"造物主"。[3] 只有被毫无生气的机械论意识形态所蒙蔽的人，才会对他的存在和无上的智慧得出显而易见的推论（在这里，盖伦最先想到的是伊壁鸠鲁和其他反目的论的原子论者；但是通常

---

[1] 在可能的情况下，通常引用的盖伦文本首先是库恩（1821-1833）的版本，这一版本仍然是最好的，实际上，这也是唯一可用的大体量盖伦文本（尽管这种情况正在慢慢得到纠正）；在有更好版本的地方，我通常也会引用这些版本。玛格丽特·梅1968年注释的翻译（她呈现为《论诸部分的用途》）仍然非常有价值，特别是在识别盖伦描述（或试图描述）的结构方面，尽管在某些方面被后来的研究所取代。我选择以"功能"（functionality）一词来取代对众所周知的晦涩的"chreia"的渲染：其他人更喜欢"用处"（use）、"实用性"（utility）、"功用"（function）。由于她的翻译只指向赫尔姆赖希（Helmreich），从这里开始，我查阅的是那篇文章。

[2] 长短咏歌为希腊抒情颂诗中奥德诗的第三节。奥德诗（Ode）由三部分组成：左旋舞（strophe）、右旋舞（anti-strophe）、长短咏歌。——译者注

[3] 通常被简单地音译为"德牧革"（Demiurge），但有时也会被译为"工匠"或"技工"；我通常跟随梅，更偏好"造物主"的翻译。

来说，他蔑视的范围远不止于此）。盖伦的部分学（moriology），[1]即他对动物身体各部分的描述，与亚里士多德的动物学形成鲜明对比，他从亚里士多德的部分学中获得灵感，但他试图纠正亚里士多德的部分学中的细节，这是一部自然神学著作。[2]

《论诸部分的用途》是盖伦漫长而有创造性的职业生涯中的早期作品。在他生命的最后，他在为他的学说辩护[3]的《论我的诸观点》（Prop. Plac）一书中再次讨论了同样的论题：

> 我不知道世界是否被创造，也不知道世界之外是否存在任何东西。此外……我不知道宇宙万物的创造者是有形的还是无形的，也不知道神力的所在。[4]这与那些在这个世界上通过活动表现出来的力量是一样的，而这些活动只能是造物主的结果；因此，它们本身就指向神……我不知道它们的实质，但我从它们的活动中知道它们存在着，因为所有生物的组织都来自它们，它们在占卜和梦境中显现。[5]神的活动在能力中变得

---

[1] moriology 是一种不关涉物种的动物学（zoology），也就是从部分出发研究动物特征。亚里士多德的研究进路不是根据分类学（taxonomy）进行的，而是根据部分的划分和特征来研究动物。动物的部分是定义动物的适当对象，因此就定义问题而言，部分优先于整体。——译者注

[2] 在我即将出版的文章中，我将讨论"长短咏歌"，以及盖伦的宗教语言和总体取向。

[3] 为他的学说辩护（apologia pro doctrina sua），此处原文为拉丁文斜体。感谢 Hankinson此处的邮件解释。——译者注

[4] 关于这一点，请参见 Frede 2003，94-97。

[5] 盖伦声称相信受到神启的梦：他告诉我们，神在梦中告诉他不要陪同马可·奥勒留在 169 年前往德国远征；《论亲著图书》（Lib. Prop. XIX 18-19 = 142, 15-20, Boudon-Millot 2007）中提到他的父亲也受到了启发，让他接受了昂贵的教育，成为一名医生；《论亲著图书的顺序》（Ord. Lib. Prop XIX59K = 99, 24-100, Boudon-Millot 2007; Pronosis XIV 608, = CMG V 8, I, 76, 2 8-78, 2, Nutton 1978）。《论亲著图书》和《论亲著图书的顺序》也被编辑在 Müller 1891 中。

更为明显，他一次便治愈了我的疾病，[1]他们可以在对那些遭遇海难之人的拯救中被看到，当他们坚信自己通过看到的神迹而得到拯救的时候。很明显这象征着一些惊奇的力量，我甚至自己经历过。(《论我的观点》[*Prop. Plac*] 2.1-3 = 56，12-58，16，Nutton 1999)[2]

在被纳顿（Vivian Nutton 1987）恰如其分地称为他的哲学遗嘱的第一个主要部分中，盖伦以令人消除疑虑的坦率写道。他的神学[3]与他广为人知的关于灵魂的观点如出一辙：灵魂的存在由于灵魂的作用，亦即灵魂的活动而显然，灵魂，只有灵魂才能对这些活动负责。他们如何做到他们所做的，以及他们在实体上是什么，相较而言，是非常模糊的。但幸运的是，至少从医学实践的立场来看，这些模糊之处并不重要（*Prop. Plac.* 3.1，58，22-60，6；15.1-2，116，5-118，10，Nutton 1999 ）。

　　神、世界神圣的创造者和组织者与实践科学的关系并非那么

---

〔1〕 这可能是他在其他地方特别归因于阿斯克勒庇俄斯（Asclepius）的治疗方法；他设法避免和奥勒留一起去德国，他告诉皇帝神启示他不要去；奥勒留接受了他的借口（*Lib. Prop.* XIX 19=142，11-20 Boudon-Millot 2000；cf. *Treatment by Venesection*，XI 314-315）。参见 Frede 2003，90-91。

〔2〕 纳顿从各种来源（部分希腊语、阿拉伯语、拉丁语和希伯来语）构建了他的文本；布登-米洛和皮特罗贝利（Antoine Pietrobelli）在 2005 年编辑了最近重新发现的《论我的诸观点》完整的希腊文本。这一章节的困难在 Frede 2003，89-98 中得到处理。(布登-米洛和皮特罗贝利在 2005 年根据 "Vlatadon 14" 抄本出了新的古希腊文校勘。参见 Boudon-Millot, V. and Pietrobelli, A. "Galien résussicité: édition princeps du texte grec du De propriis placitis,"*Revue des Études grecques* 118，2005，pp. 168-213。—— 译者注)

〔3〕 Frede 2003 是对这个问题的最佳研究；也参见 Kudlien 1981。

直接（参见《论希波克拉底和柏拉图的学说》[PHP] V 777-782 =
586，7-590，11，De Lacy 1978-1994 ）。但盖伦坚信，只有正确理
解其真正的目的论本性，才能对世界之结构的复杂性形成全面而准
确的描绘。"让我们使你在自然的技艺上变得如此精湛，以至于我
们可以将你称为自然哲学家（ phusikos ）。"（ UP 3.10，i 175，18-20
H ）[1]《论诸部分的用途》是他在这个主题上的代表作，是对亚里
士多德的《论动物的部分》(de Partibus Animalium，PA) 的重写，
其公开目的是充实他认为的这样一些缺乏，这些缺乏由于亚里士
多德拒绝支持实际造物主的实际创造性活动而产生（参见 UP 1.8，
i 14，13-15，12H ）。

一、神之手

尽管如此，不可否认，他的论述仍然很大程度上得益于亚里士
多德。第一卷专门详细研究了手的结构，以及根据其必须执行的功
能考虑它的设计是如何完美的。即便如此，他的论述仍然在很大程
度上借鉴了亚里士多德的论述。这卷书在很大程度上扩展了亚里士
多德《论动物的部分》中的描述。盖伦一开始就赞扬了亚里士多
德的观点，即人拥有手，因为人是动物中最具理智的，而非相反，
就像阿那克萨哥拉错误地认为的那样。手是人类的基本工具（亚里

---

[1] 这种对成为"自然哲学家"的强调在其他地方再次出现（例如 11.18，ii 170，8-9H 和
12.14，ii 222，17 H ）。在论文（17.2，ii 449，15-19H ）的结尾，通过极力宣称对这
种巨大的神意力量的尊重，盖伦声称，一个适当的目的论理解对自然哲学家来说具有
"最大的好处"。

士多德称之为"诸工具中的工具": *PA* 4.10, 687220-21; cf. *UP* 1.4, i 6, 6-8 H): "每个灵魂都有其本质上的某些能力, 但如果没有工具的帮助, 它就无法完成它本性要完成的事情。"(*UP* 1.3, i 4, 11-13 H)盖伦指出了刚出生的动物试图利用尚未发育完全的部分的方式:

> 每种动物都未经训练地拥有一种对自身灵魂能力的感知觉, 以及对其各部分至上性的感知觉,[1]……既然动物在拥有各部分之前显然就知道它们的功能, 那么怎么能说动物是从各部分本身来学习这些部分的功能的呢? ……其他动物是靠本能而不是理性获得技能的。(*UP* 1.3, i 4, 23-25, 19 H)

关于手的讨论为其他所有关于结构和形态的研究提供了模板:

> 让我们来研究人体这个极其重要的部分……不只是为了确定它是否有用, 或是否适合有理智的动物, 而是要看看它是否在各方面都是如此构成的, 以至于如果做得有所不同, 也不会比现状更好。(*UP* 1.5, i 6, 18-22 H)

盖伦的部分动机是希望阐述当代解剖生理学的先进理论, 其中一些

---

〔1〕 盖伦提到小牛在角生长之前撞击, 小野猪试图用不存在的獠牙攻击, 小狗用软牙齿咬, 以及没有父母的鸟类和蛇, 会本能地遵循它们的自然行为模式, 即飞行、游泳、爬行。比较 15.7, ii 365, 2-366, 4 H, 关于动物对如何获得营养的本能知识, 以及什么样的营养是合适的, 参见《论胎儿的形成》(*Foet. Form.*)IV 687-702= 90, 27-106, 13, Nickel 2001 (CMGV 3, 3, 2001), a 和下文第五节。卢克莱修也举了类似的例子, 尽管他心中有非常不同的争论目的: 5. 1028-1040。

是他自己的理论。[1] 但更重要的是，他希望详细展示动物结构的非凡适应性和复杂性，即使是过去的伟人也没有充分认识到这一点：

为什么柏拉图……如此轻蔑地谈论指甲的功能？善于解释自然之鬼斧神工的亚里士多德，却为什么如此忽视指甲的功能？柏拉图说，[2] 造人的诸神像某些糟糕的工匠一样，让人的指尖长出指甲，仿佛是在提前练习其他动物所必需的爪子的形成。另一方面，亚里士多德说，[3] 指甲的形成是为了保护自己，但他没有说出于什么原因。（*UP* 1.8，i 11，21-12，13 H）

柏拉图认为，指甲是残留的，本身毫无用处，是为以后更好的东西准备的。亚里士多德至少试图给出一个对指甲的功能性描述，但是这一描述不够精确和详细，事实上，它是错误的。指甲的真正功能是为指尖柔软而敏感的肉体提供一个坚固而有抵抗力的衬托，使我们能够拿起各种物品（1.5-7，10，i 6，18-11，20，20，15-24 H；即便如此，指甲也需要保持适当的长度：1.5，i 10，5-11，20 H）。此外，它们的硬度也恰到好处：它们坚硬，但比骨头、蹄子或爪子更容易弯曲（1.11，i 20-22）。这使得它们很容易被磨损和折断，所以自然让它们在动物整体停止生长时还能生长以作补偿（i 22，16-

---

[1] 一个典型的例子：详细的剖析性的解剖显示，胎儿的性征部分最初没有分化：*UP* 14.7，ii 304，17-305，6 H；见下文第四节。盖伦也是相互竞争的生理学理论，特别是斯多亚派理论的重要来源，请参见 Vimercati 对目前的收集的贡献（原书 *Cosmology and Biology in Ancient Philosophy* 的第十一章）。柏拉图关于宇宙结构的生理学理论的讨论，参见 El Murr 的贡献（原书第三章）。

[2] *Tim.* 76d-e.

[3] *PA* 4.10，687622-5.

23，5）："这样，指甲的一切都显示了对于自然的这一部分的最大神意。"（i 23，5-6）因此，它们对盖伦试图从根本上加以证明的东西来说是最好的例证。只有那些对自然不甚了解的人，或者被教条、无能或怠惰所蒙蔽的人，才会不去欣赏事物那极为精妙的构造：

> 我提到亚里士多德和柏拉图，并不是为了反驳他们的错误论断，而是为了说明为什么我不得不开始讨论这些问题。古代的医生和哲学家对于身体各部分的功能存在着巨大的分歧（diaphônia）。他们中的一些人认为，我们的身体既不是为了任何目的而形成的，也不是以任何技巧形成的；而另一些人则认为，我们的身体是为了某种目的而巧妙地形成的，但有人声称，诸部分的每一个都有一个用途，而另一些人则有另外的主张。[1] 我首先试图找到一种标准来解决这种分歧，然后再总结出一种普遍的方法，使我们能够发现每个部分的功能及其属性。（*UP* 1.8，i 12，13-23 H）

盖伦认为，关键在于理解结构及其体现的系统运作的合作本性。盖伦引用了希波克拉底《论营养》23 节中的一段话："合起来看，所有的部分都是共情的；分开看，［身体的］每一个部分都在一个普遍共享的事业中相互合作。"[2] 所有这些都是一台异常复杂、精密

---

[1] 梅的翻译使盖伦在这里明确区分了老医生和哲学家，医生只持有一切都是偶然形成的观点，哲学家是设计的倡导者。这虽然是对盖伦希腊语的一种可能呈现，但并非对他的思想的一种可能呈现：他在《论诸部分的用途》（以及其他地方）中最重要的靶子是那些唯物主义和反目的论的伊壁鸠鲁主义者。而对盖伦来说，希波克拉底是适当的目的论方法的典范。

[2] 盖伦对这个文本的挪用，参见 Craik 2017，205；一般参见 204-207。

调整的机器中完美地组织起来的组件；而任何一台复杂的机器都必须是工匠的杰作。当然，在我们中的一些人开始接受盲人钟表匠的可能性之前，这一直是佩利（Paley）及后面有些人的设计论证的主要内容。盖伦只是古代众多此类理论家中的一位，[1] 他的立场处于这种观点的最彻底、最有经验依据，以及最仔细推敲过的发展阶段；没有其他人能做到像他那样细致入微，解释巧妙。柏拉图（与亚里士多德不同）正确地引用了神的创造，但正如前文第 575 页引文强调的，他没有正确地理解它的具体细节。如果仔细观察，这种工艺甚至比柏拉图所能理解的还要完美。

这让我们又回到了盖伦的创世论神学。[2] 对盖伦来说，糟糕的神圣工艺不是一个选项，至少不是一个可以在适用于整个物种的结构中普遍化的选项，因为如果人类的指甲有什么根本性的问题，甚至有什么不足之处，那就必须如此。自然偶尔也会在个体的层面上出错，但只是极少数情况：正如盖伦在《论诸部分的用途》第一卷（1.23，i 60，6-61，21H）中详细说明的那样，五根手指是人类手指的理想数目。虽然也有像安妮·波林（Anne Boleyn）这样生来就多长了一根手指的人，但这种情况"万次万例中才有一次"出现（*UP* 17.1，ii 444，3-7 H）。[3] 如果一个人类工匠（或

---

[1] 斯多亚派也采用了设计论论证，并支持类似的宇宙理性的观点，参见 Boys-Stones 在原书第九章的论述。

[2] Sattler 和 Boys-Stones 在原书第二章和第九章讨论了与柏拉图和斯多亚派有关的神创论神学。

[3] 当然不是声称每一万次发生一次；一万只是一个传统的大数字，当它自己相乘时，会产生一个异常的大数字。

艺术家：technitês），如杰出的雕塑家波利克里图斯，[1]"在一千件雕像中只犯了一次这样的错误，你不会谴责他，而会说他的诋毁者没有判断力"（17.1，ii 444，7-9 H）。盖伦经常提到的是在自然的（此处也应大写）作品中，或者，对他来说也就是在工匠的作品中显证出来的非凡的、神意般的技艺。盖伦采用了亚里士多德的口号"自然不做任何徒劳之事"，经常重复这句话，换着方式讲这句话。[2]但盖伦对其进行了重新诠释，使其成为对有意图的目的论的召唤。

二、自然与美的本性的赞美诗：质料、形式与功用

这在盖伦将他的著作描述为一段"神圣的论述"和一首"对自然的（即对造物主的）赞美诗"的那段话中是最为明显的（UP 3.10，i 174，7-8 H）。这首赞美诗的形式是阐释神圣创造的光辉和对神创之细节的关注，这是比焚香和献祭更好的颂辞（UP 3.10，i 174，4-19 H）。这种崇敬行为涉及作为整体的宇宙与其微观宇宙，亦即对应于动物的那部分：

---

〔1〕 盖伦喜欢引用伟大的雕塑家：即使是菲狄亚斯（见第 580 页引文）和波利克里图斯都不够好，每几千件雕塑中就出错一次，这也是自然的错误率（UP 15.7，ii 364，15-365，2 H；主题是臀位分娩）。

〔2〕 参见 比如 UP 1.18，1.23，2.15，3.10，4.15，5.5，6.1，6.17，7.8，9.16，10.3，10.14，11.5，12.14，13.2，13.8，15.4，15.5；i 46，9-11，61，14-15，110，4-5，165，25-166，5，231，19-24，267，11-14，299，13-15，358，25-359，6，391，25-392，8，ii 47，19-22，69，6-8，108，26-109，5，123，18-19，222，14-18，237，18-238，6，263，1-3，349，23-350，7，359，5-9 H 等。

古人……说，[1]一个动物可以说是一个小宇宙，你会发现造物主在他的两个作品中展现了同样的智慧。你说："那就展示给我看看动物体内的太阳。"这是什么样的索取啊！你愿意让太阳从如此容易腐烂、如此肮脏的血液的物质中形成吗？这才是真正的亵渎，而不是不献祭、不焚香。我不会给你们看动物身体里的太阳；但我会给你们看眼睛，[2]一个非常明亮的工具，与动物身体里的太阳极为相似。（*UP* 3.10，i 177，10-20 H）

几页之前，在关于真正的美的本性的一段生动论述中，盖伦强调了人体质料的污秽和腐朽（*UP* 3.10，i 174，19-175，20 H；cf. 175，23-176，3 H）。美纯粹是形式的问题，而形式与功能相关；真正的艺术家欣赏结构的完美，无论它是用什么物质实现的。事实上，适当的美就是功能上的卓越：[3]

如果你想发现眼睛或鼻子的适当形式，你可以通过联系起结构与活动（energeia）来找到它。这就是适当形式和真正美的标准、尺度和准则，而真正的美无非是结构的卓越。（*UP*

---

〔1〕 盖伦在这里没有具体说明他想的是谁；但柏拉图在《蒂迈欧》中有一个明显的候选人（尤其是42e-47e，论次级诸神创造人类）。他从未提到过希波克拉底《论养生》第一卷，这是整部文集中这种观点最清晰的例子；但他有自己的理由认为这一文本是虚假的，而且他很少提到它。在《论诸部分的用处》14.7，ii 306，26-307，3 H 中，如果未提及名字，有一个可能是对《论养生》（*Regimen*）1.6-7 的参考（梅也这样认为，1968，636，n. 36）。

〔2〕 关于眼睛的讨论占据了整个第十卷（ii 54，20-113，5 H）；参考下文第四节。

〔3〕 也参见《特拉叙布鲁斯》（*Thrasybulus*）10，IV 821-2 = 44，18-45，6，Helmreich 1983；and Sedley 2017，235-242。

1.9，i 17，20-18，1 H；cf. 11.13，ii 152，14-153，26 H）

自然会在不影响功能的情况下添加纯粹的外观装饰；耳朵不仅漂
亮，而且非常适合收集声音。[1]阴毛必然作为一种残留物生长在阴
部，因为阴部温暖潮湿；"但阴毛也是阴部的覆盖物和装饰物，就
像臀部之于肛门，[2]包皮之于阴茎一样"。[3]审美装饰有时是端庄
得体的问题；盖伦常常震惊于那些被他视为不道德和不端正的东
西。但是，即使纯粹的审美考虑与功能性考虑相比是次要的，它们
能够被辨别出来这一事实还是进一步证明了一位神意和理智的造物
主的存在。盖伦总结道：

> 记住，当你观察作为视觉工具的眼睛和作为运动工具的脚
> 的结构时，要忽视质料上的差别，只考虑无遮蔽的技术本身。
> 如果你认为眼睛应该由像太阳那样的质料构成，或者脚应该是

---

[1] 另一方面，他声称眼睛的美"经常被忽视，因为它的功能受到如此大的赞赏"（ii 153，
8-10 H）；我不知道何以做到如此。

[2] "猿有荒谬的身体配合它们愚蠢的灵魂"（1.22，3.16，11.2，15.8，i 58，13-59，16，
193，23-194，22，ii 117，12-15-15，367，15-22 H）；它们荒谬的原因之一是它们可
耻地没有臀部（11.13，ii 153，6-8H；cf. 15.8，ii 367，15-21 H）。亚里士多德同意无
臀部的观点，但得出了一个功能性而不是评价性的结论；四足动物没有臀部，因为它
们不需要坐下，但通常它们有尾巴；猿类在四足动物和两足动物之间模棱两可，因此
没有臀部，像四足动物那样，又没有尾巴，像两足动物那样：PA 4.10，38961-690a4。
尾巴也用于"遮盖和保护排出排泄物的部分"；但亚里士多德并不认为这也是适当的
原因。盖伦同意人类是唯一能正常坐着的动物：3.1，3.3，i 126，22-127，4，131，
15-133，8 H；n. 30 below。

[3] 11.13-14，ii 152，14-162，12 H，esp.153，3-8，162，4-8；cf. 15.3，ii 346，1-4 H，
也涉及大阴唇和小阴唇。

纯金而不是骨头和皮肤，[1]那你就忘了构成你的实体（ousia）。请牢记这一点，并反思你的质料是天上的光还是地上的泥浆……如果你给予菲狄亚斯（Phidias）的只是黏土，那么你就永远不会向他索要一尊象牙雕塑。同样地，当血液是可使用的物质时，你就永远不会获得太阳或月亮的明亮而美好的形体。它们是神圣的和天上的，而我们只是由黏土构成的身躯；但在这两种情况下，造物主的艺术是同样伟大的。（*UP* 3.10，i 175，20-176，9 H）

《论诸部分的用途》的这一章节处理脚的构成，后者在一种非常实在的意义上是非常乏味的结构："谁会否认脚是动物的一个小而卑微的部分。"（*UP* 3.10，i 176，9-10 H）但是为了脚要做的事情，它必须被合乎理念地构造出来，鉴于它的功能性作用；脚就像太阳那样，处在它可能处在的最佳位置上。[2]人类，理性的存在者，需要劳动的手，并且因为正常运作的手需要保持自由，所以人类需要成为两足动物。[3]这反过来要求一条腿和一只脚（以及脊椎，参见下

---

[1] 考虑到它应该发挥的功能作用，脚是由骨骼和皮肤构成的，事实上，皮肤和下面的肉体之间的联系特别紧密；*UP* 3.10，i 172，5-173，11 H。

[2] 在 Hankinson 1989 中，我处理了关于宇宙结构至高功能的段落。

[3] 人类坐着是为了保持他们对手的自由使用（这就是为什么他们有独特的臀部，见 n. 27）。作为真正的两足动物，人有完全适合于抓取的手，这是一个完美的理性动物的特征（在适当的配备的意义上）。在 14.6，ii 298，7-299，2 H，盖伦写道，拥有所有感官的动物都"接近完美"，即使它们没有四肢，就像鱼一样。如果它们有四肢，那么它们会更好，像狮子和狗一样，它们在某种程度上有手。更棒的是更灵巧的和直立的熊和猿类；"但只有人拥有真正完美的手和使用它的智力，在动物身上，没有什么比这更神圣的力量了"。

文第三节）的特定结构，这就牵涉到人类的脚不能像马的脚那样又小又硬，因为人类的脚不能为了速度而构造出来，"用理智和手来驯服马的人，他自身是不需要速度的"（3.1，123，18-19 H）。盖伦在第三卷开头详细论述了这些内容，以及其他关于脚的功能性条件的内容（3.1-6，123-9-142.2 H）。

三、目的论、设计和物质性限制：睫毛和脊椎

实际上，事物为了至善（the best）被组织起来，假如至善被准确理解了的话。然而，盖伦的造物主的力量虽然很强大，却受限于他借以运作的物质性的东西，不像摩西的神，只要他愿意，就可以用尘土来制作一匹马或一头牛。

> 那么我们的造物主是否只命令这些毛发［即睫毛］始终保持同样的长度，而这些毛发是否因为惧怕其主的命令，或敬畏命令它的神，或自己相信这样做更好而按命令保持长度呢？摩西就是这样推理自然的［这比伊壁鸠鲁的方法更好］。然而，我们不应该采用这两种方式，而应该像摩西那样，继续在一切生成物中从造物主那里推导出生成的本原（archê geneseôs），然后再加上物质性本原（hê ek tês hulês）。（*UP* 11.14，ii 158，2-II H）

即使如此，盖伦在某种意义上允许睫毛按其造物主所吩咐的行事：

他让这些毛发感到有必要始终保持均匀的长度，因为这样更好。[1]……但是，仅仅意愿它们如此是不够的；因为甚至突然想从石头中造出一个人来，那也是不可能的。这就是我的教导、柏拉图和其他希腊人的教导与摩西的教导的不同之处。（*UP* 11.14，ii 158，11-23 H）

神的力量受限于物质性的限制条件。正如盖伦所说，这在起源上是柏拉图式的：创造者—诸神本可以通过使人骨瘦如柴来延长人类的寿命，却降低了人类的智慧，然而人们认为最好不要这样做（《蒂迈欧》75a-c）。设计涉及选择和妥协。假如进行创造的神圣能力完全不受任何限制，我们确实可以批评造物主未能把事情做得更好。但既然如此，这种批评就是误导性的和无知的。盖伦曾多次指出，特定的结构代表了对一系列复杂问题的最佳和最优雅的设计—解决方案，在《蒂迈欧》中，这种设计—解决方案在理智与寿命之间的权衡中，通过功能卓越的要求与生存的要求之间的冲突而以最普遍的方式被创造出来。

在第十二卷的结尾，盖伦处理了一个特别复杂的例子——脊椎。它有四个基本的功能：1. 作为身体的根基，2. 作为脊髓的通道，3. 作为脊髓的保护，4. 作为整个背部的"运动工具"。它同样

---

[1] 眉毛和睫毛自然地保持最佳的长度，以实现它们的功能，防止东西从上面流入眼睛，或从前面穿透眼睛，与此同时，不妨碍眼睛的视觉能力：11.14，ii 157，13-158，1，159，3-160，3 H；参见 10.7，ii 79，20-80，19 H。

还有一个保护内脏的次要功能，这个功能是身体其他部分的"一个必要的结果"。[1] 每个必须具备的功能都包含着某些结构性事实。

（1）因为它就像动物的"龙骨"[2] 或基础，所以它是由骨头制成的，而且是坚硬的骨头。（2）因为它是脊髓的通道，所以内部是空心的。（3）因为它犹如脊髓的城墙，所以周围有许多堡垒；……（4）因为它是运动的工具……它是由多块骨头通过关节连接而成的。（*UP* 12. II，ii 217，2-11 H）

条件（4）要求它是灵活的，因此是有关节的。但如果要满足（3），它还必须坚固结实。如果这只是唯一的要求，或者说，如果它作为坚硬脚手架的一根，只是使直立行走成为可能（如第［1］点所要求的），那么它就可以由一根单一的（尽管是空心的，如第［2］点所示）骨头组成（12.10，ii 211，17-212，21 H）。但由于脊椎最好是有关节的（212，22-213，21），因此椎骨的数量也选择得非常好：

自然并非零碎地考虑这些目的，而是共同地加以考虑。[3]

---

[1] 这也是一个共同的主题：羊水的主要作用是为生长中的胎儿提供一个稳定和保护的环境；但它也润滑了产道："自然的作品完全巧妙；正如我多次展示的，她进一步利用了一切必然存在的东西。"（*UP* 15.5，ii 355，1-4 H）关于这些次要功能，参见 Hankinson 1988。

[2] 龙骨的图像对于盖伦很常见：cf. *UP* 3.2，i 131，6 H；12.10，ii 211，18；12.11，217，3；13.3，247，10 H；在 *Foet. Form.* IV 682 = 86，20-21，Nickel 2001，"基础或龙骨"的图像被用于血管，盖伦认为这是胚胎的第一部分，由子宫内膜中生长形成。

[3] 这是第 576 页引文勾勒的方法的核心部分。

就其内在价值而言，活动是首要的，安全紧随其后；但对持久的健康来说，安全是第一位的，活动是次要的。[1] 我现在想展示一下脊椎，就像我以前对手臂和腿做的那样，[2] 那无法想象出活动和抵抗损伤二者之间更好或更精确的结合。(UP 12.10, ii 213, 21-214, 4 H; cf. 4)

盖伦颇为夸张地承诺，他将解释为什么应当存在确切的椎骨数目，与我们今天认识到的椎骨数目完全相同，以及为什么椎骨被分为我们直到今天还是这样辨识的这些主要的群组（颈椎、胸椎、腰椎），即除了骶骨外，还有七节颈椎、十二节胸椎和五节腰椎[3]（UP 12. 12, ii 217. 12-218. 3 H）。实际的解释冗长、迂回、离题，一直持续到下一卷，他在那卷中研究了脊髓神经的分布，以及各种肌肉、韧带和椎骨突的作用。[4] 他首先笼统地论述了需要多块灵活的椎骨（不是两块、三块或四块）来保护脊髓，以及在保持脊髓完整性

---

[1] 这一点在其他地方也被提出，参见例如 1.11, i 20, 25-22, 5 H; 2.17, i 117, 1-118, 7 H。关于理想的椎骨数量，见 12.12, ii 217, 12-221, 4 H; 以及 12.13-16, ii 221, 5-233, 8 H。关于椎骨突的保护功能，关于神经损伤的预防，参见 13.3, ii 240, 25-247, 23 H。比较一下眼睛的情况，参见下文第四节。

[2] 参见 UP 2.1-19, ii 64, 10-123, 8 H; 3.1-16, ii 123, 9-194, 26 H（臂）；参见 17.1, ii 442, 9-448, 7 H（腿）。

[3] 盖伦的叙述中有许多错误和不一致的地方。在这里，他写道，骶骨由人类的四根骨头组成，就像绵羊、山羊和猪一样，而真正的人类脊椎有五根。他完全没有提到尾骨（尽管在 13.7, ii 260, 26-262, 3, 他描述它作为骶骨的软骨生长），而在他早期的《骨骼：致初学者》(Bones for Beginners) II 731-2 K 中，他说尾骨是第三骶骨的附加骨骼，参见 May 1968, 574, n. 46。

[4] 然而，盖伦正确地指出，这些问题是相互关联的，不能轻易地划分：UP 12.16, ii 232, 27-233, 8 H。

的同时允许背部弯曲（218，3-219，13 H）。然后，盖伦滔滔不绝地讨论了椎骨突是如何作为一种吸收撞击的缓冲区来保护脊椎及其珍贵的脊髓的（12.15，ii 225，14-229，3 H），然后回到了他最初的主题：

> 现在我们清楚了为什么……整个脊椎有四个主要部分。因为胸部位于中间，两侧分别由上方的颈部和下方的腰部所包含，而且骶骨构成了所有这些部位的共同支撑，所以整个脊椎的主要部分必然是四个。等我讲完这些，你们就会知道为什么其中一个部分由七块椎骨组成，另一个部分由十二块椎骨组成，第三个部分由五块椎骨组成，最后一个部分由四块椎骨组成。（*UP* 12.16，ii 229. 10-20 H）

显而易见，这里有四个脊椎的区域，因为身体有四个分离的一般区域，或者至少有三个，以及一个单一的奠基性的基础，骶骨。事实上，盖伦承诺的对椎骨精确分布的最终解释要到下一本书的中间部分才会出现（13.7，ii 260，1-262，3 H）。由于人是直立的，椎骨的尺寸需要随着椎骨的升高而缩小；此外，椎骨还必须履行将适当的神经对分配到不同器官的功用，以及总体上支撑整个结构的功用。这种描述是复杂的、多方面的，而且事实上并不十分令人满意：

> 下部的椎骨必须比位于其上的椎骨大得多，这样才能支撑它们而不会疼痛……既然是这样，那么整个胸部就需要十二块

椎骨，因为这个数字与椎骨的逐渐增大和整个胸部的生成是一致的。（*UP* 12.16，260，9-13 H）

而这段话的其余部分也并不清晰。尽管如此，盖伦还是满怀希望地进行了总结：

> 现在已经完全清楚了，为什么颈部由七节椎骨构成，相应地，胸部由十二节椎骨构成，腰部由五节椎骨构成，以及为什么骶骨和脊椎的所有其他部分都精确地是如此这般的大小。（*UP* 12.16，261，19-23 H）

然而，无论在实际制作过程中存在怎样的缺陷，盖伦的整体计划开始呈现出一幅相当清晰的图景。仔细研究可以发现，动物的内部结构过于复杂，不可能是纯粹偶然的结果，或者说（尽管盖伦没有强调这一点，大概是出于对亚里士多德的尊重）是无定向的、内在的目的论的结果。鉴于物质性的限制，优化结果所要求的协调程度，特别是这样一种需要——保证功能性效能最大程度同抵抗损伤和保护生命的诉求协调一致——决定性地反对任何可能的替代方案。事实上，最高的艺术技巧恰恰体现在将不怎么好的事做到最好、将有限的资源最优化利用（以及在可能的情况下增加装饰；盖伦的神比摩西的神更善、更理性）。任何有能力、有良知、不被机械主义教条所控制的研究者，都不得不承认理智设计这只隐藏的手。但即便如此（与上文第二节相一致），设计者是如何引起他做出来的结果的，这或许是全然模糊的，甚至是无可弥补地模糊的。

四、造物主的技艺得以体现：视觉与生殖系统

盖伦的宇宙目的论的最后一个怀疑论特征，可以从另外两个结构中得到更好的呈现。在这两个结构中，自然的卓越技艺和神意得到了最为清晰的例示：眼睛和生殖器。技艺上的卓越主要体现在形式方面而非质料方面（上文第8、9段，第二节）。在"长短咏歌"的最后，盖伦指出，造物主那创造性的才华在较小的动物身上得到了更多的证明：动物越小，就越能引起人们的惊奇，就像工匠在小物件上雕刻一样（*UP* 17.1，ii 448，13-15 H）。他描述了一幅复杂的微缩图景："四匹马牵引着法厄同（Phaëthon），[1] 每匹马的嘴里都有一个马衔，牙齿非常小，以至于我一开始没有看到它们，直到我在明亮的灯光下把马嘴转过来，……然而，这些都没有显示出比跳蚤腿更完美的工艺。"（17.1，ii 448，16-449，II H）当我们想到跳蚤并不只是一个静态的表象，而是一只活生生的、有功能的动物时，这一点就尤为明显了。更甚者，

> 如果说造物主的技艺在无关紧要的动物身上偶然显现时是如此伟大，就如同人们或许会说的那样，那么当他的智慧和力量在一些重要的动物身上显现时，我们又该如何估量他那更加伟大的智慧和力量呢？（*UP* 17.1，ii 449，11-14 H）

---

[1] 希腊神话中太阳神赫利俄斯的儿子，这里用的是法厄同独自驾驶他父亲的太阳马车的典故。——译者注

让我们回到眼睛上来。对眼睛的功能性描述占据了《论诸部分的用途》第十卷的全部篇幅，在这本书中，盖伦比往常更公开地表现出了他真正的宗教情感。[1]他又一次关注设计方案的结构复杂性与才华，这些方案是自然为解决一系列紧迫的问题而设计的，这些问题一方面是对功能卓越的要求，另一方面是对安全和寿命的要求。因此，角膜既要非常坚硬，以实现其保护功能，又要非常薄，以便光线不受阻碍地通过（10.3，ii 62，6-65，8 H）。盖伦向一位想象中的"自然的诋斥者"说：[2]

因为角膜被制作成薄的、硬的、密的，所以它为了最好地适应光的传递，必定是直接变成清透的，就像精心修剪和抛光过的角那样。我们不能像自然能做的那样预先计划好这些事情。但是我们仍然能够在事实发生后对之做出判断，并基于这一理由——在另一种方式下这些事物将被构造得更好——而去批评自然制造的任何事物吗？对我自己来说，我想我们中的大多数都还不能做到这一点……如果他们不能提出比实际存在的构造更好的构造，他们就应该钦佩实际存在的构造。所以，自然的诋斥者：请告诉我们，在虹膜[3]的其他七个圆圈中，哪一个更适合制作角膜。或者，如果你做不到这一点，如果你认

[1] 当他转向对视觉光学进行几何描述时（不情愿地：大多数人没有时间做这种事情），他这样做，他说，因为他在梦中告诉他这样做：10.12，ii 92，23-93，10 H（参考上面的注释）。这一叙述占据了这本书的其余部分：10.11-15，ii 93，23-113，5 H。关于盖伦论点的批判性分析，以及他对几何准确性的自负，参见 Lloyd 2005。

[2] Cf. 17.1，ii 440，8，443，1，446，3-5 H：自然的敌人。

[3] 事实上，整个睫状体区域，"七个圈"包括脉络膜、视网膜、玻璃体、晶状体、巩膜和角膜，关于盖伦眼睛解剖学的问题和不足，参见 May 1968，467-468，n. 10。

为从最坚硬的圆圈中长出角膜并不好，那么请告诉我们，如果你处在普罗米修斯的位置上，就这层膜的生长这一例子来说，你会做出什么更好的事情来？（*UP* 10.3，ii 64，7-65，2 H）

但是，尽管角膜的设计令人赞叹，"这样的结构必然存在三个困难，而你，最聪明的控诉者，如果把你放在普罗米修斯的位置上，你很可能没有考虑到这三个困难。然而，普罗米修斯本人并非没有考虑到"（ii 65，13-17 H）。这些困难是：（1）为角膜提供营养的问题，因为角膜不可能有静脉和动脉；[1]（2）角膜对晶状体的磨损会引起晶状体疼痛这一事实；以及（3）角膜会散射光线从而使清晰的视觉不再可能这一事实。

接下来（ii 62，6-69，6 H），盖伦描述了眼睛的复杂结构及其各种"体液"和"膜"，所有这些结合在一起，产生了最佳的混合，既能发挥卓越的功能，又能保护眼睛不受损伤，从而解决了这些困难。玻璃体液直接为角膜提供营养，角膜保护了晶状体（因此晶状体不需要自己的静脉和动脉）。玻璃体液还能防止角膜磨损晶状体，防止光线散射，同时也是完全透明的，因为玻璃体液虽然很稠密，却非常薄：

---

[1] 普拉萨格拉斯（Praxagoras）首次区分了动脉和静脉。希罗菲卢斯（Herophilus）发现了动脉（arterial）含有普纽玛。盖伦区分了较为浑浊的静脉血和较为清澈的动脉血。动脉血包含"生命精气"。刘未沫根据差异性翻译原则将 phlebes 翻译成血管，将 arteriai 翻译成普纽玛脉。本文延续汉金森的英文翻译。参见刘未沫：《普纽玛/气、灵魂与经脉的发现——亚里士多德与希腊化早期医学》，《自然辩证法通讯》，2023，45（6）：65-82。——译者注

> 动物的造物主……首先考虑如何使角膜获得营养；其次考
> 虑如何使角膜丝毫不会接触到晶状体液；第三考虑如何使角膜
> 不散射光线：他用一个单一的巧妙装置解决了所有这些问题。
> （*UP* 10.3，ii 66，6-11 H）

这个"单一的巧妙装置"就是脉络膜，盖伦接着以其特有的滔滔不
绝的语言对这一结构赞叹不已。尽管"自然的诋斥者"狡辩不休，
但如果他们能够正确理解视觉的机理及这种机制的结构——该结构
以一种精心而符合神意的方式被设计出来——的复杂性，他们就不
得不承认，没有什么能比它的构造更为持久和有效了。然而，撇开
修辞不谈，盖伦对眼睛解剖结构的实际描述虽然详尽，却存在严重
不足，而且难以解释。

《论诸部分的用途》第十四册论述生殖系统，开篇就提出了以
下观点：

> 自然构造动物的各个部分有三个主要目的：自然制造它们
> 要么是为了生命本身（大脑、心脏和肝脏），要么是为了更好
> 的生活（眼睛、耳朵和鼻孔），要么是为了物种的延续（生殖
> 器、性腺和子宫）。（*UP* 14.1，ii 284，20-285，1）

下一章阐述了自然的"奇妙技艺"："自然赋予所有动物受孕的器
官，并一同赋予它们产生巨大快感的能力，以及……一种非凡的

欲望"，这种欲望甚至驱使最愚蠢的动物进行交配[1]（14.2，ii 285，27-286，7 H）。阴道位于"腹部以下"是"合适的"，因为它"远离面部器官"；[2] 此外，它很容易扩张，并且为了接纳射出的精液而被适恰地构造出来（14.3，ii 286，8 H）。但是在接纳精液之后，子宫就会收缩，将精液留在里面（参见《论精液》IV 513-516= 64，13-68，2，De Lacy 1992），并压迫精液，使它的各个部分分离开来（14.3，ii 288，11-290，20 H）。阴道既要坚固，便于精液进入，又要有弹性，以便分娩：

> 因此，为了给两种相互对立的功能留出空间，自然赋予了它恰到好处的相反品质，使它足够坚韧，以便在接受精液时保持合理的宽度和直线度，同时配以足够的柔软性，使它能够轻松地膨胀和收缩。（*UP* ii 289，20-290，2 H）。

盖伦继续争辩说（14.4，ii 290-291），不同动物子宫腔的数量与后代的（通常的？ 最大的？）数量相对应；这一点及乳头与子宫腔的等量性和哺乳期的适时到来，应该足以让人们相信这一切都不可能

---

[1] 这种强大而非理性的快乐动机有其缺点：胎儿发育问题往往是由人类的愚蠢引起的（"不合时宜的性交"和母亲错误的调养方式：14.7，ii 308，23-309，1；关于醉酒和贪吃的父母造成的损害，参见 11.10，ii 143，24-144，6）。性快感和性欲望都是由男性和女性的"睾丸"来传递的：14.9，ii 313，16 H；cf. *Semen* IV 569-570 = 120，24-122，12；cf. 572-573，585 = 124，7-19，136，9-18，De Lacy 1992。性过度可能会使人严重衰弱，"有些人甚至死于太多的性快感"：IV 588-589 = 138，28-140，10，De Lacy 1992。

[2] 盖伦之审慎的另一个例子：比较一下他对阴茎的处理（15.i，ii 338，9-342，20 H），以及他对那些"肆意滥用身体每一个孔的人"的指责（3.10，i 173，21-174，4 H）。

是偶然的（至少如果他们不是无耻的蠢货的话）。[1]但是，必然性在这里的作用是什么，造物主的作用又是什么？

难道乳房和子宫里发生的所有这些事情都是因为器官（organa）本身通过推理知道自己在做什么吗？如果是这样的话，它们就不再是工具（organa）了，而是有理性的动物，既懂得活动的适当时间，也懂得活动的持续时间。但是，如果你在它们的结构中加入某种自然的必然性，这种必然性将它们引向这些事情，它们就会成为工具和动物的部分，并且仍然体现出造物主非凡的技术能力。那些想要表现行星轨道的人在构造模型时，会通过某些机制（organa）向它们灌输运动的源泉，这些机制会继续运作，就好像它们的制造者在场，并在各个方面控制着它们。[2]同样，我认为，身体的每一个部分都是按照一定的依存关系和运动顺序运行的，它们的运行总是源于原初的原因，而不需要控制者。如果我们不能清楚地解释自然之运转的一切，因为它们很难解释，那么我们至少必须试着知道它们都是什么。[3]（*UP* 14.5，ii 294，26-295，18，Helmreich

---

[1] 盖伦支持广泛的古老信仰（至少可以追溯到巴门尼德：22 B 17 DK 盖伦保留的一段残篇），男性胎儿位于子宫腔的右边，女性在左边（14.4，292，22-293，4 H），尽管胎儿的性别分化需要时间（14.7，ii 304，17-305，6 H）。他也赞同亚里士多德的观点（*GA* 1.20，278217-20），即女性较之于男性，通常更冷且更差（14.6，ii 296，8-301，25 H）；并且他赞同这样一个观点，即就算如此，这已经是更好的方式了（ii 299，3-23 H）。

[2] 盖伦并没有说，这其实也是天体的运作方式；但他这么认为，这是一个合理的推论。这将为他的微观宇宙—宏观宇宙类比增加另一个层次。

[3] 参见 *PHP* V 558 = 404，5-6，De Lacy 1978-1984："胎儿"在它自身之内就拥有它的控制力量的来源。关于盖伦的胚胎学，参见 Hankinson 2017，255-266。

1907-1909；参见 14.8，ii 310，8-313，7 H：乳房 / 子宫的联系也体现了"惊人的技巧"）。

正如亚里士多德在《论动物的生成》2.1，733632-734619（参见 2.5，741b8-15）中暗示的，盖伦倾向于这样一种观点，即在两种精液在子宫中混合，以及随后母血对胚胎进行滋养之后，内部的生成过程作为预先设定的程序的结果而继续。亚里士多德将精液的"运动"（kinêseis）构造胚胎的方式类比为令人惊奇（thaumata）的自动程序（734b9-18）的运行，即机械装置在受到初始推动力而开始运转时，就会按照特定的模式运行。[1] 盖伦在他晚期的胚胎学论文《论胎儿的形成》[2] 中使用了相同的图像，但并不完全赞同：

> 当人们构造自动机械（thaumata）时，他们会提供初始运动，但随后就会离开，而他们的构造物则继续以娴熟的方式发挥作用，至少在一段时间内是这样。同样，诸神构造动植物种子的方式也是如此，即使诸神不再作用于这些种子，它们也能传递这些运动。（*Foet. Form.* IV 688 = 92，16-21，Nickel 2001）

在《论各部分的功用》一书中，盖伦承认对胎儿的发育，尤其是血管如何将营养从母体输送到发育中的胎儿的过程，"进行清晰的描

---

[1] 机械玩具的类型，参见 Berryman 2002 and 2003；在这个语境下，参见 Hankinson 2017，259-263。

[2] *Foet. Form.* IV 652-702 = CMG V 3.3，Nickel 2001.

述是一件困难的事情"。但即便如此，"当这些东西在解剖中被准确地观察到时，它们会立即引起观察者的赞叹"（*UP* 15.4，ii 346，16-21 H）。静脉与静脉、动脉与动脉之间的亲和力，就像树根一样从子宫中长出，然后像树干一样结合在一起，最后分裂并插入相应的胎儿内脏，这些都是神意和设计的明显迹象（15.4，ii 347，21-351，25 H）。

在子宫中胎儿的构造和安排中，自然还显示出另一个无可辩驳的创造性智慧的特征：各部分及其功能设计的经济性。[1] 在一个冗长的论证中（*UP* 15.5，ii 351，20-359，9 H），盖伦讨论了胎儿体内存在将尿液排入羊水的脐尿管（urachus）的原因，以及有别于发达的膀胱和尿道系统，胎儿体内缺乏括约肌的原因。这是完全合理的，"因为有充分的理由在它们体内植入一块肌肉，让任何东西都不会通过，除非听从理智的命令，但在胚胎中，这将是多余和徒劳的；而自然不做徒劳之事"（ii 359，5-9）。胎儿不同于"已经出生的动物……因为它像植物那样在很长一段时间内受到控制，它从静脉中获得更多的功能；所以自然从一开始就使它们强壮"（15.6 = ii 359，9-360，6 H）。同样，他还指出了卵圆孔在分娩前的存在和分娩后的闭合（15.6，ii 360，13-363，1 H），以及子宫颈在怀孕期间闭合的功能适应性（15.7，ii 363，11-364，3 H）。但是，在所有这些情况下，我们给出完整解释的能力注定会受到挫折。如果我们诚实而清醒，我们当然可以知道事情是如此精巧地被制造出来，但它们何以如此，却超出了我们的理解：

---

[1] 再次参见 Hankinson 1988。

因此，它们独特的功能表明了这样一个事实，即自然巧妙地制造了所有这些事物。但是，自然实现这一切的力量是超出我们理智的——如果不是多次清楚的见证，我们最初甚至不会相信有这种力量。（*UP* 15.6，363，1-6 H；参见第 571 页引文）

阴茎也是如此（15.1，ii 338，3-442，20 H）。它的位置、它的功能、它的特殊物质、它只有间歇性勃起的状态，[1]所有这些都证明了神至高无上的设计。阴茎在交媾时必须完全坚硬，这不仅是为了插入，也是为了使尿道伸直，以便最大限度地射精，同时也是为了拉直阴道，确保精液射入子宫颈（15.3，ii 344，5-345，12 H）。即便如此，

这些都是我们的造物主想要创造的；但是……不要试图……找出它们是如何变成这样的。……如果不是通过解剖，你甚至都不知道它们是这样的。你只要发现……每个部分都是按照其功能的要求形成的，就足够了；如果你试图探究它是如何形成的，你就会被认为不仅对自己的孱弱麻木不仁，而且对造物主的力量也麻木不仁。（*UP* 15.1，ii 342，4-13 H）

迈克尔·弗雷德（Michael Frede 2003，78-79）主张，盖伦认为任何这样的探究都是不虔诚的，是试图超越人类所能理解之物的狂妄尝试。或许如此；但盖伦可能只是就人类理智的有限性提出了一个

---

[1] 亚里士多德（*PA* 4.10，689219-30）也考虑了这个问题，尽管他当然没有把它归因于神圣的工艺。参见 Frede 2003，78-79。

相当平庸的观点。即使我们无法说明它是如何完成的，在阐明这样一种机制的意义上——借助于这种机制，动物的结构被创造出来并持续发挥着功能，但我们必须承认它是有目的性地完成的。否认这一点确实是不虔诚的。

五、结论：神意宇宙的证据

这种不可知论完全是盖伦对待科学乃至他的神学的态度。如果你思想开放，并且有足够的良知去摒弃唯物主义教条，只看到事物的本来面目，也就是去做一个真正的自然学家（phusikos）（3.10，i 175，8 H），那么世界上神的存在的真实性就会显现出来：

> 谁不会立即得出结论：某种具有非凡力量的理智正在大地上行走，并渗透到大地的每一个角落？因为你到处都能看到具有非凡结构的动物。（*UP* 17.1，ii 446，7-11）

此外，我们有理由认为，它实际上是积极的，并且从天上降下来：

> 宇宙中还有比大地周围更微不足道的地方吗？然而，即使在这里，某些理智也明显地从上面的天体降下，任何人看到这一点，都不得不立即赞叹它们的物质之美……我们有理由设想，栖居在它们之中的理智比大地上的身体更好、更完美，就像它们的身体性的物质更纯净一样。因为当动物在泥浆和黏液、沼泽、腐烂的植物和果实中诞生时，它们却显示出构造它

们的理智的奇妙迹象，那么我们该如何看待上述的身体呢？
（*UP* 17.1，ii 446，11-23 H）

这是一个惊人的宣言，在他的浩繁论著中也是绝无仅有的，但在这里，没有理由去怀疑它的真诚。盖伦继续着这种比较的思路：

> 当你思考柏拉图、亚里士多德、喜帕恰斯（Hipparchus），[1] 以及其他许多类似的人时，你就能体会到人类理智的本性。当一种超乎寻常的理智出现在这样的黏液中时——因为你还能把由肉、血、痰、黄胆汁和黑胆汁组成的东西叫作什么呢？——我们该认为日月星辰中的理智是何等的卓越。（*UP* 17.1，ii 446，23-447，8 H）

因此，天体必须具有超凡的理智。此外，天体的理智很可能与它们的光一起弥漫到大地上：

> 在我看来，某种……理智甚至渗透到了我们周围的空气中；当然，如果空气不接受太阳的［即理智的］力量，它就不能分享到太阳的光。我相信，当你仔细而公正地研究动物表现出来的技能时，你也会以同样的方式看待所有这些事情，除非，正如我说的那样，你被某些轻率提出的关于宇宙元素的学

---

[1] 尼西亚的喜帕恰斯（约前190—约前120年），希腊天文学家、地理学家和数学家。根据托勒密的记载，他发现了分点岁差，并且质疑了亚里士多德《论天》中星体生不灭的理论。——译者注

说所阻止。（*UP* 17.1，ii 447，8-16 H；紧接第 571 页引文。）

在《论胎儿的形成》漫长的最后一章的中间，盖伦坦言他不确定神性在这个世界上的本性和具体功能。盖伦评论道，儿童能够发出我们要求他们发出的任何声音，而对产生这些声音的机制一无所知。这表明，要么功能性部分本身仍然保留着产生它们的、给予它们活力的灵魂，要么各种肌肉本身就是动物，或者至少它们能够理解和服从理性灵魂。但所有这些观点似乎都过于夸张，而且找不到任何令人信服的论据来支持这些观点中的任何一个。（IV 696-697 = 100，14-29，Nickel；参见第 574 页第一段引文）

更不能接受的是"我的柏拉图主义老师们之中某一位的观点"，即动物的所有部分都始终处于世界灵魂的监护之下（700-701= 104，25-106，2，Nickel；cf. *Prop. Plac.* 13.5，106，14-23，Nutton 1999），这种观点在他看来是不虔诚的。[1]另一方面，盖伦对于造物主如何影响他的受造物，或者这些受造物后来是如何运作的，也没有得出任何可信的结论；但是，对于造物主确实是这样做的这一点，除了最盲目的机械论者之外，任何人都是完全清楚的。甚至亚里士多德的这一观点，即胎儿的发育仅仅是按照种子中预先设定的某种植物性的程序，似乎也是不可接受的，尽管有些事情对它有利；而胎儿是由理性灵魂生成的这一观念似乎同样不可接受

---

[1] 因为这样世界灵魂就会对蜘蛛、蝎子和蛇这样的坏事物负责；在《论诸部分的用途》中，盖伦对造物主的辉煌的颂词有明显的紧张感；通过强调这些平庸的细节会损害世界灵魂的尊严，至少可以减轻这种紧张感。

（700=104，15-25，Nickel）。[1]

　　基本的事实仍然存在。大致而言，在《论诸部分的用途》中，盖伦几乎暗示了——虽然是尝试性地——某种在光线的传播与传送背后的、神普遍地影响和控制地上世界的机制，正如第 599 页最后一段引文提醒的那样。这不过是一份草图，盖伦承认无法填满草图的细节。但是存在这样一些因果影响的事实，即使这些事实的机制并不能完全被理解。在另一个完全不同的语境下，在讨论表面上微不足道的初始原因如何在身体中产生广泛而深远的影响时，他以电鳐的行动为例，通过一根坚硬的青铜矛将电击传递到渔夫的手臂上（《论受影响的部分》[Affected Parts] VIII 421-422 ）。他说，在那里，我们不知道效果是如何精巧产生的，也不知道传递的方式。但是仅仅基于这样一些理由而拒绝承认电击被如此传递，将是极大的愚蠢和一种经验主义的不负责任。他认为，实际上，就神、宇宙及它的动物居民之间的关系而言，情况就是如此。因此，宇宙论不仅仅是生物学的模型：它是生物学不可分割的一部分。[2]

参考文献 ────────────────────────

Berryman, S., "Galen and the Mechanical Philosophy," *Apeiron* 35, 2002, pp. 235-254.

Berryman, S., "Ancient Automata and Mechanical Explanation," *Phronesis*

---

〔1〕 在 Hankinson 2017, 263-266，我更详细地处理了这一段。

〔2〕 这是一个经过大幅修改的、演讲的书面版本，我在 2016 年墨西哥会议上做出这一演讲。我要感谢与会者在会议上和以非正式方式提出的问题和评论，特别是 Barbara Sattler 和 George Boys-Stones；感谢 Rocardo Salles 把整个流程组织得如此漂亮，以及他的评论和鼓励。

47, 2003, pp. 344-369.

Boudon-Millot, V., *Galien, Sur l'ordre des ses propres livres, Sur ses propres livres, Que l'excéllent* médecin *est aussi philosophe*, Paris: Les Belles Lettres, 2007.

Boudon-Millot, V. and Pietrobelli, A., "Galien résussicité: édition princeps du texte grec du *De propriis placitis*," *Revue des Études grecques* 118, 2005, pp. 168-213.

Craik, E., "Teleology in Hippocratic Texts: Clues to the Future?," in J. Rocca (ed.), *Teleology in the Ancient World: Philosophical and Medical Approaches*, Cambridge: Cambridge University Press, 2017, pp. 203-216.

Frede, M., "Galen's Theology," in *Entretiens sur l'Antiquité Classicque 49* (*Galien et la Philosophie*), Geneva: Fondation Hardt, 2003, pp. 73-126.

Hankinson, R. J., "Galen Explains the Elephant," *Canadian Journal of Philosophy* 14. Suppl., 1988, pp. 135-157.

Hankinson, R. J., "Galen and the Best of All Possible Worlds," *Classical Quarterly* 39, 1989, pp. 206-227.

Hankinson, R. J., "Teleology and Necessity in Greek Embryology," in J. Rocca (ed.), *Teleology in the Ancient World: Philosophical and Medical Approaches*, Cambridge: Cambridge University Press, 2017, pp. 242-271.

Hankinson, R. J., "A Hymn to Nature: Structure, Function, Design and Beauty in Galen's Biology," in D. De Brasi and F. Fronterotta (eds.), *Poikile physis, Biological Literature in Greek during the Roman Empire: Genres, Scopes, and Problems*, Berlin/Boston: De Gruyter, forthcoming.

Helmreich, G., *Galeni Scripa Minora*, vol. 3, Leipzig: B. G. Teubner, 1983.

Helmreich, G., *Galenus: de Usu Partium*, 2 vols., Leipzig: B. G. Teubner, 1907-1909.

May, M. T., *Galen on the Usefulness of the Parts of the Body*, 2 vols., Baltimore: Johns Hopkins University Press, 1968.

Nickel, D., *Galeni de Foetuum Formatione. Corpus Medicorum Graecorum* V 3, 3, Berlin: Akademie Verlag, 2001.

Sedley, D. N., "Socrates, Darwin, and Teleology," in J. Rocca (ed.), *Teleology in the Ancient World: Philosophical and Medical Approaches*, Cambridge: Cambridge University Press, 2017, pp. 25-42.

普罗提诺论占星术[*]

Peter Adamson　左逢源　译

一、引言

普罗提诺对占星术很有兴趣，我们从波斐利的记述中可以知道
这一点：

> ［普罗提诺］投身关于星体的图表的研究，[1]但他并不致
> 力于研究数学方面的内容，而是深入研究占星术的使用（τοῖς
> δὲ τῶν γενεθλιαλόγων ἀπο τελεσματικοῖς ἀκριβέστερον），并发

---

[*] 本文选自 Peter Adamson, "Plotinus on Astrology," *Oxford Studies in Ancient Philosophy
Volume* 35, 2008, Oxford: Oxford University Press。感谢 Leverhulme Trust 在本文写
作期间给予的支持。这篇文章受益于在伦敦国王学院与同事们一同阅读古代哲学的
经历，尤其是 M. M. McCabe，她让我更好地注意到了方法论的问题，正如本文最后
两段提及的那样。感谢在伦敦、赫尔辛基和利兹展示本文时收获的评论。最后，我要
感谢 Bob Sharples，James Wilberding 和 Philip van der Eijk，感谢他们有益而细致的
写作建议。（感谢南开大学哲学院关逸云同学对译文的批评与建议，她指出了本文对
"*sēmainein*" "ταῖς τῆς ψυχῆς διαθέσεσι" 及 "Astral theodicy" 的翻译错误，并提供了更
好的翻译方式。——译者注）
[1] 译文参见 J. Wilberding, *Plotinus' Cosmology: A Study of* Ennead *II. 1（40）(Plotinus'
Cosmology)*, Oxford, 2006, pp. 4-5。

现他们得出结论的基础并不可靠，便毫不迟疑地反驳了这些占星术士作品中的许多言论。（《普罗提诺的生平》[*Life of Plotinus*], 15.21-26，Henry-Schwyzer）

普罗提诺自己的作品也证实了他的这一兴趣。《九章集》3.1[6]作为他最早的作品之一，就是一篇关于命运的论文，在这篇文章中，他批评了占星术士的观点和其他的决定论系统。不久之后，他花费了很多笔墨写了一篇论灵魂的长文，即《九章集》4.4[28].30-39，来讨论星辰是不是原因。而在他最后的作品之一，《九章集》2.3[52]中，他完全投身对诸星的运转是否会导致月下世界（sublunary world）发生一些事件的探究。从这些文本中，我们可以看到普罗提诺在该领域持续不断的研究，不只是关于星辰与月下世界的关联，还涉及更精确的问题，即是否可能存在一门通过观察诸天（havens）来预测事件的学科。[1]或者更准确地说：普罗提诺可以接受占星术士的确有时可以成功地预测出一些东西，但问题在于我们要如何解释这个（假设出来的）现象。

这一观点需要更多的解释。在许多刚才提到的对占星术的批评

---

[1] 关于学界之前对"普罗提诺对占星术的看法"的讨论，参见 J. M. Dillon, "Plotinus on Whether the Star are Causes," *Res Orientale* 12, 1999, pp. 87-91, 这篇文章主要聚焦于3.1前半部分的文本，并对之进行了简洁有力的讨论；以及 A. A. Long, "Astrology: Arguments Pro and Contra"（"Astrology"），in J. Barnes et al.（eds.），*Science and Speculation: Studies in Hellenistic Theory and Practice*, Cambridge, 1982, pp. 165-192, 这篇文章将普罗提诺与其他古代角色放在一起讨论。至于 Long 对"强弱占星术（hard and soft astrology）的对比"的发展（我们在后文中会看到），参见 D. Rolando, "L' Anima e le Moire: Hard Astrology e Soft Astrology nel pensiero del Plotino," *Discorsi* 10, 1990, pp. 237-262。除了标题显示的内容之外，这篇文章还关注普罗提诺形而上学中占星术的定位。综述性的文章可见 T. Barton, *Ancient Astrology*（*Astrology*），London, 1994。

当中，普罗提诺并没有集中于"占星术士的预测总是失败"这一点上，或者说他们偶尔的成功是凭借运气，而是承认占星术经常成功。他总是愿意高兴地承认有其他的方法可以真正地为我们揭示未来的事象，例如一些建立在对鸟类的观察之上的预言。让他更感兴趣的是如何对占星术的成功进行哲学解释。他对这一点感兴趣是完全正确的。如果占星术真的能够预测未来，那就会引起许多哲学问题。一个容易想到的问题就是：如果占星术士今天知道未来会发生一些事件，这是否意味着该事件是必然的或不可避免的？这种担忧当然与亚里士多德关于决定论的论证，即《解释篇》第 9 节中那段著名的关于海战的讨论类似。但无须担心普罗提诺借鉴了亚里士多德的论证，因为他从来就不认为这是占星术的症结所在。

相反，令普罗提诺担心的是占星术士解释他们的预测准确的原因。[1] 相比其他古代的占星术批评者，普罗提诺似乎要更有见识。尤其是 2.3 中的讨论，这段文本展现出了他对当时的占星理论相当熟悉，这与像西塞罗那样的批评者不同，他们对占星术士观点的把握相对而言要模糊一些。[2] 但在普罗提诺看来，任何一种认为星体与月下世界之事象有因果联系的理论都会面临两个糟糕的结果：

---

[1] 这里我要赞赏波斐利，因为他领会到了这一点。因此，我前面引用的这段《普罗提诺的生平》中的短语 φωράσας τῆς ἐπαγγελίας τὸ ἀνεχέλλυον 指的并不是占星术士预测的不准确（Armstrong 也这么认为："当他察觉到他们宣称的结果的不可靠"），而是他们预测的基础是不可靠的（可对比 Wilberding 的译文："当他发现这种追求是毫无基础的"）。

[2] 关于这一点，见 Long，"Astrology"；塞克斯都·恩披里克在 *M*. 5.1-40 中的确详细地介绍了占星术，他介绍的许多方面与普罗提诺是并行的。

首先也是最明显的一点，这样的理论会给人类的自主性（human autonomy）带来消极影响：[1]如果诸星会导致我们做出某些给定的行为，那么这个行为就不取决于我们。其次，普罗提诺认为星辰是神圣的，所以如果我们说星辰导致了恶，就会让神为恶负责，那就太荒谬了。

普罗提诺可以通过区分 A. A. Long 说的"强""弱"占星术来规避这两个结果。强意义上的占星术认为星辰导致或让（make, *poiein*）月下世界的事象发生。弱意义上的占星术拒绝这一点，认为占星术的准确性只体现在星辰能够代表或昭示（*sēmainein*）月下世界的事象。当然，弱意义上的占星术仍需要解释星辰是如何昭示其他自然宇宙（physical cosmos）当中的事件的。而普罗提诺提供了一个解释。因为他与柏拉图和斯多亚派一样，都认为整个自然宇宙是一个统一的整体，哪怕对任何一个生物来说也是如此。整个宇宙被 *sumpatheia*[2]联系在一起，因此，占星术士可以通过观察其中的一部分（星辰）来揭示另一部分（月下世界）正在发生或将要发生什么，正如一名舞蹈专家可以通过观察舞者身体的一部分，来推断出这位舞者其他的身体部分要做什么动作（这个比喻来自《九章集》4.4.33）。[3]在这里，我们可以很容易地总结出什么才是（或

---

[1] 我用"自主性"这个概念而不是"自由"（freedom），以避免掩盖其中的哲学问题。问题在于人类自己是否是他们行为的真正原因，还是说只是他们行为的结果。强占星术会否认这一点，并认为星辰才是行为及其结果（以及月下世界的一切）的原因。

[2] Cf. G. M. Gurtler, "Sympathy in Plotinus"（"Sympathy"）, *International Philosophical Quarterly* 24，1984，pp. 395-406.

[3] Cf. 4.4.8.45, 3.2.16.23-27. 至于普罗提诺的音乐比喻，参见 S. Gersh, "Plotinus on Harmonia: Musical Metaphors and their Uses in the *Enneads*," in J. Dillon and M. Dixsaut（eds.）, *Agonistes: Essays in Honour of Denis O'Bien*, Aldershot, 2005，pp. 195-207.

者有时是）普罗提诺关于占星术的立场：拒斥"强意义上的占星术"，即星辰导致了所有月下世界的事象；支持"弱意义上的占星术"，即星辰昭示或代表了所有月下世界的事象，后者可以通过引入 sumpatheia 得到解释。

不幸的是，这种对普罗提诺观点的总结虽然简洁，却牺牲了精确性。在 3.1 中，普罗提诺似乎在一定程度上为弱占星术辩护而反对强占星术，但并没有引入 sumpatheia，同样的立场也出现在 2.3 的前八节，但这次他引入了 sumpatheia。而 2.3 余下的章节，包括 4.4 中靠前的章节，显示他相对而言更愿意承认占星术而不是仅仅认为星辰有昭示作用。有时他做出的那些让步就像仅仅是辩证式的（dialectical）。但在 2.3 中，是柏拉图的权威让普罗提诺允许存在一种受星辰影响的有意义的原因等级。因此他发展出了一种更微妙的占星术立场，让他承认原因的影响，再以多种方式对之限制，以同时保障人类的自主性和星辰的恩惠（benevolence）。在后面的章节中，我将在更详细地分析 2.3 之前，通过概述 3.1 和 4.4 的论证，来解释普罗提诺逐步发展的关于占星术的观点。我关注 2.3 的处理并非只是因为这是普罗提诺关于占星术最后的论述，还因为在那里他直接地讨论了占星术，而不是为了研究更大的目的讨论之，就像 3.1 和 4.4 中的那样。

二、早期观点：3.1［6］.5-6

《九章集》3.1，波斐利为之取的标题是"论命运"，它对自然主义者的因果理论进行了讨论，但被认为是一篇充满学究气、缺乏独创性的作品。[1]其中一个被讨论的理论是强意义上的占星术。尽管普罗提诺为反驳自然决定论而感到苦恼，他仍乐意肯定自然世界的一切都有原因（3.1.114-116，呼应了《蒂迈欧》28a-c）。（所以如果像某些学者持有的观点[2]那样，将亚里士多德的偶然事件理解为无原因事件是正确的，普罗提诺在这里否认存在亚里士多德说的那种偶然事件。[3]）显然这直接排除了一种回避强占星术的显而易见的方式，即认为存在一些完全没有原因，更不会（a fortiori）被星辰影响的事物。当然，在3.1，他试图反驳强意义上的占星术；在批评伊壁鸠鲁主义者的原子论和或许是斯多亚派的世界灵魂理论（World-Soul Theory）之后，他反驳了强意义上的占星术。这三个理论的共同点并不在于自然决定论，因为伊壁鸠鲁主义者显然与之相悖（3.1.1.16有提及），反而能为规避它提供帮助。而且，普罗提诺对他们的抱怨似乎在于，他们让万物都成为自然世界之中的一系列复杂原因的结果——它们要么是原子的运动，要么是许多可

[1] 因此，Armstrong 在 Leob 版 3.1 的译文介绍中表示支持 Bréhier。但对于这种把早期普罗提诺的作品看作缺乏独创性的学究之作的观点，也有学者提出了审慎的警告，参见 R. Chiaradonna, "L'anima e la mistione stoica: Enn. IV 7 [2], 8², " in id. (ed.), *Studi sull'anima in Pltotino*, Naples, 2005, pp. 129-147。

[2] 参 见 R. Sorabji, *Necessity, Cause and Blame: Perspectives on Aristotle's Theory*, London, 1983, pp. 3-25。

[3] 普罗提诺实际上在这一章节中提及了亚里士多德对偶然性的讨论，但他对之断章取义，以至于弱化了亚里士多德的观点："如果所有的事都有使它们发生的原因，那么很容易理解那些与发生的事直接相关的原因，也很容易追溯这些原因：例如，一个人前往市场的原因是他认为他应该去见某人或去收债。"（3.1.1.24-27，Armstrong 译）当然，这个例子的最初版本是在《物理学》2.5：有一个人出于某些原因去市场，凑巧碰到了他的债务人。可对比 2.3.14.17-18，这一部分同样引用了这个著名的例子以挖掘和寻找它的价值，但他说这仍然有待解释，因为"宇宙中的一个事物"已经导致了这个例子的情况出现，它被诸天所昭示。

以被追溯到内在世界灵魂的自然原因，要么是天体的运动。"命运"（*heimarmenē*）这个概念，在斯多亚派的理论中，被用来描述宇宙之中那不可回避的因果之网的运转。而普罗提诺则希望为那超验而无形的诸原因腾出空间。[1]

在第二章中，普罗提诺第一次介绍了占星理论：

> 其他人认为宇宙的环行通过位移、恒星（fixed star）与游星（wandering star）的特征和它们相对的位置包围并产生了一切（πάντα ποιοῦσαν），他们相信在此基础之上进行的预言，认为所有的个体事物（ἕκαστα）都从中产生。（3.1.2.26-30）

这里的核心概念是 ποιοῦσαν 和 ἕκαστα：在这些占星术士看来，星辰实际上导致或创造了事物，并且是月下世界中的每一个事物（正如这段文本澄清的，星辰包括"恒星"和"游星"或是"行星"，包括太阳月亮）。正如我们将看到的，普罗提诺在后期作品中对占星术的回应一直集中在两个观点上。他的第一个批评是我们上面已经介绍过的：否认星辰导致了事象的发生，它们只是昭示了事象的发生。他的第二个批评是承认星辰既是事象的原因，又昭示事象的发生，但是否认星辰是所有事物的唯一原因，即使它们确实昭示一切事物。在 3.1 中这两种批评都有出现，即使第一种更为明显。

正如我们前面强调的那样，普罗提诺有两个主要理由反驳强意

---

[1] 可比较相反的观点，例如伪普鲁塔克的《论命运》，在 *heimarmenē* 与 *pronoia* 之间：神意（providence）从上级的原则降临，包括内在于它的运转的命运，而命运只在下级的意义上的生效。详情参见 2.3。

义上的占星术。第一，强占星术无异于否认人类自主性。第二，占星术士让星辰为恶负责。这两个不满分别在 3.1.5 和 3.1.6 中出现。提到人类自主性的时候，普罗提诺说：

ἐκείνοις ἀνατίθησι τὰ ἡμέτερα, βουλὰς καὶ πάθη, κακία τε καὶ ὁρμάς, ἡμῖν δὲ οὐδὲν διδοὺς λίθοις φερομένοις καταλείπει εἶναι, ἀλλ᾽οὐκ ἀνθρώποις ἔχουσι παρ᾽αὐτῶν καὶ ἐκ τῆς αὐτῶν φύσεως ἔργον. (3.1.5.16-20)

[占星术]将我们的一切都归于[星辰]，沉思与感情，恶行与冲动，它什么都给不了我们，还只会让我们像移动的石头一样，而不是将这些理解为人们自身具备的功能，以及从他们的自然本性中生发出来的东西。

这些人类生活的心理学特征正是普罗提诺试图从星辰决定论中捍卫的：意志（volitions），情感，欲求。就在数行文字之前，他还重申强意义上的占星术会让"每一个及一切事物（ἕκαστα）"都变成星辰影响的结果，还说"甚至是思想（καὶ διανοίας οὐχ ἥκιστα）"也会变成这样（3.1.5.6-7）。这里我们可以看到他引用了一种在他后期对占星术的处理当中更系统化的区分。像人类的"沉思""冲动"这些现象不能归于星辰，因为它们是属于我们的："我们必须区分那些由我们自身实现的事和受必然性影响而出现的事。"（3.1.5.22-23）[1]"属于我们的"和"必然性的"之间的比较与 3.1 后半部分中的一个比较有关，即"内在于"我们和"外在于"我们的比较。如

---

[1] Cf. S. E. *M*. 5. 41-42.

果真的存在来自星辰的因果影响，那也只能是后者（3.1.9.3-4）。

普罗提诺不愿承认星辰能够产生恶，因此他拒绝存在直接的星辰因果这种想法。正如他在第 6 节说的："如果星辰是神明，恶的品质怎么可能出自它们呢？"（3.1.6.10-11）[1] 但实际上，问题要比这更加宽泛。因为在随后的几行文字中，他同样发现，星辰不能注意到月下世界，不管是出于善的目的还是恶的目的，它们也不能通过为月下世界的事物施行某种因果关系来对它们彼此之间的位置做出反应。问题不仅在于星辰不能作恶，还在于星辰不能有目的地导致月下世界的任何事。如果它们能，那么它们就指向了次于它们的东西，即在任何意义上都在它们之下的东西，而不是指向更高的神。

在这里，普罗提诺与阿芙洛狄西亚的亚历山大（Alexander of Aphrodisias）达成了一致，[2] 他也否认星辰会故意造成月下世界的事象，在这个基础之上，这个观点可能会削弱星辰的神圣性。这一点清晰地展现在亚历山大那仅在阿拉伯世界被保存下来的著作《论神意》(*On Providence*)[3] 中。由于亚历山大与普罗提诺的立场

---

[1] πονηρία δὲ ἤθους παρὰ θεῶν ὄντων πῶς ἂν δοθείη.

[2] 这里及后文并没有假设普罗提诺真的阅读过亚历山大的相关著作，尽管这并非没有可能。我提到亚历山大，首先是为了澄清这些哲学问题，其次是为普罗提诺对占星术的讨论提供更宽阔的历史背景。

[3] 德文的编辑、翻译参见 H.-J. Ruland, *Die arabischen Fassungen von zwei Schriften des Alexander von Aphrodisias：über die Vorsehung und über das liberum arbitrium（Die arabischen Fassungen）*, diss. Saarbrücken, 1976。意大利文参见 S. Fazzo and M. Zonta, *Alessandro di Afrodisia：La provvidenza*, Milan, 1998。法文参见 P. Thillet, *Alexandre d'Aphrodise：Traité de la Providence*, Lagrasse, 2003。Thillet 在 46-54 讨论了《论神意》对普罗提诺可能产生的影响。这篇文章有两种阿拉伯文的翻译，较早的一篇来自肯迪圈（Kindī circle），较晚的一篇来自亚里士多德主义哲学家、基督教徒 Abū Bisher Mattā。对研究亚历山大的思想来说，后者是更精确的研究资源，也是文中引用的版本，页码引自 Ruland 的版本，在 Thillet 的版本中得以复刻。

和对占星术的处理都很相似，我们需要对亚历山大的立场进行一个简短的总结。亚历山大论证说神明不会在意"具体的事物"（al-juz'iyyāt）——即普罗提诺的 ἔκαστα——并组织了一系列论证来证明这一观点。[1] 其中之一是，如果神确实关注具体事物，那么他就会比具体事物弱而不是强，因为这意味着神的存在是为了（for the sake of, min ajili）具体事物，而当一个事物的存在是为了另一个事物时，它的级别自然也要比后者低（Die arabischen Fassungen, 21）。在这些文本中，亚历山大并没有将星辰与神明等同。但我们在他后面的文章中可以发现，他使用了类似的论证来否认天体的运动是我们的目的（ibid., 51-59）。

所有的这些思考都意味着我们应该限制天体因果的影响范围。如果我们认为星辰对人类的意志没有丝毫影响，那么它们自然不会造成恶行，也不会有意造成月下世界的任何事象，那星辰还能做些什么呢？亚历山大的解决方案是星辰会通过确保自然物种的循环生产，偶然地带来一种"普遍的"神意。[2] 但是这显然不会拯救占星术有时可以准确预测具体情况的现象。所以我们可能会选择转向弱意义上的占星术：完全放弃星辰具备因果作用的观点，而认为它们仅有昭示功能。这似乎也是普罗提诺在第 6 节结尾采用的观点：

ἀλλὰ μᾶλλον, ὡς φέρεται μὲν ταῦτα ἐπὶ σωτηρίᾳ τῶν ὅλων, παρέχεται δὲ καὶ ἄλλην χρείαν τὴν τοῦ εἰς αὐτὰ ὥσπερ

---

[1] Ruland, Die arabischen Fassungen, 13 ff.

[2] 这一立场在他的《论命运》中也得到了辩护，参见 R. W. Sharples, Alexander of Aphrodisias: On Fate, London, 1983。

γράμματα βλέποντας τοὺς τὴν τοιαύτην γραμματικὴν εἰδότας
ἀναγινώσειν τὰ μέλλοντα ἐκ τῶν σχημάτων κατὰ τὸ ἀνάλογον
μεθοδεύοντας τὸ σημαινόμενον. ὥσπερ εἴ τις λέγοι, ἐπειδὴ
ὑψηλὸς ὁ ὄρνις, σημαίνει ὑψηλάς τινας πράξεις. (3.1.6.18-24)

我们与其认为繁星的运行是为了宇宙的持存，倒不如说它
们是为了别的东西。这就是那些将星辰看作字母，知道如何去
阅读这些天书的人做的，即从它们运行的模式中读出未来，通
过系统地类比发现它们昭示着什么。例如，有人认为鸟儿高高
（aloft）飞起昭示着崇高的（lofty）事迹即将发生。[1]

这种星辰与鸟儿之间的类比已然在第 5 节出现了（II.35-37），并且
还会在 2.3（2.3.3.27-28；2.3.7.14-16）出现。这似乎是普罗提诺非
常喜欢使用的一个修辞手法。鸟儿的预兆在当时是普遍被接受的预
言形式，但（普罗提诺认为）没有人愚昧到认为鸟儿实际上造成了
它们昭示的那些事情。

然而，这个普罗提诺用以面对前面我们已经说过的诸多压力，
并为弱占星术辩护的小故事，已然在 3.1 中被削弱了：

ἀλλὰ γὰρ γίγνεται μὲν ἕκαστα κατὰ τὰς αὐτῶν φύσεις,
ἵππος μέν, ὅτι ἐξ ἵππου, καὶ ἄνθρωπος, ὅτι ἐξ ἀνθρώπου, καὶ
τοιόσδε, ὅτι ἐκ τοιοῦδε. ἔστω δὲ συνεργὸς καὶ ἡ τοῦ παντὸς
φορὰ συγχωροῦσα τὸ πολὺ τοῖς γειναμένοις (Armstrong 校

---

[1] 此处鸟儿的例子是一种 "自然" 昭示，而不是那种依赖习俗的或是任意的事件与预兆
之间的联系。占星昭示也是如此，尽管普罗提诺似乎并没有发展这个观点。

订版)，ἔστωσαν δὲ πρὸς τὰ τοῦ σώματος πολλὰ σωματικῶς διδόντες，θερμότητας καὶ ψύξεις καὶ σωμάτων κράσεις ἐπακολουθούσας. πῶς οὖν τὰ ἤθη καὶ ἐπιτηδεύματα καὶ μάλιστα οὐχ ὅσα δοκεῖ κράσει σωμάτων δουλεύειν...;（3.1.6.1-9）

但个体事物是根据其自然本性生成的，例如一匹马，是马生下来的，一个人，是人生下来的，如此这般的东西也是如此这般的东西生下来的。**宇宙的环行当然也是辅助（co-operative）的原因**，但最重要的原因仍是父母，而借助星辰的力量，许多有形的事物以某种有形的构造生成，例如身体的冷热等其他的特征。那么，星辰是如何形成性格和喜好，尤其是那些显然不受身体控制的东西的呢？

加粗的词句可以看出普罗提诺做出了一步重要的妥协，尽管此时他正在反驳占星术士的观点。这个妥协在于星辰是从自然本性中诞生的"辅助原因"（*sunergos*）。正如我们将看到的，将天体原因看作辅助原因是他后期对占星术的处理中的重要部分。普罗提诺观点的一部分，正如我们说过的，是认为有些事物是完全脱离天体影响的（而这些事物必须与伦理品质相关）。但是他同样认为即使星辰的确是某种自然原因，它们也不会是唯一，甚至不会是最重要的自然原因：这也是 *sunergos* 中 *sun-* 的内涵。[1] 他的例子重申了他在第5节中就已然提出的论题，即一个人的身体条件在出生时不仅受到星辰位置的影响，还受到其父母身体条件的影响，如果我倾向于冷

----

[1] 可见 Wilberding, *Plotinus' Cosmology*，133-135 中对 συνεργόν 的讨论，主要讨论了 3.1.1.32-35 及其他包括 2.3.14 在内的文本。

静，不仅是星辰的作用，还因为我的父亲的性格就是冷静的。

3.1 的结论如下所示。普罗提诺对占星术士的批评并与其说是针对他们声称自己可以预知未来，倒不如说是针对他们这套说法背后的因果理论。他通过指出存在一些事象并非由于自然原因而诞生，而是因为"属于我们的原因"而诞生，从而削弱了他们的因果理论。他还补充说，即使事象是自然原因导致的，那也是由复合的一系列原因造成的，所以任何指向星辰的解释都不过是解释了其中的一部分。[1] 他为相信星辰不能在任何意义上为我们次级世界发生的许多事情负责（尤其是恶）提供了许多理由。尽管如此，他还是承认星辰或许可以是原因。从另一个角度来说，或许他这么做只是当时的环境使然。这种妥协也可以是纯粹辩证法式的：我们可以承认一些星辰因果理论，只要我们停止使用强意义上的占星术的那种星辰因果普遍论就可以。而这就是他目前需要关心的一切了。

三、星辰神正论（Astral theodicy）：4.4［28］.30-39

我们对 4.4 的阐释同样需要注意讨论占星术的背景是什么。在这种情况下，普罗提诺正置身于对灵魂诸问题的大讨论之中。他

---

［1］ 这一点被 Rolando，"L'Anima e le Moire"忽略了，因此他认为强意义上和弱意义上的占星术是令人恼火的（fusing），他写道："la soft astrology finisce così per includere l'hard astrology come un suo caso particolare."他认为星辰因果只是一个更加宏大的系统的一部分。但是星辰因果论的观点是（至少有时候是），月下世界之事象的不充分原因不等于将强意义上的占星术放在了一个或更大或更小的决定论系统当中，而是直接反驳了强意义上的占星术。或许 Rolando 此处考虑的并非是强意义上的占星术，而是一个宏大的自然决定论系统会同时引起星辰和非星辰的因果。即使如此，也会有一些月下世界的事象（人类选择导致的结果）不被自然因果所决定。

最急迫的关切是星辰在精神上的（psychological）能力，例如它们是否有看的能力、听的能力。他对此表示肯定，但又否认它们有记忆（4.4.6-8，参照4.4.30.1-2）。这让他质疑星辰是否能听到祈祷的声音，从而有意地为月下世界带来相关的事象。这个问题，即星辰是否有意地（prohaiesis）造成了月下世界的诸般事象（尤其是恶），在4.4.30以下变成了一个主导性的问题。因此他将对占星术的处理构造成了一个辩证法式的问题，在古典亚里士多德主义的意义上有两种相反的信念（endoxa）在产生冲突：一方面是被广泛信任的（πεπίστευται）观点，即星辰导致了许多事象，是善行与恶行的帮手（συλλήπτορας）；从另一方面来说，许多人对承认这点犹豫不决，因为星辰会变成不义之事的辅助原因（sunergoi）（4.4.40.6-10）。就以上情况来说，普罗提诺很乐意接受任何一种可以使星辰免于作恶（ἀπολογήσασθαι，4.4.30.25）的立场。一言以蔽之，星辰所做的就是提供一种星辰神正论。根据亚历山大的表述，我们不得不指望普罗提诺试图通过构建这一点来彻底否认星辰能够对月下世界有意地做任何事。

普罗提诺似乎承认了占星术的很大一部分：

ὅτι μὲν οὖν ἡ φορὰ ποιεῖ, αὐτὴν μὲν πρῶτον διαφόρως διατιθεῖσα καὶ τὰ ἐντὸς αὐτῆς, ἀναμφισβητήτως μὲν τὰ ἐπίγεια οὐ μόνον τοῖς σώμασιν, ἀλλὰ καὶ ταῖς τῆς ψυχῆς διαθέσεσι, καὶ τῶν μερῶν ἕκαστον εἰς τὰ ἐπίγεια καὶ ὅλως τὰ κάτω ποιεῖ, πολλαχῇ δῆλον. (4.4.31.25-29)

这种环行——首先以多种方式安置了它自身，以及在它其中的事物——显然影响了地上的事物，不仅在身体上影响了它们，还在灵魂上影响了它们，诸天的每一部分的运动影响地上的事物，或者更宽泛地说，影响诸天之下的事物，是显而易见的。

他想表达的其中一部分内容是，存在一些显而易见的天体对月下世界的影响："对所有人来说都显而易见的（εὔδηλοί που παντί）"是，例如太阳制造热量并让四季运转（此处的例子在文本上要稍微靠前一些，在 4.4.31.12-13）。普罗提诺似乎很乐意承认这些包含直接原因（poiein，在前面引用的文本中出现了两次）的内容，并认为没有什么比这更符合常识的了。[1]但显然更大的让步是承认"灵魂的性情"（ταῖς τῆς ψυχῆς διαθέσεσι）由星辰引起。这难道不是违背了 3.1 中否认将精神现象归因于星辰的观点吗？我们将在后文中分析 2.3 的时候解决这个困难。

普罗提诺的妥协态度并没有持续很久，他随后便继续认为，要知道热和冷的运作如何产生像运气、财富、贫困，或者——一个对亚里士多德关于运气的讨论的引用——发现财宝这样的东西，是很困难的（4.4.31.43-46）。[2]他一再重申星辰有意（prohaeresei）造成人类的恶行同样是不合理的（4.4.31.48-58）。这多少让我们想到了在 3.1 结尾处的讨论：星辰或许会造成某种因果，但并不像占星

---

[1] 尽管如此，仍有一点引人注意：因为这些显而易见的影响经常被滑坡论证的第一阶段引用，以支持更精细的影响。参见 Long, "Astrology," 172-173 描述的这一点在西塞罗那里的论述；以及 180-181 描述的这一点在托勒密那里的论述（亦见 Barton, *Astrology*, 61）。

[2] 参见第 608 页脚注 3。

术士讲的那样强烈，并且也不足以让我们将恶行归咎于星辰。但普罗提诺并不满足于这种解释。他也不应该满足于这种解释，因为他并没有清晰解释为什么星辰只能昭示而不能造成某些因果，或者至少不会造成恶。因此他在第 32 节重新开始了自己的解释：

Εἰ οὖν μήτε σωματικαῖς αἰτίαις ἀναθήσομεν μήτε προαιρέσεσιν, ὅσα ἔξωθεν εἰς ἡμᾶς τε καὶ τὰ ἄλλα ζῷα καὶ ὅλως ἐπὶ γῆς ἀφικνεῖται ἐξ οὐρανοῦ, τίς ἂν εἴη λοιπὴ καὶ εὔλογος αἰτία;（4.4.32.1-4）

如果我们不将所有外在于我们的东西，以及其他的生物，归因于天体，归因于星辰的形体或是它们的有意选择，我们还剩下什么合理的解释呢？

普罗提诺通过阐述这样一种理论，即用宇宙的 *sumpatheia* 来解释占星术成功的预测。受《蒂迈欧》将宇宙描述为"一个活着的东西，并且一切活着的东西都在其中"（30d3-31a1）的启发，普罗提诺认为在动物或人的身体当中，宇宙的一部分不仅与它们接触，而且能"作为一个整体相互影响"（*sumpathein*，4.4.32.22），那个著名的舞者比喻出现在第 33 节中，以解释在一个生物整体中，不同部分的运动可以在一个统一体中融贯起来。他得出的结论是：

τοῦτον τοίνυν τὸν τρόπον καὶ τὰ ἐν οὐρανῷ φατέον ποιεῖν, ὅσα ποιεῖ, τὰ δὲ καὶ σημαίνειν.（4.4.44.25-27）

有人会说这就是那些天体导致（*poiein*）事象发生的方式，但对于有些事象，它们也昭示（*sēmainein*）。

需要注意的是，此处他并没有通过对比 *poiein* 和 *sēmainein* 来支持弱意义上的占星术，而是用它来详细解释天体的确能造成某些事象的具体内涵：它们以作为生命体的一部分来影响该生命体的另一部分的方式造成事象。[1]强意义上的占星术士会同意这一观点，正如他在 3.1 中生动地展示出来的那样，普罗提诺提到 *sumpatheia* 并非他自己的观点，而是一部分占星术士的观点（3.1.5.8）。[2]的确，*sumpatheia* 的观点会让我们更容易接受天上物体与月下物体的因果关系。因为正如普罗提诺自己说的，就它们是同一个自然系统中的部分而言，或许前者的确能是后者的原因，正如舞者的其中一部分运动是另一部分运动的原因（这个比喻在 4.4.34.28 中再次出现）。[3]

但作为一名占星术士，恐怕很难对这样的结果感到满意（在 4.4.33.27 中通过 μᾶλλον δέ 引入）。这段文本让我们理解宇宙中相互连锁的部分并非彼此的终极原因。倒不如说，整个宇宙是被自身的行为"安置"（arranged）的，[4]从这个意义上说，施为者和受动者是同一的（μηδ᾿ αὖ τὸν σχηματίζοντα ἄλλο ποιοῦντα ἄλλο ποιεῖν：

---

〔1〕 这已然在为承认诸天能对大地造成一些"显而易见"的影响做准备，参见 4.4.31.12-13：显而易见的影响是"部分对部分"（μερῶν πρὸς μέρη）的影响。

〔2〕 Cf. S. E. *M*. 5.4, 他同样认为 *sumpatheia* 是占星术理论的核心特征。

〔3〕 因此我不同意 Gurtler, "Sympathy," 396-397, 他在论及 3.1.5 的时候认为 *sumpatheia* 包含了对星辰因果性的否认（亦可见 401："他承认了自然宇宙中共感［sympathy］的存在，但否认了有任何的因果作用"）。Gurtler 实际上并没有解释哪种因果性（或缺少哪种因果性）会在共感的两个事物之间产生。而事实是，普罗提诺试图解释，共感暗示了其包含某种因果关系。而且，托勒密和其他的古代占星术士也引入了共感，并将之看作星辰最基本的自然因果作用（例如通过热和冷，等等），这表明他们至少都认为这两种解释方案是相容的。

〔4〕 此处普罗提诺重复地使用动词 σχηματίζω 的各种形式，这让宇宙的天意安排与被星辰塑造的占星术的星图（σχήματα）之间有了密切的联系，这一点会在 1.37 及下一节中提到。

4.4.44.35-36）。这样的宇宙论观点让普罗提诺在第34—35节中解释由星辰塑造出的图景有时既能导致也能昭示其他事象，有时则只能昭示（对此的详细解释见4.4.34.24-26）。这种观点，即天体不过是系统的一部分，尽管是非常重要的部分，为其他影响月下世界之事象的原因留下了空间（尤其是第37和38节）。普罗提诺认为我们应当用一系列的原因来解释月下世界的事象。例如一些拙劣的生物会被认为并非由星辰，而是由那些有缺陷的"下级之物"构成的。总体的观点就是我们不能移除月下事物的自然本性的作用。这些关于自然本性的事物的确产生了明显的作用。或者至少说，它们起作用的方式与星辰起作用的方式一样，即以整体宇宙的一部分起作用（4.4.37.1-6）。所以星辰从两方面说是部分原因：它们仅仅因为自己是宇宙的一部分而起原因的作用——所以它们不是终极的原因——并且它们只是宇宙因果之网中的一部分——所以在普罗提诺的宇宙论中存在一些其他的月下世界的原因。

但这种思路也就意味着让星辰至少能够一直昭示月下世界发生的事象，即使它们并不总是这些事象的原因。这一点在第39节的一句话中得到了承认（σημαίωεσθαι πάντα），正如在3.1中，普罗提诺没有试图否认占星术士（至少原则上没有）能够预测月下世界的事象。他的批评主要在于用柏拉图主义的解释来替换占星术士对自己的预测为什么能够有效的解释，并确保这种解释能够限制星辰的影响。一个受到欢迎的结果是，他的解释方案是星辰只能在偶然的意义上昭示事象，就像舞者的手或许会告诉你舞者的脚要如何移动一样。正如他说的，"这种昭示不是为了提前预知"，而只是一个普遍 sumpathesia 的附带结果（4.4.39.17-23）。从这个原则出发，似乎月下世界的事象同样能昭示天体的事象。[1]

因此，普罗提诺满意地得出结论，如果这个理由是正确的，那么星辰是否导致了恶"这个疑难（aporiai）就能得到解决"（4.4.39.23-24）。星辰不会导致恶，因为它们压根儿就不一定是恶的原因。因为正如我们前面见到的那样，普罗提诺倾向于使用其他类型的原因，例如那些并不完美的有形物。而且，就它们能够导致事象的程度而言，它们的 prohairesis 也不足以让它们去这么做。[2]但是有人或许会想知道，那么我们人类自己的 prohairesis 又如何呢？人类的自主性在普罗提诺那统一的、自我运动的宇宙中有什么价值？我们只是庞大系统的一部分吗？从目前的文本来看，他只是示意存在这样一个答案，在第 34 节的开头，他提到我们同样被宇宙的身体所影响（πάσχειν），因为我们身体中的部分也属于这个更宏大的身体。但是他又说，这仅仅是我们身体的一部分，所以我们只能在极为有限的范围内（μέτρια）被影响。他的观点似乎是，尽管我们每个人都是宇宙整体的一部分，但只有我们身体中的一部分是宇宙的一部分。在设定了这个目标之后，他很快就把这个课题放下了。因为他关心的是让星辰免受责备，而不是保护人类自主性。

---

〔1〕 Rolando, "L'Anima e le Moire," 240 正确地指出，有形者与无形者之间那显而易见的昭示关系必然是单向的：有形者能够昭示无形者的作用，但是反之就不可能。月下世界能够为天体施加因果作用吗？这个问题在 4.4.31.30 中提出之后并没有被立刻解决，而是在 4.4.42 中重新讨论了一遍，在这里，普罗提诺认为只要天体拥有身体，就能够成为受动的主体。普罗提诺对"在月下世界与天体之间是否存在有形的交流"这个问题表示否定。这一点可参见 Wilberding, Plotinus' Cosmology, 59-61。

〔2〕 有人或许会想知道宇宙自身是否用 prohairesis 运转。根据 4.4.35.26-32，宇宙的 prohairesis 只会指向外部，而不指向其自身之中的部分。最后说来，"它寻求善而不是拥有善"。但是在第 26 节的结尾处，他又暗示宇宙或许根本就不通过 prohairesis 来行动，因为它比 prohairesis 还要"古老"。我认为这些文本可以达成一致：宇宙的确拥有 prohairesis 的能力，但宇宙只用它来寻找更高的原则，而不是用在自己身上。

但是，对这一观点的发展将在 2.3 中出现。

四、最后的讨论：2.3

在写作 2.3［52］之前，普罗提诺花了他论天意的作品的一个章节（3.3［48］.6）来讨论一些与 3.1 和 4.4 那里出现的相似的问题：人如何能预言未来的事，尤其是那些"通过注视宇宙中的天体运行"来进行预言的"弱小之人"？他在这里进行的讨论要比 4.4 中的更粗糙一些，并且与那些直接支持弱意义上的占星术的观点前所未有地接近。他再一次援引了事物在宇宙中统一的观点（在这里，他并没有使用 *sumpatheia* 这个术语，尽管他的确提到宇宙是一个单一的生物）。但是在这段文本中，他只想确定占星术士可以注意到天体与月下世界之间的类比关系。在这个基础之上，占星术能够预测什么会发生，但是不知道会发生的原因是什么（即知道 ὅτι 而不知道 διότι）。因为正如 3.1 所说，这是一门阅读天书的技术。尽管这一讨论相对简短，但它暗示着普罗提诺在 4.4 中对占星术的让步或许只是为了便于论证，或者把他的立场转向一种对占星术更为复杂的反驳。但写在 3.2-3 不久之后的 2.3 表明，即使在后期，他对占星术仍保持着与 4.4 相同的观点。最有可能的解释是，不管出于什么原因，他都不想在 3.3 的文本中给出一个不同的对占星术的讨论。［1］

---

［1］此处有一个假设：普罗提诺在 3.3 中提到占星术问题的原因与在其他地方提到占星术的原因完全不同。在 3.3 中，占星术的预测似乎对普罗提诺来说并不构成威胁，反倒对他的论证有利。占星术的准确预测可以被看作 3.2-3 观点的另一个证据，即整个宇宙都被一个单一的秩序统一。（因此他在 3.3.6 中得出结论，说"所以 logos 是一个"［οὕτω γὰρ καὶ λόγος εἷς］。）这也帮助解释 4.4 表面上令人惊讶的空白，即在这一节中没有对星辰是否对恶负责有所讨论。

实际上，2.3 的前半部分或许给我们造成这样一种印象，即普罗提诺现在拥护弱意义上的占星术——或者甚至说，尽管 4.4 中出现了明显的妥协，但他仍自从写作 3.1 以来就一直支持弱意义上的占星术。在 2.3 的前八节当中，文本表现出了一种对当时占星理论的全面批评，2.3 中被推理出来的组织原则在非常靠前的位置被讲了出来，即 *poiein* 与 *sēmainein* 之间的对比：

> ὅτι ἡ τῶν ἄστρων φορὰ σημαίνει περὶ ἕκαστον τὰ ἐσόμενα, ἀλλ᾽ οὐκ αὐτὴ μάντα ποιεῖ, ὡς τοῖς πολλοῖς δοξάζεται, εἴρηται μὲν πρότερον ἐν ἄλλοις, καὶ πίστεις τινὰς παρείχετο ὁ λόγος, λεκτέον δὲ καὶ νῦν ἀκριβέστερον διὰ πλειόνων. （2.3.1.1-5）

> 正如在其他地方已然说过的那样，星辰的原因无时无刻不昭示着行将发生之事，但它自身并不导致任何事象的发生，这一点有许多人深信不疑……但我们需要更详细、更精确地讨论这个问题。

尽管如此，需要注意的是，即使是在这里，他也不一定支持弱意义上的占星术。他的立场是星辰昭示而不是导致任何事象，这允许了以下这种可能性：它们的确导致了一些事情。但这显然不是 1—8 节的文本给我们的信息。

这一章节的论证缜密、清晰，甚至可以说无情，普罗提诺对许多占星术理论加以批评甚至是嘲笑。他对占星术的不快在他一开始对占星术士的总结当中可以窥见一二：

τοὺς δὴ πλανήτας φερομένους ποιεῖν λέγουσιν οὐ μόνον τὰ
ἄλλα, πενίας καὶ πλούτους καὶ ὑγιείας καὶ νόσους, ἀλλὰ καὶ
αἴσχη καὶ κάλλη αὖ, καὶ δὴ τὸ μέγιστον, καὶ κακίας καὶ ἀρετὰς
καὶ δὴ καὶ τὰς ἀπο τούτων πράξεις καθ᾽ ἕκαστα ἐπὶ καιρῶν
ἑκάστων.... (2.3.1.6-10)

他们说行星在运动的时候不仅导致了一些事情，即贫乏、
富有、健康和疾病，甚至还有丑陋和美丽，以及所有的善与
恶，还有每次在这种情况之下产生的行动……

这段文本抓住了他无法接受的观点之中的两个：第一，占星术士声
称那些格外具有价值的东西——不只是财富，还有美德——是星辰
造就的。这与普罗提诺曾表达过的对人类自主性的担忧很相近。其
次，占星术士声称星辰因果包含了月下世界的每一个事物。我们从
先前的文本中可以知道，普罗提诺拒绝承认这一点。第三个引人注
目的点是在第 1 节中提到过的：占星术士关于星辰的精神有许多荒
诞的观点。例如，他们认为星辰在特定的结构下会感到愤怒或者愉
悦，并且它们能通过给我们的世界带来好的或坏的影响来表达自己
的情绪。

正是第三点招致了第 6 节中对占星术的批判。普罗提诺用一个
两难开始了他的批评（见第 2 节）：如果星辰是纯粹的、不带有灵
魂的自然原因，它们就无力引起我们世界当中的复杂事象。但如果
占星术士承认星辰拥有灵魂，那么他们就不得不承认星辰的灵魂是
神圣的，这样的话星辰就不会作恶。普罗提诺以各种各样的变体讨
论了这一主题。例如，为什么星辰要为升起和落下感到愉悦呢？为

什么它们的"心情"会改变？以及，因为它们是神圣的，

> οὐδὲ λυπεῖσθαι οὐδ᾽ ἐπὶ καιροῦ χαίρειν αὐτοῖς δοτέον, ἀλλ᾽ ἀεὶ τὸ ἵλεων ἔχειν χαίροντας ἐφ᾽ οἷς ἀγαθοῖς ἔχουσι καὶ ἐφ᾽ οἷς ὁρῶσι. βίος γὰρ ἑκάστῳ ἐφ᾽ αὑτοῦ, ἑκάστῳ καὶ ἐν τῇ ἐνεργείᾳ τὸ εὖ. τὸ δὲ οὐ πρὸς ἡμᾶς. (2.3.3.21-25)[1]

> 当事件发生的时候，它们不会感到沮丧和快乐，而是始终保持着它们的优雅，为它们拥有的善与所见的事物而感到欣喜。它们的每一个都拥有自己的生命，每一个星辰的幸福都蕴含在其行动之中，但并不指向我们。

这一段话同样被亚历山大在《论神意》中采纳，通过认为星辰对我们的好坏无欲无求以避免将恶归因于星辰。普罗提诺通过说以下这句话来强调这一点：

> οὐδε ὅλως τὸ ἔργον πρὸς ἡμᾶς, εἰ ὥσπερ ὄρνισι κατὰ συμβεβηκὸς τὸ σημαίνειν. (2.3.3.27-28)

> 它们做的事情完全不是为了我们，如果它们的昭示就像鸟儿一样是偶然的话。[2]

正如在 4.4 中说的那样，为什么星辰被认为是以偶然的方式昭示事象，就会导致占星术士关于星辰的自然理论和精神理论是不正确的

---

〔1〕 Cf. 4.8.2.
〔2〕 与鸟儿的类比参见前文第 612 页脚注 1。

呢？问题的答案可以再一次在宇宙的 *sumpatheia* 中（第 7 节）找到。但是这里更容易让我们想到 3.3.6 而不是 4.4——*sumpatheia* 理论只被用来支持弱意义上的占星术需要的那种昭示。普罗提诺最接近于支持星辰因果论的是在这段文本中：

σημαίνει μὲν οὖν πάνταμ, ὅσα ἐν αἰσθητῷ, ποιεῖ δὲ ἄλλα, ὅσα φανερῶς ποιεῖ. （2.3.8.8-9）

因此，［星辰］昭示一切可感事物但导致其他的事物，即那些显然是它们导致的事物。

至于"显然"（φανερῶς）这个用法，我认为他的意思指的是像太阳对四季的影响和对白天温度的影响这种事象（cf. 4.4.31.12-13，前文已经讨论过）。如果是这样的话，这段文本并没有支持占星术理论中那种"不那么明显的"因果影响。

然而，在第 9 节的开头，这场讨论迎来了一个戏剧性的转折。[1] 在上述内容中，普罗提诺当然一直在借鉴柏拉图，尤其是《蒂迈欧》中关于宇宙是一个单一的生命体的观点。他明确地引用了两段柏拉图的文本来让我们承认，在决定我们身体的存在会发生什么这件事上，天体占的比重很大。第一段文本是《理想国》卷十中的厄尔神话（Myth of Er），第二段文本是《蒂迈欧》69c-d。在介绍完柏拉图提供的资源之后，人类自主性的问题突然出现在 1—8 节：

---

[1] 这一点最近也有被 C. Marzolo, *Plotino: Che cos'è l'essere vivente e che cos'è l'uomo? I 1［53］*, Pisa, 2006, p. 55 提及。

οὗτοι γὰρ οἱ λόγοι συνδέουσιν ἡμᾶς τοῖς ἄστροις παρ᾽ αὐτῶν ψυχὴν κομιζομένους καὶ ὑποτάττουσι τῇ ἀνάγκῃ ἐνταῦθα ἰόντας. καὶ ἤθη τοίνυν παρ᾽ αὐτῶν καὶ κατὰ τὰ ἤθη πράξεις καὶ πάθη ἀπὸ ἕξεως παθητικῆς οὔσης. ὥστε τί λοιπὸν ἡμεῖς; ἢ ὅπερ ἐσμὲν κατ᾽ ἀλήθειαν ἡμεῖς, οἷς καὶ κρατεῖν τῶν παθῶν ἔδωκεν ἡ φύσις. (2.3.9.10-16)

这些命题将我们与星辰联系在一起，借此，我们得到了我们的灵魂，让我们来到这个世界上之后被必然性支配。从星辰中，我们得到了我们的道德品质，我们的人格行为，我们的情感，以及可能受情感影响的性情。所以我们还剩下什么是我们的呢？当然，正如我们所是的那样，我们的自然本性也给予了我们掌控自己激情的力量。

这段文本是 2.3 的支柱。对于普罗提诺对占星术的怀疑，它提供了一种新的挑战。但是在最后一句话中，它同样提前向我们透露了普罗提诺会怎样回应这一挑战。本文的余下部分将试图梳理清楚前面引用文段中的两个暗示。

首先让我们考虑一下两篇普罗提诺提到的柏拉图文本，厄尔神话和《蒂迈欧》69。厄尔神话显然是柏拉图对命运与必然性之思考的基础文本。并且他以一种宇宙论意味浓厚的方式来解释命运，因为正如普罗提诺清楚表示的，位于必然性之上的纺锤正是天体运转的中轴（《理想国》616c，617b）。必然性的三个女儿也在这个神话中出现了：她们咏唱过去、现在和未来，并参与命运的分配，以决定灵魂回到尘世后要过怎样的生活。选择之后，灵魂"通过必然性

（ἐξ ἀνάγκης）与生命绑定"（617e）。在618b，我们知道灵魂的安排（taxis）"因其选择的生活而必然（ἀναγκαίως）是不同的"。从另一个角度说，神明不会因发生的事情而被责备（θεὸς ἀναίτιος），因为每个灵魂都选择了自己的命运，而且"美德没有主人"（ἀρετὴ ἀδέσποτον）（617e），这句口号普罗提诺在2.3.9引用过。所以他在2.3的文本中引入这段文本也没什么好惊讶的。因为这个神话将宇宙论和前面两个普罗提诺着重处理的占星术问题联系起来：人类自主性，它与必然性的关系，以及神圣之物对恶的责任。

正如《蒂迈欧》中的文本那样，普罗提诺引用的部分从蒂迈欧描绘人类的身体被次级神灵塑造开始。这段文本相比厄尔神话没那么宇宙论。但是次级神已经与《蒂迈欧》40a-d中的天体关联在一起了，而《蒂迈欧》69c重申宇宙是"一个统一的生物"。普罗提诺实际上引用的是《蒂迈欧》69中的陈述，即德穆革提供灵魂的原则，次级神（他称之为 φερόμενοι θεοί，即被天体承载的神）提供"骇人但必要的情感：愤怒、欲望、愉悦和痛苦，以及另一种灵魂，从它当中这些情感得以衍生出来"。[1] 我认为这段文字中真正吸引他的是"必然性"（ἀνάγκη）这个概念的重现，在普罗提诺引

---

[1] 2.3.9.6-10：ἔν τε Τιμαίῳ θεὸς μὲν ὁ ποιήσας τὴν ἀρχὴν τῆς ψυχῆς δίδωσιν, οἱ δὲ φερόμενοι θεοὶ τὰ δεινὰ καὶ ἀναγκαῖα πάθη, θυμοὺς καὶ ἡδονὰς καὶ λύπας αὖ, καὶ ψυχῆς ἄλλο εἶδος, ἀφ᾽ οὗ τὰ παθήματα ταυτί. Cf.《蒂迈欧》69c-d。或许当普罗提诺说（2.3.9.11）我们从星辰得到我们的灵魂时，这才是他想表达的意思。总的来说，《蒂迈欧》认为每一个灵魂都有与星辰的联系，这对占星术有很强的支持，但普罗提诺在目前的文本中并没有强调这一点。有一个相关的问题，我在这里不会详加论述，那就是"星辰的身体"（astral body）在4.3.15和其他地方被普罗提诺认可了。关于这一概念，参见 E. R. Dodds, *Proclus: The Elements of Theology*, Oxford, 1963, pp. 313-321，关于普罗提诺的讨论，见318。

用的这段文本中，它比69d还要多出现了两次。这创造出了一个必然性与人类身体之间的强大连结，这也是《蒂迈欧》在后文中的主题。[1]

普罗提诺将《蒂迈欧》的相关论述与厄尔神话看作是类似的。这两篇文本认为人类的生命服从于必然性，而必然性与身体的存在和那些从诸天降临到我们身上的东西有关。另外，这两篇文本都认为我们不是完全被必然性支配的："美德无主人"、来自德穆革的"灵魂之原则"，以及与次级神无关的东西。这让普罗提诺对自然必然性构建出了一种更深思熟虑的思想。他认为必然性只适用于那些把自己看作完全由身体的自然本性决定的人，而不必然对所有人都是如此，因为它需要不触及我们当中被他称为"我们真正所是"的那一部分。[2]他使用了"命运"（*heimarmenē*）[3]这个概念来解释那折磨我们次级自然本性的必然性：

ἢ ἔρημος ταύτης τῆς ψυχῆς γενόμενος ζῇ ἐν εἱμαρμένῃ, καὶ ἐνταῦθα τὰ ἄστρα αὐτῷ οὐ μόνον σημαίνει, ἀλλὰ γίνεται αὐτὸς οἷον μέρος καὶ τῷ ὅλῳ συνέπεται, οὗ μέρος. διττὸς γάρ ἕκαστος, ὁ μὲν τὸ συναμφότερόν τι, ὁ δὲ αὐτός. （2.3.9.27-31）

那些抛弃［更高］灵魂的人生活在命运之中。不仅星辰昭

---

〔1〕 Cf. 75a-b 中那段有名的对必然性的祷文，以及关于人类头部的论述。

〔2〕 参见第 627 页脚注 1。普罗提诺关于"未具身化之灵魂"（undescended soul）的学说实际上表明，我们中的一些部分是可以保持不被影响的。但是在这里，他指的似乎是已具身化的、理性的灵魂，因为他补充说这种灵魂拥有"掌控感情"（κρατεῖν τῶν παθῶν）的能力。"我们"是谁在《九章集》1.1 略微靠后的地方是核心问题，正如其被最近的研究所强调的那样：G. Aubry, *Plotin: Traité 53 (I, 1)*, Paris, 2004。

〔3〕 参见第 608 页脚注 1。

示着他，他自己也变成了其中的一部分，并与他所属的那个整体联系起来。因为每个人都有双重性，一方面他们是复合的，另一方面他们是他们自己。

这个立场的优势在于，对人类自主性问题的解决与对星辰是否作恶的解决可以并行。因为星辰同样有双重性（2.3.9.34），拥有神圣灵魂的东西，其 *prohairesis* 指向的是更高级的原则，而不是月下世界（2.3.9.38-39）。

我们还可以为星辰如何为我们提供有限的"必然性"这一问题补充更多。正如在后文中逐渐清晰起来的（2.3.15.5-8），在厄尔神话中被分配给灵魂的命运代表着我们出生时的自然条件。这些条件可以被总结为"外在的"（τὰ ἔξω）。[1] 正如 3.1 所说，作为原因发生作用的不仅是星辰，例如父母是谁也很重要。总的来说，被星辰影响的那构成基础的自然本性，要比星辰本身的影响更为强大。因此，马生马，人生人，而在这两种情况下，正如我们前面看到的那样，太阳只是一个 *sunergos*（2.3.12.5）。[2] 那么当星辰作为原因的时候，它们会导致哪种事象呢？或许最有趣的例子就是人们称之为伦理倾向的东西，例如我们天生对欲望、愤怒或狡诈（πανουργία）

---

[1] Cf. 2.3.8.13，以及 1.4.14.14。普罗提诺化用了"外在的"概念，用它来形容更高的灵魂，它"外在于"身体（2.3.9.25）。

[2] 2.3.12 有一个可能的文本问题。从 1.12 开始，有一段文本非常详细地描述了占星术理论，甚至带有显而易见的支持态度。Armstrong 认为斐奇诺将这些文本放在第 5 节之后是有道理的，并且承认这有可能是其他作者的窜入。我对此并没有坚定的立场，也存在一些理由认为它的位置是没问题的。首先，正如我的解释表示的，普罗提诺处在这样一种情况当中，他必须要对星辰影响的问题有更宽广的视野。其次，它也能呼应第 9—11 节中的观点，例如星辰与 θυμός 的产物混合起来造成的影响。在这一文段中，对星辰作为宇宙整体一部分的强调也与普罗提诺本人的观点相一致。

的倾向。普罗提诺将这些称为星辰特征的劣化版本（2.3.11）。他用 *diathesis* 来说明这种倾向。[1] 我相信这些可以厘清 4.4.31.25-29 中的复杂文本，在这段文本中，他同样认为"灵魂的性情"来自星辰。他的意思并不是星辰决定了我们是否有美德，而是说我们天生在伦理上的明显倾向在某种意义上是星辰导致的。然而，克服这些倾向仍是可能的（2.3.15.14-17），这并不令人惊讶，因为这些倾向产生于灵魂进入的那具身体的特征。

我们应当记得，在厄尔神话中，灵魂对命运的选择是在灵魂尚未具身化的时候实施的，因此，它此时并不受身体条件的影响。所以灵魂本身通过选择命运来选择施加在它身体之上的星辰的影响，这一点保证了我们有一定的自主性。[2] 尽管如此，以下这一点仍然很重要：普罗提诺为克服那个被选择的自然倾向提供了帮助。[3] 首先，这保证了灵魂不是它选择的身体的奴隶。其次，从保护我们具身化的自主性的角度来看，"认为我们的灵魂能够选择今世的生活

---

〔1〕 可对比塞克斯都·恩披里柯在 *M.* 5.89-90 中对 διάθεμα 的使用。

〔2〕 从另一方面说，普罗提诺相信每一个灵魂都会得到一个与之适应的身体。这一点在 4.3 中出现了许多次，参见 4.3.6.11-15（"在灵魂……与个体化的灵魂之间也存在区别，因为身体已然存在了，在世界灵魂统治它们之后，就仿佛为它们准备好了住所一样，为它们分配相应的住所"）；在 4.4.8 中，普罗提诺强调在神话中，灵魂根据它们的前世进行选择；尤其是 4.3.13.10：灵魂"进入合适的身体"（εἰς τὸ πρόσφορον σῶμα）。在这一节中，普罗提诺继续说，身体的选择与其说是故意的，倒不如说是自然的过程或非理智的运动；命运也有被提及（4.3.13.18-21），即使这种不寻常的听天由命的文本会排除灵魂在选择命运时一部分的自主性。但是至少它说明这一选择并不能不被先前的具身化影响。

〔3〕 James Wilberding 向我指出波斐利的《普罗提诺的生平》第 11 节与之相关：普罗提诺判断出波斐利有自杀的想法，认为这种想法来自"某种抑郁的疾病"（ἐκ μελαγχολικῆς τινος νόσου）而不是来自理智。这表明一些相对复杂的倾向同样可能是由身体的性情产生的，也说明我们有通过辨认、克服这种倾向，从而反对这种倾向的能力。

是不可撤回的"，会得到一个与"认为我们的生活被自然条件所决定"同样的结论。在这两种情况下，一旦具身化，灵魂对其命运便不再有影响。

需要注意的是，普罗提诺将星辰的影响与身体的条件及我们出生时的自然条件联系得多么紧密。部分原因是他在回应厄尔神话，以及他在讨论占星术时，他首先想到的是星象预测。当他考虑星辰导致或者昭示"一切"的可能性时（例如在 4.4.39.2 中的那样：σημαίνεσθαι πάντα），其内涵似乎并不是发生在某人身上的一切都已经被他的星象呈现出来了。至于这个"一切"是否就是字面意思，甚至包括预测事件中最琐碎的细节，目前尚不清楚。也许他的意思只是考虑占星术士是否可以通过占星来预测他们真正声称要预测的事情，无论这些是我们的道德偏好还是我们将要经历的事件。在后一种情况下，这些可能是重大事件，例如某人成为将军或国王（参见 2.3.2.15-16）。而且这表明对话的语境很重要：在这种读法下，他说的"一切"的内涵到底是什么，是由他的占星术士对手的说法决定的。[1]

尽管如此，强意义上的占星术在本节中仍面临着两个反驳。首先，正如前文所示，星辰不是唯一的自然原因。它们昭示一切，但不导致一切；其次，即使是自然原因的全体也不能决定我们的一

––––––––––

[1] 实际上，很难将普罗提诺自己的观点与那些复杂的占星理论的作者如托勒密区分开。托勒密强调占星术是一门不精确的学问，并认为星辰只是自然原因（Tetr. 1.2；详见 Long，"Astrology，"182-183）。托勒密当然是占星术的倡导者，而普罗提诺是占星术的批评者，但他们两人都做出了妥协，以至于两人的立场彼此非常接近。但他们不会否认一些具体的占星术士的言论的正确性，例如行星的能力是通过热和冷及它们之间的相对位置来操纵次级世界。

切，因为我们的高级灵魂不被这种原因所影响。[1]以下文本似乎总结了他的思想，正如在 *poiein* 与 *sēmainein* 的对比中看到的那样：

εἰ δ᾽ οὕτω, τὰς σημασίας καὶ νῦν δοτέον. τὰς δὲ ποιήσεις οὐ πάντως οὐδὲ τοῖς ὅλοις αὐτῶν, ἀλλὰ ὅσα τοῦ παντὸς πάθη, καὶ ὅσον τὸ λοιπὸν αὐτῶν. καὶ ψυχῇ μὲν καὶ πρὶν ἐλθεῖν εἰς γένεσιν δοτέον ἥκειν τι φερούσῃ παρ᾽ αὐτῆς. οὐ γὰρ ἂν ἔλθοι εἰς σῶμα μὴ μέγα τι παθητικὸν ἔχουσα. δοτέον δὲ καὶ τύχας εἰσιούσῃ [τὸ κατ᾽ αὐτὴν τὴν φορὰν εἰσιέναι]. δοτέον δὲ καὶ αὐτὴν τὴν φορὰν ποιεῖσθαι συνεργοῦσαν καὶ ἀποπληροῦσαν παρ᾽ αὐτῆς ἃ δεῖ τελεῖν τὸ πᾶν, ἑκάστου τῶν ἐν αὐτῇ τάξιν μερῶν λαβόντος. (2.3.10.1-10)[2]

果真如此，即便是在这个讨论阶段，我们也必须承认星辰具有的昭示能力，但不是把全部行为都归于它们，也不是归于它们的全部种类，而只是就大全的各种影响，以及这些影响所能发挥的作用而言 [比如，如果无法解释它们的可分灵魂，就归于星辰的影响]。我们必须承认，灵魂即使在还没有进入形成领域之前就已经表明，当它到来之后，自身中必带有某种

---

[1] 一个表现普罗提诺思想灵活性的很好的例子是 2.3.14 的开头：如果一个人因其杰出的品质（ἀνδραγαθία）而十分富有，他的身体是他的品质的辅助原因（*sunergos*），那么星辰可能是这种解释的一部分。但是如果他拥有 "不带有身体的美德"（ἄνευ σώματος ἡ ἀρετή），那么就没有自然原因的解释：美德本身就是原因。

[2] 括号中的文字在 Armstrong 和 Henry-Schwyzer 看来应当删去。文段 καὶ ψυχῇ μὲν καὶ πρὶν ἐλθεῖν εἰς γένεσιν δοτέον ἥκειν τι φερούσῃ παρ᾽ αὐτῆς 令人费解；它似乎是说灵魂需要消极的部分，因为它会下降。感谢 James Wilberding 对这段文本的讨论。

低级的东西，因为它若不包含受制于情感的那一大部分，就不可能进入身体。我们也必须承认它进入了偶然性的领地。我们必须承认，天体环行是自由自在的行为，借自己的力量相互合作，完成大全必须完成的事；在整个环行中，每一个天体都担当一个角色。

这段文本就是最好的结束讨论普罗提诺论占星术的地方，它将普罗提诺的论证变成了一个整体。这一论证的让步从反复使用的 δοτέον（被承认）中可以看出。首先，*sēmainein* 是被允许的，这与许多成功的占星术预测相容。与我们最初的印象相反，*poiein* 也是被允许的。但它在范围上受到严重限制。普罗提诺论证的不同层次最有可能是为了解决不同的问题。如果他只担心人类自主性的问题，他可以承认星辰是唯一有效的物理原因，例如说一个人有父母实际上是由星辰导致的。毕竟，他通过指出更高的灵魂不受任何物理原因的影响来保持自治，所以如果所有的物理因果关系最终都是占星术的话，那么不会有任何区别。但这会使他更难解释为什么星辰不是邪恶的原因，尤其是因为他仍然不希望将恶归咎于更高的灵魂。强调星辰因果关系的部分特征使他能够赦免星辰和我们的更高自我的罪恶：我们的低等灵魂和除了星辰之外的其他物理原因带来了恶行。当然，从宇宙的视角来看，即使是这些恶行，也是为了至善。[1]

---

[1] 正如在 2.3.18 中强调的那样。值得注意的是，我对 2.3 的结论并没有做任何评价，那一段文本试图让恶与宇宙神意贯串起来。这个问题因何而起是显而易见的。普罗提诺通过认为星辰的原因是偶性来让它们免于作恶，万物最终的原因还是灵魂。所以恶就变成了灵魂的错误而不是星辰的错误。普罗提诺在 2.3 中对这个问题的处理非常接近于《九章集》中对神意的讨论。

五、结论

最后，我想简要地谈谈我们考察的文本的方法论。正如我一直强调的，普罗提诺的方法具有很强的辩证性。让我更清楚地说明这一点。首先，如果他的论点有效地解决了手头的问题，他就会感到满意。因此，在3.1、4.4和3.3中，他对占星术的处理重点不同，他在多大程度上向占星术做出让步也有所不同。这是因为在每一种情况下，占星术都只是为了支持他那些论文中的各种更广泛的目标而讨论的。他的方法也具有辩证法的第二个特点，这与亚里士多德非常相似：普罗提诺以简单的对比方式提出问题，引导我们期待他会选择一种观点或另一种观点。但事实上，随后的讨论中出现了更为微妙的中间立场。[1] 这一点在2.3体现得尤为明显，他在开头提问 "*poiein* 还是 *sēmainein*?"，回答是："后者，但也是前者，尽管它只是在有限的范围内不会造成问题。"[2]

此外，柏拉图在这一辩证过程中起的作用也很明显。很明显，来自柏拉图的主题贯穿了所有关于占星术的讨论，尤其是《蒂迈欧》中统一而充满生机的宇宙概念。但在2.3发生了一些更令人惊

---

[1] Cf. Rolando, "*L'animaeleMoire*," 255 关于 2.3 使用的方法，他认为普罗提诺一开始就给出了 "l'impressione di una contrappo-sizione di tesi, quando, in e›etti, il suo intento e› quello di giungere alla conclusione finale attraverso un progressivo ampliamento della tesi iniziale mediante successive elaborazioni di tesi complementari"。

[2] 这一对占星术的让步让理解为什么星辰因果理论如此合理变得更简单了。正如在亚里士多德那里一样，辩证法的过程要解释为什么 *endoxa* 被广泛接受（或者被专家接受），但最终并不给这个 *endoxa* 以充分的支持。在这一点上我要感谢 Miira Tuominen。

讶的事情。对柏拉图材料的引用推翻了最初的解决方案，该方案是在开始时提出的两个简单选项之一。普罗提诺用柏拉图的话取代了最初悖论的错误二分法，提出了一个更深层次的悖论：既然星辰与必然性有关，我们如何才能摆脱这种必然性？[1]这为更加合适和精微的解决方案铺设了道路，这一点本身也蕴含在同样的柏拉图文本中。因此，要表现普罗提诺对哲学权威的运用的复杂精深与细致入微，《九章集》2.3是绝无仅有的好例子。例如，他并不是为了支持自己的学说而选择性地引用柏拉图的话。相反，他引用了一些表面上有争议的或者说令人困惑的柏拉图文本，以表明这些难题仍是一块等待挖掘的富矿。

参考文献 ————————————————————————

Armstrong, A. H. (ed. and trans.), *Plotinus*: Enneads ("Armstrong"), 7 vols., Cambridge, Mass., 1966-1988.

Aubry, G., *Plotin*: *Traité 53 (I, 1)*, Paris, 2004.

Barton, T., *Ancient Astrology (Astrology)*, London, 1994.

Chiaradonna, R., "L'anima e la mistione stoica: *Enn.* IV 7 [2], 82," in id. (ed.), *Studi sull'anima in Plotino*, Naples, 2005, pp. 129-147.

Dillon, J. M., "Plotinus on Whether the Stars are Causes," *Res Orientales* 12, 1999, pp. 87-91.

Dodds, E. R., *Proclus*: *The Elements of Theology*, Oxford, 1963.

Fazzo, S., and Zonta, M., *Alessandro di Afrodisia*: *La provvidenza*,

————————————————————

[1] 最近关于柏拉图主义传统的 *aporia* 的讨论，参见 I. Männlein-Robert, "Die Aporien des Kritikers Longin: Zur Inszenierung der Platonexegese bei Proklos," in M. Perkams and R. M. Piccione (eds.), *Proklos*: *Methode*, *Seelenlehre*, *Metaphysik*, Leiden, 2006, pp. 71-97。

Milan, 1998.

Gersh, S., "Plotinus on *Harmonia*: Musical Metaphors and their Uses in the *Enneads*," in J. Dillon and M. Dixsaut (eds.), *Agonistes*: *Essays in Honour of Denis O'Brien*, Aldershot, 2005, pp. 195-207.

Gurtler, G. M., "Sympathy in Plotinus" ("Sympathy"), *International Philosophical Quarterly* 24, 1984, pp. 395-406.

Henry, P., and Schwyzer, H.-R. (eds.), *Plotini opera* ("Henry-Schwyzer"), 3 vols., Oxford, 1964-1982.

Long, A. A., "Astrology: Arguments Pro and Contra" ("Astrology"), in J. Barnes *et al.* (eds.), *Science and Speculation*: *Studies in Hellenistic Theory and Practice*, Cambridge, 1982, pp. 165-192.

Männlein-Robert, I., "Die Aporien des Kritikers Longin: Zur Inszenierung der Platonexegese bei Proklos," in M. Perkams and R. M. Piccione (eds.), *Proklos*: *Methode, Seelenlehre, Metaphysik*, Leiden, 2006, pp. 71-97.

Marzolo, C., *Plotino*: *Che cos'è l'essere vivente e che cos'é l'uomo*? *I 1* [*53*], Pisa, 2006.

Platonexegese bei Proklos', in M. Perkams and R. M. Piccione (eds.), *Proklos*: *Methode, Seelenlehre, Metaphysik*, Leiden, 2006, pp. 71-97.

Rolando, D., "L'Anima e le Moire: Hard Astrology e Soft Astrology nel pensiero del Plotino," *Discorsi* 10, 1990, pp. 237-262.

Ruland, H.-J., *Die arabischen Fassungen von zwei Schriften des Alexander von Aphrodisias*: *über die Vorsehung und über das liberum arbitrium* (*Die arabischen Fassungen*), diss. Saarbrücken, 1976.

Sharples, R. W., *Alexander of Aphrodisias*: On Fate, London, 1983.

Sorabji, R., *Necessity, Cause and Blame*: *Perspectives on Aristotle's Theory*, London, 1983.

Thillet, P., *Alexandre d'Aphrodise*: *Traité de la Providence*, Lagrasse, 2003.

Wilberding, J., *Plotinus' Cosmology*: *A Study of* Ennead *II. 1* (*40*)(*Plotinus' Cosmology*), Oxford, 2006.

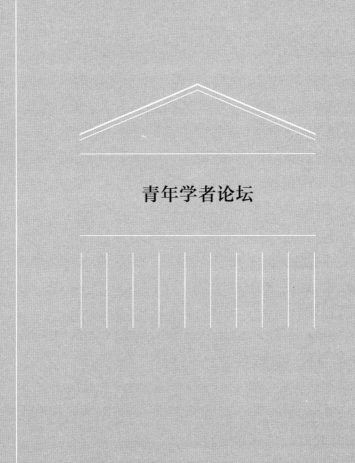

青年学者论坛

柏拉图的爱欲：从宇宙论到认识论

摘要：

柏拉图的爱欲理论一直备受关注，然而诠释者更多地从他的单篇对话录入手对其进行解释，缺乏系统性视角，这就导致在解释爱欲的存在、所是与功能，以及爱欲和认识论的内在关联时遇到了很大的困难。因此，本文将尝试综合柏拉图关于爱欲的各篇对话，从宇宙论的视角来解读柏拉图关于爱欲的存在与所是的论述，之后从认识论的角度来分析爱欲功能的实现。具体来说，本文首先综合柏拉图在《会饮》和《斐德若》中对爱欲的相关论述，引入新柏拉图主义者普罗提诺和普罗克洛的爱欲理论，从宇宙论的视角揭示出爱欲的存在及所是，并由此确定其功能；之后从认识论的角度对个体灵魂实现其爱欲功能的具体路径，即灵魂回忆和爱欲对话进行阐明；最后，在之前的探究的基础上，从宇宙论和认识论的视角对柏拉图的爱欲理论进行总结。

关键词：

柏拉图；爱欲；宇宙论；认识论

---

[1] 罗琼，贵州师范大学历史与政治学院硕士生。

柏拉图的爱欲学说在其哲学中具有重要地位。他在许多对话录中都讨论了爱欲，例如《会饮》《斐德若》《克拉底鲁》及《理想国》等。具体来说，柏拉图在《会饮》的七篇讲辞中从不同的维度对爱欲进行了解释，其中，在203c5-212a7的苏格拉底讲辞部分，他笔下的苏格拉底从爱欲的生成角度解释了爱欲的存在，阐述了爱欲的功能，即能引领人的灵魂追求美、善等真实事物。[1]柏拉图在《斐德若》242d9-256e1论述了灵魂的形相与经历，讲述了爱欲的经历与功能：首先，在242d9，苏格拉底直接论断爱欲是一个特定的神；其次，他在246a6-253c2谈到了灵魂的形相，认为灵魂的形相看起来像一对带有翅膀的马车及其御马者生长在一起的能力，而爱欲的功能就是灵魂形相中的翅膀具有的功能。在《克拉底鲁》中，作者以苏格拉底之口给出了关于爱欲的两个词源学解释：一是在398b7-e4，他指出在古阿提卡语中，"英雄"一词是从"爱欲"一词而来的，后者与提问和对话有关，这表明了爱欲与对话的关联；二是在420a7，他直接点明了爱欲是通过眼睛流入的一种流射物，[2]这与《斐德若》251b2说的美的流射物相对应。[3]而在《理想国》475e4-476d3，柏拉图提出，只有爱欲之人（即爱看真理的人）才有能力看见美本身，才能展开真正的哲学活动。

---

[1] 有学者指出，爱欲不仅是缺乏与欲求，而且还关涉到灵魂的认知成分，尤其是对美与善本身的认识。参见 Sheffield, F., *Erōs and the Pursuit of Form*, p. 130。

[2] 有学者指出，《克拉底鲁》描述的爱欲一词与《会饮》关于爱欲的说法几乎一致，参见苏峻：《爱欲与友爱何以不同？——理解古希腊伦理学的一条线索》，未刊稿。

[3] 有情人在回答问题时，可以从对话者的灵魂中看到自己的观点，参见 Belfiore, E. S., *Socrates' Daimonic Art*：*Love for Wisdom in Four Platonic Dialogues*, pp. 60-66。

根据上述文本关于爱欲的描述，柏拉图的爱欲学说在其哲学思想中的地位的确非同一般，然而也可看出，柏拉图没有将关于爱欲的论述集中放在同一篇对话录中，而是将它们散落于许多个文本。这样的编排对于现在的读者可能产生的一个大的困难是，柏拉图对爱欲的论述出现了看似不一致、不完整的现象。比如，在《会饮》178b1，斐德若说爱欲是最古老的神，而在195b1，阿伽通却说爱欲是最年轻的神。在《斐德若》242d9，苏格拉底说爱欲是一个特定的神，这对应于《会饮》中泡萨尼亚讲辞部分关于属神的爱欲的说法，而在之后246d5-e3论述的爱欲的经历与功能似乎又对应于《会饮》中属民的爱欲，因此，《斐德若》对属神的爱欲的论述看起来并不完整。此外，这两篇对话录中说的关于爱欲如何引领人的灵魂转向美、善等真实事物的论述，也存在一些差异，比如《斐德若》没有提到《会饮》中的"爱欲阶梯"理论，而是通过爱欲者发现并模仿自己引领神的方式完成对美的追求。由此可见，由于柏拉图作品的晦涩，现在的读者很难从文本内部发现关于这些问题的论述，不过，当我们将视线转到新柏拉图主义者普罗提诺和普罗克洛对其爱欲学说的系统解释时，这些问题能得到较好的回答。基于此，本文第一部分将从宇宙论的视角总结柏拉图及新柏拉图主义者普罗提诺和普罗克洛关于爱欲从生成到所是的解释；第二部分我们将回到柏拉图的文本，从认识论的角度寻找他关于个体灵魂实现爱欲功能的具体路径的论述；最后，我们从宇宙论和认识论的视角呈现柏拉图的爱欲学说的整个论证思路，即从爱欲的所是到爱欲功能的实现。

一、宇宙论视角下的爱欲：从生成到所是

本部分先分别展开《会饮》与《斐德若》中关于爱欲的论述，对其进行综合，并指出其中的爱欲理论看似不一致的地方；然后引用普罗提诺和普罗克洛爱欲的相关理论，对这种表面的不一致进行解释；最后做出总结，呈现宇宙论视角下柏拉图的爱欲学说。

（一）《会饮》与《斐德若》中的爱欲

如前面提到的，《会饮》中赞颂爱欲的讲辞共有七篇。[1] 斐德若在178a6-180b7表达出爱欲是最古老、最伟大的神，理由是它没有父母，且所有事物都从它而来。在1805c-185c2，泡萨尼亚声称存在属神与属民的爱欲——由于爱欲出自阿弗洛狄特，二者总是相伴随，所以有两个阿弗洛狄特，就有属神的和属民的两种爱欲。厄里希马霍斯的讲辞（186a2-188d6）认为，拥有正确爱欲的人，能调和身体中的敌对元素。这种调和力量不仅发生在医学上，而且发生在音乐、天文学，以及其他领域中，也就是说，爱欲拥有调和万物的功能。在189c7-193b5，阿里斯托芬以故事的方式呈现了爱欲的功能（或力量）。他讲述了人作为神的后裔，因为不当的爱欲而有僭越之心，由此遭受神的惩罚，转而追寻自身的完整的故事。故事的结尾，阿里斯托芬论断说，（正确的）爱欲的力量能使人与诸神和谐。阿伽通在195a2-1975断言，爱欲是最年轻的神，是美和

---

[1] 关于《会饮》的注疏，其中代表性的是斐奇诺的《论爱：柏拉图〈会饮〉评注》。

善等事物，拥有智慧、勇敢、节制和正义。在203c5-212a7苏格拉底讲辞部分，200a-201e2首先引出了爱欲缺乏美、善等真实事物。[1]之后，苏格拉底回忆他与狄欧提玛关于爱欲的对话。[2]后者在202e-203a7指出，爱欲是作为居间者的大精灵，能将神和人连接成一个整体。紧随其后的203b追溯爱欲的父母，亦即贫乏之神与丰盈之神，认为爱欲因母亲而缺乏，因父亲而欲求，这导致了它欲求其所缺乏的事物，即美、善等真实事物。接着，210a5-e5阐述了爱者从美的身体转向并上升到美本身的"爱欲阶梯"理论。苏格拉底回忆结束之后，呼吁所有人都应该遵循上述的爱欲之道，过上爱欲的生活（212b-c1）。在215a5-222b6的阿尔喀比亚德讲辞部分，他对苏格拉底本人进行了赞颂，透露出苏格拉底的爱欲生活，为读者提供了个体灵魂追寻爱欲之道，过上爱欲引导下的生活的模型。[3]

《斐德若》对爱欲的论述涉及爱欲的属神身份、经历和功能。苏格拉底在242d9断言，爱欲出自阿弗洛狄特，是一个特定的神。在246a6-253c2，他从灵魂的形相看起来像什么入手，讲述了爱欲的经历与功能看起来像什么：灵魂的形相看起来像一对带有翅膀的

---

[1] 苏格拉底通过反驳阿伽通将爱欲视作美、善的观点，指出爱欲缺乏美、善等真实事物。有学者也注意到了阿伽通讲辞与苏格拉底讲辞之间的联系，参见陈斯一：《爱欲的悲喜剧：柏拉图的〈会饮篇〉》，第58页。

[2] 关于二者的讨论，Nichols 2009认为狄欧提玛作为苏格拉底的爱欲者和导师，欲求在后者灵魂上生育与培养德性。参见其 Socrates on Friendship and Community: Reflections on Plato's Symposium, Phaedrus and Lysis, p. 67.

[3] 卢瑟福（Rutherford）通过比较苏格拉底讲辞与阿尔喀比亚德讲辞，指出后者揭示了苏格拉底作为爱欲者的日常生活的模式，参见其《柏拉图的艺术——柏拉图诠释十论》，第292—302页。Belfiore 2012, 60-65论断，苏格拉底与阿尔喀比亚德两人互为有情人，是因为他们本身具有的本性之美。

马车及其御马者生长在一起的能力。翅膀作为灵魂的一部分，以某种方式与神性事物有相似性，其天生能力是可将沉重的东西带到高处，上升到天宇。因此，拥有翅膀的灵魂就可跟随十二诸神上升到天宇，去观看神性事物。优秀的灵魂会跟随诸神在天宇之外持续地观看神性事物，即美、智慧与善，以及诸如此类的事物。不过，个体灵魂最终因为遗忘和恶而折断了翅膀，坠落到肉体中，并分有不同的命定。关于美与爱欲的关系，苏格拉底在 250b2-e1 断言，只有美才能促发爱欲。因为美本身的自明性，[1] 可让分有它的事物有足够的光泽，相比正义、节制及其他类似的事物，美的事物更容易被感知到。[2] 所以，就落入人类肉体的灵魂来说，已经折断的翅膀可以在接收到美的流射物后重新被唤醒，如此，爱欲者便也可以重新回忆起对这些神性事物的观看。也即爱欲者通过眼睛接收到从像神一样的美少男而来的美的流射物，其灵魂受到美的泌液的滋润，重新生长出翅膀，回忆起美等真实事物。[3] 最后，苏格拉底论断说，灵魂必须与这些美的事物共处，如此才感到喜乐，相反，灵魂一旦与它们分离，它就变得干涸。

综合《会饮》与《斐德若》关于爱欲的论述来看，爱欲既被描述为是最年轻的神，又是最古老的神，也被视作人和神的居间者（精灵）；它既能调和诸神，又能沟通人和神，引导人的灵魂转向美、善等真实事物，还可以调和万物。从这些论述来看，柏拉图的爱欲

〔1〕 参见李贺：《柏拉图论爱与美》，第 1—8 页。

〔2〕 在《斐德若》250d7-e1，苏格拉底说，唯有美才最为明澈：它最为显眼，最让人爱欲。这直接点明了美本身的自明性，以及它与爱欲的紧密关联。

〔3〕 苏峻认为"视觉之知"首先适用于认识美、善等真实事物，参见《理解柏拉图"日喻"的"三重障碍"》，第 67 页。

学说似乎矛盾重重，比如（1）关于属神的与属民的爱欲，首先，二者各自是什么，尤其是关于属神的爱欲，目前我们尚不能得到完整的解释。尽管柏拉图在两个文本中都论述了属神的爱欲，但是他在《会饮》中似乎没有对泡萨尼亚说的两种爱欲做进一步阐述。同样地，他在《斐德若》中论述爱欲时，也没有对属神的和属民的爱欲进行清晰的划分。因而，虽然他在那里提出了关于属神的爱欲的一些论述，但我们不能确定这就是关于属神的爱欲的完整说法。其次，属神的与属民的爱欲是否有内在的关系，如果有，其内在关系是什么。这个问题极为重要，因为它关系到《会饮》各篇讲辞的相互关系，甚至更重要的是，它涉及对柏拉图爱欲学说的整全解释。（2）尽管两个文本都论述了爱欲能引领个体灵魂转向美、善及类似的真实事物，并且灵魂被美等真实事物所充满，但在柏拉图那里，我们还不能确定爱欲为何与这些真实事物有这样的关系。最后，我们究竟如何才能借助爱欲实现"爱欲阶梯"（《会饮》），或者如何通过回忆确定并追随自己的神（《斐德若》），也需要做进一步的解释。

接下来，让我们转向普罗提诺和普罗克洛的爱欲理论，[1] 尝试从他们那里找到对上述问题的回答。

（二）普罗提诺和普罗克洛的爱欲理论

1. 普罗提诺关于爱欲本质的学说

普罗提诺对爱欲的论述延续了《会饮》的思路。他不仅断言存在属神的与属民的爱欲，而且根据柏拉图的宇宙论和存在论，进一

---

〔1〕 关于普罗提诺和普罗克洛对爱欲的更多细节性论述，参见胡冰浩、罗琼：《柏拉图和新柏拉图主义视角下的爱欲》，即刊。

步解释了二者各自是什么。此外，他还在专门谈论美的章节中解释了灵魂为何以及如何转向美等真实事物。

在《九章集》III 5，普罗提诺指出存在两种爱欲，它们分别是属神的和属民的。前者由阿弗洛狄特所生，本身就是神，始终与至善（原初的美）相联结；后者则是一个精灵，伴随着每个个体灵魂，引导个体灵魂追求美、善和知识。属民的爱欲作为精灵，是每一个灵魂坠入宇宙领域之后的痕迹，带有"可理知的质料"。普罗提诺由此对《会饮》中苏格拉底讲辞部分说的作为居间者的爱欲的父母进行了分析，并给出了爱欲因其父母的缘故既缺乏又欲求美本身等真实事物的原因。他认为，爱欲的父亲丰盈之神是可理知的本性，母亲贫乏之神被认定为未限定性。基于这个解释，属民的爱欲就是可理知的本性和未限定性的结合，这就说明，由于爱欲带有未限定性的、非理性的冲动，所以它永远缺乏；又由于爱欲混合了父亲可理知的本性，所以它能够去欲求与之相应的美等真实事物，而当灵魂的这种欲求活动产生时，爱欲随即就会在灵魂中出现。

关于人对美的事物的追求，普罗提诺在《九章集》I 6通过灵魂、质料和形式的逻各斯的视角进行了精彩的论述。他认为美的事物之所以美，是因为分有形式，并根据形式拥有了完全的形状，而与之相反的事物都是丑的。由此看来，灵魂就是丑的，因为灵魂混合、掺杂了身体和质料，它在坠入肉体时接受了与自身不同的形式。普罗提诺提出，尽管灵魂是丑的，但它可以通过训练获得美的事物（德性和智慧等），成为美的，与美同在。这是因为，绝对的美把美分给了万物，如此就使得欲求美的事物的灵魂变成美的。普罗提诺还讨论了灵魂如何能够看见美本身。他认为，其中非常关键的一步是，灵魂必须先摒弃掉所有物体的美，转向它们的原型，即美本身。灵魂进行这种转向时需要唤醒灵魂中的内视觉——只不过它在刚被唤醒时还不能直视美本身，而是首先看美的操持，然后看美的、有德性的行为，之后观看前面这些美的事物的创作者，即美的灵魂。当灵魂完成了观看美的灵魂这一步时，它也变成内视觉本身，并看见美本身。

2. 普罗克洛对爱欲的系统解释

普罗克洛对爱欲的系统解释主要集中在《柏拉图神学》第七卷第 40 章和第 41 章，并根据其神学体系来理解爱欲的存在和能力。在其神学体系中，先于人类的存在可以分为三个等级：太一；超越的诸神，包括可理知的神（存在）、可理知的—理智的神（生命），以及理智的神（理智）；宇宙的神，其中有超越尘世的神、超越尘世的—在尘世内的神（自由神）、尘世内的神、宇宙灵魂、可理知的灵魂（包括天使、精灵和英雄）。整体上看，爱欲存在于其中的第二等级和第三等级，并向下拓展至人类和其他生命。普罗克洛据此又将爱欲分为五个层级，且所有层级的爱欲都具备结合和联结的能力：第一层级的爱欲与可理知的美相结合，能将万物纳入美的本性；第二层级的爱欲以理智性的方式存在，可管理和同化；第三层级的爱欲对应超越尘世的神和自由神，[1] 在本质上存在，是连结和联合的原因性存在，超越并独立于后来按照其本性、被其照亮的所有存在物；第四层级的爱欲与精灵同属于一个系列，[2] 精灵按照本质存在，从属于神，处于神圣的理性与部分性本质（如人）之间，

---

[1] 这似乎与《斐德若》提到的十二诸神对应。

[2] 精灵处于自由神与世间万物之间，作为单独的等级存在。

其能力是向人表达和显现神的一切，将一切自然物的能力传送给有朽事物，激发部分性灵魂的生命、秩序和理性；最后层级的爱欲针对世间万物，在世间万物中，它被光照而存在，有一种促进完全的、构成性的能力。[1]

关于爱欲与美的关系，普罗克洛指出，由于第一层级的爱欲直接从可理知的美而来，因而可让后面的所有事物都转向美本身。在普罗克洛整个神学体系的第二等级，即超越的诸神中，最初的可理知的神有善、智慧和美三种实在，从这三种实在而来的是信、真、爱，[2]这里说的爱就是最初的爱欲，因此第一层级的爱欲直接从可理知的美那里来，并与之相结合。由于第二层级的爱欲从可理知的理智而来，且后面所有层级的爱欲都具有结合和联结的能力，因此，这一层级的爱欲能将所有它之后的种类（宇宙神和世间万物）都连结起来，并使它们转向可理知的美本身，且被它充满。最后层级的爱欲（包括个体灵魂中的爱欲）能将世间万物转向先于它的存在，转向可理知的美。这意味着，个体灵魂中的爱欲自然也能将灵魂转向先于它的存在，使它朝向可理知的美，并开始上升之旅，最终被后者所充满。

（三）宇宙论视角下的爱欲：生成及其所是

显而易见，以上对普罗提诺和普罗克洛爱欲理论的梳理，可以很好地用来补充之前提到的关于柏拉图爱欲学说尚未清晰的地方：

---

[1] 就人而言，这种能力在灵魂和身体两个方面都有体现，在灵魂上，它促进或激发人的灵魂转向美的事物，使灵魂中的缺乏得以完整；在人的身体上，它让构成爱欲的部分和器官具有生育的功能。

[2] Beierwaltes 认为，"信、真、爱"具有一种净化的作用，参见其 *The Love of Beauty and the Love of God*, pp. 293-310。

（1）关于属神的与属民的爱欲各自是什么，总体来说，属神的爱欲包括精灵层级之前的所有爱欲层级，属民的爱欲则包括精灵及之后的爱欲。而二者的关系则是，属民的爱欲由属神的爱欲垂溢而来，并分有后者的功能。所以，如《会饮》中所言，爱欲既是最古老的神，也是最年轻的神，还是沟通神和人的精灵。（2）从两位新柏拉图主义者对爱欲与美的关联的论述中，我们也能理解柏拉图提出的爱欲指向美的事物与美本身的说法。因为，原初的爱欲本身就是从可理知的美而来，并与美直接结合，而后于它的爱欲种类则向下垂溢到万物，能让所有事物都转向可理知的美本身，所以属民的爱欲（包括精灵及之后的爱欲）自然也可让灵魂转向并达到美本身。至于灵魂如何才能借助爱欲的力量转向并达到美本身，普罗提诺的灵魂内视觉学说也可以提供一个比较好的回答：因为无论是"爱欲阶梯"的实现，还是灵魂回忆的完成，都需要通过灵魂转向内视觉来完成。[1]

综合柏拉图和新柏拉图主义者从宇宙论的视角对爱欲的论述，我们对爱欲的解释如下：（1）就爱欲的生成和所是来说，原初的爱欲源自可理知的美，具有可理知的本性。从可理知的美而来的爱欲不断向下垂溢，产生了贯穿整个宇宙层级的爱欲种类。这些种类大致可分为属神的和属民的两类，前者对应精灵之前的所有爱欲层级，后者则包括精灵与之后的爱欲，它由可理知的本性与未限定性结合而成。（2）关于爱欲的功能。因为最初的爱欲源自可理知的美，并与它相结合，所以所有层级的爱欲都具有联结和结合能力，也就

---

[1] 这一问题尚未得到较为完整的说明，我们将在下一部分回到这个问题。

是说，它能够让它所在等级的一切事物都联结起来，实现和谐，并引导它们转向美本身，被其所充满。就个体灵魂而言，属民的爱欲能够让它转向美的事物，经过灵魂转向和各种专门的练习，最终看到美本身。

二、个体灵魂中爱欲功能的实现：灵魂回忆与爱欲对谈

本部分首先关注《会饮》和《斐德若》中对个体灵魂中爱欲功能的实现的论述，将"爱欲阶梯"理论和"灵魂回忆说"联系起来进行解释；随后转向对爱欲谈话即哲学对谈的讨论，因为在柏拉图看来，爱欲者对美的事物和美本身的追求要想成功，需要通过灵魂回忆的方式走上爱欲阶梯，而爱欲阶梯的每一步都需要哲学对谈发挥作用。

（一）"爱欲阶梯"与"灵魂回忆说"

既然宇宙论视角下的爱欲可以让所有事物都转向美本身等真实事物，那么它是如何使个体灵魂转向并看见美本身等真实事物的呢？对于这一问题，正如前面提到的，柏拉图在《会饮》中论述了灵魂从个别美的身体转向美的灵魂，并最终上升到美本身的"爱欲阶梯"；在《斐德若》中，他提出了另一种方式，即通过感知到美的事物促使灵魂"回忆"起美等真实事物，过一种爱欲的生活——这就是说，可以通过"爱欲阶梯"或"灵魂回忆"的方式，来实现个体灵魂在爱欲作用下对美的事物和美本身的追求。然而，由此而来的问题是，对这两个理论可以有一贯的解释吗？或者说，

如果单从这两篇对话录来看，"爱欲阶梯"本身就系统地解释了爱欲功能实现的整个过程，那么灵魂回忆在"爱欲阶梯"中又扮演了什么样的角色呢？

让我们先来对"爱欲阶梯"理论进行一个深入的分析：（1）根据"爱欲阶梯"理论，其得以实现的第一个关键环节是从个别美的身体到美的灵魂的转向。柏拉图对此的描述是，在爱欲阶梯的起步阶段，爱欲者需要被引导去爱个别美的身体，这一过程需要爱欲者不断地区分与把握什么样的身体是美的，当他或她认识到美的身体，并生成美好的言语之后，就会产生对美的身体的形相的追求（210a6-b5）。当灵魂完成了这一阶段后，就注意到美的灵魂比美的身体的形相要美得多——前文（209c6-9）说的灵魂的后代比身体的后代分有更多的美也暗示了这一点——随后就会去追求美的灵魂（210b6-c3）。由此看来，爱欲者从个别美的身体到美的灵魂这一环节需要经过两个阶段，即从个别美的身体到美的身体的形相，再从美的身体的形相到美的灵魂。（2）当爱欲者实现了从个别美的身体到美的灵魂的转向，就会沿着爱欲阶梯一步步向上走，首先是美的操持和事业，其次是各种美的知识，最后是美本身。这就意味着，如果要探究"灵魂回忆说"在"爱欲阶梯"中的具体作用，可以从以上两个方面入手，首先解释它在促使爱欲者从个别美的身体到美的灵魂的转变中起的作用，再厘清它在之后的"爱欲阶梯"中发挥的功能。

1. 从个别美的身体到美的灵魂

从个别美的身体到美的灵魂，即从（个别）可感事物到不可感的事物的转变，在《理想国》的相关论述中是需要通过灵魂转向来完成的。在517b1-6，柏拉图通过把洞穴喻中囚犯走出洞穴、看见太阳的进程类比为灵魂从变化的可见世界转入可理知世界的进程的方式，来表明一条从可见事物转向可理知事物的灵魂上升的路径，并在518c3-7进一步说，在转向的过程中，这个囚徒——潜在的哲学家、真正的爱欲者——必须是整个灵魂一起进行转向，才能从变化不定的众多事物那里转移过来，从而坚定、持续地观看真实事物。[1] 在522c-534e，他又指出，能够帮助我们进行这种灵魂转向的是算术、几何、立体几何、天文学和音乐这五门学科，因为这些学科借助可见事物作为影像和模型，去探究关于真实事物的知识。简单来说，从可见事物到可理知事物的上升需要进行灵魂转向。

能促成这种灵魂转向的正是"灵魂回忆说"。（1）在先前提到的爱欲文本《斐德若》中，灵魂回忆被描述为："按照形相理解说的话，用推理理性将众多的感官认识汇聚一起，达到单一形相。"（249c1-2）据此，从个别美的身体到美的身体的形相的转向需要推理理性发挥作用，才能从众多的个别美的身体中区分出共同的、单一的美的身体的形相。此外，在后文多处（如249c7，249d5-e1，253a3，254b5），柏拉图也提及了回忆，认为灵魂由美的事物激发后可以重新回忆起先前看到的神性事物，由此过上爱欲引导下的生活。（2）柏拉图在《斐多》中基于论证灵魂不朽的对话对身体与灵魂做出的区分，进一步解释了灵魂在看见美的身体的形相后，还会去追求美的灵魂的原因。首先，柏拉图指出，灵魂最像神，总保

---

[1] 关于灵魂转向学说的论述，亦可参见樊黎：《哲学是一种神圣的疯狂吗？——柏拉图〈斐德若〉与〈理想国〉中的灵魂学说》，第82页。

持自己这个样子，亦即最像事物之所是（79b1-81d4）。随后，他又补充说，由于带着身体形相的灵魂会重新被拽回可见的世界，[1] 畏惧不可见的事物（81c9-d4），所以灵魂想要上升，就必须脱离身体的形相，如此才能真正与不可见的事物同在。[2] 这就意味着，在"爱欲阶梯"理论的语境中，相比于美的身体的形相，美的灵魂更接近且更像神与真实事物，也即上面提到的美的灵魂比美的身体的形相要美得多。这就是说，灵魂需要真正地脱离可见的世界，也即从美的身体的形相中脱离出来，去追求比它美得多的美的灵魂，才能逐渐上升到美本身等真实事物。

2. 从美的灵魂到美本身

"灵魂回忆说"对从灵魂美的操持、事业及美的知识，到美本身等阶段的解释仍然发挥着作用。比如《美诺》（82b10-86b4）说到的回忆，其中苏格拉底为了向美诺证明灵魂生前就拥有知识，并可通过回忆重新把握，与奴隶男孩进行了对话。该对话从正方形（可见事物）开始进行回忆。整场对话下来，奴隶男孩从不知道正方形是什么到回忆起关于正方形的知识。这场对话演示的灵魂回忆的几何学，[3] 即上文提到的《理想国》中灵魂转向段落涉及的五门学科之一。而且，当我们回到《斐多》对"灵魂回忆"的论述时就会发现，灵魂回忆可分为好几个阶段。具体文本（73d7-74a12）如下：苏格拉底说，当爱欲者看到一把里拉琴，他就会想起拥有这把

---

[1] 支持灵魂受到身体的这种阻碍的有 Bostock 1986、Stern 1993、Woolf 2004、Reed 2021，等等，反对的有 Bobonich 2002、Lorenz 2008，等等。

[2] 詹文杰也注意到柏拉图在《斐多》中关于灵魂在追求知识时必须脱离身体的说法，参见《柏拉图〈斐多〉论知识的获得》，第107页。

[3] 对应"四线段"的第三段，即推理理性。

琴的男孩的样子，以及当某人看见画像中的西米阿斯时，他就回忆起西米阿斯本人，等等，这些经历就是回忆。而从这些回忆涉及的事物来看，有些回忆来自相同的事物，有些来自不同的事物。就来自相同的事物而言，灵魂必会经历这样的情形，即思考看到的事物较之于回忆起的事物是否少了些。灵魂进行这种比较就表明存在着相同本身。[1] 随后，苏格拉底对相同本身做了解释，他认为所谓相同并非木头与木头、石头与石头，以及诸如此类事物的那种相同，而是超出这些事物的相同本身。根据这些说法，灵魂回忆的阶段可描述为：从感知到可感事物到记忆中的事物，再到灵魂关于二者（相同或不相同的）关系的推理，最后到相同本身。其中，从感知到可感事物到记忆中的事物这一阶段对应于"爱欲阶梯"中的第一步；从记忆中的事物到灵魂对事物（相同或不相同的）关系的分析对应于"爱欲阶梯"中美的操持和事业，以及各种美的知识的阶段，因为这一阶段就是一种推理的过程，从事物相同或不相同的关系中推出事物的相同；而当灵魂回忆起相同本身时，这实际上就对应于"爱欲阶梯"中对美本身的观看。

此外，对于上述关于实现爱欲功能的相关说法，普罗提诺以"内视觉学说"对人们追求美的过程做出了自己的论述。实际上，他的整个理论也是对"爱欲阶梯"的解读：从个别美的身体到美的灵魂的转变，在内视觉学说的语境中，是让灵魂摒弃一切物体的美，即摒弃所有可见的美的事物，而转向超越的美。而从美的灵魂到美本身的过程，就是普罗提诺说的灵魂运用内视觉去观看美的灵

---

〔1〕 因为灵魂在相同性上对看到的事物与回忆的事物进行比较时，参考的正是相同本身。

魂，并退回到自身，如此反复琢磨，最终看到美本身。

综上所述，"爱欲阶梯"理论呈现了个体灵魂中爱欲功能的实现的整个过程，爱欲阶梯的具体实现又需要通过灵魂转向和灵魂回忆，并且灵魂转向的认识论基础又由灵魂回忆得以阐明。所以，"灵魂回忆说"对"爱欲阶梯"的实现极为关键。此外，普罗提诺通过"内视觉学说"，从爱欲者灵魂内部的转向、上升和完成的过程出发，对"爱欲阶梯"理论也做出了很好的阐述。

（二）爱欲与对话

虽然我们通过上面的论证解释了"灵魂回忆说"在实现"爱欲阶梯"的过程中发挥的关键作用，并以此阐明了个体灵魂中爱欲功能的实现方式，但这并不意味着我们已经找到了实现爱欲功能的路径的全部答案。因为，根据柏拉图在《斐德若》和《会饮》中对个体灵魂实现爱欲的论述来看，爱欲者需要与一个被爱者过上一种充满爱欲的、有秩序的生活，这种爱欲生活需要对话进行引导。[1] 由此我们可以推断，对话与爱欲有着非常紧密的联系，我们甚至可以大胆地说，要实现爱欲阶梯，对话是必由之路。

关于爱欲与对话的这种关联可见以下文本：首先，如上述提到的，柏拉图在《克拉底鲁》中，在词源学上表达了爱欲与提问、对话息息相关。其次，在《会饮》中的苏格拉底讲辞部分，有两处谈到了对话。一处是真正的爱欲者在遇到一个美的、高贵的灵魂时，

---

〔1〕 根据梁中和的最新研究，对话能激发出对话者因无知而有耻的羞耻心，从而重视自己的德性，追求智慧。参见梁中和：《知色与羞耻——"羞耻"在苏格拉底和孔子哲学教育中的地位》，第213—219页。

就会欲求与之对话，并产生大量关于使人变好的德性、品质与操持的言辞（209b4-c6）；另一处是"爱欲阶梯"理论，爱欲者在一开始被引导去注意美的身体，由此产生美的言语，之后转向美的灵魂，上升到各种美的知识等，也产生相应的对话（210a5-210e7）。依此来看，对话贯穿于整个爱欲上升阶梯。再次，柏拉图在《斐德若》（253c-257b）中描述爱欲的生活时，提到了爱欲者会全心全意用充满爱欲的言辞来打造生活。随后，他花了大量的篇幅（258a5-277a4）讨论言辞与爱欲的关系。比如，他笔下的苏格拉底谈到了对话的技艺，即通过统观，把分散在各处的事物汇集为单一形相，以便通过界定每一个事物而显明自己说出的事物是什么。之后，他以爱欲为例，认为只有通过上述这种方式让爱欲得到界定，才能够说出爱欲获得的明晰的事物。讨论的最后，苏格拉底找到了一种用知识题写进学习者灵魂的言辞，认为拥有这类言辞的人能够讲出关于正义与其他类似的事物，并点出这类言辞足以给予拥有者和题写之人以不朽与幸福。据此，我们可以说，这里讲的言辞就是爱欲者用来打造爱欲生活的那类言辞。最后，柏拉图在其书信集中的《第七封信》330a6-b2也谈到了对话，他指出，实现哲学理解的最美方式就是学习和聆听关于哲学的言辞，并亲近哲学导师。[1] 不同于现在课堂上的那种被动式的学习与聆听，《第七封信》中的哲学对话需要学习者用大量的时间，甚至整个一生的时间与哲学导师就哲学本身进行（大量的）交谈。按照柏拉图在《第七封信》（341c7）中的说法，追求哲学之人需要"就哲学进行大量的交谈，并与哲学本身

---

[1] 该言辞对应《斐德若》276a5-277a4提到的关于哲学的言辞。

共同生活"。[1]这种哲学对话在344b6体现为爱智慧之人与哲学导师进行"友好辩驳的交互检审",或者是"毫无恶意的问与答"。

综上,对话与爱欲存在着必然的、内在的关系:二者在词源学上密切相关,而且前者贯穿"爱欲阶梯"的每一步,对于爱欲者追求美的事物与美本身、追求不朽与幸福,并过上一种充满爱欲的生活起着非常关键的作用。

就对话与上述"灵魂回忆说"来讲也容易得出,灵魂回忆的完成——亦即灵魂回忆起对美等神性事物的观看——尤其需要对话。[2]关于对话与回忆的这种关联,可在《斐德若》与《美诺》相关的文本段落中找到证据。例如,《斐德若》在249c1-2对回忆的描述与在265d3-4对对话技艺的说法几乎一致,二者都具有将众多可感事物汇集为单一形相的能力。《美诺》(82b10-86b4)中的苏格拉底与奴隶男孩通过问与答的对话方式来对几何学知识进行回忆。这两个文本段落表明,灵魂回忆的确需要对话。尽管,从《斐多》

---

[1] 塞尔(Sayre)注意到哲学对话在柏拉图哲学思想中的作用,并对这种对话的阶段进行解释。他认为,这种对话从哲学导师清除爱智慧之人灵魂中的错误意见开始,并在灵魂中培养哲学土壤;之后,导师就会在其灵魂中种植以"知识"灌注的言辞;该言辞生长出"对话的嫩芽"后,导师需要提供合适的养料;一旦这些嫩芽开始形成,它们就需要以《理想国》第七卷讲的、年轻哲学家所需的辩证法程序来进行指导;由这种辩证法培养的对话最终成熟之后,爱智慧之人就会获得哲学理解。从塞尔解释的哲学对话这些阶段来看,它们与爱欲阶梯是相呼应的:清除错误意见与培养哲学土壤对应于爱欲阶梯中从个别美的身体到美的灵魂这一阶段;从播种到以辩证法程序指导对话嫩芽对应于美的事业和操持,及各种美的知识等阶段;这种对话达到成熟,最终获得哲学理解对应于灵魂对美本身的观看。由此看来,在柏拉图的爱欲阶梯中,每一步都需要进行哲学对话。参见 Sayre, *Plato's Literary Garden*: *How to Read a Platonic Dialogue*, pp. xv-xvii, 中译本由笔者翻译,即出。
[2] 对爱欲与对话的关系的精彩论述,参见樊黎:《神性与人性:柏拉图的〈斐德若〉》,第94页。

对回忆涉及的阶段的描述来看，回忆的一开始可能并不需要对话来引发，因为大多数人都可以通过感官认识能力感知到可感事物，从而对该事物进行回忆，但是，当灵魂对感知到的事物与回忆起的事物进行比较，即进行推理时，必须通过对话的形式才能对二者进行区分和把握。[1]所以，可以说，爱欲对话对爱欲阶梯的最终实现至关重要。

三、宇宙论和认识论视角下的爱欲：从爱欲的所是到爱欲功能的实现

本文第一部分从宇宙论的视角解读了柏拉图及新柏拉图主义者普罗提诺和普罗克洛的爱欲理论，从爱欲在柏拉图宇宙秩序中的本质存在的角度解释了爱欲的所是，又从爱欲的所是推出其功能。第二部分从认识论的角度阐述了个体灵魂实现其爱欲功能，即实现"爱欲阶梯"的具体路径，并主张灵魂回忆和爱欲对话都是爱欲者实现爱欲功能的必要进路，且其中的一个关键环节需要进行灵魂转向。

关于爱欲的所是及其功能：（1）爱欲遍布于超越的诸神（包括可理知的神、可理知的—理智的神，以及理智的神）、宇宙神（超越尘世内的神、超越尘世的—在尘世内的神、尘世内的神）、精灵及世间万物之中。按照柏拉图的说法，这些爱欲可分为属神的和属

---

[1] 从《斐德若》论述的对话的技艺可看出，对话的技艺是一种区分与结合的方法。关于这一点，参见 Sayre 1995，79-80，以及 Cornford, F. M., *Plato's Theory of Knowledge*, pp. 162-163。

民的两类（对应于《会饮》泡萨尼亚讲辞中存在属神的与属民的两种爱欲的说法），其中，属神的爱欲分布于精灵之上的存在，包括超越的诸神和宇宙神，而属民的爱欲则对应于精灵及世间万物。最原初的爱欲来自可理知的神，也即可理知的美，在所有宇宙神之上，在这种意义上，它就是最古老的神（对应于《会饮》中斐德若说的爱欲是最古老的神），之后，又与理智性的、以自由的方式存在的爱欲对应（《斐德若》"翻案诗"部分苏格拉底讲的爱欲是一个特定的神），而与精灵及世间万物相对应的爱欲作为居间者存在（对应于《会饮》阿伽通讲辞部分中的爱欲是最年轻的神，苏格拉底讲辞部分中的大精灵）。（2）因为最初的爱欲和美本身的关系，所有层级和种类的爱欲都具备结合和联结、管理和同化的能力，也就是说，爱欲能使它后面包括神、人和万物在内的一切自然事物转向美本身，并被美本身所充满。因此，柏拉图在《会饮》阿里斯托芬颂词中赞颂爱欲具有调和诸神的功能，在厄里希马霍斯颂词中提出爱欲能够调和万物，在苏格拉底讲辞部分论证爱欲有帮助个体灵魂追求美本身等真实事物的能力，并在《斐德若》中论述了个体灵魂由美的事物激发，经由爱欲发动而回忆起美等神性事物，最终回到灵魂最初的生存样态的过程。

关于个体灵魂实现其爱欲功能的具体路径，我们认为，《会饮》中的"爱欲阶梯"理论系统地阐述了实现爱欲功能的每一个阶段，因此，当爱欲者达到"爱欲阶梯"的终点，即美本身等真实事物时，灵魂就实现了爱欲功能。而爱欲者想要完成"爱欲阶梯"、实现对美本身的追求，需要同时借助灵魂回忆与爱欲对话这两条路径。综合《美诺》《斐德若》和《斐多》中的"灵魂回忆说"，灵魂回忆的要点是从众多的感官认识中区分和把握单一的事物和理念。而它经历的由可感的事物（如几何图形、画像或物件等）所触发，到推理理性发挥作用，从个别的事物到该事物的理念，最后达到不可感的单一的、真实存在的理念本身的整个阶段，正好完成了从可感的个别美的身体到不可感的美本身这整个爱欲上升阶梯。就《克拉底鲁》《斐德若》《会饮》和《第七封信》中关于爱欲对话的描述来说，爱欲对话的核心是以知识题写进灵魂，它在爱欲者实现"爱欲阶梯"的一开始就起着引导的作用，通过辩驳、启发等方式清除杂乱的意见，运用推理理性，促使灵魂转向和回忆，因此，它对"爱欲阶梯"的实现也尤为关键。

参考文献

查理德·卢瑟福：《柏拉图的艺术——柏拉图诠释十论》，孔许友译，梁中和校，东方出版中心 2022 年版。

陈斯一：《爱欲的悲喜剧：柏拉图的〈会饮篇〉》，华东师范大学出版社 2024 年版。

樊黎：《神性与人性：柏拉图〈斐德若〉》，华东师范大学出版社 2022 年版。

樊黎：《哲学是一种神圣的疯狂吗？——柏拉图〈斐德若〉与〈理想国〉中的灵魂学说》，《哲学动态》2021 年第 12 期，第 77—85 页。

斐奇诺：《论爱：柏拉图〈会饮〉评注》，梁中和、李旸译，商务印书馆 2023 年版。

胡冰浩、罗琼：《柏拉图和新柏拉图主义视角下的爱欲》，《伦理学术》2024 年第 2 期，即刊。

李贺：《柏拉图论爱与美》，《甘肃社会科学》2024 年第 3 期，第 1—8 页。

梁中和：《知色与羞耻——"羞耻"在苏格拉底和孔子哲学教育中的地位》，《努斯：希腊罗马哲学研究（第 7 辑）：中国—希腊文明互鉴》，上海人民出版社 2024 年版，第 207—222 页。

普罗提诺:《九章集》, 石敏敏译, 中国社会科学出版社 2009 年版。

普罗克洛:《柏拉图神学》, 石敏敏译, 中国社会科学出版社 2007 年版。

苏峻:《理解柏拉图"日喻"的"三重障碍"》,《哲学门》2020 年第 2 期, 第 63—74 页。

苏峻:《爱欲与友爱何以不同? ——理解古希腊伦理学的一条线索》, 未见刊。

詹文杰:《柏拉图〈斐多〉论知识的获得》,《世界哲学》2017 年第 5 期, 第 106—114 页。

Beierwaltes, W., "The Love of Beauty and the Love of God," in: A. H. Armstrong(ed.), *Classical Mediterranean Spirituality*, New York, 1986.

Belfiore, E. S., *Socrates' Daimonic Art: Love for Wisdom in Four Platonic Dialogues*, Cambridge, 2012.

Bobonich, C., *Plato's Utopia Recast*, Oxford, 2002.

Bostock, D., *Plato's Phaedo*, Oxford, 1986.

Cornford, F. M., *Plato's Theory of Knowledge*, London, 1935.

Lorenz, H., "Plato on the Soul," in: G. Fine (ed.), *Oxford Handbook on Plato*, Oxford, 2008, pp. 243-266.

Morrow, G. R. (trans.), Letters, in: J. Cooper (ed.), *Plato: Complete Works*, Indianapolis, 1997, pp. 1646-1667.

Nichols, M. B., *Socrates on Friendship and Community: Reflections on Plato's Symposium, Phaedrus and Lysis*, Cambridge, 2009.

Reed, D., *Bodily Desires and Afterlife Punishment in Phaedo*, Oxford, 2021.

Woolf, R., *The Practice of Philosopher*, Oxford, 2004.

Sayre, K., *Plato's Literary Garden: How to Read a Platonic Dialogues*, Indianapolis, 1995.

Sheffield, F., "Erōs and the Pursuit of Form," in: P. Destrée & Z. Giannopoulou (eds.), *Plato's Symposium: A Critical Guide*, Cambridge, 2017, pp. 125-141.

Stern, P., *Socratic Rational and Political Philosophy: An Interpretation of Plato's Phaedo*, New York, 1993.

征稿启事

    《努斯：希腊罗马哲学研究》是西南大学希腊研究中心和四川大学西方古典哲学研究所合办的专业学术文集，每年出版两本，由上海人民出版社出版发行。本系列以"深研原典，返本开新"为主旨，鼓励希腊罗马哲学研究方面的原典译注、深化研究、学术争鸣和学术史积累。主要收集出版关于希腊罗马哲学方面的学术论文，栏目设置有原典译注、专题研讨、书评、书目文献、学派研究等。热忱欢迎国内外同仁赐稿。

    投稿要求：

    一、来稿应具有学术性与理论性，并且在选题、文献、理论、方法或观点上有创新性。

    二、来稿一般不少于 1.2 万字，有相应的学术史回顾，正文前应附上中英文题名、内容提要（300 字以内）、关键词（3—5 个）。作者姓名、职称、学历、工作单位、通讯地址、邮政编码、联系电话、电子邮件应附于文末，以便联系。

    三、本系列注释采用脚注形式，引用文献需严格遵守学术规范，注明出处。

四、来稿文责自负，本系列对来稿有酌情删改权，如不同意，请在来稿中注明。

五、请勿一稿多投，稿件 30 天后未被采用，作者可自行处理。

六、来稿一经刊用即奉稿酬，并赠样刊两本。

投稿邮箱：nous-jgrp@foxmail.com

电话：028-87464967、18081158514

图书在版编目(CIP)数据

努斯：希腊罗马哲学研究. 第 8 辑，宇宙与自然：
古希腊自然哲学诸面向 / 崔延强，梁中和主编. -- 上海：
上海人民出版社，2024. -- ISBN 978 - 7 - 208 - 19319 - 2

Ⅰ. B502 - 53

中国国家版本馆 CIP 数据核字第 2024DA5625 号

责任编辑　赵　伟　陶听蝉
封面设计　胡斌工作室

努斯:希腊罗马哲学研究(第 8 辑)
——宇宙与自然:古希腊自然哲学诸面向

崔延强　梁中和　主编

出　　版　**上海人民出版社**
　　　　　 (201101　上海市闵行区号景路 159 弄 C 座)
发　　行　上海人民出版社发行中心
印　　刷　苏州工业园区美柯乐制版印务有限责任公司
开　　本　890×1240　1/32
印　　张　21
插　　页　5
字　　数　464,000
版　　次　2024 年 12 月第 1 版
印　　次　2024 年 12 月第 1 次印刷
ISBN 978 - 7 - 208 - 19319 - 2/B・1801
定　　价　78.00 元

.

JOURNAL OF
GRECO-ROMAN
PHILOSOPHY

上架建议：哲学
ISBN 978-7-208-19319-2

9 787208 193192 >

定价：78.00 元
易文网：www.ewen.co